U0448876

政府常见行政行为
程序指引、文书模板及法律法规汇编

ZHENGFU CHANGJIAN XINGZHENG XINGWEI
CHENGXU ZHIYIN、WENSHU MUBAN JI FALÜ FAGUI HUIBIAN

何丽君　李晓阳　编著

法律出版社
LAW PRESS·CHINA
——北京——

图书在版编目（CIP）数据

政府常见行政行为程序指引、文书模板及法律法规汇编 / 何丽君，李晓阳编著． -- 北京：法律出版社，2025． -- ISBN 978 - 7 - 5244 - 0334 - 0

Ⅰ. D922.109

中国国家版本馆 CIP 数据核字第 2025FH8329 号

政府常见行政行为程序指引、 文书模板及法律法规汇编 ZHENGFU CHANGJIAN XINGZHENG XINGWEI CHENGXU ZHIYIN、WENSHU MUBAN JI FALÜ FAGUI HUIBIAN	何丽君 李晓阳 编著	策划编辑 林 蕊 周 洁 责任编辑 林 蕊 周 洁 装帧设计 李 瞻

出版发行	法律出版社	开 本	A5
编辑统筹	司法实务出版分社	印 张	27.375　字 数 923 千
责任校对	李慧艳　郭艳萍　王语童	版 本	2025 年 8 月第 1 版
责任印制	胡晓雅	印 次	2025 年 8 月第 1 次印刷
经　　销	新华书店	印 刷	三河市龙大印装有限公司

地址：北京市丰台区莲花池西里 7 号（100073）

网址：www.lawpress.com.cn　　　　　　销售电话：010 - 83938349

投稿邮箱：info@ lawpress.com.cn　　　　客服电话：010 - 83938350

举报盗版邮箱：jbwq@ lawpress.com.cn　　咨询电话：010 - 63939796

版权所有·侵权必究

书号：ISBN 978 - 7 - 5244 - 0334 - 0　　　　定价：109.00 元

凡购买本社图书，如有印装错误，我社负责退换。电话：010 - 83938349

法治政府实践的"操作手册"
——为依法行政提供全流程解决方案(代序)

在全面推进依法治国的时代背景下,政府行政行为的合法性与合理性已成为法治建设的核心命题。我的学生何丽君从事行政业务十余年,在办案之余,结合实务经验和思考,带领其团队所著的《政府常见行政行为程序指引、文书模板及法律法规汇编》,既是其经验和智慧的总结,也是一部直击地方政府依法行政痛点、堵点和难点的著作。

本书将政府信息公开、违法建筑处置、国有土地上房屋征收、集体土地及集体土地上房屋征收等高频业务中抽象的法律条文转化为步骤明晰、可操作的流程图,让法律条文不再是晦涩的文字,而成为可按图索骥的操作手册,有效防范程序违法风险。这种将理论深度与实践精度相结合的创作方式,真正实现了"让法律走到政府工作一线"的初衷。

本书的独特价值在于其"体系化"与"工具化"的双重属性。针对地方政府工作人员岗位变动频繁、法律知识更新滞后的痛点,将行政行为拆解为"步骤清单",工作人员可按流程逐项对照执行,大幅降低程序违法风险。

本书集"程序指引+文书模板+法规汇编"三位一体的架构,让依法行政从理念转化为可落地的工作方法,尤其适合工作繁重、亟须高效解决方案的基层政府工作人员。

习近平总书记在 2015 年 2 月省部级主要干部学习贯彻十八届

四中全会精神 全面推进依法治国专题研讨班开班式上发表重要讲话强调：谋划工作要运用法治思维，处理问题要运用法治方式。本书的出版恰逢其时——当老百姓法律意识日益增强，政府行政行为面临更严格的司法审查时，它为解决基层政府工作人员依法履职能力不足等问题提供了切实解决路径。对政府法律顾问与行政律师来说，书中提炼的实务经验与工具模板可作为案头工具书，直接应用于法律论证与文书起草；对地方政府来说，此书相当于建立了一套依法行政的流水线，既能提升行政效能，又能防范行政风险。

法治是一场只有前方的跋涉。这部作品不是完美的终点，但它以积土成山、积水成海的务实精神，为法治中国的建设添砖加瓦。让每一个行政行为都经得起司法与时间的检验，共同书写法治中国的壮丽篇章！

胡建淼

2025 年 7 月

自　序

　　管仲说:"法者,天下之程式也,万世之仪表也。"2014年10月23日中国共产党第十八届中央委员会第四次全体会议通过《中共中央关于全面推进依法治国若干重大问题的决定》。该决定为推进依法行政、建设法治政府等提出了一系列新举措,为领导干部画出了一道道为官从政的"底线"和"红线",为中国梦绘就法治中国"施工蓝图"。在这样的时代背景下,本人机缘巧合介入地方政府法律事务。从政府信息公开、履职申请、信访答复到行政复议、行政诉讼;从对行政业务的彷徨到多次上北大进修政府法律顾问业务后的内心确信;从行政协议、行政决策的合法性审查到参与地方立法研讨与评估;从单打独斗到组建行政业务团队承接地方政府重大专项的法律顾问……近十年的行政法律实务与理论相互打磨与切换,处理地方政府及部门行政业务有了一定心得。鉴于地方政府工作人员工作任务繁重,岗位变动频繁,没有太多时间学习和消化专业法律知识,而随着法治进程的推进,老百姓的法律意识逐年提高,很多时候地方政府工作人员在履职时并不能很好地利用法律知识和思维进行说理、开展工作,不利于政府各项工作顺利推进的同时,还有损政府形象和政府公信力。如何让广大地方政府领导干部更好地学法、用法?如何实现程序合法与实体合法并举?如何有效推进依法行政?本人一直有一个想法就是将地方政府常用的法律法规进行集结,将抽象的法律条款进行格式化、程序化处理形成法律服务产品,将相关的政府常用法律法规、法律服务产品集结交付政府机关,由政府工作人员、法务对接人员按程序流水化作业，如此做法能很大程度上消除实务中行政行为实体合法、程序违法的隐患，助推政府及其工作人员依法履职、依法行政。本书就是基于以上想法而来。本书有关程序的说明可操作性强，地方政府和部门可以相互推广使用。对于长期沉浸在文山法海中的政府法律顾问、行政专业律师，本书既可以作为工具书，方便其查询相关法律法规、规范性文件，也可以省去其进行研究与梳理的时间，直接使用书中程序、文书模板等内容，方便高效。

习近平总书记在2015年2月省部级主要干部学习贯彻党的十八届四中全会精神 全面推进依法治国专题研讨班开班式上发表重要讲话强调，谋划工作要运用法治思维，处理问题要运用法治方式，说话做事要先考虑一下是不是合法。领导干部要把对法治的尊崇、对法律的敬畏转化成思维方式和行为方式，做到在法治之下、而不是法治之外、更不是法治之上想问题、作决策、办事情。本书是本人及团队成员第一次以出书的方式表达对良法善治的追求。法治其实不是一个有完工之日的工程，法治建设一直在路上。不管是一大步，还是一小步，都是前进的脚步。本书中难免有疏漏，但心怀"积土而为山，积水而为海"的初衷，期望这本书能成为地方政府和部门工作人员、政府法律顾问、行政专业律师的常用法律工具书，期待法治中国、法安天下，使人人皆能在法律的庇佑下，正直生活，不害他人，各得其所，共铸社会之繁荣昌盛，同谱法治之壮丽辉煌！最后，非常感谢胡建淼老师对本书内容的指点和建议，感谢团队成员吴昊敏、龚晨思对本书编排的大力支持！

何丽君

2025年7月18日

目 录 Contents

一、常见行政程序流程（部分以浙江省金华市为例）

(一) 已建成违法建筑强制拆除程序流程图 ·················· 1
(二) 国有土地上房屋征收程序流程图 ······················ 3
(三) 集体土地及集体土地上房屋征收程序流程图 ············ 4
(四) 城中村改造实施程序流程图 ·························· 6
(五) 行政强制程序流程图 ································ 7
  1. 行政强制措施实施程序流程图 ······················ 7
  2. 行政强制措施紧急程序流程图 ······················ 8
  3. 行政强制执行程序流程图 ·························· 9
(六) 行政处罚程序流程图 ································ 10
  1. 行政处罚简易程序流程图 ·························· 10
  2. 行政处罚普通程序流程图 ·························· 11

二、地方政府常用法律文书参考格式模板

(一) 政府信息公开申请答复书参考格式模板 ················ 12
  1. 予以公开答复书（已对外公开） ···················· 12
  2. 予以公开答复书（复印提供） ······················ 13
  3. 予以公开答复书（近期对外公开） ·················· 14
  4. 不予公开答复书（国家秘密类） ···················· 15
  5. 不予公开答复书（法律、行政法规禁止类） ············ 16
  6. 不予公开答复书（"三安全、一稳定"类） ·············· 17
  7. 不予公开答复书（第三方合法权益保护类） ············ 18

8. 予以公开答复书（第三方合法权益保护类） …………………… 19
9. (经审查决定)予以公开答复书（第三方合法权益保护类）…… 20
10. 予以（部分）公开答复书（第三方合法权益保护类） ………… 21
11. 不予公开答复书（内部事务信息） ……………………………… 22
12. 不予公开答复书（过程性信息） ………………………………… 23
13. 不予公开答复书（行政执法案卷） ……………………………… 24
14. 无法提供答复书（本机关不掌握相关政府信息） ……………… 25
15. 无法提供答复书（本机关不掌握但提供有关单位信息） ……… 26
16. 无法提供答复书（没有现成信息，需要另行制作） …………… 27
17. 无法提供答复书（补正后申请内容仍不明确） ………………… 28
18. 无法提供答复书（信访、举报、投诉等诉求类申请） ………… 29
19. 不予处理答复书（重复申请） …………………………………… 30
20. 不予处理答复书（行政查询事项） ……………………………… 31
21. 不予处理答复书（要求提供公开出版物） ……………………… 32

(二)行政复议答复及行政诉讼答辩相关法律文书参考格式
　　模板 …………………………………………………………………… 33
　　1. 行政复议答复书 …………………………………………………… 33
　　2. 行政答辩状 ………………………………………………………… 34

(三)强制拆除已建违法建筑相关法律文书参考格式模板 ………… 35
　　1. 现场检查（勘验）笔录 …………………………………………… 35
　　2. 调查（询问）笔录 ………………………………………………… 36
　　3. 责令限期拆除违法建筑决定书 …………………………………… 38
　　　　(1)责令限期拆除违法建筑决定书（城镇违法建筑）………… 38
　　　　(2)责令限期拆除违法建筑决定书（乡村违法建筑）………… 39
　　4. 责令限期拆除违法建筑公告 ……………………………………… 40
　　　　(1)责令限期拆除违法建筑公告（城镇违法建筑）…………… 40
　　　　(2)责令限期拆除违法建筑公告（乡村违法建筑）…………… 41
　　5. 限期拆除违法建筑催告书 ………………………………………… 42
　　　　(1)限期拆除违法建筑催告书（城镇违法建筑）……………… 42

(2)限期拆除违法建筑催告书(乡村违法建筑) ……………… 43
　6. 强制拆除违法建筑决定书 …………………………………… 44
　　　(1)强制拆除违法建筑决定书(城镇违法建筑) ……………… 44
　　　(2)强制拆除违法建筑决定书(乡村违法建筑) ……………… 45
　7. 强制拆除违法建筑公告 ……………………………………… 46
　　　(1)强制拆除违法建筑公告(城镇违法建筑) ………………… 46
　　　(2)强制拆除违法建筑公告(乡村违法建筑) ………………… 47
　8. 到场通知书 …………………………………………………… 48
　9. 领取物品通知书 ……………………………………………… 49
(四)国有土地上房屋征收相关法律文书参考格式模板
　　(以浙江省金华市为例) ……………………………………… 50
　1. 国有土地上房屋征收预公告 ………………………………… 50
　　　(1)非旧城区改建项目征收预公告 …………………………… 50
　　　(2)旧城区改建项目征收预公告 ……………………………… 52
　2. 暂停办理相关手续通知 ……………………………………… 53
　3. 入户调查登记和意愿征询的通告 …………………………… 54
　　　(1)非旧城区改建项目入户调查登记的通告 ………………… 54
　　　(2)旧城区改建项目入户调查登记和意愿征询的通告 ……… 56
　4. 征询意愿(旧城区改建项目) ………………………………… 58
　　　(1)征询意愿表 ………………………………………………… 58
　　　(2)征询意愿结果公告 ………………………………………… 59
　5. 调查表 ………………………………………………………… 60
　6. 产权认定 ……………………………………………………… 62
　　　(1)未经登记房屋审核认定表 ………………………………… 62
　　　(2)改变房屋用途审核认定表 ………………………………… 63
　7. 房屋调查结果的公告 ………………………………………… 64
　8. 房屋征收与补偿方案征求意见公告 ………………………… 66
　9. 听证 …………………………………………………………… 77
　　　(1)房屋征收补偿方案听证公告 ……………………………… 77

（2）听证会记录 ··· 78
　　（3）听证会确认登记表 ·· 79
10. 补偿方案征求意见及修改情况的公告 ································· 80
11. 用于产权调换房屋房源信息表 ··· 81
12. 资金到位登记 ··· 82
13. 社会稳定风险评估授权委托书 ··· 83
14. 征收决定 ··· 84
15. 征收决定的公告 ··· 95
16. 选择评估机构通告及选票 ··· 106
　　（1）选择评估机构通告 ·· 106
　　（2）选票 ·· 108
17. 评估机构选择结果公告 ··· 109
　　（1）关于协商选定房地产价格评估机构的公告 ·············· 109
　　（2）未能协商选定房地产价格评估机构的公告 ·············· 110
　　（3）关于投票选定房地产价格评估机构的公告 ·············· 111
　　（4）未能投票选定房地产价格评估机构的公告 ·············· 112
　　（5）关于抽签/摇号选定房地产价格评估机构的公告 ···· 113
18. 评估机构委托合同及委托书 ··· 114
　　（1）评估委托合同 ·· 114
　　（2）评估委托书 ·· 115
19. 分户初步评估结果公示 ··· 116
20. 签约及腾空期限公告 ··· 117
21. 房屋分户评估报告送达回证 ··· 118
22. 补偿协议 ··· 119
　　（1）货币补偿协议 ·· 119
　　（2）产权调换协议 ·· 125
　　（3）产权调换补充协议 ·· 131
23. 旧城区改建签约率达80%的公告（旧城区改建项目）········ 135
24. 支付单 ··· 136

25. 腾空验收交付单 ……………………………………………… 137
26. 房屋征收补偿决定方案 …………………………………… 138
27. 房屋征收补偿决定书 ……………………………………… 140

(五)集体土地及集体土地上房屋征收相关法律文书参考格式
　　模板(以浙江省金华市为例) …………………………………… 142
1. 土地征收预公告 ……………………………………………… 142
2. 暂停办理相关手续通知 ……………………………………… 143
3. 土地房屋现状调查 …………………………………………… 144
　(1) 征收土地情况调查确认表 ……………………………… 144
　(2) 征收土地青苗、地上附着物调查登记表 ……………… 145
　(3) 征收土地权属调查表 …………………………………… 146
　(4) 征收土地权属、青苗及地上附着物调查成果告知书 … 147
　(5) 土地房屋基本情况调查表 ……………………………… 148
4. 社会稳定风险评估授权委托书 ……………………………… 150
5. 征地补偿安置方案公告 ……………………………………… 151
6. 听证告知书 …………………………………………………… 154
7. 村民(代表)会议纪要(征地补偿安置方案及听证事项) … 155
8. 补偿安置协议 ………………………………………………… 157
　(1) 征地补偿安置协议 ……………………………………… 157
　(2) 青苗及附属物补偿协议书 ……………………………… 160
　(3) 房屋征收安置补偿协议 ………………………………… 162
9. 土地征收公告 ………………………………………………… 167
10. 支付单 ……………………………………………………… 169
11. 腾空验收交付单 …………………………………………… 170
12. 补偿安置情况告知书 ……………………………………… 171
13. 征地补偿安置决定书 ……………………………………… 172
14. 行政协议履行催告书 ……………………………………… 173
15. 履行行政协议决定书 ……………………………………… 174

(六)城中村改造实施相关法律文书参考格式模板(以浙江省

金华市为例) ······· 175
　1. 村民(代表)会议纪要(纳入成片开发方案、城中村改造) ······ 175
　　(1) 村民(代表)会议纪要(纳入成片开发方案) ······ 175
　　(2) 村民(代表)会议纪要(城中村改造) ······ 176
　2. 城中村改造项目启动公告 ······ 177
　3. 暂停办理相关手续通知 ······ 178
　4. 土地房屋基本情况调查表 ······ 179
　5. 社会稳定风险评估授权委托书 ······ 181
　6. 城中村改造房屋补偿安置方案 ······ 182
　7. 房屋补偿安置协议 ······ 186
　8. 征收公告 ······ 192
　9. 支付单 ······ 194
　10. 腾空验收交付单 ······ 195
　11. 补偿安置情况告知书 ······ 196
　12. 征地补偿安置决定书 ······ 197
(七) 其他相关法律文书参考格式模板 ······ 198
　1. 履职申请答复书 ······ 198
　2. 信访处理意见书 ······ 199
　3. 土地权属争议处理决定书 ······ 200

三、常用法律法规

(一) 全国性规定 ······ 202
　1. 综合规定 ······ 202
　　中华人民共和国宪法(节录) ······ 202
　　中华人民共和国民法典(节录) ······ 203
　　中华人民共和国土地管理法 ······ 211
　　中华人民共和国土地管理法实施条例 ······ 227
　　中华人民共和国行政强制法 ······ 239

中华人民共和国行政处罚法 ·················· 252
中华人民共和国城乡规划法 ·················· 266
中华人民共和国国家赔偿法 ·················· 278
中华人民共和国村民委员会组织法 ············ 287
中华人民共和国农村集体经济组织法 ·········· 295
村庄和集镇规划建设管理条例 ················ 309
公平竞争审查条例 ·························· 315

2. 政府信息公开 ·································· 319
中华人民共和国政府信息公开条例 ············ 319
最高人民法院关于审理政府信息公开行政案件适用法律若
干问题的解释 ···························· 329
住房和城乡建设部关于推进国有土地上房屋征收与补偿信
息公开工作的实施意见 ···················· 333

3. 行政复议 ······································ 335
中华人民共和国行政复议法 ·················· 335
中华人民共和国行政复议法实施条例 ·········· 352
最高人民法院关于行政机关不依法履行政府信息公开义务
行为是否属于行政复议范围问题的答复 ······ 362
司法部关于印发《行政复议普通程序听取意见办法》《行政
复议普通程序听证办法》《关于进一步加强行政复议调解
工作推动行政争议实质性化解的指导意见》的通知 ········· 363
国务院法制办公室关于依法做好征地补偿安置争议行政复
议工作的通知 ···························· 373

4. 行政诉讼 ······································ 374
中华人民共和国行政诉讼法 ·················· 374
最高人民法院关于适用《中华人民共和国行政诉讼法》的
解释 ···································· 390
最高人民法院研究室关于村民因土地补偿费、安置补助费问
题与村民委员会发生纠纷人民法院应否受理问题的答复 ····· 423

最高人民法院研究室关于人民法院对农村集体经济所得收
　　益分配纠纷是否受理问题的答复 …………………… 423
最高人民法院关于行政诉讼证据若干问题的规定 ……… 424
最高人民法院关于行政诉讼撤诉若干问题的规定 ……… 436
最高人民法院关于审理涉及农村集体土地行政案件若干问
　　题的规定 ……………………………………………… 438
最高人民法院关于在征收拆迁案件中进一步严格规范司法
　　行为积极推进"裁执分离"的通知 …………………… 440
最高人民法院关于正确确定县级以上地方人民政府行政诉
　　讼被告资格若干问题的规定 ………………………… 443
最高人民法院关于正确确定强制拆除行政诉讼案件被告
　　及起诉期限的批复 …………………………………… 445

5. 征收 ………………………………………………………… 446
（1）一般规定 …………………………………………… 446
国务院关于深化改革严格土地管理的决定 ……………… 446
国务院办公厅关于进一步严格征地拆迁管理工作切实维护
　　群众合法权益的紧急通知 …………………………… 453
国土资源部关于贯彻执行《中华人民共和国土地管理法》
　　和《中华人民共和国土地管理法实施条例》若干问题的意见 … 455
国土资源部办公厅关于严格管理防止违法违规征地的紧急
　　通知 …………………………………………………… 458
自然资源听证规定 ………………………………………… 461
财政部 国土资源部关于印发《土地储备资金财务管理办法》的
　　通知 …………………………………………………… 467
最高人民法院关于办理申请人民法院强制执行国有土地上
　　房屋征收补偿决定案件若干问题的规定 …………… 472
最高人民法院关于认真贯彻执行《关于办理申请人民法院强
　　制执行国有土地上房屋征收补偿决定案件若干问题的规
　　定》的通知 …………………………………………… 474

最高人民法院关于征收国有土地上房屋时是否应当对被征收人未经登记的空地和院落予以补偿的答复 …… 477

最高人民法院关于严格执行法律法规和司法解释依法妥善办理征收拆迁案件的通知 …… 478

（2）土地权属 …… 480

土地权属争议调查处理办法 …… 480

国土资源部办公厅关于对农民集体土地确权有关问题的复函 …… 484

国土资源部关于进一步加快宅基地和集体建设用地确权登记发证有关问题的通知 …… 485

自然资源部关于加快宅基地和集体建设用地使用权确权登记工作的通知 …… 488

自然资源部办公厅关于印发《宅基地和集体建设用地使用权确权登记工作问答》的函 …… 491

（3）用地审批 …… 512

国务院关于国土资源部《报国务院批准的建设用地审查办法》的批复 …… 512

建设项目用地预审管理办法 …… 515

建设用地审查报批管理办法 …… 518

各类用地报批会审办法 …… 523

（4）国有土地上房屋征收 …… 525

国有土地上房屋征收与补偿条例 …… 525

住房和城乡建设部关于印发《国有土地上房屋征收评估办法》的通知 …… 531

自然资源部办公厅关于印发《划拨国有建设用地使用权地价评估指导意见（试行）》的通知 …… 536

（5）集体土地征收 …… 539

自然资源部办公厅关于加快制定征收农用地区片综合地价工作的通知 …… 539

财政部、国家发展改革委关于征地补偿安置费性质的批复 …… 542
劳动和社会保障部 国土资源部关于切实做好被征地农民社
　会保障工作有关问题的通知 …………………………………… 542
劳动和社会保障部、民政部、审计署关于做好农村社会养老
　保险和被征地农民社会保障工作有关问题的通知 …… 545
6. 政府采购与招投标 …………………………………………… 548
　中华人民共和国政府采购法 ………………………………… 548
　中华人民共和国招标投标法 ………………………………… 560
　中华人民共和国政府采购法实施条例 ……………………… 570
　中华人民共和国招标投标法实施条例 ……………………… 584
　政府采购货物和服务招标投标管理办法 …………………… 599
　政府购买服务管理办法 ……………………………………… 617
　财政部关于印发《政府采购需求管理办法》的通知 ……… 621
　国务院办公厅关于进一步加强政府采购管理工作的意见 … 629
　住房和城乡建设部关于进一步加强房屋建筑和市政工程项
　　目招标投标监督管理工作的指导意见 …………………… 632
7. 建设工程 ……………………………………………………… 636
　建设工程勘察设计管理条例 ………………………………… 636
　建设工程质量管理条例 ……………………………………… 642
(二)地方性规定(以浙江省及金华市为例) ……………………… 654
1. 综合规定 ……………………………………………………… 654
　浙江省村经济合作社组织条例 ……………………………… 654
　浙江省行政程序办法 ………………………………………… 661
2. 政府信息公开 ………………………………………………… 679
　浙江省高级人民法院行政审判第一庭关于印发《关于审理政
　　府信息公开行政案件若干具体问题的解答》的通知 …… 679
　金华市人民政府关于印发金华市政府信息公开涉密管理暂
　　行办法的通知(部分修订) ………………………………… 690
　金华市人民政府关于印发金华市政府信息发布协调暂行办

法的通知(部分修订) ·············· 692
3. 行政复议 ······················ 694
　　浙江省行政复议听证规则(试行) ········ 694
　　浙江省人民政府行政复议办公室关于行政复议和解调解的
　　　指导意见 ···················· 696
4. 行政诉讼 ······················ 697
　　浙江省高级人民法院行政审判第一庭关于印发《关于审理国
　　　有土地上房屋征收与补偿行政案件具体问题的解答》的
　　　通知 ······················ 697
5. 违法建筑处置 ···················· 704
　　浙江省违法建筑处置规定 ············ 704
　　浙江省人民政府办公厅关于印发浙江省"三改一拆"行动违
　　　法建筑处理实施意见的通知 ·········· 710
　　金华市人民政府办公室关于印发《金华市违法建筑处置暂行
　　　规定》的通知(部分修订) ············ 715
6. 征收 ························ 722
　　(1)一般规定 ·················· 722
　　浙江省土地管理条例 ·············· 722
　　(2)土地权属 ·················· 737
　　浙江省土地权属争议行政处理程序规定 ····· 737
　　(3)国有土地上房屋征收 ············ 743
　　浙江省国有土地上房屋征收与补偿条例 ····· 743
　　金华市市区国有土地上房屋征收与补偿办法 ··· 752
　　金华市住房和城乡建设局关于贯彻实施《金华市市区国有土
　　　地上房屋征收与补偿办法》的若干意见 ····· 766
　　金华市住房和城乡建设局关于印发《金华市市区国有土地上
　　　房屋征收调查认定办法》的通知 ········ 768
　　关于公布《金华市区2024年国有土地上住宅房屋征收临时
　　　安置费和搬迁费补偿标准》的通知 ······· 770

（4）集体土地及集体土地上房屋征收 ………………………… 772
  浙江省自然资源厅关于印发《浙江省土地征收程序规定》的
    通知 …………………………………………………………… 772
  浙江省人力资源和社会保障厅、浙江省财政厅、浙江省自然
    资源厅、国家税务总局浙江省税务局关于进一步做好被征
    地农民参加基本养老保险有关工作的通知 ………………… 776
  浙江省财政厅、浙江省人力资源和社会保障厅、浙江省自然
    资源厅关于印发浙江省被征地农民养老保障资金管理办
    法的通知 ……………………………………………………… 780
  金华市人民政府办公室关于印发金华市区征收集体所有土
    地上房屋补偿实施意见的通知 ……………………………… 783
  金华市人民政府办公室关于印发金华市区城中村改造实施
    办法的通知 …………………………………………………… 791
  金华市人民政府办公室关于重新公布金华市区征地区片综
    合地价的通知 ………………………………………………… 797
  金华市人民政府办公室关于印发市区征收集体土地地上附
    着物和青苗补偿标准（试行）的通知 ……………………… 798
  金华市住房和城乡建设局关于印发《金华市区房屋重置价
    格》的通知 …………………………………………………… 802
  金华市自然资源和规划局、金华市人力资源和社会保障局、
    金华市财政局、金华市农业农村局关于被征地农民参加基
    本生活保障实行"人地对应"的通知 ……………………… 818
  金华市人民政府关于印发《金华市区农村村民住宅建设管理
    试行办法》的通知 …………………………………………… 820

7. 其他 ……………………………………………………………… 827
  浙江省建设工程质量管理条例 ………………………………… 827
  金华市人民政府关于印发金华市人民政府重大行政决策听
    证办法的通知 ………………………………………………… 833
  关于印发金华市建设工程项目招投标"评定分离"改革实施

办法(试行)的通知 …………………………………………… 837
金华市住房和城乡建设局　金华市公共资源交易管理委员会办公室关于印发金华市国有投资建设工程项目招标评标办法(2023版)的通知 …………………………………… 850

一、常见行政程序流程

（部分以浙江省金华市为例）

（一）已建成违法建筑强制拆除程序流程图

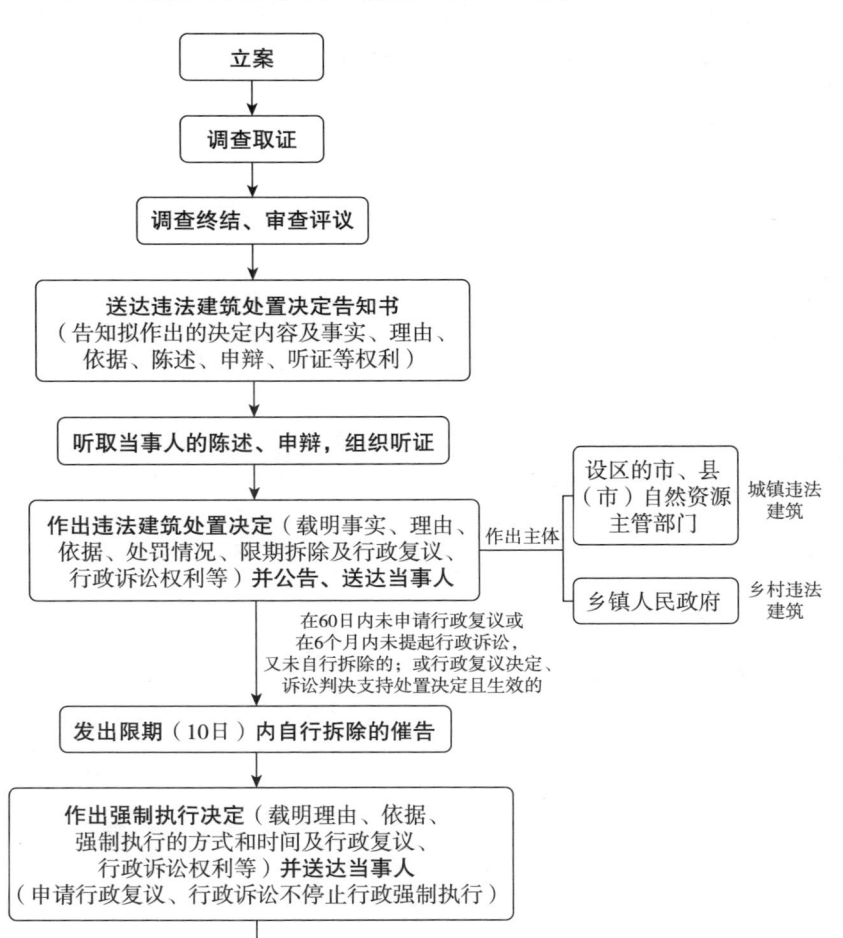

```
立案
 ↓
调查取证
 ↓
调查终结、审查评议
 ↓
送达违法建筑处置决定告知书
（告知拟作出的决定内容及事实、理由、
依据、陈述、申辩、听证等权利）
 ↓
听取当事人的陈述、申辩，组织听证
 ↓
作出违法建筑处置决定（载明事实、理由、     ──作出主体──  设区的市、县      城镇违法
依据、处罚情况、限期拆除及行政复议、                    （市）自然资源     建筑
行政诉讼权利等）并公告、送达当事人                       主管部门

                                                      乡镇人民政府      乡村违法
                                                                        建筑
 ↓ 在60日内未申请行政复议或
   在6个月内未提起行政诉讼，
   又未自行拆除的；或行政复议决定、
   诉讼判决支持处置决定且生效的
发出限期（10日）内自行拆除的催告
 ↓
作出强制执行决定（载明理由、依据、
强制执行的方式和时间及行政复议、
行政诉讼权利等）并送达当事人
（申请行政复议、行政诉讼不停止行政强制执行）
 ↓
```

```
┌─────────────────────────────────┐
│ 发布强制拆除公告（含强制拆除实施 │
│ 时间、相关依据、财物搬离期限等） │
│ 并张贴、书面送达通知当事人到场   │
└─────────────────────────────────┘
                 ↓
┌─────────────────────────────────┐
│ 实施强制拆除（在公证机构或无利害关系第三人 │
│ 见证下将财物登记造册并运送他处存放，通知   │
│ 当事人领取，制作笔录、拍照、录音或录像）   │
└─────────────────────────────────┘
```

流程图制作法律依据：《城乡规划法》《行政强制法》《土地管理法》《土地管理法实施条例》《最高人民法院第一巡回法庭关于行政审判法律适用若干问题的会议纪要》《浙江省违法建筑处置规定》

(二)国有土地上房屋征收程序流程图

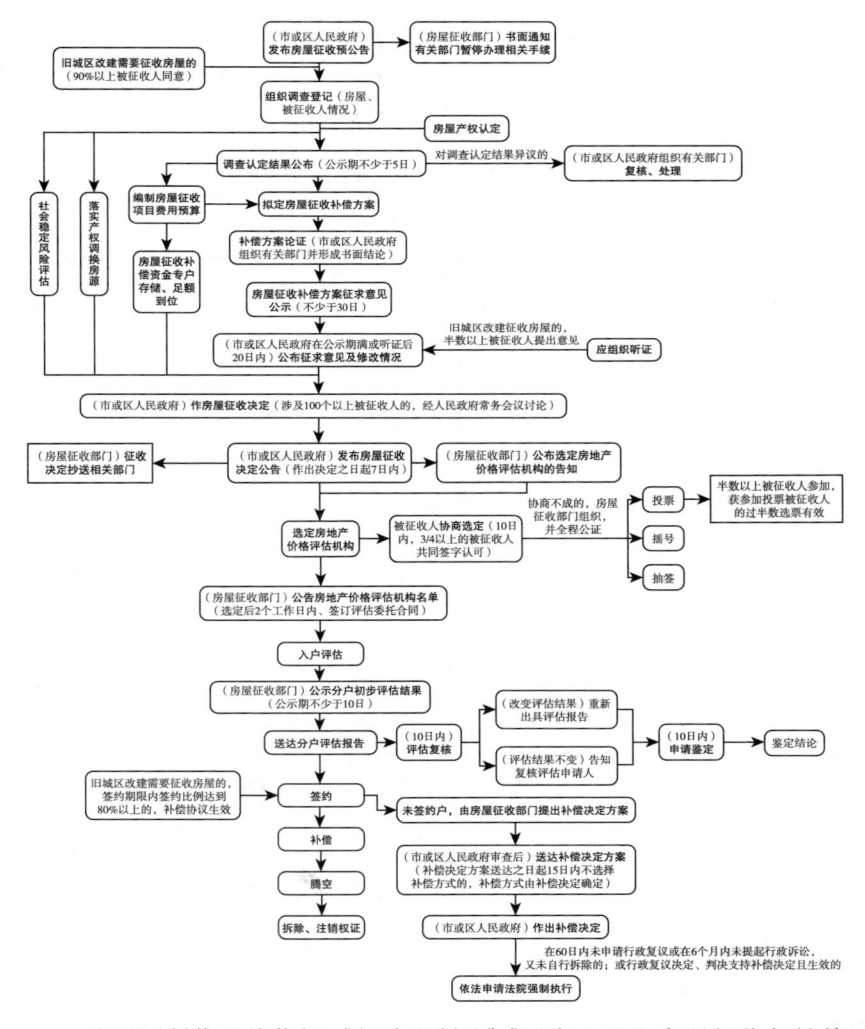

流程图制作法律依据:《行政强制法》《国有土地上房屋征收与补偿条例》《浙江省国有土地上房屋征收与补偿条例》《金华市市区国有土地上房屋征收与补偿办法》

(三)集体土地及集体土地上房屋征收程序流程图

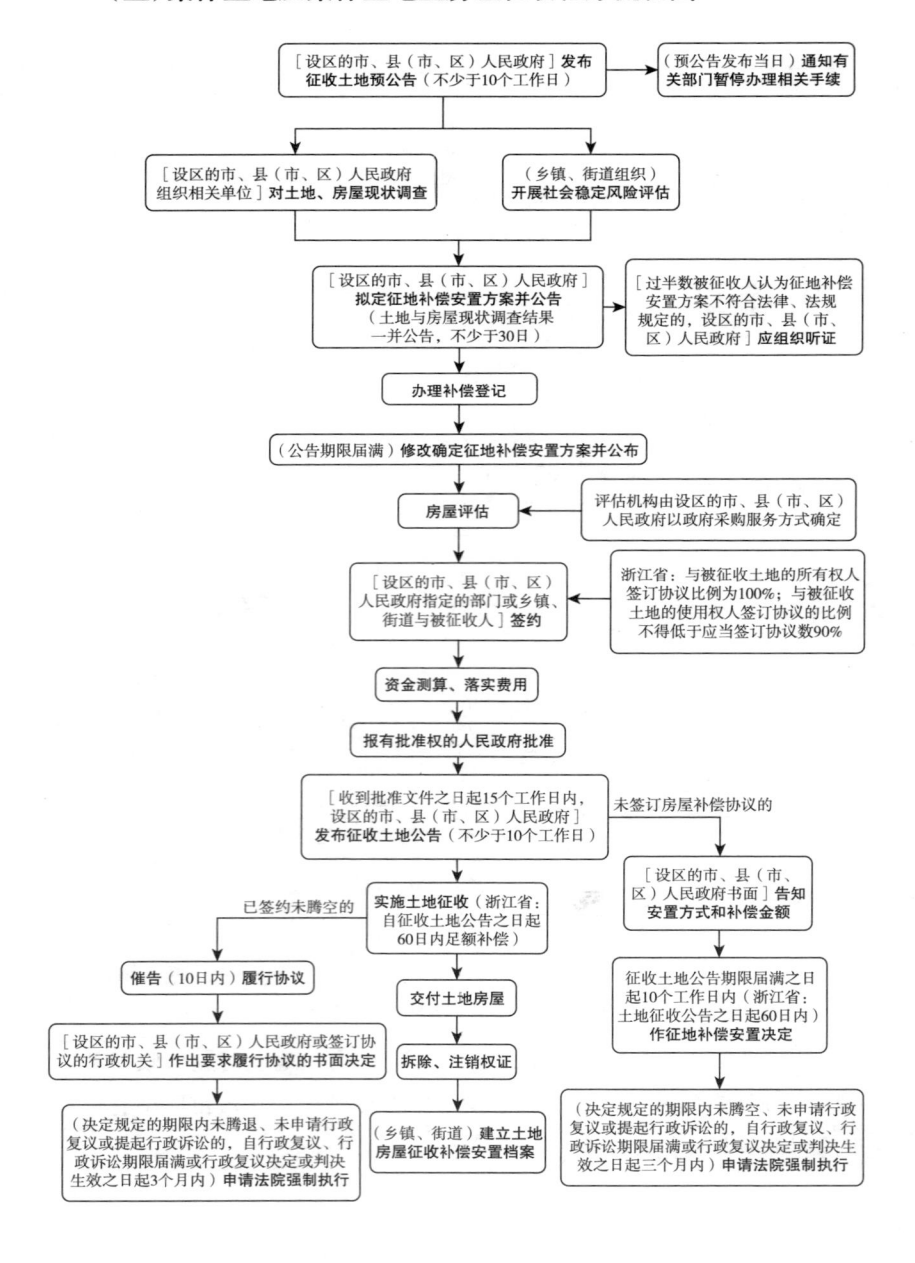

```
[设区的市、县(市、区)人民政府]发布征收土地预公告(不少于10个工作日)
  │
  ├──→ (预公告发布当日)通知有关部门暂停办理相关手续
  ↓
[设区的市、县(市、区)人民政府组织相关单位]对土地、房屋现状调查
(乡镇、街道组织)开展社会稳定风险评估
  ↓
[设区的市、县(市、区)人民政府]拟定征地补偿安置方案并公告
(土地与房屋现状调查结果一并公告,不少于30日)
  │
  ├──→ [过半数被征收人认为征地补偿安置方案不符合法律、法规规定的,设区的市、县(市、区)人民政府]应组织听证
  ↓
办理补偿登记
  ↓
(公告期限届满)修改确定征地补偿安置方案并公布
  ↓
房屋评估 ←── 评估机构由设区的市、县(市、区)人民政府以政府采购服务方式确定
  ↓
[设区的市、县(市、区)人民政府指定的部门或乡镇、街道与被征收人]签约
  └──→ 浙江省:与被征收土地的所有权人签订协议比例为100%;与被征收土地的使用权人签订协议的比例不得低于应当签订协议数90%
  ↓
资金测算、落实费用
  ↓
报有批准权的人民政府批准
  ↓
[收到批准文件之日起15个工作日内,设区的市、县(市、区)人民政府]发布征收土地公告(不少于10个工作日)
  │
  ├──→ 未签订房屋补偿协议的
  │     ↓
  │   [设区的市、县(市、区)人民政府书面]告知安置方式和补偿金额
  │     ↓
  │   征收土地公告期限届满之日起10个工作日内(浙江省:土地征收公告之日起60日内)作征地补偿安置决定
  │     ↓
  │   (决定规定的期限内未腾空、未申请行政复议或提起行政诉讼的,自行政复议、行政诉讼期限届满或行政复议决定或判决生效之日起三个月内)申请法院强制执行
  ↓
实施土地征收(浙江省:自征收土地公告之日起60日内足额补偿)
  │
  ├── 已签约未腾空的
  │     ↓
  │   催告(10日内)履行协议
  │     ↓
  │   [设区的市、县(市、区)人民政府或签订协议的行政机关]作出要求履行协议的书面决定
  │     ↓
  │   (决定规定的期限内未腾退、未申请行政复议或提起行政诉讼的,自行政复议、行政诉讼期限届满或行政复议决定或判决生效之日起3个月内)申请法院强制执行
  ↓
交付土地房屋
  ↓
拆除、注销权证
  ↓
(乡镇、街道)建立土地房屋征收补偿安置档案
```

流程图制作法律依据:《行政强制法》《土地管理法》《土地管理法实施条例》《浙江省土地征收程序规定》《金华市区征收集体所有土地上房屋补偿实施意见》

(四)城中村改造实施程序流程图

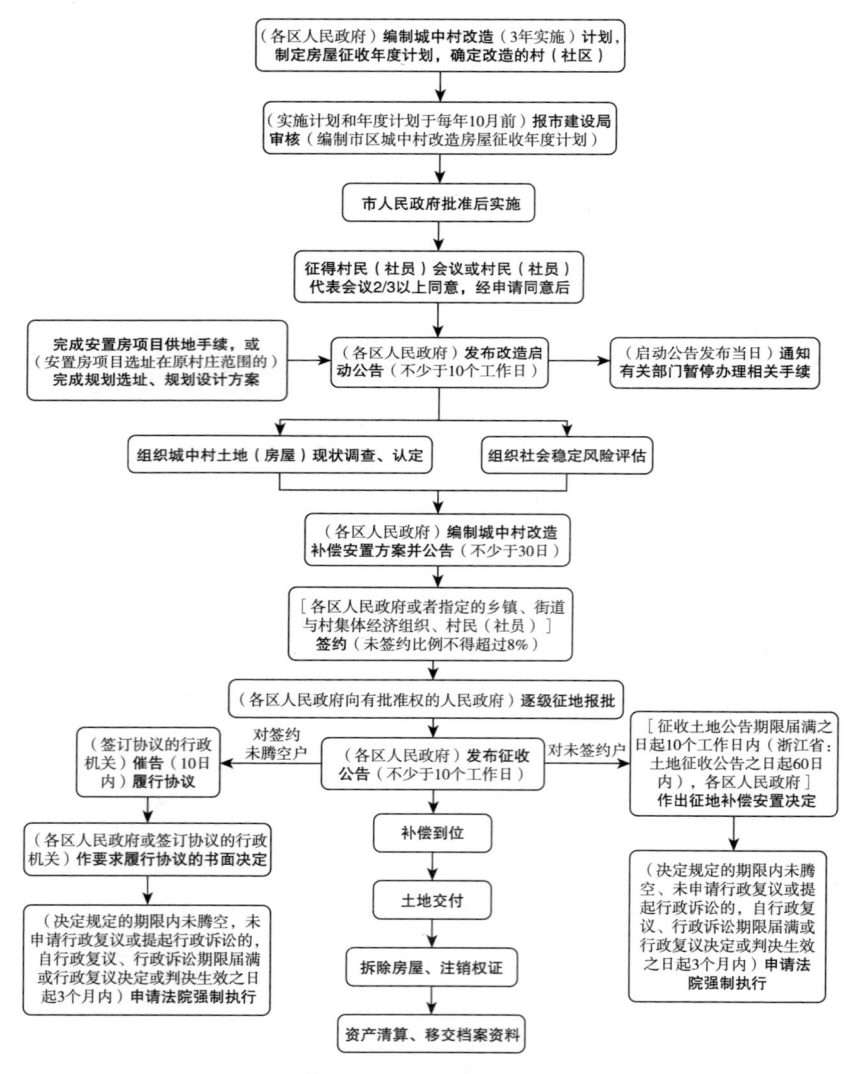

```
(各区人民政府)编制城中村改造(3年实施)计划,
制定房屋征收年度计划,确定改造的村(社区)
            ↓
(实施计划和年度计划于每年10月前)报市建设局
审核(编制市区城中村改造房屋征收年度计划)
            ↓
      市人民政府批准后实施
            ↓
征得村民(社员)会议或村民(社员)
代表会议2/3以上同意,经申请同意后
            ↓
完成安置房项目供地手续,或      (各区人民政府)发布改造启      (启动公告发布当日)通知
(安置房项目选址在原村庄范围的) → 动公告(不少于10个工作日)  → 有关部门暂停办理相关手续
完成规划选址、规划设计方案
            ↓
组织城中村土地(房屋)现状调查、认定    组织社会稳定风险评估
            ↓
(各区人民政府)编制城中村改造
补偿安置方案并公告(不少于30日)
            ↓
[各区人民政府或者指定的乡镇、街道
与村集体经济组织、村民(社员)]
签约(未签约比例不得超过8%)
            ↓
(各区人民政府向有批准权的人民政府)逐级征地报批
            ↓
  对签约未腾空户 ←   (各区人民政府)发布征收   → 对未签约户
                    公告(不少于10个工作日)
            ↓                                          ↓
(签订协议的行政           补偿到位           [征收土地公告期限届满之
机关)催告(10日                               日起10个工作日内(浙江省:
内)履行协议                                  土地征收公告之日起60日
            ↓           土地交付              内),各区人民政府]
(各区人民政府或签订协议的行政                 作出征地补偿安置决定
机关)作要求履行协议的书面决定   拆除房屋、注销权证          ↓
            ↓                                (决定规定的期限内未腾
(决定规定的期限内未腾空,未       资产清算、移交档案资料    空、未申请行政复议或提
申请行政复议或提起行政诉讼的,                              起行政诉讼的,自行政复
自行政复议、行政诉讼期限届满                                议、行政诉讼期限届满或
或行政复议决定或判决生效之日                                行政复议决定或判决生效
起3个月内)申请法院强制执行                                  之日起3个月内)申请法
                                                          院强制执行
```

流程图制作法律依据:《行政强制法》《土地管理法》《土地管理法实施条例》《浙江省土地征收程序规定》《金华市区城中村改造实施办法》

(五)行政强制程序流程图

1. 行政强制措施实施程序流程图

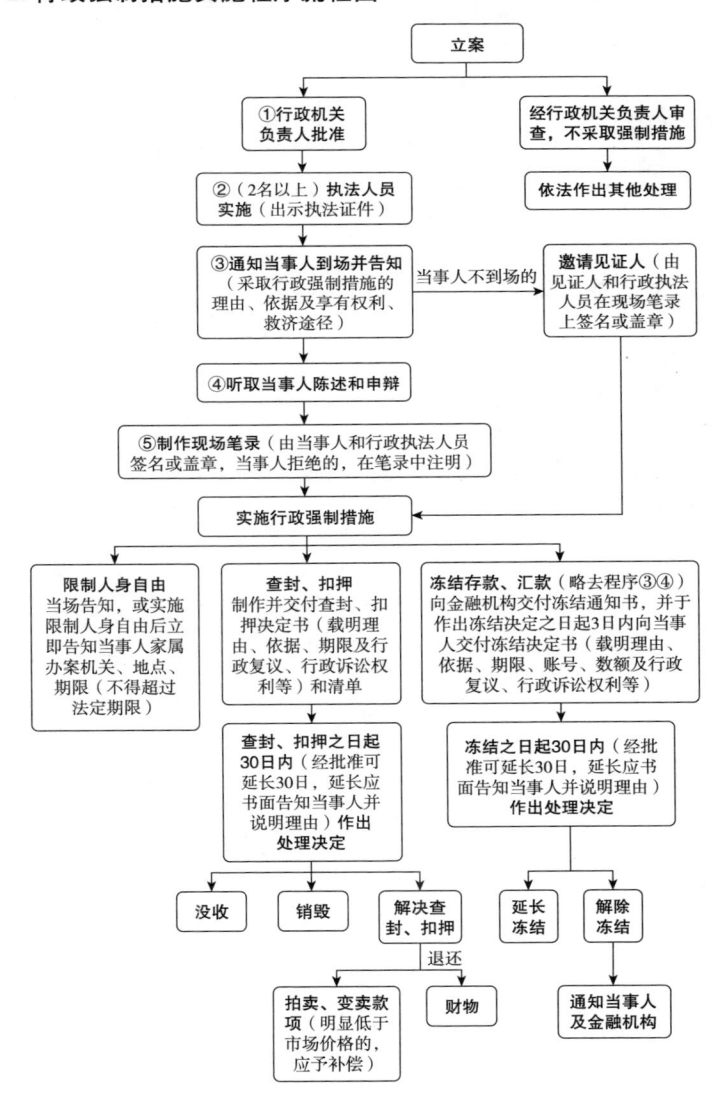

```
                            立案
                              │
                ┌─────────────┴─────────────┐
                ▼                           ▼
         ①行政机关                   经行政机关负责人审
         负责人批准                   查,不采取强制措施
                │                           │
                ▼                           ▼
         ②(2名以上)执法人员            依法作出其他处理
         实施(出示执法证件)
                │
                ▼
         ③通知当事人到场并告知       当事人不到场的      邀请见证人(由
         (采取行政强制措施的       ──────────────→    见证人和行政执法
         理由、依据及享有权利、                        人员在现场笔录
         救济途径)                                    上签名或盖章)
                │
                ▼
         ④听取当事人陈述和申辩
                │
                ▼
         ⑤制作现场笔录(由当事人和行政执法人员
         签名或盖章,当事人拒绝的,在笔录中注明)
                │
                ▼
         实施行政强制措施
                │
    ┌───────────┼───────────────────┐
    ▼           ▼                   ▼
限制人身自由   查封、扣押         冻结存款、汇款(略去程序③④)
当场告知,或实施  制作并交付查封、扣  向金融机构交付冻结通知书,并于
限制人身自由后立  押决定书(载明理   作出冻结决定之日起3日内向当事
即告知当事人家属  由、依据、期限及行  人交付冻结决定书(载明理由、
办案机关、地点、  政复议、行政诉讼权  依据、期限、账号、数额及行政
期限(不得超过    利等)和清单        复议、行政诉讼权利等)
法定期限)
                │                   │
                ▼                   ▼
            查封、扣押之日起      冻结之日起30日内(经批
            30日内(经批准可      准可延长30日,延长应书
            延长30日,延长应      面告知当事人并说明理由)
            书面告知当事人并      作出处理决定
            说明理由)作出
            处理决定
                │                   │
    ┌───────┬───┴───┐           ┌───┴───┐
    ▼       ▼       ▼           ▼       ▼
  没收    销毁   解决查          延长    解除
                封、扣押         冻结    冻结
                    │退还                 │
            ┌───────┴───┐                ▼
            ▼           ▼            通知当事人
         拍卖、变卖款   财物          及金融机构
         项(明显低于
         市场价格的,
         应予补偿)
```

流程图制作法律依据:《行政强制法》

2. 行政强制措施紧急程序流程图

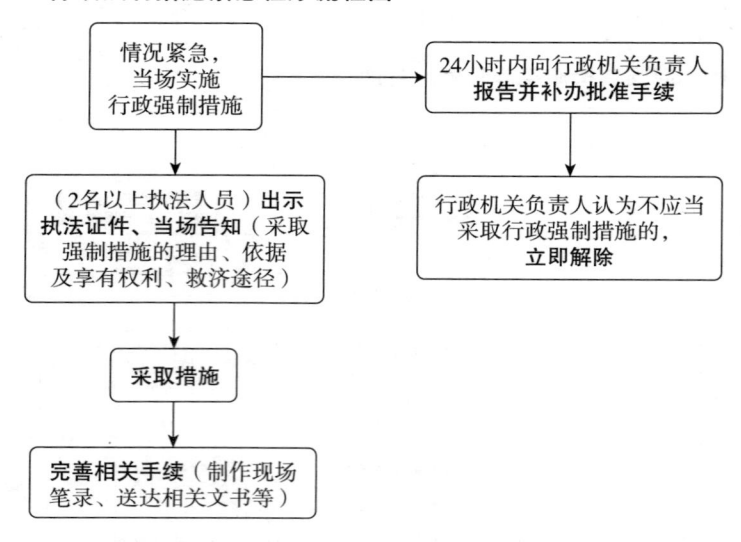

```
         ┌──────────────┐              ┌──────────────────────┐
         │   情况紧急，  │─────────────▶│ 24小时内向行政机关负责人│
         │   当场实施    │              │   报告并补办批准手续   │
         │ 行政强制措施  │              └──────────────────────┘
         └──────┬───────┘                         │
                │                                 ▼
                ▼                      ┌──────────────────────┐
    ┌────────────────────────┐         │ 行政机关负责人认为不应当│
    │（2名以上执法人员）出示   │         │  采取行政强制措施的，  │
    │  执法证件、当场告知（采取│         │        立即解除        │
    │  强制措施的理由、依据    │         └──────────────────────┘
    │  及享有权利、救济途径）  │
    └────────────┬───────────┘
                 ▼
         ┌──────────────┐
         │    采取措施   │
         └──────┬───────┘
                ▼
    ┌────────────────────────┐
    │ 完善相关手续（制作现场  │
    │  笔录、送达相关文书等）  │
    └────────────────────────┘
```

流程图制作法律依据：《行政强制法》

3. 行政强制执行程序流程图

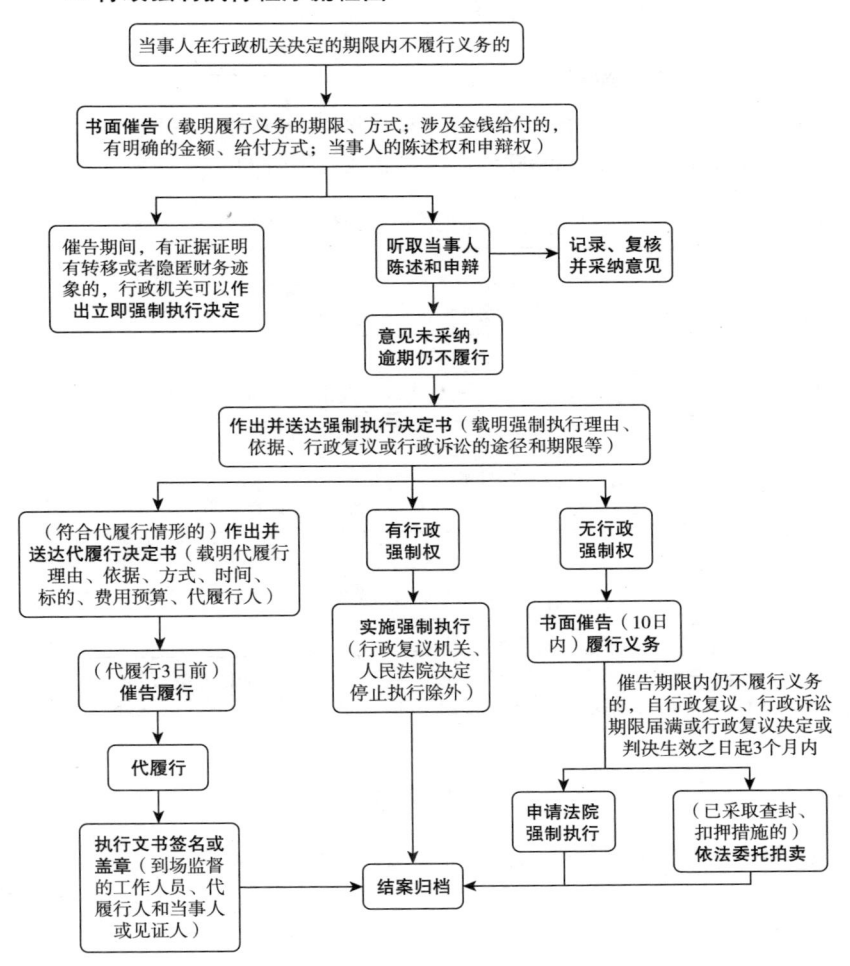

```
当事人在行政机关决定的期限内不履行义务的
            ↓
书面催告（载明履行义务的期限、方式；涉及金钱给付的，
有明确的金额、给付方式；当事人的陈述权和申辩权）
     ↓                    ↓
催告期间，有证据证明    听取当事人  →  记录、复核
有转移或者隐匿财务迹    陈述和申辩      并采纳意见
象的，行政机关可以作        ↓
出立即强制执行决定    意见未采纳，
                      逾期仍不履行
                           ↓
            作出并送达强制执行决定书（载明强制执行理由、
            依据、行政复议或行政诉讼的途径和期限等）
     ↓                    ↓              ↓
（符合代履行情形的）作出并   有行政        无行政
送达代履行决定书（载明代履行  强制权        强制权
理由、依据、方式、时间、       ↓             ↓
标的、费用预算、代履行人）  实施强制执行   书面催告（10日
     ↓                  （行政复议机关、  内）履行义务
（代履行3日前）           人民法院决定       ↓
催告履行                  停止执行除外）  催告期限内仍不履行义务
     ↓                                  的，自行政复议、行政诉讼
代履行                                   期限届满或行政复议决定或
     ↓                                  判决生效之日起3个月内
执行文书签名或                              ↓           ↓
盖章（到场监督                          申请法院     （已采取查封、
的工作人员、代                           强制执行     扣押措施的）
履行人和当事人                              ↓         依法委托拍卖
或见证人）                               结案归档
```

流程图制作法律依据：《行政强制法》

（六）行政处罚程序流程图

1. 行政处罚简易程序流程图

适用条件：违法事实确凿并有法定依据，对公民处以 200 元以下、对法人或者其他组织处以 3000 元以下罚款或者警告的。

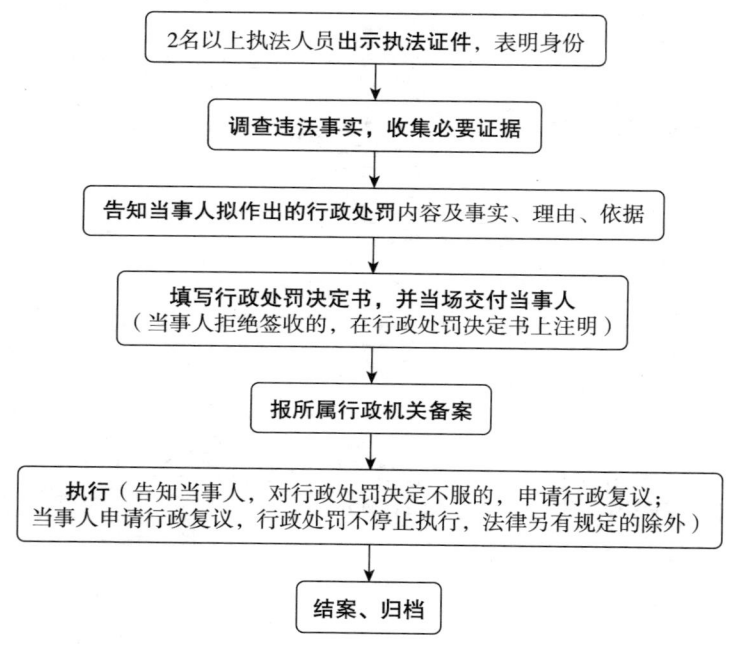

```
┌─────────────────────────────────────────┐
│ 2名以上执法人员出示执法证件，表明身份        │
└─────────────────────────────────────────┘
                    ↓
┌─────────────────────────────────────────┐
│ 调查违法事实，收集必要证据                   │
└─────────────────────────────────────────┘
                    ↓
┌─────────────────────────────────────────┐
│ 告知当事人拟作出的行政处罚内容及事实、理由、依据 │
└─────────────────────────────────────────┘
                    ↓
┌─────────────────────────────────────────┐
│ 填写行政处罚决定书，并当场交付当事人           │
│ （当事人拒绝签收的，在行政处罚决定书上注明）     │
└─────────────────────────────────────────┘
                    ↓
┌─────────────────────────────────────────┐
│ 报所属行政机关备案                          │
└─────────────────────────────────────────┘
                    ↓
┌─────────────────────────────────────────┐
│ 执行（告知当事人，对行政处罚决定不服的，申请行政复议；│
│ 当事人申请行政复议，行政处罚不停止执行，法律另有规定的除外）│
└─────────────────────────────────────────┘
                    ↓
┌─────────────────────────────────────────┐
│ 结案、归档                                │
└─────────────────────────────────────────┘
```

流程图制作法律依据：《行政处罚法》

一、常见行政程序流程(部分以浙江省金华市为例) | 11

2. 行政处罚普通程序流程图

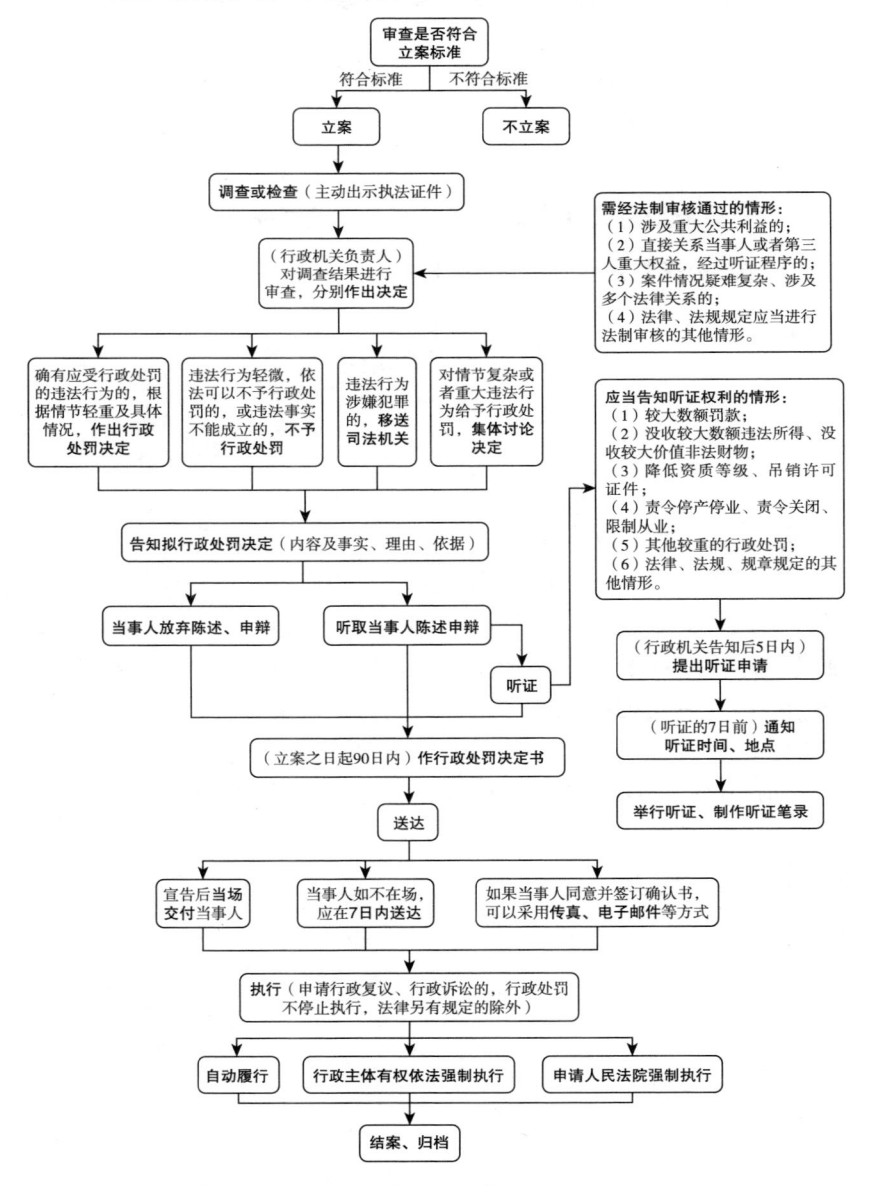

```
                    ┌──────────────┐
                    │审查是否符合  │
                    │  立案标准    │
                    └──────┬───────┘
              符合标准 ─────┴───── 不符合标准
                 │                    │
              ┌──┴──┐              ┌──┴──┐
              │立案 │              │不立案│
              └──┬──┘              └─────┘
                 ↓
      ┌─────────────────────────────┐
      │调查或检查（主动出示执法证件）│
      └──────────────┬──────────────┘
                     ↓
      ┌──────────────────┐        需经法制审核通过的情形：
      │（行政机关负责人） │        （1）涉及重大公共利益的；
      │对调查结果进行    │←──── （2）直接关系当事人或者第三
      │审查，分别作出决定│        人重大权益，经过听证程序的；
      └──────────────────┘        （3）案件情况疑难复杂、涉及
                                   多个法律关系的；
                                   （4）法律、法规规定应当进行
                                   法制审核的其他情形。
```

```
┌──────────┬──────────┬──────────┬──────────┐
│确有应受行│违法行为轻│违法行为  │对情节复杂或│
│政处罚的违│微，依法可│涉嫌犯罪  │者重大违法行│
│法行为的，│以不予行政│的，移送  │为给予行政处│
│根据情节轻│处罚的，或│司法机关  │罚，集体讨论│
│重及具体情│违法事实不│          │决定        │
│况，作出行│能成立的，│          │            │
│政处罚决定│不予行政处│          │            │
│          │罚        │          │            │
└────┬─────┴────┬─────┴────┬─────┴─────┬─────┘
```

应当告知听证权利的情形：
（1）较大数额罚款；
（2）没收较大数额违法所得、没收较大价值非法财物；
（3）降低资质等级、吊销许可证件；
（4）责令停产停业、责令关闭、限制从业；
（5）其他较重的行政处罚；
（6）法律、法规、规章规定的其他情形。

```
      ↓
┌─────────────────────────────────────┐
│告知拟行政处罚决定（内容及事实、理由、依据）│
└──────────────┬──────────────────────┘
         ┌─────┴──────┐
         ↓            ↓
┌────────────────┐ ┌────────────────┐
│当事人放弃陈述、│ │听取当事人陈述申辩│
│申辩            │ └────────┬───────┘
└────────────────┘          ↓
                        ┌──────┐
                        │ 听证 │
                        └──────┘
```

（行政机关告知后5日内）提出听证申请

（听证的7日前）通知听证时间、地点

举行听证、制作听证笔录

```
      ↓
（立案之日起90日内）作出行政处罚决定书
      ↓
    送达
      ↓
┌──────────┬──────────────┬──────────────────┐
│宣告后当场│当事人如不在场│如果当事人同意并签订│
│交付当事人│应在7日内送达 │确认书，可以采用传真│
│          │              │、电子邮件等方式    │
└──────────┴──────────────┴──────────────────┘
      ↓
执行（申请行政复议、行政诉讼的，行政处罚
不停止执行，法律另有规定的除外）
      ↓
┌──────────┬──────────────────┬──────────────────┐
│自动履行  │行政主体有权依法强制│申请人民法院强制执行│
│          │执行                │                    │
└──────────┴──────────────────┴──────────────────┘
      ↓
  结案、归档
```

流程图制作法律依据：《行政处罚法》

二、地方政府常用法律文书参考格式模板

(一)政府信息公开申请答复书参考格式模板

1. 予以公开答复书(已对外公开)①

政府信息公开申请答复书

文号：

(申请人姓名或者单位名称)：

　　本机关于_____年___月___日收到你(单位)提交的《政府信息公开申请书》。你(单位)申请公开的_____本机关已通过(政府信息具体发布网址)对外公开，请你自行查阅、获取。根据《中华人民共和国政府信息公开条例》第三十六条第(一)项的规定，现予告知。

　　如对本答复不服，可以在收到本答复之日起六十日内向_____人民政府或者_____部门申请行政复议，或者在六个月内向_____人民法院提起行政诉讼。

行政机关名称
（印章）
年 月 日

---

　　① 如果是县级以上地方人民政府指定的政府信息公开工作机构负责本机关政府信息公开日常工作，落款处的"行政机关名称"为该县级以上地方人民政府政府信息公开工作机构，下同。

2. 予以公开答复书(复印提供)

政府信息公开申请答复书

文号：

(申请人姓名或者单位名称)：

  本机关于_____年____月____日收到你(单位)提交的《政府信息公开申请书》。

  经审查，你(单位)申请公开的_____本机关予以公开，根据《中华人民共和国政府信息公开条例》第三十六条第(二)项的规定，本机关将该政府信息提供给你(复印件附后)。

  如对本答复不服，可以在收到本答复之日起六十日内向_____人民政府或者_____部门申请行政复议，或者在六个月内向_____人民法院提起行政诉讼。

行政机关名称
（印章）
年　月　日

3. 予以公开答复书（近期对外公开）

政府信息公开申请答复书

文号：

（申请人姓名或者单位名称）：

　　本机关于＿＿＿＿年＿＿月＿＿日收到你（单位）提交的《政府信息公开申请书》。

　　你（单位）申请公开的＿＿＿＿＿＿＿＿＿本机关将于近期内主动公开，你可通过 （获取的方式、途径和时间） 获取。根据《中华人民共和国政府信息公开条例》第三十六条第（二）项的规定，现予告知。

　　如对本答复不服，可以在收到本答复之日起六十日内向＿＿＿＿人民政府或者＿＿＿＿部门申请行政复议，或者在六个月内向＿＿＿＿人民法院提起行政诉讼。

行政机关名称

（印章）

年　月　日

4. 不予公开答复书（国家秘密类）

政府信息公开申请答复书

文号：

（申请人姓名或者单位名称）：

　　本机关于＿＿＿＿年＿＿月＿＿日收到你（单位）提交的《政府信息公开申请书》。

　　经审查，你（单位）申请公开的信息属于国家秘密，根据《中华人民共和国政府信息公开条例》第十四条、第三十六条第（三）项的规定，本机关决定不予公开。

　　如对本答复不服，可以在收到本答复之日起六十日内向＿＿＿＿人民政府或者＿＿＿＿部门申请行政复议。

行政机关名称
（印章）
年　月　日

5. 不予公开答复书(法律、行政法规禁止类)

政府信息公开申请答复书

文号：

（申请人姓名或者单位名称）：

　　本机关于_____年___月___日收到你(单位)提交的《政府信息公开申请书》。

　　经审查，你(单位)申请公开的关于_____的政府信息，根据《(特别法律、行政法规)》第　　条、《中华人民共和国政府信息公开条例》第十四条、第三十六条第(三)项的规定，本机关决定不予公开。

　　如对本答复不服，可以在收到本答复之日起六十日内向_____人民政府或者_____部门申请行政复议。

行政机关名称
（印章）
年　月　日

6. 不予公开答复书("三安全、一稳定"类)

政府信息公开申请答复书

文号：

(申请人姓名或者单位名称)：

　　本机关于_____年__月__日收到你(单位)提交的《政府信息公开申请书》。

　　经审查，你(单位)申请公开的_____，公开后可能危及　(国家安全/公共安全/经济安全/社会稳定)　，根据《中华人民共和国政府信息公开条例》第十四条、第三十六条第(三)项的规定，本机关决定不予公开。

　　如对本答复不服，可以在收到本答复之日起六十日内向_____人民政府或者_____部门申请行政复议。

行政机关名称
（印章）
年　月　日

7. 不予公开答复书（第三方合法权益保护类）

政府信息公开申请答复书

文号：

（申请人姓名或者单位名称）：

　　本机关于＿＿＿＿年＿＿月＿＿日收到你（单位）提交的《政府信息公开申请书》。

　　你（单位）申请公开的＿＿＿＿＿＿＿＿＿，涉及 （商业秘密/个人隐私） ，经征求第三方意见和审查，该政府信息公开后会损害第三方合法权益，根据《中华人民共和国政府信息公开条例》第三十二条、第三十六条第（三）项的规定，本机关决定不予公开。

　　如对本答复不服，可以在收到本答复之日起六十日内向＿＿＿＿人民政府或者＿＿＿＿部门申请行政复议。

行政机关名称
（印章）
年　月　日

8. 予以公开答复书(第三方合法权益保护类)

政府信息公开申请答复书

文号：

(申请人姓名或者单位名称)：

　　本机关于_____年___月___日收到你(单位)提交的《政府信息公开申请书》。

　　你(单位)申请公开的_____,涉及___(商业秘密/个人隐私)___,经征求第三方意见,第三方同意公开。经审查,根据《中华人民共和国政府信息公开条例》第三十二条、第三十六条第(二)项的规定,现提供给你(复印件附后)。

　　如对本答复不服,可以在收到本答复之日起六十日内向_____人民政府或者_____部门申请行政复议,或者在六个月内向_____人民法院提起行政诉讼。

行政机关名称
（印章）
年　月　日

9. (经审查决定)予以公开答复书(第三方合法权益保护类)

政府信息公开申请答复书

文号：

（申请人姓名或者单位名称）：

　　本机关于_____年___月___日收到你(单位)提交的《政府信息公开申请书》。

　　你(单位)申请公开的_____,涉及__(商业秘密/个人隐私)__,经征求第三方意见,第三方不同意公开。经审查,本机关认为不公开可能会对公共利益造成重大影响,根据《中华人民共和国政府信息公开条例》第三十二条、第三十六条第(二)项的规定,决定予以公开,现提供给你(复印件附后)。

　　如对本答复不服,可以在收到本答复之日起六十日内向_____人民政府或者_____部门申请行政复议,或者在六个月内向_____人民法院提起行政诉讼。

行政机关名称
（印章）
年　月　日

10. 予以（部分）公开答复书（第三方合法权益保护类）

政府信息公开申请答复书

文号：

（申请人姓名或者单位名称）：

本机关于_____年___月___日收到你（单位）提交的《政府信息公开申请书》。

你（单位）申请公开的_____,涉及 （商业秘密/个人隐私）,经征求第三方意见,第三方同意部分公开。经审查,根据《中华人民共和国政府信息公开条例》第三十二条、第三十六条第（二）项、第三十七条的规定,现作区分处理后将可以公开的信息提供给你（复印件附后）。

如对本答复不服,可以在收到本答复之日起六十日内向_____人民政府或者_____部门申请行政复议,或者在六个月内向_____人民法院提起行政诉讼。

行政机关名称
（印章）
年 月 日

11. 不予公开答复书（内部事务信息）

政府信息公开申请答复书

文号：

（申请人姓名或者单位名称）：

　　本机关于_____年___月___日收到你（单位）提交的《政府信息公开申请书》。

　　经审查，你（单位）申请公开的_____，属于本机关的　（人事管理/后勤管理/内部工作流程）　信息，根据《中华人民共和国政府信息公开条例》第十六条第一款、第三十六条第（三）项的规定，本机关决定不予公开。

　　如对本答复不服，可以在收到本答复之日起六十日内向_____人民政府或者_____部门申请行政复议。

行政机关名称

（印章）

年　月　日

12. 不予公开答复书(过程性信息)

政府信息公开申请答复书

文号：

（申请人姓名或者单位名称）：

  本机关于_____年___月___日收到你(单位)提交的《政府信息公开申请书》。

  经审查，你(单位)申请公开的_____，属于本机关在履行行政管理职能过程中形成的__(讨论记录/过程稿/磋商信函/请示报告)__，根据《中华人民共和国政府信息公开条例》第十六条第二款、第三十六条第(三)项的规定，本机关决定不予公开。

  如对本答复不服，可以在收到本答复之日起六十日内向_____人民政府或者_____部门申请行政复议。

行政机关名称
（印章）
年　月　日

13. 不予公开答复书（行政执法案卷）

政府信息公开申请答复书

文号：

（申请人姓名或者单位名称）：

　　本机关于＿＿＿＿年＿＿月＿＿日收到你（单位）提交的《政府信息公开申请书》。

　　经审查，你（单位）申请公开的＿＿＿＿＿＿＿＿＿＿＿，属于本机关在履行行政管理职能过程中形成的行政执法案卷信息，根据《中华人民共和国政府信息公开条例》第十六条第二款、第三十六条第（三）项的规定，本机关决定不予公开。

　　如对本答复不服，可以在收到本答复之日起六十日内向＿＿＿＿＿＿人民政府或者＿＿＿＿＿＿部门申请行政复议。

行政机关名称

（印章）

年　月　日

14. 无法提供答复书（本机关不掌握相关政府信息）

政府信息公开申请答复书

文号：

（申请人姓名或者单位名称）：

　　本机关于_____年___月___日收到你（单位）提交的《政府信息公开申请书》。

　　经检索，你（单位）申请公开的_____不存在，根据《中华人民共和国政府信息公开条例》第三十六条第（四）项的规定，现予告知。

　　如对本答复不服，可以在收到本答复之日起六十日内向_____人民政府或者_____部门申请行政复议，或者在六个月内向_____人民法院提起行政诉讼。

行政机关名称
（印章）
年　月　日

15. 无法提供答复书(本机关不掌握但提供有关单位信息)

政府信息公开申请答复书

文号：

(申请人姓名或者单位名称)：

　　本机关于_____年____月____日收到你(单位)提交的《政府信息公开申请书》。

　　经审查，你(单位)申请公开的_____,本机关不掌握。据初步判断，__(机关名称)__可能掌握相关信息，根据《中华人民共和国政府信息公开条例》第三十六条第(五)项的规定，建议你(单位)依法向有关单位了解获取该信息,联系地址：_____,联系电话：_____。

　　如对本答复不服，可以在收到本答复之日起六十日内向_____人民政府或者_____部门申请行政复议，或者在六个月内向_____人民法院提起行政诉讼。

行政机关名称
（印章）
年　月　日

16. 无法提供答复书（没有现成信息，需要另行制作）

政府信息公开申请答复书

文号：

（申请人姓名或者单位名称）：

  本机关于_____年___月___日收到你（单位）提交的《政府信息公开申请书》。

  经审查，你（单位）申请公开的_____不是本机关已制作或者获取的政府信息，需要本机关对现有政府信息进行加工、分析，根据《中华人民共和国政府信息公开条例》第三十八条的规定，本机关不予提供。

  如对本答复不服，可以在收到本答复之日起六十日内向_____人民政府或者_____部门申请行政复议，或者在六个月内向_____人民法院提起行政诉讼。

行政机关名称
（印章）
年　月　日

17. 无法提供答复书（补正后申请内容仍不明确）

政府信息公开申请答复书

文号：

（申请人姓名或者单位名称）：

　　本机关于＿＿＿＿年＿＿月＿＿日收到你（单位）提交的《政府信息公开申请书》。本机关于＿＿＿＿年＿＿月＿＿日通知你（单位）补正，你（单位）于＿＿＿＿年＿＿月＿＿日提交补正材料。

　　经审查，补正后仍不明确，本机关无法提供。

　　如对本答复不服，可以在收到本答复之日起六十日内向＿＿＿＿人民政府或者＿＿＿＿部门申请行政复议，或者在六个月内向＿＿＿＿人民法院提起行政诉讼。

行政机关名称
（印章）
年　月　日

18. 无法提供答复书（信访、举报、投诉等诉求类申请）

政府信息公开申请答复书

文号：

（申请人姓名或者单位名称）：

本机关于_____年___月___日收到你（单位）提交的《政府信息公开申请书》。

经审查，你（单位）提交的_____政府信息公开申请，属于 （信访/投诉/举报事项） ，根据《中华人民共和国政府信息公开条例》第三十九条第一款的规定，本机关不作为政府信息公开申请处理。你（单位）可以通过(相应渠道) 提出。

如对本答复不服，可以在收到本答复之日起六十日内向_____人民政府或者_____部门申请行政复议，或者在六个月内向_____人民法院提起行政诉讼。

行政机关名称

（印章）

年　月　日

19. 不予处理答复书(重复申请)

政府信息公开申请答复书

文号：

（申请人姓名或者单位名称）：

　　本机关于_____年___月___日收到你（单位）提交的《政府信息公开申请书》。

　　经审查，你（单位）提交的_____政府信息公开申请，本机关已于_____年___月___日作出《政府信息公开申请答复书》（文号：_____）。根据《中华人民共和国政府信息公开条例》第三十六条第（六）项的规定，本机关不予重复处理。

　　如对本答复不服，可以在收到本答复之日起六十日内向_____人民政府或者_____部门申请行政复议，或者在六个月内向_____人民法院提起行政诉讼。

行政机关名称
（印章）
年　月　日

20. 不予处理答复书（行政查询事项）

政府信息公开申请答复书

文号：

（申请人姓名或者单位名称）：

　　本机关于_____年___月___日收到你（单位）提交的《政府信息公开申请书》。

　　经审查，你（单位）申请公开的_____，属于工商、不动产登记资料等信息，__(有关法律、行政法规名称)__对该信息的获取有特别规定。根据《中华人民共和国政府信息公开条例》第三十六条第（七）项的规定，请你依照__(有关法律、行政法规名称)__的规定办理。

　　如对本答复不服，可以在收到本答复之日起六十日内向_____人民政府或者_____部门申请行政复议，或者在六个月内向_____人民法院提起行政诉讼。

行政机关名称
（印章）
年　月　日

21. 不予处理答复书（要求提供公开出版物）

政府信息公开申请答复书

文号：

<u>（申请人姓名或者单位名称）</u>：

　　本机关于_____年___月___日收到你（单位）提交的《政府信息公开申请书》。

　　经审查，你（单位）提交的_____政府信息公开申请，要求本机关提供 <u>（政府公报/报刊/书籍）</u>，根据《中华人民共和国政府信息公开条例》第三十九条第二款的规定，你（单位）可以通过_____<u>（具体途径）</u>_____获取。

　　如对本答复不服，可以在收到本答复之日起六十日内向_____人民政府或者_____部门申请行政复议，或者在六个月内向_____人民法院提起行政诉讼。

行政机关名称
（印章）
年　月　日

(二)行政复议答复及行政诉讼答辩相关法律文书参考格式模板

1. 行政复议答复书

行政复议答复书

____政复〔20____〕____号

答复人：_____,住所地_____。

法定代表人：_____,(职务)。

申请人_____不服__(某一具体行政行为)__提出行政复议申请一案,答复人现依法答复如下：

一、答复人作出的(某一具体行政行为)主体适格

……

二、答复人作出的(某一具体行政行为)有法律依据,内容适当

……

三、答复人作出的(某一具体行政行为)程序合法

……

(从行政行为主体适格、行政行为内容合法、行政行为程序合法方面论述行政行为合法,适度回应行政复议申请书中的其他内容)

综上,答复人作出的(某一具体行政行为)事实清楚,证据确凿,有法律依据,程序合法,内容适当,请求依法驳回申请人的行政复议请求。

此致
(行政复议机关名称)

答复人:行政机关名称
(印章)
年 月 日

2. 行政答辩状

行政答辩状

（20____）_____行___号

答辩人：_____，住所地_____。

法定代表人：_____，(职务)。

被答辩人：_____，性别____，____族，_____年____月____日出生，住_____，居民身份证号码为_____。

被答辩人_____诉答辩人_____（案由）_____一案，现答辩人根据事实与法律，提出如下答辩意见：

一、答辩人作出的(某一具体行政行为)主体适格

……

二、答辩人作出的(某一具体行政行为)有法律依据，内容适当

……

三、答辩人作出的(某一具体行政行为)程序合法

……

（从行政行为主体适格、行政行为内容有法律依据、行政行为程序合法方面论述行政行为合法，适度回应行政起诉状中的其他内容）

综上，答辩人作出(某一具体行政行为)程序合法、适用依据正确、内容适当，请求依法驳回被答辩人的诉讼请求。

此致
（具体人民法院名称）

答复人：行政机关名称

（印章）

年 月 日

（三）强制拆除已建违法建筑相关法律文书参考格式模板

1. 现场检查（勘验）笔录

现场检查（勘验）笔录

检查（勘验）地点：_____
检查（勘验）时间：_____年____月____日____时____分至____时____分
被检查（勘验）人：_____
身份证号码（统一社会信用代码）：_____
住址或住所：_____
联系电话：_____
在场人：_____ 职务：_____ 联系电话：_____
检查（勘验）人：_____ 记录人：_____

表明身份及告知记录：我们是_____的行政执法人员（出示证件），现依法进行现场检查（勘验）。你（单位）享有以下权利：执法人员少于2人或者所出示的执法证件与其身份不符的，有权拒绝调查；依法享有申请回避以及陈述和申辩的权利。同时，你（单位）具有协助行政机关检查的义务。

现场检查（勘验）情况：
附件：1. 现场情况附图；
  2. 现场照片____张；
  3. 现场摄像____分钟。
（以下无正文）

被检查（勘验）人签名：　　　　见证人签名：
检查（勘验）人签名：　　　　　记录人签名：

2. 调查（询问）笔录

调查（询问）笔录

时间：_____年___月___日___时___分至___时___分

地点：_____

调查（询问）事由：_____

调查（询问）人：_____

执法证件号：_____

记录人：_____

执法证件号：_____

翻译人员：_____

被调查（询问）人姓名：_____ 性别：___ 民族：___ 国籍：___

出生年月：_____ 政治面貌：_____ 文化程度：_____

电话：_____

与本案关系：_____

身份证或其他有效证件号：_____

工作单位或住址：_____

告知：我们是_____的执法人员（出示执法证），根据《中华人民共和国行政处罚法》第五十五条的规定，依法进行调查。执法人员少于2人或身份与执法证件不符的，你有权拒绝调查询问；在接受调查（询问）之前，你有申请我们回避的权利；在调查（询问）过程中，你有陈述、申辩的权利；同时，你应当如实提供证据并协助调查，不得作伪证，否则将承担法律责任。你是否听清楚了？

答：听清楚了。

问：你是否申请回避？

答：

……

（围绕违法建筑物、构筑物的责任主体，违法建筑物、构筑物的具体方位，违法建筑物、构筑物危害后果等关键案情展开调查并尽可能用调查对象原话记录调查内容）

问：你是否有阅读能力，若阅读有困难，我们可以读给你听。请你仔细核对以上笔录，若笔录有误请指出来，我们将给予更正，若笔录与你说的一致，请你确认无误后在笔录上逐页签名按手印确认。

答："笔录上述内容已阅，记录与我说的相符。"或"以上笔录记载与本人口述无误"。

（以下无正文）

被调查（询问）人签名：　　　　　　调查（询问）人签名：

翻译人员签名：

注：当事人为个体工商户的，被调查（询问）人基本情况根据具体案情问明经营者姓名、字号名称、经营场所、社会信用代码（营业执照注册号）等内容；当事人为法人或其他组织的，问明单位的全称、法定代表人（负责人）姓名与职务、住所、企业类型、经营范围、社会信用代码（营业执照注册号）和联系电话等内容。

3.责令限期拆除违法建筑决定书①

(1)责令限期拆除违法建筑决定书(城镇违法建筑)

责令限期拆除违法建筑决定书

文号：

当事人：_____

地址：_____

法定代表人：_____

经查，你(单位)___在(违法建筑物、构筑物的具体方位)，(擅自搭建/存在……)建筑物、构筑物，(违法建筑物、构筑物的基本情况，包括层数、结构、面积、使用性质等)，该行为违反了《中华人民共和国城乡规划法》第四十条第一款、(有关法律、法规)之规定，依据《中华人民共和国城乡规划法》第六十四条、(有关法律、法规)之规定，本机关责令你(单位)于_____年___月___日___时___分前自行拆除上述违法建筑物、违法构筑物。

逾期不拆除的，本机关可以依法强制拆除/报请_____强制拆除。

如你(单位)不服本决定，可以在收到本决定书之日起六十日内，依法向_____申请行政复议；也可以在收到本决定书之日起六个月内直接向_____人民法院提起行政诉讼。

行政机关名称
(印章)
年 月 日

---

① 根据《浙江省违法建筑处置规定》，浙江省由设区的市、县(市)自然资源主管部门具体负责本行政区域内城镇违法建筑处置工作；乡镇人民政府具体负责本行政区域内乡村违法建筑处置工作。具体实际操作还要结合《浙江省综合行政执法条例》，由经省人民政府批准的综合行政执法事项目录清单确定处置工作主体。

（2）责令限期拆除违法建筑决定书（乡村违法建筑）

责令限期拆除违法建筑决定书

文号：

当事人：_____

地址：_____

法定代表人：_____

经查，你（单位）__在（违法建筑物、构筑物的具体方位）（擅自搭建/存在……）建筑物、构筑物，(违法建筑物、构筑物的基本情况，包括层数、结构、面积、使用性质等)，该行为违反了《中华人民共和国城乡规划法》第四十一条第一款、(有关法律、法规)之规定，依据《中华人民共和国城乡规划法》第六十五条、(有关法律、法规)之规定，本机关责令你（单位）于_____年___月___日___时___分前自行拆除上述违法建筑物、违法构筑物。

逾期不拆除的，本机关可以依法强制拆除/报请_____强制拆除。

如你（单位）不服本决定，可以在收到本决定书之日起六十日内，依法向_____申请行政复议；也可以在收到本决定书之日起六个月内直接向_____人民法院提起行政诉讼。

行政机关名称

（印章）

年 月 日

4. 责令限期拆除违法建筑公告

(1) 责令限期拆除违法建筑公告(城镇违法建筑)

责令限期拆除违法建筑公告

文号：

当事人：_____
地址：_____
法定代表人：_____

经查，当事人_____（违法事实）_____，该行为违反了《中华人民共和国城乡规划法》第四十条第一款、(有关法律、法规)之规定，本机关已于_____年___月___日依法作出《责令限期拆除违法建筑决定书》(文号：_____)。

依据《中华人民共和国行政强制法》第四十四条的规定，本机关现予以公告，责令当事人(姓名或名称)自收到《责令限期拆除违法建筑决定书》之日起____日内自行拆除上述违法建筑。逾期不拆除的，本机关将依法报请_____强制拆除。

特此公告。

行政机关名称
（印章）
年　月　日

(2) 责令限期拆除违法建筑公告(乡村违法建筑)

责令限期拆除违法建筑公告

文号：

当事人：_____
地址：_____
法定代表人：_____

经查，当事人_____（违法事实）_____，该行为违反了《中华人民共和国城乡规划法》第四十一条第一款、(有关法律、法规)之规定，本机关已于_____年___月___日依法作出《责令限期拆除违法建筑决定书》(文号：_____)。

依据《中华人民共和国行政强制法》第四十四条的规定，本机关现予以公告，责令当事人(姓名或名称)自收到《责令限期拆除违法建筑决定书》之日起____日内自行拆除上述违法建筑。逾期不拆除的，本机关将依法强制拆除。

特此公告。

行政机关名称
（印章）
年 月 日

5. 限期拆除违法建筑催告书

（1）限期拆除违法建筑催告书（城镇违法建筑）

限期拆除违法建筑催告书

文号：

<u>（当事人姓名或单位名称）</u>：

　　经查，你（单位）_____（违法事实）_____，该行为违反了《中华人民共和国城乡规划法》第四十条第一款的规定，_____已于_____年____月____日向你（单位）依法送达《责令限期拆除违法建筑决定书》（文号：_____）并于_____年____月____日发布《责令限期拆除违法建筑公告》（文号：_____）。

　　因你（单位）未在规定期限内拆除上述违法建筑，依据《中华人民共和国行政强制法》第三十五条的规定，本机关现催告你（单位）自收到本催告书之日起____日内拆除上述违法建筑。逾期不拆除的，将依法强制拆除。

　　对上述催告，你（单位）有权进行陈述、申辩。如你（单位）需要进行陈述、申辩的，请在收到本催告书之日起____日内到_____进行陈述、申辩。逾期视为放弃陈述、申辩。

联系人：　　　　　　　联系电话：

行政机关名称
（印章）
年　月　日

（2）限期拆除违法建筑催告书（乡村违法建筑）

限期拆除违法建筑催告书

文号：

（当事人姓名或单位名称）：

　　经查，你（单位）_____（违法事实）_____，该行为违反了《中华人民共和国城乡规划法》第四十一条第一款的规定，_____已于_____年____月____日依法向你（单位）送达《责令限期拆除违法建筑决定书》（文号：_____）并于_____年____月____日发布《责令限期拆除违法建筑公告》（文号：_____）。

　　因你（单位）未在规定期限内拆除上述违法建筑，依据《中华人民共和国行政强制法》第三十五条的规定，本机关现催告你（单位）自收到本催告书之日起____日内拆除上述违法建筑。逾期不拆除的，将依法强制拆除。

　　对上述催告，你（单位）有权进行陈述、申辩。如你（单位）需要进行陈述、申辩的，请在收到本催告书之日起____日内到_____进行陈述、申辩。逾期视为放弃陈述、申辩。

　　联系人：　　　　联系电话：

行政机关名称

（印章）

年　月　日

6. 强制拆除违法建筑决定书

（1）强制拆除违法建筑决定书（城镇违法建筑）

强制拆除违法建筑决定书

文号：

当事人：_____
身份证号码或者社会统一信用证号：_____
地址：_____
法定代表人：_____ 职务：_____

经查，你（单位）_____（违法事实）_____，该行为违反了《中华人民共和国城乡规划法》第四十条第一款的规定，_____于_____年____月____日依法送达《责令限期拆除违法建筑决定书》（文号：_____），并于_____年____月____日发布《责令限期拆除违法建筑公告》（文号：_____）。本机关于_____年____月____日依法送达《限期拆除违法建筑催告书》（文号：_____），限你（单位）自行拆除上述违法建筑。

因你（单位）在法定期限内不申请行政复议或者提起行政诉讼，又不在规定期限内拆除上述违法建筑，依据《中华人民共和国行政强制法》第四十四条、(有关法律、法规)的规定，本机关决定于_____年____月____日组织实施强制拆除。请你（单位）提前取走违法建筑内的财物。

如你（单位）不服本决定，可以在收到本决定书之日起六十日内，依法向_____人民政府申请行政复议，也可以在六个月内直接向_____人民法院提起行政诉讼。行政复议或行政诉讼期间，本决定不停止执行。

行政机关名称

（印章）

年 月 日

（2）强制拆除违法建筑决定书（乡村违法建筑）

强制拆除违法建筑决定书

文号：

当事人：_____

身份证号码或者社会统一信用证号：_____

地址：_____

法定代表人：_____ 职务：_____

经查，你（单位）_____（违法事实）_____，该行为违反了《中华人民共和国城乡规划法》第四十一条第一款的规定，_____于____年____月____日依法送达《责令限期拆除违法建筑决定书》（文号：_____），并于____年____月____日发布《责令限期拆除违法建筑公告》（文号：_____）。本机关于____年____月____日依法送达《限期拆除违法建筑催告书》（文号：_____），限你（单位）自行拆除上述违法建筑。

因你（单位）在法定期限内不申请行政复议或者提起行政诉讼，又不在规定期限内拆除上述违法建筑，依据《中华人民共和国行政强制法》第四十四条、（有关法律、法规）的规定，本机关决定于____年____月____日组织实施强制拆除。请你（单位）提前取走违法建筑内的财物。

如你（单位）不服本决定，可以在收到本决定书之日起六十日内，依法向_____人民政府申请行政复议，也可以在六个月内直接向_____人民法院提起行政诉讼。行政复议或行政诉讼期间，本决定不停止执行。

行政机关名称

（印章）

年 月 日

7. 强制拆除违法建筑公告

(1)强制拆除违法建筑公告(城镇违法建筑)

<h2 style="text-align:center">强制拆除违法建筑公告</h2>

文号：

当事人：_____

地址：_____

法定代表人：_____

经查,当事人_____（违法事实）_____,该行为违反了《中华人民共和国城乡规划法》第四十条第一款的规定,本机关已于_____年____月____日依法作出《强制拆除违法建筑决定书》(文号:_____)。本机关决定于_____年____月____日组织实施强制拆除。请你(单位)提前取走违法建筑内的财物。

特此公告。

行政机关名称
（印章）
年　月　日

（2）强制拆除违法建筑公告（乡村违法建筑）

强制拆除违法建筑公告

文号：

当事人：_____

地址：_____

法定代表人：_____

经查，当事人_____（违法事实）_____，该行为违反了《中华人民共和国城乡规划法》第四十一条第一款的规定，本机关已于_____年____月____日依法作出《强制拆除违法建筑决定书》(文号：_____)。本机关决定于_____年____月____日组织实施强制拆除。请你(单位)提前取走违法建筑内的财物。

特此公告。

行政机关名称
（印章）
年　月　日

8. 到场通知书

到场通知书

文号：

（当事人姓名或单位名称）：

因你（单位）在<u>（违法建筑物、构筑物的具体方位）</u><u>（擅自搭建/存在……）建筑物、构筑物</u>，本机关已于_____年___月___日向你（单位）依法送达《强制拆除违法建筑决定书》（文号：_____）。

本机关定于_____年___月___日___时起对以上违法建筑实施强制拆除。请你（单位）提前到场，并于_____年___月___日___时前取走违法建筑内的财物。

行政机关名称
（印章）
年　月　日

9. 领取物品通知书

领取物品通知书

文号：

当事人：_____

本机关于_____年___月___日对你（单位）位于_____的违法建筑依法实施了强制拆除。因你（单位）未在规定期限内取走违法建筑内的物品，本机关依法进行了清理并制作了物品清单（详见表格），现存放于_____。

序号	物品名称	规格	数量	备注
1				
2				
……				

请你（单位）于_____年___月___日前，持本人身份证等有效证件或合法凭证到_____领取。逾期不领取的，本机关将留存证据后依法处理。

联系地址：_____

联系人：_____

联系电话：_____

行政机关名称
（印章）
年 月 日

（四）国有土地上房屋征收相关法律文书参考格式模板（以浙江省金华市为例）

1. 国有土地上房屋征收预公告

（1）非旧城区改建项目征收预公告

_____人民政府
关于_____国有土地上房屋征收的预公告
（文号：_____）

根据《国有土地上房屋征收与补偿条例》《浙江省国有土地上房屋征收与补偿条例》《金华市市区国有土地上房屋征收与补偿办法》等规定，拟对下列范围内国有土地上房屋进行征收。现将有关事项公告如下：

一、征收范围

_____

_____

_____。

二、本预公告有效期一年。从预公告发布之日起，任何单位和个人不得在上述征收范围内实施下列行为：

（一）新建、扩建、改建房屋及其附属物；

（二）改变房屋和土地用途；

（三）房屋权属分割、过户或者抵押；

（四）房屋装饰装修；

（五）新增市场主体设立登记或者其他社会组织登记；

（六）其他可能导致不当增加补偿费用的行为。

对违反有关规定的上述行为，不予补偿。

三、从预公告发布之日起，将对征收范围内房屋的基本情况进行入户调查等工作,届时请各被征收人积极配合,并提供被征收房屋的相关材料。

特此公告。

附件:国有土地上房屋拟征收范围图

_____人民政府

(印章)

年　月　日

(2)旧城区改建项目征收预公告

_____人民政府
关于_____国有土地上房屋征收的预公告
（文号：_____）

根据《国有土地上房屋征收与补偿条例》《浙江省国有土地上房屋征收与补偿条例》《金华市市区国有土地上房屋征收与补偿办法》等规定，拟对下列范围内国有土地上房屋进行征收。现将有关事项公告如下：

一、征收范围

_____。

二、本预公告有效期一年。从预公告发布之日起，任何单位和个人不得在上述征收范围内实施下列行为：

（一）新建、扩建、改建房屋及其附属物；

（二）改变房屋和土地用途；

（三）房屋权属分割、过户或者抵押；

（四）房屋装饰装修；

（五）新增市场主体设立登记或者其他社会组织登记；

（六）其他可能导致不当增加补偿费用的行为。

对违反有关规定的上述行为，不予补偿。

三、从预公告发布之日起，将对征收范围内房屋的基本情况进行入户调查和意愿征询等工作，届时请各被征收人积极配合，并提供被征收房屋的相关材料。

特此公告。

附件：国有土地上房屋拟征收范围图

_____人民政府
（印章）
年　月　日

2. 暂停办理相关手续通知

_____住房和城乡建设局
关于房屋征收暂停办理相关手续的通知

（文号：_____）

（当事人姓名或单位名称）：

因_____项目建设需要，_____人民政府决定拟对_____国有土地上房屋实施征收。根据《国有土地上房屋征收与补偿条例》等相关规定，请暂停办理房屋征收范围内相关手续。现就有关事项通知如下：

一、暂停办理范围

_____。

二、暂停办理事项

（一）新建、扩建、改建房屋及其附属物；

（二）改变房屋和土地用途；

（三）房屋权属分割、过户或者抵押；

（四）房屋装饰装修；

（五）新增市场主体设立登记或者其他社会组织登记；

（六）其他可能导致不当增加补偿费用的行为。

三、暂停办理期限

自____年__月__日至____年__月__日止。

特此通知。

附件：房屋拟征收范围图

_____住房和城乡建设局

（印章）

年　月　日

3. 入户调查登记和意愿征询的通告

（1）非旧城区改建项目入户调查登记的通告

关于_____国有土地上房屋征收
入户调查登记的通告

各被征收人：

根据《国有土地上房屋征收与补偿条例》《金华市市区国有土地上房屋征收与补偿办法》等有关规定及_____年____月____日发布的《_____人民政府关于_____国有土地上房屋征收的预公告》，将对_____国有土地上房屋拟征收范围内的房屋进行入户调查登记。现就有关事项通告如下：

一、调查登记时间

于_____年____月____日至_____年____月____日上门调查登记。

二、需提供的材料

（一）私有房屋的，个人应提供房屋所有权证、土地使用权证（或不动产权证书）、身份证等；单位应提供房屋所有权证、土地使用权证（或不动产权证书）、营业执照（或统一社会信用代码证）等相关证明材料；

（二）公有房屋的，还应提供公房租赁合同或租赁证、承租人户口簿、身份证等；

（三）有以下情况的，另需提供：

1. 房屋产权人不在被征收房屋内居住的，应当提供可联系到本人的现住地址、联系方式；

2. 未经登记、未明确用途和未经批准改变登记用途的房屋，应于调查登记期限内，按照《金华市市区国有土地上房屋征收调查认定办法》的规定，填写书面申请书并提供认定所需的相关材料；

3. 委托他人办理征收具体事项的，应当提供书面授权委托书和双方身份证明材料；

4. 其他相关资料。

以上事项，望相互转告。

联系地点：_____
联系电话：_____

_____住房和城乡建设局
（印章）
年　月　日

（2）旧城区改建项目入户调查登记和意愿征询的通告

关于_____国有土地上房屋征收
入户调查登记的通告

各被征收人：

根据《国有土地上房屋征收与补偿条例》《金华市市区国有土地上房屋征收与补偿办法》等有关规定及_____年___月___日发布的《_____人民政府关于_____国有土地上房屋征收的预公告》，将对_____国有土地上房屋拟征收范围内的房屋进行入户调查登记，并开展相关意愿征询工作。现就有关事项通告如下：

一、调查登记及意愿征询时间

于_____年___月___日至_____年___月___日上门调查登记、征询旧城区改建意愿。

二、需提供的材料

（一）私有房屋的，个人应提供房屋所有权证、土地使用权证（或不动产权证书）、身份证等；单位应提供房屋所有权证、土地使用权证（或不动产权证书）、营业执照（或统一社会信用代码证）等相关证明材料；

（二）公有房屋的，还应提供公房租赁合同或租赁证、承租人户口簿、身份证等；

（三）有以下情况的，另需提供：

1. 房屋产权人不在被征收房屋内居住的，应当提供可联系到本人的现住地址、联系方式；

2. 未经登记、未明确用途和未经批准改变登记用途的房屋，应于调查登记期限内，按照《金华市市区国有土地上房屋征收调查认定办法》的规定，填写书面申请书并提供认定所需的相关材料；

3. 委托他人办理征收具体事项的，应当提供书面授权委托书和双方身份证明材料；

4.其他相关资料。

以上事项,望相互转告。

联系地点:_____

联系电话:_____

_____住房和城乡建设局

（印章）

年　月　日

4. 征询意愿(旧城区改建项目)

(1)征询意愿表

征询意愿表

填表日期： 年 月 日

政府拟对_____开展旧城区改建工作,根据《国有土地上房屋征收与补偿条例》《浙江省国有土地上房屋征收与补偿条例》之规定,现向您征询旧城区改建意愿,请予配合。您的个人信息及问卷内容我们将严格保密,请放心填写。十分感谢您的配合和对旧城区改建工作的大力支持!			
姓名/单位		联系电话	
产权地址	_____街道_____路___号___小区___楼(幢)___单元___室		
为了提升城市风貌,改善人居环境,您是否同意您的不动产纳入旧城区改建? □同意　　　　　　　　　□不同意			
产权人(签名或盖章):_____ 代理人(签名):_____ 代理人与产权人关系:_____ 工作人员(签名):_____、_____			
说明: 1.房屋产权人请在改建意愿"同意"或"不同意"前面方框内打√。 2.本次意愿征询,不代表最后签约意愿。			

（2）征询意愿结果公告

公　　告

为充分尊重_____拟征收范围内被征收人意愿，根据《浙江省国有土地上房屋征收与补偿条例》第八条之规定，进行了旧城区改建意愿征询，现将意愿征询结果公告如下：

被征收范围内被征收户数____户，同意旧城区改建的____户，不同意旧城区改建的____户，弃权无效的____户。

本次_____房屋拟征收范围内被征收人改建意愿征询结果为同意改建占比已达到90%以上。

特此公告。

_____住房和城乡建设局

（印章）

年　月　日

5. 调查表

_____国有土地上房屋征收项目基本情况调查表

基本情况	房屋坐落	_____社区____小区____楼(幢)____单元____室					
^	产权人	姓名/名称		共有人/法定代表人		
^	^	工作单位		联系电话		
^	家庭主要成员	姓名	关系	身份证号码	工作单位	联系电话
^	^					
^	^					
^	^					
土地情况	国有出让/划拨	证号		用地面积(m²)		用途
房屋情况	房屋所有权登记用途分类	房屋所有权证号		房屋结构		
^	^	总层数/所在层数		总建筑面积(m²)		
^	^	工业(m²)		商业(m²)		
^	^	住宅(m²)		商业用房	有无营业执照	
^	^	办公(m²)		^	有无税务登记	
^	^	车库(m²)		^	层高/有无隔层	
^	^	储藏物(m²)		阁楼(m²)		

续表

	未经登记房屋	占地面积(m^2)		建筑面积(m^2)		建造时间		
		用途		层数		结构		
	房屋用途改变情况	原有用途			现实际用途			
		改变用途房屋面积(m^2)			有无营业执照			
		改变用途已有年限			有无纳税证明			
其他情况	电话(门)			宽带(条)		管道煤气及安装时间		
	空调	挂机(台)			柜机(台)		其他	
	太阳能热水器(个)				电(燃气、空气能)热水器(个)			
	独户水表(个)			独户电表(个)及安装时间			其他	
	房屋是否存在产权归属等历史遗留问题				房屋是否存在出租、抵押、查封等情况			
备注								

调查人员(签名)： 调查时间：

6. 产权认定

（1）未经登记房屋审核认定表

汇总编号：_____ 项目未经登记房屋审核认定表

产权人姓名	房屋坐落门牌号	实测面积（m²）		建造时间	土地性质	房屋用途	楼层
		占地面积	建筑面积				
提供的证件名称、号码							
调查人审核意见： 签章： 年 月 日	街道办事处审核意见： 签章： 年 月 日			自然资源和规划部门审核意见： 签章： 年 月 日	综合执法审核意见： 签章： 年 月 日	建设部门审核意见： 签章： 年 月 日	
未经登记房屋面积审核意见	经审核，该房屋无房屋产证，实测建筑面积____m²，其中认定合法建筑面积____m²，违法建筑面积____m²。 年 月 日				备注：		

注：本表一式六份，街道、指挥部、评估公司各一份，调查人三份。

(2) 改变房屋用途审核认定表

汇总编号：

_____项目申请改变房屋用途审核认定表

产权人姓名		房屋坐落门牌		房屋所有权证号		房屋建筑面积(m^2)	
房屋登记用途		土地使用权证号		土地批准面积(m^2)		土地性质	
商店名称		法定代表人或负责人		统一社会信用代码		税务登记证号或纳税凭证号	
申请认定商业用房建筑面积(m^2)		其中一层(m^2)		其中其他层(m^2)		纳税时间	
说 明	1.营业执照；2.纳税证明；3.房屋情况照片；4.测绘平面图							
调查人审核意见：	街道办事处审核意见：		市场监督部门审核意见：		税务部门审核意见：		自然资源和规划部门审核意见：		建设部门审核意见：		综合执法审核意见：
签章： 年 月 日	签章： 年 月 日		签章： 年 月 日		签章： 年 月 日		签章： 年 月 日		签章： 年 月 日		签章： 年 月 日
申请改变房屋用途面积审核意见	经审核，该房屋改变为商业用房建筑面积____m^2。 年 月 日						

注：本表一式六份，街道、指挥部、评估公司各一份，调查人三份。

7. 房屋调查结果的公告

_____住房和城乡建设局
关于_____国有土地上房屋拟征收范围内
房屋调查结果的公告

根据《浙江省国有土地上房屋征收与补偿条例》《金华市市区国有土地上房屋征收与补偿办法》等规定,现将_____国有土地上房屋拟征收范围内的房屋调查情况汇总(详见附件)予以公示。被征收人对结果有异议的,可在公示期内向_____提出书面申请。

公示时间:自_____年____月____日起至_____年____月____日止。

特此公告。

附件:房屋调查情况汇总表

_____住房和城乡建设局
(印章)
年　月　日

联系地点:_____
联系电话:_____

附件

房屋调查情况汇总表

公示时间：_____   公示单位：_____

序号	被征收人	房屋地址	产权性质	证载面积（m^2）	用途

8. 房屋征收与补偿方案征求意见公告

_____人民政府
关于公开征求《_____项目国有土地上房屋征收
与补偿方案（征求意见稿）》意见的通知

根据《国有土地上房屋征收与补偿条例》《国有土地上房屋征收评估办法》《浙江省国有土地上房屋征收与补偿条例》《金华市市区国有土地上房屋征收与补偿办法》等有关规定，_____人民政府已组织有关部门对《_____项目国有土地上房屋征收与补偿方案（征求意见稿）》（以下简称征求意见稿）进行了论证。为规范国有土地上房屋征收与补偿行为，维护公共利益，保障被征收房屋所有权人的合法权益，现将该方案予以公布，征求公众意见。并将有关事项通知如下：

一、征求意见稿的主要内容见附件。

二、被征收人、有关单位和各界人士认为征求意见稿不符合《国有土地上房屋征收与补偿条例》《浙江省国有土地上房屋征收与补偿条例》等规定的，可在_____年___月___日前，通过以下方式提出意见：

（一）通过信函方式将意见寄至：_____（邮政编码：_____），并请在信封上注明"_____国有土地上房屋征收与补偿方案征求意见"字样；

（二）通过电子邮件方式将意见发送至：_____；

（三）通过电话方式将意见反馈至_____，联系人：_____，联系电话：_____。

三、落款请注明姓名、住址、联系电话及身份证号码等基本信息。

附件：_____项目国有土地上房屋征收与补偿方案（征求意见稿）

_____人民政府

（印章）

年　月　日

附件

_____项目
国有土地上房屋征收与补偿方案（征求意见稿）

因_____项目建设需要,需征收_____征收范围内国有土地上房屋。为规范房屋征收与补偿行为,维护公共利益,保障被征收人的合法权益,根据《国有土地上房屋征收与补偿条例》《浙江省国有土地上房屋征收与补偿条例》《金华市市区国有土地上房屋征收与补偿办法》等相关规定,结合征收范围内被征收房屋实际情况,制定本方案。

一、征收目的

……

二、征收范围和基本情况

（一）征收范围：_____。

区块名称	四至范围
	东：　　　　　南： 西：　　　　　北：

（二）被征收区块基本情况：被征收房屋总建筑面积约____平方米,被征收人共____户。

（三）被征收人：征收范围内国有土地上房屋所有权人。

（四）房屋征收部门：_____。

（五）房屋征收实施单位：_____。

三、被征收人的确认

（一）被征收房屋已经登记的,按房屋权属证书或房屋登记簿记载的所有权人确认；房屋权属证书与房屋登记簿的记载不一致的,除有证据证明房屋登记簿确有错误外,以房屋登记簿为准。

（二）有人民法院判决、裁定,或者仲裁机构裁决的,按人民法院生效判决、裁定,或者仲裁机构裁决的房屋所有权人确认。

(三)其他产权人不明确的,由房屋征收部门会同相关部门认定。

四、旧城区改建意愿征询情况(非旧城区改建项目可删除)

房屋征收部门组织对拟征收范围内的被征收人进行了改建意愿征询,被征收人同意旧城区改建的意愿率达 90% 以上。

五、被征收房屋价值的补偿

(一)补偿方式

被征收人可以选择货币补偿,也可以选择产权调换。

(二)被征收房屋价值补偿

对被征收房屋价值(含房屋装饰装修价值,下同)的补偿,不得低于房屋征收决定公告之日被征收房屋类似房地产的市场价格。被征收房屋的价值,由依法选定的房地产价格评估机构按照房屋征收评估办法评估确定。

(三)产权调换

1. 用于产权调换的房源。

……

2. 产权调换原则。

被征收人选择房屋产权调换的,可在房屋征收部门提供的用于产权调换房源中选择。

选择用于产权调换房屋时,不考虑被征收房屋的共有人数量、登记户口等因素。用于产权调换房屋的建筑面积不小于被征收房屋主房合法建筑面积(不包括车库、辅房、阁楼等,下同),但被征收人要求小于被征收房屋主房合法建筑面积的除外。

用于产权调换房屋的价值,由同一家房地产价格评估机构以房屋征收决定公告之日为评估时点,采用与被征收房屋价值相同的方法、标准评估确定。

被征收人选择产权调换的,应当按等价值的原则,与房屋征收部门计算、结清被征收房屋价值与用于产权调换房屋价值的差价。

3. 具体选房办法由房屋征收部门在征收范围内另行公布。

六、因征收房屋造成的搬迁费、临时安置费、停产停业损失的补偿
（一）搬迁费的补偿
1. 搬家费
（1）被征收房屋主房合法建筑面积____平方米（含）以下的，搬家费按每户____元补偿；超出____平方米的部分，按每平方米____元增加搬家费。
（2）选择货币补偿的，搬家费按一次补偿；选择房屋产权调换的，搬家费按二次补偿。
（3）非住宅房屋搬迁过程中涉及机器设备的拆卸费、搬运费、安装费、调试费和搬迁后无法恢复使用的生产设备重置费等费用由依法选定的评估机构进行评估，并按照评估结果支付补偿费用。

2. 固定设施补偿费
（1）被征收房屋系房屋交付使用后加装水电"一户一表"，管道煤气初装费补偿按如下标准补偿：
①自来水"一户一表"：每户补偿____元。
②电"一户一表"：每户补偿____元。
③管道煤气初装费：每户补偿____元。
（2）电话、宽带移机：每门补偿____元。
（3）有线电视移机：每户补偿____元。
（4）空调移机补偿费：柜机每台补偿____元，挂机每台补偿____元。
（5）热水器拆装费：太阳能热水器每台补偿____元，燃气热水器、电热水器、空气能热水器每台补偿____元。

选择货币补偿的被征收人，固定电话、网络宽带、有线电视移机、空调、太阳能热水器、电热水器（燃气热水器、空气能热水器）拆装补偿费，按一次补偿；选择房屋产权调换的，按二次补偿。

（二）临时安置费的补偿
被征收人选择房屋产权调换的，房屋征收部门按如下标准支付临时安置费。
1. 临时安置费以被征收房屋主房合法建筑面积为基数，按每平方米

每月＿＿＿元计算。被征收人选择货币补偿的,不计算临时安置费。

2.临时安置费每月少于＿＿＿元的,按每月＿＿＿元计算。

3.临时安置费从搬迁之月起计算至用于产权调换房屋交付后6个月。

4.房屋征收部门超过房屋征收补偿协议约定的过渡期限未交付用于产权调换房屋的,自逾期之月起,按最新公布的标准的2倍支付临时安置费。

（三）停产停业损失的补偿

征收非住宅房屋造成停产停业损失的,停产停业损失费按被征收房屋价值的5%计算。

被征收人认为其停产停业损失超过前款规定计算的补偿费的,应当向房屋征收部门提供房屋被征收前三年的效益、纳税凭证、停产停业期限等相关证明材料。由依法选定的评估机构对停产停业损失进行评估,并按照评估结果支付补偿费。

七、奖励

（一）房屋评估奖

被征收人配合房地产价格评估机构做好被征收房屋评估工作,每户奖励＿＿＿元,在被征收房屋腾空后予以支付。经强制执行程序腾空的房屋不予奖励。

（二）房屋签约奖

被征收人在规定期限内签订房屋征收补偿协议的：

第＿＿＿—＿＿＿日签约的,住宅房屋按被征收房屋价值的＿＿＿%奖励；非住宅房屋按被征收房屋价值的＿＿＿%奖励。

第＿＿＿—＿＿＿日签约的,住宅房屋按被征收房屋价值的＿＿＿%奖励；非住宅房屋按被征收房屋价值的＿＿＿%奖励。

超过规定期限签约的和经强制执行程序腾空的房屋不予奖励。

（三）房屋腾空奖

被征收人在规定期限内腾空房屋、交付钥匙,未造成房屋结构破坏,门、窗齐全,水、电、管线保持原样,结清水电费等费用的：

第____一____日腾空的,住宅房屋按被征收房屋价值的____%奖励;非住宅房屋按被征收房屋价值的____%奖励。

第____一____日腾空的,住宅房屋按被征收房屋价值的____%奖励;非住宅房屋按被征收房屋价值的____%奖励。

超过规定期限腾空的不予奖励。

(四)选择货币补偿的奖励

被征收人选择货币补偿的,房屋征收部门按被征收房屋价值的10%给予奖励。经强制执行程序腾空的房屋不予奖励。

(五)其他奖励

……

八、评估机构选定及评估异议处理

(一)评估机构选定

房地产价格评估机构由被征收人协商选定。经协商,产生四分之三以上的被征收人共同签字认可的房地产价格评估机构的,视为协商选定。房屋征收决定公告后十日内仍不能协商选定的,由房屋征收部门组织被征收人按照少数服从多数的原则投票确定,或者采取摇号、抽签等方式随机确定。

参加投票确定或者随机确定的候选房地产价格评估机构不得少于三家。投票确定房地产价格评估机构的,应当有过半数的被征收人参加,投票确定的房地产价格评估机构应当获得参加投票的被征收人的过半数选票。

投票确定或者随机确定房地产价格评估机构应当由公证机构现场公证。

(二)评估异议处理

被征收人或者房屋征收部门对评估结果有异议的,应当自收到评估报告之日起十日内,向出具评估报告的房地产价格评估机构书面申请复核评估。

被征收人或者房屋征收部门对房地产价格评估机构的复核结果有异议的,应当自收到复核结果之日起十日内,向被征收房屋所在地的房地产价格评估专家委员会申请鉴定。

九、未经产权登记建筑的认定及处理

（一）未经登记房屋符合下列情形之一的，可认定为合法房屋

1. 1984年1月5日国务院《城市规划条例》施行前已经建造的房屋。

2. 1984年1月5日国务院《城市规划条例》施行后至1990年4月1日《中华人民共和国城市规划法》施行前建造的房屋，当事人能够提供下列证明材料之一的：

（1）土地权属证明或建设用地批准文件；

（2）建设许可证，并按许可范围建造的；

（3）乡（镇）人民政府、街道办事处建房批准文件或者其他有关部门的建房批准文件。

3. 1990年4月1日《中华人民共和国城市规划法》施行后建造的未经产权登记建筑，被征收人能够提供下列证明材料，经有关部门认定并公示，可参照合法建筑给予补偿：

（1）建设工程规划许可文件；

（2）建设用地批准文件；

（3）拆迁安置协议原件；

（4）相关部门处理意见；

（5）其他与认定相关的证明材料。

4. 其他由于历史原因遗留的未经产权登记建筑，由房屋征收部门组织相关部门根据实际情况进行认定。

（二）认定程序

1. 被征收人应当向房屋征收部门提出书面申请，并提交相关的证据资料。

2. 房屋征收部门调查、收集、整理相关认定资料，包括历史档案资料、测绘资料以及被征收人提供的证据资料。未经登记房屋建筑面积的，由房屋征收部门委托有相应资质的测绘单位测量建筑面积。

3. 征收认定工作组根据房屋征收部门整理的认定材料依法进行认

定,形成认定结果。认定结果在征收范围内公布。

(三)经认定为未经产权登记建筑的补偿

1. 经认定为合法房屋的,按照认定结果补偿被征收人。对持有房屋所有权证或国有土地使用证之一的,按征收评估价值95%予以补偿;无房屋所有权证和国有土地使用证或无不动产权证书的,按征收评估价值的82%予以补偿。上述征收评估价值不包括装饰装修价值。

2. 经批准的临时建筑,按重置价补偿。

3. 违法建筑不予补偿。

十、被征收房屋未明确用途、改变用途的认定

(一)被征收房屋的用途和建筑面积,以房屋权属证书和房屋登记簿的记载为准。房屋权属证书与房屋登记簿的记载不一致的,除有证据证明房屋登记簿确有错误外,以房屋登记簿为准。

(二)被征收房屋、土地登记未记载用途或者经城乡规划、土地管理部门依法批准改变用途但未作变更登记的,按照城乡规划、土地管理等部门批准的用途认定。

(三)被征收房屋、土地登记用途为综合用途的,按照城乡规划、土地管理等部门批准用途认定。

(四)厂区、校区、园区等成片土地上不同房屋的用途,由相关部门共同组织查验并认定。

……

十一、土地类型差价收取相关规定

(一)土地类型差价收取范围

房屋征收范围内,被征收人使用的土地有以下情形之一的,对被征收人补偿时,应在被征收房屋评估时扣除被征收人依法应当补交的土地类型差价(被征收人没有提供国有土地使用证的,以自然资源和规划、住房建设部门认定的该宗土地的性质、用途、面积为准):

1. 使用国有行政划拨土地的;

2. 以特殊政策取得国有出让土地的;

3. 被征收人使用行政划拨或出让土地并认定改变原用途,按认定用

途确定补偿标准的。

（二）土地类型差价收取标准

土地类型差价应当按房屋征收评估价为主要基数进行评估收取，在被征收房屋评估时予以扣减。

1. 使用国有行政划拨土地并按批准用途使用的，按出让评估的市场价与划拨权益价的差价收取土地出让金。

2. 对以特殊政策取得国有出让土地的，按土地管理部门相关规定执行。

3. 经认定改变批准用途使用行政划拨土地的，按认定用途的出让市场价与原用途划拨权益价的差价收取土地收益金。

4. 经认定改变批准用途使用出让土地的，按认定用途与原批准用途的出让市场价差额收取土地收益金。

5. 征收国有行政划拨土地上房改房、集资房，参照市区房改房、集资房补办出让手续时出让住宅用地价格评估标准收取土地出让金。

6. 征收1988年12月29日前取得国有行政划拨土地使用权的城镇个人住宅，参照房改房补交政策收取土地出让金。

十二、契税优惠相关规定

土地、房屋被征收，房屋征收决定公告发布后重新承受土地、房屋权属，选择货币补偿的，对成交价格不超出货币补偿部分免征契税；对超出部分减半征收契税。选择房屋产权调换、土地使用权置换且不支付差价的，免征契税；支付差价的，对差价部分减半征收契税。

十三、低收入住房困难家庭的住房保障

征收个人住宅，被征收房屋建筑面积小于45平方米的（市规划区内有其他住宅用房的合并计算），且被征收人属于低收入住房困难家庭的，依照下列规定优先给予住房保障：

（一）被征收人选择货币补偿的，按照建筑面积45平方米予以补偿。

（二）被征收人选择房屋产权调换的，用于产权调换房屋的建筑面积不小于45平方米；被征收人对建筑面积45平方米以内或者被征收房屋价值以内部分不支付房款，对超过建筑面积45平方米且超过被征收房屋价值的部分按照规定支付差价。

低收入住房困难家庭由住房建设和民政部门参照金华市人民政府相关规定确认。

符合条件的被征收人应在征收决定公告之日起10日内向房屋征收部门提出申请并提交相应证明材料；逾期未申请的视为放弃资格。

十四、直管公房和单位自管住宅相关规定

（一）直管公房承租户，由公房管理部门负责安置。

（二）单位自管住宅，由单位自行处理。

（三）本单位自管住宅的承租人，符合房改规定且未享受房改政策的，采用以下方式：

1. 可由承租人按照房改政策购买被征收房屋，再对其按被征收人予以补偿；

2. 被征收人与承租人解除被征收房屋的租赁关系，向承租人另行提供承租房屋；

3. 被征收人无法另行提供承租房屋的，应当选择房屋产权调换的补偿方式，用于产权调换房屋由原房屋承租人承租。

被征收人已按上述方式对承租人提供承租房屋的，承租人应当腾退原承租房屋。拒不腾退的，由_____人民政府作出腾退决定，责令承租人限期腾退。

十五、子女入学相关规定

因房屋征收，被征收人凭房屋征收补偿协议和征收部门审核证明，在五年内可在原学区办理子女入学手续。

十六、签约、腾空期限

签约期限____天，腾空期限____天，具体起止日期在房地产价格评估机构选定后另行公布。

十七、房屋征收补偿协议生效条件（非旧城区改建项目可删除）

在规定的签约期限内，征收范围内的被征收人签约率达到80%以上的，房屋征收补偿协议生效；未达到80%的，房屋征收补偿协议不生效，房屋征收决定效力终止。

被征收人数量和签约比例按户计算。

十八、达不成房屋征收补偿协议的规定

房屋征收决定生效后,房屋征收部门与被征收人在规定的签约期限内达不成房屋征收补偿协议的,由房屋征收部门向_____人民政府提出补偿决定方案。

_____人民政府对补偿决定方案进行审查,并将补偿决定方案送达被征收人,被征收人应当自收到补偿决定方案之日起十五日内,提出意见并选择补偿方式。逾期未选择的,补偿方式由补偿决定确定,补偿决定由_____人民政府在政府门户网站及房屋征收范围内予以公告。

被征收人在法定期限内不申请行政复议或者不提起行政诉讼,在补偿决定规定的期限内又不搬迁腾空的,由_____人民政府依法申请人民法院强制执行。

十九、其他事项

(一)被征收人在签订房屋征收补偿协议时,应提供身份证、户口簿、被征收房屋权属证书、营业执照、税务登记等相应的证明文件,并提交原权属登记证书注销申请书和委托书。

(二)被征收人应积极配合房屋征收工作,如实提供相关资料。因被征收人不配合或不如实提供相关资料,造成调查认定结果失实或者其他后果的,被征收人应当承担相应责任。征收工作人员在房屋征收与补偿工作中要严格依法履行职责;对不履行职责或者滥用职权、玩忽职守、徇私舞弊的,将依法依纪追究相应责任。

(三)采取暴力、威胁等方法阻碍房屋征收与补偿工作,构成犯罪的,依法追究刑事责任;构成违反治安管理行为的,依法给予治安管理处罚。

(四)本方案未尽事宜和其他特殊情形,按照《国有土地上房屋征收与补偿条例》《国有土地上房屋征收评估办法》《浙江省国有土地上房屋征收与补偿条例》《金华市市区国有土地上房屋征收与补偿办法》等有关规定,由房屋征收部门会同相关部门另行确定。

9.听证

(1)房屋征收补偿方案听证公告

_____项目房屋征收补偿方案听证公告

(_____号)

根据《国有土地上房屋征收与补偿条例》和《浙江省国有土地上房屋征收与补偿条例》的有关规定，_____将对《_____项目国有土地上房屋征收补偿方案（征求意见稿）》举行听证会。现将有关事项公告如下：

一、听证事项

《_____项目国有土地上房屋征收补偿方案（征求意见稿）》合法性。

二、听证时间

_____年____月____日（星期____）____时

三、听证地点

_____

四、申请参加听证的登记确认办法

（一）申请参加听证的报名截止时间：_____年____月____日。

（二）申请参加听证需携带有效身份证明到_____报名。

（三）申请参加听证的被征收人原则上不超过____人。____人以上的可通过民主推选产生代表参加听证；未推选代表的，采取抽签的方式确定。

特此公告。

行政机关名称

（印章）

年　月　日

(2)听证会记录

_____听证会记录				
项目名称				
听证会地址				
组织单位		组织时间		
参与人				
记录人		组织单位负责人		
内容记录：				

(3) 听证会确认登记表

听证会确认登记表			
项目名称			
听证会			
经办人		审核人	
参与人姓名	身份证号		签名

10. 补偿方案征求意见及修改情况的公告

_____人民政府
关于《_____项目国有土地上房屋征收
与补偿方案（征求意见稿）》征求意见及修改情况的公告

_____年____月____日，_____人民政府向社会发布《_____项目国有土地上房屋征收与补偿方案（征求意见稿）》征求公众意见。_____年____月____日至_____年____月____日，共收到被征收人、公众电话____个、电子邮件____封、来信等书面意见____件、来访____余人次。（_____年____月____日举行了听证会。）意见主要涉及……事项。根据《国有土地上房屋征收与补偿条例》等法规规定，现将有关事项公告如下：

一、意见归纳情况

……

二、根据被征收人、公众意见，对补偿方案修改情况

……

具体内容以正式发布的房屋征收决定公告及《_____项目国有土地上房屋征收与补偿方案》为准。

_____人民政府
（印章）
年　月　日

11. 用于产权调换房屋房源信息表

安置项目名称						
地址						
楼号	单元号	层号	房间号	对应户型图	面积

12. 资金到位登记

_____项目资金到位登记				
项目名称				
资金来源		资金总额		
开户银行		专户账号		
其他情况说明： 　　　　　　　　　　　　　　　　　　　　年　月　日				

13. 社会稳定风险评估授权委托书

社会稳定风险评估授权委托书

为切实加强对社会稳定风险评估工作的组织领导,根据中共浙江省委办公厅、浙江省人民政府办公厅《关于印发〈浙江省重大决策社会风险评估实施办法〉的通知》(浙委办发〔2019〕53号)的有关要求,特授权_____风险评估咨询有限公司(包括其工作人员和特聘顾问、专家)就我单位负责的_____项目进行社会稳定风险评估,权限如下:

1. 负责与该项目有关的社会稳定风险评估所需的资料收集。

2. 组织或参与与该项目有关的社会稳定风险评估事项的座谈会、听证会和民意调查。

3. 负责协助召集专家就该项目进行专家座谈会或听取专家意见。

授权期限:自授权之日至评估报告审定。

社会稳定风险评估工作作为重大决策实施前的必经前置程序;社会稳定风险评估实行"谁主管,谁负责""谁评估,谁负责""谁决策,谁负责"的原则。

授权单位(盖章):
负责人(签名):

授权时间: 年 月 日

14. 征收决定

_____人民政府
关于_____项目国有土地上房屋征收的
决定

（文号：_____）

因_____的需要，根据《国有土地上房屋征收与补偿条例》《浙江省国有土地上房屋征收与补偿条例》《金华市市区国有土地上房屋征收与补偿办法》等有关规定，本区人民政府决定征收_____范围内国有土地上的房屋，有关内容如下：

一、征收范围

_____。

征收范围内被征收人共____户，被征收房屋总建筑面积约____平方米（上述数据不包括未认定的未经登记建筑户数和面积）。

二、房屋征收部门

_____。

三、房屋征收实施单位

_____。

四、征收补偿方案
详见附件2。

五、本项目签约期限____日、腾空期限____日，具体起止日期在房地产价格评估机构选定后由房屋征收部门另行公布。

六、征收范围内的房屋被依法征收的，其国有土地使用权同时收回。

征收范围内的被征收人对本房屋征收决定不服的，可自本决定发布之日起六十日内向_____人民政府申请行政复议；或在六个月内向_____人民法院提起行政诉讼。

特此决定。

附件:1. 国有土地上房屋征收范围图(略——编者注)
2. 国有土地上房屋征收与补偿方案

_____人民政府
(印章)
年　月　日

附件2

_____项目
国有土地上房屋征收与补偿方案

因_____项目建设需要,需征收_____征收范围内国有土地上房屋。为规范房屋征收与补偿行为,维护公共利益,保障被征收人的合法权益,根据《国有土地上房屋征收与补偿条例》《浙江省国有土地上房屋征收与补偿条例》《金华市市区国有土地上房屋征收与补偿办法》等相关规定,结合征收范围内被征收房屋实际情况,制定本方案。

一、征收目的

……

二、征收范围和基本情况

(一)征收范围:_____。

区块名称	四至范围
	东:　　　　　　南: 西:　　　　　　北:

(二)被征收区块基本情况:被征收房屋总建筑面积约____平方米,被征收人共____户。

(三)被征收人:征收范围内国有土地上房屋所有权人。

(四)房屋征收部门:_____。

（五）房屋征收实施单位：_____。

三、被征收人的确认

（一）被征收房屋已经登记的，按房屋权属证书或房屋登记簿记载的所有权人确认；房屋权属证书与房屋登记簿的记载不一致的，除有证据证明房屋登记簿确有错误外，以房屋登记簿为准。

（二）有人民法院判决、裁定，或者仲裁机构裁决的，按人民法院生效判决、裁定，或者仲裁机构裁决的房屋所有权人确认。

（三）其他产权人不明确的，由房屋征收部门会同相关部门认定。

四、旧城区改建意愿征询情况（非旧城区改建项目可删除）

房屋征收部门组织对拟征收范围内的被征收人进行了改建意愿征询，被征收人同意旧城区改建的意愿率达90%以上。

五、被征收房屋价值的补偿

（一）补偿方式

被征收人可以选择货币补偿，也可以选择产权调换。

（二）被征收房屋价值补偿

对被征收房屋价值（含房屋装饰装修价值，下同）的补偿，不得低于房屋征收决定公告之日被征收房屋类似房地产的市场价格。被征收房屋的价值，由依法选定的房地产价格评估机构按照房屋征收评估办法评估确定。

（三）产权调换

1. 用于产权调换的房源。

……

2. 产权调换原则。

被征收人选择房屋产权调换的，可在房屋征收部门提供的用于产权调换房源中选择。

选择用于产权调换房屋时，不考虑被征收房屋的共有人数量、登记户口等因素。用于产权调换房屋的建筑面积不小于被征收房屋主房合法建筑面积（不包括车库、辅房、阁楼等，下同），但被征收人要求小于被征收房屋主房合法建筑面积的除外。

用于产权调换房屋的价值，由同一家房地产价格评估机构以房屋征收决定公告之日为评估时点,采用与被征收房屋价值相同的方法、标准评估确定。

被征收人选择产权调换的,应当按等价值的原则,与房屋征收部门计算、结清被征收房屋价值与用于产权调换房屋价值的差价。

3. 具体选房办法由房屋征收部门在征收范围内另行公布。

六、因征收房屋造成的搬迁费、临时安置费、停产停业损失的补偿

(一)搬迁费的补偿

1. 搬家费

(1)被征收房屋主房合法建筑面积____平方米(含)以下的,搬家费按每户____元补偿;超出____平方米的部分,按每平方米____元增加搬家费。

(2)选择货币补偿的,搬家费按一次补偿;选择房屋产权调换的,搬家费按二次补偿。

(3)非住宅房屋搬迁过程中涉及机器设备的拆卸费、搬运费、安装费、调试费和搬迁后无法恢复使用的生产设备重置费等费用由依法选定的评估机构进行评估,并按照评估结果支付补偿费用。

2. 固定设施补偿费

(1)被征收房屋系房屋交付使用后加装水电"一户一表",管道煤气初装费补偿按如下标准补偿:

①自来水"一户一表":每户补偿____元。

②电"一户一表":每户补偿____元。

③管道煤气初装费:每户补偿____元。

(2)电话、宽带移机:每门补偿____元。

(3)有线电视移机:每户补偿____元。

(4)空调移机补偿费:柜机每台补偿____元,挂机每台补偿____元。

(5)热水器拆装费:太阳能热水器每台补偿____元,燃气热水器、电热水器、空气能热水器每台补偿____元。

选择货币补偿的被征收人,固定电话、网络宽带、有线电视移机、空调、太阳能热水器、电热水器(燃气热水器、空气能热水器)拆装补偿费,

按一次补偿;选择房屋产权调换的,按二次补偿。

(二)临时安置费的补偿

被征收人选择房屋产权调换的,房屋征收部门按如下标准支付临时安置费。

1. 临时安置费以被征收房屋主房合法建筑面积为基数,按每平方米每月____元计算。被征收人选择货币补偿的,不计算临时安置费。

2. 临时安置费每月少于____元的,按每月____元计算。

3. 临时安置费从搬迁之月起计算至用于产权调换房屋交付后 6 个月。

4. 房屋征收部门超过房屋征收补偿协议约定的过渡期限未交付用于产权调换房屋的,自逾期之月起,按最新公布的标准的 2 倍支付临时安置费。

(三)停产停业损失的补偿

征收非住宅房屋造成停产停业损失的,停产停业损失费按被征收房屋价值的 5% 计算。

被征收人认为其停产停业损失超过前款规定计算的补偿费的,应当向房屋征收部门提供房屋被征收前三年的效益、纳税凭证、停产停业期限等相关证明材料。由依法选定的评估机构对停产停业损失进行评估,并按照评估结果支付补偿费。

七、奖励

(一)房屋评估奖

被征收人配合房地产价格评估机构做好被征收房屋评估工作,每户奖励____元,在被征收房屋腾空后予以支付。经强制执行程序腾空的房屋不予奖励。

(二)房屋签约奖

被征收人在规定期限内签订房屋征收补偿协议的:

第____—____日签约的,住宅房屋按被征收房屋价值的____%奖励;非住宅房屋按被征收房屋价值的____%奖励。

第____—____日签约的,住宅房屋按被征收房屋价值的____%奖励;非住宅房屋按被征收房屋价值的____%奖励。

超过规定期限签约的和经强制执行程序腾空的房屋不予奖励。

(三)房屋腾空奖

被征收人在规定期限内腾空房屋、交付钥匙,未造成房屋结构破坏,门、窗齐全,水、电、管线保持原样,结清水电费等费用的:

第____—____日腾空的,住宅房屋按被征收房屋价值的____%奖励;非住宅房屋按被征收房屋价值的____%奖励。

第____—____日腾空的,住宅房屋按被征收房屋价值的____%奖励;非住宅房屋按被征收房屋价值的____%奖励。

超过规定期限腾空的不予奖励。

(四)选择货币补偿的奖励

被征收人选择货币补偿的,房屋征收部门按被征收房屋价值的10%给予奖励。经强制执行程序腾空的房屋不予奖励。

(五)其他奖励

……

八、评估机构选定及评估异议处理

(一)评估机构选定

房地产价格评估机构由被征收人协商选定。经协商,产生四分之三以上的被征收人共同签字认可的房地产价格评估机构的,视为协商选定。房屋征收决定公告后十日内仍不能协商选定的,由房屋征收部门组织被征收人按照少数服从多数的原则投票确定,或者采取摇号、抽签等方式随机确定。

参加投票确定或者随机确定的候选房地产价格评估机构不得少于三家。投票确定房地产价格评估机构的,应当有过半数的被征收人参加,投票确定的房地产价格评估机构应当获得参加投票的被征收人的过半数选票。

投票确定或者随机确定房地产价格评估机构应当由公证机构现场公证。

(二)评估异议处理

被征收人或者房屋征收部门对评估结果有异议的,应当自收到评估报告之日起十日内,向出具评估报告的房地产价格评估机构书面申请复核评估。

被征收人或者房屋征收部门对房地产价格评估机构的复核结果有异议的,应当自收到复核结果之日起十日内,向被征收房屋所在地的房地产价格评估专家委员会申请鉴定。

九、未经产权登记建筑的认定及处理

(一)未经登记房屋符合下列情形之一的,可认定为合法房屋

1. 1984年1月5日国务院《城市规划条例》施行前已经建造的房屋。

2. 1984年1月5日国务院《城市规划条例》施行后至1990年4月1日《中华人民共和国城市规划法》施行前建造的房屋,当事人能够提供下列证明材料之一的:

(1)土地权属证明或建设用地批准文件;

(2)建设许可证,并按许可范围建造的;

(3)乡(镇)人民政府、街道办事处建房批准文件或者其他有关部门的建房批准文件。

3. 1990年4月1日《中华人民共和国城市规划法》施行后建造的未经产权登记建筑,被征收人能够提供下列证明材料,经有关部门认定并公示,可参照合法建筑给予补偿:

(1)建设工程规划许可文件;

(2)建设用地批准文件;

(3)拆迁安置协议原件;

(4)相关部门处理意见;

(5)其他与认定相关的证明材料。

4. 其他由于历史原因遗留的未经产权登记建筑,由房屋征收部门组织相关部门根据实际情况进行认定。

(二)认定程序

1. 被征收人应当向房屋征收部门提出书面申请,并提交相关的证据资料。

2. 房屋征收部门调查、收集、整理相关认定资料,包括历史档案资

料、测绘资料以及被征收人提供的证据资料。未经登记房屋建筑面积的,由房屋征收部门委托有相应资质的测绘单位测量建筑面积。

3. 征收认定工作组根据房屋征收部门整理的认定材料依法进行认定,形成认定结果。认定结果在征收范围内公布。

(三)经认定为未经产权登记建筑的补偿

1. 经认定为合法房屋的,按照认定结果补偿被征收人。对持有房屋所有权证或国有土地使用证之一的,按征收评估价值95%予以补偿;无房屋所有权证和国有土地使用证或无不动产权证书的,按征收评估价值的82%予以补偿。上述征收评估价值不包括装饰装修价值。

2. 经批准的临时建筑,按重置价补偿。

3. 违法建筑不予补偿。

十、被征收房屋未明确用途、改变用途的认定

(一)被征收房屋的用途和建筑面积,以房屋权属证书和房屋登记簿的记载为准。房屋权属证书与房屋登记簿的记载不一致的,除有证据证明房屋登记簿确有错误外,以房屋登记簿为准。

(二)被征收房屋、土地登记未记载用途或者经城乡规划、土地管理部门依法批准改变用途但未作变更登记的,按照城乡规划、土地管理等部门批准的用途认定。

(三)被征收房屋、土地登记用途为综合用途的,按照城乡规划、土地管理等部门批准用途认定。

(四)厂区、校区、园区等成片土地上不同房屋的用途,由相关部门共同组织查验并认定。

……

十一、土地类型差价收取相关规定

(一)土地类型差价收取范围

房屋征收范围内,被征收人使用的土地有以下情形之一的,对被征收人补偿时,应在被征收房屋评估时扣除被征收人依法应当补交的土地类型差价(被征收人没有提供国有土地使用证的,以自然资源和规划、住房建设部门认定的该宗土地的性质、用途、面积为准):

1. 使用国有行政划拨土地的；

2. 以特殊政策取得国有出让土地的；

3. 被征收人使用行政划拨或出让土地并认定改变原用途，按认定用途确定补偿标准的。

（二）土地类型差价收取标准

土地类型差价应当按房屋征收评估价为主要基数进行评估收取，在被征收房屋评估时予以扣减。

1. 使用国有行政划拨土地并按批准用途使用的，按出让评估的市场价与划拨权益价的差价收取土地出让金。

2. 对以特殊政策取得国有出让土地的，按土地管理部门相关规定执行。

3. 经认定改变批准用途使用行政划拨土地的，按认定用途的出让市场价与原用途划拨权益价的差价收取土地收益金。

4. 经认定改变批准用途使用出让土地的，按认定用途与原批准用途的出让市场价差额收取土地收益金。

5. 征收国有行政划拨土地上房改房、集资房，参照市区房改房、集资房补办出让手续时出让住宅用地价格评估标准收取土地出让金。

6. 征收1988年12月29日前取得国有行政划拨土地使用权的城镇个人住宅，参照房改房补交政策收取土地出让金。

十二、契税优惠相关规定

土地、房屋被征收，房屋征收决定公告发布后重新承受土地、房屋权属，选择货币补偿的，对成交价格不超出货币补偿部分免征契税；对超出部分减半征收契税。选择房屋产权调换、土地使用权置换且不支付差价的，免征契税；支付差价的，对差价部分减半征收契税。

十三、低收入住房困难家庭的住房保障

征收个人住宅，被征收房屋建筑面积小于45平方米的（市规划区内有其他住宅用房的合并计算），且被征收人属于低收入住房困难家庭的，依照下列规定优先给予住房保障：

（一）被征收人选择货币补偿的，按照建筑面积45平方米予以补偿。

（二）被征收人选择房屋产权调换的，用于产权调换房屋的建筑面积不小于45平方米;被征收人对建筑面积45平方米以内或者被征收房屋价值以内部分不支付房款,对超过建筑面积45平方米且超过被征收房屋价值的部分按照规定支付差价。

低收入住房困难家庭由住房建设和民政部门参照金华市人民政府相关规定确认。

符合条件的被征收人应在征收决定公告之日起10日内向房屋征收部门提出申请并提交相应证明材料;逾期未申请的视为放弃资格。

十四、直管公房和单位自管住宅相关规定

(一)直管公房承租户,由公房管理部门负责安置。

(二)单位自管住宅,由单位自行处理。

(三)本单位自管住宅的承租人,符合房改规定且未享受房改政策的,采用以下方式:

1. 可由承租人按照房改政策购买被征收房屋,再对其按被征收人予以补偿;

2. 被征收人与承租人解除被征收房屋的租赁关系,向承租人另行提供承租房屋;

3. 被征收人无法另行提供承租房屋的,应当选择房屋产权调换的补偿方式,用于产权调换房屋由原房屋承租人承租。

被征收人已按上述方式对承租人提供承租房屋的,承租人应当腾退原承租房屋。拒不腾退的,由_____人民政府作出腾退决定,责令承租人限期腾退。

十五、子女入学相关规定

因房屋征收,被征收人凭房屋征收补偿协议和征收部门审核证明,在五年内可在原学区办理子女入学手续。

十六、签约、腾空期限

签约期限____天,腾空期限____天,具体起止日期在房地产价格评估机构选定后另行公布。

十七、房屋征收补偿协议生效条件(非旧城区改建项目可删除)

在规定的签约期限内,征收范围内的被征收人签约率达到80%以上的,房屋征收补偿协议生效;未达到80%的,房屋征收补偿协议不生效,房屋征收决定效力终止。

被征收人数量和签约比例按户计算。

十八、达不成房屋征收补偿协议的规定

房屋征收决定生效后,房屋征收部门与被征收人在规定的签约期限内达不成房屋征收补偿协议的,由房屋征收部门向_____人民政府提出补偿决定方案。

_____人民政府对补偿决定方案进行审查,并将补偿决定方案送达被征收人,被征收人应当自收到补偿决定方案之日起十五日内,提出意见并选择补偿方式。逾期未选择的,补偿方式由补偿决定确定,补偿决定由_____人民政府在政府门户网站及房屋征收范围内予以公告。

被征收人在法定期限内不申请行政复议或者不提起行政诉讼,在补偿决定规定的期限内又不搬迁腾空的,由_____人民政府依法申请人民法院强制执行。

十九、其他事项

(一)被征收人在签订房屋征收补偿协议时,应提供身份证、户口簿、被征收房屋权属证书、营业执照、税务登记等相应的证明文件,并提交原权属登记证书注销申请书和委托书。

(二)被征收人应积极配合房屋征收工作,如实提供相关资料。因被征收人不配合或不如实提供相关资料,造成调查认定结果失实或者其他后果的,被征收人应当承担相应责任。征收工作人员在房屋征收与补偿工作中要严格依法履行职责;对不履行职责或者滥用职权、玩忽职守、徇私舞弊的,将依法依纪追究相应责任。

(三)采取暴力、威胁等方法阻碍房屋征收与补偿工作,构成犯罪的,依法追究刑事责任;构成违反治安管理行为的,依法给予治安管理处罚。

(四)本方案未尽事宜和其他特殊情形,按照《国有土地上房屋征收与补偿条例》《国有土地上房屋征收评估办法》《浙江省国有土地上房屋征收与补偿条例》《金华市市区国有土地上房屋征收与补偿办法》等有关规定,由房屋征收部门会同相关部门另行确定。

15. 征收决定的公告

_____人民政府
关于_____项目国有土地上房屋征收
决定的公告

（文号：_____）

因_____的需要，本区人民政府依法作出《_____项目国有土地上房屋征收的决定》，决定征收_____范围内国有土地上的房屋。根据《国有土地上房屋征收与补偿条例》《浙江省国有土地上房屋征收与补偿条例》《金华市市区国有土地上房屋征收与补偿办法》等有关规定，现将有关内容公告如下：

一、征收范围

_____。

征收范围内被征收人共____户，被征收房屋总建筑面积约____平方米（上述数据不包括未认定的未经登记建筑户数和面积）。

二、房屋征收部门

_____。

三、房屋征收实施单位

_____。

四、征收补偿方案

详见附件2。

五、本项目签约期限____日、腾空期限____日，具体起止日期在房地产价格评估机构选定后由房屋征收部门另行公布。

六、征收范围内的房屋被依法征收的，其国有土地使用权同时收回。

征收范围内的被征收人对本房屋征收决定不服的，可自本决定发布之日起六十日内向_____人民政府申请行政复议；或在六个月内向_____人民法院提起行政诉讼。

特此决定。

附件：1. 国有土地上房屋征收范围图（略——编者注）
2. 国有土地上房屋征收与补偿方案

_____人民政府
（印章）
年　月　日

附件2

_____项目
国有土地上房屋征收与补偿方案

因_____项目建设需要，需征收_____征收范围内国有土地上房屋。为规范房屋征收与补偿行为，维护公共利益，保障被征收人的合法权益，根据《国有土地上房屋征收与补偿条例》《浙江省国有土地上房屋征收与补偿条例》《金华市市区国有土地上房屋征收与补偿办法》等相关规定，结合征收范围内被征收房屋实际情况，制定本方案。

一、征收目的
……
二、征收范围和基本情况
（一）征收范围：_____。

区块名称	四至范围
	东：　　　　　　　　南： 西：　　　　　　　　北：

（二）被征收区块基本情况：被征收房屋总建筑面积约____平方米，被征收人共____户。
（三）被征收人：征收范围内国有土地上房屋所有权人。

（四）房屋征收部门：_____。

（五）房屋征收实施单位：_____。

三、被征收人的确认

（一）被征收房屋已经登记的，按房屋权属证书或房屋登记簿记载的所有权人确认；房屋权属证书与房屋登记簿的记载不一致的，除有证据证明房屋登记簿确有错误外，以房屋登记簿为准。

（二）有人民法院判决、裁定，或者仲裁机构裁决的，按人民法院生效判决、裁定，或者仲裁机构裁决的房屋所有权人确认。

（三）其他产权人不明确的，由房屋征收部门会同相关部门认定。

四、旧城区改建意愿征询情况（非旧城区改建项目可删除）

房屋征收部门组织对拟征收范围内的被征收人进行了改建意愿征询，被征收人同意旧城区改建的意愿率达90%以上。

五、被征收房屋价值的补偿

（一）补偿方式

被征收人可以选择货币补偿，也可以选择产权调换。

（二）被征收房屋价值补偿

对被征收房屋价值（含房屋装饰装修价值，下同）的补偿，不得低于房屋征收决定公告之日被征收房屋类似房地产的市场价格。被征收房屋的价值，由依法选定的房地产价格评估机构按照房屋征收评估办法评估确定。

（三）产权调换

1. 用于产权调换的房源。

……

2. 产权调换原则。

被征收人选择房屋产权调换的，可在房屋征收部门提供的用于产权调换房源中选择。

选择用于产权调换房屋时，不考虑被征收房屋的共有人数量、登记户口等因素。用于产权调换房屋的建筑面积不小于被征收房屋主房合法建筑面积（不包括车库、辅房、阁楼等，下同），但被征收人要求小于被征收房屋主房合法建筑面积的除外。

用于产权调换房屋的价值,由同一家房地产价格评估机构以房屋征收决定公告之日为评估时点,采用与被征收房屋价值相同的方法、标准评估确定。

被征收人选择产权调换的,应当按等价值的原则,与房屋征收部门计算、结清被征收房屋价值与用于产权调换房屋价值的差价。

3. 具体选房办法由房屋征收部门在征收范围内另行公布。

六、因征收房屋造成的搬迁费、临时安置费、停产停业损失的补偿

(一)搬迁费的补偿

1. 搬家费

(1)被征收房屋主房合法建筑面积____平方米(含)以下的,搬家费按每户____元补偿;超出____平方米的部分,按每平方米____元增加搬家费。

(2)选择货币补偿的,搬家费按一次补偿;选择房屋产权调换的,搬家费按二次补偿。

(3)非住宅房屋搬迁过程中涉及机器设备的拆卸费、搬运费、安装费、调试费和搬迁后无法恢复使用的生产设备重置费等费用由依法选定的评估机构进行评估,并按照评估结果支付补偿费用。

2. 固定设施补偿费

(1)被征收房屋系房屋交付使用后加装水电"一户一表",管道煤气初装费补偿按如下标准补偿:

①自来水"一户一表":每户补偿____元。

②电"一户一表":每户补偿____元。

③管道煤气初装费:每户补偿____元。

(2)电话、宽带移机:每门补偿____元。

(3)有线电视移机:每户补偿____元。

(4)空调移机补偿费:柜机每台补偿____元,挂机每台补偿____元。

(5)热水器拆装费:太阳能热水器每台补偿____元,燃气热水器、电热水器、空气能热水器每台补偿____元。

选择货币补偿的被征收人,固定电话、网络宽带、有线电视移机、空

调、太阳能热水器、电热水器(燃气热水器、空气能热水器)拆装补偿费,按一次补偿;选择房屋产权调换的,按二次补偿。

(二)临时安置费的补偿

被征收人选择房屋产权调换的,房屋征收部门按如下标准支付临时安置费。

1. 临时安置费以被征收房屋主房合法建筑面积为基数,按每平方米每月____元计算。被征收人选择货币补偿的,不计算临时安置费。

2. 临时安置费每月少于____元的,按每月____元计算。

3. 临时安置费从搬迁之月起计算至用于产权调换房屋交付后 6 个月。

4. 房屋征收部门超过房屋征收补偿协议约定的过渡期限未交付用于产权调换房屋的,自逾期之月起,按最新公布的标准的 2 倍支付临时安置费。

(三)停产停业损失的补偿

征收非住宅房屋造成停产停业损失的,停产停业损失费按被征收房屋价值的 5% 计算。

被征收人认为其停产停业损失超过前款规定计算的补偿费的,应当向房屋征收部门提供房屋被征收前三年的效益、纳税凭证、停产停业期限等相关证明材料。由依法选定的评估机构对停产停业损失进行评估,并按照评估结果支付补偿费。

七、奖励

(一)房屋评估奖

被征收人配合房地产价格评估机构做好被征收房屋评估工作,每户奖励____元,在被征收房屋腾空后予以支付。经强制执行程序腾空的房屋不予奖励。

(二)房屋签约奖

被征收人在规定期限内签订房屋征收补偿协议的:

第____—____日签约的,住宅房屋按被征收房屋价值的____% 奖励;非住宅房屋按被征收房屋价值的____% 奖励。

第____—____日签约的,住宅房屋按被征收房屋价值的____% 奖励;非住宅房屋按被征收房屋价值的____%奖励。

超过规定期限签约的和经强制执行程序腾空的房屋不予奖励。

(三)房屋腾空奖

被征收人在规定期限内腾空房屋、交付钥匙,未造成房屋结构破坏,门、窗齐全,水、电、管线保持原样,结清水电费等费用的:

第____—____日腾空的,住宅房屋按被征收房屋价值的____%奖励;非住宅房屋按被征收房屋价值的____%奖励。

第____—____日腾空的,住宅房屋按被征收房屋价值的____%奖励;非住宅房屋按被征收房屋价值的____%奖励。

超过规定期限腾空的不予奖励。

(四)选择货币补偿的奖励

被征收人选择货币补偿的,房屋征收部门按被征收房屋价值的10%给予奖励。经强制执行程序腾空的房屋不予奖励。

(五)其他奖励

……

八、评估机构选定及评估异议处理

(一)评估机构选定

房地产价格评估机构由被征收人协商选定。经协商,产生四分之三以上的被征收人共同签字认可的房地产价格评估机构的,视为协商选定。房屋征收决定公告后十日内仍不能协商选定的,由房屋征收部门组织被征收人按照少数服从多数的原则投票确定,或者采取摇号、抽签等方式随机确定。

参加投票确定或者随机确定的候选房地产价格评估机构不得少于三家。投票确定房地产价格评估机构的,应当有过半数的被征收人参加,投票确定的房地产价格评估机构应当获得参加投票的被征收人的过半数选票。

投票确定或者随机确定房地产价格评估机构应当由公证机构现场公证。

(二)评估异议处理

被征收人或者房屋征收部门对评估结果有异议的,应当自收到评估报告之日起十日内,向出具评估报告的房地产价格评估机构书面申请复核评估。

被征收人或者房屋征收部门对房地产价格评估机构的复核结果有异议的,应当自收到复核结果之日起十日内,向被征收房屋所在地的房地产价格评估专家委员会申请鉴定。

九、未经产权登记建筑的认定及处理

(一)未经登记房屋符合下列情形之一的,可认定为合法房屋

1.1984年1月5日国务院《城市规划条例》施行前已经建造的房屋。

2.1984年1月5日国务院《城市规划条例》施行后至1990年4月1日《中华人民共和国城市规划法》施行前建造的房屋,当事人能够提供下列证明材料之一的:

(1)土地权属证明或建设用地批准文件;

(2)建设许可证,并按许可范围建造的;

(3)乡(镇)人民政府、街道办事处建房批准文件或者其他有关部门的建房批准文件。

3.1990年4月1日《中华人民共和国城市规划法》施行后建造的未经产权登记建筑,被征收人能够提供下列证明材料,经有关部门认定并公示,可参照合法建筑给予补偿:

(1)建设工程规划许可文件;

(2)建设用地批准文件;

(3)拆迁安置协议原件;

(4)相关部门处理意见;

(5)其他与认定相关的证明材料。

4.其他由于历史原因遗留的未经产权登记建筑,由房屋征收部门组织相关部门根据实际情况进行认定。

(二)认定程序

1.被征收人应当向房屋征收部门提出书面申请,并提交相关的证据资料。

2.房屋征收部门调查、收集、整理相关认定资料,包括历史档案资

料、测绘资料以及被征收人提供的证据资料。未经登记房屋建筑面积的,由房屋征收部门委托有相应资质的测绘单位测量建筑面积。

3. 征收认定工作组根据房屋征收部门整理的认定材料依法进行认定,形成认定结果。认定结果在征收范围内公布。

(三)经认定为未经产权登记建筑的补偿

1. 经认定为合法房屋的,按照认定结果补偿被征收人。对持有房屋所有权证或国有土地使用证之一的,按征收评估价值95%予以补偿;无房屋所有权证和国有土地使用证或无不动产权证书的,按征收评估价值的82%予以补偿。上述征收评估价值不包括装饰装修价值。

2. 经批准的临时建筑,按重置价补偿。

3. 违法建筑不予补偿。

十、被征收房屋未明确用途、改变用途的认定

(一)被征收房屋的用途和建筑面积,以房屋权属证书和房屋登记簿的记载为准。房屋权属证书与房屋登记簿的记载不一致的,除有证据证明房屋登记簿确有错误外,以房屋登记簿为准。

(二)被征收房屋、土地登记未记载用途或者经城乡规划、土地管理部门依法批准改变用途但未作变更登记的,按照城乡规划、土地管理等部门批准的用途认定。

(三)被征收房屋、土地登记用途为综合用途的,按照城乡规划、土地管理等部门批准用途认定。

(四)厂区、校区、园区等成片土地上不同房屋的用途,由相关部门共同组织查验并认定。

……

十一、土地类型差价收取相关规定

(一)土地类型差价收取范围

房屋征收范围内,被征收人使用的土地有以下情形之一的,对被征收人补偿时,应在被征收房屋评估时扣除被征收人依法应当补交的土地类型差价(被征收人没有提供国有土地使用证的,以自然资源和规划、住房建设部门认定的该宗土地的性质、用途、面积为准):

1. 使用国有行政划拨土地的;

2. 以特殊政策取得国有出让土地的;

3. 被征收人使用行政划拨或出让土地并认定改变原用途,按认定用途确定补偿标准的。

(二)土地类型差价收取标准

土地类型差价应当按房屋征收评估价为主要基数进行评估收取,在被征收房屋评估时予以扣减。

1. 使用国有行政划拨土地并按批准用途使用的,按出让评估的市场价与划拨权益价的差价收取土地出让金。

2. 对以特殊政策取得国有出让土地的,按土地管理部门相关规定执行。

3. 经认定改变批准用途使用行政划拨土地的,按认定用途的出让市场价与原用途划拨权益价的差价收取土地收益金。

4. 经认定改变批准用途使用出让土地的,按认定用途与原批准用途的出让市场价差额收取土地收益金。

5. 征收国有行政划拨土地上房改房、集资房,参照市区房改房、集资房补办出让手续时出让住宅用地价格评估标准收取土地出让金。

6. 征收1988年12月29日前取得国有行政划拨土地使用权的城镇个人住宅,参照房改房补交政策收取土地出让金。

十二、契税优惠相关规定

土地、房屋被征收,房屋征收决定公告发布后重新承受土地、房屋权属,选择货币补偿的,对成交价格不超出货币补偿部分免征契税;对超出部分减半征收契税。选择房屋产权调换、土地使用权置换且不支付差价的,免征契税;支付差价的,对差价部分减半征收契税。

十三、低收入住房困难家庭的住房保障

征收个人住宅,被征收房屋建筑面积小于45平方米的(市规划区内有其他住宅用房的合并计算),且被征收人属于低收入住房困难家庭的,依照下列规定优先给予住房保障:

(一)被征收人选择货币补偿的,按照建筑面积45平方米予以补偿。

(二)被征收人选择房屋产权调换的,用于产权调换房屋的建筑面积不小于45平方米;被征收人对建筑面积45平方米以内或者被征收房屋价值以内部分不支付房款,对超过建筑面积45平方米且超过被征收房屋价值的部分按照规定支付差价。

低收入住房困难家庭由住房建设和民政部门参照金华市人民政府相关规定确认。

符合条件的被征收人应在征收决定公告之日起10日内向房屋征收部门提出申请并提交相应证明材料;逾期未申请的视为放弃资格。

十四、直管公房和单位自管住宅相关规定

(一)直管公房承租户,由公房管理部门负责安置。

(二)单位自管住宅,由单位自行处理。

(三)本单位自管住宅的承租人,符合房改规定且未享受房改政策的,采用以下方式:

1. 可由承租人按照房改政策购买被征收房屋,再对其按被征收人予以补偿;

2. 被征收人与承租人解除被征收房屋的租赁关系,向承租人另行提供承租房屋;

3. 被征收人无法另行提供承租房屋的,应当选择房屋产权调换的补偿方式,用于产权调换房屋由原房屋承租人承租。

被征收人已按上述方式对承租人提供承租房屋的,承租人应当腾退原承租房屋。拒不腾退的,由_____人民政府作出腾退决定,责令承租人限期腾退。

十五、子女入学相关规定

因房屋征收,被征收人凭房屋征收补偿协议和征收部门审核证明,在五年内可在原学区办理子女入学手续。

十六、签约、腾空期限

签约期限____天,腾空期限____天,具体起止日期在房地产价格评估机构选定后另行公布。

十七、房屋征收补偿协议生效条件(非旧城区改建项目可删除)

在规定的签约期限内,征收范围内的被征收人签约率达到80%以上的,房屋征收补偿协议生效;未达到80%的,房屋征收补偿协议不生效,房屋征收决定效力终止。

被征收人数量和签约比例按户计算。

十八、达不成房屋征收补偿协议的规定

房屋征收决定生效后,房屋征收部门与被征收人在规定的签约期限内达不成房屋征收补偿协议的,由房屋征收部门向_____人民政府提出补偿决定方案。

_____人民政府对补偿决定方案进行审查,并将补偿决定方案送达被征收人,被征收人应当自收到补偿决定方案之日起十五日内,提出意见并选择补偿方式。逾期未选择的,补偿方式由补偿决定确定,补偿决定由_____人民政府在政府门户网站及房屋征收范围内予以公告。

被征收人在法定期限内不申请行政复议或者不提起行政诉讼,在补偿决定规定的期限内又不搬迁腾空的,由_____人民政府依法申请人民法院强制执行。

十九、其他事项

(一)被征收人在签订房屋征收补偿协议时,应提供身份证、户口簿、被征收房屋权属证书、营业执照、税务登记等相应的证明文件,并提交原权属登记证书注销申请书和委托书。

(二)被征收人应积极配合房屋征收工作,如实提供相关资料。因被征收人不配合或不如实提供相关资料,造成调查认定结果失实或者其他后果的,被征收人应当承担相应责任。征收工作人员在房屋征收与补偿工作中要严格依法履行职责;对不履行职责或者滥用职权、玩忽职守、徇私舞弊的,将依法依纪追究相应责任。

(三)采取暴力、威胁等方法阻碍房屋征收与补偿工作,构成犯罪的,依法追究刑事责任;构成违反治安管理行为的,依法给予治安管理处罚。

(四)本方案未尽事宜和其他特殊情形,按照《国有土地上房屋征收与补偿条例》《国有土地上房屋征收评估办法》《浙江省国有土地上房屋征收与补偿条例》《金华市市区国有土地上房屋征收与补偿办法》等有关规定,由房屋征收部门会同相关部门另行确定。

16. 选择评估机构通告及选票

（1）选择评估机构通告

关于选择房地产价格评估机构的通告

　　_____年___月___日,_____人民政府作出关于_____项目国有土地上房屋征收的决定,根据《浙江省国有土地上房屋征收与补偿条例》第十八条"房地产价格评估机构由被征收人协商选定；房屋征收决定公告后十日内仍不能协商选定的,由房屋征收部门组织被征收人按照少数服从多数的原则投票确定,或者采取摇号、抽签等方式随机确定"之规定,现对_____项目国有土地上房屋征收工作中房地产价格评估机构选择的相关工作流程通告如下：

　　一、被征收人协商选定

　　（一）协商时间：_____年___月___日至___月___日。

　　（二）被征收人于_____年___月___日___时___分前,将协商选定的房地产价格评估机构结果,以书面形式提交至_____（办公地点：_____）。落款应当有被征收人的签名或盖章,并注明身份证号码或统一社会信用代码、住所、联系电话等基本信息（如落款处未注明被征收人的身份证号码或统一社会信用代码、住所、联系电话等基本信息,则视为该户的签名或盖章无效）。

　　在协商时间内,产生四分之三以上的被征收人共同签字认可的房地产价格评估机构的,视为协商选定。逾期未提交书面意见或提交的书面意见未经征收范围内四分之三以上被征收人同意的,视为协商不成功,将采取投票方式选定评估公司。

　　（三）协商结果将在征收范围内进行公布。

　　二、协商不成功的,被征收人投票选定

　　（一）_____年___月___日___时___分开始至___时___分止,各被征收人到指定地点领取选票并投票。

　　（二）领票及投票地点：_____。

（三）参加投票的被征收人为房屋所有权人。

（四）投票方式：被征收人按要求填写选票，并在_____年___月___日___时___分前将所填选票投入指定票箱，逾期视为放弃。_____年___月___日___时___分开始计票。

（五）投票生效

1. 每张选票只能选择一家房地产评估机构，不选、多选视为无效选票。

2. 选票未经被征收人签名或盖章确认的，视为无效选票。

3. 本次投票应当有过半数的被征收人参加，否则视为投票不成功。

4. 以投票方式选定的一家房地产价格评估机构，应当获得参加投票的被征收人过半数以上的同意选票；达不到半数的视为投票不成功，将采取抽签方式确定。

三、投票未能达到法定同意票数的，通过抽签方式确定

通过投票方式未能选定房地产价格评估机构的，由房屋征收部门于_____年___月___日___时___分采取抽签方式确定。房屋征收部门将对候选的房地产价格评估机构通过抽签的方式确定其中一家为本次房屋征收的评估机构。

以上全过程由_____公证处进行公证。

附件：候选房地产价格评估机构简介（排名不分先后）

_____住房和城乡建设局

（印章）

年　月　日

(2)选票

_____项目国有土地上房屋征收评估机构选择
选票(存根)

被征收人姓名：_____　　　编号：_____

------------------------盖骑缝章------------------------

_____项目国有土地上房屋征收选择房地产价格评估机构
选　　票

被征收人姓名：_____　　　编号：_____

序号	候选房地产价格评估机构名称	评估单位
1		
2		
3		
4		
5		

（以上排名不分先后）

注：请在选择的一家评估机构后面"评估单位"栏打"√"，不选、多选、复印为无效选票。投票截止时间为_____年____月____日____时____分，逾期视为放弃。

被征收人(或受委托人)签名：_____

17. 评估机构选择结果公告
（1）关于协商选定房地产价格评估机构的公告

关于协商选定房地产价格评估机构的公告

依据《浙江省国有土地上房屋征收与补偿条例》《金华市市区国有土地上房屋征收与补偿办法》有关规定，截至＿＿＿＿年＿＿月＿＿日＿＿时＿＿分，＿＿＿＿产生四分之三以上的被征收人共同签字认可的房地产价格评估机构，选定＿＿＿＿作为本区块房地产价格评估机构。

特此公告。

＿＿＿＿住房和城乡建设局

（印章）

年　月　日

(2)未能协商选定房地产价格评估机构的公告

未能协商选定房地产价格评估机构的公告

依据《浙江省国有土地上房屋征收与补偿条例》《金华市市区国有土地上房屋征收与补偿办法》有关规定,截至＿＿＿＿年＿＿月＿＿日＿＿时＿＿分,＿＿＿＿＿＿未产生四分之三以上的被征收人共同签字认可的房地产价格评估机构,视为未协商选定房地产价格评估机构。

按照《关于选择房地产价格评估机构的通告》,将依法开展房地产价格评估机构投票选择工作,请本区块各被征收人在规定时间内领取选票并投票。

领票及投票时间:＿＿＿＿年＿＿月＿＿日＿＿时＿＿分开始至＿＿时＿＿分止;地点:＿＿＿＿＿＿＿＿＿＿＿＿。

特此公告。

＿＿＿＿＿＿住房和城乡建设局
（印章）
年　月　日

(3)关于投票选定房地产价格评估机构的公告

关于投票选定房地产价格评估机构的公告

依据《浙江省国有土地上房屋征收与补偿条例》《金华市市区国有土地上房屋征收与补偿办法》有关规定,经_____公证处现场公证,截至_____年___月___日___时___分,依法投票选定_____为_____的房地产价格评估机构。

特此公告。

_____住房和城乡建设局
(印章)
年　月　日

(4)未能投票选定房地产价格评估机构的公告

未能投票选定房地产价格评估机构的公告

依据《浙江省国有土地上房屋征收与补偿条例》《金华市市区国有土地上房屋征收与补偿办法》有关规定,经_____公证处现场公证,截至_____年____月____日____时____分,未能投票选定房地产价格评估机构。

按照《关于选择房地产价格评估机构的通告》,将于_____年____月____日____时____分,在_____,通过(抽签/摇号)方式在候选房地产价格评估机构中选定本区块房地产价格评估机构。

特此公告。

_____住房和城乡建设局
(印章)
年　月　日

(5)关于抽签/摇号选定房地产价格评估机构的公告

关于抽签/摇号选定房地产价格评估机构的公告

依据《浙江省国有土地上房屋征收与补偿条例》《金华市市区国有土地上房屋征收与补偿办法》有关规定,经_____公证处现场公证,依法于_____年____月____日通过(抽签/摇号)选定_____为_____的房地产价格评估机构。

特此公告。

_____住房和城乡建设局
(印章)
年　月　日

18. 评估机构委托合同及委托书

（1）评估委托合同

房屋征收补偿评估委托合同

委托方：<u>（房屋征收部门）</u>（以下简称甲方）
受托方：<u>（评估公司）</u>（以下简称乙方）
项目名称：_____
一、征收补偿评估范围及完成期限
……
二、双方权利义务、责任及协作事宜
（一）甲方权利义务、责任及协作事宜
……
（二）乙方权利义务、责任及协作事宜
……
三、成果提交及验收
……
四、合同价款及支付方式
……
五、违约责任
……
六、其他
……

甲方（盖章）：	乙方（盖章）：
法定代表人或	法定代表人或
签约代表（签名）：	签约代表（签名）：
电话：	电话：
年　月　日	年　月　日

签约地址：

（2）评估委托书

房屋征收评估委托书

　　__（评估公司名称）__：

　　根据《国有土地上房屋征收与补偿条例》《浙江省国有土地上房屋征收与补偿条例》《金华市市区国有土地上房屋征收与补偿办法》《_____项目国有土地上房屋征收决定的公告》等有关规定，_____年____月____日经_____确定你公司承担_____项目国有土地上房屋征收项目评估工作。房屋征收范围：东至_____；南至_____；西至_____；北至_____。征收范围内被征收人约____户，被征收房屋总建筑面积约_____平方米（上述数据不包括未认定的未经登记建筑户数和面积）。评估内容为该项目征收范围内国有土地上房屋及其装修、附属物等价值，用于产权调换房屋的房地产价值。

　　特此委托。

_____住房和城乡建设局

（印章）

年　月　日

19. 分户初步评估结果公示

关于_____项目国有土地上房屋
征收分户初步评估结果
公　示

各被征收人：

_____人民政府于_____年___月___日发布了《_____项目国有土地上房屋征收决定的公告》。房地产价格评估机构依程序向房屋征收部门提交了本项目分户的初步评估结果（详见附件）。现将初步分户评估有关情况公示如下：

一、本项目依法选定的房地产价格评估机构：_____。

二、房屋的评估时点：_____年___月___日。

三、公示时间：_____年___月___日至_____年___月___日。

四、公示期间，房地产价格评估机构安排注册房地产估价师对分户的初步评估结果进行现场说明解释。

五、解释地点：_____。

_____住房和城乡建设局
（印章）
年　月　日

20. 签约及腾空期限公告

公　告

　　根据_____人民政府《_____项目国有土地上房屋征收决定的公告》(文号：_____)，本项目签约期限为___日，腾空期限为___日。

　　房屋征收分户初步评估结果已于_____年___月___日公示。被征收人签约期限自_____年___月___日起至_____年___月___日止；腾空期限自_____年___月___日起至_____年___月___日止。超过规定期限签约、腾空的不予奖励。

　　签约地点：_____。

　　特此公告。

_____住房和城乡建设局
（印章）
年　月　日

21. 房屋分户评估报告送达回证

<h1 style="text-align:center">评估报告送达回证</h1>

评估报告编号	
受送达人	
送达文书名称	
送达方式	□直接送达/□电子送达/□其他：_____
送达地址	
送达时间	
受送达人签名或盖章	
代收人签字及代收理由	
送达人签名	
见证人签名	
电子送达或其他送达方式证明材料粘贴处（无法在本页粘贴的附后）	
备注	

22. 补偿协议

（1）货币补偿协议

编号：_____号

_____项目国有土地上房屋征收

货币补偿协议

货币补偿协议

甲方（房屋征收部门）：_____
地址：_____
法定代表人：_____
房屋征收实施单位：_____
地址：_____
负责人：_____
经办人：_____　联系电话：_____
乙方（被征收人）：_____
统一社会信用代码（居民身份证号码）：_____
地址：_____　联系电话：_____
法定代表人：_____　居民身份证号码：_____
委托代理人：_____　居民身份证号码：_____

根据_____人民政府《_____项目国有土地上房屋征收决定的公告》（文号：_____），乙方坐落于_____的房屋在征收范围内，乙方同意甲方对该处房屋实施征收。依照《国有土地上房屋征收与补偿条例》《浙江省国有土地上房屋征收与补偿条例》《金华市市区国有土地上房屋征收与补偿办法》等规定，双方在平等自愿、协商一致基础上达成如下协议，供双方信守。

第一条　被征收房屋基本情况

被征收房屋不动产权证书号_____；房屋所有权证号_____；房产证明_____；未经产权登记建筑认定表_____；改变房屋用途认定表_____；国有土地使用证号_____；土地使用证明_____。

房屋建筑面积____平方米，其中：住宅用房____平方米，商业用房____平方米，办公用房____平方米，工业用房____平方米，其他用途房屋

____平方米。另有附属用房____平方米。土地使用权面积____平方米。

第二条 被征收房屋的价值补偿

甲方补偿给乙方合计人民币大写_____（¥_____）。其中：

（一）被征收房屋价值补偿____元。具体包括：

1. 个人住宅房屋评估价____元，房屋装饰、装修评估价____元。

2. 商业用房评估价____元，房屋装饰、装修评估价____元。

3. 办公用房评估价____元，房屋装饰、装修评估价____元。

4. 工业用房评估价____元，房屋装饰、装修评估价____元。

5. 其他用途房屋评估价____元，房屋装饰、装修评估价____元。

（二）附属用房价值的补偿____元。

（三）其他____元。

以上（一）（二）（三）各项数额详见_____评估报告。

第三条 搬家费、固定设施补偿费、停产停业损失补偿

甲方补偿给乙方合计人民币大写_____（¥_____）。其中：

（一）搬家费按一次补偿：____元。

（二）固定设施补偿费：____元，具体包括：

1. 自来水"一户一表"补偿费：____元。

2. 电"一户一表"补偿费：____元。

3. 管道煤气初装费：____元。

4. 电话、宽带移机补偿费：____元。具体包括：

（1）电话移机补偿费：____元。

（2）宽带移机补偿费：____元。

5. 有线电视移机补偿费：____元。

6. 空调移机补偿费：____元。具体包括：

（1）空调柜机移机补偿费：____元。

（2）空调挂机移机补偿费：____元。

7. 热水器拆装补偿费：____元。具体包括：

（1）太阳能热水器拆装补偿费：____元。

（2）燃气热水器、电热水器、空气能热水器拆装补偿费：____元。

8. 其他：＿＿＿元。

（三）生产经营性非住宅房屋停产停业损失补偿：＿＿＿元。

第四条　奖励

（一）乙方选择货币补偿的，奖励计＿＿＿元；

（二）乙方按期签订征收补偿协议的，按＿＿＿＿＿＿给予奖励，计＿＿＿元；

（三）乙方按期搬迁并经房屋征收部门验收合格的，按＿＿＿＿＿＿给予奖励，计＿＿＿元。

（四）＿＿＿＿＿＿＿＿＿＿＿＿＿＿＿＿＿＿＿＿＿＿＿＿＿＿＿＿

奖励费合计人民币大写＿＿＿＿＿＿＿（￥＿＿＿＿＿＿＿）。

第五条　补偿及奖励的支付

（一）本协议第二条、第三条补偿款合计人民币大写＿＿＿＿＿＿＿（￥＿＿＿＿＿＿＿），于本协议签订后＿＿＿个工作日内由甲方一次性通过银行转账支付给乙方。

（二）乙方按期腾空房屋，并经验收合格、产权证注销后＿＿＿个工作日内，甲方将本协议第四条第（一）项至第（三）项奖励款一次性通过银行转账支付给乙方。签约奖、腾空奖具体金额按实际签约时间、腾空时间计算。

（三）……

第六条　违约责任

（一）如甲方未按本协议第五条约定期限向乙方支付款项，从逾期之日起，每逾期一日按应付款金额的＿＿＿＿＿＿＿支付违约金。

（二）如乙方未在腾空期限截止日前腾空房屋，从逾期之日起，每逾期一日按补偿款总金额的＿＿＿＿＿＿＿支付违约金。

第七条　注销手续办理

本协议生效后，乙方将不动产权证、房屋所有权证、国有土地使用证或其他证明资料原件交给甲方，并办理相关权属证书注销登记手续。若被征收房屋的权属证书遗失，乙方应当同时出具遗失（灭失）证明等。在乙方交付权属证书原件之前，甲方有权不予支付本协议第五条约定的款项。

被征收房屋如有抵押、查封等权利瑕疵，乙方应先行办理抵押权注销、查封解除等手续。在被征收房屋权利瑕疵消除之前，甲方有权不予支付本协议第五条约定的款项。

第八条　争议解决方式

本协议履行过程中发生争议，由当事人友好协商解决；协商不成的，可依法向人民法院提起诉讼。

乙方未按期腾空房屋的，甲方可依法向人民法院申请强制执行。

第九条　协议生效

本协议同时具备以下条件时生效：

（一）本协议经甲乙双方签字或盖章。

（二）房屋征收部门发布签约率达到百分之八十（含）以上的公告。（非旧城区改建项目可删除）

第十条　其他

（一）本协议未尽事项可由甲乙双方签订补充协议，书面补充协议、附件与本协议具有同等法律效力。

（二）本协议壹式陆份，甲方执伍份，乙方执壹份，均具同等法律效力。

（以下无正文）

（本页为签章页）

甲方(签章)：　　　　　　　乙方(签章)：
法定代表人(签章)：　　　　法定代表人(签章)：
　　　　　　　　　　　　　委托代理人(签章)：
　　　　　　　　　　　　　签署日期_____年___月___日

房屋征收实施单位(签章)：
负责人(签章)：
签署日期_____年___月___日

（2）产权调换协议

编号：_____号

_____项目国有土地上房屋征收

产权调换协议

产权调换协议

甲方(房屋征收部门):_____
地址:_____
法定代表人:_____
房屋征收实施单位:_____
地址:_____
负责人:_____
经办人:_____ 联系电话:_____
乙方(被征收人):_____
统一社会信用代码(居民身份证号码):_____
地址:_____联系电话:_____
法定代表人:_____ 居民身份证号码:_____
委托代理人:_____ 居民身份证号码:_____

根据_____人民政府《_____项目国有土地上房屋征收决定的公告》(文号:_____),乙方坐落于_____的房屋在征收范围内,乙方同意甲方对该处房屋实施征收。依照《国有土地上房屋征收与补偿条例》《浙江省国有土地上房屋征收与补偿条例》《金华市市区国有土地上房屋征收与补偿办法》等规定,双方在平等自愿、协商一致基础上达成如下协议,供各方信守。

第一条 被征收房屋基本情况

被征收房屋的不动产权证书号_____;房屋所有权证号_____;房产证明_____;未经产权登记建筑认定表_____;改变房屋用途认定表_____;国有土地使用证号_____;土地使用证明_____。

房屋建筑面积____平方米,其中:住宅用房____平方米,商业用房____平方米,办公用房____平方米,工业用房____平方米,其他用途房屋____平方米。另有附属用房____平方米。土地使用权面积____平方米。

第二条　被征收房屋的价值补偿

甲方补偿给乙方合计人民币大写_____（¥_____）。其中：

（一）被征收房屋价值补偿____元。具体包括：

1. 个人住宅房屋评估价____元，房屋装饰、装修评估价____元。

2. 商业用房评估价____元，房屋装饰、装修评估价____元。

3. 办公用房评估价____元，房屋装饰、装修评估价____元。

4. 工业用房评估价____元，房屋装饰、装修评估价____元。

5. 其他用途房屋评估价____元，房屋装饰、装修评估价____元。

（二）附属用房价值的补偿____元。

（三）其他____元。

以上（一）（二）（三）各项数额详见_____评估报告。

第三条　搬家费、固定设施补偿费、临时安置费、停产停业损失补偿

甲方补偿给乙方合计人民币大写_____（¥_____）。其中：

（一）搬家费按二次补偿：____元。

（二）固定设施补偿费：____元。具体包括：

1. 自来水"一户一表"补偿费：____元。

2. 电"一户一表"补偿费：____元。

3. 管道煤气初装费：____元。

4. 电话、宽带移机补偿费：____元。具体包括：

（1）电话移机补偿费：____元。

（2）宽带移机补偿费：____元。

5. 有线电视移机补偿费：____元。

6. 空调移机补偿费：____元。具体包括：

（1）空调柜机移机补偿费：____元。

（2）空调挂机移机补偿费：____元。

7. 热水器拆装补偿费：____元。具体包括：

（1）太阳能热水器拆装补偿费：____元。

（2）燃气热水器、电热水器、空气能热水器拆装补偿费：____元。

8. 其他：____元。

（三）临时安置费补偿（____个月）：____元。以被征收房屋主房合法建筑面积____平方米为基数，按每平方米每月____元的标准计算。

（四）生产经营性非住宅房屋停产停业损失补偿：____元。

第四条　奖励

（一）乙方按期签订征收补偿协议的，按_____给予奖励，计____元；

（二）乙方按期搬迁并经房屋征收部门验收合格的，按_____给予奖励，计____元。

（三）_____

奖励费合计人民币大写_____（￥_____）。

第五条　产权调换房屋及价值评估

乙方选择坐落于_____的房屋用于产权调换。房屋户型为_____，建筑面积约____平方米、车库（辅房）面积约____平方米，以交付时测绘面积为准。具体房号按规定的选房办法确定。

用于产权调换房屋的价值，由同一家房地产价格评估机构以房屋征收决定公告之日为评估时点，采用相同的方法、标准评估确定。

第六条　补偿及奖励金额、支付时间及方式

（一）甲方应当在本协议签订后____个工作日内，将本协议第三条补偿金额合计人民币大写_____（￥_____）通过银行一次性转账支付给乙方。

（二）乙方选择产权调换，最终结算按被征收房屋第二条总金额与选择产权调换房屋的总价值（详见交房时的评估报告）实行差价结算，在交房时另行签订补充协议，多退少补一并结清。

（三）乙方按期腾空房屋，并经验收合格、产权证注销后____个工作日内，甲方将本协议第四条第（一）项、第（二）项奖励款一次性通过银行转账支付给乙方。签约奖、腾空奖具体金额按实际签约时间、腾空时间计算。

第七条　违约责任

（一）如甲方未按本协议第六条约定期限向乙方支付款项，从逾期之日起,每逾期一日按应付款金额的____支付违约金。

(二)如乙方未在腾空期限截止日前腾空房屋,从逾期之日起,每逾期一日按补偿款总金额的____支付违约金。

第八条　注销手续办理

本协议生效后,乙方将不动产权证、房屋所有权证、国有土地使用证或其他证明资料原件交给甲方,并办理相关权属证书的注销登记手续。若被征收房屋的权属证书遗失,乙方应当同时出具遗失(灭失)证明等。在乙方交付权属证书原件之前,甲方有权拒绝支付本协议第六条约定的款项。

被征收房屋如有抵押、查封等权利瑕疵,乙方应先行办理抵押权注销、查封解除等手续。在被征收房屋权利瑕疵消除之前,甲方有权拒绝支付本协议第六条约定的款项。

第九条　争议解决方式

本协议履行过程中发生争议,由当事人友好协商解决;协商不成的,可依法向人民法院提起诉讼。

乙方未按期腾空房屋的,甲方可依法向人民法院申请强制执行。

第十条　协议生效

本协议同时具备以下条件时生效:

(一)本协议经甲乙双方签字或盖章。

(二)房屋征收部门发布签约率达到百分之八十(含)以上的公告。(非旧城区改建项目可删除)

第十一条　其他

(一)本协议未尽事项可由甲乙双方签订补充协议,书面补充协议、附件与本协议具有同等法律效力。

(二)本协议壹式陆份,甲方执伍份,乙方执壹份,均具同等法律效力。

(以下无正文)

（本页为签章页）

甲方(签章)：　　　　　　乙方(签章)：
法定代表人(签章)：　　　法定代表人(签章)：
　　　　　　　　　　　　委托代理人(签章)：
　　　　　　　　　　　　签署日期＿＿＿＿年＿＿月＿＿日

房屋征收实施单位(签章)：
负责人(签章)：
签署日期＿＿＿＿年＿＿月＿＿日

(3)产权调换补充协议

编号:_____号

_____项目国有土地上房屋征收

产权调换补充协议

产权调换补充协议

甲方(房屋征收部门)：_____

地址：_____

法定代表人：_____

房屋征收实施单位：_____

地址：_____

负责人：_____

经办人：_____ 联系电话：_____

乙方(被征收人)：_____

统一社会信用代码(居民身份证号码)：_____

地址：_____ 联系电话：_____

法定代表人：_____ 居民身份证号码：_____

委托代理人：_____ 居民身份证号码：_____

甲乙双方于_____年___月___日签订编号为_____号的《产权调换协议》，在平等自愿、协商一致的基础上，现达成以下补充约定，供各方信守。

第一条　被征收房屋的价值

根据《产权调换协议》第二条合计补偿人民币大写_____（￥_____）。

第二条　用于产权调换房屋价值

根据选房办法，乙方选定坐落于_____小区___幢___单元___号房屋用于产权调换，房屋建筑面积为___平方米。

根据_____评估报告，甲乙双方确认产权调换房屋价值为人民币大写_____（￥_____）。

第三条　其他乙方需支付的费用

(一)乙方向甲方购买坐落于_____小区___号车位使用权,购买价款为人民币大写＿＿＿＿＿＿（￥＿＿＿＿＿＿）。

（二）甲方代收代缴物业维修专项基金,以产权调换房屋建筑面积＿＿＿元／平方米计算,计人民币大写＿＿＿＿＿＿（￥＿＿＿＿＿＿）。

第四条　临时安置费

甲方已支付＿＿＿个月,剩余应付临时安置费人民币大写＿＿＿＿＿＿（￥＿＿＿＿＿＿）。

第五条　结算及交付

甲方应向乙方支付本协议第一条、第四条款项,乙方应向甲方支付本协议第二条、第三条款项,根据差价结算、多退少补原则,应由＿＿＿＿＿＿方向＿＿＿＿＿＿方支付人民币大写＿＿＿＿＿＿（￥＿＿＿＿＿＿）。乙方选房并结清该笔款项后,办理房屋交付手续。

第六条　其他

1. 本协议自甲乙双方签字或盖章后生效。

2. 本协议为原《产权调换协议》的组成部分,与原《产权调换协议》具有同等法律效力。

3. 本协议壹式陆份,甲方执伍份,乙方执壹份,均具同等法律效力。附件是本协议有机组成部分,与本协议具有同等法律效力。

（以下无正文）

（本页为签章页）

甲方（签章）： 乙方（签章）：
法定代表人（签章）： 法定代表人（签章）：
委托代理人（签章）：
签署日期_____年____月____日

房屋征收实施单位（签章）：
负责人（签章）：
签署日期_____年____月____日

23. 旧城区改建签约率达 80% 的公告（旧城区改建项目）

公　　告

根据《_____项目国有土地上房屋征收与补偿方案》第____条"在规定的签约期限内，征收范围内的被征收人签约率达到百分之八十以上的，房屋征收补偿协议生效"，截至_____年____月____日，_____征收范围内的被征收人签约率已达到百分之八十以上。

特此公告。

_____住房和城乡建设局
（印章）
年　月　日

24. 支付单

<table>
<tr><td colspan="5" align="center">_____征收补偿资金支付单</td></tr>
<tr><td colspan="5" align="right">户号：　　　　支付单号 No：</td></tr>
<tr><td>填单日期</td><td></td><td>结算单编号</td><td colspan="2"></td></tr>
<tr><td>被征收人姓名</td><td></td><td>被征收人身份证号码</td><td colspan="2"></td></tr>
<tr><td>领款人姓名</td><td></td><td>领款人身份证号码</td><td colspan="2"></td></tr>
<tr><td>征收房屋地址</td><td colspan="3"></td><td>联系电话</td></tr>
<tr><td>本次补偿金额</td><td colspan="4"></td></tr>
<tr><td colspan="2">代发银行：
联系电话：
地址：</td><td>填单人：</td><td colspan="2">领款人签名并捺手印：</td></tr>
</table>

25. 腾空验收交付单

_____项目国有土地上房屋征收房屋腾空
验收交付单(存根)

被征收人(单位):_____ 房屋坐落于:_____

腾空交付时间:_____年____月____日

现被征收人腾空移交该房屋。经验收,被征收房屋结构完整,门、窗齐全,水、电、管线保持原样,被征收人放弃对房屋中剩余物品的所有权,水、电、气等费用已结清,予以发放腾空验收交付单。

被征收人(单位)(签章):_____ 联系电话:_____

委托代理人(签字):_____ 联系电话:_____

验收人(签字):

年　月　日

_____国有土地上房屋征收房屋腾空验收交付单

被征收人(单位):_____ 房屋坐落于:_____

腾空交付时间:_____年____月____日

现被征收人腾空移交该房屋。经验收,被征收房屋结构完整,门、窗齐全,水、电、管线保持原样,被征收人放弃对房屋中剩余物品的所有权,水、电、气等费用已结清,予以发放腾空验收交付单。

被征收人(单位)(签章):_____ 联系电话:_____

委托代理人(签字):_____ 联系电话:_____

验收人(签字):

年　月　日

26.房屋征收补偿决定方案

房屋征收补偿决定方案

征收人：_____,住所地_____。法定代表人：_____。

被征收人：_____,性别____,____族,____年____月____日出生,住_____,居民身份证号码为_____。

因_____的公共利益需要,_____人民政府于____年____月____日依法作出《_____项目国有土地上房屋征收的决定》(文号：_____),决定对_____项目国有土地上房屋实施征收。房屋征收部门为_____,房屋征收实施单位为_____。____年____月____日依法选定_____为_____的房地产价格评估机构。

被征收人名下坐落于_____的房屋在本次征收范围之内。房产所有权证号为_____,证载建筑面积为____平方米,规划用途为_____;国有土地使用证号为_____,土地使用权类型为_____,用途为_____。

经评估,被征收房屋评估价值____元。该评估报告于_____年____月____日送达给被征收人,……(被征收人对评估报告的复核、鉴定情况)

在签约期限内,被征收人未与房屋征收部门达成征收补偿协议。为维护公共利益,保证建设项目顺利实施,_____人民政府审查认为,房屋征收部门为被征收人提供的补偿标准、补偿方式符合《国有土地上房屋征收与补偿条例》等有关规定,根据《国有土地上房屋征收与补偿条例》第十七条、第二十一条、第二十六条及《浙江省国有土地上房屋征收与补偿条例》第三十二条等规定,作出征收补偿决定方案如下：

一、对被征收人名下坐落于_____的房屋依法实施征收,依照《_____项目国有土地上房屋征收与补偿方案》,被征收人可以选择货币补偿,也可以选择房屋产权调换。

（一）货币补偿

补偿项目具体包括：

1. 被征收房屋价值补偿____元，其中……。

2. 搬家费补偿____元。

3. 固定设施补偿费____元（包括……）。

4. 给予被征收人的奖励，_____。经强制执行程序腾空被征收房屋的，不予奖励。

5. ……

被征收人应获得的货币补偿款已全部存储于本次征收补偿款专用账户。

（二）房屋产权调换

根据《_____项目国有土地上房屋征收与补偿方案》，征收人提供用于产权调换的房源详见_____。

补偿项目具体包括：

1. 被征收房屋价值补偿____元，其中……。

2. 搬家费补偿____元。

3. 固定设施补偿费____元（包括……）。

4. 临时安置费____元。

5. 给予被征收人的奖励，_____。经强制执行程序腾空被征收房屋的，不予奖励。

6. ……

用于产权调换的房屋选定后，按等价值的原则，结算被征收房屋的价值与用于产权调换房屋价值的差价。

二、被征收人应在收到本补偿决定方案之日起十五日内，以书面形式向_____提出意见并选择补偿方式，完成签约。若被征收人逾期不选择补偿方式，补偿方式由_____人民政府作出的补偿决定确定。

_____人民政府

（印章）

年　月　日

27. 房屋征收补偿决定书

房屋征收补偿决定书

文号：

征收人：_____，住所地 _____。法定代表人：_____。

被征收人：_____，性别____，____族，____年____月____日出生，住_____，居民身份证号码为_____。

因_____的公共利益需要，_____人民政府于____年____月____日依法作出《_____项目国有土地上房屋征收的决定》（文号：_____），决定对_____项目国有土地上房屋实施征收。房屋征收部门为_____，房屋征收实施单位为_____。____年____月____日依法选定_____为_____的房地产价格评估机构。

经查，被征收人名下坐落于_____的房屋在本次征收范围之内。房产所有权证号为_____，证载建筑面积为____平方米，规划用途为____；国有土地使用证号为_____，土地使用权类型为_____，用途为_____。

经评估，被征收房屋评估价值____元。该评估报告于_____年____月____日送达给被征收人，……（被征收人对评估报告的复核、鉴定情况）

在规定的签约期限内，被征收人未与房屋征收部门达成征收补偿协议。本机关于_____年____月____日向被征收人送达《房屋征收补偿决定方案》，要求被征收人在十五日内提出意见并选择补偿方式。被征收人未在规定期限内对补偿方式作出选择。

为维护公共利益，保证建设项目顺利实施，根据《国有土地上房屋征收与补偿条例》第十七条、第二十一条、第二十六条、第二十七条、第二十八条,《浙江省国有土地上房屋征收与补偿条例》第三十二条、第三十三条及《_____项目国有土地上房屋征收与补偿方案》之规定,本机关现依法作出房屋征收补偿决定,具体内容如下:

一、对被征收人名下坐落于_____的房屋依法实施征收,以_____方式予以补偿。

二、被征收人获得的补偿包括:

……

三、被征收人应获得的货币补偿款已全部存储于本次征收补偿款专用账户,被征收人在本决定书规定期限内腾空移交被征收房屋后,凭补偿决定书前往房屋征收实施单位办理申领手续。

四、被征收人应在本决定书送达之日起____日内腾空被征收房屋并移交房屋征收部门。

如被征收人不服本决定,可以在决定书送达之日起六十日内向_____人民政府申请行政复议,也可以在决定书送达之日起六个月内向_____人民法院提起行政诉讼。

在法定期限内不申请行政复议或者不提起行政诉讼,又未在本决定书规定期限内腾空移交房屋的,本机关将依法申请人民法院强制执行。

_____人民政府

(印章)

年 月 日

(五)集体土地及集体土地上房屋征收相关法律文书参考格式模板(以浙江省金华市为例)

1. 土地征收预公告

土地征收预公告

(文号：_____)

根据《中华人民共和国土地管理法》等法律规定,因_____建设项目,拟征收农民集体所有土地,现将有关事项公告如下:

一、征收范围

_____市____区____乡镇(街道)____村农村所有集体土地____公顷(____亩)。四至范围:东至_____、西至_____、南至_____、北至_____。(具体以勘测定界成果为准)

二、土地现状调查安排

_____市_____人民政府将组织_____乡镇人民政府(_____街道办事处)开展土地现状调查,对土地(权属、地类、面积等)、住宅(权属、面积等)以及其他地上附着物和青苗(权属、种类、数量等)状况进行调查确认,请有关单位和个人予以支持配合。

三、其他事项

自本公告发布之日起,在拟征收土地范围内暂停办理户口迁入、分户、房屋交易、翻(扩)建、装潢、核发营业执照、调整农业生产结构等不当增加补偿费用的行为。

自本公告发布之日起,任何单位和个人不得在拟征收土地范围内抢种、抢栽、抢建,违反规定抢种、抢栽、抢建的,不予补偿安置。

本公告期限为十个工作日。

特此公告。

附件:拟征收土地范围附图

_____人民政府

(印章)

年　月　日

2. 暂停办理相关手续通知

关于暂停办理＿＿＿＿＿＿集体所有土地上房屋征收范围内有关事项的通知

（被征收人姓名）：

因＿＿＿＿＿＿项目建设需要，拟征收＿＿＿＿＿＿市＿＿＿区＿＿＿乡镇（街道）＿＿＿村农村所有集体土地，根据《金华市区征收集体所有土地上房屋补偿实施意见》第二条第（七）款之规定，请暂停办理征收范围内下列事项：

1. 新批宅基地和其他建设用地；
2. 审批扩建、改建房屋及其附属设施；
3. 审批改变房屋、土地用途；
4. 除夫妻投靠、未成年子女投靠父母、大中专院校毕业生回原籍落户、归正人员回原籍落户、退役军人回原籍落户以外的户口迁入登记；
5. 新增市场主体设立登记或其他社会组织登记；
6. 转移房屋所有权或宅基地使用权；
7. 按规定应当暂停办理的其他不正当增加补偿费用事项。

暂停办理期限：＿＿＿＿＿年＿＿＿月＿＿＿日至＿＿＿＿＿年＿＿＿月＿＿＿日。

特此通知。

附件：拟征收土地范围附图（略——编者注）

＿＿＿＿＿＿人民政府
（印章）
年　月　日

3. 土地房屋现状调查

（1）征收土地情况调查确认表

征收土地情况调查确认表

调查单位（盖章）：_____　　填表时间：_____年____月____日

用地项目名称			
被征地单位			
被征收土地情况			
地类			面积（公顷）
农用地	耕地	水田	
		旱地	
		可调整园地	
	园地		
	林地		
	草地		
	其他农用地		
建设用地	工矿仓储用地		
	住宅用地		
	公共管理与公共服务用地		
	特殊用地		
	交通运输用地		
未利用地			
合计			
权属单位确认（盖章）		_____村	

填表人（签名）：　　　　　审核人（签名）：

(2)征收土地青苗、地上附着物调查登记表

征收土地青苗、地上附着物调查登记表

调查单位(盖章)：_____　　填表时间：_____年____月____日

项目名称					
被征地单位					
序号	产权人	青苗、地上附着物		产权人代表签名	备注
		种类	数量		
权属单位确认(盖章)			_____村			

填表人(签名)：　　　　　　　审核人(签名)：

附：地上青苗及附着物影像资料、照片等
注：特殊情况请在备注栏说明

(3)征收土地权属调查表

征收土地权属调查表

调查单位(盖章):_____　　　填表时间:_____年____月____日

用地项目名称							
被征地单位							
用地面积		_____公顷					
序号	土地使用权人	面积(公顷)				产权人代表签名	备注
		土地承包经营权	宅基地使用权	建设用地使用权	山林承包经营权	其他		
合计		_____公顷					
权属单位确认(盖章)		_____村					

填表人(签名):　　　　　　　　　审核人(签名):

（4）征收土地权属、青苗及地上附着物调查成果告知书

征收土地权属、青苗及地上附着物调查成果告知书

_____村：

　　因_____建设需要，需征收你村集体土地____公顷。现将涉及你村的土地、青苗及附着物调查成果告知如下：

序号	产权人	青苗及土地附属物		土地使用权面积（公顷）			
^	^	种类	数量	土地承包经营权	宅基地使用权	建设用地使用权	山林承包经营权	其他

　　所有的青苗及地上附着物已拍摄影像资料存档，如有异议的请于本告知书公告之日起五个工作日内向_____提出复核申请，否则视为确认。

　　联系人：_____

　　联系电话：_____

行政机关名称

（印章）

年　月　日

（5）土地房屋基本情况调查表

_____村拟征收土地房屋基本情况调查表

<table>
<tr><td rowspan="6">基本情况</td><td colspan="2">房屋坐落</td><td colspan="5"></td></tr>
<tr><td rowspan="2">户主</td><td>姓名/名称</td><td colspan="2"></td><td>户籍地址</td><td colspan="2"></td></tr>
<tr><td>身份证号码</td><td colspan="2"></td><td>联系电话</td><td colspan="2"></td></tr>
<tr><td rowspan="3">家庭人员户籍情况</td><td>姓名</td><td>关系</td><td>身份证号码</td><td>联系电话</td><td colspan="2">户籍地址</td></tr>
<tr><td></td><td></td><td></td><td></td><td colspan="2"></td></tr>
<tr><td></td><td></td><td></td><td></td><td colspan="2"></td></tr>
<tr><td>土地情况</td><td colspan="2">证号</td><td colspan="2"></td><td>用地面积（m²）</td><td></td><td>用途</td></tr>
<tr><td rowspan="8">房屋情况</td><td rowspan="2">房屋所有权登记用途分类</td><td colspan="2">房屋所有权证号</td><td colspan="2"></td><td>房屋结构</td><td colspan="2"></td></tr>
<tr><td colspan="2">总层数/所在层数</td><td colspan="2"></td><td>总建筑面积（m²）</td><td colspan="2"></td></tr>
<tr><td rowspan="2">未经登记房屋</td><td colspan="2">占地面积（m²）</td><td colspan="2">建筑面积（m²）</td><td>建造时间</td><td colspan="2"></td></tr>
<tr><td colspan="2">用途</td><td colspan="2">层数</td><td>结构</td><td colspan="2"></td></tr>
<tr><td rowspan="4">房屋用途改变情况</td><td colspan="2">原有用途</td><td colspan="2"></td><td>现实际用途</td><td colspan="2"></td></tr>
<tr><td colspan="2">改变用途房屋面积(m²)</td><td colspan="2"></td><td>有无营业执照</td><td colspan="2"></td></tr>
<tr><td colspan="2">改变用途已有年限</td><td colspan="2"></td><td>有无纳税证明</td><td colspan="2"></td></tr>
</table>

续表

其他情况	电话(门)		宽带(条)		管道煤气及安装时间	
	空调	挂机(台)		柜机(台)		其他
	太阳能热水器(个)			电(燃气、空气能)热水器(个)		
	独户水表(个)		独户电表(个)及安装时间		其他	
安置意向						
备注						

调查人员(签名):   调查时间:

4.社会稳定风险评估授权委托书

社会稳定风险评估授权委托书

为切实加强对社会稳定风险评估工作的组织领导,根据中共浙江省委办公厅、浙江省人民政府办公厅《关于印发〈浙江省重大决策社会风险评估实施办法〉的通知》(浙委办发〔2019〕53号)的有关要求,特授权_____风险评估咨询有限公司(包括其工作人员和特聘顾问、专家)就我单位负责的_____项目进行社会稳定风险评估,权限如下:

1.负责与该项目有关的社会稳定风险评估所需的资料收集。

2.组织或参与与该项目有关的社会稳定风险评估事项的座谈会、听证会和民意调查。

3.负责协助召集专家就该项目进行专家座谈会或听取专家意见。

授权期限:自授权之日起至评估报告审定。

社会稳定风险评估工作作为重大决策实施前的必经前置程序;社会稳定风险评估实行"谁主管,谁负责""谁评估,谁负责""谁决策,谁负责"的原则。

授权单位(盖章):

负责人(签名):

授权时间: 年 月 日

5. 征地补偿安置方案公告

征地补偿安置方案公告

（文号：_____）

因_____建设需要，拟征收_____农民集体使用土地____公顷。根据《中华人民共和国土地管理法》等有关规定，现将《征地补偿安置方案》内容和有关事项公告如下：

一、补偿安置具体内容详见附件《征地补偿安置方案》。

二、被征地的集体经济组织成员认为征地补偿安置方案不符合法律法规规定，要求举行听证的，应当在本公告期满前到_____提出书面申请。提出申请的成员达到被征地的集体经济组织成员半数以上（不含半数）的，_____自然资源和规划局将组织召开听证会，听证时间另行通知。

三、征地补偿登记期限至_____年____月____日。被征收土地的所有权人和使用权人应当在征地补偿安置公告规定的期限内，持相关不动产权属证明资料，到_____办理征地补偿登记或提出异议。在规定期限内不办理征地补偿登记的，以土地现状调查公示结果为准。

四、征地范围内抢建的建筑物、构筑物及室外装潢和抢种抢栽的地上农作物一律不办理补偿登记。

五、本公告期限为三十日。

特此公告。

附件：1. 征地补偿安置方案
   2. 拟征收土地范围附图（略——编者注）
   3. 土地现状调查成果（略——编者注）

_____人民政府

（印章）

年　月　日

附件1

征地补偿安置方案

（文号：_____）

根据《中华人民共和国土地管理法》等有关规定，拟定本次《征地补偿安置方案》。

一、征收目的、范围及土地现状

因_____建设需要，需征收农民集体所有土地____公顷，其中，征收____村____公顷，含水田____公顷，旱地____公顷，园地____公顷，林地____公顷，草地____公顷，其他农用地____公顷，工矿仓储用地____公顷，住宅用地____公顷，公共管理与公共服务用地____公顷，特殊用地____公顷，交通运输用地____公顷，特殊用地____公顷。其他情况详见土地现状调查成果。［四至范围：北侧为_____，南侧为_____，西侧为_____，东侧为_____。（详见征地勘测定界图）］

二、征收土地补偿标准、安置方式及保障内容

1. 征地区片综合地价包括土地补偿费和安置补助费。按金华市人民政府办公室《关于重新公布金华市区征地区片综合地价的通知》（金政办发〔2023〕60号）规定的征地区片综合地价补偿标准进行补偿，具体为：

序号	被征地村	土地类型	面积（公顷）	区片级别	补偿标准（万元/公顷）	补偿金额（万元）
	合计					

2. 地上附着物和青苗补偿费。按金华市人民政府办公室《关于印发市区征收集体土地地上附着物和青苗补偿标准(试行)的通知》(金政办发〔2021〕24号)规定的补偿标准进行补偿。

3. 社保安置。按《关于进一步做好被征地农民参加基本养老保险有关工作的通知》(浙人社发〔2020〕61号)、《关于被征地农民参加基本生活保障实行"人地对应"的通知》(金自然资规〔2019〕183号)文件规定执行。参加被征地农民基本生活保障人数共＿＿＿＿人,被征地单位应按有关规定确认具体参保人数和名单,并办理相关手续。

4. 鼓励被征地农民按照有关规定参加就业培训。

三、农村村民住宅安置方式及保障内容

1. 本次安置按照＿＿＿＿＿＿＿＿＿安置方式。具体安置方式参照金华市人民政府办公室《关于印发〈金华市区征收集体所有土地上房屋补偿实施意见〉的通知》(金政办发〔2022〕25号)等文件确定。

2. 住宅搬家补贴费、非住宅搬迁补贴费、住宅临时过渡费参照相关文件规定的标准计发。

四、其他补偿按照有关文件规定标准予以补偿。

五、土地征收经批准后,由＿＿＿＿＿＿＿人民政府按方案内容组织实施。

＿＿＿＿＿＿＿人民政府

(印章)

年　月　日

6. 听证告知书

听证告知书

(文号：_____)

_____村：

因_____建设需要,需征收你村集体土地_____公顷,其中,水田____公顷,旱地____公顷,园地____公顷,林地____公顷,草地____公顷,其他农用地____公顷,工矿仓储用地____公顷,住宅用地____公顷,公共管理与公共服务用地____公顷,特殊用地____公顷,交通运输用地____公顷,特殊用地____公顷。其他情况详见土地现状调查成果。根据土地管理法律法规和有关政策规定,我机关已经拟定征地补偿安置方案(详见附件)。

根据《自然资源听证规定》,你村对本征地项目的征地补偿安置方案有申请听证的权利。如需申请听证,请在听证告知书送达之日起5个工作日内,按《自然资源听证规定》的要求,向我机关提出书面听证申请。逾期未提出申请的,视为放弃听证。

特此告知。

附件：征地补偿安置方案(略——编者注)

_____人民政府
(印章)
年　月　日

7. 村民（代表）会议纪要（征地补偿安置方案及听证事项）

村民（代表）会议纪要

_____年___月___日,我村在_____召开村民(代表)会议,讨论因_____建设项目需要,征收本村集体土地的有关事项,会议由_____主持、_____负责记录。有关情况纪要如下:

一、会议通报了_____建设项目基本情况,需征收我村集体土地____公顷,其中耕地____公顷。

二、_____自然资源和规划局会同_____乡(镇)人民政府(街道办事处)拟定了本次的征地补偿安置方案,征地补偿安置方案和听证告知书已经送达我村,并在村务公开栏、土地权利人集中居住地进行了公开张贴。

三、会议通报了本次征地补偿标准、安置政策、参保人数核定方式:本次征地按照金华市人民政府办公室《关于重新公布金华市区征地区片综合地价的通知》(金政办发〔2023〕60号)文件规定的征地补偿标准实施补偿,其中,农用地、建设用地补偿标准____万元/亩,林地、未利用地补偿标准____万元/亩;一般青苗补偿____元/亩;特殊青苗和地上附着物补偿在实施征地时按实计算补偿。本次征地范围内涉及集体土地房屋征收的,按金华市人民政府有关集体土地房屋征迁政策规定执行。本次征地涉及农业人口采取_____安置方式,按照《关于进一步做好被征地农民参加基本养老保险有关工作的通知》(浙人社发〔2020〕61号)、《关于被征地农民参加基本生活保障实行"人地对应"的通知》(金自然资规〔2019〕183号)的规定参加被征地农民基本生活保障。

四、经与会村民代表讨论,同意_____制定的征地补偿安置方案,放弃(或申请)听证。

五、会议通报的其他事项:_____。

本次会议应到人数____人,实到人数____人,符合规定要求。

_____村(盖章)

年　月　日

参加人员签名:_____

_____

_____

8. 补偿安置协议

(1)征地补偿安置协议

征地补偿安置协议

编号:＿＿＿＿＿＿＿＿

征地单位:＿＿＿＿＿＿＿＿＿＿＿＿＿＿＿(以下简称甲方)

被征地单位:＿＿＿＿＿＿＿＿＿＿＿＿＿＿＿(以下简称乙方)

因＿＿＿＿＿＿＿＿＿＿项目建设的需要,需征收乙方集体土地,根据《中华人民共和国土地管理法》等法律法规及金华市人民政府办公室《关于重新公布金华市区征地区片综合地价的通知》(金政办发〔2023〕60号)、金华市人民政府办公室《关于印发金华市区征收集体所有土地上房屋补偿实施意见的通知》(金政办发〔2022〕25号)等规定,经甲乙双方协商,就征地补偿安置有关问题达成如下协议:

一、甲方向乙方征收集体所有土地面积＿＿＿＿公顷(计＿＿＿＿亩),其中,农用地＿＿＿＿公顷:含耕地＿＿＿＿公顷、园地＿＿＿＿公顷、林地＿＿＿＿公顷、草地＿＿＿＿公顷,水域及水利设施用地＿＿＿＿公顷(其中坑塘水面＿＿＿＿公顷,沟渠＿＿＿＿公顷),其他土地＿＿＿＿公顷(其中设施农用地＿＿＿＿公顷,田坎＿＿＿＿公顷);存量建设用地＿＿＿＿公顷;未利用地＿＿＿＿公顷。甲方已将本次征地的勘测定界成果告知乙方,并经乙方确认(可附征地勘测定界图),涉及的被征地农户及相关权利人由乙方负责告知。

二、按照货币安置方式,甲方应支付乙方征地补偿费用如下

1. 区片综合价补偿

地类	_____区片		_____区片		面积（公顷）	补偿金额（万元）
	面积（公顷）	区片综合价（万元/公顷）	面积（公顷）	区片综合价（万元/公顷）		
农用地 建设用地						
林地 未利用地						
合计						

2. 青苗补偿费____万元人民币,特殊青苗及地上附着物以实施征地时实地调查登记数据为准。

3. 以上合计征地补偿费为_____万元人民币(大写:_____元整)。

三、征收土地范围内涉及集体土地房屋征收的,按金华市人民政府有关集体土地房屋征迁政策规定执行。

四、经过测算,本次征地涉及安置农业人口____人(劳动力____人),拟采取_____等方式进行安置,拟安排____人参加被征地农民基本生活保障。

五、有批准权的人民政府批准征地方案后,本协议自动生效。

六、上述征地补偿费由甲方(或指定的第三方)在建设项目征地依法批准后三个月内全额支付给乙方,由乙方负责分配,分配方案报_____备案。

七、乙方全额收到征地补偿费后,应在三十日内将土地交付给甲方,不得以任何理由拒绝交地。被征收土地移交建设单位前,地块内安全、卫生、绿化等问题由乙方负责管理。

八、甲方有权根据城乡规划调整和项目建设变化等情况,对本次征收的土地用途和建设项目进行调整。

九、经商定其他事项：_____。

十、本协议签订后，甲乙双方应自觉遵守，违约方将依法承担违约责任。

十一、本协议于_____年___月___日签订，一式___份，双方各执___份，其余由相关部门备存。

（以下无正文）

甲方(签章)：_____　　代表人(签名)：

乙方(签章)：_____　　代表人(签名)：

(2)青苗及附属物补偿协议书

青苗及附属物补偿协议书

编号：_____

甲方：征收实施单位：_____
　　　地址：_____
　　　法定代表人：_____　联系电话：_____
乙方：被征收人：_____
　　　住所：_____
　　　身份证号码：_____　联系电话：_____
　　　委托代理人：_____　联系电话：_____

因_____项目建设的需要，根据国家法律、法规和相关政策规定，甲乙双方在平等、自愿、协商一致的基础上，就乙方被征收范围内的地上青苗及附属物补偿事宜达成如下协议：

一、乙方被征收土地位于_____（四至：东至_____，西至_____，北至_____，南至_____）

二、乙方在被征收土地范围内补偿的青苗品种、数量经甲乙双方确定，甲方根据相关补偿标准向乙方支付青苗补偿款____元、地上附属物补偿款____元，补偿款总计人民币￥_____元，（大写）_____元整。

三、本协议签订后，甲方于____年__月__日前，将补偿款一次性支付给乙方，乙方收到款项后不得再以任何理由向甲方主张补偿款。

四、乙方应在本协议签订之日起____日内，将其承包的被征收范围内集体土地腾空交付给甲方。

五、签署本协议时，乙方应当向甲方提供其作为补偿权利人的证明资料,包括身份证、家庭户口本、农村土地承包协议书等。

六、如对本协议产生争议,甲乙双方应通过友好协商解决协商不成可以向被征收土地所在地有管辖权法院起诉。

七、本协议自甲乙双方签字盖章之日起生效。本协议一式两份,甲方、乙方各执一份。

(以下无正文)

甲方(签章):　　　　　　　乙方(签章):
委托代理人(签名):　　　　　委托代理人(签名):
经办人(签名):
签订日期:　年　月　日　　　签订日期:　年　月　日

见证单位:＿＿＿＿村村民委员会

(3) 房屋征收安置补偿协议

房屋征收安置补偿协议

编号:＿＿＿＿＿＿

甲方:房屋征收安置实施单位:＿＿＿＿＿＿＿＿＿＿＿＿＿＿＿＿
　　　地址:＿＿＿＿＿＿＿＿＿＿＿＿＿＿＿＿＿＿＿＿＿＿＿＿＿
　　　法定代表人:＿＿＿＿＿＿＿＿　联系电话:＿＿＿＿＿＿＿
乙方:被征收安置人:＿＿＿＿＿＿＿＿＿＿＿＿＿＿＿＿＿＿＿＿
　　　住所:＿＿＿＿＿＿＿＿＿＿＿＿＿＿＿＿＿＿＿＿＿＿＿＿＿
　　　身份证号码:＿＿＿＿＿＿＿＿＿　联系电话:＿＿＿＿＿＿＿
　　　委托代理人:＿＿＿＿＿＿＿＿＿　联系电话:＿＿＿＿＿＿＿

因＿＿＿＿＿＿建设项目需要,根据国家法律、法规和相关政策规定,甲乙双方在平等、自愿、协商一致的基础上,就房屋征收补偿安置达成如下协议:

第一条　乙方被征收房屋基本情况

乙方同意位于＿＿＿＿＿＿＿＿的房屋由甲方进行征收补偿安置,房屋所有权证证号为＿＿＿＿＿＿;土地使用权证证号为＿＿＿＿＿＿。

房屋:有权属证明占地面积＿＿＿平方米,建筑面积＿＿＿平方米;认定合法占地面积＿＿＿平方米,认定合法建筑面积＿＿＿平方米;无权属证明占地面积＿＿＿平方米,无权属建筑面积＿＿＿平方米。

附属物情况＿＿＿＿＿＿＿＿＿＿＿＿＿＿＿＿＿＿＿＿＿＿＿＿。

第二条　被征收房屋补偿费、奖励费

(一)房屋价值等的补偿:＿＿＿元,其中:

1.房屋补偿:＿＿＿元,大于安置面积的合法建筑补偿＿＿＿元;

2.房屋装修补偿:＿＿＿元;

3.附属物补偿:＿＿＿元;

4.其他:____元。

以上各项详见附件一:房屋评估报告(略——编者注)。

(二)其他补偿费:____元,其中:

1.搬迁补偿费:____元;

2.设备搬迁和安装补偿费:____元;

3.住宅房屋停产停业损失补偿费:____元;

4.其他:资产____元;营业房补偿金额:____元。

(三)补助费:____元,其中:

1.自来水"一户一表"补助:____元;

2.电"一户一表"补助:____元;

3.电话、宽带移机补助:____元;

4.有线数字电视移机补助:____元;

5.空调移机补助:____元;

6.太阳能热水器移机补助:____元;

7.其他:____元。

(四)奖励费:____元,其中:

1.房屋评估奖励费:____元;

2.房屋签约奖励费:____元;

3.房屋腾空奖励费:____元。

(五)临时安置费,过渡期限

在过渡期内,凡选择公寓式安置并自行解决周转用房的,从签订协议之月起____个月内,按被拆迁房屋合法建筑面积每平方米每月____元的标准给予临时安置补助。若逾期,加倍标准给予临时安置补助。第一年临时安置费(____元/月)合计金额____元。

以上第(一)款至第(五)款补偿款总计人民币￥_____元(大写)_____元整。

第三条 安置方式

本次拆迁安置方式分为公寓式安置(土地性质为国有出让)和货币安置两种,每户可选择其中一种安置方式。

乙方同意采取以下第____种安置方式。

（一）公寓式安置方式

1. 乙方家庭现有应安置人员____人,应增加安置人员____人。可享受公寓式安置面积____平方米,合计____平方米。乙方选择的房屋位于_____（具体房屋位置与层次按分房办法实施）。

2. 乙方可享受按规定综合价____元/平方米购买公寓式安置房面积____平方米。乙方选择的房屋位于_____（具体房屋位置与层次按分房办法实施）。

（二）货币安置方式

甲方按被征收房屋合法建筑面积评估价（不包括装修和附属物）的____倍给付乙方征收补偿款,补偿金额为人民币￥_____元（大写）_____元。

第四条 被征收房屋和用于公寓式安置房屋的交付时间

（一）自签订本协议之日起,_____年____月____日前乙方腾空被征收房屋,经甲方验收合格,并出具验收单。乙方不得破坏被征收房屋结构,门、窗齐全,水、电、管线保持原样,违者照价赔偿。

（二）安置房的分配按_____安置计划统一进行安置。

第五条 结算方式

（一）公寓式安置

1. 甲方于本协议签订后____日内支付除房屋腾空奖励费之外的第二条第（一）款、第（二）款、第（三）款、第（四）款费用计人民币￥_____元（大写）_____元整至以下账号:（开户行:_____账号:_____户名:_____）。乙方根据甲方要求按期腾空被征收房屋,经甲方验收合格后,甲方于____个工作日内一次性以银行转账的方式将房屋腾空奖励费用支付给乙方。

2. 临时安置费支付:第一次支付是在被征收房屋腾空验收合格后____个工作日内结算第一年的费用,并与前款资金一并支付至前款账号;之后每届满一年时按标准逐年支付上年度费用;最后一次支付是在交房时按剩余月数结算。

(二)货币安置

甲方于本协议签订后____日内支付除房屋腾空奖励费之外的第二条第(一)款、第(二)款、第(三)款、第(四)款费用计人民币¥_____元（大写）_____元整至以下账号:(开户行:_____账号:_____ 户名:_____)。乙方根据甲方要求按期腾空被征收房屋,经甲方验收合格后甲方于____个工作日内一次性以银行转账的方式将房屋腾空奖励费用支付给乙方。

(三)公寓式安置房屋成本收取

安置房屋面积在1∶4.3比例范围内的建筑,安置房价格按照_____规定为____元/平方米(不同楼层、朝向的价格有差别)综合价格为____元/平方米(不同楼层、朝向的价格有差别),乙方实际选择面积超过1∶4.3比例范围的,且超出面积在8平方米以内(含)的,超过部分按市场评估价的80%收取房款;超出面积大于8平方米的,对该部分根据市场价收取房款;乙方实际选择面积小于可安置面积的,不足部分按安置房回购单价给予回购。

房屋成本收取预计费用(具体根据分房办法和实际面积按实结算)人民币¥_____元,(大写)_____元。

第六条 违约责任

1.甲方未按本协议约定的时间向乙方支付补偿金额的,从逾期之日起,每日按未付金额的同期贷款市场报价利率计算违约金支付给乙方。

2.乙方未在第四条第(一)款所约定的时间内腾空房屋的,从逾期之日起,每日按甲方已支付乙方金额总数的同期贷款市场报价利率计算违约金支付给甲方,并取消房屋腾空奖励费。

第七条 办理注销手续

在签订本协议时,乙方应将被征收房屋的房屋所有权证、土地使用证或其他证明资料交付给甲方,并在注销登记表上签名捺印,由甲方在规定时间内统一向房屋、土地登记机构办理注销手续。

第八条 争议解决

本协议在履行过程中发生的争议,由当事人协商解决;协商不成的,依法向被征收房屋所在地人民法院提起诉讼。

被征收人逾期不搬迁的,甲方可依法向人民法院申请强制执行。

第九条 未尽事项

本协议未尽事项,可由双方约定后签订补充协议(附件二)(略——编者注),协议附件与本协议具有同等法律效力。

第十条 本协议自双方签字盖章之日起生效。

第十一条 本协议一式陆份,甲方伍份,乙方壹份。

(以下无正文)

甲方(签章): 乙方(签章)
委托代理人(签名): 委托代理人(签章):
经办人(签名):
签订日期: 年 月 日   签订日期: 年 月 日

9. 土地征收公告

土地征收公告

（文号：_____）

根据《中华人民共和国土地管理法》等有关规定，现将已批准的《土地征收方案》内容和有关事项公告如下：

一、批准情况

浙江省人民政府于_____年___月___日作出的_____号《浙江省建设用地审批意见书》，审批同意_____市_____区_____年度计划第___批次建设用地。

二、征收土地用途与位置

_____项目，土地用途为_____，北侧为_____，西侧为_____，南侧为_____，东侧为_____。（详见红线图）

三、被征地单位和征地面积

_____乡镇（街道）_____村因_____项目需要征收农民集体所有土地面积为____公顷。其中，农用地____公顷：含耕地____公顷，园地____公顷，林地____公顷，草地____公顷；工矿仓储用地____公顷；住宅用地____公顷；公共管理与公共服务用地____公顷；特殊用地____公顷；交通运输用地（农村道路）____公顷；水域及水利设施用地（沟渠）____公顷；其他土地____公顷。

四、补偿标准及安置方式

1. 征收土地补偿标准及安置情况：按金华市人民政府办公室《关于重新公布金华市区征地区片综合地价的通知》（金政办发〔2023〕60号）等规定执行。被征地人员安置方式可实行货币补偿或参加被征地农民基本生活保障。

2. 农村村民住宅补偿标准及安置情况：房屋补偿（含住宅和非住宅）及安置方式按照金华市人民政府办公室《关于印发金华市区征收集

体所有土地上房屋补偿实施意见的通知》(金政办发〔2022〕25号)等文件执行。

五、_____人民政府按照征地补偿安置方案内容,组织有关部门实施。

六、行政复议、诉讼权告知

被征收土地的农村集体经济组织和农民对_____号《浙江省建设用地审批意见书》批准的征收土地方案不服,可在本公告期限届满之日起六十日内向浙江省人民政府申请行政复议,或在本公告期限届满之日起六个月内向人民法院提起行政诉讼。

复议、诉讼期间,不影响土地征收工作。

七、本公告期限为十个工作日。

特此公告。

附:《征地补偿安置方案(批后)》(略——编者注)

_____人民政府
(印章)
年　月　日

10. 支付单

_____征收补偿资金支付单				
户号： 支付单号 No：				
填单日期		结算单编号		
被征收户户主		户主身份证号码		
领款人姓名		领款人身份证号码		
征收房屋地址		联系电话		
本次补偿金额				
代发银行： 联系电话： 地址：		填单人：	领款人签名捺手印：	

11. 腾空验收交付单

_____集体土地上房屋征收房屋腾空验收
交付单（存根）

被征收人（单位）：_____ 房屋坐落：_____
腾空交付时间：_____年____月____日

现被征收人腾空移交该房屋。经验收，被征收房屋结构完整，门、窗齐全，水、电、管线保持原样，房屋中剩余物品被征收人放弃对其的所有权，水、电、气等费用已结清，予以发放腾空验收交付单。
被征收人（单位）（签章）：_____ 联系电话：_____
委托代理人（签字）：_____ 联系电话：_____
验收人（签字）：_____、_____

年　月　日

_____集体土地上房屋征收房屋腾空验收交付单

被征收人（单位）：_____ 房屋坐落：_____
腾空交付时间：_____年____月____日

现被征收人腾空移交该房屋。经验收，被征收房屋结构完整，门、窗齐全，水、电、管线保持原样，房屋中剩余物品被征收人放弃对其的所有权，水、电、气等费用已结清，予以发放腾空验收交付单。
被征收人（单位）（签章）：_____ 联系电话：_____
委托代理人（签字）：_____ 联系电话：_____
验收人（签字）：_____、_____

年　月　日

12. 补偿安置情况告知书

补偿安置情况告知书

_____户(含户内人员_____)：

根据《金华市区征收集体所有土地上房屋补偿实施意见》《征地补偿安置方案公告(批后)》(文号：_____)等相关规定,你户的补偿安置方案为：

1. 房屋补偿费：____元(其中被征收房屋价值补偿____元、装修补偿____元……)；

2. 安置方式：_____；

3. 安置总面积及安置房价格：安置房建筑面积总计为____平方米(含阶梯____平方米),安置价格为____元/平方米；

4. 安置房源：_____。

行政机关名称
（印章）
年　月　日

13. 征地补偿安置决定书

征地补偿安置决定书

（文号：_____）

_____户：

（国务院/国务院委托省政府/省政府）于_____年____月____日作出了_____号《_____用地的批复/_____审批意见书》，你户使用的土地已经批准征收。

由于你(户)未签订征地补偿安置协议。根据《中华人民共和国土地管理法实施条例》第三十一条、《浙江省土地管理条例》第四十五条，作出征地补偿安置决定如下：

一、补偿安置内容：

〔宅基地及农村村民住宅〕征收范围内_____农村村民住宅面积为____平方米，合法面积为____平方米。按_____文件规定的标准，具体补偿安置方式为_____。

〔集体土地上的附着物和青苗〕征收范围内地上附着物和青苗具体情况为：_____。按_____文件规定的标准，补偿金额为____万元。

〔集体建设用地〕征收范围内集体建设用地使用权及附着物具体情况为：_____。按_____文件规定的标准，补偿金额为____万元。

其他应支付费用为_____。

以上合计，补偿总费用为人民币____万元(大写：_____)。

二、（被征地农民社会保障有关内容）。

三、你(户)应在收到本决定之日起____日内腾退土地/房屋。

四、你(户)如不服本决定，可以自收到本决定书之日起六十日内依法提起行政复议或者六个月内依法向人民法院提起行政诉讼。

_____人民政府

（印章）

年　月　日

14. 行政协议履行催告书

行政协议履行催告书

(文号：_____)

_____户：

　　__(部门、乡镇)__与你(户)已于_____年____月____日签订了_____号《征地补偿安置协议》,(国务院/国务院委托省政府/省政府)于_____年____月____日作出了_____号《_____用地的批复/_____审批意见书》,你(户)使用的土地已被批准征收。

　　因目前你(户)尚未履行《征地补偿安置协议》约定的_____年____月____日前腾退土地/房屋的义务,根据《浙江省土地管理条例》第四十七条、《浙江省土地征收程序规定》第十四条等规定,现依法向你(户)催告,请你(户)于_____年____月____日前腾退土地和房屋。逾期未履行的,有权机关将依法作出履行决定,并申请人民法院强制执行。

　　特此告知。

行政机关名称
(印章)
年　月　日

15. 履行行政协议决定书

履行行政协议决定书

（文号：_____）

_____户：

　　__(部门、乡镇)__与你(户)已于_____年____月____日签订了_____号《征地补偿安置协议》。(国务院/国务院委托省政府/省政府)于_____年____月____日作出了_____号《_____用地的批复/_____审批意见书》，你(户)使用的土地已经批准征收。

　　按照协议约定，你(户)应于_____年____月____日前履行腾退土地/房屋的义务。经依法催告你(户)仍未履行。根据《浙江省土地管理条例》第四十七条决定如下：

　　你(户)应在收到本决定之日起____日内腾退土地/房屋。

　　你(户)如不服本决定，可以自收到本决定书之日起六十日内依法提起行政复议或者六个月内依法向人民法院提起行政诉讼。

行政机关名称

（印章）

年　月　日

（六）城中村改造实施相关法律文书参考格式模板（以浙江省金华市为例）

1. 村民（代表）会议纪要（纳入成片开发方案、城中村改造）

（1）村民（代表）会议纪要（纳入成片开发方案）

村民（代表）会议纪要

　　_____年___月___日，我村在_____召开村民（代表）会议，讨论_____村集体土地纳入《金华市市区中心城区_____年度土地征收成片开发方案》有关事项。会议由_____主持、_____负责纪录。有关情况纪要如下：

　　一、会议通报了《金华市市区中心城区_____年度土地征收成片开发方案》情况。

　　二、经与会村民代表讨论，同意_____村集体土地纳入《金华市市区中心城区_____年度土地征收成片开发方案》。

　　三、会议通报的其他事项：_____。

　　本次会议应到人数____人，实到人数____人，符合规定要求。

_____村
（盖章）
年　月　日

　　参加人员签名：_____
_____
_____

（2）村民（代表）会议纪要（城中村改造）

村民（代表）会议纪要

　　_____年___月___日，我村在_____召开村民（代表）会议，讨论_____村集体土地纳入_____年度城中村改造及土地征收等有关事项。会议由_____主持、_____负责纪录。有关情况纪要如下：

　　一、为实施_____成片开发建设的需要，政府拟开展城中村改造工作和土地征收工作，涉及我村集体土地____公顷。

　　二、经与会村民代表讨论，同意_____村集体土地纳入_____年度城中村改造及土地征收范围。

　　三、会议通报的其他事项：_____。

　　本次会议应到人数____人，实到人数____人，符合规定要求。

_____村

（盖章）

年　月　日

　　参加人员签名：_____
_____
_____

2. 城中村改造项目启动公告

城中村改造项目启动公告
(文号：_____)

根据《中华人民共和国土地管理法》《金华市区城中村改造实施办法》等法律法规规定，因实施_____城中村改造建设项目，拟征收_____镇(街道)_____社区农民集体所有土地____公顷(____亩)，现将有关事项告知如下：

一、城中村改造范围

_____镇(街道)_____社区农民集体所有土地____公顷(具体以勘测定界成果为准)。四至范围见附件。

二、土地现状调查安排

_____人民政府将组织开展土地(房屋)现状调查，对土地权属、地类、面积，以及住宅(含权属、面积等)、其他地上附着物和青苗的权属、种类、数量等信息进行调查确认，请有关单位和个人予以支持。

三、其他事项

自本公告发布之日起，在城中村改造拟征收范围内暂停办理户口迁入(但由于出生、婚姻、回国、军人退伍转业、大中专院校学生毕业、刑满释放等原因符合户口迁入政策的除外)、分户、房屋交易、翻(扩)建、装潢、核发营业执照、权属变更登记等不正当增加补偿费用的行为。

本公告期限为十个工作日。

特此公告。

附件：城中村改造拟征收范围图(略——编者注)

_____人民政府
(印章)
年　月　日

3. 暂停办理相关手续通知

关于暂停办理_____城中村改造范围内
有关事项的通知

_____：

因_____城中村改造项目需要，拟征收_____市_____区_____乡镇（街道）_____村城中村土地（房屋），根据《金华市区城中村改造实施办法》第（十八）条第 1 款之规定，请暂停办理征收范围内下列事项：

1. 新批宅基地和其他建设用地；
2. 审批扩建、改建房屋及其附属设施；
3. 审批改变房屋、土地用途；
4. 除夫妻投靠、未成年子女投靠父母、大中专院校毕业生回原籍落户、归正人员回原籍落户、退役军人回原籍落户以外的户口迁入登记；
5. 新增市场主体设立登记或其他社会组织登记；
6. 转移房屋所有权或宅基地使用权；
7. 按规定应当暂停办理的其他不正当增加补偿费用事项。

暂停办理期限：_____年____月____日至_____年____月____日。

特此通知。

附件：城中村改造拟征收范围图（略——编者注）

_____人民政府

（印章）

年　月　日

4. 土地房屋基本情况调查表

_____村拟征收土地房屋基本情况调查表

基本情况	房屋坐落					
	户主	姓名/名称			户籍地址	
		身份证号码			联系电话	
	家庭人员户籍情况	姓名	关系	身份证号码	联系电话	户籍地址
土地情况	证号			用地面积（m²）		用途
房屋情况	房屋所有权登记用途分类	房屋所有权证号			房屋结构	
		总层数/所在层数			总建筑面积（m²）	
	未经登记房屋	占地面积（m²）		建筑面积（m²）		建造时间
		用途		层数		结构
	房屋用途改变情况	原有用途			现实际用途	
		改变用途房屋面积(m²)			有无营业执照	
		改变用途已有年限			有无纳税证明	

续表

其他情况	电话(门)		宽带(条)			管道煤气及安装时间	
	空调	挂机(台)		柜机(台)		其他	
	太阳能热水器(个)			电(燃气、空气能)热水器(个)			
	独户水表(个)		独户电表(个)及安装时间			其他	
安置意向							
备注							

调查人员(签名)： 调查时间：

5. 社会稳定风险评估授权委托书

社会稳定风险评估授权委托书

为切实加强对社会稳定风险评估工作的组织领导,根据中共浙江省委办公厅、浙江省人民政府办公厅《关于印发〈浙江省重大决策社会风险评估实施办法〉的通知》(浙委办发〔2019〕53号)的有关要求,特授权_____风险评估咨询有限公司(包括其工作人员和特聘顾问、专家)就我单位负责的_____项目进行社会稳定风险评估,权限如下:

1. 负责与该项目有关的社会稳定风险评估所需的资料收集。
2. 组织或参与与该项目有关的社会稳定风险评估事项的座谈会、听证会和民意调查。
3. 负责协助召集专家就该项目进行专家座谈会或听取专家意见。

授权期限:自授权之日至评估报告审定。

社会稳定风险评估工作作为重大决策实施前的必经前置程序;社会稳定风险评估实行"谁主管,谁负责""谁评估,谁负责""谁决策,谁负责"的原则。

授权单位(盖章):
负责人(签名):
授权时间:　年　月　日

6. 城中村改造房屋补偿安置方案

_____城中村改造房屋补偿安置方案

为加快_____开发建设,改善居民生活条件,推动城市有机更新,依据《中华人民共和国土地管理法》、《金华市区征收集体所有土地上房屋补偿实施意见》、金华市人民政府办公室《关于重新公布金华市区征地区片综合地价的通知》、《金华市区城中村改造实施办法》等规定,经区政府研究同意,特制定本方案。

一、实施范围

_____镇(街道)_____社区农民集体所有土地____公顷,四至范围见附件。

二、城中村改造启动日期及截止时间

_____城中村改造启动日期为_____年____月____日,安置人口截止时间为_____年____月____日。

入户评估截止时间为_____年____月____日,签约截止时间为_____年____月____日,腾空截止时间为_____年____月____日。

三、安置方式

安置方式分为高层公寓式安置和货币安置两种,由安置对象以户为单位自主选择。

(一)高层公寓式安置

1. 安置地点:_____区块。

2. 安置标准:以人均宅基地占地面积 25 平方米为基准,最高不超过 1∶4.3(每户宅基地限额占地面积与公寓式安置房建筑面积之比)确定高层公寓式安置房建筑面积。

3. 公寓式安置房的房款结算。

公寓式安置房建筑面积在安置标准面积范围内的,房款统一按最新公布的建安工程价收取。因户型关系超出安置标准面积,超出部分在 8 平方米以内(含)的,房款按市场评估价的 80% 收取;超出部分在 8 平方米以外的,房款按市场评估价收取。因户型关系不足安置标准面积的,不足部分按安置房回购单价计算给予回购。

车位(库)、附房、阁楼等不计入高层公寓式安置面积,按市场评估价购买。每户可按市场评估价的50%购买一个标准车位(库)。

市场评估价评估时点以城中村改造启动公告发布之日为依据。

4. 采取安置房货币化回购的,回购单价由评估机构按市场价评估,并扣减安置房建安工程价和其他相关费用后确定。

(二)货币安置

1. 货币安置标准:放弃高层公寓式安置,只选择货币安置的,按现有合法建筑重置价格1∶3的标准给予补偿。

2. 村集体经济组织所有的合法用房一律采用货币安置,按现有合法建筑重置价格1∶3的标准给予补偿。

四、房屋认定及补偿标准

(一)房屋认定

1. 按集体土地使用权证、建设工程规划许可证、建房审批件等认定。属批少建多的房屋,按批准面积认定。

2. 合法"一户多宅"处理。

合法的"一户多宅",在签约截止时间前完成签约的,合法建筑面积超过安置面积的部分按房屋重置价评估的3倍补偿;未在签约截止时间前完成签约的,合法建筑面积超过安置面积的部分按房屋重置价评估补偿。

3. 门前屋后乱搭乱建处理:一律不予补偿、不予奖励。

(二)补偿标准

被征收房屋补偿金额由具备评估资质的评估机构按照建造房屋重置价评估确定,评估时点为城中村改造启动公告发布之日。评估结果应予以公示。被征收人对评估结果有异议的,应当在公示之日起十日内,向出具评估报告的评估机构书面申请复核评估。

五、临时安置费及搬迁费补偿

（一）临时安置费补偿

凡被征收人选择高层公寓式安置并自行解决周转用房的，从腾空验收之月起三十六个月内，结合房屋合法建筑面积给予临时安置费。如逾期交付安置房，自逾期之月起加倍标准给予临时安置费。安置户申请安置房货币化回购，按安置房货币化回购面积占比扣除临时安置费；如选择货币安置，不享受临时安置费。

补助标准：按被征收房屋合法建筑面积扣除安置房货币化回购面积后剩余合法建筑面积____元/（月·平方米）计算［不足____元/（月·户）的按____元/（月·户）计算］。

（二）搬迁费补偿

1. 搬迁费包括搬家费、水表补偿费、电表补偿费、电话及宽带移机补偿费、空调移机补偿费、热水器拆装补偿费等。

（1）搬家费：房屋建筑面积____平方米以下（含）的，搬家费按每户____元补偿；超出____平方米部分，按每平方米____元增加搬家费。

（2）自来水"一户一表"：每户补偿____元。

（3）电"一户一表"：每户补偿____元。

（4）电话、宽带移机：每门补偿____元。

（5）空调移机补偿费：柜机每台补偿____元，挂机每台补偿____元。

（6）热水器拆装费：太阳能热水器每台补偿____元，燃气热水器、电热水器、空气能热水器每台补偿____元。

2. 选择高层公寓式安置的，水表补偿费、电表补偿费按一次计算。其他搬家费、电话及宽带移机补偿费、空调移机补偿费、热水器拆装补偿费等均按二次计算。

3. 选择货币安置的，搬迁费按一次计算。

六、其他奖励

（一）评估奖。在入户评估截止时间前完成入户评估的，每户给予____元奖励。

（二）签约奖。被拆迁人在签约截止时间前签订协议的，按合法建筑面积给予____元/平方米奖励。

(三)腾空奖。被拆迁人在腾空截止时间前腾空房屋的,按合法建筑面积给予____元/平方米奖励。

(四)提前腾空奖。被拆迁人在签约截止时间前腾空房屋的,按合法建筑面积给予____元/平方米奖励;在_____年____月____日—_____年____月____日腾空的,按合法建筑面积给予____元/平方米奖励;在_____年____月____日—_____年____月____日腾空的,按合法建筑面积给予____元/平方米奖励。

七、安置人口资格认定

(一)一般安置人口认定原则

1.实有登记在册并享受村民待遇且符合宅基地建房审批条件的本村集体经济组织成员。

2.属撤村建居就地农转非且符合宅基地建房审批条件的村集体经济组织成员。

3.服兵役前属本村集体经济组织成员的现役义务兵、初级军士。

4.入学前属本村集体经济组织成员的全日制大中专院校在校学生。

5.属本村集体经济组织成员的监狱服刑人员。

(二)特殊安置人口

……

八、附则

本方案由_____城中村改造征迁指挥部负责解释。

附件:城中村改造拟征收范围图(略——编者注)

7. 房屋补偿安置协议

房屋补偿安置协议

甲方（项目实施主体）：
住所地：
联系电话：
法定代表人：

乙方家庭（被征收户）：
身份证号码：
联系电话：
其他家庭成员：

乙方委托代理人：
身份证号码：
联系电话：

根据有关法律法规及金华市人民政府办公室《关于印发金华市区征收集体所有土地上房屋补偿实施意见的通知》（金政办发〔2022〕25号）、金华市人民政府办公室《关于印发金华市区城中村改造实施办法的通知》（金政办发〔2021〕13号）、《_____区块城中村改造房屋补偿安置方案》等规定，甲乙双方在平等、自愿、协商一致的基础上，就房屋征收与补偿安置达成如下协议条款，供双方共同遵照执行：

第一条 乙方被征收房屋的基本情况

1. 乙方以户为单位，_____为户主，代表本户家庭成员签订本协议。签名代表确定其签订本协议已经取得其他家庭成员的授权认可。

2. 乙方同意将位于_____的房屋交由甲方组织征收。乙方作为本协议约定的被征收人，保证合法拥有被征收房屋的全部产权。

房屋所有权证证号:＿＿＿＿＿＿;土地使用权证证号:＿＿＿＿＿＿＿;国土、规划部门审批件号:＿＿＿＿＿＿＿。

房屋:有权属证明的占地面积为＿＿平方米,建筑面积为＿＿平方米,其中商业房建筑面积为＿＿平方米;无权属证明的占地面积为＿＿平方米,建筑面积为＿＿平方米。

附属物情况＿＿＿＿＿＿＿＿＿＿＿＿＿＿＿＿＿＿＿＿＿＿。

第二条 被征收安置房屋补偿费、奖励费

(一)房屋价值等的补偿:＿＿元,其中:

1. 住宅合法建筑部分补偿:＿＿元;

2. 房屋装修补偿:＿＿元;

3. 附属物补偿:＿＿元;

4. 商业房部分补偿:＿＿元;

5. 其他:＿＿元。

以上各项详见附件:房屋评估报告。

(二)其他补偿费:＿＿元,其中:

1. 搬迁补偿费:＿＿元;

2. 设备搬迁和安装补偿费:＿＿元;

3. 其他:＿＿元。

(三)补助费:＿＿元,其中:

1. 有线数字电视移机补助:＿＿元;

2. 电话、宽带移机补助:＿＿元;

3. 空调移机补助:＿＿元;

4. 自来水"一户一表"补助:＿＿元;

5. 电"一户一表"补助:＿＿元;

6. 太阳能热水器移机补助:＿＿元;

7. 其他:＿＿元。

(四)奖励费:＿＿元,其中:

1. 房屋评估奖励费:＿＿元;

2. 房屋签约奖励费：____元；

3. 房屋腾空奖励费：____元。

（五）临时安置费、过渡期限

乙方自行解决过渡用房的，在过渡期内，临时安置费为____元/（月·平方米）。过渡期限一般不超过规定的房屋腾空截止月起 36 个月。在规定时间内腾空房屋的，再给予____元/（月·平方米）奖励。合计人民币____元。若乙方选择货币化回购，货币化回购面积占比对应的临时安置费应予以扣除，合计人民币____元。

以上费用已支付房屋评估奖励费____元，尚需支付人民币（大写）：_____元，¥_____元。

第三条　安置方式

本次征收安置方式分为公寓式安置（土地性质为国有出让）和货币安置两种。每户只能选择其中一种安置方式。

乙方同意采取_____安置方式。

（一）公寓式安置方式

1. 乙方家庭现有安置人员____人，可享受公寓式安置面积合计____平方米；符合条件的非安置人员____人，可按工程综合价____元/平方米的价格购买的建筑面积为____平方米。

2. 乙方选择的房屋位于_____（具体房屋位置与层次由甲方制定具体分房办法）。乙方家庭选择房屋户型组合为：_____，合计安置建筑面积为____平方米。

3. 乙方在选择好户型及户型组合后，如符合货币回购条件的，可提出申请，要求货币回购安置房。货币化回购单价以_____文件为计算标准，委托第三方评估机构评估；经计算后货币化回购单价为____元/平方米，货币回购面积为____平方米，计人民币____元。

（二）货币安置方式

甲方按被征收房屋合法建筑重置评估价的 3 倍给付乙方征收补偿款，补偿金额人民币（大写）：_____元，¥_____元。

第四条　被征收房屋和用于公寓式安置房屋的交付时间

（一）自签订本协议之日起，＿＿＿＿年＿＿月＿＿日前乙方腾空被征收房屋，经甲方验收合格，出具验收单。乙方不得破坏被征收房屋结构，门、窗齐全，水、电、管线保持原样，违者照价赔偿。

（二）公寓式安置房屋在＿＿＿＿年＿＿月＿＿日前交付给乙方使用。

第五条　结算方式

（一）公寓式安置

1. 自签约之日起，＿＿个工作日内一次性以银行转账的方式将第二条第（一）款、第（二）款、第（三）款、第（四）款（除房屋腾空奖励）的未支付费用支付给乙方。

2. 乙方在＿＿＿＿年＿＿月＿＿日前根据甲方要求按期腾空被征收房屋，给予＿＿元/平方米的房屋腾空奖励费和＿＿元/平方米的房屋提前腾空补助；在＿＿＿＿年＿＿月＿＿日前根据甲方要求按期腾空被征收房屋的，给予＿＿元/平方米的房屋腾空奖励费，该奖励费由甲方验收合格后＿＿个工作日内一次性以银行转账的方式支付给乙方。

3. 临时安置费分三次支付，第一年的临时安置费于被征收房屋腾空验收合格后＿＿个工作日内支付，第二年的临时安置费于＿＿＿＿年＿＿月＿＿日前支付，剩余临时安置费于交房时支付。

（二）货币安置

1. 自签约之日起，＿＿个工作日内一次性以银行转账的方式将第二条第（一）款、第（二）款、第（三）款、第（四）款（除房屋腾空奖励）的未支付费用支付给乙方。

2. 乙方在＿＿＿＿年＿＿月＿＿日前根据甲方要求按期腾空被征收房屋，给予＿＿元/平方米的房屋腾空奖励费和＿＿元/平方米的房屋提前腾空补助；在＿＿＿＿年＿＿月＿＿日前根据甲方要求按期腾空被征收房屋的，给予＿＿元/平方米的房屋腾空奖励费，该奖励费由甲方验收合格后＿＿个工作日内一次性以银行转账的方式支付给乙方。

（三）公寓式安置房成本收取

1. 安置房面积在1:4.3比例范围内的建筑，安置房价格按照金华市区公布的城中村改造小高(高)层公寓指导价中的建安工程价＿＿元/平方米收取。

2.非安置人员以城中村改造小高(高)层公寓指导价中的综合价(＿＿元/平方米)购买安置公寓房。非安置人员实际选择面积超过可购买安置面积的,对超出部分根据市场评估价收取房款;实际选择面积少于可购买安置面积的,对不足部分按综合价货币化回购单价补偿。

3.乙方实际选择面积超过1∶4.3比例范围,且超出面积在8平方米以内(含)的,对超过部分按市场价的80%收取房款;超过范围大于8平方米的,对该部分按市场价收取房款;乙方实际选择面积小于可安置面积的,对不足部分按货币化回购单价补偿。

第六条　违约责任

1.未按本协议约定的时间内向乙方支付补偿金额的,从逾期之日起,每日按未付金额的＿＿%计算违约金支付给乙方。

2.乙方未在第四条第(一)款所约定的时间内腾空房屋的,从逾期之日起,每日按甲方已支付乙方金额总数的＿＿%计算违约金支付给甲方,并取消房屋腾空奖励费。

3.公寓式安置房屋应在本协议第二条第(五)款约定的临时过渡期期满前向乙方交付,逾期不能交付的,应在临时过渡期满＿＿日前通知乙方,并按＿＿元/(月·平方米)标准的＿＿倍支付临时安置费。

第七条　办理注销手续

在签订本协议时,乙方应将被征收房屋的房屋所有权证、土地使用证或其他证明资料交付给甲方,并在注销登记表上签名捺印,由甲方在规定时间内统一向房屋、土地登记机构办理注销手续。

第八条　争议解决

本协议在履行过程中产生的争议,由当事人协商解决;协商不成的,依法向人民法院提起诉讼。

被征迁人逾期不搬迁的,甲方可依法向＿＿＿＿＿＿＿人民法院申请强制执行。

第九条　本协议自双方签字盖章之日起生效。

第十条　本协议一式____份,甲方____份,乙方壹份。
（以下无正文）
附件:房屋评估报告(略——编者注)

甲方(签章):

负责人(签章):

经办人(签名):

乙方(签章):

委托代理人(签名):

签订日期:　　年　月　日

8. 征收公告

征收公告

（文号：_____）

根据《中华人民共和国土地管理法》等有关规定，现将已批准的土地征收方案内容和有关事项公告如下。

一、批准情况

_____人民政府于_____年____月____日批准同意《_____方案》。

二、征收土地用途与位置

_____项目，土地用途为_____；北侧为_____，西侧为_____，南侧为_____，东侧为_____。（详见红线图）

三、被征地单位和征地面积

_____村因_____区_____区块（自然村）城中村改造项目需要征收农民集体所有土地面积为____公顷。其中，农用地____公顷：含耕地____公顷，住宅用地（农村宅基地）____公顷。

四、补偿标准及安置方式

1. 征收土地补偿标准及安置情况：按金华市人民政府办公室《关于重新公布金华市区征地区片综合地价的通知》等规定执行。被征地人员安置方式可实行货币补偿或参加被征地农民基本生活保障。

2. 农村村民住宅补偿标准及安置情况：房屋补偿（含住宅和非住宅）及安置方式按照《金华市区城中村改造实施办法》和《金华市区征收集体所有土地上房屋补偿实施意见》等文件执行。

五、_____按照征地补偿安置方案内容，组织有关部门实施。

六、行政复议、诉讼权告知

根据《中华人民共和国行政复议法》《中华人民共和国行政诉讼法》的规定，被征收土地的农村集体经济组织和农民对_____号《浙江省建设用地审批意见书》批准的征收土地方案不服的,可在本公告期限届满之日起六十日内向浙江省人民政府申请行政复议,或在本公告期限届满之日起六个月内向人民法院提起行政诉讼。

复议、诉讼期间,不影响土地征收工作。

七、本公告期限为十个工作日。

特此公告。

_____人民政府

(印章)

年　月　日

9. 支付单

_____征收补偿资金支付单			
户号： 支付单号 No：			
填单日期		结算单编号	
被征收户户主		户主身份证号码	
领款人姓名		领款人身份证号码	
征收房屋地址			联系电话
本次补偿金额			
代发银行： 联系电话： 地址：	填单人：	领款人签名并按手印：	

10. 腾空验收交付单

_____城中村改造项目房屋腾空
验收交付单(存根)

被征收人(单位)：_____ 房屋坐落：_____
腾空交付时间：_____年____月____日
现被征收人腾空移交该房屋。经验收,被征收房屋结构完整,门、窗齐全,水、电、管线保持原样,房屋中剩余物品被征收人放弃对其的所有权,水、电、气等费用已结清,予以发放腾空验收交付单。
被征收人(单位)(签章)：_____ 联系电话：_____
委托代理人(签字)：_____ 联系电话：_____
验收人(签字)：_____、_____

年　月　日

_____城中村改造项目房屋腾空验收交付单

被征收人(单位)：_____ 房屋坐落：_____
腾空交付时间：_____年____月____日
现被征收人腾空移交该房屋。经验收,被征收房屋结构完整,门、窗齐全,水、电、管线保持原样,房屋中剩余物品被征收人放弃对其的所有权,水、电、气等费用已结清,予以发放腾空验收交付单。
被征收人(单位)(签章)：_____ 联系电话：_____
委托代理人(签字)：_____ 联系电话：_____
验收人(签字)：_____、_____

年　月　日

11. 补偿安置情况告知书

补偿安置情况告知书

_____户（含户内人员_____）：

根据《金华市区征收集体所有土地上房屋补偿实施意见》《金华市区城中村改造实施办法》《_____城中村改造房屋补偿安置方案》等相关规定，你户的补偿安置方案为：

1. 房屋补偿费：____元（其中被征收房屋价值补偿____元、装修补偿____元……）；

2. 安置方式：_____；

3. 安置总面积及安置房价格：安置房建筑面积总计为____平方米（含阶梯____平方米），安置价格为____元/平方米；

4. 安置房源：_____。

行政机关名称
（印章）
年　月　日

12. 征地补偿安置决定书

征地补偿安置决定书

（文号：_____）

_____户：
_____人民政府于_____年____月____日批准同《_____方案》，你户使用的土地已经批准征收。

由于<u>你（户）</u>未签订房屋征收与补偿安置协议。根据《中华人民共和国土地管理法实施条例》第三十一条、《浙江省土地管理条例》第四十五条，作出征地补偿安置决定如下：

一、补偿安置内容：

〔宅基地及农村村民住宅〕征收范围内_____农村村民住宅面积为____平方米，合法面积为____平方米。按_____文件规定的标准，具体补偿安置方式为_____。

〔集体土地上的附着物和青苗〕征收范围内地上附着物和青苗具体情况为：_____。按_____文件规定的标准，补偿金额为____万元。

〔集体建设用地〕征收范围内集体建设用地使用权及附着物具体情况为：_____。按_____文件规定的标准，补偿金额为____万元。

其他应支付费用_____。

以上合计，补偿总费用为人民币____万元（大写：_____）。

二、<u>(被征地农民社会保障有关内容)</u>。

三、你（户）应在收到本决定之日起____日内腾退土地/房屋。

四、你（户）如不服本决定，可以自收到本决定书之日起六十日内依法提起行政复议或者六个月内依法向人民法院提起行政诉讼。

_____人民政府

（印章）

年　月　日

(七)其他相关法律文书参考格式模板

1. 履职申请答复书

履职申请答复书[1]

文号：_____

<u>（申请人姓名或者单位名称）</u>：

  我机关于_____年___月___日收到你（单位）提交的_____，请求：_____，我机关经调查后答复如下：

  <u>（针对履职申请内容作答复）</u>

  如对本答复不服，可以在收到本答复之日起六十日内向_____人民政府或者_____部门申请行政复议，或者在六个月内向_____人民法院提起行政诉讼。

行政机关名称
（印章）
年　月　日

---

[1] 通常行政机关应在接到申请之日起两个月内履行并书面答复。

2. 信访处理意见书

信访处理意见书①

文号：_____

（信访人姓名或者单位名称）：

　　我机关于_____年___月___日收到你（单位）提交的_____，反映：_____。我机关于_____年___月___日受理，并发出受理告知书。对你（单位）反映的问题，经调查核实：

　　……

　　根据(有关法律、法规)之规定，你（单位）请求事实清楚，符合法律、法规、规章或者其他有关规定，本机关支持你（单位）的信访请求。／请求事由合理但缺乏法律依据，本机关不予支持。／请求缺乏事实根据或者不符合法律、法规、规章或者其他有关规定的，不予支持。

　　如对上述意见不服，可自收到本处理意见书之日起三十日内向_____人民政府／部门（向上一级机关、单位）提出复查申请。

行政机关名称
（印章）
年　月　日

---

① 信访案件原则上应自受理之日起60日内办结；情况复杂的，经本机关、单位负责人批准，可以适当延长办理期限，但延长期限不得超过30日，并告知信访人延期理由。

3. 土地权属争议处理决定书

_____人民政府土地权属争议处理决定书

文号：_____

申请人：_____，性别____，____族，_____年____月____日出生，住_____，居民身份证号码为_____。

被申请人：_____，性别____，____族，_____年____月____日出生，住_____，居民身份证号码为_____。

请求事项：……

申请人_____于_____年____月____日向本单位提交《土地权属争议裁决申请书》申请裁决……本单位经审查后受理，并于_____年____月____日向被申请人（及第三人）寄送受理通知书、申请材料副本及举证通知。

_____年____月____日，本单位邮寄通知申请人、被申请人（和第三人）组织听证时间、地点。_____年____月____日____午，本单位就案涉争议土地组织听证，申请人_____（及委托代理人_____）、被申请人_____（及委托代理人_____）、第三人（_____及委托代理人_____）参加了听证活动。

申请人称：……

申请人提供的证据材料有：……

被申请人称：……

被申请人提供的证据材料有：……

本府查明：……

根据（有关法律法规）之规定，现决定：

……

当事人如不服本处理决定,可自收到本处理决定书之日起六十日内向_____人民政府申请行政复议或三十日内向_____人民法院提起行政诉讼。

_____人民政府

（印章）

年　月　日

三、常用法律法规

（一）全国性规定

1. 综合规定

中华人民共和国宪法（节录）

（1982年12月4日第五届全国人民代表大会第五次会议通过 1982年12月4日全国人民代表大会公告公布施行 根据1988年4月12日第七届全国人民代表大会第一次会议通过的《中华人民共和国宪法修正案》、1993年3月29日第八届全国人民代表大会第一次会议通过的《中华人民共和国宪法修正案》、1999年3月15日第九届全国人民代表大会第二次会议通过的《中华人民共和国宪法修正案》、2004年3月14日第十届全国人民代表大会第二次会议通过的《中华人民共和国宪法修正案》和2018年3月11日第十三届全国人民代表大会第一次会议通过的《中华人民共和国宪法修正案》修正）

第十条 城市的土地属于国家所有。

农村和城市郊区的土地，除由法律规定属于国家所有的以外，属于集体所有；宅基地和自留地、自留山，也属于集体所有。

国家为了公共利益的需要，可以依照法律规定对土地实行征收或者征用并给予补偿。

任何组织或者个人不得侵占、买卖或者以其他形式非法转让土地。土地的使用权可以依照法律的规定转让。

一切使用土地的组织和个人必须合理地利用土地。

第一百零八条 县级以上的地方各级人民政府领导所属各工作部门和下级人民政府的工作,有权改变或者撤销所属各工作部门和下级人民政府的不适当的决定。

第一百一十一条 城市和农村按居民居住地区设立的居民委员会或者村民委员会是基层群众性自治组织。居民委员会、村民委员会的主任、副主任和委员由居民选举。居民委员会、村民委员会同基层政权的相互关系由法律规定。

居民委员会、村民委员会设人民调解、治安保卫、公共卫生等委员会,办理本居住地区的公共事务和公益事业,调解民间纠纷,协助维护社会治安,并且向人民政府反映群众的意见、要求和提出建议。

第一百三十一条 人民法院依照法律规定独立行使审判权,不受行政机关、社会团体和个人的干涉。

中华人民共和国民法典(节录)

(2020年5月28日第十三届全国人民代表大会第三次会议通过)

第一编 总 则

第二章 自 然 人

第一节 民事权利能力和民事行为能力

第十六条 涉及遗产继承、接受赠与等胎儿利益保护的,胎儿视为具有民事权利能力。但是,胎儿娩出时为死体的,其民事权利能力自始不存在。

第十七条 十八周岁以上的自然人为成年人。不满十八周岁的自然人为未成年人。

第一百零一条 居民委员会、村民委员会具有基层群众性自治组织法人资格,可以从事为履行职能所需要的民事活动。

未设立村集体经济组织的,村民委员会可以依法代行村集体经济组织的职能。

第二编 物　权

第一分编 通　则

第二章 物权的设立、变更、转让和消灭

第一节 不动产登记

第二百零九条 不动产物权的设立、变更、转让和消灭，经依法登记，发生效力；未经登记，不发生效力，但是法律另有规定的除外。

依法属于国家所有的自然资源，所有权可以不登记。

第二百一十条 不动产登记，由不动产所在地的登记机构办理。

国家对不动产实行统一登记制度。统一登记的范围、登记机构和登记办法，由法律、行政法规规定。

第二百一十一条 当事人申请登记，应当根据不同登记事项提供权属证明和不动产界址、面积等必要材料。

第二百一十二条 登记机构应当履行下列职责：

（一）查验申请人提供的权属证明和其他必要材料；

（二）就有关登记事项询问申请人；

（三）如实、及时登记有关事项；

（四）法律、行政法规规定的其他职责。

申请登记的不动产的有关情况需要进一步证明的，登记机构可以要求申请人补充材料，必要时可以实地查看。

第二百一十三条 登记机构不得有下列行为：

（一）要求对不动产进行评估；

（二）以年检等名义进行重复登记；

（三）超出登记职责范围的其他行为。

第二百一十四条 不动产物权的设立、变更、转让和消灭，依照法律规定应当登记的，自记载于不动产登记簿时发生效力。

第二百一十五条 当事人之间订立有关设立、变更、转让和消灭不动产物权的合同，除法律另有规定或者当事人另有约定外，自合同成立时生效；未办理物权登记的，不影响合同效力。

第二百一十六条　不动产登记簿是物权归属和内容的根据。

不动产登记簿由登记机构管理。

第二百一十七条　不动产权属证书是权利人享有该不动产物权的证明。不动产权属证书记载的事项，应当与不动产登记簿一致；记载不一致的，除有证据证明不动产登记簿确有错误外，以不动产登记簿为准。

第二百一十八条　权利人、利害关系人可以申请查询、复制不动产登记资料，登记机构应当提供。

第二百一十九条　利害关系人不得公开、非法使用权利人的不动产登记资料。

第二百二十条　权利人、利害关系人认为不动产登记簿记载的事项错误的，可以申请更正登记。不动产登记簿记载的权利人书面同意更正或者有证据证明登记确有错误的，登记机构应当予以更正。

不动产登记簿记载的权利人不同意更正的，利害关系人可以申请异议登记。登记机构予以异议登记，申请人自异议登记之日起十五日内不提起诉讼的，异议登记失效。异议登记不当，造成权利人损害的，权利人可以向申请人请求损害赔偿。

第二百二十一条　当事人签订买卖房屋的协议或者签订其他不动产物权的协议，为保障将来实现物权，按照约定可以向登记机构申请预告登记。预告登记后，未经预告登记的权利人同意，处分该不动产的，不发生物权效力。

预告登记后，债权消灭或者自能够进行不动产登记之日起九十日内未申请登记的，预告登记失效。

第二百二十二条　当事人提供虚假材料申请登记，造成他人损害的，应当承担赔偿责任。

因登记错误，造成他人损害的，登记机构应当承担赔偿责任。登记机构赔偿后，可以向造成登记错误的人追偿。

第二百二十三条　不动产登记费按件收取，不得按照不动产的面积、体积或者价款的比例收取。

第二节　动产交付

第二百二十四条　动产物权的设立和转让，自交付时发生效力，但是法律另有规定的除外。

第二百二十五条 船舶、航空器和机动车等的物权的设立、变更、转让和消灭，未经登记，不得对抗善意第三人。

第二百二十六条 动产物权设立和转让前，权利人已经占有该动产的，物权自民事法律行为生效时发生效力。

第二百二十七条 动产物权设立和转让前，第三人占有该动产的，负有交付义务的人可以通过转让请求第三人返还原物的权利代替交付。

第二百二十八条 动产物权转让时，当事人又约定由出让人继续占有该动产的，物权自该约定生效时发生效力。

第三节 其他规定

第二百二十九条 因人民法院、仲裁机构的法律文书或者人民政府的征收决定等，导致物权设立、变更、转让或者消灭的，自法律文书或者征收决定等生效时发生效力。

第二百三十条 因继承取得物权的，自继承开始时发生效力。

第二百三十一条 因合法建造、拆除房屋等事实行为设立或者消灭物权的，自事实行为成就时发生效力。

第二百三十二条 处分依照本节规定享有的不动产物权，依照法律规定需要办理登记的，未经登记，不发生物权效力。

第三分编 用益物权

第十章 一般规定

第三百二十三条 用益物权人对他人所有的不动产或者动产，依法享有占有、使用和收益的权利。

第三百二十四条 国家所有或者国家所有由集体使用以及法律规定属于集体所有的自然资源，组织、个人依法可以占有、使用和收益。

第三百二十五条 国家实行自然资源有偿使用制度，但是法律另有规定的除外。

第三百二十六条 用益物权人行使权利，应当遵守法律有关保护和合理开发利用资源、保护生态环境的规定。所有权人不得干涉用益物权人行使权利。

第三百二十七条 因不动产或者动产被征收、征用致使用益物权消灭或者影响用益物权行使的,用益物权人有权依据本法第二百四十三条、第二百四十五条的规定获得相应补偿。

第三百二十八条 依法取得的海域使用权受法律保护。

第三百二十九条 依法取得的探矿权、采矿权、取水权和使用水域、滩涂从事养殖、捕捞的权利受法律保护。

第十一章　土地承包经营权

第三百三十条 农村集体经济组织实行家庭承包经营为基础、统分结合的双层经营体制。

农民集体所有和国家所有由农民集体使用的耕地、林地、草地以及其他用于农业的土地,依法实行土地承包经营制度。

第三百三十一条 土地承包经营权人依法对其承包经营的耕地、林地、草地等享有占有、使用和收益的权利,有权从事种植业、林业、畜牧业等农业生产。

第三百三十二条 耕地的承包期为三十年。草地的承包期为三十年至五十年。林地的承包期为三十年至七十年。

前款规定的承包期限届满,由土地承包经营权人依照农村土地承包的法律规定继续承包。

第三百三十三条 土地承包经营权自土地承包经营权合同生效时设立。

登记机构应当向土地承包经营权人发放土地承包经营权证、林权证等证书,并登记造册,确认土地承包经营权。

第三百三十四条 土地承包经营权人依照法律规定,有权将土地承包经营权互换、转让。未经依法批准,不得将承包地用于非农建设。

第三百三十五条 土地承包经营权互换、转让的,当事人可以向登记机构申请登记;未经登记,不得对抗善意第三人。

第三百三十六条 承包期内发包人不得调整承包地。

因自然灾害严重毁损承包地等特殊情形,需要适当调整承包的耕地和草地的,应当依照农村土地承包的法律规定办理。

第三百三十七条 承包期内发包人不得收回承包地。法律另有规定的,依照其规定。

第三百三十八条 承包地被征收的,土地承包经营权人有权依据本法第二百四十三条的规定获得相应补偿。

第三百三十九条　土地承包经营权人可以自主决定依法采取出租、入股或者其他方式向他人流转土地经营权。

第三百四十条　土地经营权人有权在合同约定的期限内占有农村土地,自主开展农业生产经营并取得收益。

第三百四十一条　流转期限为五年以上的土地经营权,自流转合同生效时设立。当事人可以向登记机构申请土地经营权登记;未经登记,不得对抗善意第三人。

第三百四十二条　通过招标、拍卖、公开协商等方式承包农村土地,经依法登记取得权属证书的,可以依法采取出租、入股、抵押或者其他方式流转土地经营权。

第三百四十三条　国家所有的农用地实行承包经营的,参照适用本编的有关规定。

第十二章　建设用地使用权

第三百四十四条　建设用地使用权人依法对国家所有的土地享有占有、使用和收益的权利,有权利用该土地建造建筑物、构筑物及其附属设施。

第三百四十五条　建设用地使用权可以在土地的地表、地上或者地下分别设立。

第三百四十六条　设立建设用地使用权,应当符合节约资源、保护生态环境的要求,遵守法律、行政法规关于土地用途的规定,不得损害已经设立的用益物权。

第三百四十七条　设立建设用地使用权,可以采取出让或者划拨等方式。

工业、商业、旅游、娱乐和商品住宅等经营性用地以及同一土地有两个以上意向用地者的,应当采取招标、拍卖等公开竞价的方式出让。

严格限制以划拨方式设立建设用地使用权。

第三百四十八条　通过招标、拍卖、协议等出让方式设立建设用地使用权的,当事人应当采用书面形式订立建设用地使用权出让合同。

建设用地使用权出让合同一般包括下列条款:

(一)当事人的名称和住所;

(二)土地界址、面积等;

(三)建筑物、构筑物及其附属设施占用的空间;

（四）土地用途、规划条件；

（五）建设用地使用权期限；

（六）出让金等费用及其支付方式；

（七）解决争议的方法。

第三百四十九条 设立建设用地使用权的，应当向登记机构申请建设用地使用权登记。建设用地使用权自登记时设立。登记机构应当向建设用地使用权人发放权属证书。

第三百五十条 建设用地使用权人应当合理利用土地，不得改变土地用途；需要改变土地用途的，应当依法经有关行政主管部门批准。

第三百五十一条 建设用地使用权人应当依照法律规定以及合同约定支付出让金等费用。

第三百五十二条 建设用地使用权人建造的建筑物、构筑物及其附属设施的所有权属于建设用地使用权人，但是有相反证据证明的除外。

第三百五十三条 建设用地使用权人有权将建设用地使用权转让、互换、出资、赠与或者抵押，但是法律另有规定的除外。

第三百五十四条 建设用地使用权转让、互换、出资、赠与或者抵押的，当事人应当采用书面形式订立相应的合同。使用期限由当事人约定，但是不得超过建设用地使用权的剩余期限。

第三百五十五条 建设用地使用权转让、互换、出资或者赠与的，应当向登记机构申请变更登记。

第三百五十六条 建设用地使用权转让、互换、出资或者赠与的，附着于该土地上的建筑物、构筑物及其附属设施一并处分。

第三百五十七条 建筑物、构筑物及其附属设施转让、互换、出资或者赠与的，该建筑物、构筑物及其附属设施占用范围内的建设用地使用权一并处分。

第三百五十八条 建设用地使用权期限届满前，因公共利益需要提前收回该土地的，应当依据本法第二百四十三条的规定对该土地上的房屋以及其他不动产给予补偿，并退还相应的出让金。

第三百五十九条 住宅建设用地使用权期限届满的，自动续期。续期费用的缴纳或者减免，依照法律、行政法规的规定办理。

非住宅建设用地使用权期限届满后的续期，依照法律规定办理。该土地上的房屋以及其他不动产的归属，有约定的，按照约定；没有约定或者约定不明确的,依照法律、行政法规的规定办理。

第三百六十条　建设用地使用权消灭的,出让人应当及时办理注销登记。登记机构应当收回权属证书。

第三百六十一条　集体所有的土地作为建设用地的,应当依照土地管理的法律规定办理。

第十三章　宅基地使用权

第三百六十二条　宅基地使用权人依法对集体所有的土地享有占有和使用的权利,有权依法利用该土地建造住宅及其附属设施。

第三百六十三条　宅基地使用权的取得、行使和转让,适用土地管理的法律和国家有关规定。

第三百六十四条　宅基地因自然灾害等原因灭失的,宅基地使用权消灭。对失去宅基地的村民,应当依法重新分配宅基地。

第三百六十五条　已经登记的宅基地使用权转让或者消灭的,应当及时办理变更登记或者注销登记。

第六编　继　　承

第二章　法定继承

第一千一百二十六条　继承权男女平等。

第一千一百二十七条　遗产按照下列顺序继承:

(一)第一顺序:配偶、子女、父母;

(二)第二顺序:兄弟姐妹、祖父母、外祖父母。

继承开始后,由第一顺序继承人继承,第二顺序继承人不继承;没有第一顺序继承人继承的,由第二顺序继承人继承。

本编所称子女,包括婚生子女、非婚生子女、养子女和有扶养关系的继子女。

本编所称父母,包括生父母、养父母和有扶养关系的继父母。

本编所称兄弟姐妹,包括同父母的兄弟姐妹、同父异母或者同母异父的兄弟姐妹、养兄弟姐妹、有扶养关系的继兄弟姐妹。

第一千一百二十八条　被继承人的子女先于被继承人死亡的,由被继承人的子女的直系晚辈血亲代位继承。

被继承人的兄弟姐妹先于被继承人死亡的,由被继承人的兄弟姐妹的子女代位继承。

代位继承人一般只能继承被代位继承人有权继承的遗产份额。

第一千一百二十九条 丧偶儿媳对公婆,丧偶女婿对岳父母,尽了主要赡养义务的,作为第一顺序继承人。

中华人民共和国土地管理法

(1986年6月25日第六届全国人民代表大会常务委员会第十六次会议通过 根据1988年12月29日第七届全国人民代表大会常务委员会第五次会议《关于修改〈中华人民共和国土地管理法〉的决定》第一次修正 1998年8月29日第九届全国人民代表大会常务委员会第四次会议修订 根据2004年8月28日第十届全国人民代表大会常务委员会第十一次会议《关于修改〈中华人民共和国土地管理法〉的决定》第二次修正 根据2019年8月26日第十三届全国人民代表大会常务委员会第十二次会议《关于修改〈中华人民共和国土地管理法〉、〈中华人民共和国城市房地产管理法〉的决定》第三次修正)

第一章 总 则

第一条 为了加强土地管理,维护土地的社会主义公有制,保护、开发土地资源,合理利用土地,切实保护耕地,促进社会经济的可持续发展,根据宪法,制定本法。

第二条 中华人民共和国实行土地的社会主义公有制,即全民所有制和劳动群众集体所有制。

全民所有,即国家所有土地的所有权由国务院代表国家行使。

任何单位和个人不得侵占、买卖或者以其他形式非法转让土地。土地使用权可以依法转让。

国家为了公共利益的需要,可以依法对土地实行征收或者征用并给予补偿。

国家依法实行国有土地有偿使用制度。但是,国家在法律规定的范围内划拨国有土地使用权的除外。

第三条 十分珍惜、合理利用土地和切实保护耕地是我国的基本国策。各级人民政府应当采取措施,全面规划,严格管理,保护、开发土地资源,制止非法占用土地的行为。

第四条 国家实行土地用途管制制度。

国家编制土地利用总体规划,规定土地用途,将土地分为农用地、建设用地和未利用地。严格限制农用地转为建设用地,控制建设用地总量,对耕地实行特殊保护。

前款所称农用地是指直接用于农业生产的土地,包括耕地、林地、草地、农田水利用地、养殖水面等;建设用地是指建造建筑物、构筑物的土地,包括城乡住宅和公共设施用地、工矿用地、交通水利设施用地、旅游用地、军事设施用地等;未利用地是指农用地和建设用地以外的土地。

使用土地的单位和个人必须严格按照土地利用总体规划确定的用途使用土地。

第五条 国务院自然资源主管部门统一负责全国土地的管理和监督工作。

县级以上地方人民政府自然资源主管部门的设置及其职责,由省、自治区、直辖市人民政府根据国务院有关规定确定。

第六条 国务院授权的机构对省、自治区、直辖市人民政府以及国务院确定的城市人民政府土地利用和土地管理情况进行督察。

第七条 任何单位和个人都有遵守土地管理法律、法规的义务,并有权对违反土地管理法律、法规的行为提出检举和控告。

第八条 在保护和开发土地资源、合理利用土地以及进行有关的科学研究等方面成绩显著的单位和个人,由人民政府给予奖励。

第二章 土地的所有权和使用权

第九条 城市市区的土地属于国家所有。

农村和城市郊区的土地,除由法律规定属于国家所有的以外,属于农民集体所有;宅基地和自留地、自留山,属于农民集体所有。

第十条 国有土地和农民集体所有的土地,可以依法确定给单位或者个人使用。使用土地的单位和个人,有保护、管理和合理利用土地的义务。

第十一条 农民集体所有的土地依法属于村农民集体所有的,由村集体经济组织或者村民委员会经营、管理;已经分别属于村内两个以上农村集体经济组织的农民集体所有的,由村内各该农村集体经济组织或者村民小组经营、管理;已经属于乡(镇)农民集体所有的,由乡(镇)农村集体经济组织经营、管理。

第十二条 土地的所有权和使用权的登记,依照有关不动产登记的法律、行政法规执行。

依法登记的土地的所有权和使用权受法律保护,任何单位和个人不得侵犯。

第十三条 农民集体所有和国家所有依法由农民集体使用的耕地、林地、草地,以及其他依法用于农业的土地,采取农村集体经济组织内部的家庭承包方式承包,不宜采取家庭承包方式的荒山、荒沟、荒丘、荒滩等,可以采取招标、拍卖、公开协商等方式承包,从事种植业、林业、畜牧业、渔业生产。家庭承包的耕地的承包期为三十年,草地的承包期为三十年至五十年,林地的承包期为三十年至七十年;耕地承包期届满后再延长三十年,草地、林地承包期届满后依法相应延长。

国家所有依法用于农业的土地可以由单位或者个人承包经营,从事种植业、林业、畜牧业、渔业生产。

发包方和承包方应当依法订立承包合同,约定双方的权利和义务。承包经营土地的单位和个人,有保护和按照承包合同约定的用途合理利用土地的义务。

第十四条 土地所有权和使用权争议,由当事人协商解决;协商不成的,由人民政府处理。

单位之间的争议,由县级以上人民政府处理;个人之间、个人与单位之间的争议,由乡级人民政府或者县级以上人民政府处理。

当事人对有关人民政府的处理决定不服的,可以自接到处理决定通知之日起三十日内,向人民法院起诉。

在土地所有权和使用权争议解决前,任何一方不得改变土地利用现状。

第三章 土地利用总体规划

第十五条 各级人民政府应当依据国民经济和社会发展规划、国土整治和资源环境保护的要求、土地供给能力以及各项建设对土地的需求,组织编制土地利用总体规划。

土地利用总体规划的规划期限由国务院规定。

第十六条 下级土地利用总体规划应当依据上一级土地利用总体规划编制。

地方各级人民政府编制的土地利用总体规划中的建设用地总量不得超过上一级土地利用总体规划确定的控制指标,耕地保有量不得低于上一级土地利用总体规划确定的控制指标。

省、自治区、直辖市人民政府编制的土地利用总体规划,应当确保本行政区域内耕地总量不减少。

第十七条 土地利用总体规划按照下列原则编制:

(一)落实国土空间开发保护要求,严格土地用途管制;

(二)严格保护永久基本农田,严格控制非农业建设占用农用地;

(三)提高土地节约集约利用水平;

(四)统筹安排城乡生产、生活、生态用地,满足乡村产业和基础设施用地合理需求,促进城乡融合发展;

(五)保护和改善生态环境,保障土地的可持续利用;

(六)占用耕地与开发复垦耕地数量平衡、质量相当。

第十八条 国家建立国土空间规划体系。编制国土空间规划应当坚持生态优先,绿色、可持续发展,科学有序统筹安排生态、农业、城镇等功能空间,优化国土空间结构和布局,提升国土空间开发、保护的质量和效率。

经依法批准的国土空间规划是各类开发、保护、建设活动的基本依据。已经编制国土空间规划的,不再编制土地利用总体规划和城乡规划。

第十九条 县级土地利用总体规划应当划分土地利用区,明确土地用途。

乡(镇)土地利用总体规划应当划分土地利用区,根据土地使用条件,确定每一块土地的用途,并予以公告。

第二十条 土地利用总体规划实行分级审批。

省、自治区、直辖市的土地利用总体规划,报国务院批准。

省、自治区人民政府所在地的市、人口在一百万以上的城市以及国务院指定的城市的土地利用总体规划,经省、自治区人民政府审查同意后,报国务院批准。

本条第二款、第三款规定以外的土地利用总体规划,逐级上报省、自治区、直辖市人民政府批准;其中,乡(镇)土地利用总体规划可以由省级人民政府授权的设区的市、自治州人民政府批准。

土地利用总体规划一经批准,必须严格执行。

第二十一条 城市建设用地规模应当符合国家规定的标准,充分利用现有建设用地,不占或者尽量少占农用地。

城市总体规划、村庄和集镇规划,应当与土地利用总体规划相衔接,城市总体规划、村庄和集镇规划中建设用地规模不得超过土地利用总体规划确定的城市和村庄、集镇建设用地规模。

在城市规划区内、村庄和集镇规划区内,城市和村庄、集镇建设用地应当符合城市规划、村庄和集镇规划。

第二十二条 江河、湖泊综合治理和开发利用规划,应当与土地利用总体规划相衔接。在江河、湖泊、水库的管理和保护范围以及蓄洪滞洪区内,土地利用应当符合江河、湖泊综合治理和开发利用规划,符合河道、湖泊行洪、蓄洪和输水的要求。

第二十三条 各级人民政府应当加强土地利用计划管理,实行建设用地总量控制。

土地利用年度计划,根据国民经济和社会发展计划、国家产业政策、土地利用总体规划以及建设用地和土地利用的实际状况编制。土地利用年度计划应当对本法第六十三条规定的集体经营性建设用地作出合理安排。土地利用年度计划的编制审批程序与土地利用总体规划的编制审批程序相同,一经审批下达,必须严格执行。

第二十四条 省、自治区、直辖市人民政府应当将土地利用年度计划的执行情况列为国民经济和社会发展计划执行情况的内容,向同级人民代表大会报告。

第二十五条 经批准的土地利用总体规划的修改,须经原批准机关批准;未经批准,不得改变土地利用总体规划确定的土地用途。

经国务院批准的大型能源、交通、水利等基础设施建设用地,需要改变土地利用总体规划的,根据国务院的批准文件修改土地利用总体规划。

经省、自治区、直辖市人民政府批准的能源、交通、水利等基础设施建设用地,需要改变土地利用总体规划的,属于省级人民政府土地利用总体规划批准权限内的,根据省级人民政府的批准文件修改土地利用总体规划。

第二十六条 国家建立土地调查制度。

县级以上人民政府自然资源主管部门会同同级有关部门进行土地调查。土地所有者或者使用者应当配合调查,并提供有关资料。

第二十七条 县级以上人民政府自然资源主管部门会同同级有关部门根据土地调查成果、规划土地用途和国家制定的统一标准,评定土地等级。

第二十八条 国家建立土地统计制度。

县级以上人民政府统计机构和自然资源主管部门依法进行土地统计调查,定期发布土地统计资料。土地所有者或者使用者应当提供有关资料,不得拒报、迟报,不得提供不真实、不完整的资料。

统计机构和自然资源主管部门共同发布的土地面积统计资料是各级人民政府编制土地利用总体规划的依据。

第二十九条 国家建立全国土地管理信息系统,对土地利用状况进行动态监测。

第四章 耕 地 保 护

第三十条 国家保护耕地,严格控制耕地转为非耕地。

国家实行占用耕地补偿制度。非农业建设经批准占用耕地的,按照"占多少,垦多少"的原则,由占用耕地的单位负责开垦与所占用耕地的数量和质量相当的耕地;没有条件开垦或者开垦的耕地不符合要求的,应当按照省、自治区、直辖市的规定缴纳耕地开垦费,专款用于开垦新的耕地。

省、自治区、直辖市人民政府应当制定开垦耕地计划,监督占用耕地的单位按照计划开垦耕地或者按照计划组织开垦耕地,并进行验收。

第三十一条 县级以上地方人民政府可以要求占用耕地的单位将所占用耕地耕作层的土壤用于新开垦耕地、劣质地或者其他耕地的土壤改良。

第三十二条 省、自治区、直辖市人民政府应当严格执行土地利用总体规划和土地利用年度计划,采取措施,确保本行政区域内耕地总量不减少、质量不降低。耕地总量减少的,由国务院责令在规定期限内组织开垦与所减少耕地的数量与质量相当的耕地;耕地质量降低的,由国务院责令在规定期限内组织整治。新开垦和整治的耕地由国务院自然资源主管部门会同农业农村主管部门验收。

个别省、直辖市确因土地后备资源匮乏,新增建设用地后,新开垦耕地的数量不足以补偿所占用耕地的数量的,必须报经国务院批准减免本行政区域内开垦耕地的数量,易地开垦数量和质量相当的耕地。

第三十三条　国家实行永久基本农田保护制度。下列耕地应当根据土地利用总体规划划为永久基本农田,实行严格保护:

(一)经国务院农业农村主管部门或者县级以上地方人民政府批准确定的粮、棉、油、糖等重要农产品生产基地内的耕地;

(二)有良好的水利与水土保持设施的耕地,正在实施改造计划以及可以改造的中、低产田和已建成的高标准农田;

(三)蔬菜生产基地;

(四)农业科研、教学试验田;

(五)国务院规定应当划为永久基本农田的其他耕地。

各省、自治区、直辖市划定的永久基本农田一般应当占本行政区域内耕地的百分之八十以上,具体比例由国务院根据各省、自治区、直辖市耕地实际情况规定。

第三十四条　永久基本农田划定以乡(镇)为单位进行,由县级人民政府自然资源主管部门会同同级农业农村主管部门组织实施。永久基本农田应当落实到地块,纳入国家永久基本农田数据库严格管理。

乡(镇)人民政府应当将永久基本农田的位置、范围向社会公告,并设立保护标志。

第三十五条　永久基本农田经依法划定后,任何单位和个人不得擅自占用或者改变其用途。国家能源、交通、水利、军事设施等重点建设项目选址确实难以避让永久基本农田,涉及农用地转用或者土地征收的,必须经国务院批准。

禁止通过擅自调整县级土地利用总体规划、乡(镇)土地利用总体规划等方式规避永久基本农田农用地转用或者土地征收的审批。

第三十六条　各级人民政府应当采取措施,引导因地制宜轮作休耕,改良土壤,提高地力,维护排灌工程设施,防止土地荒漠化、盐渍化、水土流失和土壤污染。

第三十七条　非农业建设必须节约使用土地,可以利用荒地的,不得占用耕地;可以利用劣地的,不得占用好地。

禁止占用耕地建窑、建坟或者擅自在耕地上建房、挖砂、采石、采矿、取土等。

禁止占用永久基本农田发展林果业和挖塘养鱼。

第三十八条 禁止任何单位和个人闲置、荒芜耕地。已经办理审批手续的非农业建设占用耕地,一年内不用而又可以耕种并收获的,应当由原耕种该幅耕地的集体或者个人恢复耕种,也可以由用地单位组织耕种;一年以上未动工建设的,应当按照省、自治区、直辖市的规定缴纳闲置费;连续二年未使用的,经原批准机关批准,由县级以上人民政府无偿收回用地单位的土地使用权;该幅土地原为农民集体所有的,应当交由原农村集体经济组织恢复耕种。

在城市规划区范围内,以出让方式取得土地使用权进行房地产开发的闲置土地,依照《中华人民共和国城市房地产管理法》的有关规定办理。

第三十九条 国家鼓励单位和个人按照土地利用总体规划,在保护和改善生态环境、防止水土流失和土地荒漠化的前提下,开发未利用的土地;适宜开发为农用地的,应当优先开发成农用地。

国家依法保护开发者的合法权益。

第四十条 开垦未利用的土地,必须经过科学论证和评估,在土地利用总体规划划定的可开垦的区域内,经依法批准后进行。禁止毁坏森林、草原开垦耕地,禁止围湖造田和侵占江河滩地。

根据土地利用总体规划,对破坏生态环境开垦、围垦的土地,有计划有步骤地退耕还林、还牧、还湖。

第四十一条 开发未确定使用权的国有荒山、荒地、荒滩从事种植业、林业、畜牧业、渔业生产的,经县级以上人民政府依法批准,可以确定给开发单位或者个人长期使用。

第四十二条 国家鼓励土地整理。县、乡(镇)人民政府应当组织农村集体经济组织,按照土地利用总体规划,对田、水、路、林、村综合整治,提高耕地质量,增加有效耕地面积,改善农业生产条件和生态环境。

地方各级人民政府应当采取措施,改造中、低产田,整治闲散地和废弃地。

第四十三条 因挖损、塌陷、压占等造成土地破坏,用地单位和个人应当按照国家有关规定负责复垦;没有条件复垦或者复垦不符合要求的,应当缴纳土地复垦费,专项用于土地复垦。复垦的土地应当优先用于农业。

第五章 建 设 用 地

第四十四条 建设占用土地,涉及农用地转为建设用地的,应当办理农用地转用审批手续。

永久基本农田转为建设用地的,由国务院批准。

在土地利用总体规划确定的城市和村庄、集镇建设用地规模范围内,为实施该规划而将永久基本农田以外的农用地转为建设用地的,按土地利用年度计划分批次按照国务院规定由原批准土地利用总体规划的机关或者其授权的机关批准。在已批准的农用地转用范围内,具体建设项目用地可以由市、县人民政府批准。

在土地利用总体规划确定的城市和村庄、集镇建设用地规模范围外,将永久基本农田以外的农用地转为建设用地的,由国务院或者国务院授权的省、自治区、直辖市人民政府批准。

第四十五条 为了公共利益的需要,有下列情形之一,确需征收农民集体所有的土地的,可以依法实施征收:

(一)军事和外交需要用地的;

(二)由政府组织实施的能源、交通、水利、通信、邮政等基础设施建设需要用地的;

(三)由政府组织实施的科技、教育、文化、卫生、体育、生态环境和资源保护、防灾减灾、文物保护、社区综合服务、社会福利、市政公用、优抚安置、英烈保护等公共事业需要用地的;

(四)由政府组织实施的扶贫搬迁、保障性安居工程建设需要用地的;

(五)在土地利用总体规划确定的城镇建设用地范围内,经省级以上人民政府批准由县级以上地方人民政府组织实施的成片开发建设需要用地的;

(六)法律规定为公共利益需要可以征收农民集体所有的土地的其他情形。

前款规定的建设活动,应当符合国民经济和社会发展规划、土地利用总体规划、城乡规划和专项规划;第(四)项、第(五)项规定的建设活动,还应当纳入国民经济和社会发展年度计划;第(五)项规定的成片开发并应当符合国务院自然资源主管部门规定的标准。

第四十六条 征收下列土地的,由国务院批准:

(一)永久基本农田;

(二)永久基本农田以外的耕地超过三十五公顷的;

(三)其他土地超过七十公顷的。

征收前款规定以外的土地的,由省、自治区、直辖市人民政府批准。

征收农用地的,应当依照本法第四十四条的规定先行办理农用地转用审批。其中,经国务院批准农用地转用的,同时办理征地审批手续,不再另行办理征地审批;经省、自治区、直辖市人民政府在征地批准权限内批准农用地转用的,同时办理征地审批手续,不再另行办理征地审批,超过征地批准权限的,应当依照本条第一款的规定另行办理征地审批。

第四十七条 国家征收土地的,依照法定程序批准后,由县级以上地方人民政府予以公告并组织实施。

县级以上地方人民政府拟申请征收土地的,应当开展拟征收土地现状调查和社会稳定风险评估,并将征收范围、土地现状、征收目的、补偿标准、安置方式和社会保障等在拟征收土地所在的乡(镇)和村、村民小组范围内公告至少三十日,听取被征地的农村集体经济组织及其成员、村民委员会和其他利害关系人的意见。

多数被征地的农村集体经济组织成员认为征地补偿安置方案不符合法律、法规规定的,县级以上地方人民政府应当组织召开听证会,并根据法律、法规的规定和听证会情况修改方案。

拟征收土地的所有权人、使用权人应当在公告规定期限内,持不动产权属证明材料办理补偿登记。县级以上地方人民政府应当组织有关部门测算并落实有关费用,保证足额到位,与拟征收土地的所有权人、使用权人就补偿、安置等签订协议;个别确实难以达成协议的,应当在申请征收土地时如实说明。

相关前期工作完成后,县级以上地方人民政府方可申请征收土地。

第四十八条 征收土地应当给予公平、合理的补偿,保障被征地农民原有生活水平不降低、长远生计有保障。

征收土地应当依法及时足额支付土地补偿费、安置补助费以及农村村民住宅、其他地上附着物和青苗等的补偿费用,并安排被征地农民的社会保障费用。

征收农用地的土地补偿费、安置补助费标准由省、自治区、直辖市通过制定公布区片综合地价确定。制定区片综合地价应当综合考虑土地原用途、土地资源条件、土地产值、土地区位、土地供求关系、人口以及经济社会发展水平等因素,并至少每三年调整或者重新公布一次。

征收农用地以外的其他土地、地上附着物和青苗等的补偿标准,由省、自治区、直辖市制定。对其中的农村村民住宅,应当按照先补偿后搬迁、居住条件有改善的原则,尊重农村村民意愿,采取重新安排宅基地建房、提供安置房或者货币补偿等方式给予公平、合理的补偿,并对因征收造成的搬迁、临时安置等费用予以补偿,保障农村村民居住的权利和合法的住房财产权益。

县级以上地方人民政府应当将被征地农民纳入相应的养老等社会保障体系。被征地农民的社会保障费用主要用于符合条件的被征地农民的养老保险等社会保险缴费补贴。被征地农民社会保障费用的筹集、管理和使用办法,由省、自治区、直辖市制定。

第四十九条 被征地的农村集体经济组织应当将征收土地的补偿费用的收支状况向本集体经济组织的成员公布,接受监督。

禁止侵占、挪用被征收土地单位的征地补偿费用和其他有关费用。

第五十条 地方各级人民政府应当支持被征地的农村集体经济组织和农民从事开发经营,兴办企业。

第五十一条 大中型水利、水电工程建设征收土地的补偿费标准和移民安置办法,由国务院另行规定。

第五十二条 建设项目可行性研究论证时,自然资源主管部门可以根据土地利用总体规划、土地利用年度计划和建设用地标准,对建设用地有关事项进行审查,并提出意见。

第五十三条 经批准的建设项目需要使用国有建设用地的,建设单位应当持法律、行政法规规定的有关文件,向有批准权的县级以上人民政府自然资源主管部门提出建设用地申请,经自然资源主管部门审查,报本级人民政府批准。

第五十四条 建设单位使用国有土地,应当以出让等有偿使用方式取得;但是,下列建设用地,经县级以上人民政府依法批准,可以以划拨方式取得:

(一)国家机关用地和军事用地;

(二)城市基础设施用地和公益事业用地;

(三)国家重点扶持的能源、交通、水利等基础设施用地;

(四)法律、行政法规规定的其他用地。

第五十五条 以出让等有偿使用方式取得国有土地使用权的建设单位,按照国务院规定的标准和办法,缴纳土地使用权出让金等土地有偿使用费和其他费用后,方可使用土地。

自本法施行之日起,新增建设用地的土地有偿使用费,百分之三十上缴中央财政,百分之七十留给有关地方人民政府。具体使用管理办法由国务院财政部门会同有关部门制定,并报国务院批准。

第五十六条 建设单位使用国有土地的,应当按照土地使用权出让等有偿使用合同的约定或者土地使用权划拨批准文件的规定使用土地;确需改变该幅土地建设用途的,应当经有关人民政府自然资源主管部门同意,报原批准用地的人民政府批准。其中,在城市规划区内改变土地用途的,在报批前,应当先经有关城市规划行政主管部门同意。

第五十七条 建设项目施工和地质勘查需要临时使用国有土地或者农民集体所有的土地的,由县级以上人民政府自然资源主管部门批准。其中,在城市规划区内的临时用地,在报批前,应当先经有关城市规划行政主管部门同意。土地使用者应当根据土地权属,与有关自然资源主管部门或者农村集体经济组织、村民委员会签订临时使用土地合同,并按照合同的约定支付临时使用土地补偿费。

临时使用土地的使用者应当按照临时使用土地合同约定的用途使用土地,并不得修建永久性建筑物。

临时使用土地期限一般不超过二年。

第五十八条 有下列情形之一的,由有关人民政府自然资源主管部门报经原批准用地的人民政府或者有批准权的人民政府批准,可以收回国有土地使用权:

(一)为实施城市规划进行旧城区改建以及其他公共利益需要,确需使用土地的;

(二)土地出让等有偿使用合同约定的使用期限届满,土地使用者未申请续期或者申请续期未获批准的;

(三)因单位撤销、迁移等原因,停止使用原划拨的国有土地的;

(四)公路、铁路、机场、矿场等经核准报废的。

依照前款第(一)项的规定收回国有土地使用权的,对土地使用权人应当给予适当补偿。

第五十九条 乡镇企业、乡(镇)村公共设施、公益事业、农村村民住宅等乡(镇)村建设,应当按照村庄和集镇规划,合理布局,综合开发,配套建设;建设用地,应当符合乡(镇)土地利用总体规划和土地利用年度计划,并依照本法第四十四条、第六十条、第六十一条、第六十二条的规定办理审批手续。

第六十条 农村集体经济组织使用乡(镇)土地利用总体规划确定的建设用地兴办企业或者与其他单位、个人以土地使用权入股、联营等形式共同举办企业的,应当持有关批准文件,向县级以上地方人民政府自然资源主管部门提出申请,按照省、自治区、直辖市规定的批准权限,由县级以上地方人民政府批准;其中,涉及占用农用地的,依照本法第四十四条的规定办理审批手续。

按照前款规定兴办企业的建设用地,必须严格控制。省、自治区、直辖市可以按照乡镇企业的不同行业和经营规模,分别规定用地标准。

第六十一条 乡(镇)村公共设施、公益事业建设,需要使用土地的,经乡(镇)人民政府审核,向县级以上地方人民政府自然资源主管部门提出申请,按照省、自治区、直辖市规定的批准权限,由县级以上地方人民政府批准;其中,涉及占用农用地的,依照本法第四十四条的规定办理审批手续。

第六十二条 农村村民一户只能拥有一处宅基地,其宅基地的面积不得超过省、自治区、直辖市规定的标准。

人均土地少、不能保障一户拥有一处宅基地的地区,县级人民政府在充分尊重农村村民意愿的基础上,可以采取措施,按照省、自治区、直辖市规定的标准保障农村村民实现户有所居。

农村村民建住宅,应当符合乡(镇)土地利用总体规划、村庄规划,不得占用永久基本农田,并尽量使用原有的宅基地和村内空闲地。编制乡(镇)土地利用总体规划、村庄规划应当统筹并合理安排宅基地用地,改善农村村民居住环境和条件。

农村村民住宅用地,由乡(镇)人民政府审核批准;其中,涉及占用农用地的,依照本法第四十四条的规定办理审批手续。

农村村民出卖、出租、赠与住宅后,再申请宅基地的,不予批准。

国家允许进城落户的农村村民依法自愿有偿退出宅基地,鼓励农村集体经济组织及其成员盘活利用闲置宅基地和闲置住宅。

国务院农业农村主管部门负责全国农村宅基地改革和管理有关工作。

第六十三条 土地利用总体规划、城乡规划确定为工业、商业等经营性用途,并经依法登记的集体经营性建设用地,土地所有权人可以通过出让、出租等方式交由单位或者个人使用,并应当签订书面合同,载明土地界址、面积、动工期限、使用期限、土地用途、规划条件和双方其他权利义务。

前款规定的集体经营性建设用地出让、出租等,应当经本集体经济组织成员的村民会议三分之二以上成员或者三分之二以上村民代表的同意。

通过出让等方式取得的集体经营性建设用地使用权可以转让、互换、出资、赠与或者抵押,但法律、行政法规另有规定或者土地所有权人、土地使用权人签订的书面合同另有约定的除外。

集体经营性建设用地的出租,集体建设用地使用权的出让及其最高年限、转让、互换、出资、赠与、抵押等,参照同类用途的国有建设用地执行。具体办法由国务院制定。

第六十四条 集体建设用地的使用者应当严格按照土地利用总体规划、城乡规划确定的用途使用土地。

第六十五条 在土地利用总体规划制定前已建的不符合土地利用总体规划确定的用途的建筑物、构筑物,不得重建、扩建。

第六十六条 有下列情形之一的,农村集体经济组织报经原批准用地的人民政府批准,可以收回土地使用权:

(一)为乡(镇)村公共设施和公益事业建设,需要使用土地的;

(二)不按照批准的用途使用土地的;

(三)因撤销、迁移等原因而停止使用土地的。

依照前款第(一)项规定收回农民集体所有的土地的,对土地使用权人应当给予适当补偿。

收回集体经营性建设用地使用权,依照双方签订的书面合同办理,法律、行政法规另有规定的除外。

第六章 监督检查

第六十七条 县级以上人民政府自然资源主管部门对违反土地管理法律、法规的行为进行监督检查。

县级以上人民政府农业农村主管部门对违反农村宅基地管理法律、法规的行为进行监督检查的,适用本法关于自然资源主管部门监督检查的规定。

土地管理监督检查人员应当熟悉土地管理法律、法规,忠于职守、秉公执法。

第六十八条 县级以上人民政府自然资源主管部门履行监督检查职责时,有权采取下列措施:

(一)要求被检查的单位或者个人提供有关土地权利的文件和资料,进行查阅或者予以复制;

(二)要求被检查的单位或者个人就有关土地权利的问题作出说明;

（三）进入被检查单位或者个人非法占用的土地现场进行勘测；

（四）责令非法占用土地的单位或者个人停止违反土地管理法律、法规的行为。

第六十九条 土地管理监督检查人员履行职责，需要进入现场进行勘测、要求有关单位或者个人提供文件、资料和作出说明的，应当出示土地管理监督检查证件。

第七十条 有关单位和个人对县级以上人民政府自然资源主管部门就土地违法行为进行的监督检查应当支持与配合，并提供工作方便，不得拒绝与阻碍土地管理监督检查人员依法执行职务。

第七十一条 县级以上人民政府自然资源主管部门在监督检查工作中发现国家工作人员的违法行为，依法应当给予处分的，应当依法予以处理；自己无权处理的，应当依法移送监察机关或者有关机关处理。

第七十二条 县级以上人民政府自然资源主管部门在监督检查工作中发现土地违法行为构成犯罪的，应当将案件移送有关机关，依法追究刑事责任；尚不构成犯罪的，应当依法给予行政处罚。

第七十三条 依照本法规定应当给予行政处罚，而有关自然资源主管部门不给予行政处罚的，上级人民政府自然资源主管部门有权责令有关自然资源主管部门作出行政处罚决定或者直接给予行政处罚，并给予有关自然资源主管部门的负责人处分。

第七章 法 律 责 任

第七十四条 买卖或者以其他形式非法转让土地的，由县级以上人民政府自然资源主管部门没收违法所得；对违反土地利用总体规划擅自将农用地改为建设用地的，限期拆除在非法转让的土地上新建的建筑物和其他设施，恢复土地原状，对符合土地利用总体规划的，没收在非法转让的土地上新建的建筑物和其他设施；可以并处罚款；对直接负责的主管人员和其他直接责任人员，依法给予处分；构成犯罪的，依法追究刑事责任。

第七十五条 违反本法规定，占用耕地建窑、建坟或者擅自在耕地上建房、挖砂、采石、采矿、取土等，破坏种植条件的，或者因开发土地造成土地荒漠化、盐渍化的，由县级以上人民政府自然资源主管部门、农业农村主管部门等按照职责责令限期改正或者治理，可以并处罚款；构成犯罪的，依法追究刑事责任。

第七十六条 违反本法规定,拒不履行土地复垦义务的,由县级以上人民政府自然资源主管部门责令限期改正;逾期不改正的,责令缴纳复垦费,专项用于土地复垦,可以处以罚款。

第七十七条 未经批准或者采取欺骗手段骗取批准,非法占用土地的,由县级以上人民政府自然资源主管部门责令退还非法占用的土地,对违反土地利用总体规划擅自将农用地改为建设用地的,限期拆除在非法占用的土地上新建的建筑物和其他设施,恢复土地原状,对符合土地利用总体规划的,没收在非法占用的土地上新建的建筑物和其他设施,可以并处罚款;对非法占用土地单位的直接负责的主管人员和其他直接责任人员,依法给予处分;构成犯罪的,依法追究刑事责任。

超过批准的数量占用土地,多占的土地以非法占用土地论处。

第七十八条 农村村民未经批准或者采取欺骗手段骗取批准,非法占用土地建住宅的,由县级以上人民政府农业农村主管部门责令退还非法占用的土地,限期拆除在非法占用的土地上新建的房屋。

超过省、自治区、直辖市规定的标准,多占的土地以非法占用土地论处。

第七十九条 无权批准征收、使用土地的单位或者个人非法批准占用土地的,超越批准权限非法批准占用土地的,不按照土地利用总体规划确定的用途批准用地的,或者违反法律规定的程序批准占用、征收土地的,其批准文件无效,对非法批准征收、使用土地的直接负责的主管人员和其他直接责任人员,依法给予处分;构成犯罪的,依法追究刑事责任。非法批准、使用的土地应当收回,有关当事人拒不归还的,以非法占用土地论处。

非法批准征收、使用土地,对当事人造成损失的,依法应当承担赔偿责任。

第八十条 侵占、挪用被征收土地单位的征地补偿费用和其他有关费用,构成犯罪的,依法追究刑事责任;尚不构成犯罪的,依法给予处分。

第八十一条 依法收回国有土地使用权当事人拒不交出土地的,临时使用土地期满拒不归还的,或者不按照批准的用途使用国有土地的,由县级以上人民政府自然资源主管部门责令交还土地,处以罚款。

第八十二条 擅自将农民集体所有的土地通过出让、转让使用权或者出租等方式用于非农业建设,或者违反本法规定,将集体经营性建设用地通过出让、出租等方式交由单位或者个人使用的,由县级以上人民政府自然资源主管部门责令限期改正,没收违法所得,并处罚款。

第八十三条　依照本法规定,责令限期拆除在非法占用的土地上新建的建筑物和其他设施的,建设单位或者个人必须立即停止施工,自行拆除;对继续施工的,作出处罚决定的机关有权制止。建设单位或者个人对责令限期拆除的行政处罚决定不服的,可以在接到责令限期拆除决定之日起十五日内,向人民法院起诉;期满不起诉又不自行拆除的,由作出处罚决定的机关依法申请人民法院强制执行,费用由违法者承担。

第八十四条　自然资源主管部门、农业农村主管部门的工作人员玩忽职守、滥用职权、徇私舞弊,构成犯罪的,依法追究刑事责任;尚不构成犯罪的,依法给予处分。

第八章　附　　则

第八十五条　外商投资企业使用土地的,适用本法;法律另有规定的,从其规定。

第八十六条　在根据本法第十八条的规定编制国土空间规划前,经依法批准的土地利用总体规划和城乡规划继续执行。

第八十七条　本法自 1999 年 1 月 1 日起施行。

中华人民共和国土地管理法实施条例

（1998 年 12 月 27 日中华人民共和国国务院令第 256 号发布　根据 2011 年 1 月 8 日《国务院关于废止和修改部分行政法规的决定》第一次修订　根据 2014 年 7 月 29 日《国务院关于修改部分行政法规的决定》第二次修订　2021 年 7 月 2 日中华人民共和国国务院令第 743 号第三次修订）

第一章　总　　则

第一条　根据《中华人民共和国土地管理法》(以下简称《土地管理法》),制定本条例。

第二章　国土空间规划

第二条　国家建立国土空间规划体系。

土地开发、保护、建设活动应当坚持规划先行。经依法批准的国土空间规划是各类开发、保护、建设活动的基本依据。

已经编制国土空间规划的，不再编制土地利用总体规划和城乡规划。在编制国土空间规划前，经依法批准的土地利用总体规划和城乡规划继续执行。

第三条　国土空间规划应当细化落实国家发展规划提出的国土空间开发保护要求，统筹布局农业、生态、城镇等功能空间，划定落实永久基本农田、生态保护红线和城镇开发边界。

国土空间规划应当包括国土空间开发保护格局和规划用地布局、结构、用途管制要求等内容，明确耕地保有量、建设用地规模、禁止开垦的范围等要求，统筹基础设施和公共设施用地布局，综合利用地上地下空间，合理确定并严格控制新增建设用地规模，提高土地节约集约利用水平，保障土地的可持续利用。

第四条　土地调查应当包括下列内容：

（一）土地权属以及变化情况；

（二）土地利用现状以及变化情况；

（三）土地条件。

全国土地调查成果，报国务院批准后向社会公布。地方土地调查成果，经本级人民政府审核，报上一级人民政府批准后向社会公布。全国土地调查成果公布后，县级以上地方人民政府方可自上而下逐级依次公布本行政区域的土地调查成果。

土地调查成果是编制国土空间规划以及自然资源管理、保护和利用的重要依据。

土地调查技术规程由国务院自然资源主管部门会同有关部门制定。

第五条　国务院自然资源主管部门会同有关部门制定土地等级评定标准。

县级以上人民政府自然资源主管部门应当会同有关部门根据土地等级评定标准，对土地等级进行评定。地方土地等级评定结果经本级人民政府审核，报上一级人民政府自然资源主管部门批准后向社会公布。

根据国民经济和社会发展状况，土地等级每五年重新评定一次。

第六条　县级以上人民政府自然资源主管部门应当加强信息化建设，建立统一的国土空间基础信息平台,实行土地管理全流程信息化管理,对土地利用状况进行动态监测,与发展改革、住房和城乡建设等有关部门建立土地管理信息共享机制,依法公开土地管理信息。

第七条 县级以上人民政府自然资源主管部门应当加强地籍管理,建立健全地籍数据库。

第三章 耕地保护

第八条 国家实行占用耕地补偿制度。在国土空间规划确定的城市和村庄、集镇建设用地范围内经依法批准占用耕地,以及在国土空间规划确定的城市和村庄、集镇建设用地范围外的能源、交通、水利、矿山、军事设施等建设项目经依法批准占用耕地的,分别由县级人民政府、农村集体经济组织和建设单位负责开垦与所占用耕地的数量和质量相当的耕地;没有条件开垦或者开垦的耕地不符合要求的,应当按照省、自治区、直辖市的规定缴纳耕地开垦费,专款用于开垦新的耕地。

省、自治区、直辖市人民政府应当组织自然资源主管部门、农业农村主管部门对开垦的耕地进行验收,确保开垦的耕地落实到地块。划入永久基本农田的还应当纳入国家永久基本农田数据库严格管理。占用耕地补充情况应当按照国家有关规定向社会公布。

个别省、直辖市需要易地开垦耕地的,依照《土地管理法》第三十二条的规定执行。

第九条 禁止任何单位和个人在国土空间规划确定的禁止开垦的范围内从事土地开发活动。

按照国土空间规划,开发未确定土地使用权的国有荒山、荒地、荒滩从事种植业、林业、畜牧业、渔业生产的,应当向土地所在地的县级以上地方人民政府自然资源主管部门提出申请,按照省、自治区、直辖市规定的权限,由县级以上地方人民政府批准。

第十条 县级人民政府应当按照国土空间规划关于统筹布局农业、生态、城镇等功能空间的要求,制定土地整理方案,促进耕地保护和土地节约集约利用。

县、乡(镇)人民政府应当组织农村集体经济组织,实施土地整理方案,对闲散地和废弃地有计划地整治、改造。土地整理新增耕地,可以用作建设所占用耕地的补充。

鼓励社会主体依法参与土地整理。

第十一条 县级以上地方人民政府应当采取措施,预防和治理耕地土壤流失、污染,有计划地改造中低产田,建设高标准农田,提高耕地质量,保护黑土地等优质耕地,并依法对建设所占用耕地耕作层的土壤利用作出合理安排。

非农业建设依法占用永久基本农田的,建设单位应当按照省、自治区、直辖市的规定,将所占用耕地耕作层的土壤用于新开垦耕地、劣质地或者其他耕地的土壤改良。

县级以上地方人民政府应当加强对农业结构调整的引导和管理,防止破坏耕地耕作层;设施农业用地不再使用的,应当及时组织恢复种植条件。

第十二条 国家对耕地实行特殊保护,严守耕地保护红线,严格控制耕地转为林地、草地、园地等其他农用地,并建立耕地保护补偿制度,具体办法和耕地保护补偿实施步骤由国务院自然资源主管部门会同有关部门规定。

非农业建设必须节约使用土地,可以利用荒地的,不得占用耕地;可以利用劣地的,不得占用好地。禁止占用耕地建窑、建坟或者擅自在耕地上建房、挖砂、采石、采矿、取土等。禁止占用永久基本农田发展林果业和挖塘养鱼。

耕地应当优先用于粮食和棉、油、糖、蔬菜等农产品生产。按照国家有关规定需要将耕地转为林地、草地、园地等其他农用地的,应当优先使用难以长期稳定利用的耕地。

第十三条 省、自治区、直辖市人民政府对本行政区域耕地保护负总责,其主要负责人是本行政区域耕地保护的第一责任人。

省、自治区、直辖市人民政府应当将国务院确定的耕地保有量和永久基本农田保护任务分解下达,落实到具体地块。

国务院对省、自治区、直辖市人民政府耕地保护责任目标落实情况进行考核。

第四章 建 设 用 地

第一节 一 般 规 定

第十四条 建设项目需要使用土地的,应当符合国土空间规划、土地利用年度计划和用途管制以及节约资源、保护生态环境的要求,并严格执行建设用地标准,优先使用存量建设用地,提高建设用地使用效率。

从事土地开发利用活动,应当采取有效措施,防止、减少土壤污染,并确保建设用地符合土壤环境质量要求。

第十五条 各级人民政府应当依据国民经济和社会发展规划及年度计划、国土空间规划、国家产业政策以及城乡建设、土地利用的实际状况等,加强土地利用计划管理,实行建设用地总量控制,推动城乡存量建设用地开发利用,引导城镇低效用地再开发,落实建设用地标准控制制度,开展节约集约用地评价,推广应用节地技术和节地模式。

第十六条 县级以上地方人民政府自然资源主管部门应当将本级人民政府确定的年度建设用地供应总量、结构、时序、地块、用途等在政府网站上向社会公布,供社会公众查阅。

第十七条 建设单位使用国有土地,应当以有偿使用方式取得;但是,法律、行政法规规定可以以划拨方式取得的除外。

国有土地有偿使用的方式包括:

(一)国有土地使用权出让;

(二)国有土地租赁;

(三)国有土地使用权作价出资或者入股。

第十八条 国有土地使用权出让、国有土地租赁等应当依照国家有关规定通过公开的交易平台进行交易,并纳入统一的公共资源交易平台体系。除依法可以采取协议方式外,应当采取招标、拍卖、挂牌等竞争性方式确定土地使用者。

第十九条 《土地管理法》第五十五条规定的新增建设用地的土地有偿使用费,是指国家在新增建设用地中应取得的平均土地纯收益。

第二十条 建设项目施工、地质勘查需要临时使用土地的,应当尽量不占或者少占耕地。

临时用地由县级以上人民政府自然资源主管部门批准,期限一般不超过二年;建设周期较长的能源、交通、水利等基础设施建设使用的临时用地,期限不超过四年;法律、行政法规另有规定的除外。

土地使用者应当自临时用地期满之日起一年内完成土地复垦,使其达到可供利用状态,其中占用耕地的应当恢复种植条件。

第二十一条 抢险救灾、疫情防控等急需使用土地的,可以先行使用土地。

其中,属于临时用地的,用后应当恢复原状并交还原土地使用者使用,不再办理用地审批手续;属于永久性建设用地的,建设单位应当在不晚于应急处置工作结束六个月内申请补办建设用地审批手续。

第二十二条 具有重要生态功能的未利用地应当依法划入生态保护红线,实施严格保护。

建设项目占用国土空间规划确定的未利用地的,按照省、自治区、直辖市的规定办理。

第二节 农用地转用

第二十三条 在国土空间规划确定的城市和村庄、集镇建设用地范围内,为实施该规划而将农用地转为建设用地的,由市、县人民政府组织自然资源等部门拟订农用地转用方案,分批次报有批准权的人民政府批准。

农用地转用方案应当重点对建设项目安排、是否符合国土空间规划和土地利用年度计划以及补充耕地情况作出说明。

农用地转用方案经批准后,由市、县人民政府组织实施。

第二十四条 建设项目确需占用国土空间规划确定的城市和村庄、集镇建设用地范围外的农用地,涉及占用永久基本农田的,由国务院批准;不涉及占用永久基本农田的,由国务院或者国务院授权的省、自治区、直辖市人民政府批准。具体按照下列规定办理:

(一)建设项目批准、核准前或者备案前后,由自然资源主管部门对建设项目用地事项进行审查,提出建设项目用地预审意见。建设项目需要申请核发选址意见书的,应当合并办理建设项目用地预审与选址意见书,核发建设项目用地预审与选址意见书。

(二)建设单位持建设项目的批准、核准或者备案文件,向市、县人民政府提出建设用地申请。市、县人民政府组织自然资源等部门拟订农用地转用方案,报有批准权的人民政府批准;依法应当由国务院批准的,由省、自治区、直辖市人民政府审核后上报。农用地转用方案应当重点对是否符合国土空间规划和土地利用年度计划以及补充耕地情况作出说明,涉及占用永久基本农田的,还应当对占用永久基本农田的必要性、合理性和补划可行性作出说明。

(三)农用地转用方案经批准后,由市、县人民政府组织实施。

第二十五条 建设项目需要使用土地的,建设单位原则上应当一次申请,办理建设用地审批手续,确需分期建设的项目,可以根据可行性研究报告确定的方案,分期申请建设用地,分期办理建设用地审批手续。建设过程中用地范围确需调整的,应当依法办理建设用地审批手续。

农用地转用涉及征收土地的,还应当依法办理征收土地手续。

第三节 土 地 征 收

第二十六条 需要征收土地,县级以上地方人民政府认为符合《土地管理法》第四十五条规定的,应当发布征收土地预公告,并开展拟征收土地现状调查和社会稳定风险评估。

征收土地预公告应当包括征收范围、征收目的、开展土地现状调查的安排等内容。征收土地预公告应当采用有利于社会公众知晓的方式,在拟征收土地所在的乡(镇)和村、村民小组范围内发布,预公告时间不少于十个工作日。自征收土地预公告发布之日起,任何单位和个人不得在拟征收范围内抢栽抢建;违反规定抢栽抢建的,对抢栽抢建部分不予补偿。

土地现状调查应当查明土地的位置、权属、地类、面积,以及农村村民住宅、其他地上附着物和青苗等的权属、种类、数量等情况。

社会稳定风险评估应当对征收土地的社会稳定风险状况进行综合研判,确定风险点,提出风险防范措施和处置预案。社会稳定风险评估应当有被征地的农村集体经济组织及其成员、村民委员会和其他利害关系人参加,评估结果是申请征收土地的重要依据。

第二十七条 县级以上地方人民政府应当依据社会稳定风险评估结果,结合土地现状调查情况,组织自然资源、财政、农业农村、人力资源和社会保障等有关部门拟定征地补偿安置方案。

征地补偿安置方案应当包括征收范围、土地现状、征收目的、补偿方式和标准、安置对象、安置方式、社会保障等内容。

第二十八条 征地补偿安置方案拟定后,县级以上地方人民政府应当在拟征收土地所在的乡(镇)和村、村民小组范围内公告,公告时间不少于三十日。

征地补偿安置公告应当同时载明办理补偿登记的方式和期限、异议反馈渠道等内容。

多数被征地的农村集体经济组织成员认为拟定的征地补偿安置方案不符合法律、法规规定的,县级以上地方人民政府应当组织听证。

第二十九条 县级以上地方人民政府根据法律、法规规定和听证会等情况确定征地补偿安置方案后，应当组织有关部门与拟征收土地的所有权人、使用权人签订征地补偿安置协议。征地补偿安置协议示范文本由省、自治区、直辖市人民政府制定。

对个别确实难以达成征地补偿安置协议的，县级以上地方人民政府应当在申请征收土地时如实说明。

第三十条 县级以上地方人民政府完成本条例规定的征地前期工作后，方可提出征收土地申请，依照《土地管理法》第四十六条的规定报有批准权的人民政府批准。

有批准权的人民政府应当对征收土地的必要性、合理性、是否符合《土地管理法》第四十五条规定的为了公共利益确需征收土地的情形以及是否符合法定程序进行审查。

第三十一条 征收土地申请经依法批准后，县级以上地方人民政府应当自收到批准文件之日起十五个工作日内在拟征收土地所在的乡（镇）和村、村民小组范围内发布征收土地公告，公布征收范围、征收时间等具体工作安排，对个别未达成征地补偿安置协议的应当作出征地补偿安置决定，并依法组织实施。

第三十二条 省、自治区、直辖市应当制定公布区片综合地价，确定征收农用地的土地补偿费、安置补助费标准，并制定土地补偿费、安置补助费分配办法。

地上附着物和青苗等的补偿费用，归其所有权人所有。

社会保障费用主要用于符合条件的被征地农民的养老保险等社会保险缴费补贴，按照省、自治区、直辖市的规定单独列支。

申请征收土地的县级以上地方人民政府应当及时落实土地补偿费、安置补助费、农村村民住宅以及其他地上附着物和青苗等的补偿费用、社会保障费用等，并保证足额到位，专款专用。有关费用未足额到位的，不得批准征收土地。

第四节 宅基地管理

第三十三条 农村居民点布局和建设用地规模应当遵循节约集约、因地制宜的原则合理规划。县级以上地方人民政府应当按照国家规定安排建设用地指标，合理保障本行政区域农村村民宅基地需求。

乡（镇）、县、市国土空间规划和村庄规划应当统筹考虑农村村民生产、生活需求,突出节约集约用地导向,科学划定宅基地范围。

第三十四条 农村村民申请宅基地的,应当以户为单位向农村集体经济组织提出申请;没有设立农村集体经济组织的,应当向所在的村民小组或者村民委员会提出申请。宅基地申请依法经农村村民集体讨论通过并在本集体范围内公示后,报乡(镇)人民政府审核批准。

涉及占用农用地的,应当依法办理农用地转用审批手续。

第三十五条 国家允许进城落户的农村村民依法自愿有偿退出宅基地。乡(镇)人民政府和农村集体经济组织、村民委员会等应当将退出的宅基地优先用于保障该农村集体经济组织成员的宅基地需求。

第三十六条 依法取得的宅基地和宅基地上的农村村民住宅及其附属设施受法律保护。

禁止违背农村村民意愿强制流转宅基地,禁止违法收回农村村民依法取得的宅基地,禁止以退出宅基地作为农村村民进城落户的条件,禁止强迫农村村民搬迁退出宅基地。

第五节 集体经营性建设用地管理

第三十七条 国土空间规划应当统筹并合理安排集体经营性建设用地布局和用途,依法控制集体经营性建设用地规模,促进集体经营性建设用地的节约集约利用。

鼓励乡村重点产业和项目使用集体经营性建设用地。

第三十八条 国土空间规划确定为工业、商业等经营性用途,且已依法办理土地所有权登记的集体经营性建设用地,土地所有权人可以通过出让、出租等方式交由单位或者个人在一定年限内有偿使用。

第三十九条 土地所有权人拟出让、出租集体经营性建设用地的,市、县人民政府自然资源主管部门应当依据国土空间规划提出拟出让、出租的集体经营性建设用地的规划条件,明确土地界址、面积、用途和开发建设强度等。

市、县人民政府自然资源主管部门应当会同有关部门提出产业准入和生态环境保护要求。

第四十条 土地所有权人应当依据规划条件、产业准入和生态环境保护要求等,编制集体经营性建设用地出让、出租等方案,并依照《土地管理法》第六十三条的规定,由本集体经济组织形成书面意见,在出让、出租前不少于十个工作日报市、县人民政府。市、县人民政府认为该方案不符合规划条件或者产业准入和生态环境保护要求等的,应当在收到方案后五个工作日内提出修改意见。土地所有权人应当按照市、县人民政府的意见进行修改。

集体经营性建设用地出让、出租等方案应当载明宗地的土地界址、面积、用途、规划条件、产业准入和生态环境保护要求、使用期限、交易方式、入市价格、集体收益分配安排等内容。

第四十一条 土地所有权人应当依据集体经营性建设用地出让、出租等方案,以招标、拍卖、挂牌或者协议等方式确定土地使用者,双方应当签订书面合同,载明土地界址、面积、用途、规划条件、使用期限、交易价款支付、交地时间和开工竣工期限、产业准入和生态环境保护要求,约定提前收回的条件、补偿方式、土地使用权届满续期和地上建筑物、构筑物等附着物处理方式,以及违约责任和解决争议的方法等,并报市、县人民政府自然资源主管部门备案。未依法将规划条件、产业准入和生态环境保护要求纳入合同的,合同无效;造成损失的,依法承担民事责任。合同示范文本由国务院自然资源主管部门制定。

第四十二条 集体经营性建设用地使用者应当按照约定及时支付集体经营性建设用地价款,并依法缴纳相关税费,对集体经营性建设用地使用权以及依法利用集体经营性建设用地建造的建筑物、构筑物及其附属设施的所有权,依法申请办理不动产登记。

第四十三条 通过出让等方式取得的集体经营性建设用地使用权依法转让、互换、出资、赠与或者抵押的,双方应当签订书面合同,并书面通知土地所有权人。

集体经营性建设用地的出租,集体建设用地使用权的出让及其最高年限、转让、互换、出资、赠与、抵押等,参照同类用途的国有建设用地执行,法律、行政法规另有规定的除外。

第五章 监督检查

第四十四条 国家自然资源督察机构根据授权对省、自治区、直辖市人民政府以及国务院确定的城市人民政府下列土地利用和土地管理情况进行督察:

(一)耕地保护情况;

(二)土地节约集约利用情况;

(三)国土空间规划编制和实施情况;

(四)国家有关土地管理重大决策落实情况;

（五）土地管理法律、行政法规执行情况；

（六）其他土地利用和土地管理情况。

第四十五条 国家自然资源督察机构进行督察时，有权向有关单位和个人了解督察事项有关情况，有关单位和个人应当支持、协助督察机构工作，如实反映情况，并提供有关材料。

第四十六条 被督察的地方人民政府违反土地管理法律、行政法规，或者落实国家有关土地管理重大决策不力的，国家自然资源督察机构可以向被督察的地方人民政府下达督察意见书，地方人民政府应当认真组织整改，并及时报告整改情况；国家自然资源督察机构可以约谈被督察的地方人民政府有关负责人，并可以依法向监察机关、任免机关等有关机关提出追究相关责任人责任的建议。

第四十七条 土地管理监督检查人员应当经过培训，经考核合格，取得行政执法证件后，方可从事土地管理监督检查工作。

第四十八条 自然资源主管部门、农业农村主管部门按照职责分工进行监督检查时，可以采取下列措施：

（一）询问违法案件涉及的单位或者个人；

（二）进入被检查单位或者个人涉嫌土地违法的现场进行拍照、摄像；

（三）责令当事人停止正在进行的土地违法行为；

（四）对涉嫌土地违法的单位或者个人，在调查期间暂停办理与该违法案件相关的土地审批、登记等手续；

（五）对可能被转移、销毁、隐匿或者篡改的文件、资料予以封存，责令涉嫌土地违法的单位或者个人在调查期间不得变卖、转移与案件有关的财物；

（六）《土地管理法》第六十八条规定的其他监督检查措施。

第四十九条 依照《土地管理法》第七十三条的规定给予处分的，应当按照管理权限由责令作出行政处罚决定或者直接给予行政处罚的上级人民政府自然资源主管部门或者其他任免机关、单位作出。

第五十条 县级以上人民政府自然资源主管部门应当会同有关部门建立信用监管、动态巡查等机制，加强对建设用地供应交易和供后开发利用的监管，对建设用地市场重大失信行为依法实施惩戒，并依法公开相关信息。

第六章　法　律　责　任

第五十一条 违反《土地管理法》第三十七条的规定，非法占用永久基本农田发展林果业或者挖塘养鱼的,由县级以上人民政府自然资源主管部门责令限期改正;逾期不改正的,按占用面积处耕地开垦费2倍以上5倍以下的罚款;破坏种植条件的,依照《土地管理法》第七十五条的规定处罚。

第五十二条　违反《土地管理法》第五十七条的规定,在临时使用的土地上修建永久性建筑物的,由县级以上人民政府自然资源主管部门责令限期拆除,按占用面积处土地复垦费5倍以上10倍以下的罚款;逾期不拆除的,由作出行政决定的机关依法申请人民法院强制执行。

第五十三条　违反《土地管理法》第六十五条的规定,对建筑物、构筑物进行重建、扩建的,由县级以上人民政府自然资源主管部门责令限期拆除;逾期不拆除的,由作出行政决定的机关依法申请人民法院强制执行。

第五十四条　依照《土地管理法》第七十四条的规定处以罚款的,罚款额为违法所得的10%以上50%以下。

第五十五条　依照《土地管理法》第七十五条的规定处以罚款的,罚款额为耕地开垦费的5倍以上10倍以下;破坏黑土地等优质耕地的,从重处罚。

第五十六条　依照《土地管理法》第七十六条的规定处以罚款的,罚款额为土地复垦费的2倍以上5倍以下。

违反本条例规定,临时用地期满之日起一年内未完成复垦或者未恢复种植条件的,由县级以上人民政府自然资源主管部门责令限期改正,依照《土地管理法》第七十六条的规定处罚,并由县级以上人民政府自然资源主管部门会同农业农村主管部门代为完成复垦或者恢复种植条件。

第五十七条　依照《土地管理法》第七十七条的规定处以罚款的,罚款额为非法占用土地每平方米100元以上1000元以下。

违反本条例规定,在国土空间规划确定的禁止开垦的范围内从事土地开发活动的,由县级以上人民政府自然资源主管部门责令限期改正,并依照《土地管理法》第七十七条的规定处罚。

第五十八条　依照《土地管理法》第七十四条、第七十七条的规定,县级以上人民政府自然资源主管部门没收在非法转让或者非法占用的土地上新建的建筑物和其他设施的,应当于九十日内交由本级人民政府或者其指定的部门依法管理和处置。

第五十九条　依照《土地管理法》第八十一条的规定处以罚款的,罚款额为非法占用土地每平方米100元以上500元以下。

第六十条　依照《土地管理法》第八十二条的规定处以罚款的,罚款额为违法所得的 10% 以上 30% 以下。

第六十一条　阻碍自然资源主管部门、农业农村主管部门的工作人员依法执行职务,构成违反治安管理行为的,依法给予治安管理处罚。

第六十二条　违反土地管理法律、法规规定,阻挠国家建设征收土地的,由县级以上地方人民政府责令交出土地;拒不交出土地的,依法申请人民法院强制执行。

第六十三条　违反本条例规定,侵犯农村村民依法取得的宅基地权益的,责令限期改正,对有关责任单位通报批评、给予警告;造成损失的,依法承担赔偿责任;对直接负责的主管人员和其他直接责任人员,依法给予处分。

第六十四条　贪污、侵占、挪用、私分、截留、拖欠征地补偿安置费用和其他有关费用的,责令改正,追回有关款项,限期退还违法所得,对有关责任单位通报批评、给予警告;造成损失的,依法承担赔偿责任;对直接负责的主管人员和其他直接责任人员,依法给予处分。

第六十五条　各级人民政府及自然资源主管部门、农业农村主管部门工作人员玩忽职守、滥用职权、徇私舞弊的,依法给予处分。

第六十六条　违反本条例规定,构成犯罪的,依法追究刑事责任。

第七章　附　　则

第六十七条　本条例自 2021 年 9 月 1 日起施行。

中华人民共和国行政强制法

(2011 年 6 月 30 日第十一届全国人民代表大会常务委员会第二十一次会议通过)

第一章　总　　则

第一条　为了规范行政强制的设定和实施,保障和监督行政机关依法履行职责,维护公共利益和社会秩序,保护公民、法人和其他组织的合法权益,根据宪法,制定本法。

第二条 本法所称行政强制,包括行政强制措施和行政强制执行。

行政强制措施,是指行政机关在行政管理过程中,为制止违法行为、防止证据损毁、避免危害发生、控制危险扩大等情形,依法对公民的人身自由实施暂时性限制,或者对公民、法人或者其他组织的财物实施暂时性控制的行为。

行政强制执行,是指行政机关或者行政机关申请人民法院,对不履行行政决定的公民、法人或者其他组织,依法强制履行义务的行为。

第三条 行政强制的设定和实施,适用本法。

发生或者即将发生自然灾害、事故灾难、公共卫生事件或者社会安全事件等突发事件,行政机关采取应急措施或者临时措施,依照有关法律、行政法规的规定执行。

行政机关采取金融业审慎监管措施、进出境货物强制性技术监控措施,依照有关法律、行政法规的规定执行。

第四条 行政强制的设定和实施,应当依照法定的权限、范围、条件和程序。

第五条 行政强制的设定和实施,应当适当。采用非强制手段可以达到行政管理目的的,不得设定和实施行政强制。

第六条 实施行政强制,应当坚持教育与强制相结合。

第七条 行政机关及其工作人员不得利用行政强制权为单位或者个人谋取利益。

第八条 公民、法人或者其他组织对行政机关实施行政强制,享有陈述权、申辩权;有权依法申请行政复议或者提起行政诉讼;因行政机关违法实施行政强制受到损害的,有权依法要求赔偿。

公民、法人或者其他组织因人民法院在强制执行中有违法行为或者扩大强制执行范围受到损害的,有权依法要求赔偿。

第二章 行政强制的种类和设定

第九条 行政强制措施的种类:

(一)限制公民人身自由;

(二)查封场所、设施或者财物;

（三）扣押财物；

（四）冻结存款、汇款；

（五）其他行政强制措施。

第十条 行政强制措施由法律设定。

尚未制定法律，且属于国务院行政管理职权事项的，行政法规可以设定除本法第九条第一项、第四项和应当由法律规定的行政强制措施以外的其他行政强制措施。

尚未制定法律、行政法规，且属于地方性事务的，地方性法规可以设定本法第九条第二项、第三项的行政强制措施。

法律、法规以外的其他规范性文件不得设定行政强制措施。

第十一条 法律对行政强制措施的对象、条件、种类作了规定的，行政法规、地方性法规不得作出扩大规定。

法律中未设定行政强制措施的，行政法规、地方性法规不得设定行政强制措施。但是，法律规定特定事项由行政法规规定具体管理措施的，行政法规可以设定除本法第九条第一项、第四项和应当由法律规定的行政强制措施以外的其他行政强制措施。

第十二条 行政强制执行的方式：

（一）加处罚款或者滞纳金；

（二）划拨存款、汇款；

（三）拍卖或者依法处理查封、扣押的场所、设施或者财物；

（四）排除妨碍、恢复原状；

（五）代履行；

（六）其他强制执行方式。

第十三条 行政强制执行由法律设定。

法律没有规定行政机关强制执行的，作出行政决定的行政机关应当申请人民法院强制执行。

第十四条 起草法律草案、法规草案，拟设定行政强制的，起草单位应当采取听证会、论证会等形式听取意见，并向制定机关说明设定该行政强制的必要性、可能产生的影响以及听取和采纳意见的情况。

第十五条 行政强制的设定机关应当定期对其设定的行政强制进行评价，并对不适当的行政强制及时予以修改或者废止。

行政强制的实施机关可以对已设定的行政强制的实施情况及存在的必要性适时进行评价,并将意见报告该行政强制的设定机关。

公民、法人或者其他组织可以向行政强制的设定机关和实施机关就行政强制的设定和实施提出意见和建议。有关机关应当认真研究论证,并以适当方式予以反馈。

第三章　行政强制措施实施程序

第一节　一般规定

第十六条　行政机关履行行政管理职责,依照法律、法规的规定,实施行政强制措施。

违法行为情节显著轻微或者没有明显社会危害的,可以不采取行政强制措施。

第十七条　行政强制措施由法律、法规规定的行政机关在法定职权范围内实施。行政强制措施权不得委托。

依据《中华人民共和国行政处罚法》的规定行使相对集中行政处罚权的行政机关,可以实施法律、法规规定的与行政处罚权有关的行政强制措施。

行政强制措施应当由行政机关具备资格的行政执法人员实施,其他人员不得实施。

第十八条　行政机关实施行政强制措施应当遵守下列规定:

(一)实施前须向行政机关负责人报告并经批准;

(二)由两名以上行政执法人员实施;

(三)出示执法身份证件;

(四)通知当事人到场;

(五)当场告知当事人采取行政强制措施的理由、依据以及当事人依法享有的权利、救济途径;

(六)听取当事人的陈述和申辩;

(七)制作现场笔录;

(八)现场笔录由当事人和行政执法人员签名或者盖章,当事人拒绝的,在笔录中予以注明;

(九)当事人不到场的,邀请见证人到场,由见证人和行政执法人员在现场笔录上签名或者盖章；

（十）法律、法规规定的其他程序。

第十九条 情况紧急，需要当场实施行政强制措施的，行政执法人员应当在二十四小时内向行政机关负责人报告，并补办批准手续。行政机关负责人认为不应当采取行政强制措施的，应当立即解除。

第二十条 依照法律规定实施限制公民人身自由的行政强制措施，除应当履行本法第十八条规定的程序外，还应当遵守下列规定：

（一）当场告知或者实施行政强制措施后立即通知当事人家属实施行政强制措施的行政机关、地点和期限；

（二）在紧急情况下当场实施行政强制措施的，在返回行政机关后，立即向行政机关负责人报告并补办批准手续；

（三）法律规定的其他程序。

实施限制人身自由的行政强制措施不得超过法定期限。实施行政强制措施的目的已经达到或者条件已经消失，应当立即解除。

第二十一条 违法行为涉嫌犯罪应当移送司法机关的，行政机关应当将查封、扣押、冻结的财物一并移送，并书面告知当事人。

第二节 查封、扣押

第二十二条 查封、扣押应当由法律、法规规定的行政机关实施，其他任何行政机关或者组织不得实施。

第二十三条 查封、扣押限于涉案的场所、设施或者财物，不得查封、扣押与违法行为无关的场所、设施或者财物；不得查封、扣押公民个人及其所扶养家属的生活必需品。

当事人的场所、设施或者财物已被其他国家机关依法查封的，不得重复查封。

第二十四条 行政机关决定实施查封、扣押的，应当履行本法第十八条规定的程序，制作并当场交付查封、扣押决定书和清单。

查封、扣押决定书应当载明下列事项：

（一）当事人的姓名或者名称、地址；

（二）查封、扣押的理由、依据和期限；

（三）查封、扣押场所、设施或者财物的名称、数量等；

（四）申请行政复议或者提起行政诉讼的途径和期限；

（五）行政机关的名称、印章和日期。

查封、扣押清单一式二份，由当事人和行政机关分别保存。

第二十五条 查封、扣押的期限不得超过三十日；情况复杂的，经行政机关负责人批准，可以延长，但是延长期限不得超过三十日。法律、行政法规另有规定的除外。

延长查封、扣押的决定应当及时书面告知当事人，并说明理由。

对物品需要进行检测、检验、检疫或者技术鉴定的，查封、扣押的期间不包括检测、检验、检疫或者技术鉴定的期间。检测、检验、检疫或者技术鉴定的期间应当明确，并书面告知当事人。检测、检验、检疫或者技术鉴定的费用由行政机关承担。

第二十六条 对查封、扣押的场所、设施或者财物，行政机关应当妥善保管，不得使用或者损毁；造成损失的，应当承担赔偿责任。

对查封的场所、设施或者财物，行政机关可以委托第三人保管，第三人不得损毁或者擅自转移、处置。因第三人的原因造成的损失，行政机关先行赔付后，有权向第三人追偿。

因查封、扣押发生的保管费用由行政机关承担。

第二十七条 行政机关采取查封、扣押措施后，应当及时查清事实，在本法第二十五条规定的期限内作出处理决定。对违法事实清楚，依法应当没收的非法财物予以没收；法律、行政法规规定应当销毁的，依法销毁；应当解除查封、扣押的，作出解除查封、扣押的决定。

第二十八条 有下列情形之一的，行政机关应当及时作出解除查封、扣押决定：

（一）当事人没有违法行为；

（二）查封、扣押的场所、设施或者财物与违法行为无关；

（三）行政机关对违法行为已经作出处理决定，不再需要查封、扣押；

（四）查封、扣押期限已经届满；

（五）其他不再需要采取查封、扣押措施的情形。

解除查封、扣押应当立即退还财物；已将鲜活物品或者其他不易保管的财物拍卖或者变卖的，退还拍卖或者变卖所得款项。变卖价格明显低于市场价格，给当事人造成损失的，应当给予补偿。

第三节 冻　　结

第二十九条　冻结存款、汇款应当由法律规定的行政机关实施,不得委托给其他行政机关或者组织;其他任何行政机关或者组织不得冻结存款、汇款。

冻结存款、汇款的数额应当与违法行为涉及的金额相当;已被其他国家机关依法冻结的,不得重复冻结。

第三十条　行政机关依照法律规定决定实施冻结存款、汇款的,应当履行本法第十八条第一项、第二项、第三项、第七项规定的程序,并向金融机构交付冻结通知书。

金融机构接到行政机关依法作出的冻结通知书后,应当立即予以冻结,不得拖延,不得在冻结前向当事人泄露信息。

法律规定以外的行政机关或者组织要求冻结当事人存款、汇款的,金融机构应当拒绝。

第三十一条　依照法律规定冻结存款、汇款的,作出决定的行政机关应当在三日内向当事人交付冻结决定书。冻结决定书应当载明下列事项:

(一)当事人的姓名或者名称、地址;

(二)冻结的理由、依据和期限;

(三)冻结的账号和数额;

(四)申请行政复议或者提起行政诉讼的途径和期限;

(五)行政机关的名称、印章和日期。

第三十二条　自冻结存款、汇款之日起三十日内,行政机关应当作出处理决定或者作出解除冻结决定;情况复杂的,经行政机关负责人批准,可以延长,但是延长期限不得超过三十日。法律另有规定的除外。

延长冻结的决定应当及时书面告知当事人,并说明理由。

第三十三条　有下列情形之一的,行政机关应当及时作出解除冻结决定:

(一)当事人没有违法行为;

(二)冻结的存款、汇款与违法行为无关;

(三)行政机关对违法行为已经作出处理决定,不再需要冻结;

(四)冻结期限已经届满;

(五)其他不再需要采取冻结措施的情形。

行政机关作出解除冻结决定的,应当及时通知金融机构和当事人。金融机构接到通知后,应当立即解除冻结。

行政机关逾期未作出处理决定或者解除冻结决定的,金融机构应当自冻结期满之日起解除冻结。

第四章 行政机关强制执行程序

第一节 一般规定

第三十四条 行政机关依法作出行政决定后,当事人在行政机关决定的期限内不履行义务的,具有行政强制执行权的行政机关依照本章规定强制执行。

第三十五条 行政机关作出强制执行决定前,应当事先催告当事人履行义务。催告应当以书面形式作出,并载明下列事项:

(一)履行义务的期限;

(二)履行义务的方式;

(三)涉及金钱给付的,应当有明确的金额和给付方式;

(四)当事人依法享有的陈述权和申辩权。

第三十六条 当事人收到催告书后有权进行陈述和申辩。行政机关应当充分听取当事人的意见,对当事人提出的事实、理由和证据,应当进行记录、复核。当事人提出的事实、理由或者证据成立的,行政机关应当采纳。

第三十七条 经催告,当事人逾期仍不履行行政决定,且无正当理由的,行政机关可以作出强制执行决定。

强制执行决定应当以书面形式作出,并载明下列事项:

(一)当事人的姓名或者名称、地址;

(二)强制执行的理由和依据;

(三)强制执行的方式和时间;

(四)申请行政复议或者提起行政诉讼的途径和期限;

(五)行政机关的名称、印章和日期。

在催告期间,对有证据证明有转移或者隐匿财物迹象的,行政机关可以作出立即强制执行决定。

第三十八条 催告书、行政强制执行决定书应当直接送达当事人。当事人拒绝接收或者无法直接送达当事人的,应当依照《中华人民共和国民事诉讼法》的有关规定送达。

第三十九条 有下列情形之一的,中止执行:
(一)当事人履行行政决定确有困难或者暂无履行能力的;
(二)第三人对执行标的主张权利,确有理由的;
(三)执行可能造成难以弥补的损失,且中止执行不损害公共利益的;
(四)行政机关认为需要中止执行的其他情形。

中止执行的情形消失后,行政机关应当恢复执行。对没有明显社会危害,当事人确无能力履行,中止执行满三年未恢复执行的,行政机关不再执行。

第四十条 有下列情形之一的,终结执行:
(一)公民死亡,无遗产可供执行,又无义务承受人的;
(二)法人或者其他组织终止,无财产可供执行,又无义务承受人的;
(三)执行标的灭失的;
(四)据以执行的行政决定被撤销的;
(五)行政机关认为需要终结执行的其他情形。

第四十一条 在执行中或者执行完毕后,据以执行的行政决定被撤销、变更,或者执行错误的,应当恢复原状或者退还财物;不能恢复原状或者退还财物的,依法给予赔偿。

第四十二条 实施行政强制执行,行政机关可以在不损害公共利益和他人合法权益的情况下,与当事人达成执行协议。执行协议可以约定分阶段履行;当事人采取补救措施的,可以减免加处的罚款或者滞纳金。

执行协议应当履行。当事人不履行执行协议的,行政机关应当恢复强制执行。

第四十三条 行政机关不得在夜间或者法定节假日实施行政强制执行。但是,情况紧急的除外。

行政机关不得对居民生活采取停止供水、供电、供热、供燃气等方式迫使当事人履行相关行政决定。

第四十四条 对违法的建筑物、构筑物、设施等需要强制拆除的,应当由行政机关予以公告,限期当事人自行拆除。当事人在法定期限内不申请行政复议或者提起行政诉讼,又不拆除的,行政机关可以依法强制拆除。

第二节 金钱给付义务的执行

第四十五条 行政机关依法作出金钱给付义务的行政决定,当事人逾期不履行的,行政机关可以依法加处罚款或者滞纳金。加处罚款或者滞纳金的标准应当告知当事人。

加处罚款或者滞纳金的数额不得超出金钱给付义务的数额。

第四十六条 行政机关依照本法第四十五条规定实施加处罚款或者滞纳金超过三十日,经催告当事人仍不履行的,具有行政强制执行权的行政机关可以强制执行。

行政机关实施强制执行前,需要采取查封、扣押、冻结措施的,依照本法第三章规定办理。

没有行政强制执行权的行政机关应当申请人民法院强制执行。但是,当事人在法定期限内不申请行政复议或者提起行政诉讼,经催告仍不履行的,在实施行政管理过程中已经采取查封、扣押措施的行政机关,可以将查封、扣押的财物依法拍卖抵缴罚款。

第四十七条 划拨存款、汇款应当由法律规定的行政机关决定,并书面通知金融机构。金融机构接到行政机关依法作出划拨存款、汇款的决定后,应当立即划拨。

法律规定以外的行政机关或者组织要求划拨当事人存款、汇款的,金融机构应当拒绝。

第四十八条 依法拍卖财物,由行政机关委托拍卖机构依照《中华人民共和国拍卖法》的规定办理。

第四十九条 划拨的存款、汇款以及拍卖和依法处理所得的款项应当上缴国库或者划入财政专户。任何行政机关或者个人不得以任何形式截留、私分或者变相私分。

第三节 代 履 行

第五十条 行政机关依法作出要求当事人履行排除妨碍、恢复原状等义务的行政决定,当事人逾期不履行,经催告仍不履行,其后果已经或者将危害交通安全、造成环境污染或者破坏自然资源的,行政机关可以代履行,或者委托没有利害关系的第三人代履行。

第五十一条 代履行应当遵守下列规定:

(一)代履行前送达决定书,代履行决定书应当载明当事人的姓名或者名称、地址,代履行的理由和依据、方式和时间、标的、费用预算以及代履行人;

（二）代履行三日前，催告当事人履行，当事人履行的，停止代履行；

（三）代履行时，作出决定的行政机关应当派员到场监督；

（四）代履行完毕，行政机关到场监督的工作人员、代履行人和当事人或者见证人应当在执行文书上签名或者盖章。

代履行的费用按照成本合理确定，由当事人承担。但是，法律另有规定的除外。

代履行不得采用暴力、胁迫以及其他非法方式。

第五十二条 需要立即清除道路、河道、航道或者公共场所的遗洒物、障碍物或者污染物，当事人不能清除的，行政机关可以决定立即实施代履行；当事人不在场的，行政机关应当在事后立即通知当事人，并依法作出处理。

第五章 申请人民法院强制执行

第五十三条 当事人在法定期限内不申请行政复议或者提起行政诉讼，又不履行行政决定的，没有行政强制执行权的行政机关可以自期限届满之日起三个月内，依照本章规定申请人民法院强制执行。

第五十四条 行政机关申请人民法院强制执行前，应当催告当事人履行义务。催告书送达十日后当事人仍未履行义务的，行政机关可以向所在地有管辖权的人民法院申请强制执行；执行对象是不动产的，向不动产所在地有管辖权的人民法院申请强制执行。

第五十五条 行政机关向人民法院申请强制执行，应当提供下列材料：

（一）强制执行申请书；

（二）行政决定书及作出决定的事实、理由和依据；

（三）当事人的意见及行政机关催告情况；

（四）申请强制执行标的情况；

（五）法律、行政法规规定的其他材料。

强制执行申请书应当由行政机关负责人签名，加盖行政机关的印章，并注明日期。

第五十六条 人民法院接到行政机关强制执行的申请，应当在五日内受理。

行政机关对人民法院不予受理的裁定有异议的，可以在十五日内向上一级人民法院申请复议，上一级人民法院应当自收到复议申请之日起十五日内作出是否受理的裁定。

第五十七条 人民法院对行政机关强制执行的申请进行书面审查,对符合本法第五十五条规定,且行政决定具备法定执行效力的,除本法第五十八条规定的情形外,人民法院应当自受理之日起七日内作出执行裁定。

第五十八条 人民法院发现有下列情形之一的,在作出裁定前可以听取被执行人和行政机关的意见:

(一)明显缺乏事实根据的;

(二)明显缺乏法律、法规依据的;

(三)其他明显违法并损害被执行人合法权益的。

人民法院应当自受理之日起三十日内作出是否执行的裁定。裁定不予执行的,应当说明理由,并在五日内将不予执行的裁定送达行政机关。

行政机关对人民法院不予执行的裁定有异议的,可以自收到裁定之日起十五日内向上一级人民法院申请复议,上一级人民法院应当自收到复议申请之日起三十日内作出是否执行的裁定。

第五十九条 因情况紧急,为保障公共安全,行政机关可以申请人民法院立即执行。经人民法院院长批准,人民法院应当自作出执行裁定之日起五日内执行。

第六十条 行政机关申请人民法院强制执行,不缴纳申请费。强制执行的费用由被执行人承担。

人民法院以划拨、拍卖方式强制执行的,可以在划拨、拍卖后将强制执行的费用扣除。

依法拍卖财物,由人民法院委托拍卖机构依照《中华人民共和国拍卖法》的规定办理。

划拨的存款、汇款以及拍卖和依法处理所得的款项应当上缴国库或者划入财政专户,不得以任何形式截留、私分或者变相私分。

第六章 法 律 责 任

第六十一条 行政机关实施行政强制,有下列情形之一的,由上级行政机关或者有关部门责令改正,对直接负责的主管人员和其他直接责任人员依法给予处分:

(一)没有法律、法规依据的;

(二)改变行政强制对象、条件、方式的;

(三)违反法定程序实施行政强制的;

（四）违反本法规定,在夜间或者法定节假日实施行政强制执行的;

（五）对居民生活采取停止供水、供电、供热、供燃气等方式迫使当事人履行相关行政决定的;

（六）有其他违法实施行政强制情形的。

第六十二条 违反本法规定,行政机关有下列情形之一的,由上级行政机关或者有关部门责令改正,对直接负责的主管人员和其他直接责任人员依法给予处分:

（一）扩大查封、扣押、冻结范围的;

（二）使用或者损毁查封、扣押场所、设施或者财物的;

（三）在查封、扣押法定期间不作出处理决定或者未依法及时解除查封、扣押的;

（四）在冻结存款、汇款法定期间不作出处理决定或者未依法及时解除冻结的。

第六十三条 行政机关将查封、扣押的财物或者划拨的存款、汇款以及拍卖和依法处理所得的款项,截留、私分或者变相私分的,由财政部门或者有关部门予以追缴;对直接负责的主管人员和其他直接责任人员依法给予记大过、降级、撤职或者开除的处分。

行政机关工作人员利用职务上的便利,将查封、扣押的场所、设施或者财物据为己有的,由上级行政机关或者有关部门责令改正,依法给予记大过、降级、撤职或者开除的处分。

第六十四条 行政机关及其工作人员利用行政强制权为单位或者个人谋取利益的,由上级行政机关或者有关部门责令改正,对直接负责的主管人员和其他直接责任人员依法给予处分。

第六十五条 违反本法规定,金融机构有下列行为之一的,由金融业监督管理机构责令改正,对直接负责的主管人员和其他直接责任人员依法给予处分:

（一）在冻结前向当事人泄露信息的;

（二）对应当立即冻结、划拨的存款、汇款不冻结或者不划拨,致使存款、汇款转移的;

（三）将不应当冻结、划拨的存款、汇款予以冻结或者划拨的;

（四）未及时解除冻结存款、汇款的。

第六十六条 违反本法规定,金融机构将款项划入国库或者财政专户以外的其他账户的,由金融业监督管理机构责令改正,并处以违法划拨款项二倍的罚款;对直接负责的主管人员和其他直接责任人员依法给予处分。

违反本法规定,行政机关、人民法院指令金融机构将款项划入国库或者财政专户以外的其他账户的,对直接负责的主管人员和其他直接责任人员依法给予处分。

第六十七条 人民法院及其工作人员在强制执行中有违法行为或者扩大强制执行范围的,对直接负责的主管人员和其他直接责任人员依法给予处分。

第六十八条 违反本法规定,给公民、法人或者其他组织造成损失的,依法给予赔偿。

违反本法规定,构成犯罪的,依法追究刑事责任。

第七章 附 则

第六十九条 本法中十日以内期限的规定是指工作日,不含法定节假日。

第七十条 法律、行政法规授权的具有管理公共事务职能的组织在法定授权范围内,以自己的名义实施行政强制,适用本法有关行政机关的规定。

第七十一条 本法自2012年1月1日起施行。

中华人民共和国行政处罚法

(1996年3月17日第八届全国人民代表大会第四次会议通过 根据2009年8月27日第十一届全国人民代表大会常务委员会第十次会议《关于修改部分法律的决定》第一次修正 根据2017年9月1日第十二届全国人民代表大会常务委员会第二十九次会议《关于修改〈中华人民共和国法官法〉等八部法律的决定》第二次修正 2021年1月22日第十三届全国人民代表大会常务委员会第二十五次会议修订)

第一章 总 则

第一条 为了规范行政处罚的设定和实施,保障和监督行政机关有效实施行政管理,维护公共利益和社会秩序,保护公民、法人或者其他组织的合法权益,根据宪法,制定本法。

第二条 行政处罚是指行政机关依法对违反行政管理秩序的公民、法人或者其他组织,以减损权益或者增加义务的方式予以惩戒的行为。

第三条 行政处罚的设定和实施,适用本法。

第四条 公民、法人或者其他组织违反行政管理秩序的行为,应当给予行政处罚的,依照本法由法律、法规、规章规定,并由行政机关依照本法规定的程序实施。

第五条 行政处罚遵循公正、公开的原则。

设定和实施行政处罚必须以事实为依据,与违法行为的事实、性质、情节以及社会危害程度相当。

对违法行为给予行政处罚的规定必须公布;未经公布的,不得作为行政处罚的依据。

第六条 实施行政处罚,纠正违法行为,应当坚持处罚与教育相结合,教育公民、法人或者其他组织自觉守法。

第七条 公民、法人或者其他组织对行政机关所给予的行政处罚,享有陈述权、申辩权;对行政处罚不服的,有权依法申请行政复议或者提起行政诉讼。

公民、法人或者其他组织因行政机关违法给予行政处罚受到损害的,有权依法提出赔偿要求。

第八条 公民、法人或者其他组织因违法行为受到行政处罚,其违法行为对他人造成损害的,应当依法承担民事责任。

违法行为构成犯罪,应当依法追究刑事责任的,不得以行政处罚代替刑事处罚。

第二章 行政处罚的种类和设定

第九条 行政处罚的种类:

(一)警告、通报批评;

(二)罚款、没收违法所得、没收非法财物;

(三)暂扣许可证件、降低资质等级、吊销许可证件;

(四)限制开展生产经营活动、责令停产停业、责令关闭、限制从业;

(五)行政拘留;

（六）法律、行政法规规定的其他行政处罚。

第十条 法律可以设定各种行政处罚。

限制人身自由的行政处罚，只能由法律设定。

第十一条 行政法规可以设定除限制人身自由以外的行政处罚。

法律对违法行为已经作出行政处罚规定，行政法规需要作出具体规定的，必须在法律规定的给予行政处罚的行为、种类和幅度的范围内规定。

法律对违法行为未作出行政处罚规定，行政法规为实施法律，可以补充设定行政处罚。拟补充设定行政处罚的，应当通过听证会、论证会等形式广泛听取意见，并向制定机关作出书面说明。行政法规报送备案时，应当说明补充设定行政处罚的情况。

第十二条 地方性法规可以设定除限制人身自由、吊销营业执照以外的行政处罚。

法律、行政法规对违法行为已经作出行政处罚规定，地方性法规需要作出具体规定的，必须在法律、行政法规规定的给予行政处罚的行为、种类和幅度的范围内规定。

法律、行政法规对违法行为未作出行政处罚规定，地方性法规为实施法律、行政法规，可以补充设定行政处罚。拟补充设定行政处罚的，应当通过听证会、论证会等形式广泛听取意见，并向制定机关作出书面说明。地方性法规报送备案时，应当说明补充设定行政处罚的情况。

第十三条 国务院部门规章可以在法律、行政法规规定的给予行政处罚的行为、种类和幅度的范围内作出具体规定。

尚未制定法律、行政法规的，国务院部门规章对违反行政管理秩序的行为，可以设定警告、通报批评或者一定数额罚款的行政处罚。罚款的限额由国务院规定。

第十四条 地方政府规章可以在法律、法规规定的给予行政处罚的行为、种类和幅度的范围内作出具体规定。

尚未制定法律、法规的，地方政府规章对违反行政管理秩序的行为，可以设定警告、通报批评或者一定数额罚款的行政处罚。罚款的限额由省、自治区、直辖市人民代表大会常务委员会规定。

第十五条 国务院部门和省、自治区、直辖市人民政府及其有关部门应当定期组织评估行政处罚的实施情况和必要性，对不适当的行政处罚事项及种类、罚款数额等,应当提出修改或者废止的建议。

第十六条　除法律、法规、规章外,其他规范性文件不得设定行政处罚。

第三章　行政处罚的实施机关

第十七条　行政处罚由具有行政处罚权的行政机关在法定职权范围内实施。

第十八条　国家在城市管理、市场监管、生态环境、文化市场、交通运输、应急管理、农业等领域推行建立综合行政执法制度,相对集中行政处罚权。

国务院或者省、自治区、直辖市人民政府可以决定一个行政机关行使有关行政机关的行政处罚权。

限制人身自由的行政处罚权只能由公安机关和法律规定的其他机关行使。

第十九条　法律、法规授权的具有管理公共事务职能的组织可以在法定授权范围内实施行政处罚。

第二十条　行政机关依照法律、法规、规章的规定,可以在其法定权限内书面委托符合本法第二十一条规定条件的组织实施行政处罚。行政机关不得委托其他组织或者个人实施行政处罚。

委托书应当载明委托的具体事项、权限、期限等内容。委托行政机关和受委托组织应当将委托书向社会公布。

委托行政机关对受委托组织实施行政处罚的行为应当负责监督,并对该行为的后果承担法律责任。

受委托组织在委托范围内,以委托行政机关名义实施行政处罚;不得再委托其他组织或者个人实施行政处罚。

第二十一条　受委托组织必须符合以下条件:

(一)依法成立并具有管理公共事务职能;

(二)有熟悉有关法律、法规、规章和业务并取得行政执法资格的工作人员;

(三)需要进行技术检查或者技术鉴定的,应当有条件组织进行相应的技术检查或者技术鉴定。

第四章　行政处罚的管辖和适用

第二十二条　行政处罚由违法行为发生地的行政机关管辖。法律、行政法规、部门规章另有规定的，从其规定。

第二十三条 行政处罚由县级以上地方人民政府具有行政处罚权的行政机关管辖。法律、行政法规另有规定的，从其规定。

第二十四条 省、自治区、直辖市根据当地实际情况，可以决定将基层管理迫切需要的县级人民政府部门的行政处罚权交由能够有效承接的乡镇人民政府、街道办事处行使，并定期组织评估。决定应当公布。

承接行政处罚权的乡镇人民政府、街道办事处应当加强执法能力建设，按照规定范围、依照法定程序实施行政处罚。

有关地方人民政府及其部门应当加强组织协调、业务指导、执法监督，建立健全行政处罚协调配合机制，完善评议、考核制度。

第二十五条 两个以上行政机关都有管辖权的，由最先立案的行政机关管辖。

对管辖发生争议的，应当协商解决，协商不成的，报请共同的上一级行政机关指定管辖；也可以直接由共同的上一级行政机关指定管辖。

第二十六条 行政机关因实施行政处罚的需要，可以向有关机关提出协助请求。协助事项属于被请求机关职权范围内的，应当依法予以协助。

第二十七条 违法行为涉嫌犯罪的，行政机关应当及时将案件移送司法机关，依法追究刑事责任。对依法不需要追究刑事责任或者免予刑事处罚，但应当给予行政处罚的，司法机关应当及时将案件移送有关行政机关。

行政处罚实施机关与司法机关之间应当加强协调配合，建立健全案件移送制度，加强证据材料移交、接收衔接，完善案件处理信息通报机制。

第二十八条 行政机关实施行政处罚时，应当责令当事人改正或者限期改正违法行为。

当事人有违法所得，除依法应当退赔的外，应当予以没收。违法所得是指实施违法行为所取得的款项。法律、行政法规、部门规章对违法所得的计算另有规定的，从其规定。

第二十九条 对当事人的同一个违法行为，不得给予两次以上罚款的行政处罚。同一个违法行为违反多个法律规范应当给予罚款处罚的，按照罚款数额高的规定处罚。

第三十条 不满十四周岁的未成年人有违法行为的，不予行政处罚，责令监护人加以管教；已满十四周岁不满十八周岁的未成年人有违法行为的，应当从轻或者减轻行政处罚。

第三十一条 精神病人、智力残疾人在不能辨认或者不能控制自己行为时有违法行为的,不予行政处罚,但应当责令其监护人严加看管和治疗。间歇性精神病人在精神正常时有违法行为的,应当给予行政处罚。尚未完全丧失辨认或者控制自己行为能力的精神病人、智力残疾人有违法行为的,可以从轻或者减轻行政处罚。

第三十二条 当事人有下列情形之一,应当从轻或者减轻行政处罚:
(一)主动消除或者减轻违法行为危害后果的;
(二)受他人胁迫或者诱骗实施违法行为的;
(三)主动供述行政机关尚未掌握的违法行为的;
(四)配合行政机关查处违法行为有立功表现的;
(五)法律、法规、规章规定其他应当从轻或者减轻行政处罚的。

第三十三条 违法行为轻微并及时改正,没有造成危害后果的,不予行政处罚。初次违法且危害后果轻微并及时改正的,可以不予行政处罚。

当事人有证据足以证明没有主观过错的,不予行政处罚。法律、行政法规另有规定的,从其规定。

对当事人的违法行为依法不予行政处罚的,行政机关应当对当事人进行教育。

第三十四条 行政机关可以依法制定行政处罚裁量基准,规范行使行政处罚裁量权。行政处罚裁量基准应当向社会公布。

第三十五条 违法行为构成犯罪,人民法院判处拘役或者有期徒刑时,行政机关已经给予当事人行政拘留的,应当依法折抵相应刑期。

违法行为构成犯罪,人民法院判处罚金时,行政机关已经给予当事人罚款的,应当折抵相应罚金;行政机关尚未给予当事人罚款的,不再给予罚款。

第三十六条 违法行为在二年内未被发现的,不再给予行政处罚;涉及公民生命健康安全、金融安全且有危害后果的,上述期限延长至五年。法律另有规定的除外。

前款规定的期限,从违法行为发生之日起计算;违法行为有连续或者继续状态的,从行为终了之日起计算。

第三十七条 实施行政处罚,适用违法行为发生时的法律、法规、规章的规定。但是,作出行政处罚决定时,法律、法规、规章已被修改或者废止,且新的规定处罚较轻或者不认为是违法的,适用新的规定。

第三十八条　行政处罚没有依据或者实施主体不具有行政主体资格的,行政处罚无效。

违反法定程序构成重大且明显违法的,行政处罚无效。

第五章　行政处罚的决定

第一节　一般规定

第三十九条　行政处罚的实施机关、立案依据、实施程序和救济渠道等信息应当公示。

第四十条　公民、法人或者其他组织违反行政管理秩序的行为,依法应当给予行政处罚的,行政机关必须查明事实;违法事实不清、证据不足的,不得给予行政处罚。

第四十一条　行政机关依照法律、行政法规规定利用电子技术监控设备收集、固定违法事实的,应当经过法制和技术审核,确保电子技术监控设备符合标准、设置合理、标志明显,设置地点应当向社会公布。

电子技术监控设备记录违法事实应当真实、清晰、完整、准确。行政机关应当审核记录内容是否符合要求;未经审核或者经审核不符合要求的,不得作为行政处罚的证据。

行政机关应当及时告知当事人违法事实,并采取信息化手段或者其他措施,为当事人查询、陈述和申辩提供便利。不得限制或者变相限制当事人享有的陈述权、申辩权。

第四十二条　行政处罚应当由具有行政执法资格的执法人员实施。执法人员不得少于两人,法律另有规定的除外。

执法人员应当文明执法,尊重和保护当事人合法权益。

第四十三条　执法人员与案件有直接利害关系或者有其他关系可能影响公正执法的,应当回避。

当事人认为执法人员与案件有直接利害关系或者有其他关系可能影响公正执法的,有权申请回避。

当事人提出回避申请的,行政机关应当依法审查,由行政机关负责人决定。决定作出之前,不停止调查。

第四十四条 行政机关在作出行政处罚决定之前,应当告知当事人拟作出的行政处罚内容及事实、理由、依据,并告知当事人依法享有的陈述、申辩、要求听证等权利。

第四十五条 当事人有权进行陈述和申辩。行政机关必须充分听取当事人的意见,对当事人提出的事实、理由和证据,应当进行复核;当事人提出的事实、理由或者证据成立的,行政机关应当采纳。

行政机关不得因当事人陈述、申辩而给予更重的处罚。

第四十六条 证据包括:

(一)书证;

(二)物证;

(三)视听资料;

(四)电子数据;

(五)证人证言;

(六)当事人的陈述;

(七)鉴定意见;

(八)勘验笔录、现场笔录。

证据必须经查证属实,方可作为认定案件事实的根据。

以非法手段取得的证据,不得作为认定案件事实的根据。

第四十七条 行政机关应当依法以文字、音像等形式,对行政处罚的启动、调查取证、审核、决定、送达、执行等进行全过程记录,归档保存。

第四十八条 具有一定社会影响的行政处罚决定应当依法公开。

公开的行政处罚决定被依法变更、撤销、确认违法或者确认无效的,行政机关应当在三日内撤回行政处罚决定信息并公开说明理由。

第四十九条 发生重大传染病疫情等突发事件,为了控制、减轻和消除突发事件引起的社会危害,行政机关对违反突发事件应对措施的行为,依法快速、从重处罚。

第五十条 行政机关及其工作人员对实施行政处罚过程中知悉的国家秘密、商业秘密或者个人隐私,应当依法予以保密。

第二节 简 易 程 序

第五十一条 违法事实确凿并有法定依据,对公民处以二百元以下、对法人或者其他组织处以三千元以下罚款或者警告的行政处罚的,可以当场作出行政处罚决定。法律另有规定的,从其规定。

第五十二条　执法人员当场作出行政处罚决定的,应当向当事人出示执法证件,填写预定格式、编有号码的行政处罚决定书,并当场交付当事人。当事人拒绝签收的,应当在行政处罚决定书上注明。

前款规定的行政处罚决定书应当载明当事人的违法行为,行政处罚的种类和依据、罚款数额、时间、地点,申请行政复议、提起行政诉讼的途径和期限以及行政机关名称,并由执法人员签名或者盖章。

执法人员当场作出的行政处罚决定,应当报所属行政机关备案。

第五十三条　对当场作出的行政处罚决定,当事人应当依照本法第六十七条至第六十九条的规定履行。

第三节　普通程序

第五十四条　除本法第五十一条规定的可以当场作出的行政处罚外,行政机关发现公民、法人或者其他组织有依法应当给予行政处罚的行为的,必须全面、客观、公正地调查,收集有关证据;必要时,依照法律、法规的规定,可以进行检查。

符合立案标准的,行政机关应当及时立案。

第五十五条　执法人员在调查或者进行检查时,应当主动向当事人或者有关人员出示执法证件。当事人或者有关人员有权要求执法人员出示执法证件。执法人员不出示执法证件的,当事人或者有关人员有权拒绝接受调查或者检查。

当事人或者有关人员应当如实回答询问,并协助调查或者检查,不得拒绝或者阻挠。询问或者检查应当制作笔录。

第五十六条　行政机关在收集证据时,可以采取抽样取证的方法;在证据可能灭失或者以后难以取得的情况下,经行政机关负责人批准,可以先行登记保存,并应当在七日内及时作出处理决定,在此期间,当事人或者有关人员不得销毁或者转移证据。

第五十七条　调查终结,行政机关负责人应当对调查结果进行审查,根据不同情况,分别作出如下决定:

(一)确有应受行政处罚的违法行为的,根据情节轻重及具体情况,作出行政处罚决定；

（二）违法行为轻微,依法可以不予行政处罚的,不予行政处罚；

（三）违法事实不能成立的,不予行政处罚；

（四）违法行为涉嫌犯罪的,移送司法机关。

对情节复杂或者重大违法行为给予行政处罚,行政机关负责人应当集体讨论决定。

第五十八条 有下列情形之一,在行政机关负责人作出行政处罚的决定之前,应当由从事行政处罚决定法制审核的人员进行法制审核；未经法制审核或者审核未通过的,不得作出决定：

（一）涉及重大公共利益的；

（二）直接关系当事人或者第三人重大权益,经过听证程序的；

（三）案件情况疑难复杂、涉及多个法律关系的；

（四）法律、法规规定应当进行法制审核的其他情形。

行政机关中初次从事行政处罚决定法制审核的人员,应当通过国家统一法律职业资格考试取得法律职业资格。

第五十九条 行政机关依照本法第五十七条的规定给予行政处罚,应当制作行政处罚决定书。行政处罚决定书应当载明下列事项：

（一）当事人的姓名或者名称、地址；

（二）违反法律、法规、规章的事实和证据；

（三）行政处罚的种类和依据；

（四）行政处罚的履行方式和期限；

（五）申请行政复议、提起行政诉讼的途径和期限；

（六）作出行政处罚决定的行政机关名称和作出决定的日期。

行政处罚决定书必须盖有作出行政处罚决定的行政机关的印章。

第六十条 行政机关应当自行政处罚案件立案之日起九十日内作出行政处罚决定。法律、法规、规章另有规定的,从其规定。

第六十一条 行政处罚决定书应当在宣告后当场交付当事人；当事人不在场的,行政机关应当在七日内依照《中华人民共和国民事诉讼法》的有关规定,将行政处罚决定书送达当事人。

当事人同意并签订确认书的,行政机关可以采用传真、电子邮件等方式,将行政处罚决定书等送达当事人。

第六十二条 行政机关及其执法人员在作出行政处罚决定之前,未依照本法第四十四条、第四十五条的规定向当事人告知拟作出的行政处罚内容及事实、理由、依据,或者拒绝听取当事人的陈述、申辩,不得作出行政处罚决定;当事人明确放弃陈述或者申辩权利的除外。

第四节 听证程序

第六十三条 行政机关拟作出下列行政处罚决定,应当告知当事人有要求听证的权利,当事人要求听证的,行政机关应当组织听证:

(一)较大数额罚款;

(二)没收较大数额违法所得、没收较大价值非法财物;

(三)降低资质等级、吊销许可证件;

(四)责令停产停业、责令关闭、限制从业;

(五)其他较重的行政处罚;

(六)法律、法规、规章规定的其他情形。

当事人不承担行政机关组织听证的费用。

第六十四条 听证应当依照以下程序组织:

(一)当事人要求听证的,应当在行政机关告知后五日内提出;

(二)行政机关应当在举行听证的七日前,通知当事人及有关人员听证的时间、地点;

(三)除涉及国家秘密、商业秘密或者个人隐私依法予以保密外,听证公开举行;

(四)听证由行政机关指定的非本案调查人员主持;当事人认为主持人与本案有直接利害关系的,有权申请回避;

(五)当事人可以亲自参加听证,也可以委托一至二人代理;

(六)当事人及其代理人无正当理由拒不出席听证或者未经许可中途退出听证的,视为放弃听证权利,行政机关终止听证;

(七)举行听证时,调查人员提出当事人违法的事实、证据和行政处罚建议,当事人进行申辩和质证;

(八)听证应当制作笔录。笔录应当交当事人或者其代理人核对无误后签字或者盖章。当事人或者其代理人拒绝签字或者盖章的,由听证主持人在笔录中注明。

第六十五条 听证结束后,行政机关应当根据听证笔录,依照本法第五十七条的规定,作出决定。

第六章 行政处罚的执行

第六十六条 行政处罚决定依法作出后,当事人应当在行政处罚决定书载明的期限内,予以履行。

当事人确有经济困难,需要延期或者分期缴纳罚款的,经当事人申请和行政机关批准,可以暂缓或者分期缴纳。

第六十七条 作出罚款决定的行政机关应当与收缴罚款的机构分离。

除依照本法第六十八条、第六十九条的规定当场收缴的罚款外,作出行政处罚决定的行政机关及其执法人员不得自行收缴罚款。

当事人应当自收到行政处罚决定书之日起十五日内,到指定的银行或者通过电子支付系统缴纳罚款。银行应当收受罚款,并将罚款直接上缴国库。

第六十八条 依照本法第五十一条的规定当场作出行政处罚决定,有下列情形之一,执法人员可以当场收缴罚款:

(一)依法给予一百元以下罚款的;

(二)不当场收缴事后难以执行的。

第六十九条 在边远、水上、交通不便地区,行政机关及其执法人员依照本法第五十一条、第五十七条的规定作出罚款决定后,当事人到指定的银行或者通过电子支付系统缴纳罚款确有困难,经当事人提出,行政机关及其执法人员可以当场收缴罚款。

第七十条 行政机关及其执法人员当场收缴罚款的,必须向当事人出具国务院财政部门或者省、自治区、直辖市人民政府财政部门统一制发的专用票据;不出具财政部门统一制发的专用票据的,当事人有权拒绝缴纳罚款。

第七十一条 执法人员当场收缴的罚款,应当自收缴罚款之日起二日内,交至行政机关;在水上当场收缴的罚款,应当自抵岸之日起二日内交至行政机关;行政机关应当在二日内将罚款缴付指定的银行。

第七十二条 当事人逾期不履行行政处罚决定的,作出行政处罚决定的行政机关可以采取下列措施:

(一)到期不缴纳罚款的,每日按罚款数额的百分之三加处罚款,加处罚款的数额不得超出罚款的数额;

（二）根据法律规定,将查封、扣押的财物拍卖、依法处理或者将冻结的存款、汇款划拨抵缴罚款;

（三）根据法律规定,采取其他行政强制执行方式;

（四）依照《中华人民共和国行政强制法》的规定申请人民法院强制执行。

行政机关批准延期、分期缴纳罚款的,申请人民法院强制执行的期限,自暂缓或者分期缴纳罚款期限结束之日起计算。

第七十三条　当事人对行政处罚决定不服,申请行政复议或者提起行政诉讼的,行政处罚不停止执行,法律另有规定的除外。

当事人对限制人身自由的行政处罚决定不服,申请行政复议或者提起行政诉讼的,可以向作出决定的机关提出暂缓执行申请。符合法律规定情形的,应当暂缓执行。

当事人申请行政复议或者提起行政诉讼的,加处罚款的数额在行政复议或者行政诉讼期间不予计算。

第七十四条　除依法应当予以销毁的物品外,依法没收的非法财物必须按照国家规定公开拍卖或者按照国家有关规定处理。

罚款、没收的违法所得或者没收非法财物拍卖的款项,必须全部上缴国库,任何行政机关或者个人不得以任何形式截留、私分或者变相私分。

罚款、没收的违法所得或者没收非法财物拍卖的款项,不得同作出行政处罚决定的行政机关及其工作人员的考核、考评直接或者变相挂钩。除依法应当退还、退赔的外,财政部门不得以任何形式向作出行政处罚决定的行政机关返还罚款、没收的违法所得或者没收非法财物拍卖的款项。

第七十五条　行政机关应当建立健全对行政处罚的监督制度。县级以上人民政府应当定期组织开展行政执法评议、考核,加强对行政处罚的监督检查,规范和保障行政处罚的实施。

行政机关实施行政处罚应当接受社会监督。公民、法人或者其他组织对行政机关实施行政处罚的行为,有权申诉或者检举;行政机关应当认真审查,发现有错误的,应当主动改正。

第七章　法　律　责　任

第七十六条　行政机关实施行政处罚,有下列情形之一,由上级行政机关或者有关机关责令改正,对直接负责的主管人员和其他直接责任人员依法给予处分：

（一）没有法定的行政处罚依据的；

（二）擅自改变行政处罚种类、幅度的；

（三）违反法定的行政处罚程序的；

（四）违反本法第二十条关于委托处罚的规定的；

（五）执法人员未取得执法证件的。

行政机关对符合立案标准的案件不及时立案的，依照前款规定予以处理。

第七十七条 行政机关对当事人进行处罚不使用罚款、没收财物单据或者使用非法定部门制发的罚款、没收财物单据的，当事人有权拒绝，并有权予以检举，由上级行政机关或者有关机关对使用的非法单据予以收缴销毁，对直接负责的主管人员和其他直接责任人员依法给予处分。

第七十八条 行政机关违反本法第六十七条的规定自行收缴罚款的，财政部门违反本法第七十四条的规定向行政机关返还罚款、没收的违法所得或者拍卖款项的，由上级行政机关或者有关机关责令改正，对直接负责的主管人员和其他直接责任人员依法给予处分。

第七十九条 行政机关截留、私分或者变相私分罚款、没收的违法所得或者财物的，由财政部门或者有关机关予以追缴，对直接负责的主管人员和其他直接责任人员依法给予处分；情节严重构成犯罪的，依法追究刑事责任。

执法人员利用职务上的便利，索取或者收受他人财物、将收缴罚款据为己有，构成犯罪的，依法追究刑事责任；情节轻微不构成犯罪的，依法给予处分。

第八十条 行政机关使用或者损毁查封、扣押的财物，对当事人造成损失的，应当依法予以赔偿，对直接负责的主管人员和其他直接责任人员依法给予处分。

第八十一条 行政机关违法实施检查措施或者执行措施，给公民人身或者财产造成损害、给法人或者其他组织造成损失的，应当依法予以赔偿，对直接负责的主管人员和其他直接责任人员依法给予处分；情节严重构成犯罪的，依法追究刑事责任。

第八十二条 行政机关对应当依法移交司法机关追究刑事责任的案件不移交，以行政处罚代替刑事处罚，由上级行政机关或者有关机关责令改正，对直接负责的主管人员和其他直接责任人员依法给予处分；情节严重构成犯罪的，依法追究刑事责任。

第八十三条 行政机关对应当予以制止和处罚的违法行为不予制止、处罚,致使公民、法人或者其他组织的合法权益、公共利益和社会秩序遭受损害的,对直接负责的主管人员和其他直接责任人员依法给予处分;情节严重构成犯罪的,依法追究刑事责任。

第八章 附 则

第八十四条 外国人、无国籍人、外国组织在中华人民共和国领域内有违法行为,应当给予行政处罚的,适用本法,法律另有规定的除外。

第八十五条 本法中"二日""三日""五日""七日"的规定是指工作日,不含法定节假日。

第八十六条 本法自2021年7月15日起施行。

中华人民共和国城乡规划法

(2007年10月28日第十届全国人民代表大会常务委员会第三十次会议通过 根据2015年4月24日第十二届全国人民代表大会常务委员会第十四次会议《关于修改〈中华人民共和国港口法〉等七部法律的决定》第一次修正 根据2019年4月23日第十三届全国人民代表大会常务委员会第十次会议《关于修改〈中华人民共和国建筑法〉等八部法律的决定》第二次修正)

第一章 总 则

第一条 为了加强城乡规划管理,协调城乡空间布局,改善人居环境,促进城乡经济社会全面协调可持续发展,制定本法。

第二条 制定和实施城乡规划,在规划区内进行建设活动,必须遵守本法。

本法所称城乡规划,包括城镇体系规划、城市规划、镇规划、乡规划和村庄规划。城市规划、镇规划分为总体规划和详细规划。详细规划分为控制性详细规划和修建性详细规划。

本法所称规划区,是指城市、镇和村庄的建成区以及因城乡建设和发展需要,必须实行规划控制的区域。规划区的具体范围由有关人民政府在组织编制的城市总体规划、镇总体规划、乡规划和村庄规划中,根据城乡经济社会发展水平和统筹城乡发展的需要划定。

第三条 城市和镇应当依照本法制定城市规划和镇规划。城市、镇规划区内的建设活动应当符合规划要求。

县级以上地方人民政府根据本地农村经济社会发展水平,按照因地制宜、切实可行的原则,确定应当制定乡规划、村庄规划的区域。在确定区域内的乡、村庄,应当依照本法制定规划,规划区内的乡、村庄建设应当符合规划要求。

县级以上地方人民政府鼓励、指导前款规定以外的区域的乡、村庄制定和实施乡规划、村庄规划。

第四条 制定和实施城乡规划,应当遵循城乡统筹、合理布局、节约土地、集约发展和先规划后建设的原则,改善生态环境,促进资源、能源节约和综合利用,保护耕地等自然资源和历史文化遗产,保持地方特色、民族特色和传统风貌,防止污染和其他公害,并符合区域人口发展、国防建设、防灾减灾和公共卫生、公共安全的需要。

在规划区内进行建设活动,应当遵守土地管理、自然资源和环境保护等法律、法规的规定。

县级以上地方人民政府应当根据当地经济社会发展的实际,在城市总体规划、镇总体规划中合理确定城市、镇的发展规模、步骤和建设标准。

第五条 城市总体规划、镇总体规划以及乡规划和村庄规划的编制,应当依据国民经济和社会发展规划,并与土地利用总体规划相衔接。

第六条 各级人民政府应当将城乡规划的编制和管理经费纳入本级财政预算。

第七条 经依法批准的城乡规划,是城乡建设和规划管理的依据,未经法定程序不得修改。

第八条 城乡规划组织编制机关应当及时公布经依法批准的城乡规划。但是,法律、行政法规规定不得公开的内容除外。

第九条 任何单位和个人都应当遵守经依法批准并公布的城乡规划,服从规划管理,并有权就涉及其利害关系的建设活动是否符合规划的要求向城乡规划主管部门查询。

任何单位和个人都有权向城乡规划主管部门或者其他有关部门举报或者控告违反城乡规划的行为。城乡规划主管部门或者其他有关部门对举报或者控告，应当及时受理并组织核查、处理。

第十条　国家鼓励采用先进的科学技术，增强城乡规划的科学性，提高城乡规划实施及监督管理的效能。

第十一条　国务院城乡规划主管部门负责全国的城乡规划管理工作。

县级以上地方人民政府城乡规划主管部门负责本行政区域内的城乡规划管理工作。

第二章　城乡规划的制定

第十二条　国务院城乡规划主管部门会同国务院有关部门组织编制全国城镇体系规划，用于指导省域城镇体系规划、城市总体规划的编制。

全国城镇体系规划由国务院城乡规划主管部门报国务院审批。

第十三条　省、自治区人民政府组织编制省域城镇体系规划，报国务院审批。

省域城镇体系规划的内容应当包括：城镇空间布局和规模控制，重大基础设施的布局，为保护生态环境、资源等需要严格控制的区域。

第十四条　城市人民政府组织编制城市总体规划。

直辖市的城市总体规划由直辖市人民政府报国务院审批。省、自治区人民政府所在地的城市以及国务院确定的城市的总体规划，由省、自治区人民政府审查同意后，报国务院审批。其他城市的总体规划，由城市人民政府报省、自治区人民政府审批。

第十五条　县人民政府组织编制县人民政府所在地镇的总体规划，报上一级人民政府审批。其他镇的总体规划由镇人民政府组织编制，报上一级人民政府审批。

第十六条　省、自治区人民政府组织编制的省域城镇体系规划，城市、县人民政府组织编制的总体规划，在报上一级人民政府审批前，应当先经本级人民代表大会常务委员会审议，常务委员会组成人员的审议意见交由本级人民政府研究处理。

镇人民政府组织编制的镇总体规划，在报上一级人民政府审批前，应当先经镇人民代表大会审议，代表的审议意见交由本级人民政府研究处理。

规划的组织编制机关报送审批省域城镇体系规划、城市总体规划或者镇总体规划,应当将本级人民代表大会常务委员会组成人员或者镇人民代表大会代表的审议意见和根据审议意见修改规划的情况一并报送。

第十七条 城市总体规划、镇总体规划的内容应当包括:城市、镇的发展布局,功能分区,用地布局,综合交通体系,禁止、限制和适宜建设的地域范围,各类专项规划等。

规划区范围、规划区内建设用地规模、基础设施和公共服务设施用地、水源地和水系、基本农田和绿化用地、环境保护、自然与历史文化遗产保护以及防灾减灾等内容,应当作为城市总体规划、镇总体规划的强制性内容。

城市总体规划、镇总体规划的规划期限一般为二十年。城市总体规划还应当对城市更长远的发展作出预测性安排。

第十八条 乡规划、村庄规划应当从农村实际出发,尊重村民意愿,体现地方和农村特色。

乡规划、村庄规划的内容应当包括:规划区范围,住宅、道路、供水、排水、供电、垃圾收集、畜禽养殖场所等农村生产、生活服务设施、公益事业等各项建设的用地布局、建设要求,以及对耕地等自然资源和历史文化遗产保护、防灾减灾等的具体安排。乡规划还应当包括本行政区域内的村庄发展布局。

第十九条 城市人民政府城乡规划主管部门根据城市总体规划的要求,组织编制城市的控制性详细规划,经本级人民政府批准后,报本级人民代表大会常务委员会和上一级人民政府备案。

第二十条 镇人民政府根据镇总体规划的要求,组织编制镇的控制性详细规划,报上一级人民政府审批。县人民政府所在地镇的控制性详细规划,由县人民政府城乡规划主管部门根据镇总体规划的要求组织编制,经县人民政府批准后,报本级人民代表大会常务委员会和上一级人民政府备案。

第二十一条 城市、县人民政府城乡规划主管部门和镇人民政府可以组织编制重要地块的修建性详细规划。修建性详细规划应当符合控制性详细规划。

第二十二条 乡、镇人民政府组织编制乡规划、村庄规划,报上一级人民政府审批。村庄规划在报送审批前,应当经村民会议或者村民代表会议讨论同意。

第二十三条 首都的总体规划、详细规划应当统筹考虑中央国家机关用地布局和空间安排的需要。

第二十四条　城乡规划组织编制机关应当委托具有相应资质等级的单位承担城乡规划的具体编制工作。

从事城乡规划编制工作应当具备下列条件，并经国务院城乡规划主管部门或者省、自治区、直辖市人民政府城乡规划主管部门依法审查合格，取得相应等级的资质证书后，方可在资质等级许可的范围内从事城乡规划编制工作：

（一）有法人资格；

（二）有规定数量的经相关行业协会注册的规划师；

（三）有规定数量的相关专业技术人员；

（四）有相应的技术装备；

（五）有健全的技术、质量、财务管理制度。

编制城乡规划必须遵守国家有关标准。

第二十五条　编制城乡规划，应当具备国家规定的勘察、测绘、气象、地震、水文、环境等基础资料。

县级以上地方人民政府有关主管部门应当根据编制城乡规划的需要，及时提供有关基础资料。

第二十六条　城乡规划报送审批前，组织编制机关应当依法将城乡规划草案予以公告，并采取论证会、听证会或者其他方式征求专家和公众的意见。公告的时间不得少于三十日。

组织编制机关应当充分考虑专家和公众的意见，并在报送审批的材料中附具意见采纳情况及理由。

第二十七条　省域城镇体系规划、城市总体规划、镇总体规划批准前，审批机关应当组织专家和有关部门进行审查。

第三章　城乡规划的实施

第二十八条　地方各级人民政府应当根据当地经济社会发展水平，量力而行，尊重群众意愿，有计划、分步骤地组织实施城乡规划。

第二十九条　城市的建设和发展，应当优先安排基础设施以及公共服务设施的建设，妥善处理新区开发与旧区改建的关系，统筹兼顾进城务工人员生活和周边农村经济社会发展、村民生产与生活的需要。

镇的建设和发展，应当结合农村经济社会发展和产业结构调整，优先安排供水、排水、供电、供气、道路、通信、广播电视等基础设施和学校、卫生院、文化站、幼儿园、福利院等公共服务设施的建设,为周边农村提供服务。

乡、村庄的建设和发展,应当因地制宜、节约用地,发挥村民自治组织的作用,引导村民合理进行建设,改善农村生产、生活条件。

第三十条 城市新区的开发和建设,应当合理确定建设规模和时序,充分利用现有市政基础设施和公共服务设施,严格保护自然资源和生态环境,体现地方特色。

在城市总体规划、镇总体规划确定的建设用地范围以外,不得设立各类开发区和城市新区。

第三十一条 旧城区的改建,应当保护历史文化遗产和传统风貌,合理确定拆迁和建设规模,有计划地对危房集中、基础设施落后等地段进行改建。

历史文化名城、名镇、名村的保护以及受保护建筑物的维护和使用,应当遵守有关法律、行政法规和国务院的规定。

第三十二条 城乡建设和发展,应当依法保护和合理利用风景名胜资源,统筹安排风景名胜区及周边乡、镇、村庄的建设。

风景名胜区的规划、建设和管理,应当遵守有关法律、行政法规和国务院的规定。

第三十三条 城市地下空间的开发和利用,应当与经济和技术发展水平相适应,遵循统筹安排、综合开发、合理利用的原则,充分考虑防灾减灾、人民防空和通信等需要,并符合城市规划,履行规划审批手续。

第三十四条 城市、县、镇人民政府应当根据城市总体规划、镇总体规划、土地利用总体规划和年度计划以及国民经济和社会发展规划,制定近期建设规划,报总体规划审批机关备案。

近期建设规划应当以重要基础设施、公共服务设施和中低收入居民住房建设以及生态环境保护为重点内容,明确近期建设的时序、发展方向和空间布局。近期建设规划的规划期限为五年。

第三十五条 城乡规划确定的铁路、公路、港口、机场、道路、绿地、输配电设施及输电线路走廊、通信设施、广播电视设施、管道设施、河道、水库、水源地、自然保护区、防汛通道、消防通道、核电站、垃圾填埋场及焚烧厂、污水处理厂和公共服务设施的用地以及其他需要依法保护的用地,禁止擅自改变用途。

第三十六条 按照国家规定需要有关部门批准或者核准的建设项目,以划拨方式提供国有土地使用权的,建设单位在报送有关部门批准或者核准前,应当向城乡规划主管部门申请核发选址意见书。

前款规定以外的建设项目不需要申请选址意见书。

第三十七条 在城市、镇规划区内以划拨方式提供国有土地使用权的建设项目,经有关部门批准、核准、备案后,建设单位应当向城市、县人民政府城乡规划主管部门提出建设用地规划许可申请,由城市、县人民政府城乡规划主管部门依据控制性详细规划核定建设用地的位置、面积、允许建设的范围,核发建设用地规划许可证。

建设单位在取得建设用地规划许可证后,方可向县级以上地方人民政府土地主管部门申请用地,经县级以上人民政府审批后,由土地主管部门划拨土地。

第三十八条 在城市、镇规划区内以出让方式提供国有土地使用权的,在国有土地使用权出让前,城市、县人民政府城乡规划主管部门应当依据控制性详细规划,提出出让地块的位置、使用性质、开发强度等规划条件,作为国有土地使用权出让合同的组成部分。未确定规划条件的地块,不得出让国有土地使用权。

以出让方式取得国有土地使用权的建设项目,建设单位在取得建设项目的批准、核准、备案文件和签订国有土地使用权出让合同后,向城市、县人民政府城乡规划主管部门领取建设用地规划许可证。

城市、县人民政府城乡规划主管部门不得在建设用地规划许可证中,擅自改变作为国有土地使用权出让合同组成部分的规划条件。

第三十九条 规划条件未纳入国有土地使用权出让合同的,该国有土地使用权出让合同无效;对未取得建设用地规划许可证的建设单位批准用地的,由县级以上人民政府撤销有关批准文件;占用土地的,应当及时退回;给当事人造成损失的,应当依法给予赔偿。

第四十条 在城市、镇规划区内进行建筑物、构筑物、道路、管线和其他工程建设的,建设单位或者个人应当向城市、县人民政府城乡规划主管部门或者省、自治区、直辖市人民政府确定的镇人民政府申请办理建设工程规划许可证。

申请办理建设工程规划许可证,应当提交使用土地的有关证明文件、建设工程设计方案等材料。需要建设单位编制修建性详细规划的建设项目,还应当提交修建性详细规划。对符合控制性详细规划和规划条件的,由城市、县人民政府城乡规划主管部门或者省、自治区、直辖市人民政府确定的镇人民政府核发建设工程规划许可证。

城市、县人民政府城乡规划主管部门或者省、自治区、直辖市人民政府确定的镇人民政府应当依法将经审定的修建性详细规划、建设工程设计方案的总平面图予以公布。

第四十一条 在乡、村庄规划区内进行乡镇企业、乡村公共设施和公益事业建设的,建设单位或者个人应当向乡、镇人民政府提出申请,由乡、镇人民政府报城市、县人民政府城乡规划主管部门核发乡村建设规划许可证。

在乡、村庄规划区内使用原有宅基地进行农村村民住宅建设的规划管理办法,由省、自治区、直辖市制定。

在乡、村庄规划区内进行乡镇企业、乡村公共设施和公益事业建设以及农村村民住宅建设,不得占用农用地;确需占用农用地的,应当依照《中华人民共和国土地管理法》有关规定办理农用地转用审批手续后,由城市、县人民政府城乡规划主管部门核发乡村建设规划许可证。

建设单位或者个人在取得乡村建设规划许可证后,方可办理用地审批手续。

第四十二条 城乡规划主管部门不得在城乡规划确定的建设用地范围以外作出规划许可。

第四十三条 建设单位应当按照规划条件进行建设;确需变更的,必须向城市、县人民政府城乡规划主管部门提出申请。变更内容不符合控制性详细规划的,城乡规划主管部门不得批准。城市、县人民政府城乡规划主管部门应当及时将依法变更后的规划条件通报同级土地主管部门并公示。

建设单位应当及时将依法变更后的规划条件报有关人民政府土地主管部门备案。

第四十四条 在城市、镇规划区内进行临时建设的,应当经城市、县人民政府城乡规划主管部门批准。临时建设影响近期建设规划或者控制性详细规划的实施以及交通、市容、安全等的,不得批准。

临时建设应当在批准的使用期限内自行拆除。

临时建设和临时用地规划管理的具体办法,由省、自治区、直辖市人民政府制定。

第四十五条 县级以上地方人民政府城乡规划主管部门按照国务院规定对建设工程是否符合规划条件予以核实。未经核实或者经核实不符合规划条件的,建设单位不得组织竣工验收。

建设单位应当在竣工验收后六个月内向城乡规划主管部门报送有关竣工验收资料。

第四章 城乡规划的修改

第四十六条 省域城镇体系规划、城市总体规划、镇总体规划的组织编制机关,应当组织有关部门和专家定期对规划实施情况进行评估,并采取论证会、听证会或者其他方式征求公众意见。组织编制机关应当向本级人民代表大会常务委员会、镇人民代表大会和原审批机关提出评估报告并附具征求意见的情况。

第四十七条 有下列情形之一的,组织编制机关方可按照规定的权限和程序修改省域城镇体系规划、城市总体规划、镇总体规划:

(一)上级人民政府制定的城乡规划发生变更,提出修改规划要求的;

(二)行政区划调整确需修改规划的;

(三)因国务院批准重大建设工程确需修改规划的;

(四)经评估确需修改规划的;

(五)城乡规划的审批机关认为应当修改规划的其他情形。

修改省域城镇体系规划、城市总体规划、镇总体规划前,组织编制机关应当对原规划的实施情况进行总结,并向原审批机关报告;修改涉及城市总体规划、镇总体规划强制性内容的,应当先向原审批机关提出专题报告,经同意后,方可编制修改方案。

修改后的省域城镇体系规划、城市总体规划、镇总体规划,应当依照本法第十三条、第十四条、第十五条和第十六条规定的审批程序报批。

第四十八条 修改控制性详细规划的,组织编制机关应当对修改的必要性进行论证,征求规划地段内利害关系人的意见,并向原审批机关提出专题报告,经原审批机关同意后,方可编制修改方案。修改后的控制性详细规划,应当依照本法第十九条、第二十条规定的审批程序报批。控制性详细规划修改涉及城市总体规划、镇总体规划的强制性内容的,应当先修改总体规划。

修改乡规划、村庄规划的,应当依照本法第二十二条规定的审批程序报批。

第四十九条 城市、县、镇人民政府修改近期建设规划的,应当将修改后的近期建设规划报总体规划审批机关备案。

第五十条 在选址意见书、建设用地规划许可证、建设工程规划许可证或者乡村建设规划许可证发放后,因依法修改城乡规划给被许可人合法权益造成损失的,应当依法给予补偿。

经依法审定的修建性详细规划、建设工程设计方案的总平面图不得随意修改;确需修改的,城乡规划主管部门应当采取听证会等形式,听取利害关系人的意见;因修改给利害关系人合法权益造成损失的,应当依法给予补偿。

第五章 监督检查

第五十一条 县级以上人民政府及其城乡规划主管部门应当加强对城乡规划编制、审批、实施、修改的监督检查。

第五十二条 地方各级人民政府应当向本级人民代表大会常务委员会或者乡、镇人民代表大会报告城乡规划的实施情况,并接受监督。

第五十三条 县级以上人民政府城乡规划主管部门对城乡规划的实施情况进行监督检查,有权采取以下措施:

(一)要求有关单位和人员提供与监督事项有关的文件、资料,并进行复制;

(二)要求有关单位和人员就监督事项涉及的问题作出解释和说明,并根据需要进入现场进行勘测;

(三)责令有关单位和人员停止违反有关城乡规划的法律、法规的行为。

城乡规划主管部门的工作人员履行前款规定的监督检查职责,应当出示执法证件。被监督检查的单位和人员应当予以配合,不得妨碍和阻挠依法进行的监督检查活动。

第五十四条 监督检查情况和处理结果应当依法公开,供公众查阅和监督。

第五十五条 城乡规划主管部门在查处违反本法规定的行为时,发现国家机关工作人员依法应当给予行政处分的,应当向其任免机关或者监察机关提出处分建议。

第五十六条 依照本法规定应当给予行政处罚,而有关城乡规划主管部门不给予行政处罚的,上级人民政府城乡规划主管部门有权责令其作出行政处罚决定或者建议有关人民政府责令其给予行政处罚。

第五十七条 城乡规划主管部门违反本法规定作出行政许可的,上级人民政府城乡规划主管部门有权责令其撤销或者直接撤销该行政许可。因撤销行政许可给当事人合法权益造成损失的,应当依法给予赔偿。

第六章　法　律　责　任

第五十八条　对依法应当编制城乡规划而未组织编制,或者未按法定程序编制、审批、修改城乡规划的,由上级人民政府责令改正,通报批评;对有关人民政府负责人和其他直接责任人员依法给予处分。

第五十九条　城乡规划组织编制机关委托不具有相应资质等级的单位编制城乡规划的,由上级人民政府责令改正,通报批评;对有关人民政府负责人和其他直接责任人员依法给予处分。

第六十条　镇人民政府或者县级以上人民政府城乡规划主管部门有下列行为之一的,由本级人民政府、上级人民政府城乡规划主管部门或者监察机关依据职权责令改正,通报批评;对直接负责的主管人员和其他直接责任人员依法给予处分:

(一)未依法组织编制城市的控制性详细规划、县人民政府所在地镇的控制性详细规划的;

(二)超越职权或者对不符合法定条件的申请人核发选址意见书、建设用地规划许可证、建设工程规划许可证、乡村建设规划许可证的;

(三)对符合法定条件的申请人未在法定期限内核发选址意见书、建设用地规划许可证、建设工程规划许可证、乡村建设规划许可证的;

(四)未依法对经审定的修建性详细规划、建设工程设计方案的总平面图予以公布的;

(五)同意修改修建性详细规划、建设工程设计方案的总平面图前未采取听证会等形式听取利害关系人的意见的;

(六)发现未依法取得规划许可或者违反规划许可的规定在规划区内进行建设的行为,而不予查处或者接到举报后不依法处理的。

第六十一条　县级以上人民政府有关部门有下列行为之一的,由本级人民政府或者上级人民政府有关部门责令改正,通报批评;对直接负责的主管人员和其他直接责任人员依法给予处分:

(一)对未依法取得选址意见书的建设项目核发建设项目批准文件的;

(二)未依法在国有土地使用权出让合同中确定规划条件或者改变国有土地使用权出让合同中依法确定的规划条件的;

(三)对未依法取得建设用地规划许可证的建设单位划拨国有土地使用权的。

第六十二条　城乡规划编制单位有下列行为之一的,由所在地城市、县人民政府城乡规划主管部门责令限期改正,处合同约定的规划编制费一倍以上二倍以下的罚款;情节严重的,责令停业整顿,由原发证机关降低资质等级或者吊销资质证书;造成损失的,依法承担赔偿责任:

(一)超越资质等级许可的范围承揽城乡规划编制工作的;

(二)违反国家有关标准编制城乡规划的。

未依法取得资质证书承揽城乡规划编制工作的,由县级以上地方人民政府城乡规划主管部门责令停止违法行为,依照前款规定处以罚款;造成损失的,依法承担赔偿责任。

以欺骗手段取得资质证书承揽城乡规划编制工作的,由原发证机关吊销资质证书,依照本条第一款规定处以罚款;造成损失的,依法承担赔偿责任。

第六十三条 城乡规划编制单位取得资质证书后,不再符合相应的资质条件的,由原发证机关责令限期改正;逾期不改正的,降低资质等级或者吊销资质证书。

第六十四条 未取得建设工程规划许可证或者未按照建设工程规划许可证的规定进行建设的,由县级以上地方人民政府城乡规划主管部门责令停止建设;尚可采取改正措施消除对规划实施的影响的,限期改正,处建设工程造价百分之五以上百分之十以下的罚款;无法采取改正措施消除影响的,限期拆除,不能拆除的,没收实物或者违法收入,可以并处建设工程造价百分之十以下的罚款。

第六十五条 在乡、村庄规划区内未依法取得乡村建设规划许可证或者未按照乡村建设规划许可证的规定进行建设的,由乡、镇人民政府责令停止建设、限期改正;逾期不改正的,可以拆除。

第六十六条 建设单位或者个人有下列行为之一的,由所在地城市、县人民政府城乡规划主管部门责令限期拆除,可以并处临时建设工程造价一倍以下的罚款:

(一)未经批准进行临时建设的;

(二)未按照批准内容进行临时建设的;

(三)临时建筑物、构筑物超过批准期限不拆除的。

第六十七条 建设单位未在建设工程竣工验收后六个月内向城乡规划主管部门报送有关竣工验收资料的,由所在地城市、县人民政府城乡规划主管部门责令限期补报;逾期不补报的,处一万元以上五万元以下的罚款。

第六十八条 城乡规划主管部门作出责令停止建设或者限期拆除的决定后,当事人不停止建设或者逾期不拆除的,建设工程所在地县级以上地方人民政府可以责成有关部门采取查封施工现场、强制拆除等措施。

第六十九条 违反本法规定，构成犯罪的，依法追究刑事责任。

第七章 附　则

第七十条 本法自 2008 年 1 月 1 日起施行。《中华人民共和国城市规划法》同时废止。

中华人民共和国国家赔偿法

（1994 年 5 月 12 日第八届全国人民代表大会常务委员会第七次会议通过　根据 2010 年 4 月 29 日第十一届全国人民代表大会常务委员会第十四次会议《关于修改〈中华人民共和国国家赔偿法〉的决定》第一次修正　根据 2012 年 10 月 26 日第十一届全国人民代表大会常务委员会第二十九次会议《关于修改〈中华人民共和国国家赔偿法〉的决定》第二次修正）

第一章 总　则

第一条 为保障公民、法人和其他组织享有依法取得国家赔偿的权利，促进国家机关依法行使职权，根据宪法，制定本法。

第二条 国家机关和国家机关工作人员行使职权，有本法规定的侵犯公民、法人和其他组织合法权益的情形，造成损害的，受害人有依照本法取得国家赔偿的权利。

本法规定的赔偿义务机关，应当依照本法及时履行赔偿义务。

第二章 行政赔偿

第一节 赔偿范围

第三条 行政机关及其工作人员在行使行政职权时有下列侵犯人身权情

形之一的,受害人有取得赔偿的权利:

(一)违法拘留或者违法采取限制公民人身自由的行政强制措施的;

(二)非法拘禁或者以其他方法非法剥夺公民人身自由的;

(三)以殴打、虐待等行为或者唆使、放纵他人以殴打、虐待等行为造成公民身体伤害或者死亡的;

(四)违法使用武器、警械造成公民身体伤害或者死亡的;

(五)造成公民身体伤害或者死亡的其他违法行为。

第四条 行政机关及其工作人员在行使行政职权时有下列侵犯财产权情形之一的,受害人有取得赔偿的权利:

(一)违法实施罚款、吊销许可证和执照、责令停产停业、没收财物等行政处罚的;

(二)违法对财产采取查封、扣押、冻结等行政强制措施的;

(三)违法征收、征用财产的;

(四)造成财产损害的其他违法行为。

第五条 属于下列情形之一的,国家不承担赔偿责任:

(一)行政机关工作人员与行使职权无关的个人行为;

(二)因公民、法人和其他组织自己的行为致使损害发生的;

(三)法律规定的其他情形。

第二节 赔偿请求人和赔偿义务机关

第六条 受害的公民、法人和其他组织有权要求赔偿。

受害的公民死亡,其继承人和其他有扶养关系的亲属有权要求赔偿。

受害的法人或者其他组织终止的,其权利承受人有权要求赔偿。

第七条 行政机关及其工作人员行使行政职权侵犯公民、法人和其他组织的合法权益造成损害的,该行政机关为赔偿义务机关。

两个以上行政机关共同行使行政职权时侵犯公民、法人和其他组织的合法权益造成损害的,共同行使行政职权的行政机关为共同赔偿义务机关。

法律、法规授权的组织在行使授予的行政权力时侵犯公民、法人和其他组织的合法权益造成损害的,被授权的组织为赔偿义务机关。

受行政机关委托的组织或者个人在行使受委托的行政权力时侵犯公民、法人和其他组织的合法权益造成损害的,委托的行政机关为赔偿义务机关。

赔偿义务机关被撤销的,继续行使其职权的行政机关为赔偿义务机关;没有继续行使其职权的行政机关的,撤销该赔偿义务机关的行政机关为赔偿义务机关。

第八条 经复议机关复议的,最初造成侵权行为的行政机关为赔偿义务机关,但复议机关的复议决定加重损害的,复议机关对加重的部分履行赔偿义务。

第三节 赔偿程序

第九条 赔偿义务机关有本法第三条、第四条规定情形之一的,应当给予赔偿。

赔偿请求人要求赔偿,应当先向赔偿义务机关提出,也可以在申请行政复议或者提起行政诉讼时一并提出。

第十条 赔偿请求人可以向共同赔偿义务机关中的任何一个赔偿义务机关要求赔偿,该赔偿义务机关应当先予赔偿。

第十一条 赔偿请求人根据受到的不同损害,可以同时提出数项赔偿要求。

第十二条 要求赔偿应当递交申请书,申请书应当载明下列事项:

(一)受害人的姓名、性别、年龄、工作单位和住所,法人或者其他组织的名称、住所和法定代表人或者主要负责人的姓名、职务;

(二)具体的要求、事实根据和理由;

(三)申请的年、月、日。

赔偿请求人书写申请书确有困难的,可以委托他人代书;也可以口头申请,由赔偿义务机关记入笔录。

赔偿请求人不是受害人本人的,应当说明与受害人的关系,并提供相应证明。

赔偿请求人当面递交申请书的,赔偿义务机关应当当场出具加盖本行政机关专用印章并注明收讫日期的书面凭证。申请材料不齐全的,赔偿义务机关应当当场或者在五日内一次性告知赔偿请求人需要补正的全部内容。

第十三条 赔偿义务机关应当自收到申请之日起两个月内,作出是否赔偿的决定。赔偿义务机关作出赔偿决定,应当充分听取赔偿请求人的意见,并可以与赔偿请求人就赔偿方式、赔偿项目和赔偿数额依照本法第四章的规定进行协商。

赔偿义务机关决定赔偿的,应当制作赔偿决定书,并自作出决定之日起十日内送达赔偿请求人。

赔偿义务机关决定不予赔偿的,应当自作出决定之日起十日内书面通知赔偿请求人,并说明不予赔偿的理由。

第十四条 赔偿义务机关在规定期限内未作出是否赔偿的决定,赔偿请求人可以自期限届满之日起三个月内,向人民法院提起诉讼。

赔偿请求人对赔偿的方式、项目、数额有异议的,或者赔偿义务机关作出不予赔偿决定的,赔偿请求人可以自赔偿义务机关作出赔偿或者不予赔偿决定之日起三个月内,向人民法院提起诉讼。

第十五条 人民法院审理行政赔偿案件,赔偿请求人和赔偿义务机关对自己提出的主张,应当提供证据。

赔偿义务机关采取行政拘留或者限制人身自由的强制措施期间,被限制人身自由的人死亡或者丧失行为能力的,赔偿义务机关的行为与被限制人身自由的人的死亡或者丧失行为能力是否存在因果关系,赔偿义务机关应当提供证据。

第十六条 赔偿义务机关赔偿损失后,应当责令有故意或者重大过失的工作人员或者受委托的组织或者个人承担部分或者全部赔偿费用。

对有故意或者重大过失的责任人员,有关机关应当依法给予处分;构成犯罪的,应当依法追究刑事责任。

第三章 刑事赔偿

第一节 赔偿范围

第十七条 行使侦查、检察、审判职权的机关以及看守所、监狱管理机关及其工作人员在行使职权时有下列侵犯人身权情形之一的,受害人有取得赔偿的权利:

(一)违反刑事诉讼法的规定对公民采取拘留措施的,或者依照刑事诉讼法规定的条件和程序对公民采取拘留措施,但是拘留时间超过刑事诉讼法规定的时限,其后决定撤销案件、不起诉或者判决宣告无罪终止追究刑事责任的;

(二)对公民采取逮捕措施后,决定撤销案件、不起诉或者判决宣告无罪终止追究刑事责任的;

（三）依照审判监督程序再审改判无罪，原判刑罚已经执行的；

（四）刑讯逼供或者以殴打、虐待等行为或者唆使、放纵他人以殴打、虐待等行为造成公民身体伤害或者死亡的；

（五）违法使用武器、警械造成公民身体伤害或者死亡的。

第十八条 行使侦查、检察、审判职权的机关以及看守所、监狱管理机关及其工作人员在行使职权时有下列侵犯财产权情形之一的，受害人有取得赔偿的权利：

（一）违法对财产采取查封、扣押、冻结、追缴等措施的；

（二）依照审判监督程序再审改判无罪，原判罚金、没收财产已经执行的。

第十九条 属于下列情形之一的，国家不承担赔偿责任：

（一）因公民自己故意作虚伪供述，或者伪造其他有罪证据被羁押或者被判处刑罚的；

（二）依照刑法第十七条、第十八条规定不负刑事责任的人被羁押的；

（三）依照刑事诉讼法第十五条、第一百七十三条第二款、第二百七十三条第二款、第二百七十九条规定不追究刑事责任的人被羁押的；

（四）行使侦查、检察、审判职权的机关以及看守所、监狱管理机关的工作人员与行使职权无关的个人行为；

（五）因公民自伤、自残等故意行为致使损害发生的；

（六）法律规定的其他情形。

第二节 赔偿请求人和赔偿义务机关

第二十条 赔偿请求人的确定依照本法第六条的规定。

第二十一条 行使侦查、检察、审判职权的机关以及看守所、监狱管理机关及其工作人员在行使职权时侵犯公民、法人和其他组织的合法权益造成损害的，该机关为赔偿义务机关。

对公民采取拘留措施，依照本法的规定应当给予国家赔偿的，作出拘留决定的机关为赔偿义务机关。

对公民采取逮捕措施后决定撤销案件、不起诉或者判决宣告无罪的，作出逮捕决定的机关为赔偿义务机关。

再审改判无罪的，作出原生效判决的人民法院为赔偿义务机关。二审改判无罪，以及二审发回重审后作无罪处理的，作出一审有罪判决的人民法院为赔偿义务机关。

第三节 赔偿程序

第二十二条 赔偿义务机关有本法第十七条、第十八条规定情形之一的,应当给予赔偿。

赔偿请求人要求赔偿,应当先向赔偿义务机关提出。

赔偿请求人提出赔偿请求,适用本法第十一条、第十二条的规定。

第二十三条 赔偿义务机关应当自收到申请之日起两个月内,作出是否赔偿的决定。赔偿义务机关作出赔偿决定,应当充分听取赔偿请求人的意见,并可以与赔偿请求人就赔偿方式、赔偿项目和赔偿数额依照本法第四章的规定进行协商。

赔偿义务机关决定赔偿的,应当制作赔偿决定书,并自作出决定之日起十日内送达赔偿请求人。

赔偿义务机关决定不予赔偿的,应当自作出决定之日起十日内书面通知赔偿请求人,并说明不予赔偿的理由。

第二十四条 赔偿义务机关在规定期限内未作出是否赔偿的决定,赔偿请求人可以自期限届满之日起三十日内向赔偿义务机关的上一级机关申请复议。

赔偿请求人对赔偿的方式、项目、数额有异议的,或者赔偿义务机关作出不予赔偿决定的,赔偿请求人可以自赔偿义务机关作出赔偿或者不予赔偿决定之日起三十日内,向赔偿义务机关的上一级机关申请复议。

赔偿义务机关是人民法院的,赔偿请求人可以依照本条规定向其上一级人民法院赔偿委员会申请作出赔偿决定。

第二十五条 复议机关应当自收到申请之日起两个月内作出决定。

赔偿请求人不服复议决定的,可以在收到复议决定之日起三十日内向复议机关所在地的同级人民法院赔偿委员会申请作出赔偿决定;复议机关逾期不作决定的,赔偿请求人可以自期限届满之日起三十日内向复议机关所在地的同级人民法院赔偿委员会申请作出赔偿决定。

第二十六条 人民法院赔偿委员会处理赔偿请求,赔偿请求人和赔偿义务机关对自己提出的主张,应当提供证据。

被羁押人在羁押期间死亡或者丧失行为能力的,赔偿义务机关的行为与被羁押人的死亡或者丧失行为能力是否存在因果关系,赔偿义务机关应当提供证据。

第二十七条 人民法院赔偿委员会处理赔偿请求,采取书面审查的办法。必要时,可以向有关单位和人员调查情况、收集证据。赔偿请求人与赔偿义务机关对损害事实及因果关系有争议的,赔偿委员会可以听取赔偿请求人和赔偿义务机关的陈述和申辩,并可以进行质证。

第二十八条 人民法院赔偿委员会应当自收到赔偿申请之日起三个月内作出决定;属于疑难、复杂、重大案件的,经本院院长批准,可以延长三个月。

第二十九条 中级以上的人民法院设立赔偿委员会,由人民法院三名以上审判员组成,组成人员的人数应当为单数。

赔偿委员会作赔偿决定,实行少数服从多数的原则。

赔偿委员会作出的赔偿决定,是发生法律效力的决定,必须执行。

第三十条 赔偿请求人或者赔偿义务机关对赔偿委员会作出的决定,认为确有错误的,可以向上一级人民法院赔偿委员会提出申诉。

赔偿委员会作出的赔偿决定生效后,如发现赔偿决定违反本法规定的,经本院院长决定或者上级人民法院指令,赔偿委员会应当在两个月内重新审查并依法作出决定,上一级人民法院赔偿委员会也可以直接审查并作出决定。

最高人民检察院对各级人民法院赔偿委员会作出的决定,上级人民检察院对下级人民法院赔偿委员会作出的决定,发现违反本法规定的,应当向同级人民法院赔偿委员会提出意见,同级人民法院赔偿委员会应当在两个月内重新审查并依法作出决定。

第三十一条 赔偿义务机关赔偿后,应当向有下列情形之一的工作人员追偿部分或者全部赔偿费用:

(一)有本法第十七条第四项、第五项规定情形的;

(二)在处理案件中有贪污受贿,徇私舞弊,枉法裁判行为的。

对有前款规定情形的责任人员,有关机关应当依法给予处分;构成犯罪的,应当依法追究刑事责任。

第四章 赔偿方式和计算标准

第三十二条 国家赔偿以支付赔偿金为主要方式。

能够返还财产或者恢复原状的,予以返还财产或者恢复原状。

第三十三条 侵犯公民人身自由的,每日赔偿金按照国家上年度职工日平均工资计算。

第三十四条　侵犯公民生命健康权的,赔偿金按照下列规定计算:

(一)造成身体伤害的,应当支付医疗费、护理费,以及赔偿因误工减少的收入。减少的收入每日的赔偿金按照国家上年度职工日平均工资计算,最高额为国家上年度职工年平均工资的五倍;

(二)造成部分或者全部丧失劳动能力的,应当支付医疗费、护理费、残疾生活辅助具费、康复费等因残疾而增加的必要支出和继续治疗所必需的费用,以及残疾赔偿金。残疾赔偿金根据丧失劳动能力的程度,按照国家规定的伤残等级确定,最高不超过国家上年度职工年平均工资的二十倍。造成全部丧失劳动能力的,对其扶养的无劳动能力的人,还应当支付生活费;

(三)造成死亡的,应当支付死亡赔偿金、丧葬费,总额为国家上年度职工年平均工资的二十倍。对死者生前扶养的无劳动能力的人,还应当支付生活费。

前款第二项、第三项规定的生活费的发放标准,参照当地最低生活保障标准执行。被扶养的人是未成年人的,生活费给付至十八周岁止;其他无劳动能力的人,生活费给付至死亡时止。

第三十五条　有本法第三条或者第十七条规定情形之一,致人精神损害的,应当在侵权行为影响的范围内,为受害人消除影响,恢复名誉,赔礼道歉;造成严重后果的,应当支付相应的精神损害抚慰金。

第三十六条　侵犯公民、法人和其他组织的财产权造成损害的,按照下列规定处理:

(一)处罚款、罚金、追缴、没收财产或者违法征收、征用财产的,返还财产;

(二)查封、扣押、冻结财产的,解除对财产的查封、扣押、冻结,造成财产损坏或者灭失的,依照本条第三项、第四项的规定赔偿;

(三)应当返还的财产损坏的,能够恢复原状的恢复原状,不能恢复原状的,按照损害程度给付相应的赔偿金;

(四)应当返还的财产灭失的,给付相应的赔偿金;

(五)财产已经拍卖或者变卖的,给付拍卖或者变卖所得的价款;变卖的价款明显低于财产价值的,应当支付相应的赔偿金;

(六)吊销许可证和执照、责令停产停业的,赔偿停产停业期间必要的经常性费用开支;

(七)返还执行的罚款或者罚金、追缴或者没收的金钱,解除冻结的存款或

者汇款的,应当支付银行同期存款利息;

（八）对财产权造成其他损害的,按照直接损失给予赔偿。

第三十七条　赔偿费用列入各级财政预算。

赔偿请求人凭生效的判决书、复议决定书、赔偿决定书或者调解书,向赔偿义务机关申请支付赔偿金。

赔偿义务机关应当自收到支付赔偿金申请之日起七日内,依照预算管理权限向有关的财政部门提出支付申请。财政部门应当自收到支付申请之日起十五日内支付赔偿金。

赔偿费用预算与支付管理的具体办法由国务院规定。

第五章　其他规定

第三十八条　人民法院在民事诉讼、行政诉讼过程中,违法采取对妨害诉讼的强制措施、保全措施或者对判决、裁定及其他生效法律文书执行错误,造成损害的,赔偿请求人要求赔偿的程序,适用本法刑事赔偿程序的规定。

第三十九条　赔偿请求人请求国家赔偿的时效为两年,自其知道或者应当知道国家机关及其工作人员行使职权时的行为侵犯其人身权、财产权之日起计算,但被羁押等限制人身自由期间不计算在内。在申请行政复议或者提起行政诉讼时一并提出赔偿请求的,适用行政复议法、行政诉讼法有关时效的规定。

赔偿请求人在赔偿请求时效的最后六个月内,因不可抗力或者其他障碍不能行使请求权的,时效中止。从中止时效的原因消除之日起,赔偿请求时效期间继续计算。

第四十条　外国人、外国企业和组织在中华人民共和国领域内要求中华人民共和国国家赔偿的,适用本法。

外国人、外国企业和组织的所属国对中华人民共和国公民、法人和其他组织要求该国国家赔偿的权利不予保护或者限制的,中华人民共和国与该外国人、外国企业和组织的所属国实行对等原则。

第六章　附　　则

第四十一条　赔偿请求人要求国家赔偿的,赔偿义务机关、复议机关和人民法院不得向赔偿请求人收取任何费用。

对赔偿请求人取得的赔偿金不予征税。

第四十二条 本法自 1995 年 1 月 1 日起施行。

中华人民共和国村民委员会组织法

（1998 年 11 月 4 日第九届全国人民代表大会常务委员会第五次会议通过　2010 年 10 月 28 日第十一届全国人民代表大会常务委员会第十七次会议修订　根据 2018 年 12 月 29 日第十三届全国人民代表大会常务委员会第七次会议《关于修改〈中华人民共和国村民委员会组织法〉〈中华人民共和国城市居民委员会组织法〉的决定》修正）

第一章　总　　则

第一条　为了保障农村村民实行自治，由村民依法办理自己的事情，发展农村基层民主，维护村民的合法权益，促进社会主义新农村建设，根据宪法，制定本法。

第二条　村民委员会是村民自我管理、自我教育、自我服务的基层群众性自治组织，实行民主选举、民主决策、民主管理、民主监督。

村民委员会办理本村的公共事务和公益事业，调解民间纠纷，协助维护社会治安，向人民政府反映村民的意见、要求和提出建议。

村民委员会向村民会议、村民代表会议负责并报告工作。

第三条　村民委员会根据村民居住状况、人口多少，按照便于群众自治，有利于经济发展和社会管理的原则设立。

村民委员会的设立、撤销、范围调整，由乡、民族乡、镇的人民政府提出，经村民会议讨论同意，报县级人民政府批准。

村民委员会可以根据村民居住状况、集体土地所有权关系等分设若干村民小组。

第四条　中国共产党在农村的基层组织，按照中国共产党章程进行工作，发挥领导核心作用，领导和支持村民委员会行使职权；依照宪法和法律，支持和保障村民开展自治活动、直接行使民主权利。

第五条 乡、民族乡、镇的人民政府对村民委员会的工作给予指导、支持和帮助,但是不得干预依法属于村民自治范围内的事项。

村民委员会协助乡、民族乡、镇的人民政府开展工作。

第二章 村民委员会的组成和职责

第六条 村民委员会由主任、副主任和委员共三至七人组成。

村民委员会成员中,应当有妇女成员,多民族村民居住的村应当有人数较少的民族的成员。

对村民委员会成员,根据工作情况,给予适当补贴。

第七条 村民委员会根据需要设人民调解、治安保卫、公共卫生与计划生育等委员会。村民委员会成员可以兼任下属委员会的成员。人口少的村的村民委员会可以不设下属委员会,由村民委员会成员分工负责人民调解、治安保卫、公共卫生与计划生育等工作。

第八条 村民委员会应当支持和组织村民依法发展各种形式的合作经济和其他经济,承担本村生产的服务和协调工作,促进农村生产建设和经济发展。

村民委员会依照法律规定,管理本村属于村农民集体所有的土地和其他财产,引导村民合理利用自然资源,保护和改善生态环境。

村民委员会应当尊重并支持集体经济组织依法独立进行经济活动的自主权,维护以家庭承包经营为基础、统分结合的双层经营体制,保障集体经济组织和村民、承包经营户、联户或者合伙的合法财产权和其他合法权益。

第九条 村民委员会应当宣传宪法、法律、法规和国家的政策,教育和推动村民履行法律规定的义务、爱护公共财产,维护村民的合法权益,发展文化教育,普及科技知识,促进男女平等,做好计划生育工作,促进村与村之间的团结、互助,开展多种形式的社会主义精神文明建设活动。

村民委员会应当支持服务性、公益性、互助性社会组织依法开展活动,推动农村社区建设。

多民族村民居住的村,村民委员会应当教育和引导各民族村民增进团结、互相尊重、互相帮助。

第十条 村民委员会及其成员应当遵守宪法、法律、法规和国家的政策,遵守并组织实施村民自治章程、村规民约,执行村民会议、村民代表会议的决定、决议,办事公道,廉洁奉公,热心为村民服务,接受村民监督。

第三章 村民委员会的选举

第十一条 村民委员会主任、副主任和委员,由村民直接选举产生。任何组织或者个人不得指定、委派或者撤换村民委员会成员。

村民委员会每届任期五年,届满应当及时举行换届选举。村民委员会成员可以连选连任。

第十二条 村民委员会的选举,由村民选举委员会主持。

村民选举委员会由主任和委员组成,由村民会议、村民代表会议或者各村民小组会议推选产生。

村民选举委员会成员被提名为村民委员会成员候选人,应当退出村民选举委员会。

村民选举委员会成员退出村民选举委员会或者因其他原因出缺的,按照原推选结果依次递补,也可以另行推选。

第十三条 年满十八周岁的村民,不分民族、种族、性别、职业、家庭出身、宗教信仰、教育程度、财产状况、居住期限,都有选举权和被选举权;但是,依照法律被剥夺政治权利的人除外。

村民委员会选举前,应当对下列人员进行登记,列入参加选举的村民名单:

(一)户籍在本村并且在本村居住的村民;

(二)户籍在本村,不在本村居住,本人表示参加选举的村民;

(三)户籍不在本村,在本村居住一年以上,本人申请参加选举,并且经村民会议或者村民代表会议同意参加选举的公民。

已在户籍所在村或者居住村登记参加选举的村民,不得再参加其他地方村民委员会的选举。

第十四条 登记参加选举的村民名单应当在选举日的二十日前由村民选举委员会公布。

对登记参加选举的村民名单有异议的,应当自名单公布之日起五日内向村民选举委员会申诉,村民选举委员会应当自收到申诉之日起三日内作出处理决定,并公布处理结果。

第十五条 选举村民委员会,由登记参加选举的村民直接提名候选人。村民提名候选人,应当从全体村民利益出发,推荐奉公守法、品行良好、公道正派、热心公益、具有一定文化水平和工作能力的村民为候选人。候选人的名额应当多于应选名额。村民选举委员会应当组织候选人与村民见面,由候选人介绍履行职责的设想,回答村民提出的问题。

选举村民委员会,有登记参加选举的村民过半数投票,选举有效;候选人获得参加投票的村民过半数的选票,始得当选。当选人数不足应选名额的,不足的名额另行选举。另行选举的,第一次投票未当选的人员得票多的为候选人,候选人以得票多的当选,但是所得票数不得少于已投选票总数的三分之一。

选举实行无记名投票、公开计票的方法,选举结果应当当场公布。选举时,应当设立秘密写票处。

登记参加选举的村民,选举期间外出不能参加投票的,可以书面委托本村有选举权的近亲属代为投票。村民选举委员会应当公布委托人和受委托人的名单。

具体选举办法由省、自治区、直辖市的人民代表大会常务委员会规定。

第十六条 本村五分之一以上有选举权的村民或者三分之一以上的村民代表联名,可以提出罢免村民委员会成员的要求,并说明要求罢免的理由。被提出罢免的村民委员会成员有权提出申辩意见。

罢免村民委员会成员,须有登记参加选举的村民过半数投票,并须经投票的村民过半数通过。

第十七条 以暴力、威胁、欺骗、贿赂、伪造选票、虚报选举票数等不正当手段当选村民委员会成员的,当选无效。

对以暴力、威胁、欺骗、贿赂、伪造选票、虚报选举票数等不正当手段,妨害村民行使选举权、被选举权,破坏村民委员会选举的行为,村民有权向乡、民族乡、镇的人民代表大会和人民政府或者县级人民代表大会常务委员会和人民政府及其有关主管部门举报,由乡级或者县级人民政府负责调查并依法处理。

第十八条 村民委员会成员丧失行为能力或者被判处刑罚的,其职务自行终止。

第十九条 村民委员会成员出缺,可以由村民会议或者村民代表会议进行补选。补选程序参照本法第十五条的规定办理。补选的村民委员会成员的任期到本届村民委员会任期届满时止。

第二十条 村民委员会应当自新一届村民委员会产生之日起十日内完成工作移交。工作移交由村民选举委员会主持,由乡、民族乡、镇的人民政府监督。

第四章　村民会议和村民代表会议

第二十一条　村民会议由本村十八周岁以上的村民组成。

村民会议由村民委员会召集。有十分之一以上的村民或者三分之一以上的村民代表提议，应当召集村民会议。召集村民会议，应当提前十天通知村民。

第二十二条　召开村民会议，应当有本村十八周岁以上村民的过半数，或者本村三分之二以上的户的代表参加，村民会议所作决定应当经到会人员的过半数通过。法律对召开村民会议及作出决定另有规定的，依照其规定。

召开村民会议，根据需要可以邀请驻本村的企业、事业单位和群众组织派代表列席。

第二十三条　村民会议审议村民委员会的年度工作报告，评议村民委员会成员的工作；有权撤销或者变更村民委员会不适当的决定；有权撤销或者变更村民代表会议不适当的决定。

村民会议可以授权村民代表会议审议村民委员会的年度工作报告，评议村民委员会成员的工作，撤销或者变更村民委员会不适当的决定。

第二十四条　涉及村民利益的下列事项，经村民会议讨论决定方可办理：

（一）本村享受误工补贴的人员及补贴标准；

（二）从村集体经济所得收益的使用；

（三）本村公益事业的兴办和筹资筹劳方案及建设承包方案；

（四）土地承包经营方案；

（五）村集体经济项目的立项、承包方案；

（六）宅基地的使用方案；

（七）征地补偿费的使用、分配方案；

（八）以借贷、租赁或者其他方式处分村集体财产；

（九）村民会议认为应当由村民会议讨论决定的涉及村民利益的其他事项。

村民会议可以授权村民代表会议讨论决定前款规定的事项。

法律对讨论决定村集体经济组织财产和成员权益的事项另有规定的，依照其规定。

第二十五条　人数较多或者居住分散的村，可以设立村民代表会议，讨论决定村民会议授权的事项。村民代表会议由村民委员会成员和村民代表组成，村民代表应当占村民代表会议组成人员的五分之四以上，妇女村民代表应当占村民代表会议组成人员的三分之一以上。

村民代表由村民按每五户至十五户推选一人,或者由各村民小组推选若干人。村民代表的任期与村民委员会的任期相同。村民代表可以连选连任。

村民代表应当向其推选户或者村民小组负责,接受村民监督。

第二十六条 村民代表会议由村民委员会召集。村民代表会议每季度召开一次。有五分之一以上的村民代表提议,应当召集村民代表会议。

村民代表会议有三分之二以上的组成人员参加方可召开,所作决定应当经到会人员的过半数同意。

第二十七条 村民会议可以制定和修改村民自治章程、村规民约,并报乡、民族乡、镇的人民政府备案。

村民自治章程、村规民约以及村民会议或者村民代表会议的决定不得与宪法、法律、法规和国家的政策相抵触,不得有侵犯村民的人身权利、民主权利和合法财产权利的内容。

村民自治章程、村规民约以及村民会议或者村民代表会议的决定违反前款规定的,由乡、民族乡、镇的人民政府责令改正。

第二十八条 召开村民小组会议,应当有本村民小组十八周岁以上的村民三分之二以上,或者本村民小组三分之二以上的户的代表参加,所作决定应当经到会人员的过半数同意。

村民小组组长由村民小组会议推选。村民小组组长任期与村民委员会的任期相同,可以连选连任。

属于村民小组的集体所有的土地、企业和其他财产的经营管理以及公益事项的办理,由村民小组会议依照有关法律的规定讨论决定,所作决定及实施情况应当及时向本村民小组的村民公布。

第五章　民主管理和民主监督

第二十九条 村民委员会应当实行少数服从多数的民主决策机制和公开透明的工作原则,建立健全各种工作制度。

第三十条 村民委员会实行村务公开制度。

村民委员会应当及时公布下列事项,接受村民的监督:

(一)本法第二十三条、第二十四条规定的由村民会议、村民代表会议讨论决定的事项及其实施情况;

（二）国家计划生育政策的落实方案；

（三）政府拨付和接受社会捐赠的救灾救助、补贴补助等资金、物资的管理使用情况；

（四）村民委员会协助人民政府开展工作的情况；

（五）涉及本村村民利益，村民普遍关心的其他事项。

前款规定事项中，一般事项至少每季度公布一次；集体财务往来较多的，财务收支情况应当每月公布一次；涉及村民利益的重大事项应当随时公布。

村民委员会应当保证所公布事项的真实性，并接受村民的查询。

第三十一条　村民委员会不及时公布应当公布的事项或者公布的事项不真实的，村民有权向乡、民族乡、镇的人民政府或者县级人民政府及其有关主管部门反映，有关人民政府或者主管部门应当负责调查核实，责令依法公布；经查证确有违法行为的，有关人员应当依法承担责任。

第三十二条　村应当建立村务监督委员会或者其他形式的村务监督机构，负责村民民主理财，监督村务公开等制度的落实，其成员由村民会议或者村民代表会议在村民中推选产生，其中应有具备财会、管理知识的人员。村民委员会成员及其近亲属不得担任村务监督机构成员。村务监督机构成员向村民会议和村民代表会议负责，可以列席村民委员会会议。

第三十三条　村民委员会成员以及由村民或者村集体承担误工补贴的聘用人员，应当接受村民会议或者村民代表会议对其履行职责情况的民主评议。民主评议每年至少进行一次，由村务监督机构主持。

村民委员会成员连续两次被评议不称职的，其职务终止。

第三十四条　村民委员会和村务监督机构应当建立村务档案。村务档案包括：选举文件和选票，会议记录，土地发包方案和承包合同，经济合同，集体财务账目，集体资产登记文件，公益设施基本资料，基本建设资料，宅基地使用方案，征地补偿费使用及分配方案等。村务档案应当真实、准确、完整、规范。

第三十五条　村民委员会成员实行任期和离任经济责任审计，审计包括下列事项：

（一）本村财务收支情况；

（二）本村债权债务情况；

（三）政府拨付和接受社会捐赠的资金、物资管理使用情况；

（四）本村生产经营和建设项目的发包管理以及公益事业建设项目招标投

标情况；

（五）本村资金管理使用以及本村集体资产、资源的承包、租赁、担保、出让情况，征地补偿费的使用、分配情况；

（六）本村五分之一以上的村民要求审计的其他事项。

村民委员会成员的任期和离任经济责任审计，由县级人民政府农业部门、财政部门或者乡、民族乡、镇的人民政府负责组织，审计结果应当公布，其中离任经济责任审计结果应当在下一届村民委员会选举之前公布。

第三十六条 村民委员会或者村民委员会成员作出的决定侵害村民合法权益的，受侵害的村民可以申请人民法院予以撤销，责任人依法承担法律责任。

村民委员会不依照法律、法规的规定履行法定义务的，由乡、民族乡、镇的人民政府责令改正。

乡、民族乡、镇的人民政府干预依法属于村民自治范围事项的，由上一级人民政府责令改正。

第六章 附 则

第三十七条 人民政府对村民委员会协助政府开展工作应当提供必要的条件；人民政府有关部门委托村民委员会开展工作需要经费的，由委托部门承担。

村民委员会办理本村公益事业所需的经费，由村民会议通过筹资筹劳解决；经费确有困难的，由地方人民政府给予适当支持。

第三十八条 驻在农村的机关、团体、部队、国有及国有控股企业、事业单位及其人员不参加村民委员会组织，但应当通过多种形式参与农村社区建设，并遵守有关村规民约。

村民委员会、村民会议或者村民代表会议讨论决定与前款规定的单位有关的事项，应当与其协商。

第三十九条 地方各级人民代表大会和县级以上地方各级人民代表大会常务委员会在本行政区域内保证本法的实施，保障村民依法行使自治权利。

第四十条 省、自治区、直辖市的人民代表大会常务委员会根据本法，结合本行政区域的实际情况，制定实施办法。

第四十一条 本法自公布之日起施行。

中华人民共和国农村集体经济组织法

(2024年6月28日第十四届全国人民代表大会
常务委员会第十次会议通过)

第一章 总 则

第一条 为了维护农村集体经济组织及其成员的合法权益,规范农村集体经济组织及其运行管理,促进新型农村集体经济高质量发展,巩固和完善农村基本经营制度和社会主义基本经济制度,推进乡村全面振兴,加快建设农业强国,促进共同富裕,根据宪法,制定本法。

第二条 本法所称农村集体经济组织,是指以土地集体所有为基础,依法代表成员集体行使所有权,实行家庭承包经营为基础、统分结合双层经营体制的区域性经济组织,包括乡镇级农村集体经济组织、村级农村集体经济组织、组级农村集体经济组织。

第三条 农村集体经济组织是发展壮大新型农村集体经济、巩固社会主义公有制、促进共同富裕的重要主体,是健全乡村治理体系、实现乡村善治的重要力量,是提升中国共产党农村基层组织凝聚力、巩固党在农村执政根基的重要保障。

第四条 农村集体经济组织应当坚持以下原则:

(一)坚持中国共产党的领导,在乡镇党委、街道党工委和村党组织的领导下依法履职;

(二)坚持社会主义集体所有制,维护集体及其成员的合法权益;

(三)坚持民主管理,农村集体经济组织成员依照法律法规和农村集体经济组织章程平等享有权利、承担义务;

(四)坚持按劳分配为主体、多种分配方式并存,促进农村共同富裕。

第五条 农村集体经济组织依法代表成员集体行使所有权,履行下列职能:

(一)发包农村土地;

(二)办理农村宅基地申请、使用事项;

（三）合理开发利用和保护耕地、林地、草地等土地资源并进行监督；

（四）使用集体经营性建设用地或者通过出让、出租等方式交由单位、个人使用；

（五）组织开展集体财产经营、管理；

（六）决定集体出资的企业所有权变动；

（七）分配、使用集体收益；

（八）分配、使用集体土地被征收征用的土地补偿费等；

（九）为成员的生产经营提供技术、信息等服务；

（十）支持和配合村民委员会在村党组织领导下开展村民自治；

（十一）支持农村其他经济组织、社会组织依法发挥作用；

（十二）法律法规和农村集体经济组织章程规定的其他职能。

第六条 农村集体经济组织依照本法登记，取得特别法人资格，依法从事与其履行职能相适应的民事活动。

农村集体经济组织不适用有关破产法律的规定。

农村集体经济组织可以依法出资设立或者参与设立公司、农民专业合作社等市场主体，以其出资为限对其设立或者参与设立的市场主体的债务承担责任。

第七条 农村集体经济组织从事经营管理和服务活动，应当遵守法律法规，遵守社会公德、商业道德，诚实守信，承担社会责任。

第八条 国家保护农村集体经济组织及其成员的合法权益，任何组织和个人不得侵犯。

农村集体经济组织成员集体所有的财产受法律保护，任何组织和个人不得侵占、挪用、截留、哄抢、私分、破坏。

妇女享有与男子平等的权利，不得以妇女未婚、结婚、离婚、丧偶、户无男性等为由，侵害妇女在农村集体经济组织中的各项权益。

第九条 国家通过财政、税收、金融、土地、人才以及产业政策等扶持措施，促进农村集体经济组织发展，壮大新型农村集体经济。

国家鼓励和支持机关、企事业单位、社会团体等组织和个人为农村集体经济组织提供帮助和服务。

对发展农村集体经济组织事业做出突出贡献的组织和个人，按照国家规定给予表彰和奖励。

第十条 国务院农业农村主管部门负责指导全国农村集体经济组织的建设和发展。国务院其他有关部门在各自职责范围内负责有关的工作。

县级以上地方人民政府农业农村主管部门负责本行政区域内农村集体经济组织的登记管理、运行监督指导以及承包地、宅基地等集体财产管理和产权流转交易等的监督指导。县级以上地方人民政府其他有关部门在各自职责范围内负责有关的工作。

乡镇人民政府、街道办事处负责本行政区域内农村集体经济组织的监督管理等。

县级以上人民政府农业农村主管部门应当会同有关部门加强对农村集体经济组织工作的综合协调,指导、协调、扶持、推动农村集体经济组织的建设和发展。

地方各级人民政府和县级以上人民政府农业农村主管部门应当采取措施,建立健全集体财产监督管理服务体系,加强基层队伍建设,配备与集体财产监督管理工作相适应的专业人员。

第二章 成　　员

第十一条 户籍在或者曾经在农村集体经济组织并与农村集体经济组织形成稳定的权利义务关系,以农村集体经济组织成员集体所有的土地等财产为基本生活保障的居民,为农村集体经济组织成员。

第十二条 农村集体经济组织通过成员大会,依据前条规定确认农村集体经济组织成员。

对因成员生育而增加的人员,农村集体经济组织应当确认为农村集体经济组织成员。对因成员结婚、收养或者因政策性移民而增加的人员,农村集体经济组织一般应当确认为农村集体经济组织成员。

确认农村集体经济组织成员,不得违反本法和其他法律法规的规定。

农村集体经济组织应当制作或者变更成员名册。成员名册应当报乡镇人民政府、街道办事处和县级人民政府农业农村主管部门备案。

省、自治区、直辖市人民代表大会及其常务委员会可以根据本法,结合本行政区域实际情况,对农村集体经济组织的成员确认作出具体规定。

第十三条 农村集体经济组织成员享有下列权利:

(一)依照法律法规和农村集体经济组织章程选举和被选举为成员代表、理事会成员、监事会成员或者监事；

（二）依照法律法规和农村集体经济组织章程参加成员大会、成员代表大会，参与表决决定农村集体经济组织重大事项和重要事务；

（三）查阅、复制农村集体经济组织财务会计报告、会议记录等资料，了解有关情况；

（四）监督农村集体经济组织的生产经营管理活动和集体收益的分配、使用，并提出意见和建议；

（五）依法承包农村集体经济组织发包的农村土地；

（六）依法申请取得宅基地使用权；

（七）参与分配集体收益；

（八）集体土地被征收征用时参与分配土地补偿费等；

（九）享受农村集体经济组织提供的服务和福利；

（十）法律法规和农村集体经济组织章程规定的其他权利。

第十四条 农村集体经济组织成员履行下列义务：

（一）遵守法律法规和农村集体经济组织章程；

（二）执行农村集体经济组织依照法律法规和农村集体经济组织章程作出的决定；

（三）维护农村集体经济组织合法权益；

（四）合理利用和保护集体土地等资源；

（五）参与、支持农村集体经济组织的生产经营管理活动和公益活动；

（六）法律法规和农村集体经济组织章程规定的其他义务。

第十五条 非农村集体经济组织成员长期在农村集体经济组织工作，对集体做出贡献的，经农村集体经济组织成员大会全体成员四分之三以上同意，可以享有本法第十三条第七项、第九项、第十项规定的权利。

第十六条 农村集体经济组织成员提出书面申请并经农村集体经济组织同意的，可以自愿退出农村集体经济组织。

农村集体经济组织成员自愿退出的，可以与农村集体经济组织协商获得适当补偿或者在一定期限内保留其已经享有的财产权益，但是不得要求分割集体财产。

第十七条 有下列情形之一的，丧失农村集体经济组织成员身份：

（一）死亡；

(二)丧失中华人民共和国国籍；

(三)已经取得其他农村集体经济组织成员身份；

(四)已经成为公务员，但是聘任制公务员除外；

(五)法律法规和农村集体经济组织章程规定的其他情形。

因前款第三项、第四项情形而丧失农村集体经济组织成员身份的，依照法律法规、国家有关规定和农村集体经济组织章程，经与农村集体经济组织协商，可以在一定期限内保留其已经享有的相关权益。

第十八条 农村集体经济组织成员不因就学、服役、务工、经商、离婚、丧偶、服刑等原因而丧失农村集体经济组织成员身份。

农村集体经济组织成员结婚，未取得其他农村集体经济组织成员身份的，原农村集体经济组织不得取消其成员身份。

第三章　组 织 登 记

第十九条 农村集体经济组织应当具备下列条件：

(一)有符合本法规定的成员；

(二)有符合本法规定的集体财产；

(三)有符合本法规定的农村集体经济组织章程；

(四)有符合本法规定的名称和住所；

(五)有符合本法规定的组织机构。

符合前款规定条件的村一般应当设立农村集体经济组织，村民小组可以根据情况设立农村集体经济组织；乡镇确有需要的，可以设立农村集体经济组织。

设立农村集体经济组织不得改变集体土地所有权。

第二十条 农村集体经济组织章程应当载明下列事项：

(一)农村集体经济组织的名称、法定代表人、住所和财产范围；

(二)农村集体经济组织成员确认规则和程序；

(三)农村集体经济组织的机构；

(四)集体财产经营和财务管理；

(五)集体经营性财产收益权的量化与分配；

(六)农村集体经济组织的变更和注销；

(七)需要载明的其他事项。

农村集体经济组织章程应当报乡镇人民政府、街道办事处和县级人民政府农业农村主管部门备案。

国务院农业农村主管部门根据本法和其他有关法律法规制定农村集体经济组织示范章程。

第二十一条 农村集体经济组织的名称中应当标明"集体经济组织"字样，以及所在县、不设区的市、市辖区、乡、民族乡、镇、村或者组的名称。

农村集体经济组织以其主要办事机构所在地为住所。

第二十二条 农村集体经济组织成员大会表决通过本农村集体经济组织章程、确认本农村集体经济组织成员、选举本农村集体经济组织理事会成员、监事会成员或者监事后，应当及时向县级以上地方人民政府农业农村主管部门申请登记，取得农村集体经济组织登记证书。

农村集体经济组织登记办法由国务院农业农村主管部门制定。

第二十三条 农村集体经济组织合并的，应当在清产核资的基础上编制资产负债表和财产清单。

农村集体经济组织合并的，应当由各自的成员大会形成决定，经乡镇人民政府、街道办事处审核后，报县级以上地方人民政府批准。

农村集体经济组织应当在获得批准合并之日起十日内通知债权人，债权人可以要求农村集体经济组织清偿债务或者提供相应担保。

合并各方的债权债务由合并后的农村集体经济组织承继。

第二十四条 农村集体经济组织分立的，应当在清产核资的基础上分配财产、分解债权债务。

农村集体经济组织分立的，应当由成员大会形成决定，经乡镇人民政府、街道办事处审核后，报县级以上地方人民政府批准。

农村集体经济组织应当在获得批准分立之日起十日内通知债权人。

农村集体经济组织分立前的债权债务，由分立后的农村集体经济组织享有连带债权，承担连带债务，但是农村集体经济组织分立时已经与债权人或者债务人达成清偿债务的书面协议的，从其约定。

第二十五条 农村集体经济组织合并、分立或者登记事项变动的，应当办理变更登记。

农村集体经济组织因合并、分立等原因需要解散的，依法办理注销登记后终止。

第四章 组 织 机 构

第二十六条 农村集体经济组织成员大会由具有完全民事行为能力的全体成员组成,是本农村集体经济组织的权力机构,依法行使下列职权:

(一)制定、修改农村集体经济组织章程;

(二)制定、修改农村集体经济组织内部管理制度;

(三)确认农村集体经济组织成员;

(四)选举、罢免农村集体经济组织理事会成员、监事会成员或者监事;

(五)审议农村集体经济组织理事会、监事会或者监事的工作报告;

(六)决定农村集体经济组织理事会成员、监事会成员或者监事的报酬及主要经营管理人员的聘任、解聘和报酬;

(七)批准农村集体经济组织的集体经济发展规划、业务经营计划、年度财务预决算、收益分配方案;

(八)对农村土地承包、宅基地使用和集体经营性财产收益权份额量化方案等事项作出决定;

(九)对集体经营性建设用地使用、出让、出租方案等事项作出决定;

(十)决定土地补偿费等的分配、使用办法;

(十一)决定投资等重大事项;

(十二)决定农村集体经济组织合并、分立等重大事项;

(十三)法律法规和农村集体经济组织章程规定的其他职权。

需由成员大会审议决定的重要事项,应当先经乡镇党委、街道党工委或者村党组织研究讨论。

第二十七条 农村集体经济组织召开成员大会,应当将会议召开的时间、地点和审议的事项于会议召开十日前通知全体成员,有三分之二以上具有完全民事行为能力的成员参加。成员无法在现场参加会议的,可以通过即时通讯工具在线参加会议,或者书面委托本农村集体经济组织同一户内具有完全民事行为能力的其他家庭成员代为参加会议。

成员大会每年至少召开一次,并由理事会召集,由理事长、副理事长或者理事长指定的成员主持。

成员大会实行一人一票的表决方式。成员大会作出决定,应当经本农村集体经济组织成员大会全体成员三分之二以上同意,本法或者其他法律法规、农村集体经济组织章程有更严格规定的，从其规定。

第二十八条　农村集体经济组织成员较多的，可以按照农村集体经济组织章程规定设立成员代表大会。

设立成员代表大会的，一般每五户至十五户选举代表一人，代表人数应当多于二十人，并且有适当数量的妇女代表。

成员代表的任期为五年，可以连选连任。

成员代表大会按照农村集体经济组织章程规定行使本法第二十六条第一款规定的成员大会部分职权，但是第一项、第三项、第八项、第十项、第十二项规定的职权除外。

成员代表大会实行一人一票的表决方式。成员代表大会作出决定，应当经全体成员代表三分之二以上同意。

第二十九条　农村集体经济组织设理事会，一般由三至七名单数成员组成。理事会设理事长一名，可以设副理事长。理事长、副理事长、理事的产生办法由农村集体经济组织章程规定。理事会成员之间应当实行近亲属回避。理事会成员的任期为五年，可以连选连任。

理事长是农村集体经济组织的法定代表人。

乡镇党委、街道党工委或者村党组织可以提名推荐农村集体经济组织理事会成员候选人，党组织负责人可以通过法定程序担任农村集体经济组织理事长。

第三十条　理事会对成员大会、成员代表大会负责，行使下列职权：

（一）召集、主持成员大会、成员代表大会，并向其报告工作；

（二）执行成员大会、成员代表大会的决定；

（三）起草农村集体经济组织章程修改草案；

（四）起草集体经济发展规划、业务经营计划、内部管理制度等；

（五）起草农村土地承包、宅基地使用、集体经营性财产收益权份额量化，以及集体经营性建设用地使用、出让或者出租等方案；

（六）起草投资方案；

（七）起草年度财务预决算、收益分配方案等；

（八）提出聘任、解聘主要经营管理人员及决定其报酬的建议；

（九）依照法律法规和农村集体经济组织章程管理集体财产和财务，保障集体财产安全；

（十）代表农村集体经济组织签订承包、出租、入股等合同，监督、督促承包方、承租方、被投资方等履行合同；

（十一）接受、处理有关质询、建议并作出答复；

（十二）农村集体经济组织章程规定的其他职权。

第三十一条 理事会会议应当有三分之二以上的理事会成员出席。

理事会实行一人一票的表决方式。理事会作出决定，应当经全体理事的过半数同意。

理事会的议事方式和表决程序由农村集体经济组织章程具体规定。

第三十二条 农村集体经济组织设监事会，成员较少的可以设一至二名监事，行使监督理事会执行成员大会和成员代表大会决定、监督检查集体财产经营管理情况、审核监督本农村集体经济组织财务状况等内部监督职权。必要时，监事会或者监事可以组织对本农村集体经济组织的财务进行内部审计，审计结果应当向成员大会、成员代表大会报告。

监事会或者监事的产生办法、具体职权、议事方式和表决程序等，由农村集体经济组织章程规定。

第三十三条 农村集体经济组织成员大会、成员代表大会、理事会、监事会或者监事召开会议，应当按照规定制作、保存会议记录。

第三十四条 农村集体经济组织理事会成员、监事会成员或者监事与村党组织领导班子成员、村民委员会成员可以根据情况交叉任职。

农村集体经济组织理事会成员、财务人员、会计人员及其近亲属不得担任监事会成员或者监事。

第三十五条 农村集体经济组织理事会成员、监事会成员或者监事应当遵守法律法规和农村集体经济组织章程，履行诚实信用、勤勉谨慎的义务，为农村集体经济组织及其成员的利益管理集体财产，处理农村集体经济组织事务。

农村集体经济组织理事会成员、监事会成员或者监事、主要经营管理人员不得有下列行为：

（一）侵占、挪用、截留、哄抢、私分、破坏集体财产；

（二）直接或间接向农村集体经济组织借款；

（三）以集体财产为本人或者他人债务提供担保；

（四）违反法律法规或者国家有关规定为地方政府举借债务；

（五）以农村集体经济组织名义开展非法集资等非法金融活动；

（六）将集体财产低价折股、转让、租赁；
（七）以集体财产加入合伙企业成为普通合伙人；
（八）接受他人与农村集体经济组织交易的佣金归为己有；
（九）泄露农村集体经济组织的商业秘密；
（十）其他损害农村集体经济组织合法权益的行为。

第五章　财产经营管理和收益分配

第三十六条　集体财产主要包括：
（一）集体所有的土地和森林、山岭、草原、荒地、滩涂；
（二）集体所有的建筑物、生产设施、农田水利设施；
（三）集体所有的教育、科技、文化、卫生、体育、交通等设施和农村人居环境基础设施；
（四）集体所有的资金；
（五）集体投资兴办的企业和集体持有的其他经济组织的股权及其他投资性权利；
（六）集体所有的无形资产；
（七）集体所有的接受国家扶持、社会捐赠、减免税费等形成的财产；
（八）集体所有的其他财产。

集体财产依法由农村集体经济组织成员集体所有，由农村集体经济组织依法代表成员集体行使所有权，不得分割到成员个人。

第三十七条　集体所有和国家所有依法由农民集体使用的耕地、林地、草地以及其他依法用于农业的土地，依照农村土地承包的法律实行承包经营。

集体所有的宅基地等建设用地，依照法律、行政法规和国家有关规定取得、使用、管理。

集体所有的建筑物、生产设施、农田水利设施，由农村集体经济组织按照国家有关规定和农村集体经济组织章程使用、管理。

集体所有的教育、科技、文化、卫生、体育、交通等设施和农村人居环境基础设施，依照法律法规、国家有关规定和农村集体经济组织章程使用、管理。

第三十八条　依法应当实行家庭承包的耕地、林地、草地以外的其他农村土地，农村集体经济组织可以直接组织经营或者依法实行承包经营，也可以依法采取土地经营权出租、入股等方式经营。

第三十九条 对符合国家规定的集体经营性建设用地,农村集体经济组织应当优先用于保障乡村产业发展和乡村建设,也可以依法通过出让、出租等方式交由单位或者个人有偿使用。

第四十条 农村集体经济组织可以将集体所有的经营性财产的收益权以份额形式量化到本农村集体经济组织成员,作为其参与集体收益分配的基本依据。

集体所有的经营性财产包括本法第三十六条第一款第一项中可以依法入市、流转的财产用益物权和第二项、第四项至第七项的财产。

国务院农业农村主管部门可以根据本法制定集体经营性财产收益权量化的具体办法。

第四十一条 农村集体经济组织可以探索通过资源发包、物业出租、居间服务、经营性财产参股等多样化途径发展新型农村集体经济。

第四十二条 农村集体经济组织当年收益应当按照农村集体经济组织章程规定提取公积公益金,用于弥补亏损、扩大生产经营等,剩余的可分配收益按照量化给农村集体经济组织成员的集体经营性财产收益权份额进行分配。

第四十三条 农村集体经济组织应当加强集体财产管理,建立集体财产清查、保管、使用、处置、公开等制度,促进集体财产保值增值。

省、自治区、直辖市可以根据实际情况,制定本行政区域农村集体财产管理具体办法,实现集体财产管理制度化、规范化和信息化。

第四十四条 农村集体经济组织应当按照国务院有关部门制定的农村集体经济组织财务会计制度进行财务管理和会计核算。

农村集体经济组织应当根据会计业务的需要,设置会计机构,或者设置会计人员并指定会计主管人员,也可以按照规定委托代理记账。

集体所有的资金不得存入以个人名义开立的账户。

第四十五条 农村集体经济组织应当定期将财务情况向农村集体经济组织成员公布。集体财产使用管理情况、涉及农村集体经济组织及其成员利益的重大事项应当及时公布。农村集体经济组织理事会应当保证所公布事项的真实性。

第四十六条 农村集体经济组织应当编制年度经营报告、年度财务会计报告和收益分配方案,并于成员大会、成员代表大会召开十日前,提供给农村集体经济组织成员查阅。

第四十七条 农村集体经济组织应当依法接受审计监督。

县级以上地方人民政府农业农村主管部门和乡镇人民政府、街道办事处根据情况对农村集体经济组织开展定期审计、专项审计。审计办法由国务院农业农村主管部门制定。

审计机关依法对农村集体经济组织接受、运用财政资金的真实、合法和效益情况进行审计监督。

第四十八条 农村集体经济组织应当自觉接受有关机关和组织对集体财产使用管理情况的监督。

第六章　扶 持 措 施

第四十九条 县级以上人民政府应当合理安排资金,支持农村集体经济组织发展新型农村集体经济、服务集体成员。

各级财政支持的农业发展和农村建设项目,依法将适宜的项目优先交由符合条件的农村集体经济组织承担。国家对欠发达地区和革命老区、民族地区、边疆地区的农村集体经济组织给予优先扶助。

县级以上人民政府有关部门应当依法加强对财政补助资金使用情况的监督。

第五十条 农村集体经济组织依法履行纳税义务,依法享受税收优惠。

农村集体经济组织开展生产经营管理活动或者因开展农村集体产权制度改革办理土地、房屋权属变更,按照国家规定享受税收优惠。

第五十一条 农村集体经济组织用于集体公益和综合服务、保障村级组织和村务运转等支出,按照国家规定计入相应成本。

第五十二条 国家鼓励政策性金融机构立足职能定位,在业务范围内采取多种形式对农村集体经济组织发展新型农村集体经济提供多渠道资金支持。

国家鼓励商业性金融机构为农村集体经济组织及其成员提供多样化金融服务,优先支持符合条件的农村集体经济发展项目,支持农村集体经济组织开展集体经营性财产股权质押贷款;鼓励融资担保机构为农村集体经济组织提供融资担保服务;鼓励保险机构为农村集体经济组织提供保险服务。

第五十三条 乡镇人民政府编制村庄规划应当根据实际需要合理安排集体经济发展各项建设用地。

土地整理新增耕地形成土地指标交易的收益,应当保障农村集体经济组织和相关权利人的合法权益。

第五十四条 县级人民政府和乡镇人民政府、街道办事处应当加强农村集体经济组织经营管理队伍建设,制定农村集体经济组织人才培养计划,完善激励机制,支持和引导各类人才服务新型农村集体经济发展。

第五十五条 各级人民政府应当在用水、用电、用气以及网络、交通等公共设施和农村人居环境基础设施配置方面为农村集体经济组织建设发展提供支持。

第七章 争议的解决和法律责任

第五十六条 对确认农村集体经济组织成员身份有异议,或者农村集体经济组织因内部管理、运行、收益分配等发生纠纷的,当事人可以请求乡镇人民政府、街道办事处或者县级人民政府农业农村主管部门调解解决;不愿调解或者调解不成的,可以向农村土地承包仲裁机构申请仲裁,也可以直接向人民法院提起诉讼。

确认农村集体经济组织成员身份时侵害妇女合法权益,导致社会公共利益受损的,检察机关可以发出检察建议或者依法提起公益诉讼。

第五十七条 农村集体经济组织成员大会、成员代表大会、理事会或者农村集体经济组织负责人作出的决定侵害农村集体经济组织成员合法权益的,受侵害的农村集体经济组织成员可以请求人民法院予以撤销。但是,农村集体经济组织按照该决定与善意相对人形成的民事法律关系不受影响。

受侵害的农村集体经济组织成员自知道或者应当知道撤销事由之日起一年内或者自该决定作出之日起五年内未行使撤销权的,撤销权消灭。

第五十八条 农村集体经济组织理事会成员、监事会成员或者监事、主要经营管理人员有本法第三十五条第二款规定行为的,由乡镇人民政府、街道办事处或者县级人民政府农业农村主管部门责令限期改正;情节严重的,依法给予处分或者行政处罚;造成集体财产损失的,依法承担赔偿责任;构成犯罪的,依法追究刑事责任。

前款规定的人员违反本法规定,以集体财产为本人或者他人债务提供担保的,该担保无效。

第五十九条 对于侵害农村集体经济组织合法权益的行为,农村集体经济组织可以依法向人民法院提起诉讼。

第六十条 农村集体经济组织理事会成员、监事会成员或者监事、主要经营管理人员执行职务时违反法律法规或者农村集体经济组织章程的规定，给农村集体经济组织造成损失的，应当依法承担赔偿责任。

前款规定的人员有前款行为的，农村集体经济组织理事会、监事会或者监事应当向人民法院提起诉讼；未及时提起诉讼的，十名以上具有完全民事行为能力的农村集体经济组织成员可以书面请求监事会或者监事向人民法院提起诉讼。

监事会或者监事收到书面请求后拒绝提起诉讼或者自收到请求之日起十五日内未提起诉讼的，前款规定的提出书面请求的农村集体经济组织成员可以为农村集体经济组织的利益，以自己的名义向人民法院提起诉讼。

第六十一条 农村集体经济组织章程或者农村集体经济组织成员大会、成员代表大会所作的决定违反本法或者其他法律法规规定的，由乡镇人民政府、街道办事处或者县级人民政府农业农村主管部门责令限期改正。

第六十二条 地方人民政府及其有关部门非法干预农村集体经济组织经营管理和财产管理活动或者未依法履行相应监管职责的，由上级人民政府责令限期改正；情节严重的，依法追究相关责任人员的法律责任。

第六十三条 农村集体经济组织对行政机关的行政行为不服的，可以依法申请行政复议或者提起行政诉讼。

第八章　附　　则

第六十四条 未设立农村集体经济组织的，村民委员会、村民小组可以依法代行农村集体经济组织的职能。

村民委员会、村民小组依法代行农村集体经济组织职能的，讨论决定有关集体财产和成员权益的事项参照适用本法的相关规定。

第六十五条 本法施行前已经按照国家规定登记的农村集体经济组织及其名称，本法施行后在法人登记证书有效期限内继续有效。

第六十六条 本法施行前农村集体经济组织开展农村集体产权制度改革时已经被确认的成员，本法施行后不需要重新确认。

第六十七条 本法自 2025 年 5 月 1 日起施行。

村庄和集镇规划建设管理条例

(1993年5月7日国务院第三次常务会议通过)

第一章 总 则

第一条 为加强村庄、集镇的规划建设管理,改善村庄、集镇的生产、生活环境,促进农村经济和社会发展,制定本条例。

第二条 制定和实施村庄、集镇规划,在村庄、集镇规划区内进行居民住宅、乡(镇)村企业、乡(镇)村公共设施和公益事业等的建设,必须遵守本条例。但是,国家征用集体所有的土地进行的建设除外。

在城市规划区内的村庄、集镇规划的制定和实施,依照城市规划法及其实施条例执行。

第三条 本条例所称村庄,是指农村村民居住和从事各种生产的聚居点。

本条例所称集镇,是指乡、民族乡人民政府所在地和经县级人民政府确认由集市发展而成的作为农村一定区域经济、文化和生活服务中心的非建制镇。

本条例所称村庄、集镇规划区,是指村庄、集镇建成区和因村庄、集镇建设及发展需要实行规划控制的区域。村庄、集镇规划区的具体范围,在村庄、集镇总体规划中划定。

第四条 村庄、集镇规划建设管理,应当坚持合理布局、节约用地的原则,全面规划,正确引导,依靠群众,自力更生,因地制宜,量力而行,逐步建设,实现经济效益、社会效益和环境效益的统一。

第五条 地处洪涝、地震、台风、滑坡等自然灾害易发地区的村庄和集镇,应当按照国家和地方的有关规定,在村庄、集镇总体规划中制定防灾措施。

第六条 国务院建设行政主管部门主管全国的村庄、集镇规划建设管理工作。

县级以上地方人民政府建设行政主管部门主管本行政区域的村庄、集镇规划建设管理工作。

乡级人民政府负责本行政区域的村庄、集镇规划建设管理工作。

第七条 国家鼓励村庄、集镇规划建设管理的科学研究,推广先进技术,提倡在村庄和集镇建设中,结合当地特点,采用新工艺、新材料、新结构。

第二章 村庄和集镇规划的制定

第八条 村庄、集镇规划由乡级人民政府负责组织编制,并监督实施。

第九条 村庄、集镇规划的编制,应当遵循下列原则:

(一)根据国民经济和社会发展计划,结合当地经济发展的现状和要求,以及自然环境、资源条件和历史情况等,统筹兼顾,综合部署村庄和集镇的各项建设;

(二)处理好近期建设与远景发展、改造与新建的关系,使村庄、集镇的性质和建设的规模、速度和标准,同经济发展和农民生活水平相适应;

(三)合理用地,节约用地,各项建设应当相对集中,充分利用原有建设用地,新建、扩建工程及住宅应当尽量不占用耕地和林地;

(四)有利生产,方便生活,合理安排住宅、乡(镇)村企业、乡(镇)村公共设施和公益事业等的建设布局,促进农村各项事业协调发展,并适当留有发展余地;

(五)保护和改善生态环境,防治污染和其他公害,加强绿化和村容镇貌、环境卫生建设。

第十条 村庄、集镇规划的编制,应当以县域规划、农业区划、土地利用总体规划为依据,并同有关部门的专业规划相协调。

县级人民政府组织编制的县域规划,应当包括村庄、集镇建设体系规划。

第十一条 编制村庄、集镇规划,一般分为村庄、集镇总体规划和村庄、集镇建设规划两个阶段进行。

第十二条 村庄、集镇总体规划,是乡级行政区域内村庄和集镇布点规划及相应的各项建设的整体部署。

村庄、集镇总体规划的主要内容包括:乡级行政区域的村庄、集镇布点,村庄和集镇的位置、性质、规模和发展方向,村庄和集镇的交通、供水、供电、邮电、商业、绿化等生产和生活服务设施的配置。

第十三条 村庄、集镇建设规划,应当在村庄、集镇总体规划指导下,具体安排村庄、集镇的各项建设。

集镇建设规划的主要内容包括:住宅、乡(镇)村企业、乡(镇)村公共设施、公益事业等各项建设的用地布局、用地规模,有关的技术经济指标,近期建设工程以及重点地段建设具体安排。

村庄建设规划的主要内容,可以根据本地区经济发展水平,参照集镇建设规划的编制内容,主要对住宅和供水、供电、道路、绿化、环境卫生以及生产配套设施作出具体安排。

第十四条 村庄、集镇总体规划和集镇建设规划,须经乡级人民代表大会审查同意,由乡级人民政府报县级人民政府批准。

村庄建设规划,须经村民会议讨论同意,由乡级人民政府报县级人民政府批准。

第十五条 根据社会经济发展需要,依照本条例第十四条的规定,经乡级人民代表大会或者村民会议同意,乡级人民政府可以对村庄、集镇规划进行局部调整,并报县级人民政府备案。涉及村庄、集镇的性质、规模、发展方向和总体布局重大变更的,依照本条例第十四条规定的程序办理。

第十六条 村庄、集镇规划期限,由省、自治区、直辖市人民政府根据本地区实际情况规定。

第十七条 村庄、集镇规划经批准后,由乡级人民政府公布。

第三章 村庄和集镇规划的实施

第十八条 农村村民在村庄、集镇规划区内建住宅的,应当先向村集体经济组织或者村民委员会提出建房申请,经村民会议讨论通过后,按照下列审批程序办理:

(一)需要使用耕地的,经乡级人民政府审核、县级人民政府建设行政主管部门审查同意并出具选址意见书后,方可依照《土地管理法》向县级人民政府土地管理部门申请用地,经县级人民政府批准后,由县级人民政府土地管理部门划拨土地;

(二)使用原有宅基地、村内空闲地和其他土地的,由乡级人民政府根据村庄、集镇规划和土地利用规划批准。

城镇非农业户口居民在村庄、集镇规划区内需要使用集体所有的土地建住宅的,应当经其所在单位或者居民委员会同意后,依照前款第(一)项规定的审批程序办理。

回原籍村庄、集镇落户的职工、退伍军人和离休、退休干部以及回乡定居的华侨、港澳台同胞,在村庄、集镇规划区内需要使用集体所有的土地建住宅的,依照本条第一款第(一)项规定的审批程序办理。

第十九条 兴建乡(镇)村企业,必须持县级以上地方人民政府批准的设计任务书或者其他批准文件,向县级人民政府建设行政主管部门申请选址定点,县级人民政府建设行政主管部门审查同意并出具选址意见书后,建设单位方可依法向县级人民政府土地管理部门申请用地,经县级以上人民政府批准后,由土地管理部门划拨土地。

第二十条 乡(镇)村公共设施、公益事业建设,须经乡级人民政府审核、县级人民政府建设行政主管部门审查同意并出具选址意见书后,建设单位方可依法向县级人民政府土地管理部门申请用地,经县级以上人民政府批准后,由土地管理部门划拨土地。

第四章 村庄和集镇建设的设计、施工管理

第二十一条 在村庄、集镇规划区内,凡建筑跨度、跨径或者高度超出规定范围的乡(镇)村企业、乡(镇)村公共设施和公益事业的建筑工程,以及二层(含二层)以上的住宅,必须由取得相应的设计资质证书的单位进行设计,或者选用通用设计、标准设计。

跨度、跨径和高度的限定,由省、自治区、直辖市人民政府或者其授权的部门规定。

第二十二条 建筑设计应当贯彻适用、经济、安全和美观的原则,符合国家和地方有关节约资源、抗御灾害的规定,保持地方特色和民族风格,并注意与周围环境相协调。

农村居民住宅设计应当符合紧凑、合理、卫生和安全的要求。

第二十三条 承担村庄、集镇规划区内建筑工程施工任务的单位,必须具有相应的施工资质等级证书或者资质审查证书,并按照规定的经营范围承担施工任务。

在村庄、集镇规划区内从事建筑施工的个体工匠,除承担房屋修缮外,须按有关规定办理施工资质审批手续。

第二十四条 施工单位应当按照设计图纸施工。任何单位和个人不得擅自修改设计图纸;确需修改的,须经原设计单位同意,并出具变更设计通知单或者图纸。

第二十五条 施工单位应当确保施工质量,按照有关的技术规定施工,不

得使用不符合工程质量要求的建筑材料和建筑构件。

第二十六条 乡(镇)村企业、乡(镇)村公共设施、公益事业等建设,在开工前,建设单位和个人应当向县级以上人民政府建设行政主管部门提出开工申请,经县级以上人民政府建设行政主管部门对设计、施工条件予以审查批准后,方可开工。

农村居民住宅建设开工的审批程序,由省、自治区、直辖市人民政府规定。

第二十七条 县级人民政府建设行政主管部门,应当对村庄、集镇建设的施工质量进行监督检查。村庄、集镇的建设工程竣工后,应当按照国家的有关规定,经有关部门竣工验收合格后,方可交付使用。

第五章 房屋、公共设施、村容镇貌和环境卫生管理

第二十八条 县级以上人民政府建设行政主管部门,应当加强对村庄、集镇房屋的产权、产籍的管理,依法保护房屋所有人对房屋的所有权。具体办法由国务院建设行政主管部门制定。

第二十九条 任何单位和个人都应当遵守国家和地方有关村庄、集镇的房屋、公共设施的管理规定,保证房屋的使用安全和公共设施的正常使用,不得破坏或者损毁村庄、集镇的道路、桥梁、供水、排水、供电、邮电、绿化等设施。

第三十条 从集镇收取的城市维护建设税,应当用于集镇公共设施的维护和建设,不得挪作他用。

第三十一条 乡级人民政府应当采取措施,保护村庄、集镇饮用水源;有条件的地方,可以集中供水,使水质逐步达到国家规定的生活饮用水卫生标准。

第三十二条 未经乡级人民政府批准,任何单位和个人不得擅自在村庄、集镇规划区内的街道、广场、市场和车站等场所修建临时建筑物、构筑物和其他设施。

第三十三条 任何单位和个人都应当维护村容镇貌和环境卫生,妥善处理粪堆、垃圾堆、柴草堆,养护树木花草,美化环境。

第三十四条 任何单位和个人都有义务保护村庄、集镇内的文物古迹、古树名木和风景名胜、军事设施、防汛设施,以及国家邮电、通信、输变电、输油管道等设施,不得损坏。

第三十五条 乡级人民政府应当按照国家有关规定,对村庄、集镇建设中形成的具有保存价值的文件、图纸、资料等及时整理归档。

第六章 罚 则

第三十六条 在村庄、集镇规划区内，未按规划审批程序批准而取得建设用地批准文件，占用土地的，批准文件无效，占用的土地由乡级以上人民政府责令退回。

第三十七条 在村庄、集镇规划区内，未按规划审批程序批准或者违反规划的规定进行建设，严重影响村庄、集镇规划的，由县级人民政府建设行政主管部门责令停止建设，限期拆除或者没收违法建筑物、构筑物和其他设施；影响村庄、集镇规划，尚可采取改正措施的，由县级人民政府建设行政主管部门责令限期改正，处以罚款。

农村居民未经批准或者违反规划的规定建住宅的，乡级人民政府可以依照前款规定处罚。

第三十八条 有下列行为之一的，由县级人民政府建设行政主管部门责令停止设计或者施工、限期改正，并可处以罚款：

（一）未取得设计资质证书，承担建筑跨度、跨径和高度超出规定范围的工程以及二层以上住宅的设计任务或者未按设计资质证书规定的经营范围，承担设计任务的；

（二）未取得施工资质等级证书或者资质审查证书或者未按规定的经营范围，承担施工任务的；

（三）不按有关技术规定施工或者使用不符合工程质量要求的建筑材料和建筑构件的；

（四）未按设计图纸施工或者擅自修改设计图纸的。

取得设计或者施工资质证书的勘察设计、施工单位，为无证单位提供资质证书，超过规定的经营范围，承担设计、施工任务或者设计、施工的质量不符合要求，情节严重的，由原发证机关吊销设计或者施工的资质证书。

第三十九条 有下列行为之一的，由乡级人民政府责令停止侵害，可以处以罚款；造成损失的，并应当赔偿：

（一）损坏村庄和集镇的房屋、公共设施的；

（二）乱堆粪便、垃圾、柴草，破坏村容镇貌和环境卫生的。

第四十条 擅自在村庄、集镇规划区内的街道、广场、市场和车站等场所修建临时建筑物、构筑物和其他设施的，由乡级人民政府责令限期拆除，并可处以罚款。

第四十一条　损坏村庄、集镇内的文物古迹、古树名木和风景名胜、军事设施、防汛设施，以及国家邮电、通信、输变电、输油管道等设施的，依照有关法律、法规的规定处理。

第四十二条　违反本条例，构成违反治安管理行为的，依照治安管理处罚条例的规定处罚；构成犯罪的，依法追究刑事责任。

第四十三条　村庄、集镇建设管理人员玩忽职守、滥用职权、徇私舞弊的，由所在单位或者上级主管部门给予行政处分；构成犯罪的，依法追究刑事责任。

第四十四条　当事人对行政处罚决定不服的，可以自接到处罚决定通知之日起十五日内，向作出处罚决定机关的上一级机关申请复议；对复议决定不服的，可以自接到复议决定之日起十五日内，向人民法院提起诉讼。当事人也可以自接到处罚决定通知之日起十五日内，直接向人民法院起诉。当事人逾期不申请复议，也不向人民法院提起诉讼，又不履行处罚决定的，作出处罚决定的机关可以申请人民法院强制执行或者依法强制执行。

第七章　附　　则

第四十五条　未设镇建制的国营农场场部、国营林场场部及其基层居民点的规划建设管理，分别由国营农场、国营林场主管部门负责，参照本条例执行。

第四十六条　省、自治区、直辖市人民政府可以根据本条例制定实施办法。

第四十七条　本条例由国务院建设行政主管部门负责解释。

第四十八条　本条例自1993年11月1日起施行。

公平竞争审查条例

（2024年5月11日国务院第32次常务会议通过）

第一章　总　　则

第一条　为了规范公平竞争审查工作，促进市场公平竞争，优化营商环境，建设全国统一大市场,根据《中华人民共和国反垄断法》等法律,制定本条例。

第二条 起草涉及经营者经济活动的法律、行政法规、地方性法规、规章、规范性文件以及具体政策措施(以下统称政策措施),行政机关和法律、法规授权的具有管理公共事务职能的组织(以下统称起草单位)应当依照本条例规定开展公平竞争审查。

第三条 公平竞争审查工作坚持中国共产党的领导,贯彻党和国家路线方针政策和决策部署。

国家加强公平竞争审查工作,保障各类经营者依法平等使用生产要素、公平参与市场竞争。

第四条 国务院建立公平竞争审查协调机制,统筹、协调和指导全国公平竞争审查工作,研究解决公平竞争审查工作中的重大问题,评估全国公平竞争审查工作情况。

第五条 县级以上地方人民政府应当建立健全公平竞争审查工作机制,保障公平竞争审查工作力量,并将公平竞争审查工作经费纳入本级政府预算。

第六条 国务院市场监督管理部门负责指导实施公平竞争审查制度,督促有关部门和地方开展公平竞争审查工作。

县级以上地方人民政府市场监督管理部门负责在本行政区域组织实施公平竞争审查制度。

第七条 县级以上人民政府将公平竞争审查工作情况纳入法治政府建设、优化营商环境等考核评价内容。

第二章 审查标准

第八条 起草单位起草的政策措施,不得含有下列限制或者变相限制市场准入和退出的内容:

(一)对市场准入负面清单以外的行业、领域、业务等违法设置审批程序;

(二)违法设置或者授予特许经营权;

(三)限定经营、购买或者使用特定经营者提供的商品或者服务(以下统称商品);

(四)设置不合理或者歧视性的准入、退出条件;

(五)其他限制或者变相限制市场准入和退出的内容。

第九条 起草单位起草的政策措施,不得含有下列限制商品、要素自由流动的内容：

（一）限制外地或者进口商品、要素进入本地市场，或者阻碍本地经营者迁出，商品、要素输出；

（二）排斥、限制、强制或者变相强制外地经营者在本地投资经营或者设立分支机构；

（三）排斥、限制或者变相限制外地经营者参加本地政府采购、招标投标；

（四）对外地或者进口商品、要素设置歧视性收费项目、收费标准、价格或者补贴；

（五）在资质标准、监管执法等方面对外地经营者在本地投资经营设置歧视性要求；

（六）其他限制商品、要素自由流动的内容。

第十条 起草单位起草的政策措施，没有法律、行政法规依据或者未经国务院批准，不得含有下列影响生产经营成本的内容：

（一）给予特定经营者税收优惠；

（二）给予特定经营者选择性、差异化的财政奖励或者补贴；

（三）给予特定经营者要素获取、行政事业性收费、政府性基金、社会保险费等方面的优惠；

（四）其他影响生产经营成本的内容。

第十一条 起草单位起草的政策措施，不得含有下列影响生产经营行为的内容：

（一）强制或者变相强制经营者实施垄断行为，或者为经营者实施垄断行为提供便利条件；

（二）超越法定权限制定政府指导价、政府定价，为特定经营者提供优惠价格；

（三）违法干预实行市场调节价的商品、要素的价格水平；

（四）其他影响生产经营行为的内容。

第十二条 起草单位起草的政策措施，具有或者可能具有排除、限制竞争效果，但符合下列情形之一，且没有对公平竞争影响更小的替代方案，并能够确定合理的实施期限或者终止条件的，可以出台：

（一）为维护国家安全和发展利益的；

（二）为促进科学技术进步、增强国家自主创新能力的；

（三）为实现节约能源、保护环境、救灾救助等社会公共利益的；

（四）法律、行政法规规定的其他情形。

第三章 审查机制

第十三条 拟由部门出台的政策措施，由起草单位在起草阶段开展公平竞争审查。

拟由多个部门联合出台的政策措施，由牵头起草单位在起草阶段开展公平竞争审查。

第十四条 拟由县级以上人民政府出台或者提请本级人民代表大会及其常务委员会审议的政策措施，由本级人民政府市场监督管理部门会同起草单位在起草阶段开展公平竞争审查。起草单位应当开展初审，并将政策措施草案和初审意见送市场监督管理部门审查。

第十五条 国家鼓励有条件的地区探索建立跨区域、跨部门的公平竞争审查工作机制。

第十六条 开展公平竞争审查，应当听取有关经营者、行业协会商会等利害关系人关于公平竞争影响的意见。涉及社会公众利益的，应当听取社会公众意见。

第十七条 开展公平竞争审查，应当按照本条例规定的审查标准，在评估对公平竞争影响后，作出审查结论。

适用本条例第十二条规定的，应当在审查结论中详细说明。

第十八条 政策措施未经公平竞争审查，或者经公平竞争审查认为违反本条例第八条至第十一条规定且不符合第十二条规定情形的，不得出台。

第十九条 有关部门和单位、个人对在公平竞争审查过程中知悉的国家秘密、商业秘密和个人隐私，应当依法予以保密。

第四章 监督保障

第二十条 国务院市场监督管理部门强化公平竞争审查工作监督保障，建立健全公平竞争审查抽查、举报处理、督查等机制。

第二十一条 市场监督管理部门建立健全公平竞争审查抽查机制，组织对有关政策措施开展抽查，经核查发现违反本条例规定的，应当督促起草单位进行整改。

市场监督管理部门应当向本级人民政府报告抽查情况,抽查结果可以向社会公开。

第二十二条 对违反本条例规定的政策措施,任何单位和个人可以向市场监督管理部门举报。市场监督管理部门接到举报后,应当及时处理或者转送有关部门处理。

市场监督管理部门应当向社会公开受理举报的电话、信箱或者电子邮件地址。

第二十三条 国务院定期对县级以上地方人民政府公平竞争审查工作机制建设情况、公平竞争审查工作开展情况、举报处理情况等开展督查。国务院市场监督管理部门负责具体实施。

第二十四条 起草单位未依照本条例规定开展公平竞争审查,经市场监督管理部门督促,逾期仍未整改的,上一级市场监督管理部门可以对其负责人进行约谈。

第二十五条 未依照本条例规定开展公平竞争审查,造成严重不良影响的,对起草单位直接负责的主管人员和其他直接责任人员依法给予处分。

第五章 附 则

第二十六条 国务院市场监督管理部门根据本条例制定公平竞争审查的具体实施办法。

第二十七条 本条例自2024年8月1日起施行。

2. 政府信息公开

中华人民共和国政府信息公开条例

(2007年4月5日中华人民共和国国务院令第492号公布 2019年4月3日中华人民共和国国务院令第711号修订)

第一章 总 则

第一条 为了保障公民、法人和其他组织依法获取政府信息,提高政府工作的透明度,建设法治政府,充分发挥政府信息对人民群众生产、生活和经济社会活动的服务作用,制定本条例。

第二条 本条例所称政府信息,是指行政机关在履行行政管理职能过程中制作或者获取的,以一定形式记录、保存的信息。

第三条 各级人民政府应当加强对政府信息公开工作的组织领导。

国务院办公厅是全国政府信息公开工作的主管部门,负责推进、指导、协调、监督全国的政府信息公开工作。

县级以上地方人民政府办公厅(室)是本行政区域的政府信息公开工作主管部门,负责推进、指导、协调、监督本行政区域的政府信息公开工作。

实行垂直领导的部门的办公厅(室)主管本系统的政府信息公开工作。

第四条 各级人民政府及县级以上人民政府部门应当建立健全本行政机关的政府信息公开工作制度,并指定机构(以下统称政府信息公开工作机构)负责本行政机关政府信息公开的日常工作。

政府信息公开工作机构的具体职能是:

(一)办理本行政机关的政府信息公开事宜;

(二)维护和更新本行政机关公开的政府信息;

(三)组织编制本行政机关的政府信息公开指南、政府信息公开目录和政府信息公开工作年度报告;

(四)组织开展对拟公开政府信息的审查;

(五)本行政机关规定的与政府信息公开有关的其他职能。

第五条 行政机关公开政府信息,应当坚持以公开为常态、不公开为例外,遵循公正、公平、合法、便民的原则。

第六条 行政机关应当及时、准确地公开政府信息。

行政机关发现影响或者可能影响社会稳定、扰乱社会和经济管理秩序的虚假或者不完整信息的,应当发布准确的政府信息予以澄清。

第七条 各级人民政府应当积极推进政府信息公开工作,逐步增加政府信息公开的内容。

第八条 各级人民政府应当加强政府信息资源的规范化、标准化、信息化管理,加强互联网政府信息公开平台建设,推进政府信息公开平台与政务服务平台融合,提高政府信息公开在线办理水平。

第九条 公民、法人和其他组织有权对行政机关的政府信息公开工作进行监督,并提出批评和建议。

第二章　公开的主体和范围

第十条　行政机关制作的政府信息,由制作该政府信息的行政机关负责公开。行政机关从公民、法人和其他组织获取的政府信息,由保存该政府信息的行政机关负责公开;行政机关获取的其他行政机关的政府信息,由制作或者最初获取该政府信息的行政机关负责公开。法律、法规对政府信息公开的权限另有规定的,从其规定。

行政机关设立的派出机构、内设机构依照法律、法规对外以自己名义履行行政管理职能的,可以由该派出机构、内设机构负责与所履行行政管理职能有关的政府信息公开工作。

两个以上行政机关共同制作的政府信息,由牵头制作的行政机关负责公开。

第十一条　行政机关应当建立健全政府信息公开协调机制。行政机关公开政府信息涉及其他机关的,应当与有关机关协商、确认,保证行政机关公开的政府信息准确一致。

行政机关公开政府信息依照法律、行政法规和国家有关规定需要批准的,经批准予以公开。

第十二条　行政机关编制、公布的政府信息公开指南和政府信息公开目录应当及时更新。

政府信息公开指南包括政府信息的分类、编排体系、获取方式和政府信息公开工作机构的名称、办公地址、办公时间、联系电话、传真号码、互联网联系方式等内容。

政府信息公开目录包括政府信息的索引、名称、内容概述、生成日期等内容。

第十三条　除本条例第十四条、第十五条、第十六条规定的政府信息外,政府信息应当公开。

行政机关公开政府信息,采取主动公开和依申请公开的方式。

第十四条　依法确定为国家秘密的政府信息,法律、行政法规禁止公开的政府信息,以及公开后可能危及国家安全、公共安全、经济安全、社会稳定的政府信息,不予公开。

第十五条 涉及商业秘密、个人隐私等公开会对第三方合法权益造成损害的政府信息,行政机关不得公开。但是,第三方同意公开或者行政机关认为不公开会对公共利益造成重大影响的,予以公开。

第十六条 行政机关的内部事务信息,包括人事管理、后勤管理、内部工作流程等方面的信息,可以不予公开。

行政机关在履行行政管理职能过程中形成的讨论记录、过程稿、磋商信函、请示报告等过程性信息以及行政执法案卷信息,可以不予公开。法律、法规、规章规定上述信息应当公开的,从其规定。

第十七条 行政机关应当建立健全政府信息公开审查机制,明确审查的程序和责任。

行政机关应当依照《中华人民共和国保守国家秘密法》以及其他法律、法规和国家有关规定对拟公开的政府信息进行审查。

行政机关不能确定政府信息是否可以公开的,应当依照法律、法规和国家有关规定报有关主管部门或者保密行政管理部门确定。

第十八条 行政机关应当建立健全政府信息管理动态调整机制,对本行政机关不予公开的政府信息进行定期评估审查,对因情势变化可以公开的政府信息应当公开。

第三章 主 动 公 开

第十九条 对涉及公众利益调整、需要公众广泛知晓或者需要公众参与决策的政府信息,行政机关应当主动公开。

第二十条 行政机关应当依照本条例第十九条的规定,主动公开本行政机关的下列政府信息:

(一)行政法规、规章和规范性文件;

(二)机关职能、机构设置、办公地址、办公时间、联系方式、负责人姓名;

(三)国民经济和社会发展规划、专项规划、区域规划及相关政策;

(四)国民经济和社会发展统计信息;

(五)办理行政许可和其他对外管理服务事项的依据、条件、程序以及办理结果;

(六)实施行政处罚、行政强制的依据、条件、程序以及本行政机关认为具有一定社会影响的行政处罚决定;

(七)财政预算、决算信息;

(八)行政事业性收费项目及其依据、标准;

(九)政府集中采购项目的目录、标准及实施情况;

(十)重大建设项目的批准和实施情况;

(十一)扶贫、教育、医疗、社会保障、促进就业等方面的政策、措施及其实施情况;

(十二)突发公共事件的应急预案、预警信息及应对情况;

(十三)环境保护、公共卫生、安全生产、食品药品、产品质量的监督检查情况;

(十四)公务员招考的职位、名额、报考条件等事项以及录用结果;

(十五)法律、法规、规章和国家有关规定规定应当主动公开的其他政府信息。

第二十一条 除本条例第二十条规定的政府信息外,设区的市级、县级人民政府及其部门还应当根据本地方的具体情况,主动公开涉及市政建设、公共服务、公益事业、土地征收、房屋征收、治安管理、社会救助等方面的政府信息;乡(镇)人民政府还应当根据本地方的具体情况,主动公开贯彻落实农业农村政策、农田水利工程建设运营、农村土地承包经营权流转、宅基地使用情况审核、土地征收、房屋征收、筹资筹劳、社会救助等方面的政府信息。

第二十二条 行政机关应当依照本条例第二十条、第二十一条的规定,确定主动公开政府信息的具体内容,并按照上级行政机关的部署,不断增加主动公开的内容。

第二十三条 行政机关应当建立健全政府信息发布机制,将主动公开的政府信息通过政府公报、政府网站或者其他互联网政务媒体、新闻发布会以及报刊、广播、电视等途径予以公开。

第二十四条 各级人民政府应当加强依托政府门户网站公开政府信息的工作,利用统一的政府信息公开平台集中发布主动公开的政府信息。政府信息公开平台应当具备信息检索、查阅、下载等功能。

第二十五条 各级人民政府应当在国家档案馆、公共图书馆、政务服务场所设置政府信息查阅场所,并配备相应的设施、设备,为公民、法人和其他组织获取政府信息提供便利。

行政机关可以根据需要设立公共查阅室、资料索取点、信息公告栏、电子信息屏等场所、设施,公开政府信息。

行政机关应当及时向国家档案馆、公共图书馆提供主动公开的政府信息。

第二十六条 属于主动公开范围的政府信息,应当自该政府信息形成或者变更之日起20个工作日内及时公开。法律、法规对政府信息公开的期限另有规定的,从其规定。

第四章 依申请公开

第二十七条 除行政机关主动公开的政府信息外,公民、法人或者其他组织可以向地方各级人民政府、对外以自己名义履行行政管理职能的县级以上人民政府部门(含本条例第十条第二款规定的派出机构、内设机构)申请获取相关政府信息。

第二十八条 本条例第二十七条规定的行政机关应当建立完善政府信息公开申请渠道,为申请人依法申请获取政府信息提供便利。

第二十九条 公民、法人或者其他组织申请获取政府信息的,应当向行政机关的政府信息公开工作机构提出,并采用包括信件、数据电文在内的书面形式;采用书面形式确有困难的,申请人可以口头提出,由受理该申请的政府信息公开工作机构代为填写政府信息公开申请。

政府信息公开申请应当包括下列内容:

(一)申请人的姓名或者名称、身份证明、联系方式;

(二)申请公开的政府信息的名称、文号或者便于行政机关查询的其他特征性描述;

(三)申请公开的政府信息的形式要求,包括获取信息的方式、途径。

第三十条 政府信息公开申请内容不明确的,行政机关应当给予指导和释明,并自收到申请之日起7个工作日内一次性告知申请人作出补正,说明需要补正的事项和合理的补正期限。答复期限自行政机关收到补正的申请之日起计算。申请人无正当理由逾期不补正的,视为放弃申请,行政机关不再处理该政府信息公开申请。

第三十一条 行政机关收到政府信息公开申请的时间,按照下列规定确定:

(一)申请人当面提交政府信息公开申请的,以提交之日为收到申请之日;

(二)申请人以邮寄方式提交政府信息公开申请的,以行政机关签收之日为收到申请之日；以平常信函等无需签收的邮寄方式提交政府信息公开申请的，政府信息公开工作机构应当于收到申请的当日与申请人确认，确认之日为收到申请之日；

（三）申请人通过互联网渠道或者政府信息公开工作机构的传真提交政府信息公开申请的，以双方确认之日为收到申请之日。

第三十二条　依申请公开的政府信息公开会损害第三方合法权益的，行政机关应当书面征求第三方的意见。第三方应当自收到征求意见书之日起15个工作日内提出意见。第三方逾期未提出意见的，由行政机关依照本条例的规定决定是否公开。第三方不同意公开且有合理理由的，行政机关不予公开。行政机关认为不公开可能对公共利益造成重大影响的，可以决定予以公开，并将决定公开的政府信息内容和理由书面告知第三方。

第三十三条　行政机关收到政府信息公开申请，能够当场答复的，应当当场予以答复。

行政机关不能当场答复的，应当自收到申请之日起20个工作日内予以答复；需要延长答复期限的，应当经政府信息公开工作机构负责人同意并告知申请人，延长的期限最长不得超过20个工作日。

行政机关征求第三方和其他机关意见所需时间不计算在前款规定的期限内。

第三十四条　申请公开的政府信息由两个以上行政机关共同制作的，牵头制作的行政机关收到政府信息公开申请后可以征求相关行政机关的意见，被征求意见机关应当自收到征求意见书之日起15个工作日内提出意见，逾期未提出意见的视为同意公开。

第三十五条　申请人申请公开政府信息的数量、频次明显超过合理范围，行政机关可以要求申请人说明理由。行政机关认为申请理由不合理的，告知申请人不予处理；行政机关认为申请理由合理，但是无法在本条例第三十三条规定的期限内答复申请人的，可以确定延迟答复的合理期限并告知申请人。

第三十六条　对政府信息公开申请，行政机关根据下列情况分别作出答复：

（一）所申请公开信息已经主动公开的，告知申请人获取该政府信息的方式、途径；

（二）所申请公开信息可以公开的，向申请人提供该政府信息，或者告知申请人获取该政府信息的方式、途径和时间；

（三）行政机关依据本条例的规定决定不予公开的,告知申请人不予公开并说明理由；

（四）经检索没有所申请公开信息的,告知申请人该政府信息不存在；

（五）所申请公开信息不属于本行政机关负责公开的,告知申请人并说明理由；能够确定负责公开该政府信息的行政机关的,告知申请人该行政机关的名称、联系方式；

（六）行政机关已就申请人提出的政府信息公开申请作出答复、申请人重复申请公开相同政府信息的,告知申请人不予重复处理；

（七）所申请公开信息属于工商、不动产登记资料等信息,有关法律、行政法规对信息的获取有特别规定的,告知申请人依照有关法律、行政法规的规定办理。

第三十七条 申请公开的信息中含有不应当公开或者不属于政府信息的内容,但是能够作区分处理的,行政机关应当向申请人提供可以公开的政府信息内容,并对不予公开的内容说明理由。

第三十八条 行政机关向申请人提供的信息,应当是已制作或者获取的政府信息。除依照本条例第三十七条的规定能够作区分处理的外,需要行政机关对现有政府信息进行加工、分析的,行政机关可以不予提供。

第三十九条 申请人以政府信息公开申请的形式进行信访、投诉、举报等活动,行政机关应当告知申请人不作为政府信息公开申请处理并可以告知通过相应渠道提出。

申请人提出的申请内容为要求行政机关提供政府公报、报刊、书籍等公开出版物的,行政机关可以告知获取的途径。

第四十条 行政机关依申请公开政府信息,应当根据申请人的要求及行政机关保存政府信息的实际情况,确定提供政府信息的具体形式；按照申请人要求的形式提供政府信息,可能危及政府信息载体安全或者公开成本过高的,可以通过电子数据以及其他适当形式提供,或者安排申请人查阅、抄录相关政府信息。

第四十一条 公民、法人或者其他组织有证据证明行政机关提供的与其自身相关的政府信息记录不准确的,可以要求行政机关更正。有权更正的行政机关审核属实的,应当予以更正并告知申请人；不属于本行政机关职能范围的,行政机关可以转送有权更正的行政机关处理并告知申请人,或者告知申请人向有权更正的行政机关提出。

第四十二条 行政机关依申请提供政府信息,不收取费用。但是,申请人申请公开政府信息的数量、频次明显超过合理范围的,行政机关可以收取信息处理费。

行政机关收取信息处理费的具体办法由国务院价格主管部门会同国务院财政部门、全国政府信息公开工作主管部门制定。

第四十三条 申请公开政府信息的公民存在阅读困难或者视听障碍的,行政机关应当为其提供必要的帮助。

第四十四条 多个申请人就相同政府信息向同一行政机关提出公开申请,且该政府信息属于可以公开的,行政机关可以纳入主动公开的范围。

对行政机关依申请公开的政府信息,申请人认为涉及公众利益调整、需要公众广泛知晓或者需要公众参与决策的,可以建议行政机关将该信息纳入主动公开的范围。行政机关经审核认为属于主动公开范围的,应当及时主动公开。

第四十五条 行政机关应当建立健全政府信息公开申请登记、审核、办理、答复、归档的工作制度,加强工作规范。

第五章 监督和保障

第四十六条 各级人民政府应当建立健全政府信息公开工作考核制度、社会评议制度和责任追究制度,定期对政府信息公开工作进行考核、评议。

第四十七条 政府信息公开工作主管部门应当加强对政府信息公开工作的日常指导和监督检查,对行政机关未按照要求开展政府信息公开工作的,予以督促整改或者通报批评;需要对负有责任的领导人员和直接责任人员追究责任的,依法向有权机关提出处理建议。

公民、法人或者其他组织认为行政机关未按照要求主动公开政府信息或者对政府信息公开申请不依法答复处理的,可以向政府信息公开工作主管部门提出。政府信息公开工作主管部门查证属实的,应当予以督促整改或者通报批评。

第四十八条 政府信息公开工作主管部门应当对行政机关的政府信息公开工作人员定期进行培训。

第四十九条 县级以上人民政府部门应当在每年1月31日前向本级政府

信息公开工作主管部门提交本行政机关上一年度政府信息公开工作年度报告并向社会公布。

县级以上地方人民政府的政府信息公开工作主管部门应当在每年3月31日前向社会公布本级政府上一年度政府信息公开工作年度报告。

第五十条 政府信息公开工作年度报告应当包括下列内容：

（一）行政机关主动公开政府信息的情况；

（二）行政机关收到和处理政府信息公开申请的情况；

（三）因政府信息公开工作被申请行政复议、提起行政诉讼的情况；

（四）政府信息公开工作存在的主要问题及改进情况，各级人民政府的政府信息公开工作年度报告还应当包括工作考核、社会评议和责任追究结果情况；

（五）其他需要报告的事项。

全国政府信息公开工作主管部门应当公布政府信息公开工作年度报告统一格式，并适时更新。

第五十一条 公民、法人或者其他组织认为行政机关在政府信息公开工作中侵犯其合法权益的，可以向上一级行政机关或者政府信息公开工作主管部门投诉、举报，也可以依法申请行政复议或者提起行政诉讼。

第五十二条 行政机关违反本条例的规定，未建立健全政府信息公开有关制度、机制的，由上一级行政机关责令改正；情节严重的，对负有责任的领导人员和直接责任人员依法给予处分。

第五十三条 行政机关违反本条例的规定，有下列情形之一的，由上一级行政机关责令改正；情节严重的，对负有责任的领导人员和直接责任人员依法给予处分；构成犯罪的，依法追究刑事责任：

（一）不依法履行政府信息公开职能；

（二）不及时更新公开的政府信息内容、政府信息公开指南和政府信息公开目录；

（三）违反本条例规定的其他情形。

第六章 附 则

第五十四条 法律、法规授权的具有管理公共事务职能的组织公开政府信息的活动，适用本条例。

第五十五条 教育、卫生健康、供水、供电、供气、供热、环境保护、公共交通等与人民群众利益密切相关的公共企事业单位,公开在提供社会公共服务过程中制作、获取的信息,依照相关法律、法规和国务院有关主管部门或者机构的规定执行。全国政府信息公开工作主管部门根据实际需要可以制定专门的规定。

前款规定的公共企事业单位未依照相关法律、法规和国务院有关主管部门或者机构的规定公开在提供社会公共服务过程中制作、获取的信息,公民、法人或者其他组织可以向有关主管部门或者机构申诉,接受申诉的部门或者机构应当及时调查处理并将处理结果告知申诉人。

第五十六条 本条例自 2019 年 5 月 15 日起施行。

最高人民法院关于审理政府信息公开行政案件适用法律若干问题的解释

(法释〔2025〕8 号)
(2024 年 12 月 24 日最高人民法院审判委员会第 1939 次会议通过)

为正确审理政府信息公开行政案件,根据《中华人民共和国行政诉讼法》(以下简称行政诉讼法)、《中华人民共和国政府信息公开条例》(以下简称政府信息公开条例)等法律、行政法规的规定,结合行政审判工作实际,制定本解释。

第一条 公民、法人或者其他组织认为下列涉政府信息公开行为侵犯其合法权益,依法提起行政诉讼的,人民法院应当受理:

(一)向行政机关申请获取政府信息,行政机关告知政府信息无法提供或者不予处理的;

(二)行政复议机关对政府信息公开条例第十四条、第十五条、第十六条规定的不予公开行为作出行政复议决定的;

(三)认为行政机关提供的政府信息不符合其申请内容的;

(四)认为行政机关主动公开或者依他人申请公开政府信息侵犯其商业秘密、个人隐私等合法权益的;

(五)认为行政机关在政府信息公开工作中的其他行为侵犯其合法权益的。

第二条 公民、法人或者其他组织认为行政机关不依法履行主动公开政府信息职责,直接向人民法院提起诉讼的,应当告知其先向行政机关申请获取政府信息。

对行政机关的答复、逾期不予答复等行为不服的,可以依法申请行政复议或者提起行政诉讼。

第三条 认为行政机关作出的政府信息公开、不予公开等行为侵害其合法权益提起诉讼的公民、法人或者其他组织,属于行政诉讼法第二十五条第一款规定的"有利害关系的公民、法人或者其他组织"。

第四条 公民、法人或者其他组织对主动公开政府信息行为不服提起诉讼的,以公开该政府信息的行政机关为被告。

公民、法人或者其他组织对依申请公开政府信息行为不服提起诉讼的,以作出答复的行政机关为被告;逾期未作答复的,以收到申请的行政机关为被告。

根据政府信息公开条例第四条的规定,县级以上地方人民政府指定政府信息公开工作机构负责本机关政府信息公开日常工作,公民、法人或者其他组织对该机构以自己名义所作的政府信息公开行为不服提起诉讼的,以该机构为被告。

第五条 被告对其作出的政府信息公开、不予公开等行为的合法性承担举证责任。

有下列情形之一的,被告应当承担相应的举证责任:

(一)被告主张政府信息已经公开的,应当就公开的事实举证,并向人民法院提交其已告知申请人获取该政府信息方式、途径等证据;

(二)被告主张因公共利益决定公开涉及商业秘密、个人隐私的政府信息的,应当就认定公共利益的理由以及不公开可能对公共利益造成重大影响举证;

(三)被告主张原告申请公开的信息属于内部事务信息不予公开的,应当就该信息属于人事管理、后勤管理或者内部工作流程信息等举证;

(四)被告主张原告申请公开的信息属于过程性信息不予公开的,应当就该信息系行政机关作出行政处理决定之前形成的内部讨论记录、过程稿、磋商信函、请示报告等举证;

(五)被告主张原告申请公开的信息属于行政执法案卷信息不予公开的,应当就该信息系行政执法过程中形成并记录于执法案卷的当事人信息、调查笔

录、询问笔录等举证;

(六)被告主张政府信息不存在的,应当就其已尽合理检索义务等事实举证或者作出合理说明。

第六条 被告主张原告申请公开的信息系国家秘密不予公开,并提供密级标识、保密期限或者其他证明材料的,人民法院应予支持。

被告主张原告申请公开的政府信息公开后可能危及国家安全、公共安全、社会稳定,并提供该信息公开后可能产生不利影响的证据或者作出合理说明的,人民法院应予支持。

人民法院经审理认为政府信息公开后可能危及国家安全、公共安全、社会稳定的,有权要求当事人提供或者补充证据。

第七条 原告应当就下列事项承担举证责任:

(一)起诉要求被告公开政府信息的,应当就其曾向行政机关提出政府信息公开申请举证;

(二)起诉要求被告不得公开政府信息的,应当就政府信息涉及其商业秘密、个人隐私举证;

(三)就行政机关公开或者不予公开等行为可能损害其合法权益举证。

第八条 人民法院审理第一审政府信息公开案件,可以适用简易程序。

人民法院审理政府信息公开案件,应当视情采取适当的审理方式,避免泄露涉及国家秘密、商业秘密、个人隐私或者法律、法规和国家有关规定中要求应当保密的政府信息。

第九条 政府信息由被告的档案机构或者档案工作人员保管的,适用政府信息公开条例的相关规定。

涉及政府信息公开事项的档案已经移交各级国家档案馆的,依照有关档案管理的法律、法规和国家有关规定执行。

第十条 公民、法人或者其他组织提起的涉政府信息公开诉讼明显不符合行政诉讼法规定的起诉条件的,人民法院不予登记立案。

有下列情形之一的,人民法院裁定不予立案;已经立案的,裁定驳回起诉:

(一)按照《中华人民共和国行政复议法》第二十三条第一款第四项的规定,应当先向行政复议机关申请行政复议而未申请的;

(二)行政机关作出延长答复期限或者要求申请人补正等程序性告知行为的;

（三）单独起诉行政机关收取信息处理费决定的；

（四）申请人重复申请公开已经予以公开的政府信息，行政机关作出不予重复处理答复的；

（五）申请行政机关公开的信息属于工商、不动产登记等资料，行政机关告知其按照法律、行政法规规定查询的；

（六）要求行政机关为其制作、加工、分析政府信息，行政机关未予提供的；

（七）申请人以政府信息公开申请的形式进行信访、投诉、举报等活动的；

（八）要求行政机关提供政府公报、报刊、书籍等公开出版物的；

（九）认为公共企事业单位未公开在提供社会公共服务过程中制作、获取的信息的；

（十）其他对公民、法人或者其他组织权利义务不产生实际影响的情形。

第十一条　有下列情形之一的，人民法院判决被告履行政府信息公开职责：

（一）被告对依法应当公开的政府信息拒绝或者部分拒绝公开的，人民法院判决撤销或者部分撤销被诉不予公开决定，并判决被告在二十个工作日内公开；

（二）被告对原告要求公开的申请无正当理由逾期不予答复，原告请求判决被告公开理由成立的，人民法院判决被告在二十个工作日内公开；

（三）被告不予公开的政府信息内容能够作区分处理的，人民法院判决被告在二十个工作日内公开能够公开的内容；

（四）被告以政府信息公开会损害第三方合法权益为由不予公开，但第三方在诉讼程序中同意公开且人民法院经审理认为可以公开的，判决被告在二十个工作日内公开。

第十二条　有下列情形之一的，人民法院判决确认违法：

（一）被告公开政府信息行为违法，但不具有可撤销内容的；

（二）被告在诉讼程序中公开政府信息，原告仍然要求确认原不予公开或者逾期不予答复行为违法的；

（三）被告不予公开或者不予答复行为违法，但判决公开没有意义的。

第十三条　政府信息尚未公开前，原告起诉要求被告不得公开政府信息的，人民法院经审理认为政府信息涉及原告商业秘密、个人隐私且不存在不公开会对公共利益造成重大影响的，应当判决被告不得公开政府信息。

诉讼期间,原告申请停止公开涉及其商业秘密、个人隐私的政府信息,人民法院经审理认为符合行政诉讼法第五十六条规定的,裁定暂时停止公开。

第十四条 有下列情形之一的,人民法院判决驳回原告的诉讼请求:

(一)被告作出的公开、不予公开的决定或者无法提供、不予处理的告知合法的;

(二)申请公开的政府信息内容已经向公众公开,被告告知申请人获取该政府信息的方式、途径和时间的;

(三)被告收到同一申请人的不同申请或者不同申请人内容相同的申请后,在同一个政府信息公开答复中一并予以答复且答复内容合法的;

(四)原告起诉被告逾期不予答复理由不成立的;

(五)原告以政府信息侵犯其商业秘密、个人隐私为由请求不公开,理由不成立的;

(六)其他应当判决驳回诉讼请求的情形。

第十五条 本解释自 2025 年 6 月 1 日起施行。

本解释施行后,《最高人民法院关于审理政府信息公开行政案件若干问题的规定》(法释〔2011〕17 号)同时废止。最高人民法院以前发布的司法解释及规范性文件,与本解释不一致的,不再适用。

住房和城乡建设部关于推进国有土地上房屋征收与补偿信息公开工作的实施意见

(建房〔2012〕84 号)

各省、自治区住房和城乡建设厅,北京市住房和城乡建设委员会,天津、上海、重庆市国土资源和房屋管理局,新疆生产建设兵团建设局:

根据国务院办公厅《2012 年政府信息公开重点工作安排》,现就贯彻落实《国有土地上房屋征收与补偿条例》(以下简称《条例》),推进房屋征收与补偿信息公开工作提出如下实施意见:

一、重视信息公开工作。房屋征收与补偿，涉及人民群众切身利益，事关社会和谐稳定。推进房屋征收与补偿信息公开，是建设行为规范、公开透明、廉洁高效的行政管理体制的需要，也是贯彻落实《条例》，确保房屋征收与补偿工作公开、公平和公正的重要措施。各地要严格按照《条例》有关规定，切实做好房屋征收与补偿环节信息公开工作。

二、健全工作责任制。各地要加快建立房屋征收与补偿信息公开制度，完善工作机制，畅通公开渠道，坚持一级抓一级，层层抓落实。上级人民政府及房屋征收部门要加强对下级人民政府及房屋征收部门信息公开工作的监督、指导。

三、明确信息公开内容和范围。市、县级人民政府及房屋征收部门应当明确信息公开内容，公布下列房屋征收与补偿信息：

（一）房屋征收补偿法规政策；

（二）房屋征收决定；

（三）房屋征收补偿方案；

（四）房屋征收补助、奖励政策和标准；

（五）征收范围内房屋的调查结果；

（六）被征收房屋分户的初步评估结果；

（七）被征收房屋分户补偿情况。

上述第（一）项事项应当向社会公布。第（二）至（四）项事项应当在征收范围内公布。第（五）至（七）项事项应当在征收范围内向被征收人公布。

四、规范信息公开方式。市、县级人民政府及房屋征收部门应当按照法律法规规定，完善信息公开的有关方式和渠道，及时公开房屋征收与补偿信息，保证房屋征收当事人的知情权。

五、坚持公众参与、公开透明。市、县级人民政府应当组织有关部门对拟定的征收补偿方案进行论证，并公开征求公众意见。征求意见和根据公众意见修改情况应当依法公布。分户的初步评估结果公示期间，被征收人有异议的，房地产价格评估机构应当到现场进行说明解释。

六、主动回应社会关注。对于引发矛盾纠纷的房屋征收拆迁事件，市、县级人民政府及房屋征收部门要及时发布信息，回应社会关注；同时将事件性质、起因等基本情况报省级住房城乡建设主管部门和住房城乡建设部。

中华人民共和国住房和城乡建设部
二〇一二年五月三十日

3. 行政复议

中华人民共和国行政复议法

（1999年4月29日第九届全国人民代表大会常务委员会第九次会议通过 根据2009年8月27日第十一届全国人民代表大会常务委员会第十次会议《关于修改部分法律的决定》第一次修正 根据2017年9月1日第十二届全国人民代表大会常务委员会第二十九次会议《关于修改〈中华人民共和国法官法〉等八部法律的决定》第二次修正 2023年9月1日第十四届全国人民代表大会常务委员会第五次会议修订）

第一章 总 则

第一条 为了防止和纠正违法的或者不当的行政行为，保护公民、法人和其他组织的合法权益，监督和保障行政机关依法行使职权，发挥行政复议化解行政争议的主渠道作用，推进法治政府建设，根据宪法，制定本法。

第二条 公民、法人或者其他组织认为行政机关的行政行为侵犯其合法权益，向行政复议机关提出行政复议申请，行政复议机关办理行政复议案件，适用本法。

前款所称行政行为，包括法律、法规、规章授权的组织的行政行为。

第三条 行政复议工作坚持中国共产党的领导。

行政复议机关履行行政复议职责，应当遵循合法、公正、公开、高效、便民、为民的原则，坚持有错必纠，保障法律、法规的正确实施。

第四条 县级以上各级人民政府以及其他依照本法履行行政复议职责的行政机关是行政复议机关。

行政复议机关办理行政复议事项的机构是行政复议机构。行政复议机构同时组织办理行政复议机关的行政应诉事项。

行政复议机关应当加强行政复议工作，支持和保障行政复议机构依法履行职责。上级行政复议机构对下级行政复议机构的行政复议工作进行指导、监督。

国务院行政复议机构可以发布行政复议指导性案例。

第五条 行政复议机关办理行政复议案件,可以进行调解。

调解应当遵循合法、自愿的原则,不得损害国家利益、社会公共利益和他人合法权益,不得违反法律、法规的强制性规定。

第六条 国家建立专业化、职业化行政复议人员队伍。

行政复议机构中初次从事行政复议工作的人员,应当通过国家统一法律职业资格考试取得法律职业资格,并参加统一职前培训。

国务院行政复议机构应当会同有关部门制定行政复议人员工作规范,加强对行政复议人员的业务考核和管理。

第七条 行政复议机关应当确保行政复议机构的人员配备与所承担的工作任务相适应,提高行政复议人员专业素质,根据工作需要保障办案场所、装备等设施。县级以上各级人民政府应当将行政复议工作经费列入本级预算。

第八条 行政复议机关应当加强信息化建设,运用现代信息技术,方便公民、法人或者其他组织申请、参加行政复议,提高工作质量和效率。

第九条 对在行政复议工作中做出显著成绩的单位和个人,按照国家有关规定给予表彰和奖励。

第十条 公民、法人或者其他组织对行政复议决定不服的,可以依照《中华人民共和国行政诉讼法》的规定向人民法院提起行政诉讼,但是法律规定行政复议决定为最终裁决的除外。

第二章 行政复议申请

第一节 行政复议范围

第十一条 有下列情形之一的,公民、法人或者其他组织可以依照本法申请行政复议:

(一)对行政机关作出的行政处罚决定不服;

(二)对行政机关作出的行政强制措施、行政强制执行决定不服;

(三)申请行政许可,行政机关拒绝或者在法定期限内不予答复,或者对行政机关作出的有关行政许可的其他决定不服;

(四)对行政机关作出的确认自然资源的所有权或者使用权的决定不服;

（五）对行政机关作出的征收征用决定及其补偿决定不服；

（六）对行政机关作出的赔偿决定或者不予赔偿决定不服；

（七）对行政机关作出的不予受理工伤认定申请的决定或者工伤认定结论不服；

（八）认为行政机关侵犯其经营自主权或者农村土地承包经营权、农村土地经营权；

（九）认为行政机关滥用行政权力排除或者限制竞争；

（十）认为行政机关违法集资、摊派费用或者违法要求履行其他义务；

（十一）申请行政机关履行保护人身权利、财产权利、受教育权利等合法权益的法定职责，行政机关拒绝履行、未依法履行或者不予答复；

（十二）申请行政机关依法给付抚恤金、社会保险待遇或者最低生活保障等社会保障，行政机关没有依法给付；

（十三）认为行政机关不依法订立、不依法履行、未按照约定履行或者违法变更、解除政府特许经营协议、土地房屋征收补偿协议等行政协议；

（十四）认为行政机关在政府信息公开工作中侵犯其合法权益；

（十五）认为行政机关的其他行政行为侵犯其合法权益。

第十二条 下列事项不属于行政复议范围：

（一）国防、外交等国家行为；

（二）行政法规、规章或者行政机关制定、发布的具有普遍约束力的决定、命令等规范性文件；

（三）行政机关对行政机关工作人员的奖惩、任免等决定；

（四）行政机关对民事纠纷作出的调解。

第十三条 公民、法人或者其他组织认为行政机关的行政行为所依据的下列规范性文件不合法，在对行政行为申请行政复议时，可以一并向行政复议机关提出对该规范性文件的附带审查申请：

（一）国务院部门的规范性文件；

（二）县级以上地方各级人民政府及其工作部门的规范性文件；

（三）乡、镇人民政府的规范性文件；

（四）法律、法规、规章授权的组织的规范性文件。

前款所列规范性文件不含规章。规章的审查依照法律、行政法规办理。

第二节 行政复议参加人

第十四条 依照本法申请行政复议的公民、法人或者其他组织是申请人。

有权申请行政复议的公民死亡的,其近亲属可以申请行政复议。有权申请行政复议的法人或者其他组织终止的,其权利义务承受人可以申请行政复议。

有权申请行政复议的公民为无民事行为能力人或者限制民事行为能力人的,其法定代理人可以代为申请行政复议。

第十五条 同一行政复议案件申请人人数众多的,可以由申请人推选代表人参加行政复议。

代表人参加行政复议的行为对其所代表的申请人发生效力,但是代表人变更行政复议请求、撤回行政复议申请、承认第三人请求的,应当经被代表的申请人同意。

第十六条 申请人以外的同被申请行政复议的行政行为或者行政复议案件处理结果有利害关系的公民、法人或者其他组织,可以作为第三人申请参加行政复议,或者由行政复议机构通知其作为第三人参加行政复议。

第三人不参加行政复议,不影响行政复议案件的审理。

第十七条 申请人、第三人可以委托一至二名律师、基层法律服务工作者或者其他代理人代为参加行政复议。

申请人、第三人委托代理人的,应当向行政复议机构提交授权委托书、委托人及被委托人的身份证明文件。授权委托书应当载明委托事项、权限和期限。申请人、第三人变更或者解除代理人权限的,应当书面告知行政复议机构。

第十八条 符合法律援助条件的行政复议申请人申请法律援助的,法律援助机构应当依法为其提供法律援助。

第十九条 公民、法人或者其他组织对行政行为不服申请行政复议的,作出行政行为的行政机关或者法律、法规、规章授权的组织是被申请人。

两个以上行政机关以共同的名义作出同一行政行为的,共同作出行政行为的行政机关是被申请人。

行政机关委托的组织作出行政行为的,委托的行政机关是被申请人。

作出行政行为的行政机关被撤销或者职权变更的,继续行使其职权的行政机关是被申请人。

第三节　申请的提出

第二十条　公民、法人或者其他组织认为行政行为侵犯其合法权益的,可以自知道或者应当知道该行政行为之日起六十日内提出行政复议申请;但是法律规定的申请期限超过六十日的除外。

因不可抗力或者其他正当理由耽误法定申请期限的,申请期限自障碍消除之日起继续计算。

行政机关作出行政行为时,未告知公民、法人或者其他组织申请行政复议的权利、行政复议机关和申请期限的,申请期限自公民、法人或者其他组织知道或者应当知道申请行政复议的权利、行政复议机关和申请期限之日起计算,但是自知道或者应当知道行政行为内容之日起最长不得超过一年。

第二十一条　因不动产提出的行政复议申请自行政行为作出之日起超过二十年,其他行政复议申请自行政行为作出之日起超过五年的,行政复议机关不予受理。

第二十二条　申请人申请行政复议,可以书面申请;书面申请有困难的,也可以口头申请。

书面申请的,可以通过邮寄或者行政复议机关指定的互联网渠道等方式提交行政复议申请书,也可以当面提交行政复议申请书。行政机关通过互联网渠道送达行政行为决定书的,应当同时提供提交行政复议申请书的互联网渠道。

口头申请的,行政复议机关应当当场记录申请人的基本情况、行政复议请求、申请行政复议的主要事实、理由和时间。

申请人对两个以上行政行为不服的,应当分别申请行政复议。

第二十三条　有下列情形之一的,申请人应当先向行政复议机关申请行政复议,对行政复议决定不服的,可以再依法向人民法院提起行政诉讼:

(一)对当场作出的行政处罚决定不服;

(二)对行政机关作出的侵犯其已经依法取得的自然资源的所有权或者使用权的决定不服;

(三)认为行政机关存在本法第十一条规定的未履行法定职责情形;

(四)申请政府信息公开,行政机关不予公开;

(五)法律、行政法规规定应当先向行政复议机关申请行政复议的其他情形。

对前款规定的情形,行政机关在作出行政行为时应当告知公民、法人或者其他组织先向行政复议机关申请行政复议。

第四节 行政复议管辖

第二十四条 县级以上地方各级人民政府管辖下列行政复议案件:

(一)对本级人民政府工作部门作出的行政行为不服的;

(二)对下一级人民政府作出的行政行为不服的;

(三)对本级人民政府依法设立的派出机关作出的行政行为不服的;

(四)对本级人民政府或者其工作部门管理的法律、法规、规章授权的组织作出的行政行为不服的。

除前款规定外,省、自治区、直辖市人民政府同时管辖对本机关作出的行政行为不服的行政复议案件。

省、自治区人民政府依法设立的派出机关参照设区的市级人民政府的职责权限,管辖相关行政复议案件。

对县级以上地方各级人民政府工作部门依法设立的派出机构依照法律、法规、规章规定,以派出机构的名义作出的行政行为不服的行政复议案件,由本级人民政府管辖;其中,对直辖市、设区的市人民政府工作部门按照行政区划设立的派出机构作出的行政行为不服的,也可以由其所在地的人民政府管辖。

第二十五条 国务院部门管辖下列行政复议案件:

(一)对本部门作出的行政行为不服的;

(二)对本部门依法设立的派出机构依照法律、行政法规、部门规章规定,以派出机构的名义作出的行政行为不服的;

(三)对本部门管理的法律、行政法规、部门规章授权的组织作出的行政行为不服的。

第二十六条 对省、自治区、直辖市人民政府依照本法第二十四条第二款的规定、国务院部门依照本法第二十五条第一项的规定作出的行政复议决定不服的,可以向人民法院提起行政诉讼;也可以向国务院申请裁决,国务院依照本法的规定作出最终裁决。

第二十七条 对海关、金融、外汇管理等实行垂直领导的行政机关、税务和国家安全机关的行政行为不服的,向上一级主管部门申请行政复议。

第二十八条 对履行行政复议机构职责的地方人民政府司法行政部门的

行政行为不服的，可以向本级人民政府申请行政复议，也可以向上一级司法行政部门申请行政复议。

第二十九条 公民、法人或者其他组织申请行政复议，行政复议机关已经依法受理的，在行政复议期间不得向人民法院提起行政诉讼。

公民、法人或者其他组织向人民法院提起行政诉讼，人民法院已经依法受理的，不得申请行政复议。

第三章 行政复议受理

第三十条 行政复议机关收到行政复议申请后，应当在五日内进行审查。对符合下列规定的，行政复议机关应当予以受理：

（一）有明确的申请人和符合本法规定的被申请人；

（二）申请人与被申请行政复议的行政行为有利害关系；

（三）有具体的行政复议请求和理由；

（四）在法定申请期限内提出；

（五）属于本法规定的行政复议范围；

（六）属于本机关的管辖范围；

（七）行政复议机关未受理过该申请人就同一行政行为提出的行政复议申请，并且人民法院未受理过该申请人就同一行政行为提起的行政诉讼。

对不符合前款规定的行政复议申请，行政复议机关应当在审查期限内决定不予受理并说明理由；不属于本机关管辖的，还应当在不予受理决定中告知申请人有管辖权的行政复议机关。

行政复议申请的审查期限届满，行政复议机关未作出不予受理决定的，审查期限届满之日起视为受理。

第三十一条 行政复议申请材料不齐全或者表述不清楚，无法判断行政复议申请是否符合本法第三十条第一款规定的，行政复议机关应当自收到申请之日起五日内书面通知申请人补正。补正通知应当一次性载明需要补正的事项。

申请人应当自收到补正通知之日起十日内提交补正材料。有正当理由不能按期补正的，行政复议机关可以延长合理的补正期限。无正当理由逾期不补正的，视为申请人放弃行政复议申请，并记录在案。

行政复议机关收到补正材料后，依照本法第三十条的规定处理。

第三十二条 对当场作出或者依据电子技术监控设备记录的违法事实作

出的行政处罚决定不服申请行政复议的，可以通过作出行政处罚决定的行政机关提交行政复议申请。

行政机关收到行政复议申请后，应当及时处理；认为需要维持行政处罚决定的，应当自收到行政复议申请之日起五日内转送行政复议机关。

第三十三条　行政复议机关受理行政复议申请后，发现该行政复议申请不符合本法第三十条第一款规定的，应当决定驳回申请并说明理由。

第三十四条　法律、行政法规规定应当先向行政复议机关申请行政复议、对行政复议决定不服再向人民法院提起行政诉讼的，行政复议机关决定不予受理、驳回申请或者受理后超过行政复议期限不作答复的，公民、法人或者其他组织可以自收到决定书之日起或者行政复议期限届满之日起十五日内，依法向人民法院提起行政诉讼。

第三十五条　公民、法人或者其他组织依法提出行政复议申请，行政复议机关无正当理由不予受理、驳回申请或者受理后超过行政复议期限不作答复的，申请人有权向上级行政机关反映，上级行政机关应当责令其纠正；必要时，上级行政复议机关可以直接受理。

第四章　行政复议审理

第一节　一般规定

第三十六条　行政复议机关受理行政复议申请后，依照本法适用普通程序或者简易程序进行审理。行政复议机构应当指定行政复议人员负责办理行政复议案件。

行政复议人员对办理行政复议案件过程中知悉的国家秘密、商业秘密和个人隐私，应当予以保密。

第三十七条　行政复议机关依照法律、法规、规章审理行政复议案件。

行政复议机关审理民族自治地方的行政复议案件，同时依照该民族自治地方的自治条例和单行条例。

第三十八条　上级行政复议机关根据需要，可以审理下级行政复议机关管辖的行政复议案件。

下级行政复议机关对其管辖的行政复议案件，认为需要由上级行政复议机关审理的，可以报请上级行政复议机关决定。

第三十九条 行政复议期间有下列情形之一的,行政复议中止:

(一)作为申请人的公民死亡,其近亲属尚未确定是否参加行政复议;

(二)作为申请人的公民丧失参加行政复议的行为能力,尚未确定法定代理人参加行政复议;

(三)作为申请人的公民下落不明;

(四)作为申请人的法人或者其他组织终止,尚未确定权利义务承受人;

(五)申请人、被申请人因不可抗力或者其他正当理由,不能参加行政复议;

(六)依照本法规定进行调解、和解,申请人和被申请人同意中止;

(七)行政复议案件涉及的法律适用问题需要有权机关作出解释或者确认;

(八)行政复议案件审理需要以其他案件的审理结果为依据,而其他案件尚未审结;

(九)有本法第五十六条或者第五十七条规定的情形;

(十)需要中止行政复议的其他情形。

行政复议中止的原因消除后,应当及时恢复行政复议案件的审理。

行政复议机关中止、恢复行政复议案件的审理,应当书面告知当事人。

第四十条 行政复议期间,行政复议机关无正当理由中止行政复议的,上级行政机关应当责令其恢复审理。

第四十一条 行政复议期间有下列情形之一的,行政复议机关决定终止行政复议:

(一)申请人撤回行政复议申请,行政复议机构准予撤回;

(二)作为申请人的公民死亡,没有近亲属或者其近亲属放弃行政复议权利;

(三)作为申请人的法人或者其他组织终止,没有权利义务承受人或者其权利义务承受人放弃行政复议权利;

(四)申请人对行政拘留或者限制人身自由的行政强制措施不服申请行政复议后,因同一违法行为涉嫌犯罪,被采取刑事强制措施;

(五)依照本法第三十九条第一款第一项、第二项、第四项的规定中止行政复议满六十日,行政复议中止的原因仍未消除。

第四十二条 行政复议期间行政行为不停止执行;但是有下列情形之一的,应当停止执行:

(一)被申请人认为需要停止执行;

（二）行政复议机关认为需要停止执行的；

（三）申请人、第三人申请停止执行，行政复议机关认为其要求合理，决定停止执行；

（四）法律、法规、规章规定停止执行的其他情形。

第二节　行政复议证据

第四十三条　行政复议证据包括：

（一）书证；

（二）物证；

（三）视听资料；

（四）电子数据；

（五）证人证言；

（六）当事人的陈述；

（七）鉴定意见；

（八）勘验笔录、现场笔录。

以上证据经行政复议机构审查属实，才能作为认定行政复议案件事实的根据。

第四十四条　被申请人对其作出的行政行为的合法性、适当性负有举证责任。

有下列情形之一的，申请人应当提供证据：

（一）认为被申请人不履行法定职责的，提供曾经要求被申请人履行法定职责的证据，但是被申请人应当依职权主动履行法定职责或者申请人因正当理由不能提供的除外；

（二）提出行政赔偿请求的，提供受行政行为侵害而造成损害的证据，但是因被申请人原因导致申请人无法举证的，由被申请人承担举证责任；

（三）法律、法规规定需要申请人提供证据的其他情形。

第四十五条　行政复议机关有权向有关单位和个人调查取证，查阅、复制、调取有关文件和资料，向有关人员进行询问。

调查取证时，行政复议人员不得少于两人，并应当出示行政复议工作证件。

被调查取证的单位和个人应当积极配合行政复议人员的工作，不得拒绝或者阻挠。

第四十六条 行政复议期间,被申请人不得自行向申请人和其他有关单位或者个人收集证据;自行收集的证据不作为认定行政行为合法性、适当性的依据。

行政复议期间,申请人或者第三人提出被申请行政复议的行政行为作出时没有提出的理由或者证据的,经行政复议机构同意,被申请人可以补充证据。

第四十七条 行政复议期间,申请人、第三人及其委托代理人可以按照规定查阅、复制被申请人提出的书面答复、作出行政行为的证据、依据和其他有关材料,除涉及国家秘密、商业秘密、个人隐私或者可能危及国家安全、公共安全、社会稳定的情形外,行政复议机构应当同意。

第三节 普通程序

第四十八条 行政复议机构应当自行政复议申请受理之日起七日内,将行政复议申请书副本或者行政复议申请笔录复印件发送被申请人。被申请人应当自收到行政复议申请书副本或者行政复议申请笔录复印件之日起十日内,提出书面答复,并提交作出行政行为的证据、依据和其他有关材料。

第四十九条 适用普通程序审理的行政复议案件,行政复议机构应当当面或者通过互联网、电话等方式听取当事人的意见,并将听取的意见记录在案。因当事人原因不能听取意见的,可以书面审理。

第五十条 审理重大、疑难、复杂的行政复议案件,行政复议机构应当组织听证。

行政复议机构认为有必要听证,或者申请人请求听证的,行政复议机构可以组织听证。

听证由一名行政复议人员任主持人,两名以上行政复议人员任听证员,一名记录员制作听证笔录。

第五十一条 行政复议机构组织听证的,应当于举行听证的五日前将听证的时间、地点和拟听证事项书面通知当事人。

申请人无正当理由拒不参加听证的,视为放弃听证权利。

被申请人的负责人应当参加听证。不能参加的,应当说明理由并委托相应的工作人员参加听证。

第五十二条 县级以上各级人民政府应当建立相关政府部门、专家、学者等参与的行政复议委员会,为办理行政复议案件提供咨询意见,并就行政复议工作中的重大事项和共性问题研究提出意见。行政复议委员会的组成和开展工作的具体办法，由国务院行政复议机构制定。

审理行政复议案件涉及下列情形之一的，行政复议机构应当提请行政复议委员会提出咨询意见：

（一）案情重大、疑难、复杂；

（二）专业性、技术性较强；

（三）本法第二十四条第二款规定的行政复议案件；

（四）行政复议机构认为有必要。

行政复议机构应当记录行政复议委员会的咨询意见。

第四节 简易程序

第五十三条 行政复议机关审理下列行政复议案件，认为事实清楚、权利义务关系明确、争议不大的，可以适用简易程序：

（一）被申请行政复议的行政行为是当场作出；

（二）被申请行政复议的行政行为是警告或者通报批评；

（三）案件涉及款额三千元以下；

（四）属于政府信息公开案件。

除前款规定以外的行政复议案件，当事人各方同意适用简易程序的，可以适用简易程序。

第五十四条 适用简易程序审理的行政复议案件，行政复议机构应当自受理行政复议申请之日起三日内，将行政复议申请书副本或者行政复议申请笔录复印件发送被申请人。被申请人应当自收到行政复议申请书副本或者行政复议申请笔录复印件之日起五日内，提出书面答复，并提交作出行政行为的证据、依据和其他有关材料。

适用简易程序审理的行政复议案件，可以书面审理。

第五十五条 适用简易程序审理的行政复议案件，行政复议机构认为不宜适用简易程序的，经行政复议机构的负责人批准，可以转为普通程序审理。

第五节 行政复议附带审查

第五十六条 申请人依照本法第十三条的规定提出对有关规范性文件的

附带审查申请,行政复议机关有权处理的,应当在三十日内依法处理;无权处理的,应当在七日内转送有权处理的行政机关依法处理。

第五十七条 行政复议机关在对被申请人作出的行政行为进行审查时,认为其依据不合法,本机关有权处理的,应当在三十日内依法处理;无权处理的,应当在七日内转送有权处理的国家机关依法处理。

第五十八条 行政复议机关依照本法第五十六条、第五十七条的规定有权处理有关规范性文件或者依据的,行政复议机构应当自行政复议中止之日起三日内,书面通知规范性文件或者依据的制定机关就相关条款的合法性提出书面答复。制定机关应当自收到书面通知之日起十日内提交书面答复及相关材料。

行政复议机构认为必要时,可以要求规范性文件或者依据的制定机关当面说明理由,制定机关应当配合。

第五十九条 行政复议机关依照本法第五十六条、第五十七条的规定有权处理有关规范性文件或者依据,认为相关条款合法的,在行政复议决定书中一并告知;认为相关条款超越权限或者违反上位法的,决定停止该条款的执行,并责令制定机关予以纠正。

第六十条 依照本法第五十六条、第五十七条的规定接受转送的行政机关、国家机关应当自收到转送之日起六十日内,将处理意见回复转送的行政复议机关。

第五章 行政复议决定

第六十一条 行政复议机关依照本法审理行政复议案件,由行政复议机构对行政行为进行审查,提出意见,经行政复议机关的负责人同意或者集体讨论通过后,以行政复议机关的名义作出行政复议决定。

经过听证的行政复议案件,行政复议机关应当根据听证笔录、审查认定的事实和证据,依照本法作出行政复议决定。

提请行政复议委员会提出咨询意见的行政复议案件,行政复议机关应当将咨询意见作为作出行政复议决定的重要参考依据。

第六十二条 适用普通程序审理的行政复议案件,行政复议机关应当自受理申请之日起六十日内作出行政复议决定;但是法律规定的行政复议期限少于六十日的除外。情况复杂,不能在规定期限内作出行政复议决定的,经行政复议机构的负责人批准,可以适当延长,并书面告知当事人;但是延长期限最多不得超过三十日。

适用简易程序审理的行政复议案件,行政复议机关应当自受理申请之日起三十日内作出行政复议决定。

第六十三条 行政行为有下列情形之一的,行政复议机关决定变更该行政行为:

(一)事实清楚,证据确凿,适用依据正确,程序合法,但是内容不适当;

(二)事实清楚,证据确凿,程序合法,但是未正确适用依据;

(三)事实不清、证据不足,经行政复议机关查清事实和证据。

行政复议机关不得作出对申请人更为不利的变更决定,但是第三人提出相反请求的除外。

第六十四条 行政行为有下列情形之一的,行政复议机关决定撤销或者部分撤销该行政行为,并可以责令被申请人在一定期限内重新作出行政行为:

(一)主要事实不清、证据不足;

(二)违反法定程序;

(三)适用的依据不合法;

(四)超越职权或者滥用职权。

行政复议机关责令被申请人重新作出行政行为的,被申请人不得以同一事实和理由作出与被申请行政复议的行政行为相同或者基本相同的行政行为,但是行政复议机关以违反法定程序为由决定撤销或者部分撤销的除外。

第六十五条 行政行为有下列情形之一的,行政复议机关不撤销该行政行为,但是确认该行政行为违法:

(一)依法应予撤销,但是撤销会给国家利益、社会公共利益造成重大损害;

(二)程序轻微违法,但是对申请人权利不产生实际影响。

行政行为有下列情形之一,不需要撤销或者责令履行的,行政复议机关确认该行政行为违法:

(一)行政行为违法,但是不具有可撤销内容;

(二)被申请人改变原违法行政行为,申请人仍要求撤销或者确认该行政行为违法;

(三)被申请人不履行或者拖延履行法定职责,责令履行没有意义。

第六十六条 被申请人不履行法定职责的,行政复议机关决定被申请人在一定期限内履行。

第六十七条 行政行为有实施主体不具有行政主体资格或者没有依据等重大且明显违法情形,申请人申请确认行政行为无效的,行政复议机关确认该行政行为无效。

第六十八条 行政行为认定事实清楚,证据确凿,适用依据正确,程序合法,内容适当的,行政复议机关决定维持该行政行为。

第六十九条 行政复议机关受理申请人认为被申请人不履行法定职责的行政复议申请后,发现被申请人没有相应法定职责或者在受理前已经履行法定职责的,决定驳回申请人的行政复议请求。

第七十条 被申请人不按照本法第四十八条、第五十四条的规定提出书面答复、提交作出行政行为的证据、依据和其他有关材料的,视为该行政行为没有证据、依据,行政复议机关决定撤销、部分撤销该行政行为,确认该行政行为违法、无效或者决定被申请人在一定期限内履行,但是行政行为涉及第三人合法权益,第三人提供证据的除外。

第七十一条 被申请人不依法订立、不依法履行、未按照约定履行或者违法变更、解除行政协议的,行政复议机关决定被申请人承担依法订立、继续履行、采取补救措施或者赔偿损失等责任。

被申请人变更、解除行政协议合法,但是未依法给予补偿或者补偿不合理的,行政复议机关决定被申请人依法给予合理补偿。

第七十二条 申请人在申请行政复议时一并提出行政赔偿请求,行政复议机关对依照《中华人民共和国国家赔偿法》的有关规定应当不予赔偿的,在作出行政复议决定时,应当同时决定驳回行政赔偿请求;对符合《中华人民共和国国家赔偿法》的有关规定应当给予赔偿的,在决定撤销或者部分撤销、变更行政行为或者确认行政行为违法、无效时,应当同时决定被申请人依法给予赔偿;确认行政行为违法的,还可以同时责令被申请人采取补救措施。

申请人在申请行政复议时没有提出行政赔偿请求的,行政复议机关在依法决定撤销或者部分撤销、变更罚款,撤销或者部分撤销违法集资、没收财物、征收征用、摊派费用以及对财产的查封、扣押、冻结等行政行为时,应当同时责令被申请人返还财产,解除对财产的查封、扣押、冻结措施,或者赔偿相应的价款。

第七十三条 当事人经调解达成协议的,行政复议机关应当制作行政复议调解书,经各方当事人签字或者签章,并加盖行政复议机关印章,即具有法律效力。

调解未达成协议或者调解书生效前一方反悔的,行政复议机关应当依法审查或者及时作出行政复议决定。

第七十四条 当事人在行政复议决定作出前可以自愿达成和解,和解内容不得损害国家利益、社会公共利益和他人合法权益,不得违反法律、法规的强制性规定。

当事人达成和解后,由申请人向行政复议机构撤回行政复议申请。行政复议机构准予撤回行政复议申请、行政复议机关决定终止行政复议的,申请人不得再以同一事实和理由提出行政复议申请。但是,申请人能够证明撤回行政复议申请违背其真实意愿的除外。

第七十五条 行政复议机关作出行政复议决定,应当制作行政复议决定书,并加盖行政复议机关印章。

行政复议决定书一经送达,即发生法律效力。

第七十六条 行政复议机关在办理行政复议案件过程中,发现被申请人或者其他下级行政机关的有关行政行为违法或者不当的,可以向其制发行政复议意见书。有关机关应当自收到行政复议意见书之日起六十日内,将纠正相关违法或者不当行政行为的情况报送行政复议机关。

第七十七条 被申请人应当履行行政复议决定书、调解书、意见书。

被申请人不履行或者无正当理由拖延履行行政复议决定书、调解书、意见书的,行政复议机关或者有关上级行政机关应当责令其限期履行,并可以约谈被申请人的有关负责人或者予以通报批评。

第七十八条 申请人、第三人逾期不起诉又不履行行政复议决定书、调解书的,或者不履行最终裁决的行政复议决定的,按照下列规定分别处理:

(一)维持行政行为的行政复议决定书,由作出行政行为的行政机关依法强制执行,或者申请人民法院强制执行;

(二)变更行政行为的行政复议决定书,由行政复议机关依法强制执行,或者申请人民法院强制执行;

(三)行政复议调解书,由行政复议机关依法强制执行,或者申请人民法院强制执行。

第七十九条 行政复议机关根据被申请行政复议的行政行为的公开情况,按照国家有关规定将行政复议决定书向社会公开。

县级以上地方各级人民政府办理以本级人民政府工作部门为被申请人的

行政复议案件,应当将发生法律效力的行政复议决定书、意见书同时抄告被申请人的上一级主管部门。

第六章　法　律　责　任

第八十条　行政复议机关不依照本法规定履行行政复议职责,对负有责任的领导人员和直接责任人员依法给予警告、记过、记大过的处分;经有权监督的机关督促仍不改正或者造成严重后果的,依法给予降级、撤职、开除的处分。

第八十一条　行政复议机关工作人员在行政复议活动中,徇私舞弊或者有其他渎职、失职行为的,依法给予警告、记过、记大过的处分;情节严重的,依法给予降级、撤职、开除的处分;构成犯罪的,依法追究刑事责任。

第八十二条　被申请人违反本法规定,不提出书面答复或者不提交作出行政行为的证据、依据和其他有关材料,或者阻挠、变相阻挠公民、法人或者其他组织依法申请行政复议的,对负有责任的领导人员和直接责任人员依法给予警告、记过、记大过的处分;进行报复陷害的,依法给予降级、撤职、开除的处分;构成犯罪的,依法追究刑事责任。

第八十三条　被申请人不履行或者无正当理由拖延履行行政复议决定书、调解书、意见书的,对负有责任的领导人员和直接责任人员依法给予警告、记过、记大过的处分;经责令履行仍拒不履行的,依法给予降级、撤职、开除的处分。

第八十四条　拒绝、阻挠行政复议人员调查取证,故意扰乱行政复议工作秩序的,依法给予处分、治安管理处罚;构成犯罪的,依法追究刑事责任。

第八十五条　行政机关及其工作人员违反本法规定的,行政复议机关可以向监察机关或者公职人员任免机关、单位移送有关人员违法的事实材料,接受移送的监察机关或者公职人员任免机关、单位应当依法处理。

第八十六条　行政复议机关在办理行政复议案件过程中,发现公职人员涉嫌贪污贿赂、失职渎职等职务违法或者职务犯罪的问题线索,应当依照有关规定移送监察机关,由监察机关依法调查处置。

第七章　附　　　则

第八十七条　行政复议机关受理行政复议申请,不得向申请人收取任何费用。

第八十八条　行政复议期间的计算和行政复议文书的送达，本法没有规定的，依照《中华人民共和国民事诉讼法》关于期间、送达的规定执行。

本法关于行政复议期间有关"三日"、"五日"、"七日"、"十日"的规定是指工作日，不含法定休假日。

第八十九条　外国人、无国籍人、外国组织在中华人民共和国境内申请行政复议，适用本法。

第九十条　本法自2024年1月1日起施行。

中华人民共和国行政复议法实施条例

（2007年5月23日国务院第177次常务会议通过）

第一章　总　　则

第一条　为了进一步发挥行政复议制度在解决行政争议、建设法治政府、构建社会主义和谐社会中的作用，根据《中华人民共和国行政复议法》（以下简称行政复议法），制定本条例。

第二条　各级行政复议机关应当认真履行行政复议职责，领导并支持本机关负责法制工作的机构（以下简称行政复议机构）依法办理行政复议事项，并依照有关规定配备、充实、调剂专职行政复议人员，保证行政复议机构的办案能力与工作任务相适应。

第三条　行政复议机构除应当依照行政复议法第三条的规定履行职责外，还应当履行下列职责：

（一）依照行政复议法第十八条的规定转送有关行政复议申请；

（二）办理行政复议法第二十九条规定的行政赔偿等事项；

（三）按照职责权限，督促行政复议申请的受理和行政复议决定的履行；

（四）办理行政复议、行政应诉案件统计和重大行政复议决定备案事项；

（五）办理或者组织办理未经行政复议直接提起行政诉讼的行政应诉事项；

（六）研究行政复议工作中发现的问题，及时向有关机关提出改进建议，重大问题及时向行政复议机关报告。

第四条 专职行政复议人员应当具备与履行行政复议职责相适应的品行、专业知识和业务能力，并取得相应资格。具体办法由国务院法制机构会同国务院有关部门规定。

第二章 行政复议申请

第一节 申请人

第五条 依照行政复议法和本条例的规定申请行政复议的公民、法人或者其他组织为申请人。

第六条 合伙企业申请行政复议的，应当以核准登记的企业为申请人，由执行合伙事务的合伙人代表该企业参加行政复议；其他合伙组织申请行政复议的，由合伙人共同申请行政复议。

前款规定以外的不具备法人资格的其他组织申请行政复议的，由该组织的主要负责人代表该组织参加行政复议；没有主要负责人的，由共同推选的其他成员代表该组织参加行政复议。

第七条 股份制企业的股东大会、股东代表大会、董事会认为行政机关作出的具体行政行为侵犯企业合法权益的，可以以企业的名义申请行政复议。

第八条 同一行政复议案件申请人超过5人的，推选1至5名代表参加行政复议。

第九条 行政复议期间，行政复议机构认为申请人以外的公民、法人或者其他组织与被审查的具体行政行为有利害关系的，可以通知其作为第三人参加行政复议。

行政复议期间，申请人以外的公民、法人或者其他组织与被审查的具体行政行为有利害关系的，可以向行政复议机构申请作为第三人参加行政复议。

第三人不参加行政复议，不影响行政复议案件的审理。

第十条 申请人、第三人可以委托1至2名代理人参加行政复议。申请人、第三人委托代理人的，应当向行政复议机构提交授权委托书。授权委托书应当载明委托事项、权限和期限。公民在特殊情况下无法书面委托的，可以口头委托。口头委托的，行政复议机构应当核实并记录在卷。申请人、第三人解除或者变更委托的,应当书面报告行政复议机构。

第二节 被 申 请 人

第十一条 公民、法人或者其他组织对行政机关的具体行政行为不服,依照行政复议法和本条例的规定申请行政复议的,作出该具体行政行为的行政机关为被申请人。

第十二条 行政机关与法律、法规授权的组织以共同的名义作出具体行政行为的,行政机关和法律、法规授权的组织为共同被申请人。

行政机关与其他组织以共同名义作出具体行政行为的,行政机关为被申请人。

第十三条 下级行政机关依照法律、法规、规章规定,经上级行政机关批准作出具体行政行为的,批准机关为被申请人。

第十四条 行政机关设立的派出机构、内设机构或者其他组织,未经法律、法规授权,对外以自己名义作出具体行政行为的,该行政机关为被申请人。

第三节 行政复议申请期限

第十五条 行政复议法第九条第一款规定的行政复议申请期限的计算,依照下列规定办理:

(一)当场作出具体行政行为的,自具体行政行为作出之日起计算;

(二)载明具体行政行为的法律文书直接送达的,自受送达人签收之日起计算;

(三)载明具体行政行为的法律文书邮寄送达的,自受送达人在邮件签收单上签收之日起计算;没有邮件签收单的,自受送达人在送达回执上签名之日起计算;

(四)具体行政行为依法通过公告形式告知受送达人的,自公告规定的期限届满之日起计算;

(五)行政机关作出具体行政行为时未告知公民、法人或者其他组织,事后补充告知的,自该公民、法人或者其他组织收到行政机关补充告知的通知之日起计算;

(六)被申请人能够证明公民、法人或者其他组织知道具体行政行为的,自证据材料证明其知道具体行政行为之日起计算。

行政机关作出具体行政行为,依法应当向有关公民、法人或者其他组织送达法律文书而未送达的,视为该公民、法人或者其他组织不知道该具体行政行为。

第十六条 公民、法人或者其他组织依照行政复议法第六条第(八)项、第(九)项、第(十)项的规定申请行政机关履行法定职责,行政机关未履行的,行政复议申请期限依照下列规定计算:

(一)有履行期限规定的,自履行期限届满之日起计算;

(二)没有履行期限规定的,自行政机关收到申请满60日起计算。

公民、法人或者其他组织在紧急情况下请求行政机关履行保护人身权、财产权的法定职责,行政机关不履行的,行政复议申请期限不受前款规定的限制。

第十七条 行政机关作出的具体行政行为对公民、法人或者其他组织的权利、义务可能产生不利影响的,应当告知其申请行政复议的权利、行政复议机关和行政复议申请期限。

第四节 行政复议申请的提出

第十八条 申请人书面申请行政复议的,可以采取当面递交、邮寄或者传真等方式提出行政复议申请。

有条件的行政复议机构可以接受以电子邮件形式提出的行政复议申请。

第十九条 申请人书面申请行政复议的,应当在行政复议申请书中载明下列事项:

(一)申请人的基本情况,包括:公民的姓名、性别、年龄、身份证号码、工作单位、住所、邮政编码;法人或者其他组织的名称、住所、邮政编码和法定代表人或者主要负责人的姓名、职务;

(二)被申请人的名称;

(三)行政复议请求、申请行政复议的主要事实和理由;

(四)申请人的签名或者盖章;

(五)申请行政复议的日期。

第二十条 申请人口头申请行政复议的,行政复议机构应当依照本条例第十九条规定的事项,当场制作行政复议申请笔录交申请人核对或者向申请人宣读,并由申请人签字确认。

第二十一条 有下列情形之一的,申请人应当提供证明材料:

(一)认为被申请人不履行法定职责的,提供曾经要求被申请人履行法定职责而被申请人未履行的证明材料;

(二)申请行政复议时一并提出行政赔偿请求的,提供受具体行政行为侵害而造成损害的证明材料;

(三)法律、法规规定需要申请人提供证据材料的其他情形。

第二十二条 申请人提出行政复议申请时错列被申请人的,行政复议机构应当告知申请人变更被申请人。

第二十三条 申请人对两个以上国务院部门共同作出的具体行政行为不服的,依照行政复议法第十四条的规定,可以向其中任何一个国务院部门提出行政复议申请,由作出具体行政行为的国务院部门共同作出行政复议决定。

第二十四条 申请人对经国务院批准实行省以下垂直领导的部门作出的具体行政行为不服的,可以选择向该部门的本级人民政府或者上一级主管部门申请行政复议;省、自治区、直辖市另有规定的,依照省、自治区、直辖市的规定办理。

第二十五条 申请人依照行政复议法第三十条第二款的规定申请行政复议的,应当向省、自治区、直辖市人民政府提出行政复议申请。

第二十六条 依照行政复议法第七条的规定,申请人认为具体行政行为所依据的规定不合法的,可以在对具体行政行为申请行政复议的同时一并提出对该规定的审查申请;申请人在对具体行政行为提出行政复议申请时尚不知道该具体行政行为所依据的规定的,可以在行政复议机关作出行政复议决定前向行政复议机关提出对该规定的审查申请。

第三章 行政复议受理

第二十七条 公民、法人或者其他组织认为行政机关的具体行政行为侵犯其合法权益提出行政复议申请,除不符合行政复议法和本条例规定的申请条件的,行政复议机关必须受理。

第二十八条 行政复议申请符合下列规定的,应当予以受理:

(一)有明确的申请人和符合规定的被申请人;

(二)申请人与具体行政行为有利害关系;

(三)有具体的行政复议请求和理由;

（四）在法定申请期限内提出；

（五）属于行政复议法规定的行政复议范围；

（六）属于收到行政复议申请的行政复议机构的职责范围；

（七）其他行政复议机关尚未受理同一行政复议申请，人民法院尚未受理同一主体就同一事实提起的行政诉讼。

第二十九条　行政复议申请材料不齐全或者表述不清楚的，行政复议机构可以自收到该行政复议申请之日起5日内书面通知申请人补正。补正通知应当载明需要补正的事项和合理的补正期限。无正当理由逾期不补正的，视为申请人放弃行政复议申请。补正申请材料所用时间不计入行政复议审理期限。

第三十条　申请人就同一事项向两个或者两个以上有权受理的行政机关申请行政复议的，由最先收到行政复议申请的行政机关受理；同时收到行政复议申请的，由收到行政复议申请的行政机关在10日内协商确定；协商不成的，由其共同上一级行政机关在10日内指定受理机关。协商确定或者指定受理机关所用时间不计入行政复议审理期限。

第三十一条　依照行政复议法第二十条的规定，上级行政机关认为行政复议机关不予受理行政复议申请的理由不成立的，可以先行督促其受理；经督促仍不受理的，应当责令其限期受理，必要时也可以直接受理；认为行政复议申请不符合法定受理条件的，应当告知申请人。

第四章　行政复议决定

第三十二条　行政复议机构审理行政复议案件，应当由2名以上行政复议人员参加。

第三十三条　行政复议机构认为必要时，可以实地调查核实证据；对重大、复杂的案件，申请人提出要求或者行政复议机构认为必要时，可以采取听证的方式审理。

第三十四条　行政复议人员向有关组织和人员调查取证时，可以查阅、复制、调取有关文件和资料，向有关人员进行询问。

调查取证时，行政复议人员不得少于2人，并应当向当事人或者有关人员出示证件。被调查单位和人员应当配合行政复议人员的工作，不得拒绝或者阻挠。

需要现场勘验的，现场勘验所用时间不计入行政复议审理期限。

第三十五条　行政复议机关应当为申请人、第三人查阅有关材料提供必要条件。

第三十六条　依照行政复议法第十四条的规定申请原级行政复议的案件，由原承办具体行政行为有关事项的部门或者机构提出书面答复，并提交作出具体行政行为的证据、依据和其他有关材料。

第三十七条　行政复议期间涉及专门事项需要鉴定的，当事人可以自行委托鉴定机构进行鉴定，也可以申请行政复议机构委托鉴定机构进行鉴定。鉴定费用由当事人承担。鉴定所用时间不计入行政复议审理期限。

第三十八条　申请人在行政复议决定作出前自愿撤回行政复议申请的，经行政复议机构同意，可以撤回。

申请人撤回行政复议申请的，不得再以同一事实和理由提出行政复议申请。但是，申请人能够证明撤回行政复议申请违背其真实意思表示的除外。

第三十九条　行政复议期间被申请人改变原具体行政行为的，不影响行政复议案件的审理。但是，申请人依法撤回行政复议申请的除外。

第四十条　公民、法人或者其他组织对行政机关行使法律、法规规定的自由裁量权作出的具体行政行为不服申请行政复议，申请人与被申请人在行政复议决定作出前自愿达成和解的，应当向行政复议机构提交书面和解协议；和解内容不损害社会公共利益和他人合法权益的，行政复议机构应当准许。

第四十一条　行政复议期间有下列情形之一，影响行政复议案件审理的，行政复议中止：

（一）作为申请人的自然人死亡，其近亲属尚未确定是否参加行政复议的；

（二）作为申请人的自然人丧失参加行政复议的能力，尚未确定法定代理人参加行政复议的；

（三）作为申请人的法人或者其他组织终止，尚未确定权利义务承受人的；

（四）作为申请人的自然人下落不明或者被宣告失踪的；

（五）申请人、被申请人因不可抗力，不能参加行政复议的；

（六）案件涉及法律适用问题，需要有权机关作出解释或者确认的；

（七）案件审理需要以其他案件的审理结果为依据，而其他案件尚未审结的；

（八）其他需要中止行政复议的情形。

行政复议中止的原因消除后，应当及时恢复行政复议案件的审理。

行政复议机构中止、恢复行政复议案件的审理,应当告知有关当事人。

第四十二条 行政复议期间有下列情形之一的,行政复议终止:

(一)申请人要求撤回行政复议申请,行政复议机构准予撤回的;

(二)作为申请人的自然人死亡,没有近亲属或者其近亲属放弃行政复议权利的;

(三)作为申请人的法人或者其他组织终止,其权利义务的承受人放弃行政复议权利的;

(四)申请人与被申请人依照本条例第四十条的规定,经行政复议机构准许达成和解的;

(五)申请人对行政拘留或者限制人身自由的行政强制措施不服申请行政复议后,因申请人同一违法行为涉嫌犯罪,该行政拘留或者限制人身自由的行政强制措施变更为刑事拘留的。

依照本条例第四十一条第一款第(一)项、第(二)项、第(三)项规定中止行政复议,满60日行政复议中止的原因仍未消除的,行政复议终止。

第四十三条 依照行政复议法第二十八条第一款第(一)项规定,具体行政行为认定事实清楚,证据确凿,适用依据正确,程序合法,内容适当的,行政复议机关应当决定维持。

第四十四条 依照行政复议法第二十八条第一款第(二)项规定,被申请人不履行法定职责的,行政复议机关应当决定其在一定期限内履行法定职责。

第四十五条 具体行政行为有行政复议法第二十八条第一款第(三)项规定情形之一的,行政复议机关应当决定撤销、变更该具体行政行为或者确认该具体行政行为违法;决定撤销该具体行政行为或者确认该具体行政行为违法的,可以责令被申请人在一定期限内重新作出具体行政行为。

第四十六条 被申请人未依照行政复议法第二十三条的规定提出书面答复、提交当初作出具体行政行为的证据、依据和其他有关材料的,视为该具体行政行为没有证据、依据,行政复议机关应当决定撤销该具体行政行为。

第四十七条 具体行政行为有下列情形之一,行政复议机关可以决定变更:

(一)认定事实清楚,证据确凿,程序合法,但是明显不当或者适用依据错误的;

(二)认定事实不清,证据不足,但是经行政复议机关审理查明事实清楚,证据确凿的。

第四十八条　有下列情形之一的,行政复议机关应当决定驳回行政复议申请:

(一)申请人认为行政机关不履行法定职责申请行政复议,行政复议机关受理后发现该行政机关没有相应法定职责或者在受理前已经履行法定职责的;

(二)受理行政复议申请后,发现该行政复议申请不符合行政复议法和本条例规定的受理条件的。

上级行政机关认为行政复议机关驳回行政复议申请的理由不成立的,应当责令其恢复审理。

第四十九条　行政复议机关依照行政复议法第二十八条的规定责令被申请人重新作出具体行政行为的,被申请人应当在法律、法规、规章规定的期限内重新作出具体行政行为;法律、法规、规章未规定期限的,重新作出具体行政行为的期限为60日。

公民、法人或者其他组织对被申请人重新作出的具体行政行为不服,可以依法申请行政复议或者提起行政诉讼。

第五十条　有下列情形之一的,行政复议机关可以按照自愿、合法的原则进行调解:

(一)公民、法人或者其他组织对行政机关行使法律、法规规定的自由裁量权作出的具体行政行为不服申请行政复议的;

(二)当事人之间的行政赔偿或者行政补偿纠纷。

当事人经调解达成协议的,行政复议机关应当制作行政复议调解书。调解书应当载明行政复议请求、事实、理由和调解结果,并加盖行政复议机关印章。行政复议调解书经双方当事人签字,即具有法律效力。

调解未达成协议或者调解书生效前一方反悔的,行政复议机关应当及时作出行政复议决定。

第五十一条　行政复议机关在申请人的行政复议请求范围内,不得作出对申请人更为不利的行政复议决定。

第五十二条　第三人逾期不起诉又不履行行政复议决定的,依照行政复议法第三十三条的规定处理。

第五章　行政复议指导和监督

第五十三条　行政复议机关应当加强对行政复议工作的领导。

行政复议机构在本级行政复议机关的领导下,按照职责权限对行政复议工作进行督促、指导。

第五十四条 县级以上各级人民政府应当加强对所属工作部门和下级人民政府履行行政复议职责的监督。

行政复议机关应当加强对其行政复议机构履行行政复议职责的监督。

第五十五条 县级以上地方各级人民政府应当建立健全行政复议工作责任制,将行政复议工作纳入本级政府目标责任制。

第五十六条 县级以上地方各级人民政府应当按照职责权限,通过定期组织检查、抽查等方式,对所属工作部门和下级人民政府行政复议工作进行检查,并及时向有关方面反馈检查结果。

第五十七条 行政复议期间行政复议机关发现被申请人或者其他下级行政机关的相关行政行为违法或者需要做好善后工作的,可以制作行政复议意见书。有关机关应当自收到行政复议意见书之日起60日内将纠正相关行政违法行为或者做好善后工作的情况通报行政复议机构。

行政复议期间行政复议机构发现法律、法规、规章实施中带有普遍性的问题,可以制作行政复议建议书,向有关机关提出完善制度和改进行政执法的建议。

第五十八条 县级以上各级人民政府行政复议机构应当定期向本级人民政府提交行政复议工作状况分析报告。

第五十九条 下级行政复议机关应当及时将重大行政复议决定报上级行政复议机关备案。

第六十条 各级行政复议机构应当定期组织对行政复议人员进行业务培训,提高行政复议人员的专业素质。

第六十一条 各级行政复议机关应当定期总结行政复议工作,对在行政复议工作中做出显著成绩的单位和个人,依照有关规定给予表彰和奖励。

第六章 法 律 责 任

第六十二条 被申请人在规定期限内未按照行政复议决定的要求重新作出具体行政行为,或者违反规定重新作出具体行政行为的,依照行政复议法第三十七条的规定追究法律责任。

第六十三条 拒绝或者阻挠行政复议人员调查取证、查阅、复制、调取有关文件和资料的,对有关责任人员依法给予处分或者治安处罚;构成犯罪的,依法追究刑事责任。

第六十四条 行政复议机关或者行政复议机构不履行行政复议法和本条例规定的行政复议职责,经有权监督的行政机关督促仍不改正的,对直接负责的主管人员和其他直接责任人员依法给予警告、记过、记大过的处分;造成严重后果的,依法给予降级、撤职、开除的处分。

第六十五条 行政机关及其工作人员违反行政复议法和本条例规定的,行政复议机构可以向人事、监察部门提出对有关责任人员的处分建议,也可以将有关人员违法的事实材料直接转送人事、监察部门处理;接受转送的人事、监察部门应当依法处理,并将处理结果通报转送的行政复议机构。

第七章 附 则

第六十六条 本条例自 2007 年 8 月 1 日起施行。

最高人民法院关于行政机关不依法履行政府信息公开义务行为是否属于行政复议范围问题的答复

([2014]行他字第 5 号)

吉林省高级人民法院:

你院《关于戚凤春、云庆强诉吉林省人民政府政府信息公开行政复议一案的请示》收悉。经研究,答复如下:

行政机关针对政府信息公开申请作出不予公开答复或者逾期不予答复,属于《中华人民共和国政府信息公开条例》第三十三条第二款规定的"行政机关在政府信息公开工作中的具体行政行为",公民、法人或者其他组织认为侵犯其合法权益的,可以依法申请行政复议。行政复议机关依照《中华人民共和国政府信息公开条例》第三十三条第一款不予受理,系适用法律错误,人民法院依法应予纠正。

司法部关于印发《行政复议普通程序听取意见办法》《行政复议普通程序听证办法》《关于进一步加强行政复议调解工作推动行政争议实质性化解的指导意见》的通知

（司规〔2024〕1号）

各省、自治区、直辖市人民政府行政复议机构，新疆生产建设兵团行政复议机构，国务院各部门行政复议机构：

《行政复议普通程序听取意见办法》、《行政复议普通程序听证办法》、《关于进一步加强行政复议调解工作推动行政争议实质性化解的指导意见》已经司法部部长办公会议审议通过，现予印发，请认真贯彻执行。

司法部
2024年4月3日

行政复议普通程序听取意见办法

第一条 为规范行政复议普通程序听取意见工作，进一步提高行政复议工作质效，更好保护公民、法人、其他组织的合法权益，根据《中华人民共和国行政复议法》，制定本办法。

第二条 本办法所称听取意见，是指行政复议机构适用普通程序办理行政复议案件时，当面或者通过互联网、电话等方式听取当事人的意见，并将听取的意见记录在案，查明案件事实的审理过程。

第三条 行政复议人员应当结合被申请人提交的答复书和证据材料，主要就案件事实和证据听取申请人意见。

行政复议人员在听取意见时，根据案件实际情况和实质性化解行政争议的要求，询问申请人的调解意愿。

第四条 下列事项作为听取申请人意见的重点内容：

（一）与申请人本人行为有关的签字、录音录像、证人证言、执法笔录等证是否真实；

（二）行政行为对申请人涉案的资格资质、权利义务、行为能力等情况的认定是否准确；

（三）行政行为对申请人人身权、财产权、受教育权等合法权益造成的具体损害；

（四）行政行为作出过程中，申请人的知情、陈述、申辩、听证等程序性权利是否得到保障；

（五）申请人在申请书等材料中所述，与被申请人证据材料反映的案件事实有矛盾的部分；

（六）行政复议机构认为其他应当听取意见的。

申请人在申请书等材料中已对上述事项充分、完整陈述意见的，行政复议人员可以询问申请人有无其他补充意见。

第五条 行政复议人员听取申请人意见时，应当表明身份，主动说明案由和听取意见的法律依据。听取意见应当耐心、细致，用语文明、规范，并客观、如实记录申请人的意见。当面或者通过视频方式听取意见时，还应当出示行政复议人员工作证件。同步录音、录像的，应当告知申请人相关情况。

第六条 在申请人未查阅、复制相关证据材料的情况下听取意见时，行政复议人员应当先对相关证据材料的名称、主要内容和证明目的进行描述。

申请人要求查阅、复制相关证据材料后再陈述意见的，行政复议机构应当依法安排申请人进行查阅、复制。申请人查阅、复制相关证据材料时，应当当面询问其意见。

第七条 当面听取申请人意见的，行政复议人员不得少于两人。当面听取意见应当形成书面记录，必要时同步录音、录像。

前款规定的听取意见记录，应当记载听取意见的对象、方式、时间、地点、意见主要内容，经申请人核对无误后签字确认，并由行政复议人员签字。申请人拒绝签字的，行政复议人员应当注明。

第八条 通过电话、即时通讯的音视频工具听取申请人意见的，应当进行同步录音、录像，并形成书面记录。通过电子邮箱、即时通讯的文字工具听取申请人意见的，应当截屏存档，并形成书面记录。

前款规定的听取意见记录，应当记载听取意见的对象、方式、时间、通话号码或者互联网地址、意见主要内容、音像或者截屏等留证材料目录，并由行政复议人员签字。

第九条 当面或者通过互联网、电话等方式听取申请人意见时，申请人表示事后提供书面意见的，应当明确提供书面意见的具体期限。

第十条 申请人未提供互联网、电话等联系方式的，行政复议人员可以通过被申请人或者申请人所在地的行政复议机构与申请人联系，请其提供有效联系方式。

第十一条 申请人陈述意见时，对法律或者事实有明显误解，或者所陈述的意见与案件审查明显无关时，行政复议人员可以释法明理，进行必要的引导。

第十二条 同一行政复议案件申请人人数众多的，可以根据查明案件事实的需要，听取申请人代表或者部分申请人的意见。

第十三条 第三人意见的听取，参照听取申请人意见的规定办理。

第三人的利益诉求与申请人有冲突的，可以就双方各自提出的案件事实和证据，听取对方意见。

第十四条 听取被申请人的意见，依法通过通知其提交书面答复和证据材料的方式进行。

第十五条 下列情形属于因当事人原因不能听取意见的情形：

（一）听取当事人意见时被拒绝的；

（二）当事人提供的电话、即时通讯的音视频联系方式在三个以上不同工作日均无法接通，或者提供的电子邮箱、即时通讯的文字联系方式在五个工作日内均未应答的；

（三）当事人未提供互联网、电话等联系方式，行政复议机构无法取得联系的；

（四）当事人表示事后提供书面意见，逾期未提供的；

（五）其他因当事人原因不能听取意见的。

上述情形应当留存相关证据并记录在案，由两名以上行政复议人员签字确认。

第十六条 行政复议机关应当综合考虑所听取的当事人意见，对案件证据材料进行审查，认定案件事实。

第十七条 听取意见记录及录音、录像、截屏等留证材料应当附卷存档备查。

第十八条 适用简易程序审理的案件，可以参照本办法的规定听取当事人意见。

第十九条　听取意见记录的示范文本由司法部另行制定。

第二十条　本办法自发布之日起施行。

行政复议普通程序听证办法

第一条　为规范行政复议普通程序听证工作,进一步提高行政复议工作质效,更好保护公民、法人、其他组织的合法权益,根据《中华人民共和国行政复议法》,制定本办法。

第二条　本办法所称行政复议听证,是指行政复议机构适用普通程序办理行政复议案件时,组织涉案人员通过陈述、申辩、举证、质证等形式,查明案件事实的审理过程。

本办法所称当事人,是指行政复议案件的申请人、被申请人、第三人。当事人及其代理人、参加听证活动的证人、鉴定人、勘验人、翻译人员为听证参加人。

第三条　审理下列重大、疑难、复杂的行政复议案件,行政复议机构应当组织听证:

（一）涉及国家利益、重大社会公共利益的;

（二）涉及群体性纠纷或者社会关注度较高的;

（三）涉及新业态、新领域、新类型行政争议,案情复杂的;

（四）被申请人定案证据疑点较多,当事人对案件主要事实分歧较大的;

（五）法律关系复杂的;

（六）其他重大、疑难、复杂案件。

申请人提出听证申请,行政复议机构认为有必要的,可以组织听证。

第四条　行政复议机构应当在举行听证的5个工作日前将听证时间、地点和拟听证事项等以听证通知书的方式通知当事人。

行政复议机构举行听证前决定变更听证时间、地点的,应当及时告知当事人,并说明理由。

第五条　申请人、第三人委托代理人参加听证的,应当在听证开始前提交授权委托书。申请人、第三人人数众多且未推选代表人的,行政复议机构可以视情况要求其推选代表人参加听证。代表人参加听证的,应当在听证开始前提交代表人推选材料。申请人、第三人推选不出代表人的,行政复议机构可以在申请人、第三人中指定代表人。

被申请人的负责人应当参加听证。不能参加的,应当说明理由,并委托相应的工作人员参加听证,在听证开始前提交授权委托书。

第六条 接到听证通知书后,申请人、第三人不能按时参加听证的,应当及时告知行政复议机构并说明理由。

当事人无正当理由拒不参加听证的,行政复议机构进行缺席听证。

第七条 行政复议机构应当指定一名行政复议人员任主持人,两名以上行政复议人员任听证员,一名记录员制作听证笔录。

当事人认为主持人、听证员、记录员与案件有直接利害关系要求回避的,由行政复议机构决定。

第八条 听证室正中设听证主持人和听证员席位。主持人席位前方设申请人、被申请人及代理人席位,分两侧相对而坐。第三人的席位,根据其利益诉求和当事人人数情况,设置在申请人或者被申请人一侧。证人、鉴定人、勘验人位置设置在主持人席位正前方。

第九条 听证开始前,主持人、听证员应当核实当事人身份,核实代理人身份及授权委托书、授权事项范围,核实证人、鉴定人、勘验人、翻译人员的身份。

第十条 核实听证参加人身份后,主持人应当宣布以下听证纪律:

(一)听证参加人在主持人的主持下发言、提问;

(二)未经主持人允许,听证参加人不得提前退席;

(三)未经主持人允许,不得录音、录像或者摄影;

(四)不得大声喧哗,不得鼓掌、哄闹或者进行其他妨碍听证秩序的活动。

第十一条 主持人宣布听证开始,按照下列程序实施听证:

(一)主持人说明案由和听证参加人;

(二)申请人陈述行政复议申请的主要事实、理由,明确行政复议请求,并可以举证;

(三)被申请人陈述行政复议答复要点并举证;

(四)第三人参加听证的,由第三人陈述自己观点,并可以举证;

(五)证人、鉴定人、勘验人参加听证活动的,由其进行相关陈述,回答主持人、听证员和经主持人同意的当事人的提问;

(六)各方质证;

(七)各方围绕主持人归纳的案件焦点问题陈述意见、进行申辩;

(八)主持人、听证员对需要查明的问题向听证参加人询问;

（九）主持人询问当事人有无补充意见。

主持人可以根据案件审理的具体情况,对前款规定的流程顺序进行适当调整。

证人、鉴定人、勘验人仅在需要其进行相关陈述、回答询问、核对听证笔录环节参与听证活动。

第十二条 前条规定的程序结束后,主持人可以询问当事人是否同意现场调解。当事人同意的,主持人进行现场调解。

第十三条 有下列情形之一的,听证主持人可以决定中止听证:

（一）当事人有正当理由不能及时到场的;

（二）经核实听证参加人身份有误,不能当场解决并影响案件审理的;

（三）听证过程中发现需要通知新的参加人到场,或者有新的事实需要调查核实,不能当场完成的;

（四）其他影响听证正常进行,不能当场解决的。

中止听证后,恢复听证的时间、地点和拟听证事项等由行政复议机构决定并通知当事人。

中止听证不影响行政复议审理期限的计算。确需停止行政复议审理期限计算的,应当依照《中华人民共和国行政复议法》第三十九条的规定,决定中止行政复议。

第十四条 记录员应当将行政复议听证的全部活动记入听证笔录。行政复议机构认为有必要的,可以对听证情况进行全过程录音、录像。

本办法第十一条、第十二条规定的程序结束后,由主持人宣布听证结束,并组织听证参加人对听证笔录确认无误后签字。听证参加人认为笔录有差错的,可以要求更正。听证参加人拒绝签字的,由听证主持人在笔录中注明。

第十五条 对于违反听证纪律、扰乱听证秩序的听证参加人,主持人有权劝阻和警告。

听证参加人无正当理由且未经许可中途退出听证,行政复议机构进行缺席听证。相关情况应当记入听证笔录。

第十六条 同时符合下列各项条件的,行政复议机构可以采取线上视频方式举行听证:

（一）各方当事人均同意采取线上视频方式举行听证;

（二）案件不涉及国家秘密、商业秘密、个人隐私或者可能危及国家安全、公共安全、社会稳定的情形;

（三）听证参加人具备参与在线听证的技术条件和能力，包括具备上传和接收证据材料、进行线上电子签名确认等技术条件；

（四）不需要证人现场作证和鉴定人、勘验人现场发表意见；

（五）不存在必须通过现场核对相关证据材料才能够查清案件事实的情形。

第十七条 线上视频方式举行听证，按照本办法规定的相关程序进行。主持人、听证员应当加强在线身份核实，并强化说明引导，维护当事人合法权益和听证秩序，确保线上听证顺利进行。

第十八条 现场听证的案件，符合本办法第十六条第二项至第五项规定的，证人、鉴定人、勘验人可以通过线上视频方式作证或者发表意见。

符合前款规定条件，部分当事人可以通过线上视频方式参加听证。但是，其他当事人有合理理由提出异议的除外。

第十九条 行政复议听证不得向当事人收取任何费用。

经过听证的行政复议案件，行政复议机关应当根据听证笔录、审查认定的事实和证据，依法作出行政复议决定。

第二十条 本办法自发布之日起施行。

关于进一步加强行政复议调解工作推动行政争议实质性化解的指导意见

加强行政复议调解工作对于推动行政争议实质性化解，深化行政争议源头治理，充分发挥行政复议公正高效、便民为民的制度优势和化解行政争议的主渠道作用具有重要意义。新修订的《中华人民共和国行政复议法》高度重视调解工作，强化调解在行政复议中的运用，完善了行政复议调解制度，对行政复议调解工作提出了更高要求。为贯彻落实新修订的行政复议法，切实加强行政复议调解工作，现提出如下意见。

一、总体要求

坚持以习近平新时代中国特色社会主义思想为指导，全面贯彻落实党的二十大精神，深入学习贯彻习近平法治思想，自觉践行以人民为中心的发展理念，坚持和发展新时代"枫桥经验"，贯彻落实新修订的行政复议法，坚持依法能动复议，进一步拓宽行政复议调解范围，加大行政复议调解工作力度，健全行政复议调解工作机制,全面提升行政复议调解能力,不断提高调解结案比重,充分发挥调解在矛盾纠纷预防化解中的基础性作用,推动行政争议化解在基层、化解在初始阶段、化解在行政程序中,切实维护人民群众的合法权益,为落实全面依法治国方略、推进法治政府建设、维护社会安全稳定发挥更大作用。要坚持依法自愿。开展行政复议调解工作应当充分尊重当事人意愿,不得损害国家利益、社会公共利益和他人合法权益,不得违反法律、法规的强制性规定。要坚持应调尽调。切实贯彻调解优先的工作理念,在案件办理全流程、各环节有针对性地加强调解工作,积极引导和促进当事人通过调解方式达成共识,及时化解行政纠纷。要坚持务实高效。坚持问题导向、结果导向,全面了解申请人的争议由来和实质诉求,找准矛盾症结,采取因势利导、便捷灵活的方式方法解决行政争议,防止程序空转。要坚持统筹协调。协调整合各部门行政资源参与调解,增强与司法机关等共同推进行政争议源头治理合力,加强与人民调解、专业调解等调解机制的有机对接,形成程序衔接、优势互补、协同配合的行政争议化解机制。

二、全面强化行政复议调解和行政争议源头治理工作

(一)实现调解工作对各类行政复议案件全覆盖。认真做好涉行使行政裁量权行政行为的调解工作,综合研判事实、性质、情节、法律要求和本地区经济社会发展状况等因素,在当地行政裁量权基准明确的范围内提出或者指导形成调解和解方案;尚未制定行政裁量权基准的,要加强类案对比,调解和解方案与类别、性质、情节相同或者相近事项的处理结果要保持基本一致。能动开展羁束性行政行为调解工作,对应予维持但申请人确有合理需求的,要指导申请人通过合法方式满足法定条件,并可在法律允许范围内为申请人提供便利。加大"一揽子"调解力度,对行政争议的产生与其他行政行为密切相关,适合由行政复议机构一并调解的,组织各方进行调解,真正做到一并调解、案结事了。增强调解工作针对性,对行政行为存在违法或不当问题的,要推动被申请人主动采取自我纠错或者补救措施;对仅因申请人存在误解或者不满情绪引发争议的,要做好解释说明和情绪疏导工作。

(二)将调解工作贯穿到行政复议办理全过程。积极引导当事人在案件受理环节参加受理前调解,通过被申请人自查自纠、向申请人释法明理等工作,申请人同意撤回行政复议申请的,不再处理该申请并按规定记录、存档。高度重视行政复议案件审理环节的调解工作,案件承办人要充分利用听证会、听取意见、调解会等开展诉求沟通、法理辨析、情绪疏导,提出或者指导形成调解和解方案,积极促使各方意见达成一致。对于当事人有明显调解意愿但期限不足的,行政复议机构可以运用行政复议中止制度,经当事人同意后中止计算相关期限,及时开展和完成调解工作。要避免久调不决,任一方当事人提出恢复审理请求,或者行政复议机构评估认为难以达成一致意见的,及时终止调解,依法作出行政复议决定。

(三)加大行政复议调解书的履行力度。盯紧行政复议调解的"最后一公里",对行政复议调解书明确的履行内容,行政复议机构应当鼓励当事人在制发行政复议调解书时履行;即时履行确有困难的,引导当事人在合理期限内履行。行政复议调解书对原行政行为进行变更的,原行政行为不再执行。行政复议机构要建立行政复议调解书履行情况跟踪回访制度,加强对被申请人履行情况的监督。对被申请人不履行或者无正当理由拖延履行行政复议调解书的,制发责令限期履行通知书,并运用约谈、通报批评等监督手段,督促被申请人履行。对调解过程中发现的违法或不当行政行为,即使调撤结案,也应当通过制发行政复议意见书等方式,督促相关行政机关予以纠正。

(四)加强重点领域行政争议的调解工作。行政复议机构要对本地区、本系统行政争议总体情况定期梳理,针对行政争议数量较多、案结事了率较低的房屋及土地征收、行政处罚、工伤认定等重点领域,加强调查研究,在找准问题根源的基础上,分类施策,促进行政争议实质性化解。加强涉企行政复议案件调解工作,推动被申请人提升涉企执法水平,依法平等保护各类市场主体,为企业健康发展营造公平、稳定、可预期的良好环境。积极邀请工商联、商会、优秀企业家参与行政复议调解,增强涉企行政复议调解工作的实效性。

(五)强化行政争议源头治理。行政复议机构要强化源头治理观念,增强前端化解能力,做深做实"抓前端、治未病"。注重在调解过程中了解社情民意,充分研判行政执法不规范、行政管理不科学的问题和类型化矛盾成因,通过推动行政执法机关改进和完善行政执法行为,有效预防各类行政争议的发生。主动与人民法院、人民检察院和有关行政机关等单位建立沟通交流和共同研判机制,结合当地实际,选取土地管理、生态环境保护、食品药品安全、教育、社会保障、安全生产、税收等关系群众切身利益的重点领域,每年度至少开展1次行政争议源头治理专题交流研判活动。

三、建立健全行政复议调解工作机制

(六)建立行政复议调解工作台账。行政复议机构要完整记载每件行政复议案件征询申请人调解意愿情况、调解工作开展情况、调解书履行情况、调解未成功原因分析情况等。除行政复议申请不符合受理条件、案件本身难以进行调解等情况外，征询申请人调解意愿率要逐步达到100%。要定期统计分析各案件承办人、本单位和下一级行政复议机构调解开展率、调解结案率、调解书履行率等数据信息，将相关数据作为分析、研究、改进行政复议调解和实质性化解工作的重要依据。

（七）优化行政复议调解工作平台。充分依托行政复议接待窗口、基层司法所、公共法律服务中心等，开展行政复议调解工作。行政复议机构要主动担当作为，有效发挥各类行政争议化解中心的平台作用，通过在政务中心服务大厅、矛盾纠纷多元化解机构、信访中心等场所增设窗口、设置智能终端、张贴宣传图解等方式，引导更多行政争议通过行政复议渠道化解，以行政复议调解和解方式结案，并积极与行政诉讼调解进行信息对接，实现信息数据和调解经验共享，有条件的地方可以探索承接人民法院委托移交的行政争议调解工作。

（八）健全第三方力量参与行政复议调解机制。积极引入第三方力量参与行政复议调解，增强行政复议调解工作合力。建立行政复议调解专家库，根据案件需要抽调专家库中相关领域的专家作为调解员，与行政复议案件承办人共同调解。与当地群众日常生活密切相关的案件，可以邀请争议发生地的人大代表、政协委员、基层群众自治组织成员等作为调解员共同参与行政复议调解。对于案件涉及的民事纠纷，可以引导当事人通过人民调解组织、专业调解组织等多元纠纷化解力量先行调解。探索建立经询问当事人同意后，将有关民事纠纷移交人民调解组织、专业调解组织等多元纠纷化解力量进行调解的对接机制。

（九）完善行政复议调解工作统筹协调机制。对于涉及面广、利益关系复杂、影响力大、社会关注度高的行政复议案件，行政复议机构要提请行政复议机关组织被申请人和相关政府部门共同参与调解，整合行政资源，推动实质性化解。重大、疑难、复杂行政复议案件的调解，要提交行政复议委员会咨询论证。行政复议调解可能涉及标的数额较大幅度改变的，要求被申请人依照内部决策程序提出方案，确保调解和解方案合法合规。相关行政复议案件调解工作情况，要及时报送行政复议机关负责人。对于本地区多发的涉及跨部门行政职权的案件，要逐步形成常态化调解统筹协调机制。

四、加强行政复议调解工作保障

（十）加强组织领导。各级司法行政机关要积极争取党委、政府的重视支持,逐步将行政复议调解工作纳入法治政府建设有关考核指标体系,推动行政争议实质性化解。加强和规范行政复议调解工作管理,切实转变观念,形成注重运用调解方式推进复议工作的良好氛围,克服不愿调、不会调、不善调等问题。要协调相关部门统筹安排行政复议调解工作所需设施装备和经费预算,把行政复议调解工作纳入政府购买行政复议与应诉服务内容。

(十一)重视能力建设。加强对参与调解的行政复议人员和第三方人员的专业知识、调解技能、职业道德等方面的培训,加快建设高水平的行政复议调解队伍。要树立精品意识,积极培育一批成绩突出、群众认可的行政复议调解工作室或者调解员,不断创新调解工作方法、工作模式,提高行政复议调解工作能力。

(十二)加大宣传力度。行政复议机构要及时总结、宣传开展行政复议调解工作的先进经验、先进事迹、先进人物,充分发挥示范引领作用。要通过政府网站、新闻发布会、报刊、电视、网络和新媒体等方式,全方位宣传行政复议调解工作优势特点和生动案例,引导更多当事人通过行政复议调解方式实质解决行政争议,推动提升行政复议工作的群众满意度。

国务院法制办公室关于依法做好征地补偿安置争议行政复议工作的通知

(国法〔2011〕35号)

各省、自治区、直辖市人民政府法制办公室:

近年来,一些地方因不服市、县人民政府征地补偿、安置方案引发的行政争议有所增多,部分争议未能得到依法及时处理,影响了社会和谐稳定。为了进一步依法做好征地补偿安置争议的行政复议工作,经征求全国人大常委会法工委和最高人民法院的意见,并报国务院领导同意,现通知如下:

一、《中华人民共和国农村土地承包经营纠纷调解仲裁法》第二条第二款规定,"因征收集体所有的土地及其补偿发生的纠纷,不属于农村土地承包仲裁委员会的受理范围,可以通过行政复议或者诉讼等方式解决"。《中华人民共和国行政复议法》第十三条第一款规定,"对地方各级人民政府的具体行政行为不服的,向上一级地方人民政府申请行政复议";第四十二条规定,"本法施行前公布的法律有关行政复议的规定与本法的规定不一致的,以本法的规定为准"。《中华人民共和国行政复议法实施条例》第十三条规定,"下级行政机关依照法律、法规、规章规定,经上级行政机关批准作出的具体行政行为的,批准机关为被申请人"。依照上述规定,被征地集体经济组织和农民对有关市、县人民政府批准的征地补偿、安置方案不服要求裁决的,应当依照行政复议法律、法规的规定向上一级地方人民政府提出申请。

二、有关地方人民政府应当采取有效措施,积极受理、依法审理、公正裁决征地补偿安置争议行政复议案件,及时化解行政争议,切实维护社会和谐稳定。

国务院法制办公室
二〇一一年五月十八日

4. 行 政 诉 讼

中华人民共和国行政诉讼法

(1989年4月4日第七届全国人民代表大会第二次会议通过　根据2014年11月1日第十二届全国人民代表大会常务委员会第十一次会议《关于修改〈中华人民共和国行政诉讼法〉的决定》第一次修正　根据2017年6月27日第十二届全国人民代表大会常务委员会第二十八次会议《关于修改〈中华人民共和国民事诉讼法〉和〈中华人民共和国行政诉讼法〉的决定》第二次修正)

第一章　总　　则

第一条　为保证人民法院公正、及时审理行政案件,解决行政争议,保护公民、法人和其他组织的合法权益,监督行政机关依法行使职权,根据宪法,制定本法。

第二条　公民、法人或者其他组织认为行政机关和行政机关工作人员的行政行为侵犯其合法权益,有权依照本法向人民法院提起诉讼。

前款所称行政行为,包括法律、法规、规章授权的组织作出的行政行为。

第三条 人民法院应当保障公民、法人和其他组织的起诉权利,对应当受理的行政案件依法受理。

行政机关及其工作人员不得干预、阻碍人民法院受理行政案件。

被诉行政机关负责人应当出庭应诉。不能出庭的,应当委托行政机关相应的工作人员出庭。

第四条 人民法院依法对行政案件独立行使审判权,不受行政机关、社会团体和个人的干涉。

人民法院设行政审判庭,审理行政案件。

第五条 人民法院审理行政案件,以事实为根据,以法律为准绳。

第六条 人民法院审理行政案件,对行政行为是否合法进行审查。

第七条 人民法院审理行政案件,依法实行合议、回避、公开审判和两审终审制度。

第八条 当事人在行政诉讼中的法律地位平等。

第九条 各民族公民都有用本民族语言、文字进行行政诉讼的权利。

在少数民族聚居或者多民族共同居住的地区,人民法院应当用当地民族通用的语言、文字进行审理和发布法律文书。

人民法院应当对不通晓当地民族通用的语言、文字的诉讼参与人提供翻译。

第十条 当事人在行政诉讼中有权进行辩论。

第十一条 人民检察院有权对行政诉讼实行法律监督。

第二章 受案范围

第十二条 人民法院受理公民、法人或者其他组织提起的下列诉讼:

(一)对行政拘留、暂扣或者吊销许可证和执照、责令停产停业、没收违法所得、没收非法财物、罚款、警告等行政处罚不服的;

(二)对限制人身自由或者对财产的查封、扣押、冻结等行政强制措施和行政强制执行不服的;

(三)申请行政许可,行政机关拒绝或者在法定期限内不予答复,或者对行政机关作出的有关行政许可的其他决定不服的;

(四)对行政机关作出的关于确认土地、矿藏、水流、森林、山岭、草原、荒地、滩涂、海域等自然资源的所有权或者使用权的决定不服的；

（五）对征收、征用决定及其补偿决定不服的；

（六）申请行政机关履行保护人身权、财产权等合法权益的法定职责，行政机关拒绝履行或者不予答复的；

（七）认为行政机关侵犯其经营自主权或者农村土地承包经营权、农村土地经营权的；

（八）认为行政机关滥用行政权力排除或者限制竞争的；

（九）认为行政机关违法集资、摊派费用或者违法要求履行其他义务的；

（十）认为行政机关没有依法支付抚恤金、最低生活保障待遇或者社会保险待遇的；

（十一）认为行政机关不依法履行、未按照约定履行或者违法变更、解除政府特许经营协议、土地房屋征收补偿协议等协议的；

（十二）认为行政机关侵犯其他人身权、财产权等合法权益的。

除前款规定外，人民法院受理法律、法规规定可以提起诉讼的其他行政案件。

第十三条　人民法院不受理公民、法人或者其他组织对下列事项提起的诉讼：

（一）国防、外交等国家行为；

（二）行政法规、规章或者行政机关制定、发布的具有普遍约束力的决定、命令；

（三）行政机关对行政机关工作人员的奖惩、任免等决定；

（四）法律规定由行政机关最终裁决的行政行为。

第三章　管　　辖

第十四条　基层人民法院管辖第一审行政案件。

第十五条　中级人民法院管辖下列第一审行政案件：

（一）对国务院部门或者县级以上地方人民政府所作的行政行为提起诉讼的案件；

（二）海关处理的案件；

（三）本辖区内重大、复杂的案件；

（四）其他法律规定由中级人民法院管辖的案件。

第十六条　高级人民法院管辖本辖区内重大、复杂的第一审行政案件。

第十七条　最高人民法院管辖全国范围内重大、复杂的第一审行政案件。

第十八条　行政案件由最初作出行政行为的行政机关所在地人民法院管辖。经复议的案件，也可以由复议机关所在地人民法院管辖。

经最高人民法院批准，高级人民法院可以根据审判工作的实际情况，确定若干人民法院跨行政区域管辖行政案件。

第十九条　对限制人身自由的行政强制措施不服提起的诉讼，由被告所在地或者原告所在地人民法院管辖。

第二十条　因不动产提起的行政诉讼，由不动产所在地人民法院管辖。

第二十一条　两个以上人民法院都有管辖权的案件，原告可以选择其中一个人民法院提起诉讼。原告向两个以上有管辖权的人民法院提起诉讼的，由最先立案的人民法院管辖。

第二十二条　人民法院发现受理的案件不属于本院管辖的，应当移送有管辖权的人民法院，受移送的人民法院应当受理。受移送的人民法院认为受移送的案件按照规定不属于本院管辖的，应当报请上级人民法院指定管辖，不得再自行移送。

第二十三条　有管辖权的人民法院由于特殊原因不能行使管辖权的，由上级人民法院指定管辖。

人民法院对管辖权发生争议，由争议双方协商解决。协商不成，报它们的共同上级人民法院指定管辖。

第二十四条　上级人民法院有权审理下级人民法院管辖的第一审行政案件。

下级人民法院对其管辖的第一审行政案件，认为需要由上级人民法院审理或者指定管辖的，可以报请上级人民法院决定。

第四章　诉讼参加人

第二十五条　行政行为的相对人以及其他与行政行为有利害关系的公民、法人或者其他组织，有权提起诉讼。

有权提起诉讼的公民死亡，其近亲属可以提起诉讼。

有权提起诉讼的法人或者其他组织终止，承受其权利的法人或者其他组织可以提起诉讼。

人民检察院在履行职责中发现生态环境和资源保护、食品药品安全、国有财产保护、国有土地使用权出让等领域负有监督管理职责的行政机关违法行使职权或者不作为,致使国家利益或者社会公共利益受到侵害的,应当向行政机关提出检察建议,督促其依法履行职责。行政机关不依法履行职责的,人民检察院依法向人民法院提起诉讼。

第二十六条 公民、法人或者其他组织直接向人民法院提起诉讼的,作出行政行为的行政机关是被告。

经复议的案件,复议机关决定维持原行政行为的,作出原行政行为的行政机关和复议机关是共同被告;复议机关改变原行政行为的,复议机关是被告。

复议机关在法定期限内未作出复议决定,公民、法人或者其他组织起诉原行政行为的,作出原行政行为的行政机关是被告;起诉复议机关不作为的,复议机关是被告。

两个以上行政机关作出同一行政行为的,共同作出行政行为的行政机关是共同被告。

行政机关委托的组织所作的行政行为,委托的行政机关是被告。

行政机关被撤销或者职权变更的,继续行使其职权的行政机关是被告。

第二十七条 当事人一方或者双方为二人以上,因同一行政行为发生的行政案件,或者因同类行政行为发生的行政案件、人民法院认为可以合并审理并经当事人同意的,为共同诉讼。

第二十八条 当事人一方人数众多的共同诉讼,可以由当事人推选代表人进行诉讼。代表人的诉讼行为对其所代表的当事人发生效力,但代表人变更、放弃诉讼请求或者承认对方当事人的诉讼请求,应当经被代表的当事人同意。

第二十九条 公民、法人或者其他组织同被诉行政行为有利害关系但没有提起诉讼,或者同案件处理结果有利害关系的,可以作为第三人申请参加诉讼,或者由人民法院通知参加诉讼。

人民法院判决第三人承担义务或者减损第三人权益的,第三人有权依法提起上诉。

第三十条 没有诉讼行为能力的公民,由其法定代理人代为诉讼。法定代理人互相推诿代理责任的,由人民法院指定其中一人代为诉讼。

第三十一条 当事人、法定代理人,可以委托一至二人作为诉讼代理人。

下列人员可以被委托为诉讼代理人:

（一）律师、基层法律服务工作者；
（二）当事人的近亲属或者工作人员；
（三）当事人所在社区、单位以及有关社会团体推荐的公民。

第三十二条 代理诉讼的律师，有权按照规定查阅、复制本案有关材料，有权向有关组织和公民调查，收集与本案有关的证据。对涉及国家秘密、商业秘密和个人隐私的材料，应当依照法律规定保密。

当事人和其他诉讼代理人有权按照规定查阅、复制本案庭审材料，但涉及国家秘密、商业秘密和个人隐私的内容除外。

第五章 证　　据

第三十三条 证据包括：

（一）书证；
（二）物证；
（三）视听资料；
（四）电子数据；
（五）证人证言；
（六）当事人的陈述；
（七）鉴定意见；
（八）勘验笔录、现场笔录。

以上证据经法庭审查属实，才能作为认定案件事实的根据。

第三十四条 被告对作出的行政行为负有举证责任，应当提供作出该行政行为的证据和所依据的规范性文件。

被告不提供或者无正当理由逾期提供证据，视为没有相应证据。但是，被诉行政行为涉及第三人合法权益，第三人提供证据的除外。

第三十五条 在诉讼过程中，被告及其诉讼代理人不得自行向原告、第三人和证人收集证据。

第三十六条 被告在作出行政行为时已经收集了证据，但因不可抗力等正当事由不能提供的，经人民法院准许，可以延期提供。

原告或者第三人提出了其在行政处理程序中没有提出的理由或者证据的，经人民法院准许，被告可以补充证据。

第三十七条 原告可以提供证明行政行为违法的证据。原告提供的证据不成立的,不免除被告的举证责任。

第三十八条 在起诉被告不履行法定职责的案件中,原告应当提供其向被告提出申请的证据。但有下列情形之一的除外:

(一)被告应当依职权主动履行法定职责的;

(二)原告因正当理由不能提供证据的。

在行政赔偿、补偿的案件中,原告应当对行政行为造成的损害提供证据。因被告的原因导致原告无法举证的,由被告承担举证责任。

第三十九条 人民法院有权要求当事人提供或者补充证据。

第四十条 人民法院有权向有关行政机关以及其他组织、公民调取证据。但是,不得为证明行政行为的合法性调取被告作出行政行为时未收集的证据。

第四十一条 与本案有关的下列证据,原告或者第三人不能自行收集的,可以申请人民法院调取:

(一)由国家机关保存而须由人民法院调取的证据;

(二)涉及国家秘密、商业秘密和个人隐私的证据;

(三)确因客观原因不能自行收集的其他证据。

第四十二条 在证据可能灭失或者以后难以取得的情况下,诉讼参加人可以向人民法院申请保全证据,人民法院也可以主动采取保全措施。

第四十三条 证据应当在法庭上出示,并由当事人互相质证。对涉及国家秘密、商业秘密和个人隐私的证据,不得在公开开庭时出示。

人民法院应当按照法定程序,全面、客观地审查核实证据。对未采纳的证据应当在裁判文书中说明理由。

以非法手段取得的证据,不得作为认定案件事实的根据。

第六章 起诉和受理

第四十四条 对属于人民法院受案范围的行政案件,公民、法人或者其他组织可以先向行政机关申请复议,对复议决定不服的,再向人民法院提起诉讼;也可以直接向人民法院提起诉讼。

法律、法规规定应当先向行政机关申请复议,对复议决定不服再向人民法院提起诉讼的,依照法律、法规的规定。

第四十五条 公民、法人或者其他组织不服复议决定的,可以在收到复议决定书之日起十五日内向人民法院提起诉讼。复议机关逾期不作决定的,申人可以在复议期满之日起十五日内向人民法院提起诉讼。法律另有规定的除外。

第四十六条 公民、法人或者其他组织直接向人民法院提起诉讼的,应当自知道或者应当知道作出行政行为之日起六个月内提出。法律另有规定的除外。

因不动产提起诉讼的案件自行政行为作出之日起超过二十年,其他案件自行政行为作出之日起超过五年提起诉讼的,人民法院不予受理。

第四十七条 公民、法人或者其他组织申请行政机关履行保护其人身权、财产权等合法权益的法定职责,行政机关在接到申请之日起两个月内不履行的,公民、法人或者其他组织可以向人民法院提起诉讼。法律、法规对行政机关履行职责的期限另有规定的,从其规定。

公民、法人或者其他组织在紧急情况下请求行政机关履行保护其人身权、财产权等合法权益的法定职责,行政机关不履行的,提起诉讼不受前款规定期限的限制。

第四十八条 公民、法人或者其他组织因不可抗力或者其他不属于其自身的原因耽误起诉期限的,被耽误的时间不计算在起诉期限内。

公民、法人或者其他组织因前款规定以外的其他特殊情况耽误起诉期限的,在障碍消除后十日内,可以申请延长期限,是否准许由人民法院决定。

第四十九条 提起诉讼应当符合下列条件:

(一)原告是符合本法第二十五条规定的公民、法人或者其他组织;

(二)有明确的被告;

(三)有具体的诉讼请求和事实根据;

(四)属于人民法院受案范围和受诉人民法院管辖。

第五十条 起诉应当向人民法院递交起诉状,并按照被告人数提出副本。

书写起诉状确有困难的,可以口头起诉,由人民法院记入笔录,出具注明日期的书面凭证,并告知对方当事人。

第五十一条 人民法院在接到起诉状时对符合本法规定的起诉条件的,应当登记立案。

对当场不能判定是否符合本法规定的起诉条件的,应当接收起诉状,出具注明收到日期的书面凭证,并在七日内决定是否立案。不符合起诉条件的,作出不予立案的裁定。裁定书应当载明不予立案的理由。原告对裁定不服的,可以提起上诉。

起诉状内容欠缺或者有其他错误的,应当给予指导和释明,并一次性告知当事人需要补正的内容。不得未经指导和释明即以起诉不符合条件为由不接收起诉状。

对于不接收起诉状、接收起诉状后不出具书面凭证,以及不一次性告知当事人需要补正的起诉状内容的,当事人可以向上级人民法院投诉,上级人民法院应当责令改正,并对直接负责的主管人员和其他直接责任人员依法给予处分。

第五十二条 人民法院既不立案,又不作出不予立案裁定的,当事人可以向上一级人民法院起诉。上一级人民法院认为符合起诉条件的,应当立案、审理,也可以指定其他下级人民法院立案、审理。

第五十三条 公民、法人或者其他组织认为行政行为所依据的国务院部门和地方人民政府及其部门制定的规范性文件不合法,在对行政行为提起诉讼时,可以一并请求对该规范性文件进行审查。

前款规定的规范性文件不含规章。

第七章 审理和判决

第一节 一般规定

第五十四条 人民法院公开审理行政案件,但涉及国家秘密、个人隐私和法律另有规定的除外。

涉及商业秘密的案件,当事人申请不公开审理的,可以不公开审理。

第五十五条 当事人认为审判人员与本案有利害关系或者有其他关系可能影响公正审判,有权申请审判人员回避。

审判人员认为自己与本案有利害关系或者有其他关系的,应当申请回避。

前两款规定,适用于书记员、翻译人员、鉴定人、勘验人。

院长担任审判长时的回避,由审判委员会决定;审判人员的回避,由院长决定;其他人员的回避,由审判长决定。当事人对决定不服的,可以申请复议一次。

第五十六条 诉讼期间,不停止行政行为的执行。但有下列情形之一的,裁定停止执行:

（一）被告认为需要停止执行的；

（二）原告或者利害关系人申请停止执行，人民法院认为该行政行为的执行会造成难以弥补的损失，并且停止执行不损害国家利益、社会公共利益的；

（三）人民法院认为该行政行为的执行会给国家利益、社会公共利益造成重大损害的；

（四）法律、法规规定停止执行的。

当事人对停止执行或者不停止执行的裁定不服的，可以申请复议一次。

第五十七条　人民法院对起诉行政机关没有依法支付抚恤金、最低生活保障金和工伤、医疗社会保险金的案件，权利义务关系明确、不先予执行将严重影响原告生活的，可以根据原告的申请，裁定先予执行。

当事人对先予执行裁定不服的，可以申请复议一次。复议期间不停止裁定的执行。

第五十八条　经人民法院传票传唤，原告无正当理由拒不到庭，或者未经法庭许可中途退庭的，可以按照撤诉处理；被告无正当理由拒不到庭，或者未经法庭许可中途退庭的，可以缺席判决。

第五十九条　诉讼参与人或者其他人有下列行为之一的，人民法院可以根据情节轻重，予以训诫、责令具结悔过或者处一万元以下的罚款、十五日以下的拘留；构成犯罪的，依法追究刑事责任：

（一）有义务协助调查、执行的人，对人民法院的协助调查决定、协助执行通知书，无故推拖、拒绝或者妨碍调查、执行的；

（二）伪造、隐藏、毁灭证据或者提供虚假证明材料，妨碍人民法院审理案件的；

（三）指使、贿买、胁迫他人作伪证或者威胁、阻止证人作证的；

（四）隐藏、转移、变卖、毁损已被查封、扣押、冻结的财产的；

（五）以欺骗、胁迫等非法手段使原告撤诉的；

（六）以暴力、威胁或者其他方法阻碍人民法院工作人员执行职务，或者以哄闹、冲击法庭等方法扰乱人民法院工作秩序的；

（七）对人民法院审判人员或者其他工作人员、诉讼参与人、协助调查和执行的人员恐吓、侮辱、诽谤、诬陷、殴打、围攻或者打击报复的。

人民法院对有前款规定的行为之一的单位，可以对其主要负责人或者直接责任人员依照前款规定予以罚款、拘留；构成犯罪的，依法追究刑事责任。

罚款、拘留须经人民法院院长批准。当事人不服的,可以向上一级人民法院申请复议一次。复议期间不停止执行。

第六十条 人民法院审理行政案件,不适用调解。但是,行政赔偿、补偿以及行政机关行使法律、法规规定的自由裁量权的案件可以调解。

调解应当遵循自愿、合法原则,不得损害国家利益、社会公共利益和他人合法权益。

第六十一条 在涉及行政许可、登记、征收、征用和行政机关对民事争议所作的裁决的行政诉讼中,当事人申请一并解决相关民事争议的,人民法院可以一并审理。

在行政诉讼中,人民法院认为行政案件的审理需以民事诉讼的裁判为依据的,可以裁定中止行政诉讼。

第六十二条 人民法院对行政案件宣告判决或者裁定前,原告申请撤诉的,或者被告改变其所作的行政行为,原告同意并申请撤诉的,是否准许,由人民法院裁定。

第六十三条 人民法院审理行政案件,以法律和行政法规、地方性法规为依据。地方性法规适用于本行政区域内发生的行政案件。

人民法院审理民族自治地方的行政案件,并以该民族自治地方的自治条例和单行条例为依据。

人民法院审理行政案件,参照规章。

第六十四条 人民法院在审理行政案件中,经审查认为本法第五十三条规定的规范性文件不合法的,不作为认定行政行为合法的依据,并向制定机关提出处理建议。

第六十五条 人民法院应当公开发生法律效力的判决书、裁定书,供公众查阅,但涉及国家秘密、商业秘密和个人隐私的内容除外。

第六十六条 人民法院在审理行政案件中,认为行政机关的主管人员、直接责任人员违法违纪的,应当将有关材料移送监察机关、该行政机关或者其上一级行政机关;认为有犯罪行为的,应当将有关材料移送公安、检察机关。

人民法院对被告经传票传唤无正当理由拒不到庭,或者未经法庭许可中途退庭的,可以将被告拒不到庭或者中途退庭的情况予以公告,并可以向监察机关或者被告的上一级行政机关提出依法给予其主要负责人或者直接责任人员处分的司法建议。

第二节　第一审普通程序

第六十七条　人民法院应当在立案之日起五日内,将起诉状副本发送被告。被告应当在收到起诉状副本之日起十五日内向人民法院提交作出行政行为的证据和所依据的规范性文件,并提出答辩状。人民法院应当在收到答辩状之日起五日内,将答辩状副本发送原告。

被告不提出答辩状的,不影响人民法院审理。

第六十八条　人民法院审理行政案件,由审判员组成合议庭,或者由审判员、陪审员组成合议庭。合议庭的成员,应当是三人以上的单数。

第六十九条　行政行为证据确凿,适用法律、法规正确,符合法定程序的,或者原告申请被告履行法定职责或者给付义务理由不成立的,人民法院判决驳回原告的诉讼请求。

第七十条　行政行为有下列情形之一的,人民法院判决撤销或者部分撤销,并可以判决被告重新作出行政行为:

(一)主要证据不足的;

(二)适用法律、法规错误的;

(三)违反法定程序的;

(四)超越职权的;

(五)滥用职权的;

(六)明显不当的。

第七十一条　人民法院判决被告重新作出行政行为的,被告不得以同一的事实和理由作出与原行政行为基本相同的行政行为。

第七十二条　人民法院经过审理,查明被告不履行法定职责的,判决被告在一定期限内履行。

第七十三条　人民法院经过审理,查明被告依法负有给付义务的,判决被告履行给付义务。

第七十四条　行政行为有下列情形之一的,人民法院判决确认违法,但不撤销行政行为:

(一)行政行为依法应当撤销,但撤销会给国家利益、社会公共利益造成重大损害的;

(二)行政行为程序轻微违法,但对原告权利不产生实际影响的。

行政行为有下列情形之一，不需要撤销或者判决履行的，人民法院判决确认违法：

（一）行政行为违法，但不具有可撤销内容的；

（二）被告改变原违法行政行为，原告仍要求确认原行政行为违法的；

（三）被告不履行或者拖延履行法定职责，判决履行没有意义的。

第七十五条 行政行为有实施主体不具有行政主体资格或者没有依据等重大且明显违法情形，原告申请确认行政行为无效的，人民法院判决确认无效。

第七十六条 人民法院判决确认违法或者无效的，可以同时判决责令被告采取补救措施；给原告造成损失的，依法判决被告承担赔偿责任。

第七十七条 行政处罚明显不当，或者其他行政行为涉及对款额的确定、认定确有错误的，人民法院可以判决变更。

人民法院判决变更，不得加重原告的义务或者减损原告的权益。但利害关系人同为原告，且诉讼请求相反的除外。

第七十八条 被告不依法履行、未按照约定履行或者违法变更、解除本法第十二条第一款第十一项规定的协议的，人民法院判决被告承担继续履行、采取补救措施或者赔偿损失等责任。

被告变更、解除本法第十二条第一款第十一项规定的协议合法，但未依法给予补偿的，人民法院判决给予补偿。

第七十九条 复议机关与作出原行政行为的行政机关为共同被告的案件，人民法院应当对复议决定和原行政行为一并作出裁判。

第八十条 人民法院对公开审理和不公开审理的案件，一律公开宣告判决。

当庭宣判的，应当在十日内发送判决书；定期宣判的，宣判后立即发给判决书。

宣告判决时，必须告知当事人上诉权利、上诉期限和上诉的人民法院。

第八十一条 人民法院应当在立案之日起六个月内作出第一审判决。有特殊情况需要延长的，由高级人民法院批准，高级人民法院审理第一审案件需要延长的，由最高人民法院批准。

第三节 简易程序

第八十二条 人民法院审理下列第一审行政案件，认为事实清楚、权利义

务关系明确、争议不大的,可以适用简易程序:

(一)被诉行政行为是依法当场作出的;

(二)案件涉及款额二千元以下的;

(三)属于政府信息公开案件的。

除前款规定以外的第一审行政案件,当事人各方同意适用简易程序的,可以适用简易程序。

发回重审、按照审判监督程序再审的案件不适用简易程序。

第八十三条 适用简易程序审理的行政案件,由审判员一人独任审理,并应当在立案之日起四十五日内审结。

第八十四条 人民法院在审理过程中,发现案件不宜适用简易程序的,裁定转为普通程序。

第四节 第二审程序

第八十五条 当事人不服人民法院第一审判决的,有权在判决书送达之日起十五日内向上一级人民法院提起上诉。当事人不服人民法院第一审裁定的,有权在裁定书送达之日起十日内向上一级人民法院提起上诉。逾期不提起上诉的,人民法院的第一审判决或者裁定发生法律效力。

第八十六条 人民法院对上诉案件,应当组成合议庭,开庭审理。经过阅卷、调查和询问当事人,对没有提出新的事实、证据或者理由,合议庭认为不需要开庭审理的,也可以不开庭审理。

第八十七条 人民法院审理上诉案件,应当对原审人民法院的判决、裁定和被诉行政行为进行全面审查。

第八十八条 人民法院审理上诉案件,应当在收到上诉状之日起三个月内作出终审判决。有特殊情况需要延长的,由高级人民法院批准,高级人民法院审理上诉案件需要延长的,由最高人民法院批准。

第八十九条 人民法院审理上诉案件,按照下列情形,分别处理:

(一)原判决、裁定认定事实清楚,适用法律、法规正确的,判决或者裁定驳回上诉,维持原判决、裁定;

(二)原判决、裁定认定事实错误或者适用法律、法规错误的,依法改判、撤销或者变更;

(三)原判决认定基本事实不清、证据不足的,发回原审人民法院重审,或者查清事实后改判；

（四）原判决遗漏当事人或者违法缺席判决等严重违反法定程序的，裁定撤销原判决，发回原审人民法院重审。

原审人民法院对发回重审的案件作出判决后，当事人提起上诉的，第二审人民法院不得再次发回重审。

人民法院审理上诉案件，需要改变原审判决的，应当同时对被诉行政行为作出判决。

第五节　审判监督程序

第九十条　当事人对已经发生法律效力的判决、裁定，认为确有错误的，可以向上一级人民法院申请再审，但判决、裁定不停止执行。

第九十一条　当事人的申请符合下列情形之一的，人民法院应当再审：

（一）不予立案或者驳回起诉确有错误的；

（二）有新的证据，足以推翻原判决、裁定的；

（三）原判决、裁定认定事实的主要证据不足、未经质证或者系伪造的；

（四）原判决、裁定适用法律、法规确有错误的；

（五）违反法律规定的诉讼程序，可能影响公正审判的；

（六）原判决、裁定遗漏诉讼请求的；

（七）据以作出原判决、裁定的法律文书被撤销或者变更的；

（八）审判人员在审理该案件时有贪污受贿、徇私舞弊、枉法裁判行为的。

第九十二条　各级人民法院院长对本院已经发生法律效力的判决、裁定，发现有本法第九十一条规定情形之一，或者发现调解违反自愿原则或者调解书内容违法，认为需要再审的，应当提交审判委员会讨论决定。

最高人民法院对地方各级人民法院已经发生法律效力的判决、裁定，上级人民法院对下级人民法院已经发生法律效力的判决、裁定，发现有本法第九十一条规定情形之一，或者发现调解违反自愿原则或者调解书内容违法的，有权提审或者指令下级人民法院再审。

第九十三条　最高人民检察院对各级人民法院已经发生法律效力的判决、裁定，上级人民检察院对下级人民法院已经发生法律效力的判决、裁定，发现有本法第九十一条规定情形之一，或者发现调解书损害国家利益、社会公共利益的，应当提出抗诉。

地方各级人民检察院对同级人民法院已经发生法律效力的判决、裁定,发现有本法第九十一条规定情形之一,或者发现调解书损害国家利益、社会公共利益的,可以向同级人民法院提出检察建议,并报上级人民检察院备案;也可以提请上级人民检察院向同级人民法院提出抗诉。

各级人民检察院对审判监督程序以外的其他审判程序中审判人员的违法行为,有权向同级人民法院提出检察建议。

第八章 执　　行

第九十四条　当事人必须履行人民法院发生法律效力的判决、裁定、调解书。

第九十五条　公民、法人或者其他组织拒绝履行判决、裁定、调解书的,行政机关或者第三人可以向第一审人民法院申请强制执行,或者由行政机关依法强制执行。

第九十六条　行政机关拒绝履行判决、裁定、调解书的,第一审人民法院可以采取下列措施:

(一)对应当归还的罚款或者应当给付的款额,通知银行从该行政机关的账户内划拨;

(二)在规定期限内不履行的,从期满之日起,对该行政机关负责人按日处五十元至一百元的罚款;

(三)将行政机关拒绝履行的情况予以公告;

(四)向监察机关或者该行政机关的上一级行政机关提出司法建议。接受司法建议的机关,根据有关规定进行处理,并将处理情况告知人民法院;

(五)拒不履行判决、裁定、调解书,社会影响恶劣的,可以对该行政机关直接负责的主管人员和其他直接责任人员予以拘留;情节严重,构成犯罪的,依法追究刑事责任。

第九十七条　公民、法人或者其他组织对行政行为在法定期限内不提起诉讼又不履行的,行政机关可以申请人民法院强制执行,或者依法强制执行。

第九章　涉外行政诉讼

第九十八条　外国人、无国籍人、外国组织在中华人民共和国进行行政诉讼,适用本法。法律另有规定的除外。

第九十九条 外国人、无国籍人、外国组织在中华人民共和国进行行政诉讼,同中华人民共和国公民、组织有同等的诉讼权利和义务。

外国法院对中华人民共和国公民、组织的行政诉讼权利加以限制的,人民法院对该国公民、组织的行政诉讼权利,实行对等原则。

第一百条 外国人、无国籍人、外国组织在中华人民共和国进行行政诉讼,委托律师代理诉讼的,应当委托中华人民共和国律师机构的律师。

第十章 附 则

第一百零一条 人民法院审理行政案件,关于期间、送达、财产保全、开庭审理、调解、中止诉讼、终结诉讼、简易程序、执行等,以及人民检察院对行政案件受理、审理、裁判、执行的监督,本法没有规定的,适用《中华人民共和国民事诉讼法》的相关规定。

第一百零二条 人民法院审理行政案件,应当收取诉讼费用。诉讼费用由败诉方承担,双方都有责任的由双方分担。收取诉讼费用的具体办法另行规定。

第一百零三条 本法自 1990 年 10 月 1 日起施行。

最高人民法院关于适用
《中华人民共和国行政诉讼法》的解释

(法释〔2018〕1 号)
(2017 年 11 月 13 日最高人民法院审判委员会第 1726 次会议通过)

为正确适用《中华人民共和国行政诉讼法》(以下简称行政诉讼法),结合人民法院行政审判工作实际,制定本解释。

一、受案范围

第一条 公民、法人或者其他组织对行政机关及其工作人员的行政行为不服,依法提起诉讼的,属于人民法院行政诉讼的受案范围。

下列行为不属于人民法院行政诉讼的受案范围:

(一)公安、国家安全等机关依照刑事诉讼法的明确授权实施的行为;

(二)调解行为以及法律规定的仲裁行为;

(三)行政指导行为;

(四)驳回当事人对行政行为提起申诉的重复处理行为;

(五)行政机关作出的不产生外部法律效力的行为;

(六)行政机关为作出行政行为而实施的准备、论证、研究、层报、咨询等过程性行为;

(七)行政机关根据人民法院的生效裁判、协助执行通知书作出的执行行为,但行政机关扩大执行范围或者采取违法方式实施的除外;

(八)上级行政机关基于内部层级监督关系对下级行政机关作出的听取报告、执法检查、督促履责等行为;

(九)行政机关针对信访事项作出的登记、受理、交办、转送、复查、复核意见等行为;

(十)对公民、法人或者其他组织权利义务不产生实际影响的行为。

第二条 行政诉讼法第十三条第一项规定的"国家行为",是指国务院、中央军事委员会、国防部、外交部等根据宪法和法律的授权,以国家的名义实施的有关国防和外交事务的行为,以及经宪法和法律授权的国家机关宣布紧急状态等行为。

行政诉讼法第十三条第二项规定的"具有普遍约束力的决定、命令",是指行政机关针对不特定对象发布的能反复适用的规范性文件。

行政诉讼法第十三条第三项规定的"对行政机关工作人员的奖惩、任免等决定",是指行政机关作出的涉及行政机关工作人员公务员权利义务的决定。

行政诉讼法第十三条第四项规定的"法律规定由行政机关最终裁决的行政行为"中的"法律",是指全国人民代表大会及其常务委员会制定、通过的规范性文件。

二、管　　辖

第三条 各级人民法院行政审判庭审理行政案件和审查行政机关申请执行其行政行为的案件。

专门人民法院、人民法庭不审理行政案件，也不审查和执行行政机关申请执行其行政行为的案件。铁路运输法院等专门人民法院审理行政案件，应当执行行政诉讼法第十八条第二款的规定。

第四条 立案后，受诉人民法院的管辖权不受当事人住所地改变、追加被告等事实和法律状态变更的影响。

第五条 有下列情形之一的，属于行政诉讼法第十五条第三项规定的"本辖区内重大、复杂的案件"：

（一）社会影响重大的共同诉讼案件；

（二）涉外或者涉及香港特别行政区、澳门特别行政区、台湾地区的案件；

（三）其他重大、复杂案件。

第六条 当事人以案件重大复杂为由，认为有管辖权的基层人民法院不宜行使管辖权或者根据行政诉讼法第五十二条的规定，向中级人民法院起诉，中级人民法院应当根据不同情况在七日内分别作出以下处理：

（一）决定自行审理；

（二）指定本辖区其他基层人民法院管辖；

（三）书面告知当事人向有管辖权的基层人民法院起诉。

第七条 基层人民法院对其管辖的第一审行政案件，认为需要由中级人民法院审理或者指定管辖的，可以报请中级人民法院决定。中级人民法院应当根据不同情况在七日内分别作出以下处理：

（一）决定自行审理；

（二）指定本辖区其他基层人民法院管辖；

（三）决定由报请的人民法院审理。

第八条 行政诉讼法第十九条规定的"原告所在地"，包括原告的户籍所在地、经常居住地和被限制人身自由地。

对行政机关基于同一事实，既采取限制公民人身自由的行政强制措施，又采取其他行政强制措施或者行政处罚不服的，由被告所在地或者原告所在地的人民法院管辖。

第九条 行政诉讼法第二十条规定的"因不动产提起的行政诉讼"是指因行政行为导致不动产物权变动而提起的诉讼。

不动产已登记的，以不动产登记簿记载的所在地为不动产所在地；不动产未登记的，以不动产实际所在地为不动产所在地。

第十条 人民法院受理案件后,被告提出管辖异议的,应当在收到起诉状副本之日起十五日内提出。

对当事人提出的管辖异议,人民法院应当进行审查。异议成立的,裁定将案件移送有管辖权的人民法院;异议不成立的,裁定驳回。

人民法院对管辖异议审查后确定有管辖权的,不因当事人增加或者变更诉讼请求等改变管辖,但违反级别管辖、专属管辖规定的除外。

第十一条 有下列情形之一的,人民法院不予审查:

(一)人民法院发回重审或者按第一审程序再审的案件,当事人提出管辖异议的;

(二)当事人在第一审程序中未按照法律规定的期限和形式提出管辖异议,在第二审程序中提出的。

三、诉讼参加人

第十二条 有下列情形之一的,属于行政诉讼法第二十五条第一款规定的"与行政行为有利害关系":

(一)被诉的行政行为涉及其相邻权或者公平竞争权的;

(二)在行政复议等行政程序中被追加为第三人的;

(三)要求行政机关依法追究加害人法律责任的;

(四)撤销或者变更行政行为涉及其合法权益的;

(五)为维护自身合法权益向行政机关投诉,具有处理投诉职责的行政机关作出或者未作出处理的;

(六)其他与行政行为有利害关系的情形。

第十三条 债权人以行政机关对债务人所作的行政行为损害债权实现为由提起行政诉讼的,人民法院应当告知其就民事争议提起民事诉讼,但行政机关作出行政行为时依法应予保护或者应予考虑的除外。

第十四条 行政诉讼法第二十五条第二款规定的"近亲属",包括配偶、父母、子女、兄弟姐妹、祖父母、外祖父母、孙子女、外孙子女和其他具有扶养、赡养关系的亲属。

公民因被限制人身自由而不能提起诉讼的,其近亲属可以依其口头或者书面委托以该公民的名义提起诉讼。近亲属起诉时无法与被限制人身自由的公民取得联系,近亲属可以先行起诉,并在诉讼中补充提交委托证明。

第十五条　合伙企业向人民法院提起诉讼的,应当以核准登记的字号为原告。未依法登记领取营业执照的个人合伙的全体合伙人为共同原告;全体合伙人可以推选代表人,被推选的代表人,应当由全体合伙人出具推选书。

个体工商户向人民法院提起诉讼的,以营业执照上登记的经营者为原告。有字号的,以营业执照上登记的字号为原告,并应当注明该字号经营者的基本信息。

第十六条　股份制企业的股东大会、股东会、董事会等认为行政机关作出的行政行为侵犯企业经营自主权的,可以企业名义提起诉讼。

联营企业、中外合资或者合作企业的联营、合资、合作各方,认为联营、合资、合作企业权益或者自己一方合法权益受行政行为侵害的,可以自己的名义提起诉讼。

非国有企业被行政机关注销、撤销、合并、强令兼并、出售、分立或者改变企业隶属关系的,该企业或者其法定代表人可以提起诉讼。

第十七条　事业单位、社会团体、基金会、社会服务机构等非营利法人的出资人、设立人认为行政行为损害法人合法权益的,可以自己的名义提起诉讼。

第十八条　业主委员会对于行政机关作出的涉及业主共有利益的行政行为,可以自己的名义提起诉讼。

业主委员会不起诉的,专有部分占建筑物总面积过半数或者占总户数过半数的业主可以提起诉讼。

第十九条　当事人不服经上级行政机关批准的行政行为,向人民法院提起诉讼的,以在对外发生法律效力的文书上署名的机关为被告。

第二十条　行政机关组建并赋予行政管理职能但不具有独立承担法律责任能力的机构,以自己的名义作出行政行为,当事人不服提起诉讼的,应当以组建该机构的行政机关为被告。

法律、法规或者规章授权行使行政职权的行政机关内设机构、派出机构或者其他组织,超出法定授权范围实施行政行为,当事人不服提起诉讼的,应当以实施该行为的机构或者组织为被告。

没有法律、法规或者规章规定,行政机关授权其内设机构、派出机构或者其他组织行使行政职权的,属于行政诉讼法第二十六条规定的委托。当事人不服提起诉讼的,应当以该行政机关为被告。

第二十一条　当事人对由国务院、省级人民政府批准设立的开发区管理机构作出的行政行为不服提起诉讼的,以该开发区管理机构为被告;对由国务院、省级人民政府批准设立的开发区管理机构所属职能部门作出的行政行为不服提起诉讼的,以其职能部门为被告;对其他开发区管理机构所属职能部门作出的行政行为不服提起诉讼的,以开发区管理机构为被告;开发区管理机构没有行政主体资格的,以设立该机构的地方人民政府为被告。

第二十二条　行政诉讼法第二十六条第二款规定的"复议机关改变原行政行为",是指复议机关改变原行政行为的处理结果。复议机关改变原行政行为所认定的主要事实和证据、改变原行政行为所适用的规范依据,但未改变原行政行为处理结果的,视为复议机关维持原行政行为。

复议机关确认原行政行为无效,属于改变原行政行为。

复议机关确认原行政行为违法,属于改变原行政行为,但复议机关以违反法定程序为由确认原行政行为违法的除外。

第二十三条　行政机关被撤销或者职权变更,没有继续行使其职权的行政机关的,以其所属的人民政府为被告;实行垂直领导的,以垂直领导的上一级行政机关为被告。

第二十四条　当事人对村民委员会或者居民委员会依据法律、法规、规章的授权履行行政管理职责的行为不服提起诉讼的,以村民委员会或者居民委员会为被告。

当事人对村民委员会、居民委员会受行政机关委托作出的行为不服提起诉讼的,以委托的行政机关为被告。

当事人对高等学校等事业单位以及律师协会、注册会计师协会等行业协会依据法律、法规、规章的授权实施的行政行为不服提起诉讼的,以该事业单位、行业协会为被告。

当事人对高等学校等事业单位以及律师协会、注册会计师协会等行业协会受行政机关委托作出的行为不服提起诉讼的,以委托的行政机关为被告。

第二十五条　市、县级人民政府确定的房屋征收部门组织实施房屋征收与补偿工作过程中作出行政行为,被征收人不服提起诉讼的,以房屋征收部门为被告。

征收实施单位受房屋征收部门委托,在委托范围内从事的行为,被征收人不服提起诉讼的,应当以房屋征收部门为被告。

第二十六条　原告所起诉的被告不适格,人民法院应当告知原告变更被告；原告不同意变更的，裁定驳回起诉。

应当追加被告而原告不同意追加的，人民法院应当通知其以第三人的身份参加诉讼，但行政复议机关作共同被告的除外。

第二十七条 必须共同进行诉讼的当事人没有参加诉讼的，人民法院应当依法通知其参加；当事人也可以向人民法院申请参加。

人民法院应当对当事人提出的申请进行审查，申请理由不成立的，裁定驳回；申请理由成立的，书面通知其参加诉讼。

前款所称的必须共同进行诉讼，是指按照行政诉讼法第二十七条的规定，当事人一方或者双方为两人以上，因同一行政行为发生行政争议，人民法院必须合并审理的诉讼。

第二十八条 人民法院追加共同诉讼的当事人时，应当通知其他当事人。应当追加的原告，已明确表示放弃实体权利的，可不予追加；既不愿意参加诉讼，又不放弃实体权利的，应追加为第三人，其不参加诉讼，不能阻碍人民法院对案件的审理和裁判。

第二十九条 行政诉讼法第二十八条规定的"人数众多"，一般指十人以上。

根据行政诉讼法第二十八条的规定，当事人一方人数众多的，由当事人推选代表人。当事人推选不出的，可以由人民法院在起诉的当事人中指定代表人。

行政诉讼法第二十八条规定的代表人为二至五人。代表人可以委托一至二人作为诉讼代理人。

第三十条 行政机关的同一行政行为涉及两个以上利害关系人，其中一部分利害关系人对行政行为不服提起诉讼，人民法院应当通知没有起诉的其他利害关系人作为第三人参加诉讼。

与行政案件处理结果有利害关系的第三人，可以申请参加诉讼，或者由人民法院通知其参加诉讼。人民法院判决其承担义务或者减损其权益的第三人，有权提出上诉或者申请再审。

行政诉讼法第二十九条规定的第三人，因不能归责于本人的事由未参加诉讼，但有证据证明发生法律效力的判决、裁定、调解书损害其合法权益的，可以依照行政诉讼法第九十条的规定，自知道或者应当知道其合法权益受到损害之日起六个月内，向上一级人民法院申请再审。

第三十一条 当事人委托诉讼代理人,应当向人民法院提交由委托人签名或者盖章的授权委托书。委托书应当载明委托事项和具体权限。公民在特殊情况下无法书面委托的,也可以由他人代书,并由自己捺印等方式确认,人民法院应当核实并记录在卷;被诉行政机关或者其他有义务协助的机关拒绝人民法院向被限制人身自由的公民核实的,视为委托成立。当事人解除或者变更委托的,应当书面报告人民法院。

第三十二条 依照行政诉讼法第三十一条第二款第二项规定,与当事人有合法劳动人事关系的职工,可以当事人工作人员的名义作为诉讼代理人。以当事人的工作人员身份参加诉讼活动,应当提交以下证据之一加以证明:

(一)缴纳社会保险记录凭证;

(二)领取工资凭证;

(三)其他能够证明其为当事人工作人员身份的证据。

第三十三条 根据行政诉讼法第三十一条第二款第三项规定,有关社会团体推荐公民担任诉讼代理人的,应当符合下列条件:

(一)社会团体属于依法登记设立或者依法免予登记设立的非营利性法人组织;

(二)被代理人属于该社会团体的成员,或者当事人一方住所地位于该社会团体的活动地域;

(三)代理事务属于该社会团体章程载明的业务范围;

(四)被推荐的公民是该社会团体的负责人或者与该社会团体有合法劳动人事关系的工作人员。

专利代理人经中华全国专利代理人协会推荐,可以在专利行政案件中担任诉讼代理人。

四、证　　据

第三十四条 根据行政诉讼法第三十六条第一款的规定,被告申请延期提供证据的,应当在收到起诉状副本之日起十五日内以书面方式向人民法院提出。人民法院准许延期提供的,被告应当在正当事由消除后十五日内提供证据。逾期提供的,视为被诉行政行为没有相应的证据。

第三十五条 原告或者第三人应当在开庭审理前或者人民法院指定的交换证据清单之日提供证据。因正当事由申请延期提供证据的,经人民法院准许,可以在法庭调查中提供。逾期提供证据的,人民法院应当责令其说明理由;拒不说明理由或者理由不成立的,视为放弃举证权利。

原告或者第三人在第一审程序中无正当事由未提供而在第二审程序中提供的证据,人民法院不予接纳。

第三十六条 当事人申请延长举证期限,应当在举证期限届满前向人民法院提出书面申请。

申请理由成立的,人民法院应当准许,适当延长举证期限,并通知其他当事人。申请理由不成立的,人民法院不予准许,并通知申请人。

第三十七条 根据行政诉讼法第三十九条的规定,对当事人无争议,但涉及国家利益、公共利益或者他人合法权益的事实,人民法院可以责令当事人提供或者补充有关证据。

第三十八条 对于案情比较复杂或者证据数量较多的案件,人民法院可以组织当事人在开庭前向对方出示或者交换证据,并将交换证据清单的情况记录在卷。

当事人在庭前证据交换过程中没有争议并记录在卷的证据,经审判人员在庭审中说明后,可以作为认定案件事实的依据。

第三十九条 当事人申请调查收集证据,但该证据与待证事实无关联、对证明待证事实无意义或者其他无调查收集必要的,人民法院不予准许。

第四十条 人民法院在证人出庭作证前应当告知其如实作证的义务以及作伪证的法律后果。

证人因履行出庭作证义务而支出的交通、住宿、就餐等必要费用以及误工损失,由败诉一方当事人承担。

第四十一条 有下列情形之一,原告或者第三人要求相关行政执法人员出庭说明的,人民法院可以准许:

(一)对现场笔录的合法性或者真实性有异议的;

(二)对扣押财产的品种或者数量有异议的;

(三)对检验的物品取样或者保管有异议的;

(四)对行政执法人员身份的合法性有异议的;

(五)需要出庭说明的其他情形。

第四十二条 能够反映案件真实情况、与待证事实相关联、来源和形式符合法律规定的证据,应当作为认定案件事实的根据。

第四十三条 有下列情形之一的,属于行政诉讼法第四十三条第三款规定的"以非法手段取得的证据":

(一)严重违反法定程序收集的证据材料;

(二)以违反法律强制性规定的手段获取且侵害他人合法权益的证据材料;

(三)以利诱、欺诈、胁迫、暴力等手段获取的证据材料。

第四十四条 人民法院认为有必要的,可以要求当事人本人或者行政机关执法人员到庭,就案件有关事实接受询问。在询问之前,可以要求其签署保证书。

保证书应当载明据实陈述、如有虚假陈述愿意接受处罚等内容。当事人或者行政机关执法人员应当在保证书上签名或者捺印。

负有举证责任的当事人拒绝到庭、拒绝接受询问或者拒绝签署保证书,待证事实又欠缺其他证据加以佐证的,人民法院对其主张的事实不予认定。

第四十五条 被告有证据证明其在行政程序中依照法定程序要求原告或者第三人提供证据,原告或者第三人依法应当提供而没有提供,在诉讼程序中提供的证据,人民法院一般不予采纳。

第四十六条 原告或者第三人确有证据证明被告持有的证据对原告或者第三人有利的,可以在开庭审理前书面申请人民法院责令行政机关提交。

申请理由成立的,人民法院应当责令行政机关提交,因提交证据所产生的费用,由申请人预付。行政机关无正当理由拒不提交的,人民法院可以推定原告或者第三人基于该证据主张的事实成立。

持有证据的当事人以妨碍对方当事人使用为目的,毁灭有关证据或者实施其他致使证据不能使用行为的,人民法院可以推定对方当事人基于该证据主张的事实成立,并可依照行政诉讼法第五十九条规定处理。

第四十七条 根据行政诉讼法第三十八条第二款的规定,在行政赔偿、补偿案件中,因被告的原因导致原告无法就损害情况举证的,应当由被告就该损害情况承担举证责任。

对于各方主张损失的价值无法认定的,应当由负有举证责任的一方当事人申请鉴定,但法律、法规、规章规定行政机关在作出行政行为时依法应当评估或者鉴定的除外;负有举证责任的当事人拒绝申请鉴定的,由其承担不利的法律后果。

当事人的损失因客观原因无法鉴定的,人民法院应当结合当事人的主张和在案证据,遵循法官职业道德,运用逻辑推理和生活经验、生活常识等,酌情确定赔偿数额。

五、期间、送达

第四十八条 期间包括法定期间和人民法院指定的期间。

期间以时、日、月、年计算。期间开始的时和日,不计算在期间内。

期间届满的最后一日是节假日的,以节假日后的第一日为期间届满的日期。

期间不包括在途时间,诉讼文书在期满前交邮的,视为在期限内发送。

第四十九条 行政诉讼法第五十一条第二款规定的立案期限,因起诉状内容欠缺或者有其他错误通知原告限期补正的,从补正后递交人民法院的次日起算。由上级人民法院转交下级人民法院立案的案件,从受诉人民法院收到起诉状的次日起算。

第五十条 行政诉讼法第八十一条、第八十三条、第八十八条规定的审理期限,是指从立案之日起至裁判宣告、调解书送达之日止的期间,但公告期间、鉴定期间、调解期间、中止诉讼期间、审理当事人提出的管辖异议以及处理人民法院之间的管辖争议期间不应计算在内。

再审案件按照第一审程序或者第二审程序审理的,适用行政诉讼法第八十一条、第八十八条规定的审理期限。审理期限自再审立案的次日起算。

基层人民法院申请延长审理期限,应当直接报请高级人民法院批准,同时报中级人民法院备案。

第五十一条 人民法院可以要求当事人签署送达地址确认书,当事人确认的送达地址为人民法院法律文书的送达地址。

当事人同意电子送达的,应当提供并确认传真号、电子信箱等电子送达地址。

当事人送达地址发生变更的,应当及时书面告知受理案件的人民法院;未及时告知的,人民法院按原地址送达,视为依法送达。

人民法院可以通过国家邮政机构以法院专递方式进行送达。

第五十二条 人民法院可以在当事人住所地以外向当事人直接送达诉讼文书。当事人拒绝签署送达回证的,采用拍照、录像等方式记录送达过程即视为送达。审判人员、书记员应当在送达回证上注明送达情况并签名。

六、起诉与受理

第五十三条 人民法院对符合起诉条件的案件应当立案,依法保障当事人行使诉讼权利。

对当事人依法提起的诉讼,人民法院应当根据行政诉讼法第五十一条的规定接收起诉状。能够判断符合起诉条件的,应当当场登记立案;当场不能判断是否符合起诉条件的,应当在接收起诉状后七日内决定是否立案;七日内仍不能作出判断的,应当先予立案。

第五十四条 依照行政诉讼法第四十九条的规定,公民、法人或者其他组织提起诉讼时应当提交以下起诉材料:

(一)原告的身份证明材料以及有效联系方式;

(二)被诉行政行为或者不作为存在的材料;

(三)原告与被诉行政行为具有利害关系的材料;

(四)人民法院认为需要提交的其他材料。

由法定代理人或者委托代理人代为起诉的,还应当在起诉状中写明或者在口头起诉时向人民法院说明法定代理人或者委托代理人的基本情况,并提交法定代理人或者委托代理人的身份证明和代理权限证明等材料。

第五十五条 依照行政诉讼法第五十一条的规定,人民法院应当就起诉状内容和材料是否完备以及是否符合行政诉讼法规定的起诉条件进行审查。

起诉状内容或者材料欠缺的,人民法院应当给予指导和释明,并一次性全面告知当事人需要补正的内容、补充的材料及期限。在指定期限内补正并符合起诉条件的,应当登记立案。当事人拒绝补正或者经补正仍不符合起诉条件的,退回诉状并记录在册;坚持起诉的,裁定不予立案,并载明不予立案的理由。

第五十六条 法律、法规规定应当先申请复议,公民、法人或者其他组织未申请复议直接提起诉讼的,人民法院裁定不予立案。

依照行政诉讼法第四十五条的规定,复议机关不受理复议申请或者在法定期限内不作出复议决定,公民、法人或者其他组织不服,依法向人民法院提起诉讼的,人民法院应当依法立案。

第五十七条 法律、法规未规定行政复议为提起行政诉讼必经程序,公民、法人或者其他组织既提起诉讼又申请行政复议的,由先立案的机关管辖;同时立案的,由公民、法人或者其他组织选择。公民、法人或者其他组织已经申请行政复议,在法定复议期间内又向人民法院提起诉讼的,人民法院裁定不予立案。

第五十八条 法律、法规未规定行政复议为提起行政诉讼必经程序,公民、法人或者其他组织向复议机关申请行政复议后,又经复议机关同意撤回复议申请,在法定起诉期限内对原行政行为提起诉讼的,人民法院应当依法立案。

第五十九条 公民、法人或者其他组织向复议机关申请行政复议后,复议机关作出维持决定的,应当以复议机关和原行为机关为共同被告,并以复议决定送达时间确定起诉期限。

第六十条 人民法院裁定准许原告撤诉后,原告以同一事实和理由重新起诉的,人民法院不予立案。

准予撤诉的裁定确有错误,原告申请再审的,人民法院应当通过审判监督程序撤销原准予撤诉的裁定,重新对案件进行审理。

第六十一条 原告或者上诉人未按规定的期限预交案件受理费,又不提出缓交、减交、免交申请,或者提出申请未获批准的,按自动撤诉处理。在按撤诉处理后,原告或者上诉人在法定期限内再次起诉或者上诉,并依法解决诉讼费预交问题的,人民法院应予立案。

第六十二条 人民法院判决撤销行政机关的行政行为后,公民、法人或者其他组织对行政机关重新作出的行政行为不服向人民法院起诉的,人民法院应当依法立案。

第六十三条 行政机关作出行政行为时,没有制作或者没有送达法律文书,公民、法人或者其他组织只要能证明行政行为存在,并在法定期限内起诉的,人民法院应当依法立案。

第六十四条 行政机关作出行政行为时,未告知公民、法人或者其他组织起诉期限的,起诉期限从公民、法人或者其他组织知道或者应当知道起诉期限之日起计算,但从知道或者应当知道行政行为内容之日起最长不得超过一年。

复议决定未告知公民、法人或者其他组织起诉期限的,适用前款规定。

第六十五条 公民、法人或者其他组织不知道行政机关作出的行政行为内容的,其起诉期限从知道或者应当知道该行政行为内容之日起计算,但最长不得超过行政诉讼法第四十六条第二款规定的起诉期限。

第六十六条 公民、法人或者其他组织依照行政诉讼法第四十七条第一款的规定,对行政机关不履行法定职责提起诉讼的,应当在行政机关履行法定职责期限届满之日起六个月内提出。

第六十七条 原告提供被告的名称等信息足以使被告与其他行政机关相区别的，可以认定为行政诉讼法第四十九条第二项规定的"有明确的被告"。

起诉状列写被告信息不足以认定明确的被告的，人民法院可以告知原告补正；原告补正后仍不能确定明确的被告的，人民法院裁定不予立案。

第六十八条 行政诉讼法第四十九条第三项规定的"有具体的诉讼请求"是指：

（一）请求判决撤销或者变更行政行为；

（二）请求判决行政机关履行特定法定职责或者给付义务；

（三）请求判决确认行政行为违法；

（四）请求判决确认行政行为无效；

（五）请求判决行政机关予以赔偿或者补偿；

（六）请求解决行政协议争议；

（七）请求一并审查规章以下规范性文件；

（八）请求一并解决相关民事争议；

（九）其他诉讼请求。

当事人单独或者一并提起行政赔偿、补偿诉讼的，应当有具体的赔偿、补偿事项以及数额；请求一并审查规章以下规范性文件的，应当提供明确的文件名称或者审查对象；请求一并解决相关民事争议的，应当有具体的民事诉讼请求。

当事人未能正确表达诉讼请求的，人民法院应当要求其明确诉讼请求。

第六十九条 有下列情形之一，已经立案的，应当裁定驳回起诉：

（一）不符合行政诉讼法第四十九条规定的；

（二）超过法定起诉期限且无行政诉讼法第四十八条规定情形的；

（三）错列被告且拒绝变更的；

（四）未按照法律规定由法定代理人、指定代理人、代表人为诉讼行为的；

（五）未按照法律、法规规定先向行政机关申请复议的；

（六）重复起诉的；

（七）撤回起诉后无正当理由再行起诉的；

（八）行政行为对其合法权益明显不产生实际影响的；

（九）诉讼标的已为生效裁判或者调解书所羁束的；

（十）其他不符合法定起诉条件的情形。

前款所列情形可以补正或者更正的，人民法院应当指定期间责令补正或更正;在指定期间已经补正或者更正的,应当依法审理。

人民法院经过阅卷、调查或者询问当事人,认为不需要开庭审理的,可以迳行裁定驳回起诉。

第七十条 起诉状副本送达被告后,原告提出新的诉讼请求的,人民法院不予准许,但有正当理由的除外。

七、审理与判决

第七十一条 人民法院适用普通程序审理案件,应当在开庭三日前用传票传唤当事人。对证人、鉴定人、勘验人、翻译人员,应当用通知书通知其到庭。当事人或者其他诉讼参与人在外地的,应当留有必要的在途时间。

第七十二条 有下列情形之一的,可以延期开庭审理:

(一)应当到庭的当事人和其他诉讼参与人有正当理由没有到庭的;

(二)当事人临时提出回避申请且无法及时作出决定的;

(三)需要通知新的证人到庭,调取新的证据,重新鉴定、勘验,或者需要补充调查的;

(四)其他应当延期的情形。

第七十三条 根据行政诉讼法第二十七条的规定,有下列情形之一的,人民法院可以决定合并审理:

(一)两个以上行政机关分别对同一事实作出行政行为,公民、法人或者其他组织不服向同一人民法院起诉的;

(二)行政机关就同一事实对若干公民、法人或者其他组织分别作出行政行为,公民、法人或者其他组织不服分别向同一人民法院起诉的;

(三)在诉讼过程中,被告对原告作出新的行政行为,原告不服向同一人民法院起诉的;

(四)人民法院认为可以合并审理的其他情形。

第七十四条 当事人申请回避,应当说明理由,在案件开始审理时提出;回避事由在案件开始审理后知道的,应当在法庭辩论终结前提出。

被申请回避的人员,在人民法院作出是否回避的决定前,应当暂停参与本案的工作,但案件需要采取紧急措施的除外。

对当事人提出的回避申请,人民法院应当在三日内以口头或者书面形式作出决定。对当事人提出的明显不属于法定回避事由的申请,法庭可以依法当庭驳回。

申请人对驳回回避申请决定不服的,可以向作出决定的人民法院申请复议一次。复议期间,被申请回避的人员不停止参与本案的工作。对申请人的复议申请,人民法院应当在三日内作出复议决定,并通知复议申请人。

第七十五条 在一个审判程序中参与过本案审判工作的审判人员,不得再参与该案其他程序的审判。

发回重审的案件,在一审法院作出裁判后又进入第二审程序的,原第二审程序中合议庭组成人员不受前款规定的限制。

第七十六条 人民法院对于因一方当事人的行为或者其他原因,可能使行政行为或者人民法院生效裁判不能或者难以执行的案件,根据对方当事人的申请,可以裁定对其财产进行保全、责令其作出一定行为或者禁止其作出一定行为;当事人没有提出申请的,人民法院在必要时也可以裁定采取上述保全措施。

人民法院采取保全措施,可以责令申请人提供担保;申请人不提供担保的,裁定驳回申请。

人民法院接受申请后,对情况紧急的,必须在四十八小时内作出裁定;裁定采取保全措施的,应当立即开始执行。

当事人对保全的裁定不服的,可以申请复议;复议期间不停止裁定的执行。

第七十七条 利害关系人因情况紧急,不立即申请保全将会使其合法权益受到难以弥补的损害的,可以在提起诉讼前向被保全财产所在地、被申请人住所地或者对案件有管辖权的人民法院申请采取保全措施。申请人应当提供担保,不提供担保的,裁定驳回申请。

人民法院接受申请后,必须在四十八小时内作出裁定;裁定采取保全措施的,应当立即开始执行。

申请人在人民法院采取保全措施后三十日内不依法提起诉讼的,人民法院应当解除保全。

当事人对保全的裁定不服的,可以申请复议;复议期间不停止裁定的执行。

第七十八条 保全限于请求的范围,或者与本案有关的财物。

财产保全采取查封、扣押、冻结或者法律规定的其他方法。人民法院保全财产后,应当立即通知被保全人。

财产已被查封、冻结的,不得重复查封、冻结。

涉及财产的案件,被申请人提供担保的,人民法院应当裁定解除保全。

申请有错误的,申请人应当赔偿被申请人因保全所遭受的损失。

第七十九条 原告或者上诉人申请撤诉,人民法院裁定不予准许的,原告或者上诉人经传票传唤无正当理由拒不到庭,或者未经法庭许可中途退庭的,人民法院可以缺席判决。

第三人经传票传唤无正当理由拒不到庭,或者未经法庭许可中途退庭的,不发生阻止案件审理的效果。

根据行政诉讼法第五十八条的规定,被告经传票传唤无正当理由拒不到庭,或者未经法庭许可中途退庭的,人民法院可以按期开庭或者继续开庭审理,对到庭的当事人诉讼请求、双方的诉辩理由以及已经提交的证据及其他诉讼材料进行审理后,依法缺席判决。

第八十条 原告或者上诉人在庭审中明确拒绝陈述或者以其他方式拒绝陈述,导致庭审无法进行,经法庭释明法律后果后仍不陈述意见的,视为放弃陈述权利,由其承担不利的法律后果。

当事人申请撤诉或者依法可以按撤诉处理的案件,当事人有违反法律的行为需要依法处理的,人民法院可以不准许撤诉或者不按撤诉处理。

法庭辩论终结后原告申请撤诉,人民法院可以准许,但涉及到国家利益和社会公共利益的除外。

第八十一条 被告在一审期间改变被诉行政行为的,应当书面告知人民法院。

原告或者第三人对改变后的行政行为不服提起诉讼的,人民法院应当就改变后的行政行为进行审理。

被告改变原违法行政行为,原告仍要求确认原行政行为违法的,人民法院应当依法作出确认判决。

原告起诉被告不作为,在诉讼中被告作出行政行为,原告不撤诉的,人民法院应当就不作为依法作出确认判决。

第八十二条 当事人之间恶意串通,企图通过诉讼等方式侵害国家利益、社会公共利益或者他人合法权益的,人民法院应当裁定驳回起诉或者判决驳回其请求,并根据情节轻重予以罚款、拘留;构成犯罪的,依法追究刑事责任。

第八十三条 行政诉讼法第五十九条规定的罚款、拘留可以单独适用,也可以合并适用。

对同一妨害行政诉讼行为的罚款、拘留不得连续适用。发生新的妨害行政诉讼行为的,人民法院可以重新予以罚款、拘留。

第八十四条 人民法院审理行政诉讼法第六十条第一款规定的行政案件,认为法律关系明确、事实清楚,在征得当事人双方同意后,可以迳行调解。

第八十五条 调解达成协议,人民法院应当制作调解书。调解书应当写明诉讼请求、案件的事实和调解结果。

调解书由审判人员、书记员署名,加盖人民法院印章,送达双方当事人。

调解书经双方当事人签收后,即具有法律效力。调解书生效日期根据最后收到调解书的当事人签收的日期确定。

第八十六条 人民法院审理行政案件,调解过程不公开,但当事人同意公开的除外。

经人民法院准许,第三人可以参加调解。人民法院认为有必要的,可以通知第三人参加调解。

调解协议内容不公开,但为保护国家利益、社会公共利益、他人合法权益,人民法院认为确有必要公开的除外。

当事人一方或者双方不愿调解、调解未达成协议的,人民法院应当及时判决。

当事人自行和解或者调解达成协议后,请求人民法院按照和解协议或者调解协议的内容制作判决书的,人民法院不予准许。

第八十七条 在诉讼过程中,有下列情形之一的,中止诉讼:

(一)原告死亡,须等待其近亲属表明是否参加诉讼的;

(二)原告丧失诉讼行为能力,尚未确定法定代理人的;

(三)作为一方当事人的行政机关、法人或者其他组织终止,尚未确定权利义务承受人的;

(四)一方当事人因不可抗力的事由不能参加诉讼的;

(五)案件涉及法律适用问题,需要送请有权机关作出解释或者确认的;

(六)案件的审判须以相关民事、刑事或者其他行政案件的审理结果为依据,而相关案件尚未审结的;

(七)其他应当中止诉讼的情形。

中止诉讼的原因消除后,恢复诉讼。

第八十八条 在诉讼过程中,有下列情形之一的,终结诉讼:

(一)原告死亡,没有近亲属或者近亲属放弃诉讼权利的;

(二)作为原告的法人或者其他组织终止后,其权利义务的承受人放弃诉讼权利的。

因本解释第八十七条第一款第一、二、三项原因中止诉讼满九十日仍无人继续诉讼的,裁定终结诉讼,但有特殊情况的除外。

第八十九条 复议决定改变原行政行为错误,人民法院判决撤销复议决定时,可以一并责令复议机关重新作出复议决定或者判决恢复原行政行为的法律效力。

第九十条 人民法院判决被告重新作出行政行为,被告重新作出的行政行为与原行政行为的结果相同,但主要事实或者主要理由有改变的,不属于行政诉讼法第七十一条规定的情形。

人民法院以违反法定程序为由,判决撤销被诉行政行为的,行政机关重新作出行政行为不受行政诉讼法第七十一条规定的限制。

行政机关以同一事实和理由重新作出与原行政行为基本相同的行政行为,人民法院应当根据行政诉讼法第七十条、第七十一条的规定判决撤销或者部分撤销,并根据行政诉讼法第九十六条的规定处理。

第九十一条 原告请求被告履行法定职责的理由成立,被告违法拒绝履行或者无正当理由逾期不予答复的,人民法院可以根据行政诉讼法第七十二条的规定,判决被告在一定期限内依法履行原告请求的法定职责;尚需被告调查或者裁量的,应当判决被告针对原告的请求重新作出处理。

第九十二条 原告申请被告依法履行支付抚恤金、最低生活保障待遇或者社会保险待遇等给付义务的理由成立,被告依法负有给付义务而拒绝或者拖延履行义务的,人民法院可以根据行政诉讼法第七十三条的规定,判决被告在一定期限内履行相应的给付义务。

第九十三条 原告请求被告履行法定职责或者依法履行支付抚恤金、最低生活保障待遇或者社会保险待遇等给付义务,原告未先向行政机关提出申请的,人民法院裁定驳回起诉。

人民法院经审理认为原告所请求履行的法定职责或者给付义务明显不属于行政机关权限范围的,可以裁定驳回起诉。

第九十四条 公民、法人或者其他组织起诉请求撤销行政行为,人民法院经审查认为行政行为无效的,应当作出确认无效的判决。

公民、法人或者其他组织起诉请求确认行政行为无效,人民法院审查认为行政行为不属于无效情形,经释明,原告请求撤销行政行为的,应当继续审理并依法作出相应判决;原告请求撤销行政行为但超过法定起诉期限的,裁定驳回起诉;原告拒绝变更诉讼请求的,判决驳回其诉讼请求。

第九十五条 人民法院经审理认为被诉行政行为违法或者无效,可能给原告造成损失,经释明,原告请求一并解决行政赔偿争议的,人民法院可以就赔偿事项进行调解;调解不成的,应当一并判决。人民法院也可以告知其就赔偿事项另行提起诉讼。

第九十六条 有下列情形之一,且对原告依法享有的听证、陈述、申辩等重要程序性权利不产生实质损害的,属于行政诉讼法第七十四条第一款第二项规定的"程序轻微违法":

(一)处理期限轻微违法;

(二)通知、送达等程序轻微违法;

(三)其他程序轻微违法的情形。

第九十七条 原告或者第三人的损失系由其自身过错和行政机关的违法行政行为共同造成的,人民法院应当依据各方行为与损害结果之间有无因果关系以及在损害发生和结果中作用力的大小,确定行政机关相应的赔偿责任。

第九十八条 因行政机关不履行、拖延履行法定职责,致使公民、法人或者其他组织的合法权益遭受损害的,人民法院应当判决行政机关承担行政赔偿责任。在确定赔偿数额时,应当考虑该不履行、拖延履行法定职责的行为在损害发生过程和结果中所起的作用等因素。

第九十九条 有下列情形之一的,属于行政诉讼法第七十五条规定的"重大且明显违法":

(一)行政行为实施主体不具有行政主体资格;

(二)减损权利或者增加义务的行政行为没有法律规范依据;

(三)行政行为的内容客观上不可能实施;

(四)其他重大且明显违法的情形。

第一百条 人民法院审理行政案件,适用最高人民法院司法解释的,应当在裁判文书中援引。

人民法院审理行政案件,可以在裁判文书中引用合法有效的规章及其他规范性文件。

第一百零一条 裁定适用于下列范围:

(一)不予立案；

(二)驳回起诉；

(三)管辖异议；

(四)终结诉讼；

(五)中止诉讼；

(六)移送或者指定管辖；

(七)诉讼期间停止行政行为的执行或者驳回停止执行的申请；

(八)财产保全；

(九)先予执行；

(十)准许或者不准许撤诉；

(十一)补正裁判文书中的笔误；

(十二)中止或者终结执行；

(十三)提审、指令再审或者发回重审；

(十四)准许或者不准许执行行政机关的行政行为；

(十五)其他需要裁定的事项。

对第一、二、三项裁定，当事人可以上诉。

裁定书应当写明裁定结果和作出该裁定的理由。裁定书由审判人员、书记员署名，加盖人民法院印章。口头裁定的，记入笔录。

第一百零二条 行政诉讼法第八十二条规定的行政案件中的"事实清楚"，是指当事人对争议的事实陈述基本一致，并能提供相应的证据，无须人民法院调查收集证据即可查明事实；"权利义务关系明确"，是指行政法律关系中权利和义务能够明确区分；"争议不大"，是指当事人对行政行为的合法性、责任承担等没有实质分歧。

第一百零三条 适用简易程序审理的行政案件，人民法院可以用口头通知、电话、短信、传真、电子邮件等简便方式传唤当事人、通知证人、送达裁判文书以外的诉讼文书。

以简便方式送达的开庭通知，未经当事人确认或者没有其他证据证明当事人已经收到的，人民法院不得缺席判决。

第一百零四条 适用简易程序案件的举证期限由人民法院确定，也可以由当事人协商一致并经人民法院准许，但不得超过十五日。被告要求书面答辩的，人民法院可以确定合理的答辩期间。

人民法院应当将举证期限和开庭日期告知双方当事人,并向当事人说明逾期举证以及拒不到庭的法律后果,由双方当事人在笔录和开庭传票的送达回证上签名或者捺印。

当事人双方均表示同意立即开庭或者缩短举证期限、答辩期间的,人民法院可以立即开庭审理或者确定近期开庭。

第一百零五条 人民法院发现案情复杂,需要转为普通程序审理的,应当在审理期限届满前作出裁定并将合议庭组成人员及相关事项书面通知双方当事人。

案件转为普通程序审理的,审理期限自人民法院立案之日起计算。

第一百零六条 当事人就已经提起诉讼的事项在诉讼过程中或者裁判生效后再次起诉,同时具有下列情形的,构成重复起诉:

(一)后诉与前诉的当事人相同;

(二)后诉与前诉的诉讼标的相同;

(三)后诉与前诉的诉讼请求相同,或者后诉的诉讼请求被前诉裁判所包含。

第一百零七条 第一审人民法院作出判决和裁定后,当事人均提起上诉的,上诉各方均为上诉人。

诉讼当事人中的一部分人提出上诉,没有提出上诉的对方当事人为被上诉人,其他当事人依原审诉讼地位列明。

第一百零八条 当事人提出上诉,应当按照其他当事人或者诉讼代表人的人数提出上诉状副本。

原审人民法院收到上诉状,应当在五日内将上诉状副本发送其他当事人,对方当事人应当在收到上诉状副本之日起十五日内提出答辩状。

原审人民法院应当在收到答辩状之日起五日内将副本发送上诉人。对方当事人不提出答辩状的,不影响人民法院审理。

原审人民法院收到上诉状、答辩状,应当在五日内连同全部案卷和证据,报送第二审人民法院;已经预收的诉讼费用,一并报送。

第一百零九条 第二审人民法院经审理认为原审人民法院不予立案或者驳回起诉的裁定确有错误且当事人的起诉符合起诉条件的,应当裁定撤销原审人民法院的裁定,指令原审人民法院依法立案或者继续审理。

第二审人民法院裁定发回原审人民法院重新审理的行政案件,原审人民法院应当另行组成合议庭进行审理。

原审判决遗漏了必须参加诉讼的当事人或者诉讼请求的,第二审人民法院应当裁定撤销原审判决,发回重审。

原审判决遗漏行政赔偿请求,第二审人民法院经审查认为依法不应当予以赔偿的,应当判决驳回行政赔偿请求。

原审判决遗漏行政赔偿请求,第二审人民法院经审理认为依法应当予以赔偿的,在确认被诉行政行为违法的同时,可以就行政赔偿问题进行调解;调解不成的,应当就行政赔偿部分发回重审。

当事人在第二审期间提出行政赔偿请求的,第二审人民法院可以进行调解;调解不成的,应当告知当事人另行起诉。

第一百一十条 当事人向上一级人民法院申请再审,应当在判决、裁定或者调解书发生法律效力后六个月内提出。有下列情形之一的,自知道或者应当知道之日起六个月内提出:

(一)有新的证据,足以推翻原判决、裁定的;

(二)原判决、裁定认定事实的主要证据是伪造的;

(三)据以作出原判决、裁定的法律文书被撤销或者变更的;

(四)审判人员审理该案件时有贪污受贿、徇私舞弊、枉法裁判行为的。

第一百一十一条 当事人申请再审的,应当提交再审申请书等材料。人民法院认为有必要的,可以自收到再审申请书之日起五日内将再审申请书副本发送对方当事人。对方当事人应当自收到再审申请书副本之日起十五日内提交书面意见。人民法院可以要求申请人和对方当事人补充有关材料,询问有关事项。

第一百一十二条 人民法院应当自再审申请案件立案之日起六个月内审查,有特殊情况需要延长的,由本院院长批准。

第一百一十三条 人民法院根据审查再审申请案件的需要决定是否询问当事人;新的证据可能推翻原判决、裁定的,人民法院应当询问当事人。

第一百一十四条 审查再审申请期间,被申请人及原审其他当事人依法提出再审申请的,人民法院应当将其列为再审申请人,对其再审事由一并审查,审查期限重新计算。经审查,其中一方再审申请人主张的再审事由成立的,应当裁定再审。各方再审申请人主张的再审事由均不成立的,一并裁定驳回再审申请。

第一百一十五条 审查再审申请期间,再审申请人申请人民法院委托鉴定、勘验的,人民法院不予准许。

审查再审申请期间,再审申请人撤回再审申请的,是否准许,由人民法院裁定。

再审申请人经传票传唤,无正当理由拒不接受询问的,按撤回再审申请处理。

人民法院准许撤回再审申请或者按撤回再审申请处理后,再审申请人再次申请再审的,不予立案,但有行政诉讼法第九十一条第二项、第三项、第七项、第八项规定情形,自知道或者应当知道之日起六个月内提出的除外。

第一百一十六条 当事人主张的再审事由成立,且符合行政诉讼法和本解释规定的申请再审条件的,人民法院应当裁定再审。

当事人主张的再审事由不成立,或者当事人申请再审超过法定申请再审期限、超出法定再审事由范围等不符合行政诉讼法和本解释规定的申请再审条件的,人民法院应当裁定驳回再审申请。

第一百一十七条 有下列情形之一的,当事人可以向人民检察院申请抗诉或者检察建议:

(一)人民法院驳回再审申请的;

(二)人民法院逾期未对再审申请作出裁定的;

(三)再审判决、裁定有明显错误的。

人民法院基于抗诉或者检察建议作出再审判决、裁定后,当事人申请再审的,人民法院不予立案。

第一百一十八条 按照审判监督程序决定再审的案件,裁定中止原判决、裁定、调解书的执行,但支付抚恤金、最低生活保障费或者社会保险待遇的案件,可以不中止执行。

上级人民法院决定提审或者指令下级人民法院再审的,应当作出裁定,裁定应当写明中止原判决的执行;情况紧急的,可以将中止执行的裁定口头通知负责执行的人民法院或者作出生效判决、裁定的人民法院,但应当在口头通知后十日内发出裁定书。

第一百一十九条 人民法院按照审判监督程序再审的案件,发生法律效力的判决、裁定是由第一审法院作出的,按照第一审程序审理,所作的判决、裁定,当事人可以上诉;发生法律效力的判决、裁定是由第二审法院作出的,按照第二审程序审理，所作的判决、裁定，是发生法律效力的判决、裁定；上级人民法院按照审判监督程序提审的，按照第二审程序审理，所作的判决、裁定是发生法律效力的判决、裁定。

人民法院审理再审案件，应当另行组成合议庭。

第一百二十条 人民法院审理再审案件应当围绕再审请求和被诉行政行为合法性进行。当事人的再审请求超出原审诉讼请求，符合另案诉讼条件的，告知当事人可以另行起诉。

被申请人及原审其他当事人在庭审辩论结束前提出的再审请求，符合本解释规定的申请期限的，人民法院应当一并审理。

人民法院经再审，发现已经发生法律效力的判决、裁定损害国家利益、社会公共利益、他人合法权益的，应当一并审理。

第一百二十一条 再审审理期间，有下列情形之一的，裁定终结再审程序：

（一）再审申请人在再审期间撤回再审请求，人民法院准许的；

（二）再审申请人经传票传唤，无正当理由拒不到庭的，或者未经法庭许可中途退庭，按撤回再审请求处理的；

（三）人民检察院撤回抗诉的；

（四）其他应当终结再审程序的情形。

因人民检察院提出抗诉裁定再审的案件，申请抗诉的当事人有前款规定的情形，且不损害国家利益、社会公共利益或者他人合法权益的，人民法院裁定终结再审程序。

再审程序终结后，人民法院裁定中止执行的原生效判决自动恢复执行。

第一百二十二条 人民法院审理再审案件，认为原生效判决、裁定确有错误，在撤销原生效判决或者裁定的同时，可以对生效判决、裁定的内容作出相应裁判，也可以裁定撤销生效判决或者裁定，发回作出生效判决、裁定的人民法院重新审理。

第一百二十三条 人民法院审理二审案件和再审案件，对原审法院立案、不予立案或者驳回起诉错误的，应当分别情况作如下处理：

（一）第一审人民法院作出实体判决后，第二审人民法院认为不应当立案的，在撤销第一审人民法院判决的同时，可以迳行驳回起诉；

（二）第二审人民法院维持第一审人民法院不予立案裁定错误的，再审法院应当撤销第一审、第二审人民法院裁定，指令第一审人民法院受理；

（三）第二审人民法院维持第一审人民法院驳回起诉裁定错误的,再审法院应当撤销第一审、第二审人民法院裁定,指令第一审人民法院审理。

第一百二十四条 人民检察院提出抗诉的案件,接受抗诉的人民法院应当自收到抗诉书之日起三十日内作出再审的裁定;有行政诉讼法第九十一条第二、三项规定情形之一的,可以指令下一级人民法院再审,但经该下一级人民法院再审过的除外。

人民法院在审查抗诉材料期间,当事人之间已经达成和解协议的,人民法院可以建议人民检察院撤回抗诉。

第一百二十五条 人民检察院提出抗诉的案件,人民法院再审开庭时,应当在开庭三日前通知人民检察院派员出庭。

第一百二十六条 人民法院收到再审检察建议后,应当组成合议庭,在三个月内进行审查,发现原判决、裁定、调解书确有错误,需要再审的,依照行政诉讼法第九十二条规定裁定再审,并通知当事人;经审查,决定不予再审的,应当书面回复人民检察院。

第一百二十七条 人民法院审理因人民检察院抗诉或者检察建议裁定再审的案件,不受此前已经作出的驳回当事人再审申请裁定的限制。

八、行政机关负责人出庭应诉

第一百二十八条 行政诉讼法第三条第三款规定的行政机关负责人,包括行政机关的正职、副职负责人以及其他参与分管的负责人。

行政机关负责人出庭应诉的,可以另行委托一至二名诉讼代理人。行政机关负责人不能出庭的,应当委托行政机关相应的工作人员出庭,不得仅委托律师出庭。

第一百二十九条 涉及重大公共利益、社会高度关注或者可能引发群体性事件等案件以及人民法院书面建议行政机关负责人出庭的案件,被诉行政机关负责人应当出庭。

被诉行政机关负责人出庭应诉的,应当在当事人及其诉讼代理人基本情况、案件由来部分予以列明。

行政机关负责人有正当理由不能出庭应诉的,应当向人民法院提交情况说明,并加盖行政机关印章或者由该机关主要负责人签字认可。

行政机关拒绝说明理由的,不发生阻止案件审理的效果,人民法院可以向监察机关、上一级行政机关提出司法建议。

第一百三十条　行政诉讼法第三条第三款规定的"行政机关相应的工作人员",包括该行政机关具有国家行政编制身份的工作人员以及其他依法履行公职的人员。

被诉行政行为是地方人民政府作出的,地方人民政府法制工作机构的工作人员,以及被诉行政行为具体承办机关工作人员,可以视为被诉人民政府相应的工作人员。

第一百三十一条　行政机关负责人出庭应诉的,应当向人民法院提交能够证明该行政机关负责人职务的材料。

行政机关委托相应的工作人员出庭应诉的,应当向人民法院提交加盖行政机关印章的授权委托书,并载明工作人员的姓名、职务和代理权限。

第一百三十二条　行政机关负责人和行政机关相应的工作人员均不出庭,仅委托律师出庭的或者人民法院书面建议行政机关负责人出庭应诉,行政机关负责人不出庭应诉的,人民法院应当记录在案和在裁判文书中载明,并可以建议有关机关依法作出处理。

九、复议机关作共同被告

第一百三十三条　行政诉讼法第二十六条第二款规定的"复议机关决定维持原行政行为",包括复议机关驳回复议申请或者复议请求的情形,但以复议申请不符合受理条件为由驳回的除外。

第一百三十四条　复议机关决定维持原行政行为的,作出原行政行为的行政机关和复议机关是共同被告。原告只起诉作出原行政行为的行政机关或者复议机关的,人民法院应当告知原告追加被告。原告不同意追加的,人民法院应当将另一机关列为共同被告。

行政复议决定既有维持原行政行为内容,又有改变原行政行为内容或者不予受理申请内容的,作出原行政行为的行政机关和复议机关为共同被告。

复议机关作共同被告的案件,以作出原行政行为的行政机关确定案件的级别管辖。

第一百三十五条　复议机关决定维持原行政行为的,人民法院应当在审查原行政行为合法性的同时,一并审查复议决定的合法性。

作出原行政行为的行政机关和复议机关对原行政行为合法性共同承担举

证责任,可以由其中一个机关实施举证行为。复议机关对复议决定的合法性承担举证责任。

复议机关作共同被告的案件,复议机关在复议程序中依法收集和补充的证据,可以作为人民法院认定复议决定和原行政行为合法的依据。

第一百三十六条　人民法院对原行政行为作出判决的同时,应当对复议决定一并作出相应判决。

人民法院依职权追加作出原行政行为的行政机关或者复议机关为共同被告的,对原行政行为或者复议决定可以作出相应判决。

人民法院判决撤销原行政行为和复议决定的,可以判决作出原行政行为的行政机关重新作出行政行为。

人民法院判决作出原行政行为的行政机关履行法定职责或者给付义务的,应当同时判决撤销复议决定。

原行政行为合法、复议决定违法的,人民法院可以判决撤销复议决定或者确认复议决定违法,同时判决驳回原告针对原行政行为的诉讼请求。

原行政行为被撤销、确认违法或者无效,给原告造成损失的,应当由作出原行政行为的行政机关承担赔偿责任;因复议决定加重损害的,由复议机关对加重部分承担赔偿责任。

原行政行为不符合复议或者诉讼受案范围等受理条件,复议机关作出维持决定的,人民法院应当裁定一并驳回对原行政行为和复议决定的起诉。

十、相关民事争议的一并审理

第一百三十七条　公民、法人或者其他组织请求一并审理行政诉讼法第六十一条规定的相关民事争议,应当在第一审开庭审理前提出;有正当理由的,也可以在法庭调查中提出。

第一百三十八条　人民法院决定在行政诉讼中一并审理相关民事争议,或者案件当事人一致同意相关民事争议在行政诉讼中一并解决,人民法院准许的,由受理行政案件的人民法院管辖。

公民、法人或者其他组织请求一并审理相关民事争议,人民法院经审查发现行政案件已经超过起诉期限,民事案件尚未立案的,告知当事人另行提起民事诉讼;民事案件已经立案的,由原审判组织继续审理。

人民法院在审理行政案件中发现民事争议为解决行政争议的基础,当事人没有请求人民法院一并审理相关民事争议的,人民法院应当告知当事人依法申请一并解决民事争议。当事人就民事争议另行提起民事诉讼并已立案的,人民法院应当中止行政诉讼的审理。民事争议处理期间不计算在行政诉讼审理期限内。

第一百三十九条 有下列情形之一的,人民法院应当作出不予准许一并审理民事争议的决定,并告知当事人可以依法通过其他渠道主张权利:

(一)法律规定应当由行政机关先行处理的;

(二)违反民事诉讼法专属管辖规定或者协议管辖约定的;

(三)约定仲裁或者已经提起民事诉讼的;

(四)其他不宜一并审理民事争议的情形。

对不予准许的决定可以申请复议一次。

第一百四十条 人民法院在行政诉讼中一并审理相关民事争议的,民事争议应当单独立案,由同一审判组织审理。

人民法院审理行政机关对民事争议所作裁决的案件,一并审理民事争议的,不另行立案。

第一百四十一条 人民法院一并审理相关民事争议,适用民事法律规范的相关规定,法律另有规定的除外。

当事人在调解中对民事权益的处分,不能作为审查被诉行政行为合法性的根据。

第一百四十二条 对行政争议和民事争议应当分别裁判。

当事人仅对行政裁判或者民事裁判提出上诉的,未上诉的裁判在上诉期满后即发生法律效力。第一审人民法院应当将全部案卷一并移送第二审人民法院,由行政审判庭审理。第二审人民法院发现未上诉的生效裁判确有错误的,应当按照审判监督程序再审。

第一百四十三条 行政诉讼原告在宣判前申请撤诉的,是否准许由人民法院裁定。人民法院裁定准许行政诉讼原告撤诉,但其对已经提起的一并审理相关民事争议不撤诉的,人民法院应当继续审理。

第一百四十四条 人民法院一并审理相关民事争议,应当按行政案件、民事案件的标准分别收取诉讼费用。

十一、规范性文件的一并审查

第一百四十五条 公民、法人或者其他组织在对行政行为提起诉讼时一并请求对所依据的规范性文件审查的,由行政行为案件管辖法院一并审查。

第一百四十六条 公民、法人或者其他组织请求人民法院一并审查行政诉讼法第五十三条规定的规范性文件,应当在第一审开庭审理前提出;有正当理由的,也可以在法庭调查中提出。

第一百四十七条 人民法院在对规范性文件审查过程中,发现规范性文件可能不合法的,应当听取规范性文件制定机关的意见。

制定机关申请出庭陈述意见的,人民法院应当准许。

行政机关未陈述意见或者未提供相关证明材料的,不能阻止人民法院对规范性文件进行审查。

第一百四十八条 人民法院对规范性文件进行一并审查时,可以从规范性文件制定机关是否超越权限或者违反法定程序、作出行政行为所依据的条款以及相关条款等方面进行。

有下列情形之一的,属于行政诉讼法第六十四条规定的"规范性文件不合法":

(一)超越制定机关的法定职权或者超越法律、法规、规章的授权范围的;

(二)与法律、法规、规章等上位法的规定相抵触的;

(三)没有法律、法规、规章依据,违法增加公民、法人和其他组织义务或者减损公民、法人和其他组织合法权益的;

(四)未履行法定批准程序、公开发布程序,严重违反制定程序的;

(五)其他违反法律、法规以及规章规定的情形。

第一百四十九条 人民法院经审查认为行政行为所依据的规范性文件合法的,应当作为认定行政行为合法的依据;经审查认为规范性文件不合法的,不作为人民法院认定行政行为合法的依据,并在裁判理由中予以阐明。作出生效裁判的人民法院应当向规范性文件的制定机关提出处理建议,并可以抄送制定机关的同级人民政府、上一级行政机关、监察机关以及规范性文件的备案机关。

规范性文件不合法的,人民法院可以在裁判生效之日起三个月内,向规范性文件制定机关提出修改或者废止该规范性文件的司法建议。

规范性文件由多个部门联合制定的,人民法院可以向该规范性文件的主办机关或者共同上一级行政机关发送司法建议。

接收司法建议的行政机关应当在收到司法建议之日起六十日内予以书面答复。情况紧急的,人民法院可以建议制定机关或者其上一级行政机关立即停止执行该规范性文件。

第一百五十条　人民法院认为规范性文件不合法的,应当在裁判生效后报送上一级人民法院进行备案。涉及国务院部门、省级行政机关制定的规范性文件,司法建议还应当分别层报最高人民法院、高级人民法院备案。

第一百五十一条　各级人民法院院长对本院已经发生法律效力的判决、裁定,发现规范性文件合法性认定错误,认为需要再审的,应当提交审判委员会讨论。

最高人民法院对地方各级人民法院已经发生法律效力的判决、裁定,上级人民法院对下级人民法院已经发生法律效力的判决、裁定,发现规范性文件合法性认定错误的,有权提审或者指令下级人民法院再审。

十二、执　　行

第一百五十二条　对发生法律效力的行政判决书、行政裁定书、行政赔偿判决书和行政调解书,负有义务的一方当事人拒绝履行的,对方当事人可以依法申请人民法院强制执行。

人民法院判决行政机关履行行政赔偿、行政补偿或者其他行政给付义务,行政机关拒不履行的,对方当事人可以依法向法院申请强制执行。

第一百五十三条　申请执行的期限为二年。申请执行时效的中止、中断,适用法律有关规定。

申请执行的期限从法律文书规定的履行期间最后一日起计算;法律文书规定分期履行的,从规定的每次履行期间的最后一日起计算;法律文书中没有规定履行期限的,从该法律文书送达当事人之日起计算。

逾期申请的,除有正当理由外,人民法院不予受理。

第一百五十四条　发生法律效力的行政判决书、行政裁定书、行政赔偿判决书和行政调解书,由第一审人民法院执行。

第一审人民法院认为情况特殊,需要由第二审人民法院执行的,可以报请第二审人民法院执行;第二审人民法院可以决定由其执行,也可以决定由第一审人民法院执行。

第一百五十五条　行政机关根据行政诉讼法第九十七条的规定申请执行其行政行为,应当具备以下条件:

(一)行政行为依法可以由人民法院执行;

（二）行政行为已经生效并具有可执行内容；

（三）申请人是作出该行政行为的行政机关或者法律、法规、规章授权的组织；

（四）被申请人是该行政行为所确定的义务人；

（五）被申请人在行政行为确定的期限内或者行政机关催告期限内未履行义务；

（六）申请人在法定期限内提出申请；

（七）被申请执行的行政案件属于受理执行申请的人民法院管辖。

行政机关申请人民法院执行，应当提交行政强制法第五十五条规定的相关材料。

人民法院对符合条件的申请，应当在五日内立案受理，并通知申请人；对不符合条件的申请，应当裁定不予受理。行政机关对不予受理裁定有异议，在十五日内向上一级人民法院申请复议的，上一级人民法院应当在收到复议申请之日起十五日内作出裁定。

第一百五十六条 没有强制执行权的行政机关申请人民法院强制执行其行政行为，应当自被执行人的法定起诉期限届满之日起三个月内提出。逾期申请的，除有正当理由外，人民法院不予受理。

第一百五十七条 行政机关申请人民法院强制执行其行政行为的，由申请人所在地的基层人民法院受理；执行对象为不动产的，由不动产所在地的基层人民法院受理。

基层人民法院认为执行确有困难的，可以报请上级人民法院执行；上级人民法院可以决定由其执行，也可以决定由下级人民法院执行。

第一百五十八条 行政机关根据法律的授权对平等主体之间民事争议作出裁决后，当事人在法定期限内不起诉又不履行，作出裁决的行政机关在申请执行的期限内未申请人民法院强制执行的，生效行政裁决确定的权利人或者其继承人、权利承受人在六个月内可以申请人民法院强制执行。

享有权利的公民、法人或者其他组织申请人民法院强制执行生效行政裁决，参照行政机关申请人民法院强制执行行政行为的规定。

第一百五十九条 行政机关或者行政行为确定的权利人申请人民法院强制执行前，有充分理由认为被执行人可能逃避执行的，可以申请人民法院采取财产保全措施。后者申请强制执行的，应当提供相应的财产担保。

第一百六十条　人民法院受理行政机关申请执行其行政行为的案件后,应当在七日内由行政审判庭对行政行为的合法性进行审查,并作出是否准予执行的裁定。

人民法院在作出裁定前发现行政行为明显违法并损害被执行人合法权益的,应当听取被执行人和行政机关的意见,并自受理之日起三十日内作出是否准予执行的裁定。

需要采取强制执行措施的,由本院负责强制执行非诉行政行为的机构执行。

第一百六十一条　被申请执行的行政行为有下列情形之一的,人民法院应当裁定不准予执行:

(一)实施主体不具有行政主体资格的;

(二)明显缺乏事实根据的;

(三)明显缺乏法律、法规依据的;

(四)其他明显违法并损害被执行人合法权益的情形。

行政机关对不准予执行的裁定有异议,在十五日内向上一级人民法院申请复议的,上一级人民法院应当在收到复议申请之日起三十日内作出裁定。

十三、附　　则

第一百六十二条　公民、法人或者其他组织对 2015 年 5 月 1 日之前作出的行政行为提起诉讼,请求确认行政行为无效的,人民法院不予立案。

第一百六十三条　本解释自 2018 年 2 月 8 日起施行。

本解释施行后,《最高人民法院关于执行〈中华人民共和国行政诉讼法〉若干问题的解释》(法释〔2000〕8 号)、《最高人民法院关于适用〈中华人民共和国行政诉讼法〉若干问题的解释》(法释〔2015〕9 号)同时废止。最高人民法院以前发布的司法解释与本解释不一致的,不再适用。

最高人民法院研究室关于村民因土地补偿费、安置补助费问题与村民委员会发生纠纷人民法院应否受理问题的答复

(法研〔2001〕116号)

陕西省高级人民法院：

你院陕高法〔2001〕234号《关于村民因土地补偿费、安置补助费问题与村民委员会发生纠纷人民法院应否受理的请示》收悉。经研究，我们认为，此类问题可以参照我室给广东省高级人民法院法研〔2001〕51号《关于人民法院对农村集体经济所得收益分配纠纷是否受理问题的答复》(略)办理。

二〇〇一年十二月三十一日

最高人民法院研究室关于人民法院对农村集体经济所得收益分配纠纷是否受理问题的答复

(法研〔2001〕51号)

广东省高级人民法院：

你院粤高法〔2000〕25号《关于对农村集体经济所得收益分配的争议纠纷，人民法院是否受理的请示》收悉。经研究，答复如下：

农村集体经济组织与其成员之间因收益分配产生的纠纷，属平等民事主体之间的纠纷。当事人就该纠纷起诉到人民法院，只要符合《中华人民共和国民事诉讼法》第一百零八条的规定，人民法院应当受理。

二〇〇一年七月九日

最高人民法院关于行政诉讼证据若干问题的规定

(法释〔2002〕21号)
(2002年6月4日最高人民法院审判委员会第1224次会议通过)

为准确认定案件事实,公正、及时地审理行政案件,根据《中华人民共和国行政诉讼法》(以下简称行政诉讼法)等有关法律规定,结合行政审判实际,制定本规定。

一、举证责任分配和举证期限

第一条 根据行政诉讼法第三十二条和第四十三条的规定,被告对作出的具体行政行为负有举证责任,应当在收到起诉状副本之日起十日内,提供据以作出被诉具体行政行为的全部证据和所依据的规范性文件。被告不提供或者无正当理由逾期提供证据的,视为被诉具体行政行为没有相应的证据。

被告因不可抗力或者客观上不能控制的其他正当事由,不能在前款规定的期限内提供证据的,应当在收到起诉状副本之日起十日内向人民法院提出延期提供证据的书面申请。人民法院准许延期提供的,被告应当在正当事由消除后十日内提供证据。逾期提供的,视为被诉具体行政行为没有相应的证据。

第二条 原告或者第三人提出其在行政程序中没有提出的反驳理由或者证据的,经人民法院准许,被告可以在第一审程序中补充相应的证据。

第三条 根据行政诉讼法第三十三条的规定,在诉讼过程中,被告及其诉讼代理人不得自行向原告和证人收集证据。

第四条 公民、法人或者其他组织向人民法院起诉时,应当提供其符合起诉条件的相应的证据材料。

在起诉被告不作为的案件中,原告应当提供其在行政程序中曾经提出申请的证据材料。但有下列情形的除外:

(一)被告应当依职权主动履行法定职责的;

(二)原告因被告受理申请的登记制度不完备等正当事由不能提供相关证据材料并能够作出合理说明的。

被告认为原告起诉超过法定期限的,由被告承担举证责任。

第五条 在行政赔偿诉讼中,原告应当对被诉具体行政行为造成损害的事实提供证据。

第六条 原告可以提供证明被诉具体行政行为违法的证据。原告提供的证据不成立的,不免除被告对被诉具体行政行为合法性的举证责任。

第七条 原告或者第三人应当在开庭审理前或者人民法院指定的交换证据之日提供证据。因正当事由申请延期提供证据的,经人民法院准许,可以在法庭调查中提供。逾期提供证据的,视为放弃举证权利。

原告或者第三人在第一审程序中无正当事由未提供而在第二审程序中提供的证据,人民法院不予接纳。

第八条 人民法院向当事人送达受理案件通知书或者应诉通知书时,应当告知其举证范围、举证期限和逾期提供证据的法律后果,并告知因正当事由不能按期提供证据时应当提出延期提供证据的申请。

第九条 根据行政诉讼法第三十四条第一款的规定,人民法院有权要求当事人提供或者补充证据。

对当事人无争议,但涉及国家利益、公共利益或者他人合法权益的事实,人民法院可以责令当事人提供或者补充有关证据。

二、提供证据的要求

第十条 根据行政诉讼法第三十一条第一款第(一)项的规定,当事人向人民法院提供书证的,应当符合下列要求:

(一)提供书证的原件,原本、正本和副本均属于书证的原件。提供原件确有困难的,可以提供与原件核对无误的复印件、照片、节录本;

(二)提供由有关部门保管的书证原件的复制件、影印件或者抄录件的,应当注明出处,经该部门核对无异后加盖其印章;

(三)提供报表、图纸、会计帐册、专业技术资料、科技文献等书证的,应当附有说明材料;

(四)被告提供的被诉具体行政行为所依据的询问、陈述、谈话类笔录,应当有行政执法人员、被询问人、陈述人、谈话人签名或者盖章。

法律、法规、司法解释和规章对书证的制作形式另有规定的,从其规定。

第十一条 根据行政诉讼法第三十一条第一款第(二)项的规定,当事人向

人民法院提供物证的,应当符合下列要求:

(一)提供原物。提供原物确有困难的,可以提供与原物核对无误的复制件或者证明该物证的照片、录像等其他证据;

(二)原物为数量较多的种类物的,提供其中的一部分。

第十二条 根据行政诉讼法第三十一条第一款第(三)项的规定,当事人向人民法院提供计算机数据或者录音、录像等视听资料的,应当符合下列要求:

(一)提供有关资料的原始载体。提供原始载体确有困难的,可以提供复制件;

(二)注明制作方法、制作时间、制作人和证明对象等;

(三)声音资料应当附有该声音内容的文字记录。

第十三条 根据行政诉讼法第三十一条第一款第(四)项的规定,当事人向人民法院提供证人证言的,应当符合下列要求:

(一)写明证人的姓名、年龄、性别、职业、住址等基本情况;

(二)有证人的签名,不能签名的,应当以盖章等方式证明;

(三)注明出具日期;

(四)附有居民身份证复印件等证明证人身份的文件。

第十四条 根据行政诉讼法第三十一条第一款第(六)项的规定,被告向人民法院提供的在行政程序中采用的鉴定结论,应当载明委托人和委托鉴定的事项、向鉴定部门提交的相关材料、鉴定的依据和使用的科学技术手段、鉴定部门和鉴定人鉴定资格的说明,并应有鉴定人的签名和鉴定部门的盖章。通过分析获得的鉴定结论,应当说明分析过程。

第十五条 根据行政诉讼法第三十一条第一款第(七)项的规定,被告向人民法院提供的现场笔录,应当载明时间、地点和事件等内容,并由执法人员和当事人签名。当事人拒绝签名或者不能签名的,应当注明原因。有其他人在现场的,可由其他人签名。法律、法规和规章对现场笔录的制作形式另有规定的,从其规定。

第十六条 当事人向人民法院提供的在中华人民共和国领域外形成的证据,应当说明来源,经所在国公证机关证明,并经中华人民共和国驻该国使领馆认证,或者履行中华人民共和国与证据所在国订立的有关条约中规定的证明手续。

当事人提供的在中华人民共和国香港特别行政区、澳门特别行政区和台湾地区内形成的证据,应当具有按照有关规定办理的证明手续。

第十七条 当事人向人民法院提供外文书证或者外国语视听资料的,应当附有由具有翻译资质的机构翻译的或者其他翻译准确的中文译本,由翻译机构盖章或者翻译人员签名。

第十八条 证据涉及国家秘密、商业秘密或者个人隐私的,提供人应当作出明确标注,并向法庭说明,法庭予以审查确认。

第十九条 当事人应当对其提交的证据材料分类编号,对证据材料的来源、证明对象和内容作简要说明,签名或者盖章,注明提交日期。

第二十条 人民法院收到当事人提交的证据材料,应当出具收据,注明证据的名称、份数、页数、件数、种类等以及收到的时间,由经办人员签名或者盖章。

第二十一条 对于案情比较复杂或者证据数量较多的案件,人民法院可以组织当事人在开庭前向对方出示或者交换证据,并将交换证据的情况记录在卷。

三、调取和保全证据

第二十二条 根据行政诉讼法第三十四条第二款的规定,有下列情形之一的,人民法院有权向有关行政机关以及其他组织、公民调取证据:

(一)涉及国家利益、公共利益或者他人合法权益的事实认定的;

(二)涉及依职权追加当事人、中止诉讼、终结诉讼、回避等程序性事项的。

第二十三条 原告或者第三人不能自行收集,但能够提供确切线索的,可以申请人民法院调取下列证据材料:

(一)由国家有关部门保存而须由人民法院调取的证据材料;

(二)涉及国家秘密、商业秘密、个人隐私的证据材料;

(三)确因客观原因不能自行收集的其他证据材料。

人民法院不得为证明被诉具体行政行为的合法性,调取被告在作出具体行政行为时未收集的证据。

第二十四条 当事人申请人民法院调取证据的,应当在举证期限内提交调取证据申请书。

调取证据申请书应当写明下列内容:

(一)证据持有人的姓名或者名称、住址等基本情况;

(二)拟调取证据的内容；

(三)申请调取证据的原因及其要证明的案件事实。

第二十五条 人民法院对当事人调取证据的申请,经审查符合调取证据条件的,应当及时决定调取;不符合调取证据条件的,应当向当事人或者其诉讼代理人送达通知书,说明不准许调取的理由。当事人及其诉讼代理人可以在收到通知书之日起三日内向受理申请的人民法院书面申请复议一次。

人民法院应当在收到复议申请之日起五日内作出答复。人民法院根据当事人申请,经调取未能取得相应证据的,应当告知申请人并说明原因。

第二十六条 人民法院需要调取的证据在异地的,可以书面委托证据所在地人民法院调取。受托人民法院应当在收到委托书后,按照委托要求及时完成调取证据工作,送交委托人民法院。受托人民法院不能完成委托内容的,应当告知委托的人民法院并说明原因。

第二十七条 当事人根据行政诉讼法第三十六条的规定向人民法院申请保全证据的,应当在举证期限届满前以书面形式提出,并说明证据的名称和地点、保全的内容和范围、申请保全的理由等事项。

当事人申请保全证据的,人民法院可以要求其提供相应的担保。

法律、司法解释规定诉前保全证据的,依照其规定办理。

第二十八条 人民法院依照行政诉讼法第三十六条规定保全证据的,可以根据具体情况,采取查封、扣押、拍照、录音、录像、复制、鉴定、勘验、制作询问笔录等保全措施。

人民法院保全证据时,可以要求当事人或者其诉讼代理人到场。

第二十九条 原告或者第三人有证据或者有正当理由表明被告据以认定案件事实的鉴定结论可能有错误,在举证期限内书面申请重新鉴定的,人民法院应予准许。

第三十条 当事人对人民法院委托的鉴定部门作出的鉴定结论有异议申请重新鉴定,提出证据证明存在下列情形之一的,人民法院应予准许:

(一)鉴定部门或者鉴定人不具有相应的鉴定资格的;

(二)鉴定程序严重违法的;

(三)鉴定结论明显依据不足的;

(四)经过质证不能作为证据使用的其他情形。

对有缺陷的鉴定结论,可以通过补充鉴定、重新质证或者补充质证等方式解决。

第三十一条 对需要鉴定的事项负有举证责任的当事人,在举证期限内无正当理由不提出鉴定申请、不预交鉴定费用或者拒不提供相关材料,致使对案件争议的事实无法通过鉴定结论予以认定的,应当对该事实承担举证不能的法律后果。

第三十二条 人民法院对委托或者指定的鉴定部门出具的鉴定书,应当审查是否具有下列内容:

(一)鉴定的内容;

(二)鉴定时提交的相关材料;

(三)鉴定的依据和使用的科学技术手段;

(四)鉴定的过程;

(五)明确的鉴定结论;

(六)鉴定部门和鉴定人鉴定资格的说明;

(七)鉴定人及鉴定部门签名盖章。

前款内容欠缺或者鉴定结论不明确的,人民法院可以要求鉴定部门予以说明、补充鉴定或者重新鉴定。

第三十三条 人民法院可以依当事人申请或者依职权勘验现场。

勘验现场时,勘验人必须出示人民法院的证件,并邀请当地基层组织或者当事人所在单位派人参加。当事人或其成年亲属应当到场,拒不到场的,不影响勘验的进行,但应当在勘验笔录中说明情况。

第三十四条 审判人员应当制作勘验笔录,记载勘验的时间、地点、勘验人、在场人、勘验的经过和结果,由勘验人、当事人、在场人签名。

勘验现场时绘制的现场图,应当注明绘制的时间、方位、绘制人姓名和身份等内容。

当事人对勘验结论有异议的,可以在举证期限内申请重新勘验,是否准许由人民法院决定。

四、证据的对质辨认和核实

第三十五条 证据应当在法庭上出示,并经庭审质证。未经庭审质证的证据,不能作为定案的依据。

当事人在庭前证据交换过程中没有争议并记录在卷的证据,经审判人员在庭审中说明后,可以作为认定案件事实的依据。

第三十六条 经合法传唤,因被告无正当理由拒不到庭而需要依法缺席判决的,被告提供的证据不能作为定案的依据,但当事人在庭前交换证据中没有争议的证据除外。

第三十七条 涉及国家秘密、商业秘密和个人隐私或者法律规定的其他应当保密的证据,不得在开庭时公开质证。

第三十八条 当事人申请人民法院调取的证据,由申请调取证据的当事人在庭审中出示,并由当事人质证。

人民法院依职权调取的证据,由法庭出示,并可就调取该证据的情况进行说明,听取当事人意见。

第三十九条 当事人应当围绕证据的关联性、合法性和真实性,针对证据有无证明效力以及证明效力大小,进行质证。

经法庭准许,当事人及其代理人可以就证据问题相互发问,也可以向证人、鉴定人或者勘验人发问。

当事人及其代理人相互发问,或者向证人、鉴定人、勘验人发问时,发问的内容应当与案件事实有关联,不得采用引诱、威胁、侮辱等语言或者方式。

第四十条 对书证、物证和视听资料进行质证时,当事人应当出示证据的原件或者原物。但有下列情况之一的除外:

(一)出示原件或者原物确有困难并经法庭准许可以出示复制件或者复制品;

(二)原件或者原物已不存在,可以出示证明复制件、复制品与原件、原物一致的其他证据。

视听资料应当当庭播放或者显示,并由当事人进行质证。

第四十一条 凡是知道案件事实的人,都有出庭作证的义务。有下列情形之一的,经人民法院准许,当事人可以提交书面证言:

(一)当事人在行政程序或者庭前证据交换中对证人证言无异议的;

(二)证人因年迈体弱或者行动不便无法出庭的;

(三)证人因路途遥远、交通不便无法出庭的;

(四)证人因自然灾害等不可抗力或者其他意外事件无法出庭的;

(五)证人因其他特殊原因确实无法出庭的。

第四十二条 不能正确表达意志的人不能作证。

根据当事人申请,人民法院可以就证人能否正确表达意志进行审查或者交由有关部门鉴定。必要时,人民法院也可以依职权交由有关部门鉴定。

第四十三条 当事人申请证人出庭作证的,应当在举证期限届满前提出,并经人民法院许可。人民法院准许证人出庭作证的,应当在开庭审理前通知证人出庭作证。

当事人在庭审过程中要求证人出庭作证的,法庭可以根据审理案件的具体情况,决定是否准许以及是否延期审理。

第四十四条 有下列情形之一,原告或者第三人可以要求相关行政执法人员作为证人出庭作证:

(一)对现场笔录的合法性或者真实性有异议的;
(二)对扣押财产的品种或者数量有异议的;
(三)对检验的物品取样或者保管有异议的;
(四)对行政执法人员的身份的合法性有异议的;
(五)需要出庭作证的其他情形。

第四十五条 证人出庭作证时,应当出示证明其身份的证件。法庭应当告知其诚实作证的法律义务和作伪证的法律责任。

出庭作证的证人不得旁听案件的审理。法庭询问证人时,其他证人不得在场,但组织证人对质的除外。

第四十六条 证人应当陈述其亲历的具体事实。证人根据其经历所作的判断、推测或者评论,不能作为定案的依据。

第四十七条 当事人要求鉴定人出庭接受询问的,鉴定人应当出庭。鉴定人因正当事由不能出庭的,经法庭准许,可以不出庭,由当事人对其书面鉴定结论进行质证。

鉴定人不能出庭的正当事由,参照本规定第四十一条的规定。

对于出庭接受询问的鉴定人,法庭应当核实其身份、与当事人及案件的关系,并告知鉴定人如实说明鉴定情况的法律义务和故意作虚假说明的法律责任。

第四十八条 对被诉具体行政行为涉及的专门性问题,当事人可以向法庭申请由专业人员出庭进行说明,法庭也可以通知专业人员出庭说明。必要时,法庭可以组织专业人员进行对质。

当事人对出庭的专业人员是否具备相应专业知识、学历、资历等专业资格等有异议的,可以进行询问。由法庭决定其是否可以作为专业人员出庭。

专业人员可以对鉴定人进行询问。

第四十九条　法庭在质证过程中,对与案件没有关联的证据材料,应予排除并说明理由。

法庭在质证过程中,准许当事人补充证据的,对补充的证据仍应进行质证。

法庭对经过庭审质证的证据,除确有必要外,一般不再进行质证。

第五十条　在第二审程序中,对当事人依法提供的新的证据,法庭应当进行质证;当事人对第一审认定的证据仍有争议的,法庭也应当进行质证。

第五十一条　按照审判监督程序审理的案件,对当事人依法提供的新的证据,法庭应当进行质证;因原判决、裁定认定事实的证据不足而提起再审所涉及的主要证据,法庭也应当进行质证。

第五十二条　本规定第五十条和第五十一条中的"新的证据"是指以下证据:

(一)在一审程序中应当准予延期提供而未获准许的证据;

(二)当事人在一审程序中依法申请调取而未获准许或者未取得,人民法院在第二审程序中调取的证据;

(三)原告或者第三人提供的在举证期限届满后发现的证据。

五、证据的审核认定

第五十三条　人民法院裁判行政案件,应当以证据证明的案件事实为依据。

第五十四条　法庭应当对经过庭审质证的证据和无需质证的证据进行逐一审查和对全部证据综合审查,遵循法官职业道德,运用逻辑推理和生活经验,进行全面、客观和公正地分析判断,确定证据材料与案件事实之间的证明关系,排除不具有关联性的证据材料,准确认定案件事实。

第五十五条　法庭应当根据案件的具体情况,从以下方面审查证据的合法性:

(一)证据是否符合法定形式;

(二)证据的取得是否符合法律、法规、司法解释和规章的要求;

(三)是否有影响证据效力的其他违法情形。

第五十六条　法庭应当根据案件的具体情况,从以下方面审查证据的真实性：

（一）证据形成的原因；

（二）发现证据时的客观环境；

（三）证据是否为原件、原物，复制件、复制品与原件、原物是否相符；

（四）提供证据的人或者证人与当事人是否具有利害关系；

（五）影响证据真实性的其他因素。

第五十七条 下列证据材料不能作为定案依据：

（一）严重违反法定程序收集的证据材料；

（二）以偷拍、偷录、窃听等手段获取侵害他人合法权益的证据材料；

（三）以利诱、欺诈、胁迫、暴力等不正当手段获取的证据材料；

（四）当事人无正当事由超出举证期限提供的证据材料；

（五）在中华人民共和国领域以外或者在中华人民共和国香港特别行政区、澳门特别行政区和台湾地区形成的未办理法定证明手续的证据材料；

（六）当事人无正当理由拒不提供原件、原物，又无其他证据印证，且对方当事人不予认可的证据的复制件或者复制品；

（七）被当事人或者他人进行技术处理而无法辨明真伪的证据材料；

（八）不能正确表达意志的证人提供的证言；

（九）不具备合法性和真实性的其他证据材料。

第五十八条 以违反法律禁止性规定或者侵犯他人合法权益的方法取得的证据，不能作为认定案件事实的依据。

第五十九条 被告在行政程序中依照法定程序要求原告提供证据，原告依法应当提供而拒不提供，在诉讼程序中提供的证据，人民法院一般不予采纳。

第六十条 下列证据不能作为认定被诉具体行政行为合法的依据：

（一）被告及其诉讼代理人在作出具体行政行为后或者在诉讼程序中自行收集的证据；

（二）被告在行政程序中非法剥夺公民、法人或者其他组织依法享有的陈述、申辩或者听证权利所采用的证据；

（三）原告或者第三人在诉讼程序中提供的、被告在行政程序中未作为具体行政行为依据的证据。

第六十一条 复议机关在复议程序中收集和补充的证据，或者作出原具体行政行为的行政机关在复议程序中未向复议机关提交的证据，不能作为人民法院认定原具体行政行为合法的依据。

第六十二条 对被告在行政程序中采纳的鉴定结论，原告或者第三人提出证据证明有下列情形之一的，人民法院不予采纳：

（一）鉴定人不具备鉴定资格；

（二）鉴定程序严重违法；

（三）鉴定结论错误、不明确或者内容不完整。

第六十三条 证明同一事实的数个证据，其证明效力一般可以按照下列情形分别认定：

（一）国家机关以及其他职能部门依职权制作的公文文书优于其他书证；

（二）鉴定结论、现场笔录、勘验笔录、档案材料以及经过公证或者登记的书证优于其他书证、视听资料和证人证言；

（三）原件、原物优于复制件、复制品；

（四）法定鉴定部门的鉴定结论优于其他鉴定部门的鉴定结论；

（五）法庭主持勘验所制作的勘验笔录优于其他部门主持勘验所制作的勘验笔录；

（六）原始证据优于传来证据；

（七）其他证人证言优于与当事人有亲属关系或者其他密切关系的证人提供的对该当事人有利的证言；

（八）出庭作证的证人证言优于未出庭作证的证人证言；

（九）数个种类不同、内容一致的证据优于一个孤立的证据。

第六十四条 以有形载体固定或者显示的电子数据交换、电子邮件以及其他数据资料，其制作情况和真实性经对方当事人确认，或者以公证等其他有效方式予以证明的，与原件具有同等的证明效力。

第六十五条 在庭审中一方当事人或者其代理人在代理权限范围内对另一方当事人陈述的案件事实明确表示认可的，人民法院可以对该事实予以认定。但有相反证据足以推翻的除外。

第六十六条 在行政赔偿诉讼中，人民法院主持调解时当事人为达成调解协议而对案件事实的认可，不得在其后的诉讼中作为对其不利的证据。

第六十七条 在不受外力影响的情况下，一方当事人提供的证据，对方当事人明确表示认可的，可以认定该证据的证明效力；对方当事人予以否认，但不能提供充分的证据进行反驳的，可以综合全案情况审查认定该证据的证明效力。

第六十八条 下列事实法庭可以直接认定：

（一）众所周知的事实；

（二）自然规律及定理；

（三）按照法律规定推定的事实；

（四）已经依法证明的事实；

（五）根据日常生活经验法则推定的事实。

前款（一）、（三）、（四）、（五）项，当事人有相反证据足以推翻的除外。

第六十九条 原告确有证据证明被告持有的证据对原告有利，被告无正当事由拒不提供的，可以推定原告的主张成立。

第七十条 生效的人民法院裁判文书或者仲裁机构裁决文书确认的事实，可以作为定案依据。但是如果发现裁判文书或者裁决文书认定的事实有重大问题的，应当中止诉讼，通过法定程序予以纠正后恢复诉讼。

第七十一条 下列证据不能单独作为定案依据：

（一）未成年人所作的与其年龄和智力状况不相适应的证言；

（二）与一方当事人有亲属关系或者其他密切关系的证人所作的对该当事人有利的证言，或者与一方当事人有不利关系的证人所作的对该当事人不利的证言；

（三）应当出庭作证而无正当理由不出庭作证的证人证言；

（四）难以识别是否经过修改的视听资料；

（五）无法与原件、原物核对的复制件或者复制品；

（六）经一方当事人或者他人改动，对方当事人不予认可的证据材料；

（七）其他不能单独作为定案依据的证据材料。

第七十二条 庭审中经过质证的证据，能够当庭认定的，应当当庭认定；不能当庭认定的，应当在合议庭合议时认定。

人民法院应当在裁判文书中阐明证据是否采纳的理由。

第七十三条 法庭发现当庭认定的证据有误，可以按照下列方式纠正：

（一）庭审结束前发现错误的，应当重新进行认定；

（二）庭审结束后宣判前发现错误的，在裁判文书中予以更正并说明理由，也可以再次开庭予以认定；

（三）有新的证据材料可能推翻已认定的证据的，应当再次开庭予以认定。

六、附 则

第七十四条 证人、鉴定人及其近亲属的人身和财产安全受法律保护。

人民法院应当对证人、鉴定人的住址和联系方式予以保密。

第七十五条 证人、鉴定人因出庭作证或者接受询问而支出的合理费用，由提供证人、鉴定人的一方当事人先行支付，由败诉一方当事人承担。

第七十六条 证人、鉴定人作伪证的，依照行政诉讼法第四十九条第一款第（二）项的规定追究其法律责任。

第七十七条 诉讼参与人或者其他人有对审判人员或者证人、鉴定人、勘验人及其近亲属实施威胁、侮辱、殴打、骚扰或者打击报复等妨碍行政诉讼行为的，依照行政诉讼法第四十九条第一款第（三）项、第（五）项或者第（六）项的规定追究其法律责任。

第七十八条 对应当协助调取证据的单位和个人，无正当理由拒不履行协助义务的，依照行政诉讼法第四十九条第一款第（五）项的规定追究其法律责任。

第七十九条 本院以前有关行政诉讼的司法解释与本规定不一致的，以本规定为准。

第八十条 本规定自2002年10月1日起施行。2002年10月1日尚未审结的一审、二审和再审行政案件不适用本规定。

本规定施行前已经审结的行政案件，当事人以违反本规定为由申请再审的，人民法院不予支持。

本规定施行后按照审判监督程序决定再审的行政案件，适用本规定。

最高人民法院关于行政诉讼撤诉若干问题的规定

（法释〔2008〕2号）

（2007年12月17日最高人民法院审判委员会第1441次会议通过）

为妥善化解行政争议，依法审查行政诉讼中行政机关改变被诉具体行政行为及当事人申请撤诉的行为,根据《中华人民共和国行政诉讼法》制定本规定。

第一条 人民法院经审查认为被诉具体行政行为违法或者不当,可以在宣告判决或者裁定前,建议被告改变其所作的具体行政行为。

第二条 被告改变被诉具体行政行为,原告申请撤诉,符合下列条件的,人民法院应当裁定准许:

(一)申请撤诉是当事人真实意思表示;

(二)被告改变被诉具体行政行为,不违反法律、法规的禁止性规定,不超越或者放弃职权,不损害公共利益和他人合法权益;

(三)被告已经改变或者决定改变被诉具体行政行为,并书面告知人民法院;

(四)第三人无异议。

第三条 有下列情形之一的,属于行政诉讼法第五十一条规定的"被告改变其所作的具体行政行为":

(一)改变被诉具体行政行为所认定的主要事实和证据;

(二)改变被诉具体行政行为所适用的规范依据且对定性产生影响;

(三)撤销、部分撤销或者变更被诉具体行政行为处理结果。

第四条 有下列情形之一的,可以视为"被告改变其所作的具体行政行为":

(一)根据原告的请求依法履行法定职责;

(二)采取相应的补救、补偿等措施;

(三)在行政裁决案件中,书面认可原告与第三人达成的和解。

第五条 被告改变被诉具体行政行为,原告申请撤诉,有履行内容且履行完毕的,人民法院可以裁定准许撤诉;不能即时或者一次性履行的,人民法院可以裁定准许撤诉,也可以裁定中止审理。

第六条 准许撤诉裁定可以载明被告改变被诉具体行政行为的主要内容及履行情况,并可以根据案件具体情况,在裁定理由中明确被诉具体行政行为全部或者部分不再执行。

第七条 申请撤诉不符合法定条件,或者被告改变被诉具体行政行为后当事人不撤诉的,人民法院应当及时作出裁判。

第八条 第二审或者再审期间行政机关改变被诉具体行政行为,当事人申请撤回上诉或者再审申请的,参照本规定。

准许撤回上诉或者再审申请的裁定可以载明行政机关改变被诉具体行政行为的主要内容及履行情况,并可以根据案件具体情况,在裁定理由中明确被诉具体行政行为或者原裁判全部或者部分不再执行。

第九条 本院以前所作的司法解释及规范性文件,凡与本规定不一致的,按本规定执行。

最高人民法院关于审理涉及农村集体土地行政案件若干问题的规定

(法释〔2011〕20 号)

(2011 年 5 月 9 日由最高人民法院审判委员会第 1522 次会议通过)

为正确审理涉及农村集体土地的行政案件,根据《中华人民共和国物权法》、《中华人民共和国土地管理法》和《中华人民共和国行政诉讼法》等有关法律规定,结合行政审判实际,制定本规定。

第一条 农村集体土地的权利人或者利害关系人(以下简称土地权利人)认为行政机关作出的涉及农村集体土地的行政行为侵犯其合法权益,提起诉讼的,属于人民法院行政诉讼的受案范围。

第二条 土地登记机构根据人民法院生效裁判文书、协助执行通知书或者仲裁机构的法律文书办理的土地权属登记行为,土地权利人不服提起诉讼的,人民法院不予受理,但土地权利人认为登记内容与有关文书内容不一致的除外。

第三条 村民委员会或者农村集体经济组织对涉及农村集体土地的行政行为不起诉的,过半数的村民可以以集体经济组织名义提起诉讼。

农村集体经济组织成员全部转为城镇居民后,对涉及农村集体土地的行政行为不服的,过半数的原集体经济组织成员可以提起诉讼。

第四条 土地使用权人或者实际使用人对行政机关作出涉及其使用或实际使用的集体土地的行政行为不服的,可以以自己的名义提起诉讼。

第五条 土地权利人认为土地储备机构作出的行为侵犯其依法享有的农村集体土地所有权或使用权的,向人民法院提起诉讼的,应当以土地储备机构所隶属的土地管理部门为被告。

第六条 土地权利人认为乡级以上人民政府作出的土地确权决定侵犯其依法享有的农村集体土地所有权或者使用权,经复议后向人民法院提起诉讼的,人民法院应当依法受理。

法律、法规规定应当先申请行政复议的土地行政案件,复议机关作出不受理复议申请的决定或者以不符合受理条件为由驳回复议申请,复议申请人不服的,应当以复议机关为被告向人民法院提起诉讼。

第七条 土地权利人认为行政机关作出的行政处罚、行政强制措施等行政行为侵犯其依法享有的农村集体土地所有权或者使用权,直接向人民法院提起诉讼的,人民法院应当依法受理。

第八条 土地权属登记(包括土地权属证书)在生效裁判和仲裁裁决中作为定案证据,利害关系人对该登记行为提起诉讼的,人民法院应当依法受理。

第九条 涉及农村集体土地的行政决定以公告方式送达的,起诉期限自公告确定的期限届满之日起计算。

第十条 土地权利人对土地管理部门组织实施过程中确定的土地补偿有异议,直接向人民法院提起诉讼的,人民法院不予受理,但应当告知土地权利人先申请行政机关裁决。

第十一条 土地权利人以土地管理部门超过两年对非法占地行为进行处罚违法,向人民法院起诉的,人民法院应当按照行政处罚法第二十九条第二款的规定处理。

第十二条 征收农村集体土地时涉及被征收土地上的房屋及其他不动产,土地权利人可以请求依照物权法第四十二条第二款的规定给予补偿。

征收农村集体土地时未就被征收土地上的房屋及其他不动产进行安置补偿,补偿安置时房屋所在地已纳入城市规划区,土地权利人请求参照执行国有土地上房屋征收补偿标准的,人民法院一般应予支持,但应当扣除已经取得的土地补偿费。

第十三条 在审理土地行政案件中,人民法院经当事人同意进行协调的期间,不计算在审理期限内。当事人不同意继续协商的,人民法院应当及时审理,并恢复计算审理期限。

第十四条　县级以上人民政府土地管理部门根据土地管理法实施条例第四十五条的规定,申请人民法院执行其作出的责令交出土地决定的,应当符合下列条件:

(一)征收土地方案已经有权机关依法批准;

(二)市、县人民政府和土地管理部门已经依照土地管理法和土地管理法实施条例规定的程序实施征地行为;

(三)被征收土地所有权人、使用人已经依法得到安置补偿或者无正当理由拒绝接受安置补偿,且拒不交出土地,已经影响到征收工作的正常进行;

(四)符合最高人民法院《关于执行〈中华人民共和国行政诉讼法〉若干问题的解释》第八十六条规定的条件。

人民法院对符合条件的申请,应当裁定予以受理,并通知申请人;对不符合条件的申请,应当裁定不予受理。

第十五条　最高人民法院以前所作的司法解释与本规定不一致的,以本规定为准。

最高人民法院关于在征收拆迁案件中进一步严格规范司法行为积极推进"裁执分离"的通知

(法〔2014〕191号)

各省、自治区、直辖市高级人民法院,新疆维吾尔自治区高级人民法院生产建设兵团分院:

当前,依法妥善审理各类土地、房屋征收拆迁行政案件,是人民法院参与国家治理、推进城镇化建设、保障人民群众合法权益、促进社会和谐稳定的十分重要的职责。《中华人民共和国行政强制法》(以下简称《行政强制法》)和《国有土地上房屋征收与补偿条例》(以下简称《条例》)颁布实施以来,最高人民法院先后出台了一系列司法解释和指导性文件,针对国有土地上房屋征收非诉执行案件实行由法院审查作裁定、政府组织实施的"裁执分离"原则,许多地方法院积极贯彻落实并取得明显实效,但是仍有一些基层法院领会司法解释精神不到位,审查环节不严谨,直接组织强制执行以至引发恶性后果。前不久,山西省中阳县发生一起被执行人两名亲属在法院组织的非诉强制执行过程中自焚致伤、从窑顶跳下摔伤的严重事件。为防止类似事件再次发生,现就有关问题通知如下:

一、高度重视宣传,深刻领会司法解释和相关文件精神

针对最高人民法院近年来颁布的《关于办理申请人民法院强制执行国有土地上房屋征收补偿决定案件若干问题的规定》《关于审理涉及农村集体土地行政案件若干问题的规定》《关于认真贯彻执行〈关于办理申请人民法院强制执行国有土地上房屋征收补偿决定案件若干问题的规定〉的通知》《关于坚决防止土地征收、房屋拆迁强制执行引发恶性事件的紧急通知》和《关于严格执行法律法规和司法解释依法妥善办理征收拆迁案件的通知》等司法解释和司法文件,各级人民法院必须进一步加大宣传力度,确保广大基层法院领导和相关审判执行人员能够熟悉上述规定和通知内容,深刻领会最高人民法院三令五申的办案要求和"裁执分离"原则的基本精神,特别要注意及时转发、认真组织基层法院搞好专门培训,切实统一思想认识和工作思路,在立案、审查和执行等工作中严格贯彻落实,不得擅自变通和随意解读。同时,通过多种途径向当地党政领导和行政执法机关及其工作人员积极宣传,做好沟通解释工作,尽最大努力获得支持与配合,共同促进《行政强制法》《条例》等法律法规的正确实施。

二、严格规范司法行为,确保裁判公开公正

各级人民法院在办理征收拆迁案件过程中,要紧紧围绕"让人民群众在每一个司法案件中感受到公平正义"的目标,坚持合法性审查,坚守法律底线,敢于担当、敢于碰硬,只服从事实、只服从法律,坚决抵制各种非法干预。在诉讼案件立案审理环节,要坚决防止背离公正、中立立场、从地方或部门利益出发迁就违法或不当的行政行为,对依法该立案的坚决立案,对行政行为该确认违法的坚决确认违法,该撤销的坚决撤销,对申请先予执行的案件,原则上不得准许;在非诉执行案件审查环节,要严格遵循司法解释相关规定审查行政机关提出的申请,凡存在对群众补偿安置不到位、程序违法或违反程序正当性、未进行社会稳定风险评估等情形的,一律依法裁定不予受理或不准予执行。要正确处理裁判和协调的关系,坚决防止违背当事人意愿过度协调、久拖不决,无原则地"和稀泥"。要大力推进司法公开,以公开促公正,以公开防干预,确保征收拆迁一审案件全部公开开庭,确保每一份相关裁判文书说理充分、公开上网、及时送达。

三、积极推进"裁执分离",逐步拓宽适用范围

"裁执分离"是最高人民法院为破解征收拆迁案件"执行难""执行乱"难题着力推进的一项重要原则。该原则由有关中央国家机关充分协商后通过司法解释加以确定,既有利于发挥司法专业优势、监督功能,又有利于发挥行政机关资源优势,对明确司法与行政的职能定位,确保依法拆迁、和谐拆迁意义重大。各级人民法院在贯彻执行过程中,一方面要严格落实司法解释及相关通知有关"由政府组织实施为总原则、由法院执行属个别例外情形"的基本要求,立案、审查、执行机构要注意加强沟通配合,创新工作机制,共同研究解决办案中的重大疑难问题,不得与地方政府搞联合执行、委托执行,杜绝参加地方牵头组织的各类"拆迁领导小组"、"项目指挥部"等,依法受理因行政机关组织实施活动违法而引发的诉讼;另一方面要积极拓宽"裁执分离"适用范围,以践行立法机关提出给相关改革探索"留有空间"的意见和中央有关部门对法院工作的相关建议。今年以来,浙江省高级人民法院在省委、省政府的大力支持下出台相关规定,明确将"裁执分离"扩大至征收集体土地中的房屋拆迁、建筑物非法占地强制拆除等非诉案件和诉讼案件,该做法值得推广和借鉴。

四、进一步加强上级法院监督力度

针对下级法院办理征收拆迁案件,上级法院必须严格把关,切实发挥审级监督指导作用。要建立和完善有案不立、有诉不理的发现机制,严肃追究限制收案、拖延立案的违法违纪行为。要集中清理和废止不符合法律法规和司法解释要求的征地拆迁"土政策",带头抵制各种非法干预,坚决为下级法院审判执行法官撑腰。要建立科学、合理的考评机制,准确、客观评价下级法院工作,改变以协调撤诉率排名等不科学的考核方式。要严禁下级法院执行机构在未经行政审判庭审查并作出准予执行裁定情况下,擅自采取执行措施以及擅自扩大强制执行范围。要尽快完善申诉、申请再审案件分流机制,避免将有限力量耗费于无理缠访和陈年旧案上。要积极探索行政审判体制改革,在有条件的地方尽早建立与行政区划适当分离的司法管辖制度。今后,凡是未及时向下级法院传达相关司法解释、司法文件精神,或者案件经最高人民法院改判纠正的,最高人民法院将一律予以通报。下级法院在探索司法改革、推进"裁执分离"过程中的各种好经验、好做法与现实困难,要及时向上级法院反映,确保改革依法有序、统筹兼顾;在办案中遇到法律适用方面的各种新情况新问题,要依照法定程序逐级向上级法院反映;在原则上不准先予执行的前提下,确需先予执行的,须报上一级法院批准;在个别例外情形下法院认为自身有足够能力直接执行时,须报上一级法院审查同意;对不按要求向上级法院报告,无视"裁执分离"原则,擅自使用司法强制手段导致矛盾激化,造成人员伤亡、财产严重损失以及大规模群体性事件,或者对重大舆情隐瞒不报、歪曲事实的,要依法依纪严肃追究有关法院领导和直接责任人员的责任。

最高人民法院关于正确确定县级以上地方人民政府行政诉讼被告资格若干问题的规定

(法释〔2021〕5号)

(2021年2月22日最高人民法院审判委员会第1832次会议通过)

为准确适用《中华人民共和国行政诉讼法》,依法正确确定县级以上地方人民政府的行政诉讼被告资格,结合人民法院行政审判工作实际,制定本解释。

第一条 法律、法规、规章规定属于县级以上地方人民政府职能部门的行政职权,县级以上地方人民政府通过听取报告、召开会议、组织研究、下发文件等方式进行指导,公民、法人或者其他组织不服县级以上地方人民政府的指导行为提起诉讼的,人民法院应当释明,告知其以具体实施行政行为的职能部门为被告。

第二条 县级以上地方人民政府根据城乡规划法的规定,责成有关职能部门对违法建筑实施强制拆除,公民、法人或者其他组织不服强制拆除行为提起诉讼,人民法院应当根据行政诉讼法第二十六条第一款的规定,以作出强制拆除决定的行政机关为被告;没有强制拆除决定书的,以具体实施强制拆除行为的职能部门为被告。

第三条 公民、法人或者其他组织对集体土地征收中强制拆除房屋等行为不服提起诉讼的,除有证据证明系县级以上地方人民政府具体实施外,人民法院应当根据行政诉讼法第二十六条第一款的规定,以作出强制拆除决定的行政机关为被告;没有强制拆除决定书的,以具体实施强制拆除等行为的行政机关为被告。

县级以上地方人民政府已经作出国有土地上房屋征收与补偿决定,公民、法人或者其他组织不服具体实施房屋征收与补偿工作中的强制拆除房屋等行为提起诉讼的,人民法院应当根据行政诉讼法第二十六条第一款的规定,以作出强制拆除决定的行政机关为被告;没有强制拆除决定书的,以县级以上地方人民政府确定的房屋征收部门为被告。

第四条 公民、法人或者其他组织向县级以上地方人民政府申请履行法定职责或者给付义务,法律、法规、规章规定该职责或者义务属于下级人民政府或者相应职能部门的行政职权,县级以上地方人民政府已经转送下级人民政府或者相应职能部门处理并告知申请人,申请人起诉要求履行法定职责或者给付义务的,以下级人民政府或者相应职能部门为被告。

第五条 县级以上地方人民政府确定的不动产登记机构或者其他实际履行该职责的职能部门按照《不动产登记暂行条例》的规定办理不动产登记,公民、法人或者其他组织不服提起诉讼的,以不动产登记机构或者实际履行该职责的职能部门为被告。

公民、法人或者其他组织对《不动产登记暂行条例》实施之前由县级以上地方人民政府作出的不动产登记行为不服提起诉讼的,以继续行使其职权的不动产登记机构或者实际履行该职责的职能部门为被告。

第六条 县级以上地方人民政府根据《中华人民共和国政府信息公开条例》的规定,指定具体机构负责政府信息公开日常工作,公民、法人或者其他组织对该指定机构以自己名义所作的政府信息公开行为不服提起诉讼的,以该指定机构为被告。

第七条 被诉行政行为不是县级以上地方人民政府作出,公民、法人或者其他组织以县级以上地方人民政府作为被告的,人民法院应当予以指导和释明,告知其向有管辖权的人民法院起诉;公民、法人或者其他组织经人民法院释明仍不变更的,人民法院可以裁定不予立案,也可以将案件移送有管辖权的人民法院。

第八条 本解释自 2021 年 4 月 1 日起施行。本解释施行后,最高人民法院此前作出的相关司法解释与本解释相抵触的,以本解释为准。

最高人民法院关于正确确定强制拆除
行政诉讼案件被告及起诉期限的批复

（法释〔2024〕8号）

（2024年6月3日最高人民法院审判委员会第1921次会议通过）

宁夏回族自治区高级人民法院：

你院关于如何理解《中华人民共和国行政诉讼法》第四十六条规定的"知道或者应当知道作出行政行为"与《最高人民法院关于适用〈中华人民共和国行政诉讼法〉的解释》第六十四条中"知道或者应当知道行政行为内容"等的请示收悉。经研究，批复如下：

公民、法人或者其他组织对强制拆除其建筑物或者其他设施不服提起诉讼的，以作出强制拆除决定的行政机关为被告；没有强制拆除决定书的，以具体实施强制拆除行为的行政机关为被告；未收到强制拆除决定书，实施强制拆除行为的主体不明确的，可以以现有证据初步证明实施强制拆除行为的行政机关为被告。人民法院在案件审理过程中，认为原告起诉的被告不适格且能够确定适格被告的，应当告知原告变更被告；原告拒绝变更的，应当裁定驳回起诉。人民法院经审查各方当事人提供的证据或者依职权调查后，仍不能确定适格被告的，可以依据《中华人民共和国行政诉讼法》第六十六条的规定，视情将有关材料移送有关机关调查并裁定中止诉讼。

《中华人民共和国行政诉讼法》第四十六条规定的六个月起诉期限与《最高人民法院关于适用〈中华人民共和国行政诉讼法〉的解释》第六十四条规定的一年起诉期限，应当从公民、法人或者其他组织知道或者应当知道行政行为内容且知道或者应当知道该行为实施主体之日起计算。被告主张原告自知道或者应当知道行政行为内容及实施主体之日起已经超过法定起诉期限的，应当承担举证责任。

此复。

5. 征　　收

（1）一 般 规 定

国务院关于深化改革严格土地管理的决定

（国发〔2004〕28号）

各省、自治区、直辖市人民政府，国务院各部委、各直属机构：

实行最严格的土地管理制度，是由我国人多地少的国情决定的，也是贯彻落实科学发展观，保证经济社会可持续发展的必然要求。去年以来，各地区、各部门认真贯彻党中央、国务院部署，全面清理各类开发区，切实落实暂停审批农用地转用的决定，土地市场治理整顿取得了积极进展，有力地促进了宏观调控政策的落实。但是，土地市场治理整顿的成效还是初步的、阶段性的，盲目投资、低水平重复建设，圈占土地、乱占滥用耕地等问题尚未根本解决。因此，必须正确处理保障经济社会发展与保护土地资源的关系，严格控制建设用地增量，努力盘活土地存量，强化节约利用土地，深化改革，健全法制，统筹兼顾，标本兼治，进一步完善符合我国国情的最严格的土地管理制度。现决定如下：

一、严格执行土地管理法律法规

（一）牢固树立遵守土地法律法规的意识。各地区、各有关部门要深入持久地开展土地法律法规的学习教育活动，深刻认识我国国情和保护耕地的极端重要性，本着对人民、对历史负责的精神，严格依法管理土地，积极推进经济增长方式的转变，实现土地利用方式的转变，走符合中国国情的新型工业化、城市化道路。进一步提高依法管地用地的意识，要在法律法规允许的范围内合理用地。对违反法律法规批地、占地的，必须承担法律责任。

（二）严格依照法定权限审批土地。农用地转用和土地征收的审批权在国务院和省、自治区、直辖市人民政府，各省、自治区、直辖市人民政府不得违反法律和行政法规的规定下放土地审批权。严禁规避法定审批权限，将单个建设项目用地拆分审批。

（三）严格执行占用耕地补偿制度。各类非农业建设经批准占用耕地的,建设单位必须补充数量、质量相当的耕地,补充耕地的数量、质量实行按等级折算,防止占多补少、占优补劣。不能自行补充的,必须按照各省、自治区、直辖市的规定缴纳耕地开垦费。耕地开垦费要列入专户管理,不得减免和挪作他用。政府投资的建设项目也必须将补充耕地费用列入工程概算。

（四）禁止非法压低地价招商。省、自治区、直辖市人民政府要依照基准地价制定并公布协议出让土地最低价标准。协议出让土地除必须严格执行规定程序外,出让价格不得低于最低价标准。违反规定出让土地造成国有土地资产流失的,要依法追究责任;情节严重的,依照《中华人民共和国刑法》的规定,以非法低价出让国有土地使用权罪追究刑事责任。

（五）严格依法查处违反土地管理法律法规的行为。当前要着重解决有法不依、执法不严、违法不究和滥用行政权力侵犯农民合法权益的问题。要加大土地管理执法力度,严肃查处非法批地、占地等违法案件。建立国土资源与监察等部门联合办案和案件移送制度,既查处土地违法行为,又查处违法责任人。典型案件,要公开处理。对非法批准占用土地、征收土地和非法低价出让国有土地使用权的国家机关工作人员,依照《监察部国土资源部关于违反土地管理规定行为行政处分暂行办法》给予行政处分;构成犯罪的,依照《中华人民共和国刑法》、《中华人民共和国土地管理法》、《最高人民法院关于审理破坏土地资源刑事案件具体应用法律若干问题的解释》和最高人民检察院关于渎职犯罪案件立案标准的规定,追究刑事责任。对非法批准征收、使用土地,给当事人造成损失的,还必须依法承担赔偿责任。

二、加强土地利用总体规划、城市总体规划、村庄和集镇规划实施管理

（六）严格土地利用总体规划、城市总体规划、村庄和集镇规划修改的管理。在土地利用总体规划和城市总体规划确定的建设用地范围外,不得设立各类开发区（园区）和城市新区（小区）。对清理后拟保留的开发区,必须依据土地利用总体规划和城市总体规划,按照布局集中、用地集约和产业集聚的原则严格审核。严格土地利用总体规划的修改,凡涉及改变土地利用方向、规模、重大布局等原则性修改,必须报原批准机关批准。城市总体规划、村庄和集镇规划也不得擅自修改。

（七）加强土地利用计划管理。农用地转用的年度计划实行指令性管理,跨年度结转使用计划指标必须严格规范。改进农用地转用年度计划下达和考核办法,对国家批准的能源、交通、水利、矿山、军事设施等重点建设项目用地和城、镇、村的建设用地实行分类下达,并按照定额指标、利用效益等分别考核。

(八)从严从紧控制农用地转为建设用地的总量和速度。加强农用地转用审批的规划和计划审查,强化土地利用总体规划和土地利用年度计划对农用地转用的控制和引导,凡不符合规划、没有农用地转用年度计划指标的,不得批准用地。为巩固土地市场治理整顿成果,2004年农用地转用计划指标不再追加;对过去拖欠农民的征地补偿安置费在2004年年底前不能足额偿还的地方,暂缓下达该地区2005年农用地转用计划。

(九)加强建设项目用地预审管理。凡不符合土地利用总体规划、没有农用地转用计划指标的建设项目,不得通过项目用地预审。发展改革等部门要通过适当方式告知项目单位开展前期工作,项目单位提出用地预审申请后,国土资源部门要依法对建设项目用地进行审查。项目建设单位向发展改革等部门申报核准或审批建设项目时,必须附国土资源部门预审意见;没有预审意见或预审未通过的,不得核准或批准建设项目。

(十)加强村镇建设用地的管理。要按照控制总量、合理布局、节约用地、保护耕地的原则,编制乡(镇)土地利用总体规划、村庄和集镇规划,明确小城镇和农村居民点的数量、布局和规模。鼓励农村建设用地整理,城镇建设用地增加要与农村建设用地减少相挂钩。农村集体建设用地,必须符合土地利用总体规划、村庄和集镇规划,并纳入土地利用年度计划,凡占用农用地的必须依法办理审批手续。禁止擅自通过"村改居"等方式将农民集体所有土地转为国有土地。禁止农村集体经济组织非法出让、出租集体土地用于非农业建设。改革和完善宅基地审批制度,加强农村宅基地管理,禁止城镇居民在农村购置宅基地。引导新办乡村工业向建制镇和规划确定的小城镇集中。在符合规划的前提下,村庄、集镇、建制镇中的农民集体所有建设用地使用权可以依法流转。

(十一)严格保护基本农田。基本农田是确保国家粮食安全的基础。土地利用总体规划修编,必须保证现有基本农田总量不减少,质量不降低。基本农田要落实到地块和农户,并在土地所有权证书和农村土地承包经营权证书中注明。基本农田保护图件备案工作,应在新一轮土地利用总体规划修编后三个月内完成。基本农田一经划定,任何单位和个人不得擅自占用,或者擅自改变用途,这是不可逾越的"红线"。符合法定条件,确需改变和占用基本农田的,必须报国务院批准；经批准占用基本农田的，征地补偿按法定最高标准执行，对以缴纳耕地开垦费方式补充耕地的，缴纳标准按当地最高标准执行。禁止占用基本农田挖鱼塘、种树和其他破坏耕作层的活动，禁止以建设"现代农业园区"或者"设施农业"等任何名义，占用基本农田变相从事房地产开发。

三、完善征地补偿和安置制度

（十二）完善征地补偿办法。县级以上地方人民政府要采取切实措施，使被征地农民生活水平不因征地而降低。要保证依法足额和及时支付土地补偿费、安置补助费以及地上附着物和青苗补偿费。依照现行法律规定支付土地补偿费和安置补助费，尚不能使被征地农民保持原有生活水平的，不足以支付因征地而导致无地农民社会保障费用的，省、自治区、直辖市人民政府应当批准增加安置补助费。土地补偿费和安置补助费的总和达到法定上限，尚不足以使被征地农民保持原有生活水平的，当地人民政府可以用国有土地有偿使用收入予以补贴。省、自治区、直辖市人民政府要制订并公布各市县征地的统一年产值标准或区片综合地价，征地补偿做到同地同价，国家重点建设项目必须将征地费用足额列入概算。大中型水利、水电工程建设征地的补偿费标准和移民安置办法，由国务院另行规定。

（十三）妥善安置被征地农民。县级以上地方人民政府应当制定具体办法，使被征地农民的长远生计有保障。对有稳定收益的项目，农民可以经依法批准的建设用地土地使用权入股。在城市规划区内，当地人民政府应当将因征地而导致无地的农民，纳入城镇就业体系，并建立社会保障制度；在城市规划区外，征收农民集体所有土地时，当地人民政府要在本行政区域内为被征地农民留有必要的耕作土地或安排相应的工作岗位；对不具备基本生产生活条件的无地农民，应当异地移民安置。劳动和社会保障部门要会同有关部门尽快提出建立被征地农民的就业培训和社会保障制度的指导性意见。

（十四）健全征地程序。在征地过程中，要维护农民集体土地所有权和农民土地承包经营权的权益。在征地依法报批前，要将拟征地的用途、位置、补偿标准、安置途径告知被征地农民；对拟征土地现状的调查结果须经被征地农村集体经济组织和农户确认；确有必要的，国土资源部门应当依照有关规定组织听证。要将被征地农民知情、确认的有关材料作为征地报批的必备材料。要加快建立和完善征地补偿安置争议的协调和裁决机制，维护被征地农民和用地者的合法权益。经批准的征地事项，除特殊情况外，应予以公示。

(十五)加强对征地实施过程监管。征地补偿安置不落实的,不得强行使用被征土地。省、自治区、直辖市人民政府应当根据土地补偿费主要用于被征地农户的原则,制订土地补偿费在农村集体经济组织内部的分配办法。被征地的农村集体经济组织应当将征地补偿费用的收支和分配情况,向本集体经济组织成员公布,接受监督。农业、民政等部门要加强对农村集体经济组织内部征地补偿费用分配和使用的监督。

四、健全土地节约利用和收益分配机制

(十六)实行强化节约和集约用地政策。建设用地要严格控制增量,积极盘活存量,把节约用地放在首位,重点在盘活存量上下功夫。新上建设项目首先要利用现有建设用地,严格控制建设占用耕地、林地、草原和湿地。开展对存量建设用地资源的普查,研究制定鼓励盘活存量的政策措施。各地区、各有关部门要按照集约用地的原则,调整有关厂区绿化率的规定,不得圈占土地搞"花园式工厂"。在开发区(园区)推广多层标准厂房。对工业用地在符合规划、不改变原用途的前提下,提高土地利用率和增加容积率的,原则上不再收取或调整土地有偿使用费。基础设施和公益性建设项目,也要节约合理用地。今后,供地时要将土地用途、容积率等使用条件的约定写入土地使用合同。对工业项目用地必须有投资强度、开发进度等控制性要求。土地使用权人不按照约定条件使用土地的,要承担相应的违约责任。在加强耕地占用税、城镇土地使用税、土地增值税征收管理的同时,进一步调整和完善相关税制,加大对建设用地取得和保有环节的税收调节力度。

(十七)推进土地资源的市场化配置。严格控制划拨用地范围,经营性基础设施用地要逐步实行有偿使用。运用价格机制抑制多占、滥占和浪费土地。除按现行规定必须实行招标、拍卖、挂牌出让的用地外,工业用地也要创造条件逐步实行招标、拍卖、挂牌出让。经依法批准利用原有划拨土地进行经营性开发建设的,应当按照市场价补缴土地出让金。经依法批准转让原划拨土地使用权的,应当在土地有形市场公开交易,按照市场价补缴土地出让金;低于市场价交易的,政府应当行使优先购买权。

(十八)制订和实施新的土地使用标准。依照国家产业政策,国土资源部门对淘汰类、限制类项目分别实行禁止和限制用地,并会同有关部门制订工程项目建设用地定额标准,省、自治区、直辖市人民政府可以根据实际情况制订具体实施办法。继续停止高档别墅类房地产、高尔夫球场等用地的审批。

（十九）严禁闲置土地。农用地转用批准后，满两年未实施具体征地或用地行为的，批准文件自动失效；已实施征地，满两年未供地的，在下达下一年度的农用地转用计划时扣减相应指标，对具备耕作条件的土地，应当交原土地使用者继续耕种，也可以由当地人民政府组织耕种。对用地单位闲置的土地，严格依照《中华人民共和国土地管理法》的有关规定处理。

（二十）完善新增建设用地土地有偿使用费收缴办法。新增建设用地土地有偿使用费实行先缴后分，按规定的标准就地全额缴入国库，不得减免，并由国库按规定的比例就地分成划缴。审计部门要加强对新增建设用地土地有偿使用费征收和使用的监督检查。对减免和欠缴的，要依法追缴。财政部、国土资源部要适时调整新增建设用地土地有偿使用费收取标准。新增建设用地土地有偿使用费要严格按法定用途使用，由中央支配的部分，要向粮食主产区倾斜。探索建立国有土地收益基金，遏制片面追求土地收益的短期行为。

五、建立完善耕地保护和土地管理的责任制度

（二十一）明确土地管理的权力和责任。调控新增建设用地总量的权力和责任在中央，盘活存量建设用地的权力和利益在地方，保护和合理利用土地的责任在地方各级人民政府，省、自治区、直辖市人民政府应负主要责任。在确保严格实施土地利用总体规划，不突破土地利用年度计划的前提下，省、自治区、直辖市人民政府可以统筹本行政区域内的用地安排，依照法定权限对农用地转用和土地征收进行审批，按规定用途决定新增建设用地土地有偿使用费地方分成部分的分配和使用，组织本行政区域内耕地占补平衡，并对土地管理法律法规执行情况进行监督检查。地方各级人民政府要对土地利用总体规划确定的本行政区域内的耕地保有量和基本农田保护面积负责，政府主要领导是第一责任人。地方各级人民政府都要建立相应的工作制度，采取多种形式，确保耕地保护目标落实到基层。

（二十二）建立耕地保护责任的考核体系。国务院定期向各省、自治区、直辖市下达耕地保护责任考核目标。各省、自治区、直辖市人民政府每年要向国务院报告耕地保护责任目标的履行情况。实行耕地保护责任考核的动态监测和预警制度。国土资源部会同农业部、监察部、审计署、统计局等部门定期对各省、自治区、直辖市耕地保护责任目标履行情况进行检查和考核，并向国务院报告。对认真履行责任目标，成效突出的，要给予表彰，并在安排中央支配的新增建设用地土地有偿使用费时予以倾斜。对没有达到责任目标的，要在全国通报,并责令限期补充耕地和补划基本农田。对土地开发整理补充耕地的情况也要定期考核。

(二十三)严格土地管理责任追究制。对违反法律规定擅自修改土地利用总体规划的、发生非法占用基本农田的、未完成耕地保护责任考核目标的、征地侵害农民合法权益引发群体性事件且未能及时解决的、减免和欠缴新增建设用地土地有偿使用费的、未按期完成基本农田图件备案工作的,要严肃追究责任,对有关责任人员由上级主管部门或监察机关依法定权限给予行政处分。同时,上级政府要责令限期整改,整改期间暂停农用地转用和征地审批。具体办法由国土资源部会同有关部门另行制订。实行补充耕地监督的责任追究制,国土资源部门和农业部门负责对补充耕地的数量和质量进行验收,并对验收结果承担责任。省、自治区、直辖市国土资源部门和农业部门要加强监督检查。

(二十四)强化对土地执法行为的监督。建立公开的土地违法立案标准。对有案不查、执法不严的,上级国土资源部门要责令其作出行政处罚决定或直接给予行政处罚。坚决纠正违法用地只通过罚款就补办合法手续的行为。对违法用地及其建筑物和其他设施,按法律规定应当拆除或没收的,不得以罚款、补办手续取代;确需补办手续的,依法处罚后,从新从高进行征地补偿和收取土地出让金及有关规费。完善土地执法监察体制,建立国家土地督察制度,设立国家土地总督察,向地方派驻土地督察专员,监督土地执法行为。

(二十五)加强土地管理行政能力建设。2004年年底以前要完成省级以下国土资源管理体制改革,理顺领导干部管理体制、工作机制和加强基层队伍建设。市、县人民政府要保证基层国土资源管理所机构、编制、经费到位,切实发挥基层国土资源管理所在土地管理执法中的作用。国土资源部要会同有关部门抓紧建立和完善统一的土地分类、调查、登记和统计制度,启动新一轮土地调查,保证土地数据的真实性。组织实施"金土工程"。充分利用现代高新技术加强土地利用动态监测,建立土地利用总体规划实施、耕地保护、土地市场的动态监测网络。

各地区、各有关部门要以"三个代表"重要思想为指导,牢固树立科学发展观和正确的政绩观,把落实好最严格的土地管理制度作为对执政能力和依法行政能力的检验。高度重视土地的保护和合理利用,认真总结经验,积极推进土地管理体制改革,不断完善土地法制,建立严格、科学、有效的土地管理制度,维护好广大人民群众的根本利益,确保经济社会的可持续发展。

国务院

2004年10月21日

国务院办公厅关于进一步严格征地拆迁管理工作切实维护群众合法权益的紧急通知

(国办发明电〔2010〕15号)

各省、自治区、直辖市人民政府、国务院各部委、各直属机构:

近期,一些地区在农村征地和房屋拆迁(以下简称"征地拆迁")中,相继发生多起致人死伤事件,群众反映强烈,社会影响十分恶劣。国务院领导同志高度重视,批示要求做好有关工作。为保护群众的合法权益,维护正常的经济秩序,严厉打击犯罪行为,进一步加强征地拆迁管理,经国务院同意,现将有关事项紧急通知如下:

一、充分认识做好征地拆迁管理工作的重要意义

征地拆迁关系人民群众的切身利益,党中央、国务院对此高度重视,明确要求坚决制止乱占滥用耕地,严格城镇房屋拆迁管理,坚决纠正侵害人民群众利益的问题,切实维护社会稳定。进一步加强征地拆迁管理,妥善处理城市发展和征地拆迁的关系,是贯彻落实科学发展观,维护群众合法权益,构建社会主义和谐社会,促进经济社会可持续发展的一项重要工作。各地区、各部门一定要充分认识做好这项工作的极端重要性,树立全面、协调、可持续的科学发展观和正确的政绩观,端正城乡建设的指导思想,严格执行国家关于征地拆迁的法律法规和政策规定,严格履行有关程序,坚决制止和纠正违法违规强制征地拆迁行为。要改进工作作风,完善工作机制,下大力气化解征地拆迁中的矛盾纠纷,妥善解决群众的实际困难,维护正常的生产生活秩序和社会和谐稳定。

二、严格执行农村征地程序,做好征地补偿工作

征收集体土地,必须在政府的统一组织和领导下依法规范有序开展。征

前要及时进行公告,征求群众意见;对于群众提出的合理要求,必须妥善予以解决,不得强行实施征地。要严格执行省、自治区、直辖市人民政府公布实施的征地补偿标准。尚未按照有关规定公布实施新的征地补偿标准的省、自治区、直辖市,必须于2010年6月底前公布实施;已经公布实施但标准偏低的,必须尽快调整提高。要加强对征地实施过程的监管,确保征地补偿费用及时足额支付到位,防止出现拖欠、截留、挪用等问题。征地涉及拆迁农民住房的,必须先安置后拆迁,妥善解决好被征地农户的居住问题,切实做到被征地拆迁农民原有生活水平不降低,长远生计有保障。重大工程项目建设涉及征地拆迁的,要带头严格执行规定程序和补偿标准。

三、控制城镇房屋拆迁规模,依法依规拆迁

城镇房屋拆迁,必须严格依法规范进行,必须充分尊重被拆迁人选择产权调换、货币补偿等方面的意愿。立项前要组织专家论证,广泛征求社会各界特别是被拆迁人的意见,并进行社会稳定风险评估。要控制拆迁规模,对于没有经过社会稳定风险评估或群众意见较大的项目,一律不得颁发房屋拆迁许可证。要严格控制行政强制拆迁的数量,实施行政强制拆迁要严格执行相关程序,并报请上一级人民政府备案。程序不合法、补偿不到位、被拆迁人居住条件未得到保障以及未制定应急预案的,一律不得实施强制拆迁。

四、强化监督管理,依法查处违法违规行为

各地要立即对所有征地拆迁项目组织开展一次全面排查清理,重点检查征地程序是否合法、拆迁行为是否规范,补偿安置是否合理、保障政革是否落实等情况,限期整改排查清理中发现的各种问题。对采取停水、停电、阻断交通等野蛮手段逼迫搬迁,以及采取"株连式拆迁"和"突击拆迁"等方式违法强制拆迁的,要严格追究有关责任单位和责任人的责任。因暴力拆迁和征地造成人员伤亡或严重财产损失的,公安机关要加大办案力度,尽快查清事实,依法严厉惩处犯罪分子。对因工作不力引发征地拆迁恶性事件、大规模群体性上访事件,以及存在官商勾结、权钱交易的,要追究有关领导和直接责任人的责任,构成犯罪的,要依法严厉追究刑事责任。对随意动用公安民警参与强制征地拆迁造成严重后果的,要严肃追究有关党政领导的责任。

五、健全工作机制,及时化解矛盾纠纷

各地区、各有关部门要严格按照信访评估到位、审批程序到位、政策公开到位、补偿安置到位的要求,建立健全征地拆迁信息沟通与协作机制,及时掌握和化解苗头性、倾向性问题,防止矛盾积累激化。要健全征地拆迁信访工作责任制,加快建立上下贯通的信访信息系统,积极探索征地拆迁矛盾纠纷排查调处机制,采取各种有效方式做好群众思想工作,防止简单粗暴压制群众,避免因征地拆迁问题引发新的上访事件。地方各级人民政府和有关部门要深入到问题较多的地方去接访、下访,主动倾听群众诉求,把问题解决在初始阶段。各地要加强形势分析与研判,一旦发生恶性事件,要及时启动应急预案,做好稳控工作,防止事态扩大。要加强和改进宣传工作,充分发挥舆论监督和引导的重要作用。

六、加强协调配合,强化工作责任。

各地区、各有关部门要把做好征地拆迁管理工作作为落实中央宏观调控政策和维护社会和谐稳定的重要自容,列入近期工作的重要议事日程。省、自治区、直辖市人民政府要加强对征地拆迁工作的管理和监督,切实加强对征地拆迁规模的总量调控,防止和纠正大拆大建。市、县人民政府对征地拆迁管理工作负总责,要明确政府分管负责人的责任,对出现群体性事件的,市、县人民政府主要负责人要亲临现场做好相关工作。有关部门要加强协作,密切配合,加强对各地征地拆迁工作的指导监督,联合查处典型案例,研究完善相关政策措施,及时向国务院报告重要情况。

各省、自站区、直辖市人民政府要在2010年8月底前将落实本通知情况报国务院,同时抄送住房城乡建设部和国土资源部。

二〇一〇年五月十五日

国土资源部关于贯彻执行《中华人民共和国土地管理法》和《中华人民共和国土地管理法实施条例》若干问题的意见

(国土资厅发〔1999〕97号)

各省、自治区、直辖市及计划单列市土地(国土)管理局(厅),解放军土地管理局,新疆生产建设兵团土地管理局:

《关于贯彻执行〈中华人民共和国土地管理法〉和〈中华人民共和国土地管理法实施条例〉若干问题的意见》经研究同意,现印发给你们,请结合实际贯彻执行。

一九九九年九月十七日

国土资源部关于贯彻执行《中华人民共和国土地管理法》和《中华人民共和国土地管理法实施条例》若干问题的意见

修订后的《中华人民共和国土地管理法》(以下简称《土地管理法》)和《中华人民共和国土地管理法实施条例》(以下简称《土地管理法实施条例》)颁布实施以来,各级土地管理部门转变观念,依法行政,在发挥土地利用总体规划的龙头作用、建立集约用地的新机制、强化土地资源管理、加大土地执法力度等方面有了长足的进步,使土地管理事业发生了深刻变化。最近,根据有些省(区、市)的反映,在一些地方由于对《土地管理法》和《土地管理法实施条例》一些条款的理解不准确,影响了新法的正确执行。为了准确理解新法的精神实质,全面贯彻新法确立的原则和制度,维护社会主义法制的统一,现就贯彻执行《土地管理法》和《土地管理法实施条例》中的若干问题提出如下意见:

一、关于土地登记

《土地管理法》第十一条第三款规定:"中央国家机关使用的国有土地的具体登记发证机关,由国务院确定。"《土地管理法实施条例》第五条第一款规定:"中央国家机关使用的国有土地的登记发证,由国务院土地行政主管部门负责,具体登记发证办法由国务院土地行政主管部门负责,具体登记发证办法由国务院土地行政主管部门会同国务院机关事务管理局等有关部门制定"。这样规定,是为了明确中央国家机关使用的国有土地的资产处置权属于中央人民政府,便于解决中央和地方在土地资产处置上发生的纠纷。我部已与国务院机关事务管理局、北京市人民政府协商,在京中央国家机关使用的国有土地,拟委托北京市人民政府进行登记,发生争议时由我部进行裁决。各地在修订地方性土地管理法配套法规时,应当维护土地统一登记的原则,保证土地登记资料的完整性和统一性,涉及土地资产处置时,可将土地资产处置权与土地登记权分离,土地资产处置权按照资产隶属关系确定。

二、关于城市建设用地范围内现有建设用地的审批

根据《土地管理法》的立法精神,城市建设用地范围内现有建设用地的审批权应属于市、县人民政府,土地收益也应属于市、县人民政府。这样界定,有利于鼓励市、县人民政府盘活存量土地,建立集约利用土地的新机制,培育和完善城市土地市场。各地在修订地方性土地管理法配套法规时,不应对现有建设用地再实行新的限额审批。

三、关于城市和村庄、集镇建设用地范围内分批次办理农用地转用的报批

《土地管理法》第四十四条第三款规定,"在土地利用总体规划确定的城市和村庄、集镇建设用地规模范围内,为实施该规划而将农用地转为建设用地的,按土地利用年度计划分批次由原批准土地利用总体规划的机关批准。"按照这一规定,在土地利用总体规划确定的城市和村庄、集镇建设用地规模范围内,市、县人民政府可以依据土地利用年度计划分批次申请农用地转用审批,申请时应当提供农用地转用范围内土地的开发利用规划。但农用地转用的审批机关在办理农用地转用审批时,不应要求市、县人民政府附具具体建设项目或者具体建设项目用地的情况。

四、关于在已批准的农用地转用范围内具体建设项目用地的审批

《土地管理法》对在土地利用总体规划确定的城市和村庄、集镇建设用地规模范围内的建设用地审批采用了农用地转用审批与具体建设项目用地审批相分离的制度,即农用地转用由市、县人民政府根据土地利用总体规划、土地利用年度计划分批次报国务院或者省级人民政府以及省级人民政府授权的设区的市、自治州人民政府批准,而在已批准的农用地转用范围内,具体建设项目用地可以由市、县人民政府批准。这样规定,主要是为了体现土地用途管制的原则,在严格控制农用地转为建设用地的同时,充分调动市、县人民政府按照城市和村庄、集镇规划合理使用土地的积极性。各地在修订地方性土地管理法配套法规时,应当认真贯彻新法的这一立法精神,对在已批准的农用地转用范围内具体建设项目用地,不应再实行限额审批。省级以上人民政府土地管理部门应当加强对已批准的农用地转用范围内建设用地情况进行监督管理,指导市、县人民政府按照土地管理法律法规、国家产业政策以及国家供地目录的要求审批具体建设项目用地。

五、关于征用土地的安置补助费标准的确定

《土地管理法》第四十七条第二款规定,"征用耕地的土地补偿费,为该耕地被征用前三年平均年产值的六至十倍"。这里的"该耕地",是指实际征用的耕地数量。而"每一个需要安置的农业人口的安置补助费标准,为该耕地被征用前三年平均年产值的四到六倍"中的"该耕地",则是指在被征用土地所在地,被征地单位平均每人占有的耕地数量。这样规定,是将每一个需要安置的农业人口的安置补助费与人均耕地面积挂钩,以被征用土地所在地的人均耕地的平均年产值的倍数计算安置补助费,从而使安置补助费标准的确定更加公平、合理,有利于保护农民利益,维护社会稳定。

六、关于土地整理新增耕地面积百分之六十的折抵

根据《土地管理法》和《土地管理法实施条例》的有关规定,建设占用耕地的指标由土地利用总体规划和土地利用年度计划确定。非农业建设经批准占用耕地的,都必须按照"占多少,垦多少"的原则,由占用耕地的单位履行占补平衡的法定义务。补充耕地可以通过土地整理、复垦、开发等方式。如果占用耕地的单位自身没有条件按照法律规定的要求补偿耕地的,可以经县级以上人民政府土地管理部门批准,按规定缴纳耕地开垦费,由其他单位代为履行该项法定义务。《土地管理法实施条例》第十八条第二款规定的"土地整理新增耕地面积百分之六十可以用作折抵建设占用耕地的补偿指标",是指土地整理单位新增加的耕地面积,其百分之六十可以作为占补平衡指标有偿转让给其他需要履行占补平衡义务的用地单位。这样规定,主要是为了鼓励土地整理,建立多整理多得利的机制,促进土地整理的市场化、产业化,保证耕地总量动态平衡目标的实现。

国土资源部办公厅关于严格管理防止违法违规征地的紧急通知

(国土资电发〔2013〕28号)

各省、自治区、直辖市国土资源主管部门,新疆生产建设兵团国土资源局,各派驻地方的国家土地督察局:

近期,个别地方相继发生暴力征地事件,甚至出现人员伤亡,严重损害被征地农民权益,影响十分恶劣。中央领导同志高度重视,批示要求切实做好相关工作。为进一步加强征地管理,防止违法违规征地,杜绝暴力征地行为,保护被征地农民的合法权益,维护社会和谐稳定,现就有关事项通知如下:

一、强化思想认识,严防因征地引发矛盾和冲突

我国正处于"四化"同步发展的关键时期,社会和谐稳定是实现"两个一百年"奋斗目标的重要基础。当前,各类经济建设仍将依法依规征收一定数量的农村集体土地,积极稳妥地做好征地工作,事关经济社会发展大局、农民群众切身利益和社会和谐稳定。党中央、国务院一直高度重视征地工作,多次强调必须严格执行征地有关规定,坚决查处违法违规征地行为,维护好群众切身利益,防止引发社会稳定问题。各级国土资源主管部门要从维护人民群众切身利益、构建和谐社会的高度,认真领会并坚决贯彻落实好中央精神。要处理好"保发展、保红线、保权益"的关系,在促进经济发展和保护耕地的同时,将被征地农民的合法权益放在首要位置,切实促进被征地农民生活水平有提高,长远生计有保障,不得强行实施征地,杜绝暴力征地。

二、开展全面排查,坚决纠正违法违规征地行为

各省(区、市)国土资源主管部门要迅速行动,对本省(区、市)内征地工作组织开展一次自查,重点检查征地程序是否严格规范、补偿是否符合规定要求、安置是否落实、是否存在违法违规强制征地行为等。对征地程序不规范、补偿不到位、安置不落实的,必须立即进行整改;对违法违规强行征地行为,要严肃查处。凡整改、查处不到位的,不得继续实施征地。

三、加强调查研究,完善征地政策措施

各地区要进行深入调查研究,分析了解当前征地中存在的突出问题和原因,有针对性完善政策措施。要按照国家有关规定,制定与本地经济社会发展水平相适应的征地补偿标准,保障被征地农民得到合理补偿;要按照被征地农民发展权益不减少的原则,实行留地安置或留物业安置等多种安置方式;要按照发展权益均等的原则,制定相应的政策措施,将有稳定收入、风险小、易于管理的项目配置给被征地农村集体经营,确保被征地农民成为新型工业化、城镇化和农业现代化的积极参与者和真正受益者;要指导农村集体建立公平合理的收益分配制度,防止少数人侵占集体土地收益;要完善征地实施程序,严格落实征地信息公开要求,让群众充分了解征地相关信息,切实保障征地中农民的知情权、参与权,调动被征地农民的积极性,做到依法和谐征地。

四、改进工作方法,建立健全征地矛盾纠纷调处机制

征地实施前,要进行补偿安置收益分析,向被征地农民说明征地补偿标准的合理性、安置方式获得长远收益的可行性;要分析评估可能引发社会稳定风险的环节和因素,制定化解风险的预案。征地实施中,要加强监管,及时发现并化解苗头性、倾向性问题;要建立健全征地矛盾纠纷排查调处机制,认真做好征地中矛盾纠纷化解工作;征地实施中一旦发生矛盾冲突,基层国土资源主管部门要及时主动向同级人民政府和上级国土资源主管部门报告,积极采取措施,配合妥善解决,防止事态扩大,引发群体性或恶性事件。

五、落实工作责任,严格实行监督问责

按照《国务院办公厅关于进一步严格征地拆迁管理工作切实维护群众合法权益的紧急通知》(国办发明电〔2010〕15 号)有关精神,省级政府要加强对征地工作的管理和监督,市、县政府对征地管理工作负总责,有关部门要加强协作、密切配合,落实好征地的各项制度规定。省级国土资源主管部门要加强对征地工作的指导监督,督促市、县政府切实履行责任;市、县国土资源主管部门要依法制定征地方案,严格履行征地程序,会同有关部门做好征地批后实施工作。

各地区要认真履行职责,强化依法治理违法违规征地行为,确保依法征地、和谐征地,切实维护农民群众合法权益。对违法违规征地、采取暴力方式征地等侵害农民利益行为,引发群体性或恶性事件的,要按照有关规定对有关责任人员严肃追究责任。同时,要严格文明执法,防止因执法不当引发相关恶性事件。

各省(区、市)国土资源主管部门要认真落实通知要求,抓紧开展工作,排查整改落实情况于 2013 年 6 月 15 日前报部,同时抄送各派驻地方的国家土地督察局。

国土资源部办公厅
2013 年 5 月 13 日

自然资源听证规定

(2003年12月30日国土资源部令第22号公布 根据2020年3月20日自然资源部第1次部务会《自然资源部关于第二批废止和修改的部门规章的决定》修正)

第一章 总 则

第一条 为了规范自然资源管理活动,促进依法行政,提高自然资源管理的科学性和民主性,保护公民、法人和其他组织的合法权益,根据有关法律、法规,制定本规定。

第二条 县级以上人民政府自然资源行政主管部门(以下简称主管部门)依职权或者依当事人的申请组织听证的,适用本规定。

第三条 听证由拟作出行政处罚、行政许可决定,制定规章和规范性文件、实施需报政府批准的事项的主管部门组织。

依照本规定具体办理听证事务的法制工作机构为听证机构;但实施需报政府批准的事项可以由其经办机构作为听证机构。

本规定所称需报政府批准的事项,是指依法由本级人民政府批准后生效但主要由主管部门具体负责实施的事项,包括拟定或者修改基准地价、组织编制或者修改国土空间规划和矿产资源规划、拟定或者修改区片综合地价、拟定拟征地项目的补偿标准和安置方案、拟定非农业建设占用永久基本农田方案等。

第四条 主管部门组织听证,应当遵循公开、公平、公正和便民的原则,充分听取公民、法人和其他组织的意见,保证其陈述意见、质证和申辩的权利。

依职权组织的听证,除涉及国家秘密外,以听证会形式公开举行,并接受社会监督;依当事人的申请组织的听证,除涉及国家秘密、商业秘密或者个人隐私外,听证公开举行。

第五条 法律、法规和规章规定应当听证的事项,当事人放弃听证权利或者因情况紧急须即时决定的,主管部门不组织听证。

第二章 听证的一般规定

第六条 听证参加人包括拟听证事项经办机构的指派人员、听证会代表、当事人及其代理人、证人、鉴定人、翻译等。

第七条 听证一般由一名听证员组织;必要时,可以由三或五名听证员组织。听证员由主管部门指定。

听证设听证主持人,在听证员中产生;但须是听证机构或者经办机构的有关负责人。

记录员由听证主持人指定,具体承担听证准备和听证记录工作。

拟听证事项的具体经办人员,不得作为听证员和记录员;但可以由经办机构办理听证事务的除外。

第八条 在听证开始前,记录员应当查明听证参加人的身份和到场情况,宣布听证纪律和听证会场有关注意事项。

第九条 听证会按下列程序进行:

(一)听证主持人宣布听证开始,介绍听证员、记录员,宣布听证事项和事由,告知听证参加人的权利和义务;

(二)拟听证事项的经办机构提出理由、依据和有关材料及意见;

(三)当事人进行质证、申辩,提出维护其合法权益的事实、理由和依据(听证会代表对拟听证事项的必要性、可行性以及具体内容发表意见和质询);

(四)最后陈述;

(五)听证主持人宣布听证结束。

第十条 记录员应当将听证的全部活动记入笔录。听证笔录应当载明下列事项,并由听证员和记录员签名:

(一)听证事项名称;

(二)听证员和记录员的姓名、职务;

(三)听证参加人的基本情况;

(四)听证的时间、地点;

(五)听证公开情况;

(六)拟听证事项的理由、依据和有关材料;

(七)当事人或者听证会代表的观点、理由和依据;

(八)延期、中止或者终止的说明;

(九)听证主持人对听证活动中有关事项的处理情况;

(十)听证主持人认为的其他事项。

听证笔录经听证参加人确认无误或者补正后当场签字或者盖章;无正当理

由又拒绝签字或者盖章的,记明情况附卷。

第十一条 公开举行的听证会,公民、法人或者其他组织可以申请参加旁听。

第三章 依职权听证的范围和程序

第十二条 有下列情形之一的,主管部门应当组织听证:
(一)拟定或者修改基准地价;
(二)编制或者修改国土空间规划和矿产资源规划;
(三)拟定或者修改区片综合地价。

有下列情形之一的,直接涉及公民、法人或者其他组织的重大利益的,主管部门根据需要组织听证:
(一)制定规章和规范性文件;
(二)主管部门规定的其他情形。

第十三条 主管部门对本规定第十二条规定的事项举行听证的,应当在举行听证会 30 日前,向社会公告听证会的时间、地点、内容和申请参加听证会须知。

第十四条 符合主管部门规定条件的公民、法人和其他组织,均可申请参加听证会,也可推选代表参加听证会。

主管部门根据拟听证事项与公民、法人和其他组织的申请情况,指定听证会代表;指定的听证会代表应当具有广泛性、代表性。

公民、法人和其他组织推选的代表,符合主管部门条件的,应当优先被指定为听证会代表。

第十五条 听证机构应当在举行听证会的 10 个工作日前将听证会材料送达听证会代表。

第十六条 听证会代表应当亲自参加听证,并有权对拟听证事项的必要性、可行性以及具体内容发表意见和质询,查阅听证纪要。

听证会代表应当忠于事实,实事求是地反映所代表的公民、法人和其他组织的意见,遵守听证纪律,保守国家秘密。

第十七条 听证机构应当在举行听证会后 7 个工作日内,根据听证笔录制作包括下列内容的听证纪要:
(一)听证会的基本情况;

（二）听证事项的说明；

（三）听证会代表的意见陈述；

（四）听证事项的意见分歧；

（五）对听证会意见的处理建议。

第十八条 主管部门应当参照听证纪要依法制定规章和规范性文件；在报批拟定或者修改的基准地价、编制或者修改的国土空间规划和矿产资源规划、拟定或者修改的区片综合地价时，应当附具听证纪要。

第四章 依申请听证的范围和程序

第十九条 有下列情形之一的，主管部门在报批之前，应当书面告知当事人有要求举行听证的权利：

（一）拟定拟征地项目的补偿标准和安置方案的；

（二）拟定非农业建设占用永久基本农田方案的。

有下列情形之一的，主管部门在作出决定之前，应当书面告知当事人有要求举行听证的权利：

（一）较大数额罚款、责令停止违法勘查或者违法开采行为、吊销勘查许可证或者采矿许可证等行政处罚的；

（二）国有土地使用权、探矿权、采矿权的许可直接涉及申请人与他人之间重大利益关系的；

（三）法律、法规或者规章规定的其他情形。

第二十条 当事人对本规定第十九条规定的事项要求听证的，主管部门应当组织听证。

第二十一条 当事人应当在告知后5个工作日内向听证机构提出书面申请，逾期未提出的，视为放弃听证；但行政处罚听证的时限为3个工作日。放弃听证的，应当书面记载。

第二十二条 当事人可以委托一至二名代理人参加听证，收集、提供相关材料和证据，进行质证和申辩。

第二十三条 听证的书面申请包括以下内容：

（一）当事人的姓名、地址（法人或者其他组织的名称、地址、法定代表人）；

（二）申请听证的具体事项；

（三）申请听证的依据、理由。

申请听证的,应当同时提供相关材料。

第二十四条 听证机构收到听证的书面申请后,应当对申请材料进行审查;申请材料不齐备的,应当一次告知当事人补正。

有下列情形之一的,不予受理:

(一)提出申请的不是听证事项的当事人或者其代理人的;

(二)在告知后超过5个工作日提出听证的;

(三)其他不符合申请听证条件的。

不予受理的,主管部门应当书面告知当事人不予听证。

第二十五条 听证机构审核后,对符合听证条件的,应当制作《听证通知书》,并在听证的7个工作日前通知当事人和拟听证事项的经办机构。

《听证通知书》应当载明下列事项:

(一)听证的事由与依据;

(二)听证的时间、地点;

(三)听证员和记录员的姓名、职务;

(四)当事人、拟听证事项的经办机构的权利和义务;

(五)注意事项。

第二十六条 当事人在接到《听证通知书》后,应当准时到场;无正当理由不到场的,或者未经听证主持人允许中途退场的,视为放弃听证。放弃听证的,记入听证笔录。

第二十七条 拟听证事项的经办机构在接到《听证通知书》后,应当指派人员参加听证,不得放弃听证。

第二十八条 当事人认为听证员、记录员与拟听证事项有利害关系可能影响公正的,有权申请回避,并说明理由。

听证主持人的回避由主管部门决定。听证员、记录员的回避,由听证主持人决定。

第二十九条 有下列情形之一的,可以延期举行听证:

(一)因不可抗力的事由致使听证无法按期举行的;

(二)当事人申请延期,有正当理由的;

(三)可以延期的其他情形。

延期听证的,主管部门应当书面通知听证参加人。

第三十条 有下列情形之一的,中止听证:

（一）听证主持人认为听证过程中提出新的事实、理由和依据或者提出的事实有待调查核实的；

（二）申请听证的公民死亡、法人或者其他组织终止，尚未确定权利、义务承受人的；

（三）应当中止听证的其他情形。

中止听证的，主管部门应当书面通知听证参加人。

第三十一条 延期、中止听证的情形消失后，由主管部门决定恢复听证，并书面通知听证参加人。

第三十二条 有下列情形之一的，终止听证：

（一）有权申请听证的公民死亡，没有继承人，或者继承人放弃听证权利的；

（二）有权申请听证的法人或者其他组织终止，承受其权利的法人或者组织放弃听证权利的；

（三）当事人在听证过程中声明退出的；

（四）当事人在告知后明确放弃听证权利或者被视为放弃听证权利的；

（五）需要终止听证的其他情形。

第三十三条 主管部门应当根据听证笔录，作出行政许可决定，依法作出行政处罚决定；在报批拟定的拟征地项目的补偿标准和安置方案、非农业建设占用永久基本农田方案时，应当附具听证笔录。

第五章 法律责任

第三十四条 法律、法规和规章规定应当听证的事项，当事人要求听证而未组织的，对直接负责的主管人员和其他直接责任人员依法给予处分。

第三十五条 主管部门的拟听证事项经办机构指派人员、听证员、记录员在听证时玩忽职守、滥用职权、徇私舞弊的，依法给予处分；构成犯罪的，依法追究刑事责任。

第六章 附 则

第三十六条 组织听证不得向当事人收取或者变相收取任何费用。

组织听证所需经费列入主管部门预算。听证机构组织听证必需的场地、设备、工作条件，主管部门应当给予保障。

第三十七条 主管部门办理行政复议,受委托起草法律、法规或者政府规章草案时,组织听证的具体程序参照本规定执行。

第三十八条 本规定自2004年5月1日起施行。

财政部 国土资源部关于印发《土地储备资金财务管理办法》的通知

(财综〔2018〕8号)

各省、自治区、直辖市、计划单列市财政厅(局)、国土资源主管部门,新疆生产建设兵团财政局、国土资源局:

为规范土地储备管理行为,加强土地储备资金财务管理,根据《预算法》、《国务院办公厅关于规范国有土地使用权出让收支管理的通知》(国办发〔2006〕100号)、《国务院关于加强地方政府性债务管理的意见》(国发〔2014〕43号)等有关规定,我们制定了《土地储备资金财务管理办法》。现印发给你们,请遵照执行。执行中如有问题,请及时向财政部、国土资源部反映。

附件:土地储备资金财务管理办法

财政部
国土资源部
2018年1月17日

附件:

土地储备资金财务管理办法

第一章 总 则

第一条 为规范土地储备行为,加强土地储备资金财务管理,根据《预算法》、《国务院办公厅关于规范国有土地使用权出让收支管理的通知》(国办发

〔2006〕100号)、《国务院关于加强地方政府性债务管理的意见》(国发〔2014〕43号)等有关规定,制定本办法。

第二条 本办法适用于土地储备资金财务收支活动。

第三条 本办法所称土地储备资金是指纳入国土资源部名录管理的土地储备机构按照国家有关规定征收、收购、优先购买、收回土地以及对其进行前期开发等所需的资金。

第四条 土地储备资金实行专款专用、分账核算,并实行预决算管理。

第二章 土地储备资金来源

第五条 土地储备资金来源于下列渠道:

(一)财政部门从已供应储备土地产生的土地出让收入中安排给土地储备机构的征地和拆迁补偿费用、土地开发费用等储备土地过程中发生的相关费用;

(二)财政部门从国有土地收益基金中安排用于土地储备的资金;

(三)发行地方政府债券筹集的土地储备资金;

(四)经财政部门批准可用于土地储备的其他财政资金。

第六条 财政部门根据土地储备的需要以及预算安排,及时下达用于土地储备的各项资金。

第七条 土地储备专项债券的发行主体为省级人民政府。土地储备专项债券资金由财政部门纳入政府性基金预算管理,并由土地储备机构专项用于土地储备,具体资金拨付、使用、预决算管理严格执行财政部、国土资源部关于地方政府土地储备专项债券管理的规定。

第三章 土地储备资金使用范围

第八条 土地储备资金使用范围具体包括:

(一)征收、收购、优先购买或收回土地需要支付的土地价款或征地和拆迁补偿费用。包括土地补偿费和安置补助费、地上附着物和青苗补偿费、拆迁补偿费,以及依法需要支付的与征收、收购、优先购买或收回土地有关的其他费用。

(二)征收、收购、优先购买或收回土地后进行必要的前期土地开发费用。

储备土地的前期开发,仅限于与储备宗地相关的道路、供水、供电、供气、排水、通讯、照明、绿化、土地平整等基础设施建设支出。

(三)按照财政部关于规范土地储备和资金管理的规定需要偿还的土地储备存量贷款本金和利息支出。

(四)经同级财政部门批准的与土地储备有关的其他费用。包括土地储备工作中发生的地籍调查、土地登记、地价评估以及管护中围栏、围墙等建设等支出。

第九条 土地储备机构用于征地和拆迁补偿费用以及土地开发费用支出,应当严格按照国家规范国有土地使用权出让收支管理的有关规定执行。

第四章 土地储备相关资金管理

第十条 土地储备机构所需的日常经费,应当与土地储备资金实行分账核算,不得相互混用。

第十一条 土地储备机构在持有储备土地期间,临时利用土地取得的零星收入(不含供应储备土地取得的全部土地出让收入,以下简称土地储备零星收入),包括下列范围:

(一)出租储备土地取得的收入;

(二)临时利用储备土地取得的收入;

(三)储备土地的地上建筑物及附着物残值变卖收入;

(四)其他收入。

第十二条 土地储备零星收入全部缴入同级国库,纳入一般公共预算,实行"收支两条线"管理。

第十三条 土地储备零星收入缴入同级国库时,填列政府收支分类科目103类"非税收入"07款"国有资源(资产)有偿使用收入"99项"其他国有资源(资产)有偿使用收入"科目。土地储备零星收入实行国库集中收缴,缴入同级国库的具体方式,按照省、自治区、直辖市、计划单列市财政部门规定执行。

第五章 土地储备资金收支预决算及绩效管理

第十四条 土地储备机构应当于每年第三季度参照本年度土地储备计划,按宗地或项目编制下一年度土地储备资金收支项目预算草案,经主管部门审核后,报同级财政部门审定。其中:属于政府采购和政府购买服务范围的,应当按照规定分别编制政府采购和政府购买服务预算。

第十五条 同级财政部门应当及时批复土地储备机构土地储备资金收支项目预算。

第十六条 土地储备机构应当严格按照同级财政部门批复的预算执行,并根据土地收购储备的工作进度,提出用款申请,经主管部门审核后,报同级财政部门审批,资金支付按照国库集中支付制度的有关规定执行。

第十七条 土地储备资金收支项目预算确需调剂的,应当按照国家有关预算调剂的规定执行。

第十八条 每年年度终了,土地储备机构应当按照同级财政部门规定,向主管部门报送土地储备资金收支项目决算草案,并详细提供宗地或项目支出情况,经主管部门审核后,报同级财政部门审核。

土地储备资金收支项目决算草案的审核,也可委托具有良好信誉、执业质量高的会计师事务所等相关中介机构实施。

第十九条 土地储备机构从财政部门拨付的土地出让收入中安排用于征地和拆迁补偿、土地开发等的支出,按照支出性质,分别填列政府收支分类科目支出功能分类212类"城乡社区支出"08款"国有土地使用权出让收入及对应专项债务收入安排的支出"01项"征地和拆迁补偿支出"和02项"土地开发支出"等相关科目。同时,分别填列支出经济分类科目310类"资本性支出"09款"土地补偿"、10款"安置补助"、11款"地上附着物和青苗补偿"、12款"拆迁补偿",以及310类"资本性支出"05款"基础设施建设"支出科目。

第二十条 土地储备机构从国有土地收益基金收入中安排用于土地储备的支出,按照支出性质,分别填列政府收支分类科目支出功能分类212类"城乡社区支出"10款"国有土地收益基金及对应专项债务收入安排的支出"01项"征地和拆迁补偿支出"和02项"土地开发支出"科目。同时,分别填列支出经济分类310类"资本性支出"09款"土地补偿"、10款"安置补助"、11款"地上附着物和青苗补偿"、12款"拆迁补偿",以及310类"资本性支出"05款"基础设施建设"支出科目。

第二十一条 土地储备机构日常经费预决算管理,按照《预算法》和同级财政部门的规定执行。

第二十二条 土地储备资金会计核算办法,按照财政部规定执行。具体办法由财政部另行制定。

第二十三条　土地储备机构所在地财政部门会同国土资源主管部门应当组织实施对土地储备资金的绩效评价工作,按要求编制绩效目标,做好绩效目标执行监控,建立完善的绩效评价制度,并将绩效评价结果作为财政部门安排年度土地储备资金收支项目预算的依据。

第六章　监督检查

第二十四条　各级财政、国土资源管理部门应当加强对土地储备资金使用情况、土地储备零星收入缴入国库情况以及土地储备机构执行会计核算制度、政府采购制度等的监督检查,确保土地储备资金专款专用,督促土地储备机构及时足额缴纳土地储备零星收入,努力提高土地储备资金管理效率。

第二十五条　土地储备机构应当严格执行本办法规定,自觉接受财政部门、国土资源管理部门和审计机关的监督检查。

第二十六条　任何单位和个人违反本办法规定的,按照《财政违法行为处罚处分条例》等国家有关规定追究法律责任,涉嫌犯罪的,依法移送司法机关处理。

各级财政部门、国土资源管理部门在土地储备资金审批、分配工作中,存在违反本办法及其他滥用职权、玩忽职守、徇私舞弊等违法违纪行为的,按照《预算法》、《公务员法》、《行政监察法》、《财政违法行为处罚处分条例》等国家有关规定追究相应责任;涉嫌犯罪的,依法移送司法机关处理。

第七章　附　　则

第二十七条　各省、自治区、直辖市及计划单列市财政部门应当会同国土资源管理部门根据本办法,结合本地区实际情况,制定具体实施办法,并报财政部、国土资源部备案。

第二十八条　本办法由财政部会同国土资源部负责解释。

第二十九条　本办法自 2018 年 2 月 1 日起施行。2007 年 6 月 12 日财政部、国土资源部发布的《土地储备资金财务管理暂行办法》(财综〔2007〕17 号)同时废止。

最高人民法院关于办理申请人民法院强制执行国有土地上房屋征收补偿决定案件若干问题的规定

(法释〔2012〕4号)

(2012年2月27日由最高人民法院审判委员会第1543次会议通过)

为依法正确办理市、县级人民政府申请人民法院强制执行国有土地上房屋征收补偿决定(以下简称征收补偿决定)案件,维护公共利益,保障被征收房屋所有权人的合法权益,根据《中华人民共和国行政诉讼法》、《中华人民共和国行政强制法》、《国有土地上房屋征收与补偿条例》(以下简称《条例》)等有关法律、行政法规规定,结合审判实际,制定本规定。

第一条 申请人民法院强制执行征收补偿决定案件,由房屋所在地基层人民法院管辖,高级人民法院可以根据本地实际情况决定管辖法院。

第二条 申请机关向人民法院申请强制执行,除提供《条例》第二十八条规定的强制执行申请书及附具材料外,还应当提供下列材料:

(一)征收补偿决定及相关证据和所依据的规范性文件;

(二)征收补偿决定送达凭证、催告情况及房屋被征收人、直接利害关系人的意见;

(三)社会稳定风险评估材料;

(四)申请强制执行的房屋状况;

(五)被执行人的姓名或者名称、住址及与强制执行相关的财产状况等具体情况;

(六)法律、行政法规规定应当提交的其他材料。

强制执行申请书应当由申请机关负责人签名,加盖申请机关印章,并注明日期。

强制执行的申请应当自被执行人的法定起诉期限届满之日起三个月内提出;逾期申请的,除有正当理由外,人民法院不予受理。

第三条 人民法院认为强制执行的申请符合形式要件且材料齐全的,应当在接到申请后五日内立案受理,并通知申请机关;不符合形式要件或者材料不全的应当限期补正,并在最终补正的材料提供后五日内立案受理;不符合形式要件或者逾期无正当理由不补正材料的,裁定不予受理。

申请机关对不予受理的裁定有异议的,可以自收到裁定之日起十五日内向上一级人民法院申请复议,上一级人民法院应当自收到复议申请之日起十五日内作出裁定。

第四条 人民法院应当自立案之日起三十日内作出是否准予执行的裁定;有特殊情况需要延长审查期限的,由高级人民法院批准。

第五条 人民法院在审查期间,可以根据需要调取相关证据、询问当事人、组织听证或者进行现场调查。

第六条 征收补偿决定存在下列情形之一的,人民法院应当裁定不准予执行:

(一)明显缺乏事实根据;

(二)明显缺乏法律、法规依据;

(三)明显不符合公平补偿原则,严重损害被执行人合法权益,或者使被执行人基本生活、生产经营条件没有保障;

(四)明显违反行政目的,严重损害公共利益;

(五)严重违反法定程序或者正当程序;

(六)超越职权;

(七)法律、法规、规章等规定的其他不宜强制执行的情形。

人民法院裁定不准予执行的,应当说明理由,并在五日内将裁定送达申请机关。

第七条 申请机关对不准予执行的裁定有异议的,可以自收到裁定之日起十五日内向上一级人民法院申请复议,上一级人民法院应当自收到复议申请之日起三十日内作出裁定。

第八条 人民法院裁定准予执行的,应当在五日内将裁定送达申请机关和被执行人,并可以根据实际情况建议申请机关依法采取必要措施,保障征收与补偿活动顺利实施。

第九条 人民法院裁定准予执行的,一般由作出征收补偿决定的市、县级人民政府组织实施,也可以由人民法院执行。

第十条 《条例》施行前已依法取得房屋拆迁许可证的项目,人民法院裁定准予执行房屋拆迁裁决的,参照本规定第九条精神办理。

第十一条 最高人民法院以前所作的司法解释与本规定不一致的,按本规定执行。

最高人民法院关于认真贯彻执行《关于办理申请人民法院强制执行国有土地上房屋征收补偿决定案件若干问题的规定》的通知

(法〔2012〕97号)

各省、自治区、直辖市高级人民法院,解放军军事法院,新疆维吾尔自治区高级人民法院生产建设兵团分院:

《最高人民法院关于办理申请人民法院强制执行国有土地上房屋征收补偿决定案件若干问题的规定》(法释〔2012〕4号,以下简称《规定》)已由最高人民法院审判委员会第1543次会议讨论通过,于2012年4月10日起施行。为准确把握和正确适用《规定》,现就有关问题通知如下:

一、充分认识制定实施《规定》的重要意义

制定实施《规定》是人民法院服务大局、回应社会关切的需要。房屋征收与补偿事关社会稳定、人民安居乐业、经济社会协调发展,党中央、国务院高度重视。《中华人民共和国行政强制法》(以下称《行政强制法》)、《国有土地上房屋征收与补偿条例》(以下称《条例》)颁布实施以来,有关市、县级人民政府申请人民法院强制执行房屋征收补偿决定(以下称征收补偿决定)以及新旧规定衔接等问题成为社会关注焦点。人民法院审判、执行工作面临许多新情况、新问题,需要统一法律、法规适用标准,明确具体工作规范。《规定》是对相关法律、法规规定精神的进一步细化和落实。

制定实施《规定》是解决现实工作难题、保障合法权益与实现公共利益的需要。近年来,一些地方因强制拆迁引发的恶性事件屡屡发生,为此,国务院下大力气进行专项整治,我院也下发紧急通知并开展专项检查,取得了明显成效。《规定》从案件受理、审查和执行等各个环节作出明确规定,规范相关程序和执

行主体,有利于从制度上切实保障人民群众合法权益和公共利益的实现,理顺征收与补偿工作秩序,防止类似事件的发生。

制定实施《规定》是探索和改革执行方式、创新和加强社会管理的需要。《条例》是一项重大制度创新,关于强制执行方式问题《行政强制法》尚未明确规定,为人民法院的探索和改革留有空间。《规定》充分反映了有关国家机关反复协商后形成的共识,是紧密结合中国国情,创新和完善执行工作体制和工作机制的重要举措,对推进人民法院司法改革、创新和加强社会管理必将发挥积极的促进作用。各级人民法院要深刻理解制定实施《规定》的重要性,在审判实践中认真贯彻执行。

二、注意处理好有关问题

一是案件管辖问题。《规定》明确了申请人民法院强制执行征收补偿决定的案件,以房屋所在地基层人民法院管辖为原则,旨在体现将矛盾化解在基层的处理纠纷总原则。因案件情况和各地执法环境存在较大差异,《规定》授权高级人民法院可根据本地实际情况决定管辖法院,包括可以就相关案件管辖作出统一规定,也包括可以就个案管辖作出具体处理。各高级人民法院要准确、灵活地适用法律和司法解释有关规定,科学配置中、基层人民法院的管辖权。

二是案件受理问题。《规定》明确了申请机关提出强制执行申请时应当提交的各项材料,其中社会稳定风险评估材料应当依据《条例》第十二条有关规定形成(涉及被征收人数量较多的还应包括经政府常务会议讨论决定方面的材料)。人民法院要认真审查申请是否符合形式要件、材料是否齐全,依照《规定》和《最高人民法院关于执行〈中华人民共和国行政诉讼法〉若干问题的解释》(以下称《若干解释》)的有关规定作出相应处理。

三是审查方式和标准问题。《规定》明确了人民法院审查时可以根据需要调取相关证据、询问当事人、组织听证或者进行现场调查,列举了裁定不准予执行的八种情形。特别是"明显不符合公平补偿原则,严重损害被执行人合法权益,被执行人基本生活、生产经营条件没有保障"、"明显违反行政目的,严重损害公共利益"以及"严重违反法定程序或者正当程序"等规定,具有鲜明的针对性。人民法院要准确理解和把握其精神实质,坚持以人为本的正确导向,坚持程序合法性与正当性审查标准,坚决防止滥用强制手段和"形式合法、实质不合法"现象的发生。

四是审查期限问题。《规定》依照《行政强制法》第五十八条规定,将相关案件审查期限规定为三十日,主要考虑此类案件许多具有复杂性和敏感性,法官需要有相对充分的审查时间,以做到审慎稳妥、判断准确,防止因草率裁定而损害被征收人合法权益或者使公众产生审查程序流于形式的误解。因特殊情况(如案情疑难复杂、需征求有关部门意见或调查取证等)需要延长审查期限的,由高级人民法院批准。基层人民法院应参照《若干解释》第八十二条规定的程序,直接报请高级人民法院批准,同时报中级人民法院备案。

五是裁决方式问题。人民法院在相关案件受理、审查和复议程序中所作的裁定,都应当说明理由,特别要注重增强不准予执行裁定的逻辑严密性和说理透彻性。上级人民法院经复议撤销原审裁定的同时,既可以直接作出是否受理或者是否准予执行的裁定,也可以针对原审裁定认定事实不清、证据不足等情形,裁定发回原审法院重新审查,申请机关对重新审查后的裁定可再次依法申请复议。

六是强制执行方式问题。《规定》明确了人民法院裁定准予执行的,一般由作出征收补偿决定的市、县级人民政府组织实施的总原则,以体现"裁执分离"的改革方向。人民法院在作出准予执行的裁定时,可以同时载明由相关政府组织实施;认为自身有足够能力实施时(个别例外情形),也可以依照《规定》由人民法院执行。

七是司法建议问题。人民法院作出准予执行的裁定时,可以根据案件的实际情况,就审查中预见的与强制执行相关的问题,书面建议申请机关依法采取必要措施消除隐患或者落实必要的应对预案,也可以针对政府组织实施行为提出相关建议,以保障征收与补偿活动依法有序顺利实施。人民法院不得与地方政府搞联合执行、委托执行;对被执行人及利害关系人认为强制执行过程中具体行政行为违法而提起的行政诉讼或者行政赔偿诉讼,应当依法受理。

八是新旧规定衔接问题。《规定》明确对行政机关依据《条例》施行前的规定作出的房屋拆迁裁决,人民法院裁定准予执行的,参照《规定》第九条精神办理。对行政机关就上述裁决提出的强制执行申请,人民法院应当依照相关法律、法规及司法解释的规定,严格立案、审查,认真执行《最高人民法院关于坚决防止土地征收、房屋拆迁强制执行引发恶性事件的紧急通知》(法明传[2011]327号)的具体要求,凡存在补偿安置不到位或其他不宜强制执行情形的,不得裁定准予执行;对于裁定准予执行的,要按照《规定》第九条确定的强制执行方式妥善处理,以促进房屋拆迁活动依法稳妥有序进行。

三、认真抓好《规定》的贯彻执行

《规定》条款内容虽然不多,但是对于解决房屋征收与补偿领域的突出矛盾,规范人民法院依法办理相关案件和强制执行活动稳妥实施,具有重要的积极作用。各级人民法院要调整工作思路,理顺工作机制,完善工作制度,加大对贯彻执行《规定》的领导和指导力度。要组织审判人员逐条学习理解、准确把握《规定》的精神和本通知的要求。必要时可以组织开展培训宣传活动,以增进人民群众和行政机关的理解与支持。要大力加强调查研究,积极争取地方党委、政府加大对人民法院机构设置、人员配备、物质装备建设的支持力度,切实解决相关案件数量大幅度增加后人民法院面临的实际困难。要结合本地实际情况制定实施方案,对于《规定》贯彻执行过程中出现的新情况新问题,要及时报告上级人民法院。

特此通知。

最高人民法院关于征收国有土地上房屋时是否应当对被征收人未经登记的空地和院落予以补偿的答复

([2012]行他字第16号)

山东省高级人民法院:

你院《关于征收国有土地上房屋时是否应当对被征收人未确权登记的空地和院落单独予以补偿的请示》收悉,经研究,答复如下:

对土地公有制之前,通过购买房屋方式使用私有的土地,土地转为国有后迄今仍继续使用的,未经确权登记,亦应确定现使用者的国有土地使用权。

国有土地上房屋征收补偿中,应将当事人合法享有国有土地使用权的院落、空地面积纳入评估范围,按照征收时的房地产市场价格,一并予以征收补偿。

此复。

二〇一三年五月十五日

最高人民法院关于严格执行法律法规和司法解释依法妥善办理征收拆迁案件的通知

(法〔2012〕148号)

各省、自治区、直辖市高级人民法院,新疆维吾尔自治区高级人民法院生产建设兵团分院:

自《中华人民共和国行政强制法》(以下简称《行政强制法》)、《国有土地上房屋征收与补偿条例》(以下简称《条例》)和最高人民法院《关于办理申请人民法院强制执行国有土地上房屋征收补偿决定案件若干问题的规定》(以下简称《规定》)颁布实施以来,依法文明和谐征收拆迁得到社会广泛肯定。但是,今春以来,一些地区违法征收拆迁的恶性事件又屡有发生,并呈上升势头。为防范和遏制类似事件的继续发生,为党的十八大胜利召开营造良好的社会环境,现就有关问题通知如下:

一、加强相关法律法规和司法解释的学习培训

各级人民法院的领导和相关审判执行人员要认真学习领会《行政强制法》、《条例》和《规定》,全面理解掌握法律法规和司法解释的立法背景及具体规定精神,认真学习理解最高人民法院《关于坚决防止土地征收、房屋拆迁强制执行引发恶性事件的紧急通知》和《关于认真贯彻执行〈关于办理申请人民法院强制执行国有土地上房屋征收补偿决定案件若干问题的规定〉的通知》,特别是要组织基层人民法院搞好专门培训,切实把思想认识和工作思路统一到法律、法规、司法解释和最高人民法院的要求上来,在立案、审查和执行等工作中严格贯彻落实,不得擅自变通和随意解读。

二、抓紧对征收拆迁案件进行一次全面排查

各地法院近期要对已经受理或将要受理的征收拆迁诉讼案件和非诉执行案件进行一次全面排查,提前预测、主动应对和有效消除可能影响社会稳定的隐患。同时,对法律法规和司法解释颁布施行后的执法情况进行一次检查,在自查的基础上,上级人民法院要派出督查组对排查工作进行监督指导,特别是对近期发生征收拆迁恶性事件的地区和城郊结合部、城中村改造、违法违章建筑拆除等领域,要进行重点检查。坚决防止因工作失误、执法不规范或者滥用强制手段导致矛盾激化,造成人员伤亡或财产严重损失等恶性后果以及引发大规模群体性事件。

三、认真研究解决征收拆迁案件的新情况新问题

当前征收拆迁主要问题集中在违法征收土地和房屋、补偿标准偏低、实施程序不规范、滥用强制手段和工作方法简单粗暴等方面。各级人民法院要结合当地实际,认真研究受案范围、立案条件、审理标准、执行方式等具体法律适用问题,着力解决群众反映强烈的补偿标准过低、补偿不到位、行政权力滥用等突出问题。对于审判执行工作中的重大问题,要及时向当地党委汇报取得支持,加强与政府的沟通互动,积极探索创新社会管理方式,疏通行政争议化解渠道,努力实现保护人民群众合法权益与维护公共利益的有机统一,保障促进社会和谐稳定。

四、规范司法行为,强化审判执行监督

各级人民法院在办理征收拆迁案件过程中,立案、审查、执行机构要注意加强沟通配合,创新工作机制,共同研究解决办案中的重大疑难问题。对行政机关申请强制执行国有土地上房屋征收补偿决定(或拆迁裁决)的案件,要严格按照《规定》及最高人民法院相关通知精神办理,严把立案、审查、执行关,切实体现"裁执分离"的原则,不得与地方政府搞联合执行、委托执行。要依法受理被执行人及利害关系人因行政机关强制执行过程中具体行政行为违法而提起的行政诉讼或者行政赔偿诉讼;对申请先予执行的案件,原则上不得准许;凡由人民法院强制执行的,须报经上一级人民法院审查批准方可采取强制手段;对涉及面广、社会影响大、社会关注度高的案件,上级人民法院应当加强监督指导,防范和制止下级人民法院强制执行中的违法行为和危害社会稳定的情形发生。

五、建立完善信息和舆情报告制度

为便于了解掌握各级人民法院办理征收拆迁案件的信息和情况,要建立和完善征收拆迁案件信息和舆情报告制度,特别是在十八大召开前夕和会议期间,各高级人民法院要按月搜集掌握辖区法院办理征收拆迁诉讼案件和非诉执行案件的情况。凡在办案中出现影响社会稳定重大隐患或事件的,有关人民法院必须立即向当地党委和上级人民法院如实报告有关情况,做到信息准确、反映迅速。上下级人民法院要畅通信息沟通渠道,随时掌握相关重要舆情动态,及时调查了解事实真相并采取应对措施,回应社会关切。要严格执行重大信息报告制度,对隐瞒不服、歪曲事实、造成严重负面影响的,严肃追究有关领导和直接责任人员的责任,并予以曝光通报。

2012 年 6 月 13 日

(2)土地权属

土地权属争议调查处理办法

(2003 年 1 月 3 日中华人民共和国国土资源部令第 17 号公布 根据 2010 年 11 月 30 日《国土资源部关于修改部分规章的决定》修正)

第一条 为依法、公正、及时地做好土地权属争议的调查处理工作,保护当事人的合法权益,维护土地的社会主义公有制,根据《中华人民共和国土地管理法》,制定本办法。

第二条 本办法所称土地权属争议,是指土地所有权或者使用权归属争议。

第三条 调查处理土地权属争议,应当以法律、法规和土地管理规章为依据。从实际出发,尊重历史,面对现实。

第四条 县级以上国土资源行政主管部门负责土地权属争议案件(以下简称争议案件)的调查和调解工作;对需要依法作出处理决定的,拟定处理意见,报同级人民政府作出处理决定。

县级以上国土资源行政主管部门可以指定专门机构或者人员负责办理争议案件有关事宜。

第五条 个人之间、个人与单位之间、单位与单位之间发生的争议案件,由争议土地所在地的县级国土资源行政主管部门调查处理。

前款规定的个人之间、个人与单位之间发生的争议案件,可以根据当事人的申请,由乡级人民政府受理和处理。

第六条 设区的市、自治州国土资源行政主管部门调查处理下列争议案件:

(一)跨县级行政区域的;

（二）同级人民政府、上级国土资源行政主管部门交办或者有关部门转送的。

第七条 省、自治区、直辖市国土资源行政主管部门调查处理下列争议案件：

（一）跨设区的市、自治州行政区域的；

（二）争议一方为中央国家机关或者其直属单位，且涉及土地面积较大的；

（三）争议一方为军队，且涉及土地面积较大的；

（四）在本行政区域内有较大影响的；

（五）同级人民政府、国土资源部交办或者有关部门转送的。

第八条 国土资源部调查处理下列争议案件：

（一）国务院交办的；

（二）在全国范围内有重大影响的。

第九条 当事人发生土地权属争议，经协商不能解决的，可以依法向县级以上人民政府或者乡级人民政府提出处理申请，也可以依照本办法第五、六、七、八条的规定，向有关的国土资源行政主管部门提出调查处理申请。

第十条 申请调查处理土地权属争议的，应当符合下列条件：

（一）申请人与争议的土地有直接利害关系；

（二）有明确的请求处理对象、具体的处理请求和事实根据。

第十一条 当事人申请调查处理土地权属争议，应当提交书面申请书和有关证据材料，并按照被申请人数提交副本。

申请书应当载明以下事项：

（一）申请人和被申请人的姓名或者名称、地址、邮政编码、法定代表人姓名和职务；

（二）请求的事项、事实和理由；

（三）证人的姓名、工作单位、住址、邮政编码。

第十二条 当事人可以委托代理人代为申请土地权属争议的调查处理。委托代理人申请的，应当提交授权委托书。授权委托书应当写明委托事项和权限。

第十三条 对申请人提出的土地权属争议调查处理的申请，国土资源行政主管部门应当依照本办法第十条的规定进行审查，并在收到申请书之日起7个工作日内提出是否受理的意见。

认为应当受理的,在决定受理之日起 5 个工作日内将申请书副本发送被申请人。被申请人应当在接到申请书副本之日起 30 日内提交答辩书和有关证据材料。逾期不提交答辩书的,不影响案件的处理。

认为不应当受理的,应当及时拟定不予受理建议书,报同级人民政府作出不予受理决定。

当事人对不予受理决定不服的,可以依法申请行政复议或者提起行政诉讼。

同级人民政府、上级国土资源行政主管部门交办或者有关部门转办的争议案件,按照本条有关规定审查处理。

第十四条 下列案件不作为争议案件受理:

(一)土地侵权案件;

(二)行政区域边界争议案件;

(三)土地违法案件;

(四)农村土地承包经营权争议案件;

(五)其他不作为土地权属争议的案件。

第十五条 国土资源行政主管部门决定受理后,应当及时指定承办人,对当事人争议的事实情况进行调查。

第十六条 承办人与争议案件有利害关系的,应当申请回避;当事人认为承办人与争议案件有利害关系的,有权请求该承办人回避。承办人是否回避,由受理案件的国土资源行政主管部门决定。

第十七条 承办人在调查处理土地权属争议过程中,可以向有关单位或者个人调查取证。被调查的单位或者个人应当协助,并如实提供有关证明材料。

第十八条 在调查处理土地权属争议过程中,国土资源行政主管部门认为有必要对争议的土地进行实地调查的,应当通知当事人及有关人员到现场。必要时,可以邀请有关部门派人协助调查。

第十九条 土地权属争议双方当事人对各自提出的事实和理由负有举证责任,应当及时向负责调查处理的国土资源行政主管部门提供有关证据材料。

第二十条 国土资源行政主管部门在调查处理争议案件时,应当审查双方当事人提供的下列证据材料:

(一)人民政府颁发的确定土地权属的凭证;

(二)人民政府或者主管部门批准征收、划拨、出让土地或者以其他方式批

准使用土地的文件;

（三）争议双方当事人依法达成的书面协议;

（四）人民政府或者司法机关处理争议的文件或者附图;

（五）其他有关证明文件。

第二十一条 对当事人提供的证据材料,国土资源行政主管部门应当查证属实,方可作为认定事实的根据。

第二十二条 在土地所有权和使用权争议解决之前,任何一方不得改变土地利用的现状。

第二十三条 国土资源行政主管部门对受理的争议案件,应当在查清事实、分清权属关系的基础上先行调解,促使当事人以协商方式达成协议。调解应当坚持自愿、合法的原则。

第二十四条 调解达成协议的,应当制作调解书。调解书应当载明以下内容:

（一）当事人的姓名或者名称、法定代表人姓名、职务;

（二）争议的主要事实;

（三）协议内容及其他有关事项。

第二十五条 调解书经双方当事人签名或者盖章,由承办人署名并加盖国土资源行政主管部门的印章后生效。

生效的调解书具有法律效力,是土地登记的依据。

第二十六条 国土资源行政主管部门应当在调解书生效之日起15日内,依照民事诉讼法的有关规定,将调解书送达当事人,并同时抄报上一级国土资源行政主管部门。

第二十七条 调解未达成协议的,国土资源行政主管部门应当及时提出调查处理意见,报同级人民政府作出处理决定。

第二十八条 国土资源行政主管部门应当自受理土地权属争议之日起6个月内提出调查处理意见。因情况复杂,在规定时间内不能提出调查处理意见的,经该国土资源行政主管部门的主要负责人批准,可以适当延长。

第二十九条 调查处理意见应当包括以下内容:

（一）当事人的姓名或者名称、地址、法定代表人的姓名、职务;

（二）争议的事实、理由和要求;

（三）认定的事实和适用的法律、法规等依据;

（四）拟定的处理结论。

第三十条 国土资源行政主管部门提出调查处理意见后，应当在5个工作日内报送同级人民政府，由人民政府下达处理决定。

国土资源行政主管部门的调查处理意见在报同级人民政府的同时，抄报上一级国土资源行政主管部门。

第三十一条 当事人对人民政府作出的处理决定不服的，可以依法申请行政复议或者提起行政诉讼。

在规定的时间内，当事人既不申请行政复议，也不提起行政诉讼，处理决定即发生法律效力。

生效的处理决定是土地登记的依据。

第三十二条 在土地权属争议调查处理过程中，国土资源行政主管部门的工作人员玩忽职守、滥用职权、徇私舞弊，构成犯罪的，依法追究刑事责任；不构成犯罪的，由其所在单位或者其上级机关依法给予行政处分。

第三十三条 乡级人民政府处理土地权属争议，参照本办法执行。

第三十四条 调查处理争议案件的文书格式，由国土资源部统一制定。

第三十五条 调查处理争议案件的费用，依照国家有关规定执行。

第三十六条 本办法自2003年3月1日起施行。1995年12月18日原国家土地管理局发布的《土地权属争议处理暂行办法》同时废止。

国土资源部办公厅关于对农民集体土地确权有关问题的复函

（国土资厅函〔2005〕58号）

海南省国土环境资源厅：

你厅《关于解释土地权属争议处理有关规章条款的请示》（琼土环资【2004】162号）收悉。经研究，现对原国家土地管理局《确定土地所有权和使用权的若干规定》（国土【籍】字第26号）第二十一条有关问题解释如下：

一、第二十一条中的"农民集体"是指乡（镇）农民集体、村农民集体和村内两个以上农业集体经济组织的农民集体，包括由原基本核算单位的生产队延续下来的农民集体经济组织。

二、第二十一条中的"使用"是指土地使用人直接占用土地，并加以利用的行为，但不包括租用、借用和承包他人土地等形式。

国土资源部关于进一步加快宅基地和集体建设用地确权登记发证有关问题的通知

（国土资发〔2016〕191号）

各省、自治区、直辖市国土资源主管部门，新疆生产建设兵团国土资源局：

《国土资源部 财政部 住房和城乡建设部 农业部 国家林业局关于进一步加快推进宅基地和集体建设用地使用权确权登记发证工作的通知》（国土资发〔2014〕101号）印发以来，各地采取切实措施，大力推进农村宅基地和集体建设用地确权登记发证工作，取得了积极进展。但同时也遇到了一些问题，比如有的地方农村地籍调查工作基础薄弱，难以有效支撑和保障农村房地一体的不动产登记；有的地方只开展宅基地、集体建设用地调查，没有调查房屋及其他定着物；个别地方不动产统一登记发证后，仍然颁发老证；一些地方宅基地"一户多宅"、超占面积等问题比较严重，且时间跨度大，权源资料不全等，影响了不动产登记工作的整体进度。尤其是农村土地制度改革试点地区土地确权登记发证迟缓，直接影响了试点工作的顺利推进。为进一步加快农村宅基地和集体建设用地确权登记发证工作，有效支撑农村土地制度改革，现就有关问题通知如下：

一、颁发统一的不动产权证书。目前全国所有的市、县均已完成不动产统一登记职责机构整合，除西藏的部分市、县外，都已实现不动产登记"发新停旧"。农村宅基地和集体建设用地使用权以及房屋所有权是不动产统一登记的重要内容，各地要按照《不动产登记暂行条例》《不动产登记暂行条例实施细则》《不动产登记操作规范（试行）》等法规政策规定，颁发统一的不动产权证书。涉及设立抵押权、地役权或者办理预告登记、异议登记的,依法颁发不动产登记证明。

二、因地制宜开展房地一体的权籍调查。各地要开展房地一体的农村权籍调查,将农房等宅基地、集体建设用地上的定着物纳入工作范围。对于已完成农村地籍调查的宅基地、集体建设用地,应进一步核实完善地籍调查成果,补充开展房屋调查,形成满足登记要求的权籍调查成果。对于尚未开展农村地籍调查的宅基地、集体建设用地,应采用总调查的模式,由县级以上地方人民政府统一组织开展房地一体的权籍调查。农村权籍调查不得收费,不得增加农民负担。

农村权籍调查中的房屋调查要执行《农村地籍和房屋调查技术方案(试行)》有关要求。条件不具备的,可采用简便易行的调查方法,通过描述方式调查记录房屋的权利人、建筑结构、层数等内容,实地指界并丈量房屋边长,简易计算房屋占地面积,形成满足登记要求的权籍调查成果。对于新型农村社区或多(高)层多户的,可通过实地丈量房屋边长和核实已有户型图等方式,计算房屋占地面积和建筑面积。

三、规范编制不动产单元代码。宅基地、集体建设用地和房屋等定着物应一并划定不动产单元,编制不动产单元代码。对于已完成宗地统一代码编制的,应以宗地为基础,补充房屋等定着物信息,形成不动产单元代码。对于未开展宗地统一代码编制或宗地统一代码不完备的,可在地籍区(子区)划分成果基础上,充分利用已有的影像图、地形图等数据资料,通过坐落、界址点坐标等信息预判宗地或房屋位置,补充开展权籍调查等方式,编制形成唯一的不动产单元代码。

四、公示权属调查结果。县级以上地方人民政府统一组织的宅基地、集体建设用地和房屋首次登记,权属调查成果要在本集体经济组织范围内公示。开展农村房地一体权籍调查时,不动产登记机构(国土资源主管部门)应将宅基地、集体建设用地和房屋的权属调查结果送达农村集体经济组织,并要求在村民会议或村民代表会议上说明,同时以张贴公告等形式公示权属调查结果。对于外出务工人员较多的地区,可通过电话、微信等方式将权属调查结果告知权利人及利害关系人。

五、结合实际依法处理"一户多宅"问题。宅基地使用权应按照"一户一宅"要求,原则上确权登记到"户"。符合当地分户建房条件未分户,但未经批准另行建房分开居住的,其新建房屋占用的宅基地符合相关规划,经本农民集体同意并公告无异议的,可按规定补办有关用地手续后,依法予以确权登记;未分开居住的,其实际使用的宅基地没有超过分户后建房用地合计面积标准的,依法按照实际使用面积予以确权登记。

六、分阶段依法处理宅基地超面积问题。农民集体成员经过批准建房占用宅基地的,按照批准面积予以确权登记。未履行批准手续建房占用宅基地的,按以下规定处理:1982年《村镇建房用地管理条例》实施前,农民集体成员建房占用的宅基地,范围在《村镇建房用地管理条例》实施后至今未扩大的,无论是否超过其后当地规定面积标准,均按实际使用面积予以确权登记。1982年《村镇建房用地管理条例》实施起至1987年《土地管理法》实施时止,农民集体成员建房占用的宅基地,超过当地规定面积标准的,超过面积按国家和地方有关规定处理的结果予以确权登记。1987年《土地管理法》实施后,农民集体成员建房占用的宅基地,符合规划但超过当地面积标准的,在补办相关用地手续后,依法对标准面积予以确权登记,超占面积在登记簿和权属证书附记栏中注明。

历史上接受转让、赠与房屋占用的宅基地超过当地规定面积标准的,按照转让、赠与行为发生时对宅基地超面积标准的政策规定,予以确权登记。

七、依法确定非本农民集体成员合法取得的宅基地使用权。非本农民集体成员因扶贫搬迁、地质灾害防治、新农村建设、移民安置等按照政府统一规划和批准使用宅基地的,在退出原宅基地并注销登记后,依法确定新建房屋占用的宅基地使用权。

1982年《村镇建房用地管理条例》实施前,非农业户口居民(含华侨)合法取得的宅基地或因合法取得房屋而占用的宅基地,范围在《村镇建房用地管理条例》实施后至今未扩大的,可按实际使用面积予以确权登记。1982年《村镇建房用地管理条例》实施起至1999年《土地管理法》修订实施时止,非农业户口居民(含华侨)合法取得的宅基地或因合法取得房屋而占用的宅基地,按照批准面积予以确权登记,超过批准的面积在登记簿和权属证书附记栏中注明。

八、依法维护农村妇女和进城落户农民的宅基地权益。农村妇女作为家庭成员,其宅基地权益应记载到不动产登记簿及权属证书上。农村妇女因婚嫁离开原农民集体,取得新家庭宅基地使用权的,应依法予以确权登记,同时注销其原宅基地使用权。

农民进城落户后,其原合法取得的宅基地使用权应予以确权登记。

九、分阶段依法确定集体建设用地使用权。1987年《土地管理法》实施前，使用集体土地兴办乡(镇)村公益事业和公共设施，经所在乡(镇)人民政府审核后，可依法确定使用单位集体建设用地使用权。乡镇企业用地和其他经依法批准用于非住宅建设的集体土地，至今仍继续使用的，经所在农民集体同意，报乡(镇)人民政府审核后，依法确定使用单位集体建设用地使用权。1987年《土地管理法》实施后，乡(镇)村公益事业和公共设施用地、乡镇企业用地和其他经依法批准用于非住宅建设的集体土地，应当依据县级以上人民政府批准文件，确定使用单位集体建设用地使用权。

十、规范没有土地权属来源材料的宅基地、集体建设用地确权登记程序。对于没有权属来源材料的宅基地，应当查明土地历史使用情况和现状，由所在农民集体或村委会对宅基地使用权人、面积、四至范围等进行确认后，公告30天无异议，并出具证明，经乡(镇)人民政府审核，报县级人民政府审定，属于合法使用的，予以确权登记。

对于没有权属来源材料的集体建设用地，应当查明土地历史使用情况和现状，认定属于合法使用的，经所在农民集体同意，并公告30天无异议，经乡(镇)人民政府审核，报县级人民政府批准，予以确权登记。

自然资源部关于加快宅基地和集体建设用地使用权确权登记工作的通知

(自然资发〔2020〕84号)

各省、自治区、直辖市自然资源主管部门：

2020年底基本完成宅基地和集体建设用地使用权确权登记工作，是党中央部署的一项重要任务。近年来，各地按照党中央部署，稳步推进，取得了积极进展。但全国宅基地数量大、情况复杂，一些地方还存在农村地籍调查基础薄弱、登记资料管理不规范和信息化程度低等问题。尤其受新冠肺炎疫情影响，部分地方推进工作受阻，增加了按时完成任务的难度。为确保今年底完成党中央部

署的这项任务,现就有关事项通知如下:

一、准确把握工作重点,坚持不变不换

各地要以未确权登记的宅基地和集体建设用地为工作重点,按照不动产统一登记要求,加快地籍调查,对符合登记条件的办理房地一体不动产登记。坚持不变不换原则,不动产统一登记制度实施前,各历史阶段颁发的宅基地和集体建设用地使用权证书继续有效,对有房地一体不动产登记需求的,完成地上房屋补充调查后办理登记。

二、因地制宜,加快开展地籍调查

各地要加快地籍调查,全面查清宅基地和集体建设用地底数,对已调查登记、已调查未登记、应登记未登记、不能登记等情况要清晰掌握。正在开展地籍调查的,要加快推进调查和确权登记工作。尚未开展地籍调查的,要按照《地籍调查规程》《农村不动产权籍调查工作指南》等,因地制宜抓紧开展,形成满足确权登记需要的房地一体地籍调查成果。

各地可采取积极灵活的方式,完成宅基地和集体建设用地权属调查。对权利人因外出等原因无法实地指界的,可采取委托代理人代办、"先承诺、后补签"或网络视频确认等方式进行。要结合本地实际,选取合适的地籍测绘技术方法。有条件或靠近城镇的,可采用解析法。不具备条件的,可利用现势性强的国土三调、农村土地承包经营权登记等形成的航空或高分辨率卫星遥感正射影像图,采用图解法获取界址、面积等信息。对暂不具备解析法和图解法条件的,可由市、县自然资源主管部门会同村委会组织人员,利用"国土调查云"软件结合勘丈法进行地籍测绘。

地籍调查成果通过验收后,应及时纳入不动产登记信息管理基础平台的地籍数据库进行统一管理,支撑不动产登记及相关管理工作。

三、积极化解疑难问题,依法依规办理登记

各地要认真落实《国土资源部 中央农村工作领导小组办公室 财政部 农业部关于农村集体土地确权登记发证的若干意见》(国土资发〔2011〕178号)、《国土资源部 财政部 住房和城乡建设部 农业部 国家林业局关于进一步加快推进宅基地和集体建设用地使用权确权登记发证工作的通知》(国土资发〔2014〕101号)、《国土资源部关于进一步加快宅基地和集体建设用地确权登记发证有关问题的通知》(国土资发〔2016〕191号)等文件要求,充分发挥乡村基层组织作用,推动解决宅基地"一户多宅"、缺少权属来源材料、超占面积、权利主体认定等问题,按照房地一体要求,统一确权登记、统一颁发证书,努力提高登记率。市、县自然资源主管部门可会同乡(镇)人民政府、村委会,组织群众以行政村为单位,统一申请登记,实现批量受理、集中办证。

对合法宅基地上房屋没有符合规划或建设相关材料的,地方已出台相关规定,按其规定办理。未出台相关规定,位于原城市、镇规划区内的,出具规划意见后办理登记。位于原城市、镇规划区外且在《城乡规划法》实施前建设的,在办理登记时可不提交符合规划或建设的相关材料;在《城乡规划法》实施后建设的,由村委会公告15天无异议,经乡(镇)人民政府审核后,按照审核结果办理登记。对乱占耕地建房、违反生态保护红线管控要求建房、城镇居民非法购买宅基地、小产权房等,不得办理登记,不得通过登记将违法用地合法化。

四、充分利用信息系统登记,扎实做好成果入库和整合汇交

各地要通过不动产登记系统,办理房地一体的宅基地和集体建设用地使用权登记。要充分运用信息化手段规范登记簿填写、审核和校验,确保登记簿内容全面、规范。因已有资料不详、确实无法填写的个别字段可填写斜杠"/",并在备注栏内注明原因。在完成登簿的同时,将登记结果信息实时上传省级和国家级不动产登记信息管理基础平台。

各地要加快已有宅基地和集体建设用地及房屋登记资料清理整合和汇交入库。对原有数据不规范或不完整的,应尽快开展不动产单元代码补编等规范完善工作。对原有纸质登记资料尚未数字化的,要通过扫描、拍照等方式进行数字化处理。对缺少空间坐标信息的,可利用高分辨率正射影像图,完成图形矢量化,编制地籍图,并将登记信息图形数据和属性数据关联,完善数据库;也可通过"国土调查云"软件勾绘宗地位置,补充界址点坐标等信息,或采取标注"院落中心点"作为宗地位置,录入权利人等属性信息,并在宗地图上注明"此图根据登记资料在正射影像图上标绘形成"。

各省级自然资源主管部门要将完成数据整合的农村地籍调查和不动产登记成果,以县(市、区)为单位,完成一个汇交一个,逐级汇交至国家级不动产登记信息管理基础平台。2021年底前,全国所有县(市、区)要完成汇交工作。

五、加强组织实施,统筹协调推进

地方各级自然资源主管部门要进一步提高政治站位,在地方政府领导下,压实工作责任,强化部门协作,积极争取工作经费,严格执行工作计划,加强组织实施,切实做好宣传发动、技术指导、业务培训、成果审核及入库汇交等,加快推进宅基地和集体建设用地使用权确权登记工作。

各地要充分发挥确权登记对农村土地管理改革的基础支撑作用,将宅基地和集体建设用地使用权确权登记与集体经营性建设用地入市、城乡建设用地增减挂钩、全域土地综合整治、宅基地制度改革等有机结合,统筹推进相关工作。

各省级自然资源主管部门要加强工作调度,严格落实月报制度,掌握真实的工作进展情况,及时研究解决遇到的问题。部将适时对各省(自治区、直辖市)宅基地和集体建设用地使用权确权登记工作进度进行通报、督导。

自然资源部

2020 年 5 月 14 日

自然资源部办公厅关于印发《宅基地和集体建设用地使用权确权登记工作问答》的函

(自然资办函〔2020〕1344 号)

各省、自治区、直辖市及计划单列市自然资源主管部门:

为进一步做好宅基地和集体建设用地使用权确权登记工作,部组织编制了《宅基地和集体建设用地使用权确权登记工作问答》,现予印发。

附件:宅基地和集体建设用地使用权确权登记工作问答

自然资源部办公厅

2020 年 7 月 22 日

附件

宅基地和集体建设用地使用权确权登记工作问答

第一部分 工作组织

1. 党中央、国务院对宅基地和集体建设用地使用权确权登记工作提出过哪些明确要求?

党中央、国务院高度重视宅基地和集体建设用地使用权确权登记工作。党的十七届三中全会明确提出,"搞好农村土地确权、登记、颁证工作"。2010年以来,中央1号文件多次对宅基地、集体建设用地使用权确权登记工作作出部署和要求。2010年提出,"加快农村集体土地所有权、宅基地使用权、集体建设用地使用权等确权登记颁证工作";2012年要求,"2012年基本完成覆盖农村集体各类土地的所有权确权登记颁证,推进包括农户宅基地在内的农村集体建设用地使用权确权登记颁证工作";2013年要求,"加快包括农村宅基地在内的农村集体土地所有权和建设用地使用权地籍调查,尽快完成确权登记颁证工作。农村土地确权登记颁证工作经费纳入地方财政预算,中央财政予以补助";2014年提出,"加快包括农村宅基地在内的农村地籍调查和农村集体建设用地使用权确权登记颁证工作";2016年要求,"加快推进房地一体的农村集体建设用地和宅基地使用权确权登记颁证,所需工作经费纳入地方财政预算";2017年强调,"全面加快"房地一体"的农村宅基地和集体建设用地确权登记颁证工作";2018年提出,"扎实推进房地一体的农村集体建设用地和宅基地使用权确权登记颁证,加快推进宅基地'三权分置'改革";2019年要求,"加快推进宅基地使用权确权登记颁证工作,力争2020年基本完成";2020年强调,"扎实推进宅基地和集体建设用地使用权确权登记颁证"。

另外,2019年《中共中央 国务院关于建立健全城乡融合发展体制机制和政策体系的意见》(中发〔2019〕12号)要求,"加快完成房地一体的宅基地使用权确权登记颁证";2020年《中共中央 国务院关于构建更加完善的要素市场化配置体制机制的意见》(中发〔2020〕9号)要求,"在国土空间规划编制、农村房地一体不动产登记基本完成的前提下,建立健全城乡建设用地供应三年滚动计划"。

2. 当前宅基地和集体建设用地使用权确权登记工作重点是什么?

《自然资源部关于加快宅基地和集体建设用地使用权确权登记工作的通知》(自然资发〔2020〕84号)明确要求,以未确权登记的宅基地和集体建设用地为工作重点,按照不动产统一登记要求,加快地籍调查,对符合登记条件的办理房地一体不动产登记。对于未开展地籍调查的,要尽快开展房地一体地籍调查,完成房地一体不动产登记;已完成宅基地、集体建设用地地籍调查但没有完成农房调查的,要尽快补充调查农房信息,完成房地一体的不动产登记。

3. 在宅基地和集体建设用地使用权确权登记工作中为什么要坚持"不变不换"原则？

《不动产登记暂行条例》第三十三条规定，"本条例施行前依法颁发的各类不动产权属证书和制作的不动产登记簿继续有效"。《不动产登记暂行条例实施细则》第一百零五条规定，"本实施细则施行前，依法核发的各类不动产权属证书继续有效。不动产权利未发生变更、转移的，不动产登记机构不得强制要求不动产权利人更换不动产权属证书"。坚持"不变不换"是不动产登记法律制度的要求，是对原有登记成果的尊重和延续，也是保持工作稳定性和连续性的需要。因此，已分别颁发宅基地、集体建设用地使用权证书和房屋所有权证书的，遵循"不变不换"原则，原证书仍合法有效。

4. 在宅基地和集体建设用地使用权确权登记工作中如何落实"房地一体"登记要求？

《国土资源部 财政部 住房和城乡建设部 农业部 国家林业局关于进一步加快推进宅基地和集体建设用地使用权确权登记发证工作的通知》（国土资发〔2014〕101号）要求，各地要以登记发证为主线，因地制宜，采用符合实际的调查方法，将农房等集体建设用地上的建（构）筑物纳入工作范围，实现统一调查、统一确权登记。《不动产登记操作规范（试行）》（国土资规〔2016〕6号）规定，房屋等建（构）筑物所有权应当与其所附着的土地一并登记，保持权利主体一致。具体来说，围绕宅基地和集体建设用地确权登记工作重点，对于未开展地籍调查的，要尽快开展房地一体地籍调查，完成房地一体不动产登记；已完成宅基地、集体建设用地地籍调查但没有完成农房调查的，要尽快补充调查农房信息，完成房地一体的不动产登记。

对于宅基地已登记、农房没有登记，权利人有换发不动产权证意愿的，可向登记机构申请办理房地一体不动产登记。已登记宅基地、集体建设用地（房屋等建筑物、构筑物未登记）发生变更、转移的，要按照房地一体要求办理不动产变更、转移登记，核发统一的不动产权证。

5. 办理宅基地和集体建设用地登记需要缴纳哪些费用？

《财政部 国家发展改革委关于不动产登记收费有关政策问题的通知》（财税〔2016〕79号）规定，单独申请宅基地使用权登记、申请宅基地使用权及地上房屋所有权登记，只收取不动产权属证书工本费，每本10元。申请集体建设用地使用权及建（构）筑物所有权登记的，应当按照相关规定缴纳不动产登记费80

元(包含第一本证书工本费)。

6. 如何充分发挥集体经济组织、村民委员会或者村民小组等集体土地所有权代表行使主体在宅基地和集体建设用地确权登记中的作用?

《民法典》第二百六十二条规定,对于集体所有的土地和森林、山岭、草原、荒地、滩涂等,依照下列规定行使所有权:(一)属于村农民集体所有的,由村集体经济组织或者村民委员依法代表集体行使所有权;(二)分别属于村内两个以上农民集体所有的,由村内各该集体经济组织或者村民小组依法代表集体行使所有权;(三)属于乡镇农民集体所有的,由乡镇集体经济组织代表集体行使所有权。《村民委员会组织法》规定,村民委员会依照法律规定,管理本村属于村农民集体所有的土地和其他财产;宅基地的使用方案应当经村民会议讨论决定。因此,在遵守法律法规、政策的前提下,坚持农民的事情农民办,充分发挥集体经济组织或者村民委员会、村民小组等集体土地所有权代表行使主体和基层群众自治组织的作用,积极引导农民参与农村不动产确权登记工作,并通过村民自治、基层调解等方式,参与解决权属指界、登记申请资料收集、权属纠纷,以及农民集体经济组织成员资格、分户条件、宅基地取得时间认定和缺少权属来源材料等疑难问题。

7. 基本完成宅基地和集体建设用地确权登记任务的标准是什么?

2020年底前,完成全国农村地籍调查,农村宅基地和集体建设用地登记率达到80%以上,即宅基地、集体建设用地已登记宗地数(原来发土地证的宗地数和不动产统一登记后发不动产权证的宗地数之和,其中原土地证换发不动产权证的宗地不得重复计算)占应登记宗地数的80%以上。2021年底前,完成宅基地和集体建设用地及房屋登记资料清理整合,农村地籍调查和不动产登记数据成果逐级汇交至国家不动产登记信息管理基础平台。

第二部分　地籍调查

8. 地籍调查与不动产权籍调查是什么关系?

地籍调查是指通过权属调查和地籍测绘,查清不动产及自然资源的权属、位置、界址、面积、用途等权属状况和自然状况。地籍调查包括不动产地籍调查和自然资源地籍调查,不动产地籍调查即不动产权籍调查。

9. 是否需要对所有宅基地和集体建设用地开展地籍调查?

本次宅基地和集体建设用地确权登记工作应以未确权登记的宅基地和集

体建设用地为地籍调查工作的重点,全面查清宅基地和集体建设用地底数,对已调查登记、已调查未登记、应登记未登记、不能登记等情况要清晰掌握。已完成宗地登记的,原则上不列入本次地籍调查范围,但应根据原地籍调查成果将宗地界线转绘至地籍图上。对于有房地一体不动产登记需求的,原宗地地籍调查成果经核实完善后应当继续沿用,开展房屋补充调查,形成房地一体的地籍调查成果。

10. 对原已完成宅基地或集体建设用地地籍调查但尚未登记的,应如何开展地籍调查?

已完成宅基地和集体建设用地地籍调查但尚未登记,其地上房屋等建(构)筑物尚未开展地籍调查的,已有宗地地籍调查成果应当经核实完善后继续沿用,补充调查地上房屋等建(构)筑物信息,形成房地一体的地籍调查成果。

已完成宅基地和集体建设用地地籍调查工作但尚未登记,其地上房屋等建(构)筑物已经登记的,应对宅基地和集体建设用地地籍调查成果进行核实完善后,将其地上已登记的房屋等建(构)筑物信息落宗,形成房地一体的不动产地籍调查成果。

11. 如何制作农村地籍调查工作底图?

可选用大比例尺(1:500~1:2000)的地形图、已有地籍图、第三次全国国土调查、农村土地承包经营权登记等工作中获取的分辨率优于0.2米的正射影像、倾斜摄影测量成果等作为基础图件,叠加地籍区、地籍子区界线和集体土地所有权宗地界线,并标注乡镇、村、村民小组及重要地物的名称,根据需要勾绘或标注相关内容即可形成工作底图。

12. 如何划分集体土地范围内的地籍区和地籍子区?

在县级行政辖区内,以乡(镇)、街道界线为基础,结合明显线性地物划分地籍区。在地籍区内,以行政村、居委会或街坊界线为基础,结合明显线性地物划分地籍子区。

地籍区和地籍子区一旦划定,原则上不随行政界线的调整而调整,其数量和界线宜保持稳定。确需调整的,应当按照一定程序和规范进行调整。

13. 如何有针对性地划分宅基地和集体建设用地不动产单元、编制不动产单元代码?

不动产单元是地籍调查的基本单位。在宅基地和集体建设用地地籍调查工作中,不动产单元是指宅基地或集体建设用地及地上房屋(建/构筑物)共同组成的权属界线固定封闭且具有独立使用价值的空间。

不动产单元代码是指按一定规则赋予不动产单元的唯一和可识别的标识码,也可称为不动产单元号。不动产单元代码应按照《不动产单元设定与代码编制规则》(GB/T 37346－2019)相关要求编制。

本次工作中,应在工作底图上,根据收集的已有调查、登记成果,结合地形或影像,在地籍区、地籍子区和集体土地所有权宗地界线内,初步识别并预划不动产单元,预编不动产单元代码,权属调查工作结束后,正式划定不动产单元,确定不动产单元代码。已登记的不动产,应建立新旧不动产单元代码和原地号、房屋编号的对应表。

例如,某宅基地使用权宗地位于某县级行政辖区(行政区划代码为340123)内第3地籍区,第6地籍子区,宗地顺序号为13;该宅基地上建设了一幢房屋,则该不动产单元编码示例如下:

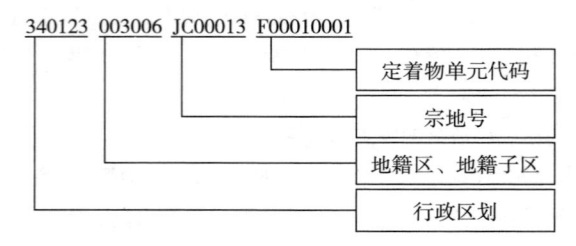

```
340123  003006  JC00013  F00010001
  │       │        │         │
  │       │        │         └── 定着物单元代码
  │       │        └──────────── 宗地号
  │       └───────────────────── 地籍区、地籍子区
  └───────────────────────────── 行政区划
```

14. 宅基地和集体建设用地权属调查可采取哪些灵活的方式?

在权属调查工作中,可灵活采取集中收集材料、集中指界、利用"国土调查云"软件现场采集录入信息等方式。对权利人因外出等原因无法参与实地指界的,可采取委托代理指界、"先承诺,后补签"、网络视频确认等方式开展指界工作。

15. 是否必须开展实地指界? 可采取哪些便利方式?

不一定。对界址清楚、已经登记过的宅基地和集体建设用地使用权的宗地,办理房地一体登记的,经核实界址未发生变化的,应沿用原宗地地籍调查成果,无需开展实地指界工作。对宅基地和集体建设用地审批时有精确界址点坐标的,无需开展实地指界工作。办理首次登记时,土地权属来源材料中界址不明确、实地界址有变化或者无法提供土地权属来源材料的,应当开展实地指界。

16. 是否一定要绘制宗地草图?

不一定。宗地草图是描述宗地位置、界址点、界址线和相邻宗地关系的现场记录。原则上应当在现场指界、丈量界址边长并绘制宗地草图。在本次工作中,为提高工作效率,采用全野外实测界址点的,在确保相邻关系准确、界址清晰无争议的前提下,可在现场指定界址点并签字后,不丈量界址边长、不绘制宗地草图,直接对指定的界址点和房角点开展地籍测绘,并据此编制宗地图。

17. 权属调查和地籍测绘是什么关系?

地籍调查包括权属调查和地籍测绘,其中权属调查是地籍调查工作的核心和基础,原则上应实地开展权属状况调查、指界等权属调查工作。权属调查的成果是开展地籍测绘的依据,地籍测绘应当根据权属调查确定的界址进行。

18. 地籍测绘主要有哪些技术方法?如何选取合适技术方法?

地籍测绘的技术方法主要包括:解析法、图解法和勘丈法等。各地应坚持需求导向,统筹考虑现实基础条件、工作需求和经济技术可行性,以满足农村宅基地和集体建设用地确权登记需求为目标,因地制宜选择符合当地实际的地籍测绘方法和技术路线,不能盲目追求高精度、不切实际一律要求界址点、房屋等全部采用解析法实测。同一地区可分别选用不同的方法。要充分利用规划、审批、核验等测量资料,避免重复测绘。

19. 开展地籍测绘是否一定要做控制测量?

不一定。地籍测绘中应根据实际需要开展控制测量。在本次工作中,采用解析法测量的,根据需要开展控制测量。采用图解法和勘丈法的地区,无需开展控制测量。

20. 怎样采用图解法开展地籍测绘?

利用时相较新、分辨率优于0.2米的正射影像图,或大比例尺(不小于1:2000)地籍图、地形图以及倾斜摄影测量成果等图件,根据权属调查结果,在图上采集界址点和房角点,形成宗地和房屋的空间图形,用于上图入库。因为目前图解法获取的界址点坐标和面积误差较大,无法满足宅基地和集体建设用地登记要求,因此,原则上应利用实地丈量的界址边长和房屋边长计算宗地和房屋面积。

21. 怎样采用勘丈法开展地籍测绘?

在实地指定界址点,利用测距仪、钢尺等实地丈量界址边长和房屋边长,根据需要丈量界址点与邻近地物的距离,采用几何要素法利用丈量结果计算宗地和房屋面积。

22. 应如何计算宗地和房屋面积?

采用解析法测绘的,应采用坐标法计算面积,即利用解析界址点和房角点坐标,按照相关面积计算公式计算宗地和房屋面积。采用勘丈法的,应采用几何要素法计算面积,即利用实地丈量的宗地界址边长和房屋边长,按照宗地范围和房屋占地范围的几何图形,通过长*宽等几何方法计算宗地和房屋面积。采用图解法的,原则上应采用几何要素法利用丈量结果计算面积。

23. 房产分户图是否要分层绘制?

不一定。农村不动产以宗地和独立成幢的房屋作为不动产单元的,应以幢为单位绘制房产分户图,不需要分层绘制。建筑面积可按层分别计算后求和,也可采取简便易行的方式,如以一层建筑面积乘以层数计算。

24. "国土调查云"软件是什么?是免费使用吗?

"国土调查云"是服务国土调查和自然资源管理工作的应用软件。2018年10月,自然资源部办公厅印发了《关于推广应用"国土调查云"软件的通知》(自然资办发〔2018〕35号),在全国各级自然资源管理部门和乡镇国土所推广应用"国土调查云"。该软件免费使用,由中国国土勘测规划院提供技术支持。为配合宅基地和集体建设用地确权登记工作,"国土调查云"软件增加了农村宅基地和集体建设用地地籍调查功能,软件包括手机APP、WEB端和桌面端三个应用,主要面向非专业技术人员开展工作。

25. "国土调查云"用户注册,软件怎么下载安装?

根据《关于推广应用"国土调查云"软件的通知》(自然资办发〔2018〕35号),由中国国土勘测规划院负责"国土调查云"省级管理员用户注册工作,并提供相应技术支持。各省级自然资源主管部门组织录入APP和WEB端用户注册信息表,由管理员在WEB端批量注册授权,注册用户凭手机号码验证码即可登录使用。"国土调查云"手机APP可在华为应用市场搜索"智能管理"下载安装,输入用户手机号和验证码登录使用;"国土调查云"WEB浏览器地址:https://landcloud.org.cn/zjd,用户名和密码与手机APP一致。

26. "国土调查云"软件用于宅基地和集体建设用地地籍调查的优势是什么?

对部分农村地籍调查基础薄弱、登记资料管理不规范和信息化程度低、暂不具备解析法和图解法条件的区域,使用"国土调查云"辅助开展宅基地和集体建设用地调查工作,无需使用GPS/RTK或全站仪等专业测量设备,普通工作人员经简单培训即可操作。通过权属调查、使用钢尺丈量,结合"国土调查云软件"快速定位、绘制宗地草图,数据可实时上传至WEB端生成地籍图。同时,可使用"国土调查云"软件通过拍照、信息录入和定位功能,将已登记发证但没有矢量化地籍资料的宅基地和集体建设用地登记资料录入,生成地籍图,有助于快速摸清底数、清晰掌握情况,加快工作进度。

27. 如何利用"国土调查云"软件开展地籍调查?

市、县自然资源主管部门可会同村委组织人员,利用安装了"国土调查云"软件的手机开展工作,操作流程是:①外业调查:使用手机 APP 开展外业调查,录入权利人信息等相关信息,采集院落中心点(示意范围),录入勘丈和登记信息,拍摄宗地实地照片。②内业处理:使用 WEB 端进行外业成果整理、信息补充录入、标准数据成果导出、快速汇总实时汇交等工作。③矢量化处理:使用桌面端软件,依据附图扫描件和影像底图,进行图形矢量化和相邻关系处理等工作。具体操作方法参见"国土调查云"软件说明和操作演示视频。

28. 农村地籍调查成果和登记成果应如何建库汇交?

按照《地籍数据库标准(试行)》,将地籍调查成果纳入不动产登记信息管理基础平台上的地籍数据库统一管理,并以县(市、区)为单位,于 2021 年底前逐级汇交至国家级不动产登记信息管理基础平台。不动产登记成果应按《不动产登记数据库标准》及时录入不动产登记数据库,日常登记结果应实时上传至国家级不动产登记信息管理基础平台。存量数据整合后,不动产登记成果应以县(市、区)为单位,完成一个汇交一个,于 2021 年底前,逐级汇交至国家级不动产登记信息管理基础平台。

29. 地籍数据库和不动产登记数据库是什么关系?

不动产登记数据库包含已登记不动产的自然信息、权属信息、登记过程和登记结果等信息。地籍数据库包括不动产(已登记和未登记的)调查信息和登记结果信息。两个数据库应通过不动产单元号紧密关联、实时更新,地籍数据库为登记数据库提供调查结果信息,登记结果信息应同步更新至地籍数据库。

第三部分 确权登记

30. 近年来国家层面出台过哪些关于宅基地和集体建设用地确权登记工作文件?

为落实中央有关宅基地、集体建设用地使用权确权登记工作要求,我部先后下发了若干文件,进一步作出部署,明确工作要求和确权登记政策等。主要包括:

(1)2011 年 5 月,原国土资源部、财政部、原农业部印发《关于加快推进农村

集体土地确权登记发证工作的通知》(国土资发〔2011〕60号);

(2)2011年11月,原国土资源部、中央农村工作领导小组办公室、财政部、原农业部印发《关于农村集体土地确权登记发证的若干意见》(国土资发〔2011〕178号);

(3)2013年9月,原国土资源部印发《关于进一步加快农村地籍调查推进集体土地确权登记发证工作的通知》(国土资发〔2013〕97号);

(4)2014年8月,原国土资源部、财政部、住房和城乡建设部、原农业部、原国家林业局印发《关于进一步加快推进宅基地和集体建设用地使用权确权登记发证工作的通知》(国土资发〔2014〕101号);

(5)2016年12月,原国土资源部印发《关于进一步加快宅基地和集体建设用地确权登记发证有关问题的通知》(国土资发〔2016〕191号);

(6)2018年7月,自然资源部印发《关于全面推进不动产登记便民利民工作的通知》(自然资发〔2018〕60号);

(7)2020年5月,自然资源部印发《关于加快宅基地和集体建设用地使用权确权登记工作的通知》(自然资发〔2020〕84号);

(8)2020年5月,自然资源部印发《关于做好易地扶贫搬迁安置住房不动产登记工作的通知》(自然资办发〔2020〕25号)。

31. 如何把握地方出台相关政策与国家层面政策的关系?

为有效推进宅基地、集体建设用地确权登记工作,大部分省(区、市)在国家有关法规政策基础上,结合本地实际制定了具体的宅基地、集体建设用地确权登记确权登记政策文件。这些政策文件是对国家法规政策的具体化和必要的补充完善,和国家层面政策一样,都是本地开展宅基地、集体建设用地使用权确权登记工作的重要依据。

32. 没有权属来源材料的宅基地如何确权登记?

根据《国土资源部关于进一步加快宅基地和集体建设用地确权登记发证有关问题的通知》(国土资发〔2016〕191号)和《农业农村部 自然资源部关于规范宅基地审批管理的通知》(农经发〔2019〕6号)有关规定,对于没有权属来源材料的宅基地,应当查明土地历史使用情况和现状,由所在农民集体经济组织或村民委员会对宅基地使用权人、面积、四至范围等进行确认后,公告30天无异议或异议不成立的,由所在农民集体经济组织或村委会出具证明,并经乡(镇)人民政府审核批准,属于合法使用的,予以确权登记。

33. "一户多宅"能不能登记?

《国土资源部关于进一步加快宅基地和集体建设用地确权登记发证有关问题的通知》(国土资发〔2016〕191号)规定,宅基地使用权应按照"一户一宅"要求,原则上确权登记到"户"。符合当地分户建房条件未分户,但未经批准另行建房分开居住的,其新建房屋占用的宅基地符合相关规划,经本农民集体经济组织或村民委员会同意并公告无异议或异议不成立的,可按规定补办有关用地手续后,依法予以确权登记;未分开居住的,其实际使用的宅基地没有超过分户后建房用地合计面积标准的,依法按照实际使用面积予以确权登记。

对于因继承房屋占用宅基地,形成"一户多宅"的,可按规定确权登记,并在不动产登记簿和证书附记栏进行注记。

34. 宅基地确权登记中的"户"如何认定?

地方对"户"的认定有规定的,按地方规定办理。地方未作规定的,可按以下原则认定:"户"原则上应以公安部门户籍登记信息为基础,同时应当符合当地申请宅基地建房的条件。根据户籍登记信息无法认定的,可参考当地农村集体土地家庭承包中承包集体土地的农户情况,结合村民自治方式予以认定。

35. 宅基地超面积如何登记?

农民集体经济组织成员经批准建房占用宅基地的,按照批准面积予以确权登记。未履行批准手续建房占用宅基地的,地方有规定的,按地方规定办理。地方未作规定的,按照《国土资源部关于进一步加快宅基地和集体建设用地确权登记发证有关问题的通知》(国土资发〔2016〕191号)规定的分阶段处理原则办理:

1982年《村镇建房用地管理条例》实施前,农民集体经济组织成员建房占用的宅基地,范围在《村镇建房用地管理条例》实施后至今未扩大的,无论是否超过其后当地规定面积标准,均按实际使用面积予以确权登记。

1982年《村镇建房用地管理条例》实施起至1987年《土地管理法》实施时止,农民集体经济组织成员建房占用的宅基地,超过当地规定面积标准的,超过面积按国家和地方有关规定处理的结果予以确权登记。

1987年《土地管理法》实施后,农民集体经济组织成员建房占用的宅基地,超过批准面积建设的,不予确权登记。符合规划经依法处理予以保留的,在补办相关用地手续后,只登记批准部分,超出部分在登记簿和证书中注记。

历史上接受转让、赠与房屋占用的宅基地超过当地规定面积标准的,按照转让、赠与行为发生时对宅基地超面积标准的政策规定,予以确权登记。

36. 非本农民集体经济组织成员取得宅基地能不能登记?

根据《国土资源部 中央农村工作领导小组办公室 财政部 农业部关于农村集体土地确权登记发证的若干意见》(国土资发〔2011〕178号)、《国土资源部关于进一步加快宅基地和集体建设用地确权登记发证有关问题的通知》(国土资发〔2016〕191号)规定,非本农民集体经济组织成员取得宅基地,应区分不同情形予以处理:

(1)非本农民集体经济组织成员,因易地扶贫搬迁、地质灾害防治、新农村建设、移民安置等按照政府统一规划和批准使用宅基地的,在退出原宅基地并注销登记后,依法确定新建房屋占用的宅基地使用权,并办理不动产登记。

(2)非本农民集体经济组织成员(含城镇居民),因继承房屋占用宅基地的,可按规定确权登记,在不动产登记簿及证书附记栏注记"该权利人为本农民集体经济组织原成员住宅的合法继承人"。

(3)1999年《国务院办公厅关于加强土地转让管理严禁炒卖土地的通知》(国办发〔1999〕39号)印发前,回原籍村庄、集镇落户的职工、退伍军人、离(退)休干部以及回乡定居的华侨、港澳台同胞等,原在农村合法取得的宅基地,或因合法取得房屋而占用宅基地的,经公告无异议或异议不成立的,由该农民集体经济组织出具证明,可依法确权登记,在不动产登记簿及证书附记栏注记"该权利人为非本农民集体经济组织成员"。"国办发〔1999〕39号"文件印发后,城市居民违法占用宅基地建造房屋、购买农房的,不予登记。

37. 如何保护农村妇女的宅基地权益?

《国土资源部关于进一步加快宅基地和集体建设用地确权登记发证有关问题的通知》(国土资发〔2016〕191号)规定,农村妇女作为家庭成员,其宅基地权益应记载到不动产登记簿及权属证书上。农村妇女因婚嫁离开原农民集体经济组织,取得新家庭宅基地使用权的,应依法予以确权登记,同时注销其原宅基地使用权。

38. 农民进城落户后其宅基地能不能确权登记?

《中共中央 国务院关于实施乡村振兴战略的意见》(中发〔2018〕1号)明确要求,依法维护进城落户农民的宅基地使用权、土地承包经营权、集体收益分配权,引导进城落户农民依法自愿有偿退出上述权益,不得以退出承包地和宅基地作为农民进城落户条件。《国土资源部关于进一步加快宅基地和集体建设用地确权登记发证有关问题的通知》(国土资发〔2016〕191号)规定,农民进城落户后,其原合法取得的宅基地使用权应予以确权登记。

39.农民集体经济组织成员之间互换房屋如何确权登记?

经宅基地所有权人同意,农民集体经济组织成员之间互换房屋,导致宅基地使用权及房屋所有权发生转移的,可以依法予以确权登记。《不动产登记暂行条例实施细则》第四十二条规定,农民集体经济组织内部互换房屋,申请宅基地使用权及房屋所有权转移登记的,应当提交不动产权属证书或者其他权属来源材料、集体经济组织内部互换房屋的协议等材料办理登记。

40.农民集体经济组织成员之间转让、赠与宅基地上房屋如何确权登记?

经宅基地所有权人同意,在本集体内部向符合宅基地申请条件的农户转让、赠与宅基地上房屋,导致宅基地使用权及房屋所有权发生转移的,可以依法予以确权登记。转让、赠与宅基地,申请宅基地使用权及房屋所有权转移登记的,参照《不动产登记暂行条例实施细则》第四十二条规定,提交不动产权属证书或者其他权属来源材料、集体内部转让、赠与协议等材料办理登记。

《国土资源部关于进一步加快宅基地和集体建设用地确权登记发证有关问题的通知》(国土资发〔2016〕191号)规定,历史上接受转让、赠与房屋占用的宅基地超过当地规定面积标准的,按照转让、赠与行为发生时对宅基地超面积标准的政策规定,予以确权登记。

41.合法宅基地上房屋没有符合规划或者建设相关材料能不能登记?

《自然资源部关于加快宅基地和集体建设用地使用权确权登记工作的通知》(自然资发〔2020〕84号)规定,对合法宅基地上房屋没有符合规划或建设相关材料的,地方已出台相关规定,按其规定办理。未出台相关规定,位于原城市、镇规划区内的,出具规划意见后办理登记。位于原城市、镇规划区外且在《城乡规划法》实施前建设的,在办理登记时可不提交符合规划或建设的相关材料;位于原城市、镇规划区外且在《城乡规划法》实施后建设的,由集体经济组织或者村民委员会公告15天无异议或者异议不成立,经乡(镇)人民政府审核后,按照审核结果办理登记。

42.换发房地一体不动产权证书时,房屋测量面积与原房屋所有权证面积不一致,如何处理?

换发房地一体不动产权证书时,房屋测量面积与原房屋所有权证记载面积不一致的,应当以精度高的测量方法测得的面积为准。运用同种测量方法测量,属于精度误差范围内的,以原房屋所有权证记载面积为准。对于房屋翻建后造成面积不一致的,当事人应当提供翻建房屋的规划许可等材料,申请变更登记。

43.换发房地一体不动产权证书时,宅基地测量面积与原登记面积不一致的,如何处理?

换发房地一体不动产权证书时,宅基地测量面积与原登记面积不一致的,应当区分不同情形进行处理:(1)对于宅基地界址未发生变化,属于测量方法造成面积不一致的,以精度高的测量方法测得面积登记。(2)因非法超占宅基地导致测量面积大于原登记面积的,应以原登记面积为准,超占面积按照本问答第35条办理。

44.农村简易房、临时性建(构)筑物能不能登记?

农村简易房、圈舍、农具房、厕所等临时性建(构)筑物,没有符合规划或者建设的相关材料,一般不予登记。

45.宅基地批准使用后一直未办理登记,若原批准使用人死亡的,能不能申请登记?

宅基地是以"户"分配和使用的,只要"户"中还有其他成员,批准使用人的死亡就不影响该"户"的宅基地使用权,可由现在的户主申请登记。如果"户"中已没有其他成员,按照《继承法》规定,宅基地上房屋可由继承人继承,因继承房屋占用宅基地的,可按规定申请登记,并在不动产登记簿及证书附记栏中注记。

46.同一宗宅基地上多个房屋属于不同权利人,申请办理房地一体不动产登记的,如何处理?

同一宗宅基地上多个房屋属于不同权利人,申请办理房地一体不动产登记的,应当区分不同情形进行处理:(1)属于新型农村社区或多(高)层多户农民公寓的,按照《不动产登记暂行条例实施细则》第四十三条,参照国有建设用地使用权及建筑物区分所有权的规定,办理宅基地等集体土地上的建筑物区分所有权登记。(2)属于因继承、分家析产等原因,造成房地权利主体不一致,若遗嘱或者分家析产协议对宅基地作了明确分割,分割的宅基地经县(市)自然资源主管部门认定符合不动产单元划定标准,可以分别办理登记;若遗嘱或者分家析产协议对宅基地未作明确分割的,按照宅基地使用权共同共有办理登记。(3)属于存在民事纠纷的,待纠纷解决后予以确权登记。

47.根据国家法规政策,哪些宅基地、集体建设用地不予登记?

《不动产登记暂行条例》第二十二条规定,登记申请有下列情形的,不动产登记机构应当不予登记:(一)违反法律、行政法规的;(二)存在尚未解决的权属争议的;(三)申请登记的不动产权利超过规定期限的;(四)法律、行政法规规定不予登记的其他情形。《自然资源部关于加快宅基地和集体建设用地使用权确权登记工作的通知》(自然资发〔2020〕84号)规定,对乱占耕地建房、违反生态保护红线管控要求建房、城镇居民非法购买宅基地、小产权房等,不得办理登记,不得通过登记将违法用地合法化。凡有上述情况的宅基地、集体建设用地,不予登记。

48. 纳入文物保护范围的古村落或农村建(构)筑物,如何确权登记?

对纳入文物保护范围的古村落或农村建(构)筑物,应本着管理不改变产权归属原则,依法予以确权登记。同时,应在不动产登记簿和证书附记栏注记,"该不动产属于受国家保护的不可移动文物"。

49. 利害关系人对宅基地和集体建设用地确权登记结果有异议的,如何处理?

利害关系人对宅基地和集体建设用地确权登记结果有异议的,可以按照《不动产登记暂行条例实施细则》第七十九条、八十条、八十二条的规定,申请更正登记、异议登记。对不动产登记结果有异议的,可以依法申请行政复议或提起诉讼。

50. 没有权属来源材料的集体建设用地如何确权登记?

《国土资源部关于进一步加快宅基地和集体建设用地确权登记发证有关问题的通知》(国土资发〔2016〕191号)规定,对于没有权属来源材料的集体建设用地,应当查明土地历史使用情况和现状,认定属于合法使用,经所在农民集体经济组织或村民委员会同意,并公告30天无异议或者异议不成立的,经乡(镇)人民政府审核,报县级人民政府批准,予以确权登记。

51. 原乡镇企业或村办企业破产、关停、改制等,其原使用的集体建设用地如何确权登记?

原乡镇企业或村办企业因破产、关停等不再使用集体土地的,应当按照《土地管理法》第六十六条规定,由农村集体经济组织报经原批准用地的人民政府批准后收回集体建设用地使用权。若原乡镇企业或村集体企业因破产、兼并、改制等导致集体建设用地使用权发生转移,现用地单位继续占用且未改变批准用途的,可以提交集体建设用地使用权转移的材料办理转移登记。若现用地单位继续占用该地块且经批准改变土地用途的,申请人还应当提交有批准权的人民政府或主管部门的批准文件等材料。

第四部分　成果入库和整合汇交

52.农村地区宅基地和集体建设用地使用权确权登记数据与城镇地区土地、房屋等其他不动产登记数据是什么关系?

农村地区宅基地和集体建设用地使用权确权登记数据与城镇地区土地、房屋等其他不动产登记数据都是不动产登记数据的重要组成部分,应纳入不动产登记数据库统一管理,不能另建一个数据库。

与城镇地区相比,农村地区不动产登记数据基础比较薄弱,需加快推进数据完善,提升数据质量。

53.应该如何完善宅基地和集体建设用地使用权确权登记数据?

宅基地和集体建设用地使用权确权登记数据与其他类型不动产数据一样,数据的完备、准确、规范是保障登记安全、提高业务办理效率、保护权利人合法权益的基础,也是开展信息共享服务的保障。

完善宅基地和集体建设用地使用权确权登记数据主要通过两个途径:一是完善存量数据。对存量登记资料进行清理和标准化整合,补充完善缺失的重要数据项。二是规范增量数据。在日常登记业务中,完整、规范、准确的填写登记簿,为今后开展登记业务和信息共享服务提供可靠的登记数据,避免形成新的历史遗留问题。

54.有纸质登记资料但未数字化建库的,如何利用"国土调查云"软件辅助开展数据整合工作?

对原有纸质登记资料尚未数字化的,可利用"国土调查云"辅助开展工作,具体流程如下:(1)利用 APP 软件功能快速搜索导航定位到实地现场,结合全球卫星定位和软件影像底图确定宅基地位置。(2)在影像底图标记院落中心点,依据纸质登记资料结合影像底图,勾绘宗地位置、输入纸质登记资料的宗地和房屋的界址线边长与面积。(3)软件将自动生成宗地编号和带影像截图的调查草图,录入证书上的权利人等属性信息,拍摄权利人、宗地、房屋及证书的宗地图照片。(4)调查采集的相关信息将实时汇总到系统 WEB 端,系统提供数据汇总统计和下载功能,用于各级开展后续调查登记相关工作。

55.农村不动产日常登记业务办理采用什么信息系统?

应采用当地统一的不动产登记系统,不能再建一套专用于农村地区不动产的登记系统,避免"两张皮"。

56. 如何运用信息化手段规范登记簿填写工作?

将业务规则、数据字典和编码等规范内嵌在不动产登记系统中,尽可能减少需要手工填写的数据项,通过逻辑校验规则最大限度地消除人为操作失误造成的数据不规范,并对空项进行提示,以便对具体问题有针对性地加以解决。

57. 日常登记业务中,如何解决宅基地和集体建设用地确权登记基础资料薄弱的问题,确保登记簿数据完备、准确、规范?

在日常登记中,遇到宅基地和集体建设用地确权登记基础资料薄弱问题,应在登记业务中加以消化处理,不应搁置起来,给未来的登记业务和数据服务留下隐患。登记基础资料薄弱问题应分类进行处理:一是针对规范化程度低的问题,可以通过不动产登记系统进行逻辑校验并加以规范化处理。二是针对电子数据缺失的问题,可以通过对纸质资料进行电子化处理,纳入不动产登记数据库的方式予以解决。三是针对数据项缺失的问题,可以充分利用已有登记档案资料等信息,尽可能将信息补录完整,做到"应填尽填",确实找不到资料的文本数据项,填写斜杠"/"。数据项不能为空,是为了对每个数据项进行严格校验。因此,对于缺失信息的数据项,不能"一空了之"。

58. 日常登记成果信息为什么需要实时上传至省级和国家级信息平台?应采取何种方式上传?

《不动产登记暂行条例》第二十三条规定,"各级不动产登记机构登记的信息应当纳入统一的不动产登记信息管理基础平台,确保国家、省、市、县四级登记信息的实时共享"。因此,各级不动产登记机构日常业务的登记结果应通过全国不动产登记信息平台统一接入系统,在登簿的同时实时在线上传至省级和国家级信息平台。

59. 宅基地和集体建设用地使用权日常登记成果信息何时接入国家级信息平台?

办理农村宅基地和集体建设用地使用权日常登记时,应在登簿的同时实时上传登记成果信息,不应批量上传。目前,全国不动产登记信息管理基础平台已实现国家、省、市、县四级联通,地方各级不动产登记机构可通过已经部署的不动产登记信息管理基础平台统一接入系统,实现登记数据的自动上传。

60. 宅基地和集体建设用地在进行房地一体首次登记时,应该如何上传报文？

办理房地一体首次登记前已经上传了"建设用地使用权、宅基地使用权首次登记(如：接入业务编码1000301)"业务报文的,在办理房地一体首次登记时只需要上传"房地产权(独幢、层、套、间、房屋)首次登记(如：接入业务编码1000402)"业务报文。办理房地一体登记前,尚未上传土地登记数据的,应在办理房地一体首次登记时同时上传"房地产权(独幢、层、套、间、房屋)首次登记(如：接入业务编码1000402)"业务报文和相关联的"建设用地使用权、宅基地使用权首次登记(如：接入业务编码1000301)"业务报文。

61. 宅基地和集体建设用地使用权日常登记成果信息接入国家信息平台时,遇到部分字段填不上的情况该如何处理？遇到接入报文上传失败该如何处理？

要保证登记簿中的每一个数据项的填写都经过严格把关,没有空项。确实无法填写的,对于文本型字段,可使用斜杠"/"代替,并在备注栏内注明原因；对于日期型和数值型字段,可以为空,但要在备注栏内进行说明。

各地不动产登记机构须对报文上传情况设置提醒,对上传失败的报文及时分析原因,将内容完善后重新上传,并详细记录上传登簿日志。

62. 为什么要对已有的宅基地和集体建设用地使用权存量登记资料开展集中清理整合和成果入库工作？

不动产登记"四统一"是一个有机的整体,也是开展不动产登记工作的基本要求。已有的宅基地和集体建设用地使用权存量登记资料,是分散登记时期形成的资料,与统一登记的技术标准还存在一定的距离,只有开展集中清理整合和成果入库,才能保证日常登记业务的规范高效和安全,并提供便捷的信息服务。如果不对这些存量登记资料开展集中清理整合,而是全部在日常登记业务中逐步消化处理,必将影响日常登记业务的工作效率,也会对信息共享服务带来障碍。

63. 是否会根据农村地区确权登记数据特点制定相关标准规范,进一步明确登记数据整合汇交要求？

《不动产登记数据库标准(试行)》《不动产登记数据整合建库技术规范(试行)》《不动产登记存量数据成果汇交规范(试用)》等已有标准规范,已经可以涵盖农村地区不动产登记数据的整合入库和汇交。因此,不再专门制定针对农村地区不动产登记数据的标准规范,后续会根据工作需要适时提出相关要求。

64. 宅基地和集体建设用地使用权存量登记资料基础薄弱,在开展资料清理整合和入库中会遇到各种各样的问题,如何把握总体原则?

宅基地和集体建设用地使用权存量登记资料基础薄弱,各地在推进资料清理整合和入库中遇到的问题,既有共性的,也存在本地特有的,需要针对具体问题分门别类加以处理。需要把握的总体原则是,不对已有登记数据进行修改。对数据的任何实质内容的修改,都应通过法定程序进行更正。具体承担资料清理整合和入库工作一般都是技术支撑单位的作业人员,只能负责技术性工作,遇到数据不一致、错误等问题时,应当汇总上报,不能擅自处理。

65. 已有宅基地、集体建设用地登记资料清理整合和入库工作量很大,应重点做好哪些工作?注意哪些事项?

对已有宅基地、集体建设用地登记资料进行全面梳理,厘清存在的问题,查找已有的档案资料,开展数据补录补测和纸质资料数字化等工作,形成规范化的数据集并入库。对于不动产单元号、权利人名称、权利类型等关键数据项,必须补齐,其他数据项,原则上应补齐。由于存在的问题一般是长期积累下来的,短期内全部解决确实存在一定的困难,加之统一登记前后工作要求不同,技术标准也存在一定的差异,为了"原汁原味"体现已有资料成果,在整合入库时,根据原始材料如实记录登簿人、登簿时间等信息,同时可将已有的证书、登记资料等扫描生成电子文件,挂接在不动产登记数据库上,便于今后开展登记工作时比对查看。

66. 数据整理完善工作中,如何补编不动产单元代码?对于缺少图形数据的应该如何分情况处理?

应遵循《不动产单元编码规范》,划分不动产单元,编制28位具有唯一性不动产单元代码。

对于缺少图形数据的情况,通过以下途径获取空间数据,并与属性信息关联挂接:(1)如果有纸质图件资料,对纸质资料进行数字化处理,生成带坐标的空间数据;(2)如果没有纸质图件资料,条件具备的,可开展野外实测;条件不具备的,可结合实地勘丈,在高分辨率正射影像图上进行勾绘;确实没有条件开展野外实测和影像图勾绘的,可采集"院落中心点"作为宗地位置。

67. 以"院落中心点"作为宗地位置时,如何处理数据入库?

以"院落中心点"作为宗地位置时,宗地标注上图为点,入库应按以下处理:一是登记结果信息标注上图的点状图形存放在"点状定着物"图层(图层名:DZDZW),其图层"点状定着物类型"字段赋值为"农村宅基地标注上图"或"集体建设用地标注上图"等,并同时导出图形属性数据生成点状定着物属性表(表名:DZDZW)。

二是权利数据存放在"建设用地使用权、宅基地使用权表"(表名:JSYDSYQ)中。

三是权利人数据存放在"权利人表"(表名:QLR)中。

68. 土地登记档案中土地使用起止时间只有开始时间为建国前,但《不动产登记数据库标准(试行)》要求这个字段为必填,如何规范填写?

按照日常登记中登记簿填写的做法,确实由于客观原因无法填写的字段,可以为空,但要在备注栏里注明原因,在数据成果汇交时附上情况说明。

69. 存量登记资料整合过程中,发现原有档案资料存在明显错误的是否可以纠正?

存量登记资料数据整合是一项技术工作,数据录入严格按照法定登记资料,遵循"保持数据原貌"的原则,不应修改已有的登记资料。存在明显错误的,必须通过法定程序才能更正。

70. 宅基地使用权证、房屋所有权证记载的权利人不一致如何整合入库?批准文件与证书记载的权利人不一致如何整合入库?

两者不一致的,应按照本问答第46问,通过法定程序更正。暂时确实无法更正的,在数据整合入库中按照原记载的信息入库,并备注说明。

71. 登记档案中没有权利人身份信息,或身份证号码缺失的,如何处理?

先根据登记档案中的户信息,与公安部门的户籍信息做相应的人员身份信息匹配,仍不能解决的可采用实地核实、入户调查的方法,对缺失数据进行补测、补录,并备注数据获取方式和时间。

72. 闲置的集体建设用地用途如何认定?登记档案中用途填写"耕地"或"非耕地"等无法归类的宅基地或集体建设用地如何进行整合?

闲置的集体建设用地,按照权属来源材料中的用途进行认定。数据整合工作不能改变或重新认定用途。

登记档案中用途填写"耕地"或"非耕地"等无法归类的宅基地或集体建设用地,也应通过法定程序进行更正,暂时无法更正的,按照原资料填写入库。

73. 批准面积、证号等重点信息不完善的历史档案如何整合?

采用外业核实、入户调查的方法,对相关数据进行补录补测后入库,并备注数据获取方式和时间。

74. 集体建设用地土地使用期限届满且未续期，或有原始登记档案但现状为空地或房屋坍塌的，是否需要进行存量登记数据整合？

需要整合。

75. 现行存量数据质检软件版本是否适用于宅基地和集体建设用地确权登记数据？

现行存量数据质检软件版本适用于宅基地和集体建设用地确权登记数据。需要说明的是，数据质检软件是对数据质量的全面"体检"，对数据的不完善进行提示，以便于对本地数据质量状况进行全面、准确的了解，并辅助完善数据成果。

76. 数据汇交和数据实时上传有什么不同？

数据汇交通过离线方式进行。按照《不动产登记存量数据成果汇交规范（试用）》规定的数据内容和格式等要求，从本地不动产登记数据库中导出至相应存储介质，离线汇交到部和省。

数据实时上传通过在线方式进行。各地不动产登记机构在日常登记业务中，通过不动产登记统一接入系统，在每一笔登记业务登簿的同时实时上传省级和国家级信息平台。

77. 如何把握农村不动产登记成果汇交的时间要求？

总体要求是2021年底前完成全国所有县（市、区）整合汇交工作。由于各地基础条件不同，工作进度不一，省级应把数据汇交时间要求落实到各县（市、区），先完成的县（市、区）先汇交，统筹进度，确保2021年底前完成汇交任务，避免到最后"扎堆"汇交。

（3）用 地 审 批

国务院关于国土资源部《报国务院批准的建设用地审查办法》的批复

（国函〔1999〕131号）

国土资源部：

国务院批准《报国务院批准的建设用地审查办法》，由你部组织实施。

附：报国务院批准的建设用地审查办法

中华人民共和国国务院
1999年10月22日

报国务院批准的建设用地审查办法

为认真贯彻实施《中华人民共和国土地管理法》（以下简称《土地管理法》）和《中华人民共和国土地管理法实施条例》（以下简称《实施条例》），规范需报国务院批准的建设用地审查工作，制定本办法。

一、审查范围

（一）按照建立最严格的土地管理制度的要求和《土地管理法》第四十四条的规定，下列建设占用土地，涉及农用地转为建设用地的，需报国务院批准：

1. 国务院批准的建设项目；

2. 国务院有关部门和国家计划单列企业批准的道路、管线工程和大型基础设施建设项目；

3. 省、自治区、直辖市人民政府批准的道路、管线工程和大型基础设施建设项目；

4. 在土地利用总体规划确定的直辖市、计划单列市和省、自治区人民政府所在地的城市以及人口在50万以上的城市建设用地规模范围内，为实施该规划按土地利用年度计划分批次用地。

（二）《土地管理法》第四十五条规定的征用下列土地的,需报国务院批准:
1. 基本农田;
2. 基本农田以外的耕地超过三十五公顷的;
3. 其他土地超过七十公顷的。
（三）《实施条例》第二十四条规定的下列建设项目需要占用土地利用总体规划确定的国有未利用地作为建设用地的,需报国务院批准:
1. 国家重点建设项目;
2. 军事设施;
3. 跨省、自治区、直辖市行政区域的建设项目;
4. 国务院规定的其他建设项目。

二、审查原则
（一）切实保护耕地资源,保证国家建设用地。
（二）保护和改善生态环境,保障土地资源的可持续利用。
（三）占用耕地与补充耕地相平衡。
（四）依法、科学、集约、规范用地。
（五）严格办事程序,提高工作效率。

三、审查依据
（一）《土地管理法》、《实施条例》等土地法律、法规和有关规定。
（二）国家有关产业政策。
（三）建设项目所在地土地利用总体规划和土地利用年度计划。
（四）建设用地定额指标和技术规范。
（五）建设项目用地预审报告书。

四、审查内容
（一）建设用地是否在需报国务院批准的范围之内。
（二）建设项目前期工作是否执行了国家规定的有关建设程序。
（三）建设用地是否在项目可行性研究阶段经过预审。
（四）建设用地是否符合当地土地利用总体规划,是否列入土地利用年度计划。
（五）农用地转用、补充耕地、征用土地和供地方案是否符合国家法律法规的规定和有关政策。
（六）用地面积是否符合国家规定的建设用地定额指标。

(七)补充耕地措施是否已经落实或能够落实。

(八)土地权属、地类、面积是否清楚、准确。

(九)建设项目选址压覆重要矿床的,是否经有权机关批准。

(十)建设用地位于地质灾害易发区的,是否提供了地质灾害危险性评估报告。

(十一)占用林地是否已经林业主管部门审核同意。

(十二)存在违法用地行为的,是否已依法查处。

(十三)其他内容是否符合国家法律、法规的规定和有关政策。

五、审查程序

(一)省、自治区、直辖市人民政府土地行政主管部门按照国家有关规定,拟定建设用地请示,并附对市、县人民政府拟定的农用地转用、补充耕地、征用土地和供地方案的书面审查意见,报省级人民政府同意后,由省级人民政府将建设用地请示呈报国务院,同时抄报国土资源部(抄报时并附资料10套、图件2套)。

(二)国务院将省级人民政府的建设用地请示转国土资源部商有关部门研究办理。省级人民政府的建设用地请示和报批资料、图件经国土资源部初审后,根据有关规定,由国土资源部就有关问题征求国务院有关部门意见。国务院有关部门自收到征求意见函之日起7个工作日内,应将意见书面反馈国土资源部。逾期未反馈意见又未说明情况的,按无意见处理。如国务院有关部门提出不同意见,由国土资源部负责协调。

(三)在综合国务院各有关部门意见的基础上,国土资源部采用部会审会议集体会审的办法,依据国家土地管理法律、法规和有关规定对建设用地进行审查,并提出建议批准或不予批准的意见。对建议批准的,形成审查报告,呈报国务院审批;对不予批准的,由国土资源部行文将建设用地请示退回报文的省级人民政府,并报国务院备案。

(四)建设用地经国务院批准后,由国土资源部负责办理建设用地批复文件,批复有关省、自治区、直辖市人民政府,并抄送国务院各有关部门,批复文件中注明"经国务院批准"字样。其中,按有关规定应缴纳新增建设用地土地有偿使用费的,在缴纳后,方可办理建设用地批复文件。

六、其他事项

(一)国土资源部对省级人民政府上报的建设用地请示和报批资料、图件进行初审,认为资料不齐全或内容不符合要求的,应通知其限期补报,逾期并不能说明原因的,可以将建设用地请示退回报文的省级人民政府。

(二)凡存在未批先用等违法用地行为的建设用地,必须依法查处,在追究有关责任人员行政或法律责任后,方可依法补办建设用地手续。

(三)经国务院批准的建设用地,凡不违反保密规定的,由国土资源部通过报刊向社会公告,接受社会监督。公告工作不收取任何费用。

(四)国土资源部需在每季度末将本季度建设用地审查情况综合汇总报告国务院。

建设项目用地预审管理办法

(2001年7月25日中华人民共和国国土资源部令第7号发布 2004年10月29日修订 2008年11月12日第一次修正 根据2016年11月25日国土资源部令第68号《国土资源部关于修改〈建设项目用地预审管理办法〉的决定》第二次修正)

第一条 为保证土地利用总体规划的实施,充分发挥土地供应的宏观调控作用,控制建设用地总量,根据《中华人民共和国土地管理法》、《中华人民共和国土地管理法实施条例》和《国务院关于深化改革严格土地管理的决定》,制定本办法。

第二条 本办法所称建设项目用地预审,是指国土资源主管部门在建设项目审批、核准、备案阶段,依法对建设项目涉及的土地利用事项进行的审查。

第三条 预审应当遵循下列原则:

(一)符合土地利用总体规划;

(二)保护耕地,特别是基本农田;

(三)合理和集约节约利用土地;

(四)符合国家供地政策。

第四条 建设项目用地实行分级预审。

需人民政府或有批准权的人民政府发展和改革等部门审批的建设项目,由该人民政府的国土资源主管部门预审。

需核准和备案的建设项目,由与核准、备案机关同级的国土资源主管部门预审。

第五条 需审批的建设项目在可行性研究阶段,由建设用地单位提出预审申请。

需核准的建设项目在项目申请报告核准前,由建设单位提出用地预审申请。

需备案的建设项目在办理备案手续后,由建设单位提出用地预审申请。

第六条 依照本办法第四条规定应当由国土资源部预审的建设项目,国土资源部委托项目所在地的省级国土资源主管部门受理,但建设项目占用规划确定的城市建设用地范围内土地的,委托市级国土资源主管部门受理。受理后,提出初审意见,转报国土资源部。

涉密军事项目和国务院批准的特殊建设项目用地,建设用地单位可直接向国土资源部提出预审申请。

应当由国土资源部负责预审的输电线塔基、钻探井位、通讯基站等小面积零星分散建设项目用地,由省级国土资源主管部门预审,并报国土资源部备案。

第七条 申请用地预审的项目建设单位,应当提交下列材料:

(一)建设项目用地预审申请表;

(二)建设项目用地预审申请报告,内容包括拟建项目的基本情况、拟选址占地情况、拟用地是否符合土地利用总体规划、拟用地面积是否符合土地使用标准、拟用地是否符合供地政策等;

(三)审批项目建议书的建设项目提供项目建议书批复文件,直接审批可行性研究报告或者需核准的建设项目提供建设项目列入相关规划或者产业政策的文件。

前款规定的用地预审申请表样式由国土资源部制定。

第八条 建设单位应当对单独选址建设项目是否位于地质灾害易发区、是否压覆重要矿产资源进行查询核实;位于地质灾害易发区或者压覆重要矿产资源的,应当依据相关法律法规的规定,在办理用地预审手续后,完成地质灾害危险性评估、压覆矿产资源登记等。

第九条 负责初审的国土资源主管部门在转报用地预审申请时,应当提供下列材料：

（一）依据本办法第十一条有关规定，对申报材料作出的初步审查意见；

（二）标注项目用地范围的土地利用总体规划图、土地利用现状图及其他相关图件；

（三）属于《土地管理法》第二十六条规定情形，建设项目用地需修改土地利用总体规划的，应当出具规划修改方案。

第十条　符合本办法第七条规定的预审申请和第九条规定的初审转报件，国土资源主管部门应当受理和接收。不符合的，应当场或在五日内书面通知申请人和转报人，逾期不通知的，视为受理和接收。

受国土资源部委托负责初审的国土资源主管部门应当自受理之日起二十日内完成初审工作，并转报国土资源部。

第十一条　预审应当审查以下内容：

（一）建设项目用地是否符合国家供地政策和土地管理法律、法规规定的条件；

（二）建设项目选址是否符合土地利用总体规划，属《土地管理法》第二十六条规定情形，建设项目用地需修改土地利用总体规划的，规划修改方案是否符合法律、法规的规定；

（三）建设项目用地规模是否符合有关土地使用标准的规定；对国家和地方尚未颁布土地使用标准和建设标准的建设项目，以及确需突破土地使用标准确定的规模和功能分区的建设项目，是否已组织建设项目节地评价并出具评审论证意见。

占用基本农田或者其他耕地规模较大的建设项目，还应当审查是否已经组织踏勘论证。

第十二条　国土资源主管部门应当自受理预审申请或者收到转报材料之日起二十日内，完成审查工作，并出具预审意见。二十日内不能出具预审意见的，经负责预审的国土资源主管部门负责人批准，可以延长十日。

第十三条　预审意见应当包括对本办法第十一条规定内容的结论性意见和对建设用地单位的具体要求。

第十四条　预审意见是有关部门审批项目可行性研究报告、核准项目申请报告的必备文件。

第十五条　建设项目用地预审文件有效期为三年，自批准之日起计算。已经预审的项目,如需对土地用途、建设项目选址等进行重大调整的,应当重新申请预审。

未经预审或者预审未通过的,不得批复可行性研究报告、核准项目申请报告;不得批准农用地转用、土地征收,不得办理供地手续。预审审查的相关内容在建设用地报批时,未发生重大变化的,不再重复审查。

第十六条　本办法自 2009 年 1 月 1 日起施行。

建设用地审查报批管理办法

(1999 年 3 月 2 日中华人民共和国国土资源部令第 3 号发布　2010 年 11 月 30 日第一次修正　根据 2016 年 11 月 25 日国土资源部令第 69 号《国土资源部关于修改〈建设用地审查报批管理办法〉的决定》第二次修正)

第一条　为加强土地管理,规范建设用地审查报批工作,根据《中华人民共和国土地管理法》(以下简称《土地管理法》)、《中华人民共和国土地管理法实施条例》(以下简称《土地管理法实施条例》),制定本办法。

第二条　依法应当报国务院和省、自治区、直辖市人民政府批准的建设用地的申请、审查、报批和实施,适用本办法。

第三条　县级以上国土资源主管部门负责建设用地的申请受理、审查、报批工作。

第四条　在建设项目审批、核准、备案阶段,建设单位应当向建设项目批准机关的同级国土资源主管部门提出建设项目用地预审申请。

受理预审申请的国土资源主管部门应当依据土地利用总体规划、土地使用标准和国家土地供应政策,对建设项目的有关事项进行预审,出具建设项目用地预审意见。

第五条　在土地利用总体规划确定的城市建设用地范围外单独选址的建设项目使用土地的,建设单位应当向土地所在地的市、县国土资源主管部门提出用地申请。

建设单位提出用地申请时,应当填写《建设用地申请表》,并附具下列材料:

(一)建设项目用地预审意见;

(二)建设项目批准、核准或者备案文件;

(三)建设项目初步设计批准或者审核文件。

建设项目拟占用耕地的,还应当提出补充耕地方案;建设项目位于地质灾害易发区的,还应当提供地质灾害危险性评估报告。

第六条　国家重点建设项目中的控制工期的单体工程和因工期紧或者受季节影响急需动工建设的其他工程,可以由省、自治区、直辖市国土资源主管部门向国土资源部申请先行用地。

申请先行用地,应当提交下列材料:

(一)省、自治区、直辖市国土资源主管部门先行用地申请;

(二)建设项目用地预审意见;

(三)建设项目批准、核准或者备案文件;

(四)建设项目初步设计批准文件、审核文件或者有关部门确认工程建设的文件;

(五)国土资源部规定的其他材料。

经批准先行用地的,应当在规定期限内完成用地报批手续。

第七条　市、县国土资源主管部门对材料齐全、符合条件的建设用地申请,应当受理,并在收到申请之日起30日内拟订农用地转用方案、补充耕地方案、征收土地方案和供地方案,编制建设项目用地呈报说明书,经同级人民政府审核同意后,报上一级国土资源主管部门审查。

第八条　在土地利用总体规划确定的城市建设用地范围内,为实施城市规划占用土地的,由市、县国土资源主管部门拟订农用地转用方案、补充耕地方案和征收土地方案,编制建设项目用地呈报说明书,经同级人民政府审核同意后,报上一级国土资源主管部门审查。

在土地利用总体规划确定的村庄和集镇建设用地范围内,为实施村庄和集镇规划占用土地的,由市、县国土资源主管部门拟订农用地转用方案、补充耕地方案,编制建设项目用地呈报说明书,经同级人民政府审核同意后,报上一级国土资源主管部门审查。

报国务院批准的城市建设用地,农用地转用方案、补充耕地方案和征收土地方案可以合并编制,一年申报一次;国务院批准城市建设用地后,由省、自治区、直辖市人民政府对设区的市人民政府分期分批申报的农用地转用和征收土地实施方案进行审核并回复。

第九条　建设只占用国有农用地的,市、县国土资源主管部门只需拟订农用地转用方案、补充耕地方案和供地方案。

建设只占用农民集体所有建设用地的,市、县国土资源主管部门只需拟订征收土地方案和供地方案。

建设只占用国有未利用地,按照《土地管理法实施条例》第二十四条规定应由国务院批准的,市、县国土资源主管部门只需拟订供地方案;其他建设项目使用国有未利用地的,按照省、自治区、直辖市的规定办理。

第十条　建设项目用地呈报说明书应当包括用地安排情况、拟使用土地情况等,并应附具下列材料:

(一)经批准的市、县土地利用总体规划图和分幅土地利用现状图,占用基本农田的,同时提供乡级土地利用总体规划图;

(二)有资格的单位出具的勘测定界图及勘测定界技术报告书;

(三)地籍资料或者其他土地权属证明材料;

(四)为实施城市规划和村庄、集镇规划占用土地的,提供城市规划图和村庄、集镇规划图。

第十一条　农用地转用方案,应当包括占用农用地的种类、面积、质量等,以及符合规划计划、基本农田占用补划等情况。

补充耕地方案,应当包括补充耕地的位置、面积、质量,补充的期限,资金落实情况等,以及补充耕地项目备案信息。

征收土地方案,应当包括征收土地的范围、种类、面积、权属,土地补偿费和安置补助费标准,需要安置人员的安置途径等。

供地方案,应当包括供地方式、面积、用途等。

第十二条　有关国土资源主管部门收到上报的建设项目用地呈报说明书和有关方案后,对材料齐全、符合条件的,应当在5日内报经同级人民政府审核。同级人民政府审核同意后,逐级上报有批准权的人民政府,并将审查所需的材料及时送该级国土资源主管部门审查。

对依法应由国务院批准的建设项目用地呈报说明书和有关方案,省、自治区、直辖市人民政府必须提出明确的审查意见,并对报送材料的真实性、合法性负责。

省、自治区、直辖市人民政府批准农用地转用、国务院批准征收土地的,省、自治区、直辖市人民政府批准农用地转用方案后,应当将批准文件和下级国土资源主管部门上报的材料一并上报。

第十三条 有批准权的国土资源主管部门应当自收到上报的农用地转用方案、补充耕地方案、征收土地方案和供地方案并按规定征求有关方面意见后30日内审查完毕。

建设用地审查应当实行国土资源主管部门内部会审制度。

第十四条 农用地转用方案和补充耕地方案符合下列条件的,国土资源主管部门方可报人民政府批准:

(一)符合土地利用总体规划;

(二)确属必需占用农用地且符合土地利用年度计划确定的控制指标;

(三)占用耕地的,补充耕地方案符合土地整理开发专项规划且面积、质量符合规定要求;

(四)单独办理农用地转用的,必须符合单独选址条件。

第十五条 征收土地方案符合下列条件的,国土资源主管部门方可报人民政府批准:

(一)被征收土地界址、地类、面积清楚,权属无争议的;

(二)被征收土地的补偿标准符合法律、法规规定的;

(三)被征收土地上需要安置人员的安置途径切实可行。

建设项目施工和地质勘查需要临时使用农民集体所有的土地的,依法签订临时使用土地合同并支付临时使用土地补偿费,不得办理土地征收。

第十六条 供地方案符合下列条件的,国土资源主管部门方可报人民政府批准:

(一)符合国家的土地供应政策;

(二)申请用地面积符合建设用地标准和集约用地的要求;

(三)只占用国有未利用地的,符合规划、界址清楚、面积准确。

第十七条 农用地转用方案、补充耕地方案、征收土地方案和供地方案经有批准权的人民政府批准后,同级国土资源主管部门应当在收到批件后5日内将批复发出。

未按规定缴纳新增建设用地土地有偿使用费的,不予批复建设用地。其中，报国务院批准的城市建设用地，省、自治区、直辖市人民政府在设区的市人民政府按照有关规定缴纳新增建设用地土地有偿使用费后办理回复文件。

第十八条 经批准的农用地转用方案、补充耕地方案、征收土地方案和供地方案，由土地所在地的市、县人民政府组织实施。

第十九条 建设项目补充耕地方案经批准下达后，在土地利用总体规划确定的城市建设用地范围外单独选址的建设项目，由市、县国土资源主管部门负责监督落实；在土地利用总体规划确定的城市和村庄、集镇建设用地范围内，为实施城市规划和村庄、集镇规划占用土地的，由省、自治区、直辖市国土资源主管部门负责监督落实。

第二十条 征收土地公告和征地补偿、安置方案公告，按照《征收土地公告办法》的有关规定执行。

征地补偿、安置方案确定后，市、县国土资源主管部门应当依照征地补偿、安置方案向被征收土地的农村集体经济组织和农民支付土地补偿费、地上附着物和青苗补偿费，并落实需要安置农业人口的安置途径。

第二十一条 在土地利用总体规划确定的城市建设用地范围内，为实施城市规划占用土地的，经依法批准后，市、县国土资源主管部门应当公布规划要求，设定使用条件，确定使用方式，并组织实施。

第二十二条 以有偿使用方式提供国有土地使用权的，由市、县国土资源主管部门与土地使用者签订土地有偿使用合同，并向建设单位颁发《建设用地批准书》。土地使用者缴纳土地有偿使用费后，依照规定办理土地登记。

以划拨方式提供国有土地使用权的，由市、县国土资源主管部门向建设单位颁发《国有土地划拨决定书》和《建设用地批准书》，依照规定办理土地登记。《国有土地划拨决定书》应当包括划拨土地面积、土地用途、土地使用条件等内容。

建设项目施工期间，建设单位应当将《建设用地批准书》公示于施工现场。

市、县国土资源主管部门应当将提供国有土地的情况定期予以公布。

第二十三条 各级国土资源主管部门应当对建设用地进行跟踪检查。

对违反本办法批准建设用地或者未经批准非法占用土地的，应当依法予以处罚。

第二十四条 本办法自发布之日起施行。

各类用地报批会审办法

(国土资发〔1998〕145号)

根据《土地管理法》和《国土资源部工作规则》,为加强各类用地审查,严格控制非农业建设占用耕地,保证依法、科学、集约、规范用地,特制定本办法。

一、会审组织

会审工作由部领导主持。参与会审单位包括办公厅、政策法规司、规划司、耕地保护司、地籍管理司、土地利用管理司、矿产开发管理司、地质环境司、执法监察局。

凡涉及农地转用、土地征用、农地开发的会审准备工作由耕地保护司牵头组织和协调。凡不涉及农地转用、土地征用、农地开发的会审准备工作由土地利用管理司牵头组织和协调。

二、会审范围

需报国务院批准的各类用地的审查报批工作。

三、审查依据

会审工作依据为:土地管理法律、法规和有关政策、土地利用现状调查、变更调查有关资料、国家产业政策、土地利用总体规划和年度计划及有关技术规范、标准;遵循统一效能、协作配合、各司其职、各负其责的原则进行。

四、审查内容

(一)用地是否在项目立项前经过预审,并有《用地预审报告书》。没有预审的,项目是否符合国家产业政策。

(二)农地转用、土地利用是否符合土地利用总体规划,是否列入土地利用年度计划。

(三)供地方式是否符合国家法律规定和有关政策,用地面积是否符合建设用地定额指标,是否合理和节约。

(四)征地补偿安置方案、耕地占补平衡措施是否可行、是否已经落实或能够落实。

(五)划拨用地方式是否符合《划拨供地目录》,有偿用地方式是否符合国家法律规定的有关政策,出让用地的出让方案是否符合规定。

(六)土地权属、地类面积是否清楚。

(七)适用法律和有关规定是否正确,是否存在违法行为。

(八)是否涉及矿产开发和地质环境问题。

各有关司局按照各自职责负责对上述审查内容提出意见。

五、会审程序与时限

(一)受理与送审

由办公厅统一接收报批用地的资料、图件,转牵头单位进行登记,并对资料是否齐全进行初审。材料齐全的,在2个工作日内分送有关司局;材料不齐全的,在2个工作日内转请办公厅向报批单位及时提出在规定期限内补全;逾期不通知,视为受理。

(二)审查

有关司局在收到牵头单位送审的《××××会审表》及有关资料后,应在8个工作日内按各自的职责提出书面审查意见,送牵头单位汇总。

(三)汇总

牵头单位在汇总各有关司局和有关部委意见的基础上,在10个工作日内起草《××××审查意见》报部会审。审查意见要综合反映有关司局的意见。

(四)会审

部不定期召开会审会议研究《××××审查意见》。会议由部领导主持,由牵头单位负责会议的各项准备工作。各有关司局和办公厅负责人及有关工作人员参加。会前,审查意见要分送到会的有关司(局、厅)负责人。

(五)报批

《××××审查意见》经部会审会议集体会审后,由牵头单位根据部领导决定的意见负责修改,在会审会议后的4个工作日内形成正式审查报告,报部领导签发上报国务院。

对规模小、情况简单的用地,经各有关司局审查,符合报批条件的,也可由牵头单位直接起草审查报告,报部领导签发上报国务院,但上报后要在部会审会议上通报。

(六)发文

用地报批件经国务院正式批准后,由牵头单位负责在2个工作日内办理批复文件并分送有关部门和部内有关司(局、厅)。

六、其他规定

（一）需听取汇报或赴现场踏察的用地，经主管部领导同意，由牵头单位负责组织进行。

（二）需征求国务院有关部门意见的，由牵头单位负责在收件后及时办文送有关部门，要求在规定的期限内反馈意见。如出现意见分歧，牵头单位会同有关司局负责做协调工作。

（三）用地审查报告上报国务院后，由牵头单位负责与国务院办公厅的联系工作。

（四）本办法于1999年1月1日起施行。

（4）国有土地上房屋征收

国有土地上房屋征收与补偿条例

（2011年1月19日国务院第141次常务会议通过）

第一章 总　　则

第一条　为了规范国有土地上房屋征收与补偿活动，维护公共利益，保障被征收房屋所有权人的合法权益，制定本条例。

第二条　为了公共利益的需要，征收国有土地上单位、个人的房屋，应当对被征收房屋所有权人（以下称被征收人）给予公平补偿。

第三条　房屋征收与补偿应当遵循决策民主、程序正当、结果公开的原则。

第四条　市、县级人民政府负责本行政区域的房屋征收与补偿工作。

市、县级人民政府确定的房屋征收部门（以下称房屋征收部门）组织实施本行政区域的房屋征收与补偿工作。

市、县级人民政府有关部门应当依照本条例的规定和本级人民政府规定的职责分工，互相配合，保障房屋征收与补偿工作的顺利进行。

第五条　房屋征收部门可以委托房屋征收实施单位，承担房屋征收与补偿的具体工作。房屋征收实施单位不得以营利为目的。

房屋征收部门对房屋征收实施单位在委托范围内实施的房屋征收与补偿

行为负责监督,并对其行为后果承担法律责任。

第六条 上级人民政府应当加强对下级人民政府房屋征收与补偿工作的监督。

国务院住房城乡建设主管部门和省、自治区、直辖市人民政府住房城乡建设主管部门应当会同同级财政、国土资源、发展改革等有关部门,加强对房屋征收与补偿实施工作的指导。

第七条 任何组织和个人对违反本条例规定的行为,都有权向有关人民政府、房屋征收部门和其他有关部门举报。接到举报的有关人民政府、房屋征收部门和其他有关部门对举报应当及时核实、处理。

监察机关应当加强对参与房屋征收与补偿工作的政府和有关部门或者单位及其工作人员的监察。

第二章 征收决定

第八条 为了保障国家安全、促进国民经济和社会发展等公共利益的需要,有下列情形之一,确需征收房屋的,由市、县级人民政府作出房屋征收决定:

(一)国防和外交的需要;

(二)由政府组织实施的能源、交通、水利等基础设施建设的需要;

(三)由政府组织实施的科技、教育、文化、卫生、体育、环境和资源保护、防灾减灾、文物保护、社会福利、市政公用等公共事业的需要;

(四)由政府组织实施的保障性安居工程建设的需要;

(五)由政府依照城乡规划法有关规定组织实施的对危房集中、基础设施落后等地段进行旧城区改建的需要;

(六)法律、行政法规规定的其他公共利益的需要。

第九条 依照本条例第八条规定,确需征收房屋的各项建设活动,应当符合国民经济和社会发展规划、土地利用总体规划、城乡规划和专项规划。保障性安居工程建设、旧城区改建,应当纳入市、县级国民经济和社会发展年度计划。

制定国民经济和社会发展规划、土地利用总体规划、城乡规划和专项规划,应当广泛征求社会公众意见,经过科学论证。

第十条 房屋征收部门拟定征收补偿方案,报市、县级人民政府。

市、县级人民政府应当组织有关部门对征收补偿方案进行论证并予以公布,征求公众意见。征求意见期限不得少于30日。

第十一条　市、县级人民政府应当将征求意见情况和根据公众意见修改的情况及时公布。

因旧城区改建需要征收房屋,多数被征收人认为征收补偿方案不符合本条例规定的,市、县级人民政府应当组织由被征收人和公众代表参加的听证会,并根据听证会情况修改方案。

第十二条　市、县级人民政府作出房屋征收决定前,应当按照有关规定进行社会稳定风险评估;房屋征收决定涉及被征收人数量较多的,应当经政府常务会议讨论决定。

作出房屋征收决定前,征收补偿费用应当足额到位、专户存储、专款专用。

第十三条　市、县级人民政府作出房屋征收决定后应当及时公告。公告应当载明征收补偿方案和行政复议、行政诉讼权利等事项。

市、县级人民政府及房屋征收部门应当做好房屋征收与补偿的宣传、解释工作。

房屋被依法征收的,国有土地使用权同时收回。

第十四条　被征收人对市、县级人民政府作出的房屋征收决定不服的,可以依法申请行政复议,也可以依法提起行政诉讼。

第十五条　房屋征收部门应当对房屋征收范围内房屋的权属、区位、用途、建筑面积等情况组织调查登记,被征收人应当予以配合。调查结果应当在房屋征收范围内向被征收人公布。

第十六条　房屋征收范围确定后,不得在房屋征收范围内实施新建、扩建、改建房屋和改变房屋用途等不当增加补偿费用的行为;违反规定实施的,不予补偿。

房屋征收部门应当将前款所列事项书面通知有关部门暂停办理相关手续。暂停办理相关手续的书面通知应当载明暂停期限。暂停期限最长不得超过1年。

第三章　补　　偿

第十七条　作出房屋征收决定的市、县级人民政府对被征收人给予的补偿包括:

(一)被征收房屋价值的补偿;

(二)因征收房屋造成的搬迁、临时安置的补偿;

(三)因征收房屋造成的停产停业损失的补偿。

市、县级人民政府应当制定补助和奖励办法,对被征收人给予补助和奖励。

第十八条 征收个人住宅,被征收人符合住房保障条件的,作出房屋征收决定的市、县级人民政府应当优先给予住房保障。具体办法由省、自治区、直辖市制定。

第十九条 对被征收房屋价值的补偿,不得低于房屋征收决定公告之日被征收房屋类似房地产的市场价格。被征收房屋的价值,由具有相应资质的房地产价格评估机构按照房屋征收评估办法评估确定。

对评估确定的被征收房屋价值有异议的,可以向房地产价格评估机构申请复核评估。对复核结果有异议的,可以向房地产价格评估专家委员会申请鉴定。

房屋征收评估办法由国务院住房城乡建设主管部门制定,制定过程中,应当向社会公开征求意见。

第二十条 房地产价格评估机构由被征收人协商选定;协商不成的,通过多数决定、随机选定等方式确定,具体办法由省、自治区、直辖市制定。

房地产价格评估机构应当独立、客观、公正地开展房屋征收评估工作,任何单位和个人不得干预。

第二十一条 被征收人可以选择货币补偿,也可以选择房屋产权调换。

被征收人选择房屋产权调换的,市、县级人民政府应当提供用于产权调换的房屋,并与被征收人计算、结清被征收房屋价值与用于产权调换房屋价值的差价。

因旧城区改建征收个人住宅,被征收人选择在改建地段进行房屋产权调换的,作出房屋征收决定的市、县级人民政府应当提供改建地段或者就近地段的房屋。

第二十二条 因征收房屋造成搬迁的,房屋征收部门应当向被征收人支付搬迁费;选择房屋产权调换的,产权调换房屋交付前,房屋征收部门应当向被征收人支付临时安置费或者提供周转用房。

第二十三条 对因征收房屋造成停产停业损失的补偿,根据房屋被征收前的效益、停产停业期限等因素确定。具体办法由省、自治区、直辖市制定。

第二十四条 市、县级人民政府及其有关部门应当依法加强对建设活动的监督管理,对违反城乡规划进行建设的,依法予以处理。

市、县级人民政府作出房屋征收决定前,应当组织有关部门依法对征收范围内未经登记的建筑进行调查、认定和处理。对认定为合法建筑和未超过批准期限的临时建筑的,应当给予补偿;对认定为违法建筑和超过批准期限的临时建筑的,不予补偿。

第二十五条　房屋征收部门与被征收人依照本条例的规定,就补偿方式、补偿金额和支付期限、用于产权调换房屋的地点和面积、搬迁费、临时安置费或者周转用房、停产停业损失、搬迁期限、过渡方式和过渡期限等事项,订立补偿协议。

补偿协议订立后,一方当事人不履行补偿协议约定的义务的,另一方当事人可以依法提起诉讼。

第二十六条　房屋征收部门与被征收人在征收补偿方案确定的签约期限内达不成补偿协议,或者被征收房屋所有权人不明确的,由房屋征收部门报请作出房屋征收决定的市、县级人民政府依照本条例的规定,按照征收补偿方案作出补偿决定,并在房屋征收范围内予以公告。

补偿决定应当公平,包括本条例第二十五条第一款规定的有关补偿协议的事项。

被征收人对补偿决定不服的,可以依法申请行政复议,也可以依法提起行政诉讼。

第二十七条　实施房屋征收应当先补偿、后搬迁。

作出房屋征收决定的市、县级人民政府对被征收人给予补偿后,被征收人应当在补偿协议约定或者补偿决定确定的搬迁期限内完成搬迁。

任何单位和个人不得采取暴力、威胁或者违反规定中断供水、供热、供气、供电和道路通行等非法方式迫使被征收人搬迁。禁止建设单位参与搬迁活动。

第二十八条　被征收人在法定期限内不申请行政复议或者不提起行政诉讼,在补偿决定规定的期限内又不搬迁的,由作出房屋征收决定的市、县级人民政府依法申请人民法院强制执行。

强制执行申请书应当附具补偿金额和专户存储账号、产权调换房屋和周转用房的地点和面积等材料。

第二十九条　房屋征收部门应当依法建立房屋征收补偿档案,并将分户补偿情况在房屋征收范围内向被征收人公布。

审计机关应当加强对征收补偿费用管理和使用情况的监督,并公布审计结果。

第四章 法律责任

第三十条 市、县级人民政府及房屋征收部门的工作人员在房屋征收与补偿工作中不履行本条例规定的职责,或者滥用职权、玩忽职守、徇私舞弊的,由上级人民政府或者本级人民政府责令改正,通报批评;造成损失的,依法承担赔偿责任;对直接负责的主管人员和其他直接责任人员,依法给予处分;构成犯罪的,依法追究刑事责任。

第三十一条 采取暴力、威胁或者违反规定中断供水、供热、供气、供电和道路通行等非法方式迫使被征收人搬迁,造成损失的,依法承担赔偿责任;对直接负责的主管人员和其他直接责任人员,构成犯罪的,依法追究刑事责任;尚不构成犯罪的,依法给予处分;构成违反治安管理行为的,依法给予治安管理处罚。

第三十二条 采取暴力、威胁等方法阻碍依法进行的房屋征收与补偿工作,构成犯罪的,依法追究刑事责任;构成违反治安管理行为的,依法给予治安管理处罚。

第三十三条 贪污、挪用、私分、截留、拖欠征收补偿费用的,责令改正,追回有关款项,限期退还违法所得,对有关责任单位通报批评、给予警告;造成损失的,依法承担赔偿责任;对直接负责的主管人员和其他直接责任人员,构成犯罪的,依法追究刑事责任;尚不构成犯罪的,依法给予处分。

第三十四条 房地产价格评估机构或者房地产估价师出具虚假或者有重大差错的评估报告的,由发证机关责令限期改正,给予警告,对房地产价格评估机构并处5万元以上20万元以下罚款,对房地产估价师并处1万元以上3万元以下罚款,并记入信用档案;情节严重的,吊销资质证书、注册证书;造成损失的,依法承担赔偿责任;构成犯罪的,依法追究刑事责任。

第五章 附 则

第三十五条 本条例自公布之日起施行。2001年6月13日国务院公布的

《城市房屋拆迁管理条例》同时废止。本条例施行前已依法取得房屋拆迁许可证的项目,继续沿用原有的规定办理,但政府不得责成有关部门强制拆迁。

住房和城乡建设部关于印发《国有土地上房屋征收评估办法》的通知

(建房〔2011〕77号)

各省、自治区住房城乡建设厅,直辖市住房城乡建设委员会(房地局),新疆生产建设兵团建设局:

根据《国有土地上房屋征收与补偿条例》,我部制定了《国有土地上房屋征收评估办法》。现印发给你们,请遵照执行。

中华人民共和国住房和城乡建设部
二〇一一年六月三日

国有土地上房屋征收评估办法

第一条 为规范国有土地上房屋征收评估活动,保证房屋征收评估结果客观公平,根据《国有土地上房屋征收与补偿条例》,制定本办法。

第二条 评估国有土地上被征收房屋和用于产权调换房屋的价值,测算被征收房屋类似房地产的市场价格,以及对相关评估结果进行复核评估和鉴定,适用本办法。

第三条 房地产价格评估机构、房地产估价师、房地产价格评估专家委员会(以下称评估专家委员会)成员应当独立、客观、公正地开展房屋征收评估、鉴定工作,并对出具的评估、鉴定意见负责。

任何单位和个人不得干预房屋征收评估、鉴定活动。与房屋征收当事人有利害关系的,应当回避。

第四条 房地产价格评估机构由被征收人在规定时间内协商选定;在规定

时间内协商不成的,由房屋征收部门通过组织被征收人按照少数服从多数的原则投票决定,或者采取摇号、抽签等随机方式确定。具体办法由省、自治区、直辖市制定。

房地产价格评估机构不得采取迎合征收当事人不当要求、虚假宣传、恶意低收费等不正当手段承揽房屋征收评估业务。

第五条 同一征收项目的房屋征收评估工作,原则上由一家房地产价格评估机构承担。房屋征收范围较大的,可以由两家以上房地产价格评估机构共同承担。

两家以上房地产价格评估机构承担的,应当共同协商确定一家房地产价格评估机构为牵头单位;牵头单位应当组织相关房地产价格评估机构就评估对象、评估时点、价值内涵、评估依据、评估假设、评估原则、评估技术路线、评估方法、重要参数选取、评估结果确定方式等进行沟通,统一标准。

第六条 房地产价格评估机构选定或者确定后,一般由房屋征收部门作为委托人,向房地产价格评估机构出具房屋征收评估委托书,并与其签订房屋征收评估委托合同。

房屋征收评估委托书应当载明委托人的名称、委托的房地产价格评估机构的名称、评估目的、评估对象范围、评估要求以及委托日期等内容。

房屋征收评估委托合同应当载明下列事项:

(一)委托人和房地产价格评估机构的基本情况;

(二)负责本评估项目的注册房地产估价师;

(三)评估目的、评估对象、评估时点等评估基本事项;

(四)委托人应提供的评估所需资料;

(五)评估过程中双方的权利和义务;

(六)评估费用及收取方式;

(七)评估报告交付时间、方式;

(八)违约责任;

(九)解决争议的方法;

(十)其他需要载明的事项。

第七条 房地产价格评估机构应当指派与房屋征收评估项目工作量相适应的足够数量的注册房地产估价师开展评估工作。

房地产价格评估机构不得转让或者变相转让受托的房屋征收评估业务。

第八条 被征收房屋价值评估目的应当表述为"为房屋征收部门与被征收人确定被征收房屋价值的补偿提供依据,评估被征收房屋的价值"。

用于产权调换房屋价值评估目的应当表述为"为房屋征收部门与被征收人计算被征收房屋价值与用于产权调换房屋价值的差价提供依据,评估用于产权调换房屋的价值"。

第九条 房屋征收评估前,房屋征收部门应当组织有关单位对被征收房屋情况进行调查,明确评估对象。评估对象应当全面、客观,不得遗漏、虚构。

房屋征收部门应当向受托的房地产价格评估机构提供征收范围内房屋情况,包括已经登记的房屋情况和未经登记建筑的认定、处理结果情况。调查结果应当在房屋征收范围内向被征收人公布。

对于已经登记的房屋,其性质、用途和建筑面积,一般以房屋权属证书和房屋登记簿的记载为准;房屋权属证书与房屋登记簿的记载不一致的,除有证据证明房屋登记簿确有错误外,以房屋登记簿为准。对于未经登记的建筑,应当按照市、县级人民政府的认定、处理结果进行评估。

第十条 被征收房屋价值评估时点为房屋征收决定公告之日。

用于产权调换房屋价值评估时点应当与被征收房屋价值评估时点一致。

第十一条 被征收房屋价值是指被征收房屋及其占用范围内的土地使用权在正常交易情况下,由熟悉情况的交易双方以公平交易方式在评估时点自愿进行交易的金额,但不考虑被征收房屋租赁、抵押、查封等因素的影响。

前款所述不考虑租赁因素的影响,是指评估被征收房屋无租约限制的价值;不考虑抵押、查封因素的影响,是指评估价值中不扣除被征收房屋已抵押担保的债权数额、拖欠的建设工程价款和其他法定优先受偿款。

第十二条 房地产价格评估机构应当安排注册房地产估价师对被征收房屋进行实地查勘,调查被征收房屋状况,拍摄反映被征收房屋内外部状况的照片等影像资料,做好实地查勘记录,并妥善保管。

被征收人应当协助注册房地产估价师对被征收房屋进行实地查勘,提供或者协助搜集被征收房屋价值评估所必需的情况和资料。

房屋征收部门、被征收人和注册房地产估价师应当在实地查勘记录上签字或者盖章确认。被征收人拒绝在实地查勘记录上签字或者盖章的,应当由房屋征收部门、注册房地产估价师和无利害关系的第三人见证,有关情况应当在评估报告中说明。

第十三条　注册房地产估价师应当根据评估对象和当地房地产市场状况，对市场法、收益法、成本法、假设开发法等评估方法进行适用性分析后，选用其中一种或者多种方法对被征收房屋价值进行评估。

被征收房屋的类似房地产有交易的，应当选用市场法评估；被征收房屋或者其类似房地产有经济收益的，应当选用收益法评估；被征收房屋是在建工程的，应当选用假设开发法评估。

可以同时选用两种以上评估方法评估的，应当选用两种以上评估方法评估，并对各种评估方法的测算结果进行校核和比较分析后，合理确定评估结果。

第十四条　被征收房屋价值评估应当考虑被征收房屋的区位、用途、建筑结构、新旧程度、建筑面积以及占地面积、土地使用权等影响被征收房屋价值的因素。

被征收房屋室内装饰装修价值，机器设备、物资等搬迁费用，以及停产停业损失等补偿，由征收当事人协商确定；协商不成的，可以委托房地产价格评估机构通过评估确定。

第十五条　房屋征收评估价值应当以人民币为计价的货币单位，精确到元。

第十六条　房地产价格评估机构应当按照房屋征收评估委托书或者委托合同的约定，向房屋征收部门提供分户的初步评估结果。分户的初步评估结果应当包括评估对象的构成及其基本情况和评估价值。房屋征收部门应当将分户的初步评估结果在征收范围内向被征收人公示。

公示期间，房地产价格评估机构应当安排注册房地产估价师对分户的初步评估结果进行现场说明解释。存在错误的，房地产价格评估机构应当修正。

第十七条　分户初步评估结果公示期满后，房地产价格评估机构应当向房屋征收部门提供委托评估范围内被征收房屋的整体评估报告和分户评估报告。房屋征收部门应当向被征收人转交分户评估报告。

整体评估报告和分户评估报告应当由负责房屋征收评估项目的两名以上注册房地产估价师签字，并加盖房地产价格评估机构公章。不得以印章代替签字。

第十八条　房屋征收评估业务完成后，房地产价格评估机构应当将评估报告及相关资料立卷、归档保管。

第十九条　被征收人或者房屋征收部门对评估报告有疑问的，出具评估报告的房地产价格评估机构应当向其作出解释和说明。

第二十条　被征收人或者房屋征收部门对评估结果有异议的，应当自收到评估报告之日起 10 日内,向房地产价格评估机构申请复核评估。

申请复核评估的,应当向原房地产价格评估机构提出书面复核评估申请,并指出评估报告存在的问题。

第二十一条 原房地产价格评估机构应当自收到书面复核评估申请之日起 10 日内对评估结果进行复核。复核后,改变原评估结果的,应当重新出具评估报告;评估结果没有改变的,应当书面告知复核评估申请人。

第二十二条 被征收人或者房屋征收部门对原房地产价格评估机构的复核结果有异议的,应当自收到复核结果之日起 10 日内,向被征收房屋所在地评估专家委员会申请鉴定。被征收人对补偿仍有异议的,按照《国有土地上房屋征收与补偿条例》第二十六条规定处理。

第二十三条 各省、自治区住房城乡建设主管部门和设区城市的房地产管理部门应当组织成立评估专家委员会,对房地产价格评估机构做出的复核结果进行鉴定。

评估专家委员会由房地产估价师以及价格、房地产、土地、城市规划、法律等方面的专家组成。

第二十四条 评估专家委员会应当选派成员组成专家组,对复核结果进行鉴定。专家组成员为 3 人以上单数,其中房地产估价师不得少于二分之一。

第二十五条 评估专家委员会应当自收到鉴定申请之日起 10 日内,对申请鉴定评估报告的评估程序、评估依据、评估假设、评估技术路线、评估方法选用、参数选取、评估结果确定方式等评估技术问题进行审核,出具书面鉴定意见。

经评估专家委员会鉴定,评估报告不存在技术问题的,应当维持评估报告;评估报告存在技术问题的,出具评估报告的房地产价格评估机构应当改正错误,重新出具评估报告。

第二十六条 房屋征收评估鉴定过程中,房地产价格评估机构应当按照评估专家委员会要求,就鉴定涉及的评估相关事宜进行说明。需要对被征收房屋进行实地查勘和调查的,有关单位和个人应当协助。

第二十七条 因房屋征收评估、复核评估、鉴定工作需要查询被征收房屋和用于产权调换房屋权属以及相关房地产交易信息的,房地产管理部门及其他相关部门应当提供便利。

第二十八条 在房屋征收评估过程中,房屋征收部门或者被征收人不配合、不提供相关资料的,房地产价格评估机构应当在评估报告中说明有关情况。

第二十九条 除政府对用于产权调换房屋价格有特别规定外,应当以评估方式确定用于产权调换房屋的市场价值。

第三十条 被征收房屋的类似房地产是指与被征收房屋的区位、用途、权利性质、档次、新旧程度、规模、建筑结构等相同或者相似的房地产。

被征收房屋类似房地产的市场价格是指被征收房屋的类似房地产在评估时点的平均交易价格。确定被征收房屋类似房地产的市场价格,应当剔除偶然的和不正常的因素。

第三十一条 房屋征收评估、鉴定费用由委托人承担。但鉴定改变原评估结果的,鉴定费用由原房地产价格评估机构承担。复核评估费用由原房地产价格评估机构承担。房屋征收评估、鉴定费用按照政府价格主管部门规定的收费标准执行。

第三十二条 在房屋征收评估活动中,房地产价格评估机构和房地产估价师的违法违规行为,按照《国有土地上房屋征收与补偿条例》、《房地产估价机构管理办法》、《注册房地产估价师管理办法》等规定处罚。违反规定收费的,由政府价格主管部门依照《中华人民共和国价格法》规定处罚。

第三十三条 本办法自公布之日起施行。2003年12月1日原建设部发布的《城市房屋拆迁估价指导意见》同时废止。但《国有土地上房屋征收与补偿条例》施行前已依法取得房屋拆迁许可证的项目,继续沿用原有规定。

自然资源部办公厅关于印发《划拨国有建设用地使用权地价评估指导意见(试行)》的通知

(自然资办函〔2019〕922号)

各省、自治区、直辖市自然资源主管部门,新疆生产建设兵团自然资源主管部门,中央军委后勤保障部军事设施建设局:

为科学合理评估划拨国有建设用地使用权地价,部组织研究制定了《划拨国有建设用地使用权地价评估指导意见(试行)》,现印发实施。

附件:划拨国有建设用地使用权地价评估指导意见(试行)

自然资源部办公厅
2019 年 5 月 31 日

划拨国有建设用地使用权地价评估指导意见(试行)

前　　言

为规范国有划拨建设用地使用权地价(以下简称"划拨地价")评估行为,根据《中华人民共和国物权法》《中华人民共和国土地管理法》《中华人民共和国城市房地产管理法》《中华人民共和国资产评估法》等相关法律法规和土地估价国家标准、行业标准,制定本指导意见。

本指导意见由自然资源部提出并归口。

本指导意见起草单位:自然资源部自然资源开发利用司、中国土地估价师与土地登记代理人协会。

本指导意见由自然资源部负责解释。

1. 地价定义

本指导意见所述划拨国有建设用地使用权地价,是指以划拨方式取得的、无年期限制的土地使用权价格。

2. 引用的标准

下列标准所包含的条文,通过在本指导意见中引用而构成本指导意见的条文。本指导意见颁布时,所示版本均为有效。使用本指导意见的各方应使用下列各标准的最新版本。

GB/T 18508-2014《城镇土地估价规程》

GB/T 18507-2014《城镇土地分等定级规程》

GB/T 21010-2017《土地利用现状分类》

TD/T 1052-2017《标定地价规程》

TD/T 1009-2007《城市地价动态监测技术规范》

《国有建设用地使用权出让地价评估技术规范》(国土资厅发〔2018〕4 号)

3. 评估方法

(1)成本逼近法

（2）市场比较法

（3）公示地价系数修正法

（4）收益还原法

（5）剩余法

划拨地价评估,应至少选用以上评估方法中的两种。

4. 评估要点

除遵循《城镇土地估价规程》一般规定外,各方法还可按以下要点评估:

4.1 成本逼近法

（1）采用成本逼近法评估划拨地价,应选用客观的土地取得及开发成本数据,包括土地取得费、土地开发费、税费、利息、利润等分项。

（2）合理确定土地取得费。结合估价对象所处区位及周边区域用地结构,分析在估价期日模拟获取估价对象类似用地可能采用的土地取得方式,测算相应土地取得费。

估价对象位于城市建成区外或远郊区域的,以估价对象周边区域平均征收补偿安置费用作为土地取得费。

估价对象位于城市建成区内的,可合理选择估价对象周边区域或类似地区的土地收储、国有土地上房屋征收或集体建设用地拆迁等案例,经期日、区位等修正后,算术平均确定估价对象土地取得费。有存量工业用地收储案例的,可优先选择使用。

4.2 市场比较法

（1）运用市场比较法时,应选择与估价对象同类型的比较实例。比较实例主要来源于政府实际划拨供地案例,选择实例时可不考虑供后实际用途。

（2）原则上应在同一供需圈内或类似地区收集不少于三个实例。同一供需圈内可比实例不足时,可适当扩大供需圈范围直至满足条件。原则上应采用三年以内的实例,三年内可选实例不足时,可将选择年限适当扩大直至满足条件,评估时根据市场情况进行期日修正。需要增加比较实例来源时按照先调整范围后调整时间的原则处理。

（3）选择比较实例时应注意因各地供地政策不同造成的价格内涵不同,应保障比较实例能够修正到估价对象同一价格内涵。

4.3 公示地价系数修正法

（1）待估宗地所在区域,政府已公布划拨土地使用权基准地价时,可选用基准地价系数修正法评估划拨地价。采用已完成更新但尚未向社会公布的划拨土地使用权基准地价,需经市、县自然资源主管部门书面同意。

(2)在已公布划拨土地使用权标定地价的城市,可运用标定地价系数修正法进行评估。

4.4 收益还原法

地方政府对划拨土地收益有处置政策或通过研究测算能够明确收益构成的,可依据《城镇土地估价规程》运用收益还原法。

4.5 剩余法

在《城镇土地估价规程》剩余法思路上衍生技术路线,通过出让土地使用权价格扣减土地增值收益的方法评估划拨地价,可定义为剩余(增值收益扣减)法。

地方已经公布经科学论证的土地增值收益的,可用出让土地使用权价格直接扣减相对应的土地增值收益。

对未公布土地增值收益的地区,估价机构可在满足数理统计要求的前提下,选择案例和技术路线测算土地增值收益。

对于仅在地方政府文件或基准地价中规定出让金缴纳比例的,不宜将其作为经科学论证的土地增值收益,不得直接扣减该比例测算划拨地价。

5. 其他规定

公共管理与公共服务用地、交通运输等用地,在运用上述方法评估划拨地价时,应统筹考虑当地出让案例实际,合理确定划拨地价水平。

(5)集体土地征收

自然资源部办公厅关于加快制定征收农用地区片综合地价工作的通知

(自然资办发〔2019〕53号)

各省、自治区、直辖市自然资源主管部门,新疆生产建设兵团自然资源局:

新修改的《土地管理法》将于2020年1月1日实施,加快做好征收农用地区

片综合地价(以下简称"区片综合地价")制定工作事关新法的顺利施行。现就有关问题通知如下:

一、立足现有工作基础,加快制定区片综合地价

近年来,各地贯彻落实《国务院关于深化改革严格土地管理的决定》(国发〔2004〕28号)要求,制定实施了征地统一年产值标准和区片综合地价。2019年8月修改的《土地管理法》对制定区片综合地价作出新的规定。各地要立足现有工作基础,对照新的规定要求,改进技术方法,加快推进区片综合地价制定工作。目前实行征地统一年产值标准的地方,要按照制定区片综合地价的要求调整方法、重新测算;已经公布区片综合地价的地方,凡符合新法规定的,可以继续执行,不符合新法规定的,要按照新法规定的区片综合地价内涵调整完善,并重新公布后继续执行。区片综合地价制定过程中,要做好前后政策衔接,实现征地补偿标准平稳有序过渡。

二、注意把握好几个问题

(一)准确把握区片综合地价的内涵。新法规定的区片综合地价是征收农民集体农用地的土地补偿费和安置补助费标准,不包括法律规定用于社会保险缴费补贴的被征地农民社会保障费用、征收农用地涉及的地上附着物和青苗等的补偿费用。

(二)合理划定区片。以县(市、区)为单位,根据农用地条件相近的原则,将县域划分为一个或几个区片,作为测算区片综合地价的基本单元。划定区片原则上不打破村级行政界线,可以将同一乡镇的多个行政村归并为一个区片,也可以将不同乡镇的多个行政村归并为一个区片;确有必要的,可依据河流、道路等线状地物确定区片边界。划定区片的具体方法可以参考《关于开展制订征地统一年产值标准和征地区片综合地价工作的通知》(国土资发〔2005〕144号,以下简称"144号文")相关规定。

(三)科学测算区片综合地价。参考144号文基本规定,采用农用地产值修正法、征地案例比较法等方法综合测算区片综合地价。农用地产值修正法是以当地主导耕作制度为测算基础,将未来农用地预期产值还原到当期,并结合被征地农民安置需要,综合考虑土地区位、土地供求关系、人口以及经济社会发展水平等因素进行修正后测算区片综合地价的方法;征地案例比较法是选择区片内近三至五年来实施征地的典型案例,以政府实际支付的土地补偿费和安置补助费为基础,剔除政府支付的社会保障费用,根据经济社会发展情况等进行修正后测算区片综合地价的方法。

区片综合地价应与当前经济社会发展水平相适应，不低于内涵可比的现行征地补偿标准。同一区片内不同类型农用地的质量存在明显差异的，可以设定地类调节系数进行调节。

（四）合理确定土地补偿费和安置补助费比例。区片综合地价确定后，按照主要用于被征地农民的原则，参照近年征地补偿费用在农村集体和农民个人之间的实际支付比例，合理确定区片综合地价中土地补偿费、安置补助费比例。具体应由省级人民政府根据当地实际情况作出规定。

三、加强统筹和审核把关

（一）省级自然资源主管部门应结合本地实际，拟定工作方案，对补偿水平、工作方法、工作步骤、时间安排等，统一部署并督促指导地方开展测算工作。

（二）县级自然资源主管部门要按照省统一部署具体开展测算工作。测算过程中，县级自然资源主管部门要广泛听取农村集体经济组织、农民群众以及政府有关部门等各方面意见，并进行充分论证。

（三）县级区片综合地价测算成果形成后，按照自下而上、逐级平衡的方法，地市级和省级自然资源主管部门应先行进行综合平衡。平衡时应统筹考虑不同地区间社会保障、安置途径的差异，做到征地补偿总体水平合理。

（四）县级自然资源主管部门组织对综合平衡后的区片综合地价测算成果进行听证，逐级上报省级自然资源主管部门。省级自然资源主管部门对区片综合地价测算的程序、方法和成果等进行审核把关，确保成果合理合法、符合实际。

（五）区片综合地价成果经省级人民政府同意后，由省级人民政府或省级人民政府规定的地市、县级人民政府公布实施。公布内容应当包括区片综合地价标准、土地补偿费和安置补助费比例、实施时间、新旧征地补偿标准衔接措施等。区片综合地价相关信息应纳入省级征地信息公开平台，方便社会查询。

自然资源部办公厅
2019 年 12 月 9 日

财政部、国家发展改革委关于
征地补偿安置费性质的批复

(财综〔2004〕19号)

辽宁省财政厅、物价局:

　　辽宁省财政厅《关于征地补偿安置费性质的请示》(辽财综〔2003〕519号)收悉,经商国地资源部,现就有关问题批复如下:

　　根据《土地管理法》及《土地管理法实施条例》(国务院令第256号)的规定,征地补偿安置费是征地单位按照国家有关规定支付给征用土地的农村集体经济组织和农民的补偿安置资金,不属于行政事业性收费,不应将其作为政府收入上缴国库或财政专户实行"收支两条线"管理。

劳动和社会保障部　国土资源部关于切实做好
被征地农民社会保障工作有关问题的通知

(劳社部发〔2007〕14号)

各省、自治区、直辖市劳动和社会保障厅(局)、国土资源厅(国土环境资源厅、国土资源局、国土资源和房屋管理局、房屋土地资源管理局):

　　党中央、国务院高度重视被征地农民就业培训和社会保障问题,近年来先后下发了一系列重要文件,将做好被征地农民社会保障工作作为改革征地制度、完善社会保障体系的重要内容,摆在了突出位置,提出了明确要求。最近颁布的《物权法》,对安排被征地农民的社会保障费用作出了规定。许多地区开展了被征地农民社会保障工作,对维护被征地农民合法权益、促进社会稳定发挥了积极作用,但部分地区工作进展缓慢,亟待加快进度、完善政策、规范管理。为进一步贯彻落实《国务院关于加强土地调控有关问题的通知》(国发〔2006〕31

号,以下简称国发31号文件)关于"社会保障费用不落实的不得批准征地"的精神,切实做好被征地农民社会保障工作,现就有关问题通知如下:

一、进一步明确被征地农民社会保障工作责任

为贯彻国发31号文件和《国务院办公厅转发劳动保障部关于做好被征地农民就业培训和社会保障工作指导意见的通知》(国办发〔2006〕29号,以下简称国办发29号文件)关于"实行一把手负责制,建立责任追究制度"和"严格实行问责制"的精神,地方各级人民政府主要负责人要对被征地农民社会保障工作负总责,劳动保障部门、国土资源部门要按照职能各负其责,制定切实可行的计划,加强工作调度和督促检查,切实做好本行政区域内被征地农民的社会保障工作。

各地要尽快建立被征地农民社会保障制度。按照国办发29号文件要求,已经出台实施办法的省份,要认真总结经验,完善政策和措施,提高管理水平,加强对市县工作的指导;其他省份要抓紧研究,争取在今年年底前出台实施办法。要严格按国办发29号文件关于保障项目和标准的要求,尽快将被征地农民纳入社会保障体系,确保被征地农民原有生活水平不降低、长远生计有保障,并建立相应的调整机制。

二、确保被征地农民社会保障所需资金

各地在制订被征地农民社会保障实施办法中,要明确和落实社会保障资金渠道。被征地农民社会保障所需资金,原则上由农民个人、农村集体、当地政府共同承担,具体比例、数额结合当地实际确定。根据国办发29号文件和《国务院办公厅关于规范国有土地使用权出让收支管理的通知》(国办发〔2006〕100号,以下简称国办发100号文件)规定,被征地农民社会保障所需资金从当地政府批准提高的安置补助费和用于被征地农户的土地补偿费中统一安排,两项费用尚不足以支付的,由当地政府从国有土地有偿使用收入中解决;地方人民政府可以从土地出让收入中安排一部分资金用于补助被征地农民社会保障支出,逐步建立被征地农民生活保障的长效机制。

各市县征地统一年产值标准和区片综合地价公布实施前,被征地农民社会保障所需资金的个人缴费部分,可以从其所得的土地补偿费、安置补助费中直接缴纳;各市县征地统一年产值标准和区片综合地价公布实施后,要及时确定征地补偿安置费用在农民个人、农村集体之间的分配办法,被征地农民社会保障个人缴费部分在农民个人所得中直接缴纳。

三、严格征地中对农民社会保障落实情况的审查

要严格执行国发 31 号文件关于"社会保障费用不落实的不得批准征地"的规定,加强对被征地农民社会保障措施落实情况的审查。被征地农民社会保障对象、项目、标准以及费用筹集办法等情况,要纳入征地报批前告知、听证等程序,维护被征地农民知情、参与等民主权利。市县人民政府在呈报征地报批材料时,应就上述情况作出说明。

劳动保障部门、国土资源部门要加强沟通协作,共同把好被征地农民社会保障落实情况审查关。需报省级政府批准征地的,上述说明材料由市(地、州)级劳动保障部门提出审核意见;需报国务院批准征地的,由省级劳动保障部门提出审核意见。有关说明材料和审核意见作为必备要件随建设用地报批资料同时上报。对没有出台被征地农民社会保障实施办法、被征地农民社会保障费用不落实、没有按规定履行征地报批前有关程序的,一律不予报批征地。

四、规范被征地农民社会保障资金管理

根据国办发 100 号文件规定,国有土地使用权出让收入全部缴入地方国库,支出一律通过地方基金预算从土地出让收入中予以安排。被征地农民社会保障所需费用,应在征地补偿安置方案批准之日起 3 个月内,按标准足额划入"被征地农民社会保障资金专户",按规定记入个人账户或统筹账户。劳动保障部门负责被征地农民社会保障待遇核定和资金发放管理,具体工作由各级劳动保障部门的社保经办机构办理。

各地要制订被征地农民社会保障资金管理办法,加强对资金收支情况的监管,定期向社会公布,接受社会和被征地农民的监督。各地要按照国办发 29 号文件规定,确保必要的人员和工作经费。要加强被征地农民统计工作,做好对征地面积、征地涉及农业人口以及被征地农民社会保障参保人数、享受待遇人员、资金收支等情况的统计;加强对被征地农民社会保障工作的考核。

五、加强被征地农民社会保障工作的监督检查

根据中共中央办公厅、国务院办公厅《关于加强农村基层党风廉政建设的意见》(中办发〔2006〕32 号)的要求,地方各级劳动保障部门、国土资源部门要认真贯彻落实有关方针政策,在对农村土地征收征用情况的监督检查中,切实搞好对被征地农民社会保障工作情况的监督检查,纠正征地过程中损害农民权益问题。

被征地农民社会保障资金要专款专用,独立核算,任何部门、单位和个人都

不得挤占、截留、挪用、转借或擅自将资金用于任何形式的直接投资。被征地农民社会保障资金未能足额到位、及时发放的,要追究有关人员的责任。国家工作人员在被征地农民社会保障资金管理工作中玩忽职守、滥用职权、徇私舞弊的,要依照有关规定追究行政责任;构成犯罪的,依法追究刑事责任。

二〇〇七年四月二十八日

劳动和社会保障部、民政部、审计署关于做好农村社会养老保险和被征地农民社会保障工作有关问题的通知

(劳社部发〔2007〕31号)

各省、自治区、直辖市劳动保障厅(局)民政厅(局):

经请示国务院领导同志同意,今年要对农村社会养老保险(以下简称农保)基金进行全面审计,摸清底数;对农保工仆进行清理,理顺管理体制,妥善处理被处置金融机构中的农保基金债权;研究提出推进农保工作的意见。为贯彻落实国务院要求,现就有关事项通知如下:

一、积极配合审计部门做好农保基金全面审计工作

(一)高度重观农保基金审计工作。目前,国家审计署对农保基金的全面审计工作已经开始,将于今年第四季度完成。各级劳动保障和尚未完成职能划转和工传移交的民政部门要充分认识做好农保基金审计工作对确保基金安全、推进农保工作的重要性,积极配合审计部门开展工作,确保审计工作顺利完成。

(二)认真做好自查自纠工作。各级农保主管部门要立即组织农保经办机构对农保基金管理使用情况进行全面检查,认真纠正违规问题。要把自查自纠工作作为配合审计工作的一项重要内容,抓实抓细,做好接受全面审计检查的工作准备。

(三)做好基金审计后的整改工作。各地要认真落实审计部门的审计意见和审计决定,对审计中发现的问题,进行认真梳理,采取经济、行政和法律的手段,按要求坚决回收违规基金。劳动和社会保障部将对重点地区整改工作进行

督察。

二、尽快理顺农保管理体制

(一)及时完成职能划转和工作移交。没有完成职能划转和工作移交的地方,要按照《关于省级政府劳动和社会保障以及药品监督管理工作机构有关问题的通知》(中编办发[1998]8号)和《关于构建市县劳动和社会保障机构有关问题的通知》(中编办发[2000]18号)要求,在全面审计、摸清底数的基础上,于2007年12月底之前完成各级农保职能、机构、人员、档案、基金由民政部门向劳动保障部门的整体移交工作。劳动保障部门、民政部门要加强协调,共同指导、督谈各地做好农保移交工作,切实加强农保机构建设,提高经办能力。

(二)妥善解决农保机构设置和乡镇农保的管理问题。在整体移交工作中,要按照统筹城乡社会保险事业发展的要求,妥善解决农保机构、编制和职能设置问题。各级劳动保障部门要商同级财政部门,将农保机构的工作和人员经费纳入财政预算。同时取消从收取的农保基金中提取管理费的做法,杜绝挤占挪用基金工资等现象。

(三)建立和健全农保基金管理和监督制度。各地要进一步加强农保基金的财务管理,规范会计核算。各级农保经办机构要按照《社会保险经办机构内部控制暂行办法》(劳社部发[2007]2号)的要求,加强内控制度建设,建立健全内部规章制度和基金内审稽核制度,规范经办行为,控制经办风险,提高管理水平,保证基金安全。各级社会保险基金监督机构要落实《关于进一步防范农村社会养老保险基金风险的紧急通知》(劳社部函[2004]240)的要求,将农保基金纳入日常监督管业务范围,切实履行监督职责,对农保基金的管理使用情况进行定期检查。

三、积极推进新型农保试点工作

(一)试点原则。要按照保基本、广覆盖、能转移、可持续的原则,以多种方式推进新型农保制度建设。要根据党的十六届六中全会关于"建立覆盖城乡居民的社会保障体系"和"加大公共财政对农村社会保障制度建设的投入"的要求,以缴费补贴、老人直补、基金贴息、待遇调整等多种方式,建立农民参保补贴制度,不断扩大覆盖范围,逐步提高待遇水平。

(二)试点办法。要在深入调研、认真总结已有工作经验的基础上,坚持从当地实际出发,研究制定新型农保试点办法。以农村有缴费能力的各类从业人员为主要对象,完善个人缴费、集体(或用人单位)补助、政府补贴的多元化筹资机制,建立以个人帐户为主、保障水平适度、缴费方式灵活、帐户可随人转移的新型农保制度和参保补贴机制。有条件的地区也可建立个人帐户为主、统筹调剂为辅的养老保险制度。要引导部分乡镇、村组已建立的各种养老补助制度逐步向社会养老保险制度过渡,实现可持续发展。

(三)试点选择。要选择城镇化进程较快、地方财政状况较好、政府和集体经济有能力对农民参保给予一定财政支持的地方开展农保试点,为其他具备条件地方建立农保制度积累经验。东部经济较发达的地级市可选择1—2个县级单位开展试点工作,中西部各省(自治区、直辖市)可选择3—5个县级单位开展试点。各试点县市名单和试点方案报劳动和社会保障部备案。

四、切实做好被征地农民社会保障工作

(一)高度重视被征地农民社会保障工作。各地要根据国务院关于做好被征地农民社会保障工作一系列政策文件要求,在今年内出台被征地农民社会保障实施办法,全面开展被征地农民社会保障工作。要明确工作责任,加强被征地农民社会保障经办工作,建工被征地农民社会保障工作统计报告制度,加强对工作进展的调度和督促检查。要认真研究解决工作中出现的新情况和新问题,及时总结交流经验。今年下半年有关部门将进行专项检查,督促各地做好被征地农民社会保障工作。

(二)明确被征地农民社会保障工作机构和职责。各级劳动保障部门作为被征地农民社会保障工作的主管部门,负责被征地农民社会保障政策的制定和实施。劳动保障行政部门负责拟定被征地农民社会保障对象、项目、标准以及费用筹集等政策办法,具体经办工作由负责被征地农民社会保障工作的社会保险经办机构办理。要严格按《国务院办公厅转发劳动保障部关于做好被征地农民就业培训和社会保障工作指导意见的通知》(国[2006]29号)和《国务院办公厅关于规范国有土地使用权出让收支管理的通知》(国发[2006]100号)关于保障项目、标准和资金安排的要求,搞好被征地农民社会保障测算工作,足额筹集被征地农民社会保障资金,确保被征地农民原有生活水平不降低,长远生计有保障,确保制度的可持续发展。

(三)规范被征地农民社会保障审核工作。需报国务院批准征地的,由省、自治区、直辖市劳动和社会保障厅(局)根据《关于切实做好被征地农民社会保障工作有关问题的通知》(劳社部发[2007]14号)的规定,对被征地农民社会保障项目、标准、资金安排和落实措施提出审核意见;需报省级政府批准征地的,有省辖市(州、盟)劳动和社会保障局提出审核意见。

劳动和社会保障部
民政部
审计署
二〇〇七年八月十七日

6. 政府采购与招投标

中华人民共和国政府采购法

（2002年6月29日第九届全国人民代表大会常务委员会第二十八次会议通过 根据2014年8月31日第十二届全国人民代表大会常务委员会第十次会议《关于修改〈中华人民共和国保险法〉等五部法律的决定》修正）

第一章 总 则

第一条 为了规范政府采购行为,提高政府采购资金的使用效益,维护国家利益和社会公共利益,保护政府采购当事人的合法权益,促进廉政建设,制定本法。

第二条 在中华人民共和国境内进行的政府采购适用本法。

本法所称政府采购,是指各级国家机关、事业单位和团体组织,使用财政性资金采购依法制定的集中采购目录以内的或者采购限额标准以上的货物、工程和服务的行为。

政府集中采购目录和采购限额标准依照本法规定的权限制定。

本法所称采购,是指以合同方式有偿取得货物、工程和服务的行为,包括购买、租赁、委托、雇用等。

本法所称货物,是指各种形态和种类的物品,包括原材料、燃料、设备、产品等。

本法所称工程,是指建设工程,包括建筑物和构筑物的新建、改建、扩建、装修、拆除、修缮等。

本法所称服务,是指除货物和工程以外的其他政府采购对象。

第三条 政府采购应当遵循公开透明原则、公平竞争原则、公正原则和诚实信用原则。

第四条 政府采购工程进行招标投标的,适用招标投标法。

第五条 任何单位和个人不得采用任何方式,阻挠和限制供应商自由进入本地区和本行业的政府采购市场。

第六条 政府采购应当严格按照批准的预算执行。

第七条 政府采购实行集中采购和分散采购相结合。集中采购的范围由省级以上人民政府公布的集中采购目录确定。

属于中央预算的政府采购项目,其集中采购目录由国务院确定并公布;属于地方预算的政府采购项目,其集中采购目录由省、自治区、直辖市人民政府或者其授权的机构确定并公布。

纳入集中采购目录的政府采购项目,应当实行集中采购。

第八条 政府采购限额标准,属于中央预算的政府采购项目,由国务院确定并公布;属于地方预算的政府采购项目,由省、自治区、直辖市人民政府或者其授权的机构确定并公布。

第九条 政府采购应当有助于实现国家的经济和社会发展政策目标,包括保护环境,扶持不发达地区和少数民族地区,促进中小企业发展等。

第十条 政府采购应当采购本国货物、工程和服务。但有下列情形之一的除外:

(一)需要采购的货物、工程或者服务在中国境内无法获取或者无法以合理的商业条件获取的;

(二)为在中国境外使用而进行采购的;

(三)其他法律、行政法规另有规定的。

前款所称本国货物、工程和服务的界定,依照国务院有关规定执行。

第十一条 政府采购的信息应当在政府采购监督管理部门指定的媒体上及时向社会公开发布,但涉及商业秘密的除外。

第十二条 在政府采购活动中,采购人员及相关人员与供应商有利害关系的,必须回避。供应商认为采购人员及相关人员与其他供应商有利害关系的,可以申请其回避。

前款所称相关人员,包括招标采购中评标委员会的组成人员,竞争性谈判采购中谈判小组的组成人员,询价采购中询价小组的组成人员等。

第十三条　各级人民政府财政部门是负责政府采购监督管理的部门,依法履行对政府采购活动的监督管理职责。

各级人民政府其他有关部门依法履行与政府采购活动有关的监督管理职责。

第二章　政府采购当事人

第十四条　政府采购当事人是指在政府采购活动中享有权利和承担义务的各类主体,包括采购人、供应商和采购代理机构等。

第十五条　采购人是指依法进行政府采购的国家机关、事业单位、团体组织。

第十六条　集中采购机构为采购代理机构。设区的市、自治州以上人民政府根据本级政府采购项目组织集中采购的需要设立集中采购机构。

集中采购机构是非营利事业法人,根据采购人的委托办理采购事宜。

第十七条　集中采购机构进行政府采购活动,应当符合采购价格低于市场平均价格、采购效率更高、采购质量优良和服务良好的要求。

第十八条　采购人采购纳入集中采购目录的政府采购项目,必须委托集中采购机构代理采购;采购未纳入集中采购目录的政府采购项目,可以自行采购,也可以委托集中采购机构在委托的范围内代理采购。

纳入集中采购目录属于通用的政府采购项目的,应当委托集中采购机构代理采购;属于本部门、本系统有特殊要求的项目,应当实行部门集中采购;属于本单位有特殊要求的项目,经省级以上人民政府批准,可以自行采购。

第十九条　采购人可以委托集中采购机构以外的采购代理机构,在委托的范围内办理政府采购事宜。

采购人有权自行选择采购代理机构,任何单位和个人不得以任何方式为采购人指定采购代理机构。

第二十条　采购人依法委托采购代理机构办理采购事宜的,应当由采购人与采购代理机构签订委托代理协议,依法确定委托代理的事项,约定双方的权利义务。

第二十一条　供应商是指向采购人提供货物、工程或者服务的法人、其他组织或者自然人。

第二十二条 供应商参加政府采购活动应当具备下列条件：
（一）具有独立承担民事责任的能力；
（二）具有良好的商业信誉和健全的财务会计制度；
（三）具有履行合同所必需的设备和专业技术能力；
（四）有依法缴纳税收和社会保障资金的良好记录；
（五）参加政府采购活动前三年内，在经营活动中没有重大违法记录；
（六）法律、行政法规规定的其他条件。

采购人可以根据采购项目的特殊要求，规定供应商的特定条件，但不得以不合理的条件对供应商实行差别待遇或者歧视待遇。

第二十三条 采购人可以要求参加政府采购的供应商提供有关资质证明文件和业绩情况，并根据本法规定的供应商条件和采购项目对供应商的特定要求，对供应商的资格进行审查。

第二十四条 两个以上的自然人、法人或者其他组织可以组成一个联合体，以一个供应商的身份共同参加政府采购。

以联合体形式进行政府采购的，参加联合体的供应商均应当具备本法第二十二条规定的条件，并应当向采购人提交联合协议，载明联合体各方承担的工作和义务。联合体各方应当共同与采购人签订采购合同，就采购合同约定的事项对采购人承担连带责任。

第二十五条 政府采购当事人不得相互串通损害国家利益、社会公共利益和其他当事人的合法权益；不得以任何手段排斥其他供应商参与竞争。

供应商不得以向采购人、采购代理机构、评标委员会的组成人员、竞争性谈判小组的组成人员、询价小组的组成人员行贿或者采取其他不正当手段谋取中标或者成交。

采购代理机构不得以向采购人行贿或者采取其他不正当手段谋取非法利益。

第三章 政府采购方式

第二十六条 政府采购采用以下方式：
（一）公开招标；
（二）邀请招标；
（三）竞争性谈判；

（四）单一来源采购；

（五）询价；

（六）国务院政府采购监督管理部门认定的其他采购方式。

公开招标应作为政府采购的主要采购方式。

第二十七条 采购人采购货物或者服务应当采用公开招标方式的，其具体数额标准，属于中央预算的政府采购项目，由国务院规定；属于地方预算的政府采购项目，由省、自治区、直辖市人民政府规定；因特殊情况需要采用公开招标以外的采购方式的，应当在采购活动开始前获得设区的市、自治州以上人民政府采购监督管理部门的批准。

第二十八条 采购人不得将应当以公开招标方式采购的货物或者服务化整为零或者以其他任何方式规避公开招标采购。

第二十九条 符合下列情形之一的货物或者服务，可以依照本法采用邀请招标方式采购：

（一）具有特殊性，只能从有限范围的供应商处采购的；

（二）采用公开招标方式的费用占政府采购项目总价值的比例过大的。

第三十条 符合下列情形之一的货物或者服务，可以依照本法采用竞争性谈判方式采购：

（一）招标后没有供应商投标或者没有合格标的或者重新招标未能成立的；

（二）技术复杂或者性质特殊，不能确定详细规格或者具体要求的；

（三）采用招标所需时间不能满足用户紧急需要的；

（四）不能事先计算出价格总额的。

第三十一条 符合下列情形之一的货物或者服务，可以依照本法采用单一来源方式采购：

（一）只能从唯一供应商处采购的；

（二）发生了不可预见的紧急情况不能从其他供应商处采购的；

（三）必须保证原有采购项目一致性或者服务配套的要求，需要继续从原供应商处添购，且添购资金总额不超过原合同采购金额百分之十的。

第三十二条 采购的货物规格、标准统一、现货货源充足且价格变化幅度小的政府采购项目，可以依照本法采用询价方式采购。

第四章 政府采购程序

第三十三条 负有编制部门预算职责的部门在编制下一财政年度部门预

算时,应当将该财政年度政府采购的项目及资金预算列出,报本级财政部门汇总。部门预算的审批,按预算管理权限和程序进行。

第三十四条 货物或者服务项目采取邀请招标方式采购的,采购人应当从符合相应资格条件的供应商中,通过随机方式选择三家以上的供应商,并向其发出投标邀请书。

第三十五条 货物和服务项目实行招标方式采购的,自招标文件开始发出之日起至投标人提交投标文件截止之日止,不得少于二十日。

第三十六条 在招标采购中,出现下列情形之一的,应予废标:

(一)符合专业条件的供应商或者对招标文件作实质响应的供应商不足三家的;

(二)出现影响采购公正的违法、违规行为的;

(三)投标人的报价均超过了采购预算,采购人不能支付的;

(四)因重大变故,采购任务取消的。

废标后,采购人应当将废标理由通知所有投标人。

第三十七条 废标后,除采购任务取消情形外,应当重新组织招标;需要采取其他方式采购的,应当在采购活动开始前获得设区的市、自治州以上人民政府采购监督管理部门或者政府有关部门批准。

第三十八条 采用竞争性谈判方式采购的,应当遵循下列程序:

(一)成立谈判小组。谈判小组由采购人的代表和有关专家共三人以上的单数组成,其中专家的人数不得少于成员总数的三分之二。

(二)制定谈判文件。谈判文件应当明确谈判程序、谈判内容、合同草案的条款以及评定成交的标准等事项。

(三)确定邀请参加谈判的供应商名单。谈判小组从符合相应资格条件的供应商名单中确定不少于三家的供应商参加谈判,并向其提供谈判文件。

(四)谈判。谈判小组所有成员集中与单一供应商分别进行谈判。在谈判中,谈判的任何一方不得透露与谈判有关的其他供应商的技术资料、价格和其他信息。谈判文件有实质性变动的,谈判小组应当以书面形式通知所有参加谈判的供应商。

(五)确定成交供应商。谈判结束后,谈判小组应当要求所有参加谈判的供应商在规定时间内进行最后报价,采购人从谈判小组提出的成交候选人中根据符合采购需求、质量和服务相等且报价最低的原则确定成交供应商,并将结果通知所有参加谈判的未成交的供应商。

第三十九条 采取单一来源方式采购的,采购人与供应商应当遵循本法规定的原则,在保证采购项目质量和双方商定合理价格的基础上进行采购。

第四十条 采取询价方式采购的,应当遵循下列程序:

(一)成立询价小组。询价小组由采购人的代表和有关专家共三人以上的单数组成,其中专家的人数不得少于成员总数的三分之二。询价小组应当对采购项目的价格构成和评定成交的标准等事项作出规定。

(二)确定被询价的供应商名单。询价小组根据采购需求,从符合相应资格条件的供应商名单中确定不少于三家的供应商,并向其发出询价通知书让其报价。

(三)询价。询价小组要求被询价的供应商一次报出不得更改的价格。

(四)确定成交供应商。采购人根据符合采购需求、质量和服务相等且报价最低的原则确定成交供应商,并将结果通知所有被询价的未成交的供应商。

第四十一条 采购人或者其委托的采购代理机构应当组织对供应商履约的验收。大型或者复杂的政府采购项目,应当邀请国家认可的质量检测机构参加验收工作。验收方成员应当在验收书上签字,并承担相应的法律责任。

第四十二条 采购人、采购代理机构对政府采购项目每项采购活动的采购文件应当妥善保存,不得伪造、变造、隐匿或者销毁。采购文件的保存期限为从采购结束之日起至少保存十五年。

采购文件包括采购活动记录、采购预算、招标文件、投标文件、评标标准、评估报告、定标文件、合同文本、验收证明、质疑答复、投诉处理决定及其他有关文件、资料。

采购活动记录至少应当包括下列内容:

(一)采购项目类别、名称;

(二)采购项目预算、资金构成和合同价格;

(三)采购方式,采用公开招标以外的采购方式的,应当载明原因;

(四)邀请和选择供应商的条件及原因;

(五)评标标准及确定中标人的原因;

(六)废标的原因;

(七)采用招标以外采购方式的相应记载。

第五章　政府采购合同

第四十三条　政府采购合同适用合同法。采购人和供应商之间的权利和义务,应当按照平等、自愿的原则以合同方式约定。

采购人可以委托采购代理机构代表其与供应商签订政府采购合同。由采购代理机构以采购人名义签订合同的,应当提交采购人的授权委托书,作为合同附件。

第四十四条　政府采购合同应当采用书面形式。

第四十五条　国务院政府采购监督管理部门应当会同国务院有关部门,规定政府采购合同必须具备的条款。

第四十六条　采购人与中标、成交供应商应当在中标、成交通知书发出之日起三十日内,按照采购文件确定的事项签订政府采购合同。

中标、成交通知书对采购人和中标、成交供应商均具有法律效力。中标、成交通知书发出后,采购人改变中标、成交结果的,或者中标、成交供应商放弃中标、成交项目的,应当依法承担法律责任。

第四十七条　政府采购项目的采购合同自签订之日起七个工作日内,采购人应当将合同副本报同级政府采购监督管理部门和有关部门备案。

第四十八条　经采购人同意,中标、成交供应商可以依法采取分包方式履行合同。

政府采购合同分包履行的,中标、成交供应商就采购项目和分包项目向采购人负责,分包供应商就分包项目承担责任。

第四十九条　政府采购合同履行中,采购人需追加与合同标的相同的货物、工程或者服务的,在不改变合同其他条款的前提下,可以与供应商协商签订补充合同,但所有补充合同的采购金额不得超过原合同采购金额的百分之十。

第五十条　政府采购合同的双方当事人不得擅自变更、中止或者终止合同。

政府采购合同继续履行将损害国家利益和社会公共利益的,双方当事人应当变更、中止或者终止合同。有过错的一方应当承担赔偿责任,双方都有过错的,各自承担相应的责任。

第六章　质疑与投诉

第五十一条　供应商对政府采购活动事项有疑问的,可以向采购人提出询问,采购人应当及时作出答复,但答复的内容不得涉及商业秘密。

第五十二条 供应商认为采购文件、采购过程和中标、成交结果使自己的权益受到损害的,可以在知道或者应知其权益受到损害之日起七个工作日内,以书面形式向采购人提出质疑。

第五十三条 采购人应当在收到供应商的书面质疑后七个工作日内作出答复,并以书面形式通知质疑供应商和其他有关供应商,但答复的内容不得涉及商业秘密。

第五十四条 采购人委托采购代理机构采购的,供应商可以向采购代理机构提出询问或者质疑,采购代理机构应当依照本法第五十一条、第五十三条的规定就采购人委托授权范围内的事项作出答复。

第五十五条 质疑供应商对采购人、采购代理机构的答复不满意或者采购人、采购代理机构未在规定的时间内作出答复的,可以在答复期满后十五个工作日内向同级政府采购监督管理部门投诉。

第五十六条 政府采购监督管理部门应当在收到投诉后三十个工作日内,对投诉事项作出处理决定,并以书面形式通知投诉人和与投诉事项有关的当事人。

第五十七条 政府采购监督管理部门在处理投诉事项期间,可以视具体情况书面通知采购人暂停采购活动,但暂停时间最长不得超过三十日。

第五十八条 投诉人对政府采购监督管理部门的投诉处理决定不服或者政府采购监督管理部门逾期未作处理的,可以依法申请行政复议或者向人民法院提起行政诉讼。

第七章 监督检查

第五十九条 政府采购监督管理部门应当加强对政府采购活动及集中采购机构的监督检查。

监督检查的主要内容是:

(一)有关政府采购的法律、行政法规和规章的执行情况;

(二)采购范围、采购方式和采购程序的执行情况;

(三)政府采购人员的职业素质和专业技能。

第六十条 政府采购监督管理部门不得设置集中采购机构,不得参与政府采购项目的采购活动。

采购代理机构与行政机关不得存在隶属关系或者其他利益关系。

第六十一条 集中采购机构应当建立健全内部监督管理制度。采购活动的决策和执行程序应当明确,并相互监督、相互制约。经办采购的人员与负责采购合同审核、验收人员的职责权限应当明确,并相互分离。

第六十二条 集中采购机构的采购人员应当具有相关职业素质和专业技能,符合政府采购监督管理部门规定的专业岗位任职要求。

集中采购机构对其工作人员应当加强教育和培训;对采购人员的专业水平、工作实绩和职业道德状况定期进行考核。采购人员经考核不合格的,不得继续任职。

第六十三条 政府采购项目的采购标准应当公开。

采用本法规定的采购方式的,采购人在采购活动完成后,应当将采购结果予以公布。

第六十四条 采购人必须按照本法规定的采购方式和采购程序进行采购。

任何单位和个人不得违反本法规定,要求采购人或者采购工作人员向其指定的供应商进行采购。

第六十五条 政府采购监督管理部门应当对政府采购项目的采购活动进行检查,政府采购当事人应当如实反映情况,提供有关材料。

第六十六条 政府采购监督管理部门应当对集中采购机构的采购价格、节约资金效果、服务质量、信誉状况、有无违法行为等事项进行考核,并定期如实公布考核结果。

第六十七条 依照法律、行政法规的规定对政府采购负有行政监督职责的政府有关部门,应当按照其职责分工,加强对政府采购活动的监督。

第六十八条 审计机关应当对政府采购进行审计监督。政府采购监督管理部门、政府采购当事人有关政府采购活动,应当接受审计机关的审计监督。

第六十九条 监察机关应当加强对参与政府采购活动的国家机关、国家公务员和国家行政机关任命的其他人员实施监察。

第七十条 任何单位和个人对政府采购活动中的违法行为,有权控告和检举,有关部门、机关应当依照各自职责及时处理。

第八章 法 律 责 任

第七十一条 采购人、采购代理机构有下列情形之一的,责令限期改正,给

予警告,可以并处罚款,对直接负责的主管人员和其他直接责任人员,由其行政主管部门或者有关机关给予处分,并予通报:

(一)应当采用公开招标方式而擅自采用其他方式采购的;

(二)擅自提高采购标准的;

(三)以不合理的条件对供应商实行差别待遇或者歧视待遇的;

(四)在招标采购过程中与投标人进行协商谈判的;

(五)中标、成交通知书发出后不与中标、成交供应商签订采购合同的;

(六)拒绝有关部门依法实施监督检查的。

第七十二条 采购人、采购代理机构及其工作人员有下列情形之一,构成犯罪的,依法追究刑事责任;尚不构成犯罪的,处以罚款,有违法所得的,并处没收违法所得,属于国家机关工作人员的,依法给予行政处分:

(一)与供应商或者采购代理机构恶意串通的;

(二)在采购过程中接受贿赂或者获取其他不正当利益的;

(三)在有关部门依法实施的监督检查中提供虚假情况的;

(四)开标前泄露标底的。

第七十三条 有前两条违法行为之一影响中标、成交结果或者可能影响中标、成交结果的,按下列情况分别处理:

(一)未确定中标、成交供应商的,终止采购活动;

(二)中标、成交供应商已经确定但采购合同尚未履行的,撤销合同,从合格的中标、成交候选人中另行确定中标、成交供应商;

(三)采购合同已经履行的,给采购人、供应商造成损失的,由责任人承担赔偿责任。

第七十四条 采购人对应当实行集中采购的政府采购项目,不委托集中采购机构实行集中采购的,由政府采购监督管理部门责令改正;拒不改正的,停止按预算向其支付资金,由其上级行政主管部门或者有关机关依法给予其直接负责的主管人员和其他直接责任人员处分。

第七十五条 采购人未依法公布政府采购项目的采购标准和采购结果的,责令改正,对直接负责的主管人员依法给予处分。

第七十六条 采购人、采购代理机构违反本法规定隐匿、销毁应当保存的采购文件或者伪造、变造采购文件的,由政府采购监督管理部门处以二万元以上十万元以下的罚款,对其直接负责的主管人员和其他直接责任人员依法给予处分；构成犯罪的，依法追究刑事责任。

第七十七条 供应商有下列情形之一的，处以采购金额千分之五以上千分之十以下的罚款，列入不良行为记录名单，在一至三年内禁止参加政府采购活动，有违法所得的，并处没收违法所得，情节严重的，由工商行政管理机关吊销营业执照；构成犯罪的，依法追究刑事责任：

（一）提供虚假材料谋取中标、成交的；

（二）采取不正当手段诋毁、排挤其他供应商的；

（三）与采购人、其他供应商或者采购代理机构恶意串通的；

（四）向采购人、采购代理机构行贿或者提供其他不正当利益的；

（五）在招标采购过程中与采购人进行协商谈判的；

（六）拒绝有关部门监督检查或者提供虚假情况的。

供应商有前款第（一）至（五）项情形之一的，中标、成交无效。

第七十八条 采购代理机构在代理政府采购业务中有违法行为的，按照有关法律规定处以罚款，可以在一至三年内禁止其代理政府采购业务，构成犯罪的，依法追究刑事责任。

第七十九条 政府采购当事人有本法第七十一条、第七十二条、第七十七条违法行为之一，给他人造成损失的，并应依照有关民事法律规定承担民事责任。

第八十条 政府采购监督管理部门的工作人员在实施监督检查中违反本法规定滥用职权，玩忽职守，徇私舞弊的，依法给予行政处分；构成犯罪的，依法追究刑事责任。

第八十一条 政府采购监督管理部门对供应商的投诉逾期未作处理的，给予直接负责的主管人员和其他直接责任人员行政处分。

第八十二条 政府采购监督管理部门对集中采购机构业绩的考核，有虚假陈述，隐瞒真实情况的，或者不作定期考核和公布考核结果的，应当及时纠正，由其上级机关或者监察机关对其负责人进行通报，并对直接负责的人员依法给予行政处分。

集中采购机构在政府采购监督管理部门考核中，虚报业绩，隐瞒真实情况的，处以二万元以上二十万元以下的罚款，并予以通报；情节严重的，取消其代理采购的资格。

第八十三条 任何单位或者个人阻挠和限制供应商进入本地区或者本行

业政府采购市场的,责令限期改正;拒不改正的,由该单位、个人的上级行政主管部门或者有关机关给予单位责任人或者个人处分。

第九章 附 则

第八十四条 使用国际组织和外国政府贷款进行的政府采购,贷款方、资金提供方与中方达成的协议对采购的具体条件另有规定的,可以适用其规定,但不得损害国家利益和社会公共利益。

第八十五条 对因严重自然灾害和其他不可抗力事件所实施的紧急采购和涉及国家安全和秘密的采购,不适用本法。

第八十六条 军事采购法规由中央军事委员会另行制定。

第八十七条 本法实施的具体步骤和办法由国务院规定。

第八十八条 本法自2003年1月1日起施行。

中华人民共和国招标投标法

(1999年8月30日第九届全国人民代表大会常务委员会第十一次会议通过 根据2017年12月27日第十二届全国人民代表大会常务委员会第三十一次会议《关于修改〈中华人民共和国招标投标法〉、〈中华人民共和国计量法〉的决定》修正)

第一章 总 则

第一条 为了规范招标投标活动,保护国家利益、社会公共利益和招标投标活动当事人的合法权益,提高经济效益,保证项目质量,制定本法。

第二条 在中华人民共和国境内进行招标投标活动,适用本法。

第三条 在中华人民共和国境内进行下列工程建设项目包括项目的勘察、设计、施工、监理以及与工程建设有关的重要设备、材料等的采购,必须进行招标:

(一)大型基础设施、公用事业等关系社会公共利益、公众安全的项目;

（二）全部或者部分使用国有资金投资或者国家融资的项目；

（三）使用国际组织或者外国政府贷款、援助资金的项目。

前款所列项目的具体范围和规模标准，由国务院发展计划部门会同国务院有关部门制订，报国务院批准。

法律或者国务院对必须进行招标的其他项目的范围有规定的，依照其规定。

第四条 任何单位和个人不得将依法必须进行招标的项目化整为零或者以其他任何方式规避招标。

第五条 招标投标活动应当遵循公开、公平、公正和诚实信用的原则。

第六条 依法必须进行招标的项目，其招标投标活动不受地区或者部门的限制。任何单位和个人不得违法限制或者排斥本地区、本系统以外的法人或者其他组织参加投标，不得以任何方式非法干涉招标投标活动。

第七条 招标投标活动及其当事人应当接受依法实施的监督。

有关行政监督部门依法对招标投标活动实施监督，依法查处招标投标活动中的违法行为。

对招标投标活动的行政监督及有关部门的具体职权划分，由国务院规定。

第二章 招　　标

第八条 招标人是依照本法规定提出招标项目、进行招标的法人或者其他组织。

第九条 招标项目按照国家有关规定需要履行项目审批手续的，应当先履行审批手续，取得批准。

招标人应当有进行招标项目的相应资金或者资金来源已经落实，并应当在招标文件中如实载明。

第十条 招标分为公开招标和邀请招标。

公开招标，是指招标人以招标公告的方式邀请不特定的法人或者其他组织投标。

邀请招标，是指招标人以投标邀请书的方式邀请特定的法人或者其他组织投标。

第十一条 国务院发展计划部门确定的国家重点项目和省、自治区、直辖市人民政府确定的地方重点项目不适宜公开招标的，经国务院发展计划部门或者省、自治区、直辖市人民政府批准,可以进行邀请招标。

第十二条 招标人有权自行选择招标代理机构,委托其办理招标事宜。任何单位和个人不得以任何方式为招标人指定招标代理机构。

招标人具有编制招标文件和组织评标能力的,可以自行办理招标事宜。任何单位和个人不得强制其委托招标代理机构办理招标事宜。

依法必须进行招标的项目,招标人自行办理招标事宜的,应当向有关行政监督部门备案。

第十三条 招标代理机构是依法设立、从事招标代理业务并提供相关服务的社会中介组织。

招标代理机构应当具备下列条件:

(一)有从事招标代理业务的营业场所和相应资金;

(二)有能够编制招标文件和组织评标的相应专业力量。

第十四条 招标代理机构与行政机关和其他国家机关不得存在隶属关系或者其他利益关系。

第十五条 招标代理机构应当在招标人委托的范围内办理招标事宜,并遵守本法关于招标人的规定。

第十六条 招标人采用公开招标方式的,应当发布招标公告。依法必须进行招标的项目的招标公告,应当通过国家指定的报刊、信息网络或者其他媒介发布。

招标公告应当载明招标人的名称和地址、招标项目的性质、数量、实施地点和时间以及获取招标文件的办法等事项。

第十七条 招标人采用邀请招标方式的,应当向三个以上具备承担招标项目的能力、资信良好的特定的法人或者其他组织发出投标邀请书。

投标邀请书应当载明本法第十六条第二款规定的事项。

第十八条 招标人可以根据招标项目本身的要求,在招标公告或者投标邀请书中,要求潜在投标人提供有关资质证明文件和业绩情况,并对潜在投标人进行资格审查;国家对投标人的资格条件有规定的,依照其规定。

招标人不得以不合理的条件限制或者排斥潜在投标人,不得对潜在投标人实行歧视待遇。

第十九条 招标人应当根据招标项目的特点和需要编制招标文件。招标文件应当包括招标项目的技术要求、对投标人资格审查的标准、投标报价要求和评标标准等所有实质性要求和条件以及拟签订合同的主要条款。

国家对招标项目的技术、标准有规定的,招标人应当按照其规定在招标文件中提出相应要求。

招标项目需要划分标段、确定工期的,招标人应当合理划分标段、确定工期,并在招标文件中载明。

第二十条 招标文件不得要求或者标明特定的生产供应者以及含有倾向或者排斥潜在投标人的其他内容。

第二十一条 招标人根据招标项目的具体情况,可以组织潜在投标人踏勘项目现场。

第二十二条 招标人不得向他人透露已获取招标文件的潜在投标人的名称、数量以及可能影响公平竞争的有关招标投标的其他情况。

招标人设有标底的,标底必须保密。

第二十三条 招标人对已发出的招标文件进行必要的澄清或者修改的,应当在招标文件要求提交投标文件截止时间至少十五日前,以书面形式通知所有招标文件收受人。该澄清或者修改的内容为招标文件的组成部分。

第二十四条 招标人应当确定投标人编制投标文件所需要的合理时间;但是,依法必须进行招标的项目,自招标文件开始发出之日起至投标人提交投标文件截止之日止,最短不得少于二十日。

第三章 投　　标

第二十五条 投标人是响应招标、参加投标竞争的法人或者其他组织。

依法招标的科研项目允许个人参加投标的,投标的个人适用本法有关投标人的规定。

第二十六条 投标人应当具备承担招标项目的能力;国家有关规定对投标人资格条件或者招标文件对投标人资格条件有规定的,投标人应当具备规定的资格条件。

第二十七条 投标人应当按照招标文件的要求编制投标文件。投标文件应当对招标文件提出的实质性要求和条件作出响应。

招标项目属于建设施工的,投标文件的内容应当包括拟派出的项目负责人与主要技术人员的简历、业绩和拟用于完成招标项目的机械设备等。

第二十八条 投标人应当在招标文件要求提交投标文件的截止时间前,将投标文件送达投标地点。招标人收到投标文件后，应当签收保存，不得开启。投标人少于三个的，招标人应当依照本法重新招标。

在招标文件要求提交投标文件的截止时间后送达的投标文件，招标人应当拒收。

第二十九条 投标人在招标文件要求提交投标文件的截止时间前，可以补充、修改或者撤回已提交的投标文件，并书面通知招标人。补充、修改的内容为投标文件的组成部分。

第三十条 投标人根据招标文件载明的项目实际情况，拟在中标后将中标项目的部分非主体、非关键性工作进行分包的，应当在投标文件中载明。

第三十一条 两个以上法人或者其他组织可以组成一个联合体，以一个投标人的身份共同投标。

联合体各方均应当具备承担招标项目的相应能力；国家有关规定或者招标文件对投标人资格条件有规定的，联合体各方均应当具备规定的相应资格条件。由同一专业的单位组成的联合体，按照资质等级较低的单位确定资质等级。

联合体各方应当签订共同投标协议，明确约定各方拟承担的工作和责任，并将共同投标协议连同投标文件一并提交招标人。联合体中标的，联合体各方应当共同与招标人签订合同，就中标项目向招标人承担连带责任。

招标人不得强制投标人组成联合体共同投标，不得限制投标人之间的竞争。

第三十二条 投标人不得相互串通投标报价，不得排挤其他投标人的公平竞争，损害招标人或者其他投标人的合法权益。

投标人不得与招标人串通投标，损害国家利益、社会公共利益或者他人的合法权益。

禁止投标人以向招标人或者评标委员会成员行贿的手段谋取中标。

第三十三条 投标人不得以低于成本的报价竞标，也不得以他人名义投标或者以其他方式弄虚作假，骗取中标。

第四章 开标、评标和中标

第三十四条 开标应当在招标文件确定的提交投标文件截止时间的同一时间公开进行；开标地点应当为招标文件中预先确定的地点。

第三十五条 开标由招标人主持,邀请所有投标人参加。

第三十六条 开标时,由投标人或者其推选的代表检查投标文件的密封情况,也可以由招标人委托的公证机构检查并公证;经确认无误后,由工作人员当众拆封,宣读投标人名称、投标价格和投标文件的其他主要内容。

招标人在招标文件要求提交投标文件的截止时间前收到的所有投标文件,开标时都应当当众予以拆封、宣读。

开标过程应当记录,并存档备查。

第三十七条 评标由招标人依法组建的评标委员会负责。

依法必须进行招标的项目,其评标委员会由招标人的代表和有关技术、经济等方面的专家组成,成员人数为五人以上单数,其中技术、经济等方面的专家不得少于成员总数的三分之二。

前款专家应当从事相关领域工作满八年并具有高级职称或者具有同等专业水平,由招标人从国务院有关部门或者省、自治区、直辖市人民政府有关部门提供的专家名册或者招标代理机构的专家库内的相关专业的专家名单中确定;一般招标项目可以采取随机抽取方式,特殊招标项目可以由招标人直接确定。

与投标人有利害关系的人不得进入相关项目的评标委员会;已经进入的应当更换。

评标委员会成员的名单在中标结果确定前应当保密。

第三十八条 招标人应当采取必要的措施,保证评标在严格保密的情况下进行。

任何单位和个人不得非法干预、影响评标的过程和结果。

第三十九条 评标委员会可以要求投标人对投标文件中含义不明确的内容作必要的澄清或者说明,但是澄清或者说明不得超出投标文件的范围或者改变投标文件的实质性内容。

第四十条 评标委员会应当按照招标文件确定的评标标准和方法,对投标文件进行评审和比较;设有标底的,应当参考标底。评标委员会完成评标后,应当向招标人提出书面评标报告,并推荐合格的中标候选人。

招标人根据评标委员会提出的书面评标报告和推荐的中标候选人确定中标人。招标人也可以授权评标委员会直接确定中标人。

国务院对特定招标项目的评标有特别规定的,从其规定。

第四十一条 中标人的投标应当符合下列条件之一:

（一）能够最大限度地满足招标文件中规定的各项综合评价标准；

（二）能够满足招标文件的实质性要求，并且经评审的投标价格最低；但是投标价格低于成本的除外。

第四十二条 评标委员会经评审，认为所有投标都不符合招标文件要求的，可以否决所有投标。

依法必须进行招标的项目的所有投标被否决的，招标人应当依照本法重新招标。

第四十三条 在确定中标人前，招标人不得与投标人就投标价格、投标方案等实质性内容进行谈判。

第四十四条 评标委员会成员应当客观、公正地履行职务，遵守职业道德，对所提出的评审意见承担个人责任。

评标委员会成员不得私下接触投标人，不得收受投标人的财物或者其他好处。

评标委员会成员和参与评标的有关工作人员不得透露对投标文件的评审和比较、中标候选人的推荐情况以及与评标有关的其他情况。

第四十五条 中标人确定后，招标人应当向中标人发出中标通知书，并同时将中标结果通知所有未中标的投标人。

中标通知书对招标人和中标人具有法律效力。中标通知书发出后，招标人改变中标结果的，或者中标人放弃中标项目的，应当依法承担法律责任。

第四十六条 招标人和中标人应当自中标通知书发出之日起三十日内，按照招标文件和中标人的投标文件订立书面合同。招标人和中标人不得再行订立背离合同实质性内容的其他协议。

招标文件要求中标人提交履约保证金的，中标人应当提交。

第四十七条 依法必须进行招标的项目，招标人应当自确定中标人之日起十五日内，向有关行政监督部门提交招标投标情况的书面报告。

第四十八条 中标人应当按照合同约定履行义务，完成中标项目。中标人不得向他人转让中标项目，也不得将中标项目肢解后分别向他人转让。

中标人按照合同约定或者经招标人同意，可以将中标项目的部分非主体、非关键性工作分包给他人完成。接受分包的人应当具备相应的资格条件，并不得再次分包。

中标人应当就分包项目向招标人负责，接受分包的人就分包项目承担连带责任。

第五章 法 律 责 任

第四十九条 违反本法规定,必须进行招标的项目而不招标的,将必须进行招标的项目化整为零或者以其他任何方式规避招标的,责令限期改正,可以处项目合同金额千分之五以上千分之十以下的罚款;对全部或者部分使用国有资金的项目,可以暂停项目执行或者暂停资金拨付;对单位直接负责的主管人员和其他直接责任人员依法给予处分。

第五十条 招标代理机构违反本法规定,泄露应当保密的与招标投标活动有关的情况和资料的,或者与招标人、投标人串通损害国家利益、社会公共利益或者他人合法权益的,处五万元以上二十五万元以下的罚款;对单位直接负责的主管人员和其他直接责任人员处单位罚款数额百分之五以上百分之十以下的罚款;有违法所得的,并处没收违法所得;情节严重的,禁止其一年至二年内代理依法必须进行招标的项目并予以公告,直至由工商行政管理机关吊销营业执照;构成犯罪的,依法追究刑事责任。给他人造成损失的,依法承担赔偿责任。

前款所列行为影响中标结果的,中标无效。

第五十一条 招标人以不合理的条件限制或者排斥潜在投标人的,对潜在投标人实行歧视待遇的,强制要求投标人组成联合体共同投标的,或者限制投标人之间竞争的,责令改正,可以处一万元以上五万元以下的罚款。

第五十二条 依法必须进行招标的项目的招标人向他人透露已获取招标文件的潜在投标人的名称、数量或者可能影响公平竞争的有关招标投标的其他情况的,或者泄露标底的,给予警告,可以并处一万元以上十万元以下的罚款;对单位直接负责的主管人员和其他直接责任人员依法给予处分;构成犯罪的,依法追究刑事责任。

前款所列行为影响中标结果的,中标无效。

第五十三条 投标人相互串通投标或者与招标人串通投标的,投标人以向招标人或者评标委员会成员行贿的手段谋取中标的,中标无效,处中标项目金额千分之五以上千分之十以下的罚款,对单位直接负责的主管人员和其他直接责任人员处单位罚款数额百分之五以上百分之十以下的罚款;有违法所得的,并处没收违法所得;情节严重的,取消其一年至二年内参加依法必须进行招标的项目的投标资格并予以公告,直至由工商行政管理机关吊销营业执照;构成犯罪的,依法追究刑事责任。给他人造成损失的,依法承担赔偿责任。

第五十四条 投标人以他人名义投标或者以其他方式弄虚作假,骗取中标的,中标无效,给招标人造成损失的,依法承担赔偿责任;构成犯罪的,依法追究刑事责任。

依法必须进行招标的项目的投标人有前款所列行为尚未构成犯罪的,处中标项目金额千分之五以上千分之十以下的罚款,对单位直接负责的主管人员和其他直接责任人员处单位罚款数额百分之五以上百分之十以下的罚款;有违法所得的,并处没收违法所得;情节严重的,取消其一年至三年内参加依法必须进行招标的项目的投标资格并予以公告,直至由工商行政管理机关吊销营业执照。

第五十五条 依法必须进行招标的项目,招标人违反本法规定,与投标人就投标价格、投标方案等实质性内容进行谈判的,给予警告,对单位直接负责的主管人员和其他直接责任人员依法给予处分。

前款所列行为影响中标结果的,中标无效。

第五十六条 评标委员会成员收受投标人的财物或者其他好处的,评标委员会成员或者参加评标的有关工作人员向他人透露对投标文件的评审和比较、中标候选人的推荐以及与评标有关的其他情况的,给予警告,没收收受的财物,可以并处三千元以上五万元以下的罚款,对有所列违法行为的评标委员会成员取消担任评标委员会成员的资格,不得再参加任何依法必须进行招标的项目的评标;构成犯罪的,依法追究刑事责任。

第五十七条 招标人在评标委员会依法推荐的中标候选人以外确定中标人的,依法必须进行招标的项目在所有投标被评标委员会否决后自行确定中标人的,中标无效,责令改正,可以处中标项目金额千分之五以上千分之十以下的罚款;对单位直接负责的主管人员和其他直接责任人员依法给予处分。

第五十八条 中标人将中标项目转让给他人的,将中标项目肢解后分别转让给他人的,违反本法规定将中标项目的部分主体、关键性工作分包给他人的,或者分包人再次分包的,转让、分包无效,处转让、分包项目金额千分之五以上千分之十以下的罚款;有违法所得的,并处没收违法所得;可以责令停业整顿;情节严重的,由工商行政管理机关吊销营业执照。

第五十九条 招标人与中标人不按照招标文件和中标人的投标文件订立

合同的,或者招标人、中标人订立背离合同实质性内容的协议的,责令改正;可以处中标项目金额千分之五以上千分之十以下的罚款。

第六十条 中标人不履行与招标人订立的合同的,履约保证金不予退还,给招标人造成的损失超过履约保证金数额的,还应当对超过部分予以赔偿;没有提交履约保证金的,应当对招标人的损失承担赔偿责任。

中标人不按照与招标人订立的合同履行义务,情节严重的,取消其二年至五年内参加依法必须进行招标的项目的投标资格并予以公告,直至由工商行政管理机关吊销营业执照。

因不可抗力不能履行合同的,不适用前两款规定。

第六十一条 本章规定的行政处罚,由国务院规定的有关行政监督部门决定。本法已对实施行政处罚的机关作出规定的除外。

第六十二条 任何单位违反本法规定,限制或者排斥本地区、本系统以外的法人或者其他组织参加投标的,为招标人指定招标代理机构的,强制招标人委托招标代理机构办理招标事宜的,或者以其他方式干涉招标投标活动的,责令改正;对单位直接负责的主管人员和其他直接责任人员依法给予警告、记过、记大过的处分,情节较重的,依法给予降级、撤职、开除的处分。

个人利用职权进行前款违法行为的,依照前款规定追究责任。

第六十三条 对招标投标活动依法负有行政监督职责的国家机关工作人员徇私舞弊、滥用职权或者玩忽职守,构成犯罪的,依法追究刑事责任;不构成犯罪的,依法给予行政处分。

第六十四条 依法必须进行招标的项目违反本法规定,中标无效的,应当依照本法规定的中标条件从其余投标人中重新确定中标人或者依照本法重新进行招标。

第六章 附 则

第六十五条 投标人和其他利害关系人认为招标投标活动不符合本法有关规定的,有权向招标人提出异议或者依法向有关行政监督部门投诉。

第六十六条 涉及国家安全、国家秘密、抢险救灾或者属于利用扶贫资金实行以工代赈、需要使用农民工等特殊情况,不适宜进行招标的项目,按照国家有关规定可以不进行招标。

第六十七条 使用国际组织或者外国政府贷款、援助资金的项目进行招标、贷款方、资金提供方对招标投标的具体条件和程序有不同规定的,可以适用其规定,但违背中华人民共和国的社会公共利益的除外。

第六十八条 本法自 2000 年 1 月 1 日起施行。

中华人民共和国政府采购法实施条例

(2014 年 12 月 31 日国务院第 75 次常务会议通过)

第一章 总　　则

第一条 根据《中华人民共和国政府采购法》(以下简称政府采购法),制定本条例。

第二条 政府采购法第二条所称财政性资金是指纳入预算管理的资金。

以财政性资金作为还款来源的借贷资金,视同财政性资金。

国家机关、事业单位和团体组织的采购项目既使用财政性资金又使用非财政性资金的,使用财政性资金采购的部分,适用政府采购法及本条例;财政性资金与非财政性资金无法分割采购的,统一适用政府采购法及本条例。

政府采购法第二条所称服务,包括政府自身需要的服务和政府向社会公众提供的公共服务。

第三条 集中采购目录包括集中采购机构采购项目和部门集中采购项目。

技术、服务等标准统一,采购人普遍使用的项目,列为集中采购机构采购项目;采购人本部门、本系统基于业务需要有特殊要求,可以统一采购的项目,列为部门集中采购项目。

第四条 政府采购法所称集中采购,是指采购人将列入集中采购目录的项目委托集中采购机构代理采购或者进行部门集中采购的行为;所称分散采购,是指采购人将采购限额标准以上的未列入集中采购目录的项目自行采购或者委托采购代理机构代理采购的行为。

第五条 省、自治区、直辖市人民政府或者其授权的机构根据实际情况,可以确定分别适用于本行政区域省级、设区的市级、县级的集中采购目录和采购限额标准。

第六条 国务院财政部门应当根据国家的经济和社会发展政策,会同国务院有关部门制定政府采购政策,通过制定采购需求标准、预留采购份额、价格评审优惠、优先采购等措施,实现节约能源、保护环境、扶持不发达地区和少数民族地区、促进中小企业发展等目标。

第七条 政府采购工程以及与工程建设有关的货物、服务,采用招标方式采购的,适用《中华人民共和国招标投标法》及其实施条例;采用其他方式采购的,适用政府采购法及本条例。

前款所称工程,是指建设工程,包括建筑物和构筑物的新建、改建、扩建及其相关的装修、拆除、修缮等;所称与工程建设有关的货物,是指构成工程不可分割的组成部分,且为实现工程基本功能所必需的设备、材料等;所称与工程建设有关的服务,是指为完成工程所需的勘察、设计、监理等服务。

政府采购工程以及与工程建设有关的货物、服务,应当执行政府采购政策。

第八条 政府采购项目信息应当在省级以上人民政府财政部门指定的媒体上发布。采购项目预算金额达到国务院财政部门规定标准的,政府采购项目信息应当在国务院财政部门指定的媒体上发布。

第九条 在政府采购活动中,采购人员及相关人员与供应商有下列利害关系之一的,应当回避:

(一)参加采购活动前3年内与供应商存在劳动关系;

(二)参加采购活动前3年内担任供应商的董事、监事;

(三)参加采购活动前3年内是供应商的控股股东或者实际控制人;

(四)与供应商的法定代表人或者负责人有夫妻、直系血亲、三代以内旁系血亲或者近姻亲关系;

(五)与供应商有其他可能影响政府采购活动公平、公正进行的关系。

供应商认为采购人员及相关人员与其他供应商有利害关系的,可以向采购人或者采购代理机构书面提出回避申请,并说明理由。采购人或者采购代理机构应当及时询问被申请回避人员,有利害关系的被申请回避人员应当回避。

第十条 国家实行统一的政府采购电子交易平台建设标准,推动利用信息网络进行电子化政府采购活动。

第二章 政府采购当事人

第十一条 采购人在政府采购活动中应当维护国家利益和社会公共利益,

公正廉洁，诚实守信，执行政府采购政策，建立政府采购内部管理制度，厉行节约，科学合理确定采购需求。

采购人不得向供应商索要或者接受其给予的赠品、回扣或者与采购无关的其他商品、服务。

第十二条 政府采购法所称采购代理机构，是指集中采购机构和集中采购机构以外的采购代理机构。

集中采购机构是设区的市级以上人民政府依法设立的非营利事业法人，是代理集中采购项目的执行机构。集中采购机构应当根据采购人委托制定集中采购项目的实施方案，明确采购规程，组织政府采购活动，不得将集中采购项目转委托。集中采购机构以外的采购代理机构，是从事采购代理业务的社会中介机构。

第十三条 采购代理机构应当建立完善的政府采购内部监督管理制度，具备开展政府采购业务所需的评审条件和设施。

采购代理机构应当提高确定采购需求，编制招标文件、谈判文件、询价通知书，拟订合同文本和优化采购程序的专业化服务水平，根据采购人委托在规定的时间内及时组织采购人与中标或者成交供应商签订政府采购合同，及时协助采购人对采购项目进行验收。

第十四条 采购代理机构不得以不正当手段获取政府采购代理业务，不得与采购人、供应商恶意串通操纵政府采购活动。

采购代理机构工作人员不得接受采购人或者供应商组织的宴请、旅游、娱乐，不得收受礼品、现金、有价证券等，不得向采购人或者供应商报销应当由个人承担的费用。

第十五条 采购人、采购代理机构应当根据政府采购政策、采购预算、采购需求编制采购文件。

采购需求应当符合法律法规以及政府采购政策规定的技术、服务、安全等要求。政府向社会公众提供的公共服务项目，应当就确定采购需求征求社会公众的意见。除因技术复杂或者性质特殊，不能确定详细规格或者具体要求外，采购需求应当完整、明确。必要时，应当就确定采购需求征求相关供应商、专家的意见。

第十六条 政府采购法第二十条规定的委托代理协议，应当明确代理采购的范围、权限和期限等具体事项。

采购人和采购代理机构应当按照委托代理协议履行各自义务,采购代理机构不得超越代理权限。

第十七条 参加政府采购活动的供应商应当具备政府采购法第二十二条第一款规定的条件,提供下列材料:

(一)法人或者其他组织的营业执照等证明文件,自然人的身份证明;

(二)财务状况报告,依法缴纳税收和社会保障资金的相关材料;

(三)具备履行合同所必需的设备和专业技术能力的证明材料;

(四)参加政府采购活动前3年内在经营活动中没有重大违法记录的书面声明;

(五)具备法律、行政法规规定的其他条件的证明材料。

采购项目有特殊要求的,供应商还应当提供其符合特殊要求的证明材料或者情况说明。

第十八条 单位负责人为同一人或者存在直接控股、管理关系的不同供应商,不得参加同一合同项下的政府采购活动。

除单一来源采购项目外,为采购项目提供整体设计、规范编制或者项目管理、监理、检测等服务的供应商,不得再参加该采购项目的其他采购活动。

第十九条 政府采购法第二十二条第一款第五项所称重大违法记录,是指供应商因违法经营受到刑事处罚或者责令停产停业、吊销许可证或者执照、较大数额罚款等行政处罚。

供应商在参加政府采购活动前3年内因违法经营被禁止在一定期限内参加政府采购活动,期限届满的,可以参加政府采购活动。

第二十条 采购人或者采购代理机构有下列情形之一的,属于以不合理的条件对供应商实行差别待遇或者歧视待遇:

(一)就同一采购项目向供应商提供有差别的项目信息;

(二)设定的资格、技术、商务条件与采购项目的具体特点和实际需要不相适应或者与合同履行无关;

(三)采购需求中的技术、服务等要求指向特定供应商、特定产品;

(四)以特定行政区域或者特定行业的业绩、奖项作为加分条件或者中标、成交条件;

(五)对供应商采取不同的资格审查或者评审标准;

(六)限定或者指定特定的专利、商标、品牌或者供应商;

(七)非法限定供应商的所有制形式、组织形式或者所在地;

(八)以其他不合理条件限制或者排斥潜在供应商。

第二十一条 采购人或者采购代理机构对供应商进行资格预审的,资格预审公告应当在省级以上人民政府财政部门指定的媒体上发布。已进行资格预审的,评审阶段可以不再对供应商资格进行审查。资格预审合格的供应商在评审阶段资格发生变化的,应当通知采购人和采购代理机构。

资格预审公告应当包括采购人和采购项目名称、采购需求、对供应商的资格要求以及供应商提交资格预审申请文件的时间和地点。提交资格预审申请文件的时间自公告发布之日起不得少于5个工作日。

第二十二条 联合体中有同类资质的供应商按照联合体分工承担相同工作的,应当按照资质等级较低的供应商确定资质等级。

以联合体形式参加政府采购活动的,联合体各方不得再单独参加或者与其他供应商另外组成联合体参加同一合同项下的政府采购活动。

第三章 政府采购方式

第二十三条 采购人采购公开招标数额标准以上的货物或者服务,符合政府采购法第二十九条、第三十条、第三十一条、第三十二条规定情形或者有需要执行政府采购政策等特殊情况的,经设区的市级以上人民政府财政部门批准,可以依法采用公开招标以外的采购方式。

第二十四条 列入集中采购目录的项目,适合实行批量集中采购的,应当实行批量集中采购,但紧急的小额零星货物项目和有特殊要求的服务、工程项目除外。

第二十五条 政府采购工程依法不进行招标的,应当依照政府采购法和本条例规定的竞争性谈判或者单一来源采购方式采购。

第二十六条 政府采购法第三十条第三项规定的情形,应当是采购人不可预见的或者非因采购人拖延导致的;第四项规定的情形,是指因采购艺术品或者因专利、专有技术或者因服务的时间、数量事先不能确定等导致不能事先计算出价格总额。

第二十七条 政府采购法第三十一条第一项规定的情形,是指因货物或者服务使用不可替代的专利、专有技术,或者公共服务项目具有特殊要求,导致只能从某一特定供应商处采购。

第二十八条　在一个财政年度内,采购人将一个预算项目下的同一品目或者类别的货物、服务采用公开招标以外的方式多次采购,累计资金数额超过公开招标数额标准的,属于以化整为零方式规避公开招标,但项目预算调整或者经批准采用公开招标以外方式采购除外。

第四章　政府采购程序

第二十九条　采购人应当根据集中采购目录、采购限额标准和已批复的部门预算编制政府采购实施计划,报本级人民政府财政部门备案。

第三十条　采购人或者采购代理机构应当在招标文件、谈判文件、询价通知书中公开采购项目预算金额。

第三十一条　招标文件的提供期限自招标文件开始发出之日起不得少于5个工作日。

采购人或者采购代理机构可以对已发出的招标文件进行必要的澄清或者修改。澄清或者修改的内容可能影响投标文件编制的,采购人或者采购代理机构应当在投标截止时间至少15日前,以书面形式通知所有获取招标文件的潜在投标人;不足15日的,采购人或者采购代理机构应当顺延提交投标文件的截止时间。

第三十二条　采购人或者采购代理机构应当按照国务院财政部门制定的招标文件标准文本编制招标文件。

招标文件应当包括采购项目的商务条件、采购需求、投标人的资格条件、投标报价要求、评标方法、评标标准以及拟签订的合同文本等。

第三十三条　招标文件要求投标人提交投标保证金的,投标保证金不得超过采购项目预算金额的2%。投标保证金应当以支票、汇票、本票或者金融机构、担保机构出具的保函等非现金形式提交。投标人未按照招标文件要求提交投标保证金的,投标无效。

采购人或者采购代理机构应当自中标通知书发出之日起5个工作日内退还未中标供应商的投标保证金,自政府采购合同签订之日起5个工作日内退还中标供应商的投标保证金。

竞争性谈判或者询价采购中要求参加谈判或者询价的供应商提交保证金的,参照前两款的规定执行。

第三十四条　政府采购招标评标方法分为最低评标价法和综合评分法。

最低评标价法,是指投标文件满足招标文件全部实质性要求且投标报价最低的供应商为中标候选人的评标方法。综合评分法,是指投标文件满足招标文件全部实质性要求且按照评审因素的量化指标评审得分最高的供应商为中标候选人的评标方法。

技术、服务等标准统一的货物和服务项目,应当采用最低评标价法。

采用综合评分法的,评审标准中的分值设置应当与评审因素的量化指标相对应。

招标文件中没有规定的评标标准不得作为评审的依据。

第三十五条 谈判文件不能完整、明确列明采购需求,需要由供应商提供最终设计方案或者解决方案的,在谈判结束后,谈判小组应当按照少数服从多数的原则投票推荐3家以上供应商的设计方案或者解决方案,并要求其在规定时间内提交最后报价。

第三十六条 询价通知书应当根据采购需求确定政府采购合同条款。在询价过程中,询价小组不得改变询价通知书所确定的政府采购合同条款。

第三十七条 政府采购法第三十八条第五项、第四十条第四项所称质量和服务相等,是指供应商提供的产品质量和服务均能满足采购文件规定的实质性要求。

第三十八条 达到公开招标数额标准,符合政府采购法第三十一条第一项规定情形,只能从唯一供应商处采购的,采购人应当将采购项目信息和唯一供应商名称在省级以上人民政府财政部门指定的媒体上公示,公示期不得少于5个工作日。

第三十九条 除国务院财政部门规定的情形外,采购人或者采购代理机构应当从政府采购评审专家库中随机抽取评审专家。

第四十条 政府采购评审专家应当遵守评审工作纪律,不得泄露评审文件、评审情况和评审中获悉的商业秘密。

评标委员会、竞争性谈判小组或者询价小组在评审过程中发现供应商有行贿、提供虚假材料或者串通等违法行为的,应当及时向财政部门报告。

政府采购评审专家在评审过程中受到非法干预的,应当及时向财政、监察等部门举报。

第四十一条 评标委员会、竞争性谈判小组或者询价小组成员应当按照客观、公正、审慎的原则,根据采购文件规定的评审程序、评审方法和评审标准进行独立评审。采购文件内容违反国家有关强制性规定的,评标委员会、竞争性谈判小组或者询价小组应当停止评审并向采购人或者采购代理机构说明情况。

评标委员会、竞争性谈判小组或者询价小组成员应当在评审报告上签字,对自己的评审意见承担法律责任。对评审报告有异议的,应当在评审报告上签署不同意见,并说明理由,否则视为同意评审报告。

第四十二条 采购人、采购代理机构不得向评标委员会、竞争性谈判小组或者询价小组的评审专家作倾向性、误导性的解释或者说明。

第四十三条 采购代理机构应当自评审结束之日起 2 个工作日内将评审报告送交采购人。采购人应当自收到评审报告之日起 5 个工作日内在评审报告推荐的中标或者成交候选人中按顺序确定中标或者成交供应商。

采购人或者采购代理机构应当自中标、成交供应商确定之日起 2 个工作日内,发出中标、成交通知书,并在省级以上人民政府财政部门指定的媒体上公告中标、成交结果,招标文件、竞争性谈判文件、询价通知书随中标、成交结果同时公告。

中标、成交结果公告内容应当包括采购人和采购代理机构的名称、地址、联系方式,项目名称和项目编号,中标或者成交供应商名称、地址和中标或者成交金额,主要中标或者成交标的的名称、规格型号、数量、单价、服务要求以及评审专家名单。

第四十四条 除国务院财政部门规定的情形外,采购人、采购代理机构不得以任何理由组织重新评审。采购人、采购代理机构按照国务院财政部门的规定组织重新评审的,应当书面报告本级人民政府财政部门。

采购人或者采购代理机构不得通过对样品进行检测、对供应商进行考察等方式改变评审结果。

第四十五条 采购人或者采购代理机构应当按照政府采购合同规定的技术、服务、安全标准组织对供应商履约情况进行验收,并出具验收书。验收书应当包括每一项技术、服务、安全标准的履约情况。

政府向社会公众提供的公共服务项目,验收时应当邀请服务对象参与并出具意见,验收结果应当向社会公告。

第四十六条 政府采购法第四十二条规定的采购文件,可以用电子档案方式保存。

第五章　政府采购合同

第四十七条　国务院财政部门应当会同国务院有关部门制定政府采购合同标准文本。

第四十八条　采购文件要求中标或者成交供应商提交履约保证金的,供应商应当以支票、汇票、本票或者金融机构、担保机构出具的保函等非现金形式提交。履约保证金的数额不得超过政府采购合同金额的10%。

第四十九条　中标或者成交供应商拒绝与采购人签订合同的,采购人可以按照评审报告推荐的中标或者成交候选人名单排序,确定下一候选人为中标或者成交供应商,也可以重新开展政府采购活动。

第五十条　采购人应当自政府采购合同签订之日起2个工作日内,将政府采购合同在省级以上人民政府财政部门指定的媒体上公告,但政府采购合同中涉及国家秘密、商业秘密的内容除外。

第五十一条　采购人应当按照政府采购合同规定,及时向中标或者成交供应商支付采购资金。

政府采购项目资金支付程序,按照国家有关财政资金支付管理的规定执行。

第六章　质疑与投诉

第五十二条　采购人或者采购代理机构应当在3个工作日内对供应商依法提出的询问作出答复。

供应商提出的询问或者质疑超出采购人对采购代理机构委托授权范围的,采购代理机构应当告知供应商向采购人提出。

政府采购评审专家应当配合采购人或者采购代理机构答复供应商的询问和质疑。

第五十三条　政府采购法第五十二条规定的供应商应知其权益受到损害之日,是指:

(一)对可以质疑的采购文件提出质疑的,为收到采购文件之日或者采购文件公告期限届满之日;

(二)对采购过程提出质疑的,为各采购程序环节结束之日;

（三）对中标或者成交结果提出质疑的,为中标或者成交结果公告期限届满之日。

第五十四条 询问或者质疑事项可能影响中标、成交结果的,采购人应当暂停签订合同,已经签订合同的,应当中止履行合同。

第五十五条 供应商质疑、投诉应当有明确的请求和必要的证明材料。供应商投诉的事项不得超出已质疑事项的范围。

第五十六条 财政部门处理投诉事项采用书面审查的方式,必要时可以进行调查取证或者组织质证。

对财政部门依法进行的调查取证,投诉人和与投诉事项有关的当事人应当如实反映情况,并提供相关材料。

第五十七条 投诉人捏造事实、提供虚假材料或者以非法手段取得证明材料进行投诉的,财政部门应当予以驳回。

财政部门受理投诉后,投诉人书面申请撤回投诉的,财政部门应当终止投诉处理程序。

第五十八条 财政部门处理投诉事项,需要检验、检测、鉴定、专家评审以及需要投诉人补正材料的,所需时间不计算在投诉处理期限内。

财政部门对投诉事项作出的处理决定,应当在省级以上人民政府财政部门指定的媒体上公告。

第七章 监督检查

第五十九条 政府采购法第六十三条所称政府采购项目的采购标准,是指项目采购所依据的经费预算标准、资产配置标准和技术、服务标准等。

第六十条 除政府采购法第六十六条规定的考核事项外,财政部门对集中采购机构的考核事项还包括:

（一）政府采购政策的执行情况;

（二）采购文件编制水平;

（三）采购方式和采购程序的执行情况;

（四）询问、质疑答复情况;

（五）内部监督管理制度建设及执行情况;

（六）省级以上人民政府财政部门规定的其他事项。

财政部门应当制定考核计划,定期对集中采购机构进行考核,考核结果有重要情况的,应当向本级人民政府报告。

第六十一条 采购人发现采购代理机构有违法行为的,应当要求其改正。采购代理机构拒不改正的,采购人应当向本级人民政府财政部门报告,财政部门应当依法处理。

采购代理机构发现采购人的采购需求存在以不合理条件对供应商实行差别待遇、歧视待遇或者其他不符合法律、法规和政府采购政策规定内容,或者发现采购人有其他违法行为的,应当建议其改正。采购人拒不改正的,采购代理机构应当向采购人的本级人民政府财政部门报告,财政部门应当依法处理。

第六十二条 省级以上人民政府财政部门应当对政府采购评审专家库实行动态管理,具体管理办法由国务院财政部门制定。

采购人或者采购代理机构应当对评审专家在政府采购活动中的职责履行情况予以记录,并及时向财政部门报告。

第六十三条 各级人民政府财政部门和其他有关部门应当加强对参加政府采购活动的供应商、采购代理机构、评审专家的监督管理,对其不良行为予以记录,并纳入统一的信用信息平台。

第六十四条 各级人民政府财政部门对政府采购活动进行监督检查,有权查阅、复制有关文件、资料,相关单位和人员应当予以配合。

第六十五条 审计机关、监察机关以及其他有关部门依法对政府采购活动实施监督,发现采购当事人有违法行为的,应当及时通报财政部门。

第八章 法 律 责 任

第六十六条 政府采购法第七十一条规定的罚款,数额为10万元以下。

政府采购法第七十二条规定的罚款,数额为5万元以上25万元以下。

第六十七条 采购人有下列情形之一的,由财政部门责令限期改正,给予警告,对直接负责的主管人员和其他直接责任人员依法给予处分,并予以通报:

(一)未按照规定编制政府采购实施计划或者未按照规定将政府采购实施计划报本级人民政府财政部门备案;

(二)将应当进行公开招标的项目化整为零或者以其他任何方式规避公开招标;

(三)未按照规定在评标委员会、竞争性谈判小组或者询价小组推荐的中标或者成交候选人中确定中标或者成交供应商;

（四）未按照采购文件确定的事项签订政府采购合同；

（五）政府采购合同履行中追加与合同标的相同的货物、工程或者服务的采购金额超过原合同采购金额10%；

（六）擅自变更、中止或者终止政府采购合同；

（七）未按照规定公告政府采购合同；

（八）未按照规定时间将政府采购合同副本报本级人民政府财政部门和有关部门备案。

第六十八条　采购人、采购代理机构有下列情形之一的，依照政府采购法第七十一条、第七十八条的规定追究法律责任：

（一）未依照政府采购法和本条例规定的方式实施采购；

（二）未依法在指定的媒体上发布政府采购项目信息；

（三）未按照规定执行政府采购政策；

（四）违反本条例第十五条的规定导致无法组织对供应商履约情况进行验收或者国家财产遭受损失；

（五）未依法从政府采购评审专家库中抽取评审专家；

（六）非法干预采购评审活动；

（七）采用综合评分法时评审标准中的分值设置未与评审因素的量化指标相对应；

（八）对供应商的询问、质疑逾期未作处理；

（九）通过对样品进行检测、对供应商进行考察等方式改变评审结果；

（十）未按照规定组织对供应商履约情况进行验收。

第六十九条　集中采购机构有下列情形之一的，由财政部门责令限期改正，给予警告，有违法所得的，并处没收违法所得，对直接负责的主管人员和其他直接责任人员依法给予处分，并予以通报：

（一）内部监督管理制度不健全，对依法应当分设、分离的岗位、人员未分设、分离；

（二）将集中采购项目委托其他采购代理机构采购；

（三）从事营利活动。

第七十条　采购人员与供应商有利害关系而不依法回避的，由财政部门给予警告，并处2000元以上2万元以下的罚款。

第七十一条　有政府采购法第七十一条、第七十二条规定的违法行为之

一、影响或者可能影响中标、成交结果的,依照下列规定处理:

（一）未确定中标或者成交供应商的,终止本次政府采购活动,重新开展政府采购活动。

（二）已确定中标或者成交供应商但尚未签订政府采购合同的,中标或者成交结果无效,从合格的中标或者成交候选人中另行确定中标或者成交供应商;没有合格的中标或者成交候选人的,重新开展政府采购活动。

（三）政府采购合同已签订但尚未履行的,撤销合同,从合格的中标或者成交候选人中另行确定中标或者成交供应商;没有合格的中标或者成交候选人的,重新开展政府采购活动。

（四）政府采购合同已经履行,给采购人、供应商造成损失的,由责任人承担赔偿责任。

政府采购当事人有其他违反政府采购法或者本条例规定的行为,经改正后仍然影响或者可能影响中标、成交结果或者依法被认定为中标、成交无效的,依照前款规定处理。

第七十二条 供应商有下列情形之一的,依照政府采购法第七十七条第一款的规定追究法律责任:

（一）向评标委员会、竞争性谈判小组或者询价小组成员行贿或者提供其他不正当利益;

（二）中标或者成交后无正当理由拒不与采购人签订政府采购合同;

（三）未按照采购文件确定的事项签订政府采购合同;

（四）将政府采购合同转包;

（五）提供假冒伪劣产品;

（六）擅自变更、中止或者终止政府采购合同。

供应商有前款第一项规定情形的,中标、成交无效。评审阶段资格发生变化,供应商未依照本条例第二十一条的规定通知采购人和采购代理机构的,处以采购金额5‰的罚款,列入不良行为记录名单,中标、成交无效。

第七十三条 供应商捏造事实、提供虚假材料或者以非法手段取得证明材料进行投诉的,由财政部门列入不良行为记录名单,禁止其1至3年内参加政府采购活动。

第七十四条 有下列情形之一的,属于恶意串通,对供应商依照政府采购法第七十七条第一款的规定追究法律责任,对采购人、采购代理机构及其工作人员依照政府采购法第七十二条的规定追究法律责任：

（一）供应商直接或者间接从采购人或者采购代理机构处获得其他供应商的相关情况并修改其投标文件或者响应文件的；

（二）供应商按照采购人或者采购代理机构的授意撤换、修改投标文件或者响应文件；

（三）供应商之间协商报价、技术方案等投标文件或者响应文件的实质性内容；

（四）属于同一集团、协会、商会等组织成员的供应商按照该组织要求协同参加政府采购活动；

（五）供应商之间事先约定由某一特定供应商中标、成交的；

（六）供应商之间商定部分供应商放弃参加政府采购活动或者放弃中标、成交；

（七）供应商与采购人或者采购代理机构之间、供应商相互之间，为谋求特定供应商中标、成交或者排斥其他供应商的其他串通行为。

第七十五条 政府采购评审专家未按照采购文件规定的评审程序、评审方法和评审标准进行独立评审或者泄露评审文件、评审情况的，由财政部门给予警告，并处2000元以上2万元以下的罚款；影响中标、成交结果的，处2万元以上5万元以下的罚款，禁止其参加政府采购评审活动。

政府采购评审专家与供应商存在利害关系未回避的，处2万元以上5万元以下的罚款，禁止其参加政府采购评审活动。

政府采购评审专家收受采购人、采购代理机构、供应商贿赂或者获取其他不正当利益，构成犯罪的，依法追究刑事责任；尚不构成犯罪的，处2万元以上5万元以下的罚款，禁止其参加政府采购评审活动。

政府采购评审专家有上述违法行为的，其评审意见无效，不得获取评审费；有违法所得的，没收违法所得；给他人造成损失的，依法承担民事责任。

第七十六条 政府采购当事人违反政府采购法和本条例规定，给他人造成损失的，依法承担民事责任。

第七十七条 财政部门在履行政府采购监督管理职责中违反政府采购法和本条例规定，滥用职权、玩忽职守、徇私舞弊的，对直接负责的主管人员和其他直接责任人员依法给予处分；直接负责的主管人员和其他直接责任人员构成犯罪的，依法追究刑事责任。

第九章 附 则

第七十八条 财政管理实行省直接管理的县级人民政府可以根据需要并报经省级人民政府批准,行使政府采购法和本条例规定的设区的市级人民政府批准变更采购方式的职权。

第七十九条 本条例自 2015 年 3 月 1 日起施行。

中华人民共和国招标投标法实施条例

（2011 年 12 月 20 日中华人民共和国国务院令第 613 号公布 根据 2017 年 3 月 1 日《国务院关于修改和废止部分行政法规的决定》第一次修订 根据 2018 年 3 月 19 日《国务院关于修改和废止部分行政法规的决定》第二次修订 根据 2019 年 3 月 2 日《国务院关于修改部分行政法规的决定》第三次修订）

第一章 总 则

第一条 为了规范招标投标活动,根据《中华人民共和国招标投标法》(以下简称招标投标法),制定本条例。

第二条 招标投标法第三条所称工程建设项目,是指工程以及与工程建设有关的货物、服务。

前款所称工程,是指建设工程,包括建筑物和构筑物的新建、改建、扩建及其相关的装修、拆除、修缮等;所称与工程建设有关的货物,是指构成工程不可分割的组成部分,且为实现工程基本功能所必需的设备、材料等;所称与工程建设有关的服务,是指为完成工程所需的勘察、设计、监理等服务。

第三条 依法必须进行招标的工程建设项目的具体范围和规模标准,由国务院发展改革部门会同国务院有关部门制订,报国务院批准后公布施行。

第四条 国务院发展改革部门指导和协调全国招标投标工作,对国家重大建设项目的工程招标投标活动实施监督检查。国务院工业和信息化、住房城乡建设、交通运输、铁道、水利、商务等部门，按照规定的职责分工对有关招标投标活动实施监督。

县级以上地方人民政府发展改革部门指导和协调本行政区域的招标投标工作。县级以上地方人民政府有关部门按照规定的职责分工，对招标投标活动实施监督，依法查处招标投标活动中的违法行为。县级以上地方人民政府对其所属部门有关招标投标活动的监督职责分工另有规定的，从其规定。

财政部门依法对实行招标投标的政府采购工程建设项目的政府采购政策执行情况实施监督。

监察机关依法对与招标投标活动有关的监察对象实施监察。

第五条 设区的市级以上地方人民政府可以根据实际需要，建立统一规范的招标投标交易场所，为招标投标活动提供服务。招标投标交易场所不得与行政监督部门存在隶属关系，不得以营利为目的。

国家鼓励利用信息网络进行电子招标投标。

第六条 禁止国家工作人员以任何方式非法干涉招标投标活动。

第二章 招 标

第七条 按照国家有关规定需要履行项目审批、核准手续的依法必须进行招标的项目，其招标范围、招标方式、招标组织形式应当报项目审批、核准部门审批、核准。项目审批、核准部门应当及时将审批、核准确定的招标范围、招标方式、招标组织形式通报有关行政监督部门。

第八条 国有资金占控股或者主导地位的依法必须进行招标的项目，应当公开招标；但有下列情形之一的，可以邀请招标：

（一）技术复杂、有特殊要求或者受自然环境限制，只有少量潜在投标人可供选择；

（二）采用公开招标方式的费用占项目合同金额的比例过大。

有前款第二项所列情形，属于本条例第七条规定的项目，由项目审批、核准部门在审批、核准项目时作出认定；其他项目由招标人申请有关行政监督部门作出认定。

第九条 除招标投标法第六十六条规定的可以不进行招标的特殊情况外，有下列情形之一的，可以不进行招标：

（一）需要采用不可替代的专利或者专有技术；

（二）采购人依法能够自行建设、生产或者提供的；

（三）已通过招标方式选定的特许经营项目投资人依法能够自行建设、生产或者提供的；

（四）需要向原中标人采购工程、货物或者服务，否则将影响施工或者功能配套要求的；

（五）国家规定的其他特殊情形。

招标人为适用前款规定弄虚作假的，属于招标投标法第四条规定的规避招标。

第十条 招标投标法第十二条第二款规定的招标人具有编制招标文件和组织评标能力，是指招标人具有与招标项目规模和复杂程度相适应的技术、经济等方面的专业人员。

第十一条 国务院住房城乡建设、商务、发展改革、工业和信息化等部门，按照规定的职责分工对招标代理机构依法实施监督管理。

第十二条 招标代理机构应当拥有一定数量的具备编制招标文件、组织评标等相应能力的专业人员。

第十三条 招标代理机构在招标人委托的范围内开展招标代理业务，任何单位和个人不得非法干涉。

招标代理机构代理招标业务，应当遵守招标投标法和本条例关于招标人的规定。招标代理机构不得在所代理的招标项目中投标或者代理投标，也不得为所代理的招标项目的投标人提供咨询。

第十四条 招标人应当与被委托的招标代理机构签订书面委托合同，合同约定的收费标准应当符合国家有关规定。

第十五条 公开招标的项目，应当依照招标投标法和本条例的规定发布招标公告、编制招标文件。

招标人采用资格预审办法对潜在投标人进行资格审查的，应当发布资格预审公告、编制资格预审文件。

依法必须进行招标的项目的资格预审公告和招标公告，应当在国务院发展改革部门依法指定的媒介发布。在不同媒介发布的同一招标项目的资格预审公告或者招标公告的内容应当一致。指定媒介发布依法必须进行招标的项目的境内资格预审公告、招标公告，不得收取费用。

编制依法必须进行招标的项目的资格预审文件和招标文件，应当使用国务院发展改革部门会同有关行政监督部门制定的标准文本。

第十六条 招标人应当按照资格预审公告、招标公告或者投标邀请书规定的时间、地点发售资格预审文件或者招标文件。资格预审文件或者招标文件的发售期不得少于5日。

招标人发售资格预审文件、招标文件收取的费用应当限于补偿印刷、邮寄的成本支出，不得以营利为目的。

第十七条 招标人应当合理确定提交资格预审申请文件的时间。依法必须进行招标的项目提交资格预审申请文件的时间，自资格预审文件停止发售之日起不得少于5日。

第十八条 资格预审应当按照资格预审文件载明的标准和方法进行。

国有资金占控股或者主导地位的依法必须进行招标的项目，招标人应当组建资格审查委员会审查资格预审申请文件。资格审查委员会及其成员应当遵守招标投标法和本条例有关评标委员会及其成员的规定。

第十九条 资格预审结束后，招标人应当及时向资格预审申请人发出资格预审结果通知书。未通过资格预审的申请人不具有投标资格。

通过资格预审的申请人少于3个的，应当重新招标。

第二十条 招标人采用资格后审办法对投标人进行资格审查的，应当在开标后由评标委员会按照招标文件规定的标准和方法对投标人的资格进行审查。

第二十一条 招标人可以对已发出的资格预审文件或者招标文件进行必要的澄清或者修改。澄清或者修改的内容可能影响资格预审申请文件或者投标文件编制的，招标人应当在提交资格预审申请文件截止时间至少3日前，或者投标截止时间至少15日前，以书面形式通知所有获取资格预审文件或者招标文件的潜在投标人；不足3日或者15日的，招标人应当顺延提交资格预审申请文件或者投标文件的截止时间。

第二十二条 潜在投标人或者其他利害关系人对资格预审文件有异议的，应当在提交资格预审申请文件截止时间2日前提出；对招标文件有异议的，应当在投标截止时间10日前提出。招标人应当自收到异议之日起3日内作出答复；作出答复前，应当暂停招标投标活动。

第二十三条 招标人编制的资格预审文件、招标文件的内容违反法律、行政法规的强制性规定，违反公开、公平、公正和诚实信用原则，影响资格预审结果或者潜在投标人投标的，依法必须进行招标的项目的招标人应当在修改资格预审文件或者招标文件后重新招标。

第二十四条 招标人对招标项目划分标段的,应当遵守招标投标法的有关规定,不得利用划分标段限制或者排斥潜在投标人。依法必须进行招标的项目的招标人不得利用划分标段规避招标。

第二十五条 招标人应当在招标文件中载明投标有效期。投标有效期从提交投标文件的截止之日起算。

第二十六条 招标人在招标文件中要求投标人提交投标保证金的,投标保证金不得超过招标项目估算价的2%。投标保证金有效期应当与投标有效期一致。

依法必须进行招标的项目的境内投标单位,以现金或者支票形式提交的投标保证金应当从其基本账户转出。

招标人不得挪用投标保证金。

第二十七条 招标人可以自行决定是否编制标底。一个招标项目只能有一个标底。标底必须保密。

接受委托编制标底的中介机构不得参加受托编制标底项目的投标,也不得为该项目的投标人编制投标文件或者提供咨询。

招标人设有最高投标限价的,应当在招标文件中明确最高投标限价或者最高投标限价的计算方法。招标人不得规定最低投标限价。

第二十八条 招标人不得组织单个或者部分潜在投标人踏勘项目现场。

第二十九条 招标人可以依法对工程以及与工程建设有关的货物、服务全部或者部分实行总承包招标。以暂估价形式包括在总承包范围内的工程、货物、服务属于依法必须进行招标的项目范围且达到国家规定规模标准的,应当依法进行招标。

前款所称暂估价,是指总承包招标时不能确定价格而由招标人在招标文件中暂时估定的工程、货物、服务的金额。

第三十条 对技术复杂或者无法精确拟定技术规格的项目,招标人可以分两阶段进行招标。

第一阶段,投标人按照招标公告或者投标邀请书的要求提交不带报价的技术建议,招标人根据投标人提交的技术建议确定技术标准和要求,编制招标文件。

第二阶段,招标人向在第一阶段提交技术建议的投标人提供招标文件,投标人按照招标文件的要求提交包括最终技术方案和投标报价的投标文件。

招标人要求投标人提交投标保证金的,应当在第二阶段提出。

第三十一条 招标人终止招标的,应当及时发布公告,或者以书面形式通知被邀请的或者已经获取资格预审文件、招标文件的潜在投标人。已经发售资格预审文件、招标文件或者已经收取投标保证金的,招标人应当及时退还所收取的资格预审文件、招标文件的费用,以及所收取的投标保证金及银行同期存款利息。

第三十二条 招标人不得以不合理的条件限制、排斥潜在投标人或者投标人。

招标人有下列行为之一的,属于以不合理条件限制、排斥潜在投标人或者投标人:

(一)就同一招标项目向潜在投标人或者投标人提供有差别的项目信息;

(二)设定的资格、技术、商务条件与招标项目的具体特点和实际需要不相适应或者与合同履行无关;

(三)依法必须进行招标的项目以特定行政区域或者特定行业的业绩、奖项作为加分条件或者中标条件;

(四)对潜在投标人或者投标人采取不同的资格审查或者评标标准;

(五)限定或者指定特定的专利、商标、品牌、原产地或者供应商;

(六)依法必须进行招标的项目非法限定潜在投标人或者投标人的所有制形式或者组织形式;

(七)以其他不合理条件限制、排斥潜在投标人或者投标人。

第三章 投 标

第三十三条 投标人参加依法必须进行招标的项目的投标,不受地区或者部门的限制,任何单位和个人不得非法干涉。

第三十四条 与招标人存在利害关系可能影响招标公正性的法人、其他组织或者个人,不得参加投标。

单位负责人为同一人或者存在控股、管理关系的不同单位,不得参加同一标段投标或者未划分标段的同一招标项目投标。

违反前两款规定的,相关投标均无效。

第三十五条 投标人撤回已提交的投标文件,应当在投标截止时间前书面通知招标人。招标人已收取投标保证金的，应当自收到投标人书面撤回通知之日起5日内退还。

投标截止后投标人撤销投标文件的，招标人可以不退还投标保证金。

第三十六条　未通过资格预审的申请人提交的投标文件，以及逾期送达或者不按照招标文件要求密封的投标文件，招标人应当拒收。

招标人应当如实记载投标文件的送达时间和密封情况，并存档备查。

第三十七条　招标人应当在资格预审公告、招标公告或者投标邀请书中载明是否接受联合体投标。

招标人接受联合体投标并进行资格预审的，联合体应当在提交资格预审申请文件前组成。资格预审后联合体增减、更换成员的，其投标无效。

联合体各方在同一招标项目中以自己名义单独投标或者参加其他联合体投标的，相关投标均无效。

第三十八条　投标人发生合并、分立、破产等重大变化的，应当及时书面告知招标人。投标人不再具备资格预审文件、招标文件规定的资格条件或者其投标影响招标公正性的，其投标无效。

第三十九条　禁止投标人相互串通投标。

有下列情形之一的，属于投标人相互串通投标：

（一）投标人之间协商投标报价等投标文件的实质性内容；

（二）投标人之间约定中标人；

（三）投标人之间约定部分投标人放弃投标或者中标；

（四）属于同一集团、协会、商会等组织成员的投标人按照该组织要求协同投标；

（五）投标人之间为谋取中标或者排斥特定投标人而采取的其他联合行动。

第四十条　有下列情形之一的，视为投标人相互串通投标：

（一）不同投标人的投标文件由同一单位或者个人编制；

（二）不同投标人委托同一单位或者个人办理投标事宜；

（三）不同投标人的投标文件载明的项目管理成员为同一人；

（四）不同投标人的投标文件异常一致或者投标报价呈规律性差异；

（五）不同投标人的投标文件相互混装；

（六）不同投标人的投标保证金从同一单位或者个人的账户转出。

第四十一条　禁止招标人与投标人串通投标。

有下列情形之一的,属于招标人与投标人串通投标:

(一)招标人在开标前开启投标文件并将有关信息泄露给其他投标人;

(二)招标人直接或者间接向投标人泄露标底、评标委员会成员等信息;

(三)招标人明示或者暗示投标人压低或者抬高投标报价;

(四)招标人授意投标人撤换、修改投标文件;

(五)招标人明示或者暗示投标人为特定投标人中标提供方便;

(六)招标人与投标人为谋求特定投标人中标而采取的其他串通行为。

第四十二条 使用通过受让或者租借等方式获取的资格、资质证书投标的,属于招标投标法第三十三条规定的以他人名义投标。

投标人有下列情形之一的,属于招标投标法第三十三条规定的以其他方式弄虚作假的行为:

(一)使用伪造、变造的许可证件;

(二)提供虚假的财务状况或者业绩;

(三)提供虚假的项目负责人或者主要技术人员简历、劳动关系证明;

(四)提供虚假的信用状况;

(五)其他弄虚作假的行为。

第四十三条 提交资格预审申请文件的申请人应当遵守招标投标法和本条例有关投标人的规定。

第四章 开标、评标和中标

第四十四条 招标人应当按照招标文件规定的时间、地点开标。

投标人少于3个的,不得开标;招标人应当重新招标。

投标人对开标有异议的,应当在开标现场提出,招标人应当当场作出答复,并制作记录。

第四十五条 国家实行统一的评标专家专业分类标准和管理办法。具体标准和办法由国务院发展改革部门会同国务院有关部门制定。

省级人民政府和国务院有关部门应当组建综合评标专家库。

第四十六条 除招标投标法第三十七条第三款规定的特殊招标项目外,依法必须进行招标的项目,其评标委员会的专家成员应当从评标专家库内相关专业的专家名单中以随机抽取方式确定。任何单位和个人不得以明示、暗示等任何方式指定或者变相指定参加评标委员会的专家成员。

依法必须进行招标的项目的招标人非因招标投标法和本条例规定的事由，不得更换依法确定的评标委员会成员。更换评标委员会的专家成员应当依照前款规定进行。

评标委员会成员与投标人有利害关系的，应当主动回避。

有关行政监督部门应当按照规定的职责分工，对评标委员会成员的确定方式、评标专家的抽取和评标活动进行监督。行政监督部门的工作人员不得担任本部门负责监督项目的评标委员会成员。

第四十七条 招标投标法第三十七条第三款所称特殊招标项目，是指技术复杂、专业性强或者国家有特殊要求，采取随机抽取方式确定的专家难以保证胜任评标工作的项目。

第四十八条 招标人应当向评标委员会提供评标所必需的信息，但不得明示或者暗示其倾向或者排斥特定投标人。

招标人应当根据项目规模和技术复杂程度等因素合理确定评标时间。超过三分之一的评标委员会成员认为评标时间不够的，招标人应当适当延长。

评标过程中，评标委员会成员有回避事由、擅离职守或者因健康等原因不能继续评标的，应当及时更换。被更换的评标委员会成员作出的评审结论无效，由更换后的评标委员会成员重新进行评审。

第四十九条 评标委员会成员应当依照招标投标法和本条例的规定，按照招标文件规定的评标标准和方法，客观、公正地对投标文件提出评审意见。招标文件没有规定的评标标准和方法不得作为评标的依据。

评标委员会成员不得私下接触投标人，不得收受投标人给予的财物或者其他好处，不得向招标人征询确定中标人的意向，不得接受任何单位或者个人明示或者暗示提出的倾向或者排斥特定投标人的要求，不得有其他不客观、不公正履行职务的行为。

第五十条 招标项目设有标底的，招标人应当在开标时公布。标底只能作为评标的参考，不得以投标报价是否接近标底作为中标条件，也不得以投标报价超过标底上下浮动范围作为否决投标的条件。

第五十一条 有下列情形之一的，评标委员会应当否决其投标：

（一）投标文件未经投标单位盖章和单位负责人签字；

（二）投标联合体没有提交共同投标协议；

（三）投标人不符合国家或者招标文件规定的资格条件；

（四）同一投标人提交两个以上不同的投标文件或者投标报价，但招标文件要求提交备选投标的除外；

（五）投标报价低于成本或者高于招标文件设定的最高投标限价；

（六）投标文件没有对招标文件的实质性要求和条件作出响应；

（七）投标人有串通投标、弄虚作假、行贿等违法行为。

第五十二条　投标文件中有含义不明确的内容、明显文字或者计算错误，评标委员会认为需要投标人作出必要澄清、说明的，应当书面通知该投标人。投标人的澄清、说明应当采用书面形式，并不得超出投标文件的范围或者改变投标文件的实质性内容。

评标委员会不得暗示或者诱导投标人作出澄清、说明，不得接受投标人主动提出的澄清、说明。

第五十三条　评标完成后，评标委员会应当向招标人提交书面评标报告和中标候选人名单。中标候选人应当不超过 3 个，并标明排序。

评标报告应当由评标委员会全体成员签字。对评标结果有不同意见的评标委员会成员应当以书面形式说明其不同意见和理由，评标报告应当注明该不同意见。评标委员会成员拒绝在评标报告上签字又不书面说明其不同意见和理由的，视为同意评标结果。

第五十四条　依法必须进行招标的项目，招标人应当自收到评标报告之日起 3 日内公示中标候选人，公示期不得少于 3 日。

投标人或者其他利害关系人对依法必须进行招标的项目的评标结果有异议的，应当在中标候选人公示期间提出。招标人应当自收到异议之日起 3 日内作出答复；作出答复前，应当暂停招标投标活动。

第五十五条　国有资金占控股或者主导地位的依法必须进行招标的项目，招标人应当确定排名第一的中标候选人为中标人。排名第一的中标候选人放弃中标、因不可抗力不能履行合同、不按照招标文件要求提交履约保证金，或者被查实存在影响中标结果的违法行为等情形，不符合中标条件的，招标人可以按照评标委员会提出的中标候选人名单排序依次确定其他中标候选人为中标人，也可以重新招标。

第五十六条　中标候选人的经营、财务状况发生较大变化或者存在违法行为，招标人认为可能影响其履约能力的，应当在发出中标通知书前由原评标委员会按照招标文件规定的标准和方法审查确认。

第五十七条 招标人和中标人应当依照招标投标法和本条例的规定签订书面合同,合同的标的、价款、质量、履行期限等主要条款应当与招标文件和中标人的投标文件的内容一致。招标人和中标人不得再行订立背离合同实质性内容的其他协议。

招标人最迟应当在书面合同签订后 5 日内向中标人和未中标的投标人退还投标保证金及银行同期存款利息。

第五十八条 招标文件要求中标人提交履约保证金的,中标人应当按照招标文件的要求提交。履约保证金不得超过中标合同金额的 10%。

第五十九条 中标人应当按照合同约定履行义务,完成中标项目。中标人不得向他人转让中标项目,也不得将中标项目肢解后分别向他人转让。

中标人按照合同约定或者经招标人同意,可以将中标项目的部分非主体、非关键性工作分包给他人完成。接受分包的人应当具备相应的资格条件,并不得再次分包。

中标人应当就分包项目向招标人负责,接受分包的人就分包项目承担连带责任。

第五章 投诉与处理

第六十条 投标人或者其他利害关系人认为招标投标活动不符合法律、行政法规规定的,可以自知道或者应当知道之日起 10 日内向有关行政监督部门投诉。投诉应当有明确的请求和必要的证明材料。

就本条例第二十二条、第四十四条、第五十四条规定事项投诉的,应当先向招标人提出异议,异议答复期间不计算在前款规定的期限内。

第六十一条 投诉人就同一事项向两个以上有权受理的行政监督部门投诉的,由最先收到投诉的行政监督部门负责处理。

行政监督部门应当自收到投诉之日起 3 个工作日内决定是否受理投诉,并自受理投诉之日起 30 个工作日内作出书面处理决定;需要检验、检测、鉴定、专家评审的,所需时间不计算在内。

投诉人捏造事实、伪造材料或者以非法手段取得证明材料进行投诉的,行政监督部门应当予以驳回。

第六十二条 行政监督部门处理投诉,有权查阅、复制有关文件、资料,调查有关情况,相关单位和人员应当予以配合。必要时,行政监督部门可以责令暂停招标投标活动。

行政监督部门的工作人员对监督检查过程中知悉的国家秘密、商业秘密，应当依法予以保密。

第六章　法　律　责　任

第六十三条　招标人有下列限制或者排斥潜在投标人行为之一的，由有关行政监督部门依照招标投标法第五十一条的规定处罚：

（一）依法应当公开招标的项目不按照规定在指定媒介发布资格预审公告或者招标公告；

（二）在不同媒介发布的同一招标项目的资格预审公告或者招标公告的内容不一致，影响潜在投标人申请资格预审或者投标。

依法必须进行招标的项目的招标人不按照规定发布资格预审公告或者招标公告，构成规避招标的，依照招标投标法第四十九条的规定处罚。

第六十四条　招标人有下列情形之一的，由有关行政监督部门责令改正，可以处10万元以下的罚款：

（一）依法应当公开招标而采用邀请招标的；

（二）招标文件、资格预审文件的发售、澄清、修改的时限，或者确定的提交资格预审申请文件、投标文件的时限不符合招标投标法和本条例规定；

（三）接受未通过资格预审的单位或者个人参加投标；

（四）接受应当拒收的投标文件。

招标人有前款第一项、第三项、第四项所列行为之一的，对单位直接负责的主管人员和其他直接责任人员依法给予处分。

第六十五条　招标代理机构在所代理的招标项目中投标、代理投标或者向该项目投标人提供咨询的，接受委托编制标底的中介机构参加受托编制标底项目的投标或者为该项目的投标人编制投标文件、提供咨询的，依照招标投标法第五十条的规定追究法律责任。

第六十六条　招标人超过本条例规定的比例收取投标保证金、履约保证金或者不按照规定退还投标保证金及银行同期存款利息的，由有关行政监督部门责令改正，可以处5万元以下的罚款；给他人造成损失的，依法承担赔偿责任。

第六十七条　投标人相互串通投标或者与招标人串通投标的，投标人向招标人或者评标委员会成员行贿谋取中标的，中标无效；构成犯罪的，依法追究刑事责任;尚不构成犯罪的,依照招标投标法第五十三条的规定处罚。投标人未中标的,对单位的罚款金额按照招标项目合同金额依照招标投标法规定的比例计算。

投标人有下列行为之一的,属于招标投标法第五十三条规定的情节严重行为,由有关行政监督部门取消其1年至2年内参加依法必须进行招标的项目的投标资格:

(一)以行贿谋取中标;

(二)3年内2次以上串通投标;

(三)串通投标行为损害招标人、其他投标人或者国家、集体、公民的合法利益,造成直接经济损失30万元以上;

(四)其他串通投标情节严重的行为。

投标人自本条第二款规定的处罚执行期限届满之日起3年内又有该款所列违法行为之一的,或者串通投标、以行贿谋取中标情节特别严重的,由工商行政管理机关吊销营业执照。

法律、行政法规对串通投标报价行为的处罚另有规定的,从其规定。

第六十八条 投标人以他人名义投标或者以其他方式弄虚作假骗取中标的,中标无效;构成犯罪的,依法追究刑事责任;尚不构成犯罪的,依照招标投标法第五十四条的规定处罚。依法必须进行招标的项目的投标人未中标的,对单位的罚款金额按照招标项目合同金额依照招标投标法规定的比例计算。

投标人有下列行为之一的,属于招标投标法第五十四条规定的情节严重行为,由有关行政监督部门取消其1年至3年内参加依法必须进行招标的项目的投标资格:

(一)伪造、变造资格、资质证书或者其他许可证件骗取中标;

(二)3年内2次以上使用他人名义投标;

(三)弄虚作假骗取中标给招标人造成直接经济损失30万元以上;

(四)其他弄虚作假骗取中标情节严重的行为。

投标人自本条第二款规定的处罚执行期限届满之日起3年内又有该款所列违法行为之一的,或者弄虚作假骗取中标情节特别严重的,由工商行政管理机关吊销营业执照。

第六十九条 出让或者出租资格、资质证书供他人投标的,依照法律、行政法规的规定给予行政处罚;构成犯罪的,依法追究刑事责任。

第七十条 依法必须进行招标的项目的招标人不按照规定组建评标委员会,或者确定、更换评标委员会成员违反招标投标法和本条例规定的,由有关行政监督部门责令改正,可以处 10 万元以下的罚款,对单位直接负责的主管人员和其他直接责任人员依法给予处分;违法确定或者更换的评标委员会成员作出的评审结论无效,依法重新进行评审。

国家工作人员以任何方式非法干涉选取评标委员会成员的,依照本条例第八十条的规定追究法律责任。

第七十一条 评标委员会成员有下列行为之一的,由有关行政监督部门责令改正;情节严重的,禁止其在一定期限内参加依法必须进行招标的项目的评标;情节特别严重的,取消其担任评标委员会成员的资格:

(一)应当回避而不回避;

(二)擅离职守;

(三)不按照招标文件规定的评标标准和方法评标;

(四)私下接触投标人;

(五)向招标人征询确定中标人的意向或者接受任何单位或者个人明示或者暗示提出的倾向或者排斥特定投标人的要求;

(六)对依法应当否决的投标不提出否决意见;

(七)暗示或者诱导投标人作出澄清、说明或者接受投标人主动提出的澄清、说明;

(八)其他不客观、不公正履行职务的行为。

第七十二条 评标委员会成员收受投标人的财物或者其他好处的,没收收受的财物,处 3000 元以上 5 万元以下的罚款,取消担任评标委员会成员的资格,不得再参加依法必须进行招标的项目的评标;构成犯罪的,依法追究刑事责任。

第七十三条 依法必须进行招标的项目的招标人有下列情形之一的,由有关行政监督部门责令改正,可以处中标项目金额 10‰ 以下的罚款;给他人造成损失的,依法承担赔偿责任;对单位直接负责的主管人员和其他直接责任人员依法给予处分:

(一)无正当理由不发出中标通知书;

(二)不按照规定确定中标人;

(三)中标通知书发出后无正当理由改变中标结果;

(四)无正当理由不与中标人订立合同;

（五）在订立合同时向中标人提出附加条件。

第七十四条 中标人无正当理由不与招标人订立合同，在签订合同时向招标人提出附加条件，或者不按照招标文件要求提交履约保证金的，取消其中标资格，投标保证金不予退还。对依法必须进行招标的项目的中标人，由有关行政监督部门责令改正，可以处中标项目金额10‰以下的罚款。

第七十五条 招标人和中标人不按照招标文件和中标人的投标文件订立合同，合同的主要条款与招标文件、中标人的投标文件的内容不一致，或者招标人、中标人订立背离合同实质性内容的协议的，由有关行政监督部门责令改正，可以处中标项目金额5‰以上10‰以下的罚款。

第七十六条 中标人将中标项目转让给他人的，将中标项目肢解后分别转让给他人的，违反招标投标法和本条例规定将中标项目的部分主体、关键性工作分包给他人的，或者分包人再次分包的，转让、分包无效，处转让、分包项目金额5‰以上10‰以下的罚款；有违法所得的，并处没收违法所得；可以责令停业整顿；情节严重的，由工商行政管理机关吊销营业执照。

第七十七条 投标人或者其他利害关系人捏造事实、伪造材料或者以非法手段取得证明材料进行投诉，给他人造成损失的，依法承担赔偿责任。

招标人不按照规定对异议作出答复，继续进行招标投标活动的，由有关行政监督部门责令改正，拒不改正或者不能改正并影响中标结果的，依照本条例第八十一条的规定处理。

第七十八条 国家建立招标投标信用制度。有关行政监督部门应当依法公告对招标人、招标代理机构、投标人、评标委员会成员等当事人违法行为的行政处理决定。

第七十九条 项目审批、核准部门不依法审批、核准项目招标范围、招标方式、招标组织形式的，对单位直接负责的主管人员和其他直接责任人员依法给予处分。

有关行政监督部门不依法履行职责，对违反招标投标法和本条例规定的行为不依法查处，或者不按照规定处理投诉、不依法公告对招标投标当事人违法行为的行政处理决定的，对直接负责的主管人员和其他直接责任人员依法给予处分。

项目审批、核准部门和有关行政监督部门的工作人员徇私舞弊、滥用职权、玩忽职守，构成犯罪的，依法追究刑事责任。

第八十条　国家工作人员利用职务便利,以直接或者间接、明示或者暗示等任何方式非法干涉招标投标活动,有下列情形之一的,依法给予记过或者记大过处分;情节严重的,依法给予降级或者撤职处分;情节特别严重的,依法给予开除处分;构成犯罪的,依法追究刑事责任:

（一）要求对依法必须进行招标的项目不招标,或者要求对依法应当公开招标的项目不公开招标;

（二）要求评标委员会成员或者招标人以其指定的投标人作为中标候选人或者中标人,或者以其他方式非法干涉评标活动,影响中标结果;

（三）以其他方式非法干涉招标投标活动。

第八十一条　依法必须进行招标的项目的招标投标活动违反招标投标法和本条例的规定,对中标结果造成实质性影响,且不能采取补救措施予以纠正的,招标、投标、中标无效,应当依法重新招标或者评标。

第七章　附　　则

第八十二条　招标投标协会按照依法制定的章程开展活动,加强行业自律和服务。

第八十三条　政府采购的法律、行政法规对政府采购货物、服务的招标投标另有规定的,从其规定。

第八十四条　本条例自 2012 年 2 月 1 日起施行。

政府采购货物和服务招标投标管理办法

第一章　总　　则

第一条　为了规范政府采购当事人的采购行为,加强对政府采购货物和服务招标投标活动的监督管理,维护国家利益、社会公共利益和政府采购招标投标活动当事人的合法权益,依据《中华人民共和国政府采购法》(以下简称政府采购法)、《中华人民共和国政府采购法实施条例》(以下简称政府采购法实施条例)和其他有关法律法规规定,制定本办法。

第二条 本办法适用于在中华人民共和国境内开展政府采购货物和服务（以下简称货物服务）招标投标活动。

第三条 货物服务招标分为公开招标和邀请招标。

公开招标,是指采购人依法以招标公告的方式邀请非特定的供应商参加投标的采购方式。

邀请招标,是指采购人依法从符合相应资格条件的供应商中随机抽取3家以上供应商,并以投标邀请书的方式邀请其参加投标的采购方式。

第四条 属于地方预算的政府采购项目,省、自治区、直辖市人民政府根据实际情况,可以确定分别适用于本行政区域省级、设区的市级、县级公开招标数额标准。

第五条 采购人应当在货物服务招标投标活动中落实节约能源、保护环境、扶持不发达地区和少数民族地区、促进中小企业发展等政府采购政策。

第六条 采购人应当按照行政事业单位内部控制规范要求,建立健全本单位政府采购内部控制制度,在编制政府采购预算和实施计划、确定采购需求、组织采购活动、履约验收、答复询问质疑、配合投诉处理及监督检查等重点环节加强内部控制管理。

采购人不得向供应商索要或者接受其给予的赠品、回扣或者与采购无关的其他商品、服务。

第七条 采购人应当按照财政部制定的《政府采购品目分类目录》确定采购项目属性。按照《政府采购品目分类目录》无法确定的,按照有利于采购项目实施的原则确定。

第八条 采购人委托采购代理机构代理招标的,采购代理机构应当在采购人委托的范围内依法开展采购活动。

采购代理机构及其分支机构不得在所代理的采购项目中投标或者代理投标,不得为所代理的采购项目的投标人参加本项目提供投标咨询。

第二章 招　　标

第九条 未纳入集中采购目录的政府采购项目,采购人可以自行招标,也可以委托采购代理机构在委托的范围内代理招标。

采购人自行组织开展招标活动的,应当符合下列条件：

（一）有编制招标文件、组织招标的能力和条件；

（二）有与采购项目专业性相适应的专业人员。

第十条 采购人应当对采购标的的市场技术或者服务水平、供应、价格等情况进行市场调查，根据调查情况、资产配置标准等科学、合理地确定采购需求，进行价格测算。

第十一条 采购需求应当完整、明确，包括以下内容：

（一）采购标的需实现的功能或者目标，以及为落实政府采购政策需满足的要求；

（二）采购标的需执行的国家相关标准、行业标准、地方标准或者其他标准、规范；

（三）采购标的需满足的质量、安全、技术规格、物理特性等要求；

（四）采购标的的数量、采购项目交付或者实施的时间和地点；

（五）采购标的需满足的服务标准、期限、效率等要求；

（六）采购标的的验收标准；

（七）采购标的的其他技术、服务等要求。

第十二条 采购人根据价格测算情况，可以在采购预算额度内合理设定最高限价，但不得设定最低限价。

第十三条 公开招标公告应当包括以下主要内容：

（一）采购人及其委托的采购代理机构的名称、地址和联系方法；

（二）采购项目的名称、预算金额，设定最高限价的，还应当公开最高限价；

（三）采购人的采购需求；

（四）投标人的资格要求；

（五）获取招标文件的时间期限、地点、方式及招标文件售价；

（六）公告期限；

（七）投标截止时间、开标时间及地点；

（八）采购项目联系人姓名和电话。

第十四条 采用邀请招标方式的，采购人或者采购代理机构应当通过以下方式产生符合资格条件的供应商名单，并从中随机抽取3家以上供应商向其发出投标邀请书：

（一）发布资格预审公告征集；

（二）从省级以上人民政府财政部门（以下简称财政部门）建立的供应商库中选取；

（三）采购人书面推荐。

采用前款第一项方式产生符合资格条件供应商名单的，采购人或者采购代理机构应当按照资格预审文件载明的标准和方法，对潜在投标人进行资格预审。

采用第一款第二项或者第三项方式产生符合资格条件供应商名单的，备选的符合资格条件供应商总数不得少于拟随机抽取供应商总数的两倍。

随机抽取是指通过抽签等能够保证所有符合资格条件供应商机会均等的方式选定供应商。随机抽取供应商时，应当有不少于两名采购人工作人员在场监督，并形成书面记录，随采购文件一并存档。

投标邀请书应当同时向所有受邀请的供应商发出。

第十五条 资格预审公告应当包括以下主要内容：

（一）本办法第十三条第一至四项、第六项和第八项内容；

（二）获取资格预审文件的时间期限、地点、方式；

（三）提交资格预审申请文件的截止时间、地点及资格预审日期。

第十六条 招标公告、资格预审公告的公告期限为5个工作日。公告内容应当以省级以上财政部门指定媒体发布的公告为准。公告期限自省级以上财政部门指定媒体最先发布公告之日起算。

第十七条 采购人、采购代理机构不得将投标人的注册资本、资产总额、营业收入、从业人员、利润、纳税额等规模条件作为资格要求或者评审因素，也不得通过将除进口货物以外的生产厂家授权、承诺、证明、背书等作为资格要求，对投标人实行差别待遇或者歧视待遇。

第十八条 采购人或者采购代理机构应当按照招标公告、资格预审公告或者投标邀请书规定的时间、地点提供招标文件或者资格预审文件，提供期限自招标公告、资格预审公告发布之日起计算不得少于5个工作日。提供期限届满后，获取招标文件或者资格预审文件的潜在投标人不足3家的，可以顺延提供期限，并予公告。

公开招标进行资格预审的，招标公告和资格预审公告可以合并发布，招标文件应当向所有通过资格预审的供应商提供。

第十九条 采购人或者采购代理机构应当根据采购项目的实施要求，在招标公告、资格预审公告或者投标邀请书中载明是否接受联合体投标。如未载明，不得拒绝联合体投标。

第二十条　采购人或者采购代理机构应当根据采购项目的特点和采购需求编制招标文件。招标文件应当包括以下主要内容：

（一）投标邀请；

（二）投标人须知（包括投标文件的密封、签署、盖章要求等）；

（三）投标人应当提交的资格、资信证明文件；

（四）为落实政府采购政策，采购标的需满足的要求，以及投标人须提供的证明材料；

（五）投标文件编制要求、投标报价要求和投标保证金交纳、退还方式以及不予退还投标保证金的情形；

（六）采购项目预算金额，设定最高限价的，还应当公开最高限价；

（七）采购项目的技术规格、数量、服务标准、验收等要求，包括附件、图纸等；

（八）拟签订的合同文本；

（九）货物、服务提供的时间、地点、方式；

（十）采购资金的支付方式、时间、条件；

（十一）评标方法、评标标准和投标无效情形；

（十二）投标有效期；

（十三）投标截止时间、开标时间及地点；

（十四）采购代理机构代理费用的收取标准和方式；

（十五）投标人信用信息查询渠道及截止时点、信用信息查询记录和证据留存的具体方式、信用信息的使用规则等；

（十六）省级以上财政部门规定的其他事项。

对于不允许偏离的实质性要求和条件，采购人或者采购代理机构应当在招标文件中规定，并以醒目的方式标明。

第二十一条　采购人或者采购代理机构应当根据采购项目的特点和采购需求编制资格预审文件。资格预审文件应当包括以下主要内容：

（一）资格预审邀请；

（二）申请人须知；

（三）申请人的资格要求；

（四）资格审核标准和方法；

（五）申请人应当提供的资格预审申请文件的内容和格式；

（六）提交资格预审申请文件的方式、截止时间、地点及资格审核日期；

（七）申请人信用信息查询渠道及截止时点、信用信息查询记录和证据留存的具体方式、信用信息的使用规则等内容；

（八）省级以上财政部门规定的其他事项。

资格预审文件应当免费提供。

第二十二条 采购人、采购代理机构一般不得要求投标人提供样品，仅凭书面方式不能准确描述采购需求或者需要对样品进行主观判断以确认是否满足采购需求等特殊情况除外。

要求投标人提供样品的，应当在招标文件中明确规定样品制作的标准和要求、是否需要随样品提交相关检测报告、样品的评审方法以及评审标准。需要随样品提交检测报告的，还应当规定检测机构的要求、检测内容等。

采购活动结束后，对于未中标人提供的样品，应当及时退还或者经未中标人同意后自行处理；对于中标人提供的样品，应当按照招标文件的规定进行保管、封存，并作为履约验收的参考。

第二十三条 投标有效期从提交投标文件的截止之日起算。投标文件中承诺的投标有效期应当不少于招标文件中载明的投标有效期。投标有效期内投标人撤销投标文件的，采购人或者采购代理机构可以不退还投标保证金。

第二十四条 招标文件售价应当按照弥补制作、邮寄成本的原则确定，不得以营利为目的，不得以招标采购金额作为确定招标文件售价的依据。

第二十五条 招标文件、资格预审文件的内容不得违反法律、行政法规、强制性标准、政府采购政策，或者违反公开透明、公平竞争、公正和诚实信用原则。

有前款规定情形，影响潜在投标人投标或者资格预审结果的，采购人或者采购代理机构应当修改招标文件或者资格预审文件后重新招标。

第二十六条 采购人或者采购代理机构可以在招标文件提供期限截止后，组织已获取招标文件的潜在投标人现场考察或者召开开标前答疑会。

组织现场考察或者召开答疑会的，应当在招标文件中载明，或者在招标文件提供期限截止后以书面形式通知所有获取招标文件的潜在投标人。

第二十七条 采购人或者采购代理机构可以对已发出的招标文件、资格预审文件、投标邀请书进行必要的澄清或者修改，但不得改变采购标的和资格条件。澄清或者修改应当在原公告发布媒体上发布澄清公告。澄清或者修改的内容为招标文件、资格预审文件、投标邀请书的组成部分。

澄清或者修改的内容可能影响投标文件编制的,采购人或者采购代理机构应当在投标截止时间至少 15 日前,以书面形式通知所有获取招标文件的潜在投标人;不足 15 日的,采购人或者采购代理机构应当顺延提交投标文件的截止时间。

澄清或者修改的内容可能影响资格预审申请文件编制的,采购人或者采购代理机构应当在提交资格预审申请文件截止时间至少 3 日前,以书面形式通知所有获取资格预审文件的潜在投标人;不足 3 日的,采购人或者采购代理机构应当顺延提交资格预审申请文件的截止时间。

第二十八条 投标截止时间前,采购人、采购代理机构和有关人员不得向他人透露已获取招标文件的潜在投标人的名称、数量以及可能影响公平竞争的有关招标投标的其他情况。

第二十九条 采购人、采购代理机构在发布招标公告、资格预审公告或者发出投标邀请书后,除因重大变故采购任务取消情况外,不得擅自终止招标活动。

终止招标的,采购人或者采购代理机构应当及时在原公告发布媒体上发布终止公告,以书面形式通知已经获取招标文件、资格预审文件或者被邀请的潜在投标人,并将项目实施情况和采购任务取消原因报告本级财政部门。已经收取招标文件费用或者投标保证金的,采购人或者采购代理机构应当在终止采购活动后 5 个工作日内,退还所收取的招标文件费用和所收取的投标保证金及其在银行产生的孳息。

第三章 投 标

第三十条 投标人,是指响应招标、参加投标竞争的法人、其他组织或者自然人。

第三十一条 采用最低评标价法的采购项目,提供相同品牌产品的不同投标人参加同一合同项下投标的,以其中通过资格审查、符合性审查且报价最低的参加评标;报价相同的,由采购人或者采购人委托评标委员会按照招标文件规定的方式确定一个参加评标的投标人,招标文件未规定的采取随机抽取方式确定,其他投标无效。

使用综合评分法的采购项目,提供相同品牌产品且通过资格审查、符合性审查的不同投标人参加同一合同项下投标的,按一家投标人计算,评审后得分最高的同品牌投标人获得中标人推荐资格；评审得分相同的，由采购人或者采购人委托评标委员会按照招标文件规定的方式确定一个投标人获得中标人推荐资格，招标文件未规定的采取随机抽取方式确定，其他同品牌投标人不作为中标候选人。

非单一产品采购项目，采购人应当根据采购项目技术构成、产品价格比重等合理确定核心产品，并在招标文件中载明。多家投标人提供的核心产品品牌相同的，按前两款规定处理。

第三十二条 投标人应当按照招标文件的要求编制投标文件。投标文件应当对招标文件提出的要求和条件作出明确响应。

第三十三条 投标人应当在招标文件要求提交投标文件的截止时间前，将投标文件密封送达投标地点。采购人或者采购代理机构收到投标文件后，应当如实记载投标文件的送达时间和密封情况，签收保存，并向投标人出具签收回执。任何单位和个人不得在开标前开启投标文件。

逾期送达或者未按照招标文件要求密封的投标文件，采购人、采购代理机构应当拒收。

第三十四条 投标人在投标截止时间前，可以对所递交的投标文件进行补充、修改或者撤回，并书面通知采购人或者采购代理机构。补充、修改的内容应当按照招标文件要求签署、盖章、密封后，作为投标文件的组成部分。

第三十五条 投标人根据招标文件的规定和采购项目的实际情况，拟在中标后将中标项目的非主体、非关键性工作分包的，应当在投标文件中载明分包承担主体，分包承担主体应当具备相应资质条件且不得再次分包。

第三十六条 投标人应当遵循公平竞争的原则，不得恶意串通，不得妨碍其他投标人的竞争行为，不得损害采购人或者其他投标人的合法权益。

在评标过程中发现投标人有上述情形的，评标委员会应当认定其投标无效，并书面报告本级财政部门。

第三十七条 有下列情形之一的，视为投标人串通投标，其投标无效：

（一）不同投标人的投标文件由同一单位或者个人编制；

（二）不同投标人委托同一单位或者个人办理投标事宜；

（三）不同投标人的投标文件载明的项目管理成员或者联系人员为同一人；

（四）不同投标人的投标文件异常一致或者投标报价呈规律性差异；

（五）不同投标人的投标文件相互混装；

(六)不同投标人的投标保证金从同一单位或者个人的账户转出。

第三十八条 投标人在投标截止时间前撤回已提交的投标文件的,采购人或者采购代理机构应当自收到投标人书面撤回通知之日起5个工作日内,退还已收取的投标保证金,但因投标人自身原因导致无法及时退还的除外。

采购人或者采购代理机构应当自中标通知书发出之日起5个工作日内退还未中标人的投标保证金,自采购合同签订之日起5个工作日内退还中标人的投标保证金或者转为中标人的履约保证金。

采购人或者采购代理机构逾期退还投标保证金的,除应当退还投标保证金本金外,还应当按中国人民银行同期贷款基准利率上浮20%后的利率支付超期资金占用费,但因投标人自身原因导致无法及时退还的除外。

第四章 开标、评标

第三十九条 开标应当在招标文件确定的提交投标文件截止时间的同一时间进行。开标地点应当为招标文件中预先确定的地点。

采购人或者采购代理机构应当对开标、评标现场活动进行全程录音录像。录音录像应当清晰可辨,音像资料作为采购文件一并存档。

第四十条 开标由采购人或者采购代理机构主持,邀请投标人参加。评标委员会成员不得参加开标活动。

第四十一条 开标时,应当由投标人或者其推选的代表检查投标文件的密封情况;经确认无误后,由采购人或者采购代理机构工作人员当众拆封,宣布投标人名称、投标价格和招标文件规定的需要宣布的其他内容。

投标人不足3家的,不得开标。

第四十二条 开标过程应当由采购人或者采购代理机构负责记录,由参加开标的各投标人代表和相关工作人员签字确认后随采购文件一并存档。

投标人代表对开标过程和开标记录有疑义,以及认为采购人、采购代理机构相关工作人员有需要回避的情形的,应当场提出询问或者回避申请。采购人、采购代理机构对投标人代表提出的询问或者回避申请应当及时处理。

投标人未参加开标的,视同认可开标结果。

第四十三条 公开招标数额标准以上的采购项目,投标截止后投标人不足3家或者通过资格审查或符合性审查的投标人不足3家的,除采购任务取消情形外,按照以下方式处理:

（一）招标文件存在不合理条款或者招标程序不符合规定的,采购人、采购代理机构改正后依法重新招标;

（二）招标文件没有不合理条款、招标程序符合规定,需要采用其他采购方式采购的,采购人应当依法报财政部门批准。

第四十四条 公开招标采购项目开标结束后,采购人或者采购代理机构应当依法对投标人的资格进行审查。

合格投标人不足3家的,不得评标。

第四十五条 采购人或者采购代理机构负责组织评标工作,并履行下列职责:

（一）核对评审专家身份和采购人代表授权函,对评审专家在政府采购活动中的职责履行情况予以记录,并及时将有关违法违规行为向财政部门报告;

（二）宣布评标纪律;

（三）公布投标人名单,告知评审专家应当回避的情形;

（四）组织评标委员会推选评标组长,采购人代表不得担任组长;

（五）在评标期间采取必要的通讯管理措施,保证评标活动不受外界干扰;

（六）根据评标委员会的要求介绍政府采购相关政策法规、招标文件;

（七）维护评标秩序,监督评标委员会依照招标文件规定的评标程序、方法和标准进行独立评审,及时制止和纠正采购人代表、评审专家的倾向性言论或者违法违规行为;

（八）核对评标结果,有本办法第六十四条规定情形的,要求评标委员会复核或者书面说明理由,评标委员会拒绝的,应予记录并向本级财政部门报告;

（九）评审工作完成后,按照规定向评审专家支付劳务报酬和异地评审差旅费,不得向评审专家以外的其他人员支付评审劳务报酬;

（十）处理与评标有关的其他事项。

采购人可以在评标前说明项目背景和采购需求,说明内容不得含有歧视性、倾向性意见,不得超出招标文件所述范围。说明应当提交书面材料,并随采购文件一并存档。

第四十六条 评标委员会负责具体评标事务,并独立履行下列职责:

（一）审查、评价投标文件是否符合招标文件的商务、技术等实质性要求;

（二）要求投标人对投标文件有关事项作出澄清或者说明;

（三）对投标文件进行比较和评价;

（四）确定中标候选人名单，以及根据采购人委托直接确定中标人；

（五）向采购人、采购代理机构或者有关部门报告评标中发现的违法行为。

第四十七条 评标委员会由采购人代表和评审专家组成，成员人数应当为5人以上单数，其中评审专家不得少于成员总数的三分之二。

采购项目符合下列情形之一的，评标委员会成员人数应当为7人以上单数：

（一）采购预算金额在1000万元以上；

（二）技术复杂；

（三）社会影响较大。

评审专家对本单位的采购项目只能作为采购人代表参与评标，本办法第四十八条第二款规定情形除外。采购代理机构工作人员不得参加由本机构代理的政府采购项目的评标。

评标委员会成员名单在评标结果公告前应当保密。

第四十八条 采购人或者采购代理机构应当从省级以上财政部门设立的政府采购评审专家库中，通过随机方式抽取评审专家。

对技术复杂、专业性强的采购项目，通过随机方式难以确定合适评审专家的，经主管预算单位同意，采购人可以自行选定相应专业领域的评审专家。

第四十九条 评标中因评标委员会成员缺席、回避或者健康等特殊原因导致评标委员会组成不符合本办法规定的，采购人或者采购代理机构应当依法补足后继续评标。被更换的评标委员会成员所作出的评标意见无效。

无法及时补足评标委员会成员的，采购人或者采购代理机构应当停止评标活动，封存所有投标文件和开标、评标资料，依法重新组建评标委员会进行评标。原评标委员会所作出的评标意见无效。

采购人或者采购代理机构应当将变更、重新组建评标委员会的情况予以记录，并随采购文件一并存档。

第五十条 评标委员会应当对符合资格的投标人的投标文件进行符合性审查，以确定其是否满足招标文件的实质性要求。

第五十一条 对于投标文件中含义不明确、同类问题表述不一致或者有明显文字和计算错误的内容，评标委员会应当以书面形式要求投标人作出必要的澄清、说明或者补正。

投标人的澄清、说明或者补正应当采用书面形式，并加盖公章，或者由法定代表人或其授权的代表签字。投标人的澄清、说明或者补正不得超出投标文件的范围或者改变投标文件的实质性内容。

第五十二条 评标委员会应当按照招标文件中规定的评标方法和标准,对符合性审查合格的投标文件进行商务和技术评估,综合比较与评价。

第五十三条 评标方法分为最低评标价法和综合评分法。

第五十四条 最低评标价法,是指投标文件满足招标文件全部实质性要求,且投标报价最低的投标人为中标候选人的评标方法。

技术、服务等标准统一的货物服务项目,应当采用最低评标价法。

采用最低评标价法评标时,除了算术修正和落实政府采购政策需进行的价格扣除外,不能对投标人的投标价格进行任何调整。

第五十五条 综合评分法,是指投标文件满足招标文件全部实质性要求,且按照评审因素的量化指标评审得分最高的投标人为中标候选人的评标方法。

评审因素的设定应当与投标人所提供货物服务的质量相关,包括投标报价、技术或者服务水平、履约能力、售后服务等。资格条件不得作为评审因素。评审因素应当在招标文件中规定。

评审因素应当细化和量化,且与相应的商务条件和采购需求对应。商务条件和采购需求指标有区间规定的,评审因素应当量化到相应区间,并设置各区间对应的不同分值。

评标时,评标委员会各成员应当独立对每个投标人的投标文件进行评价,并汇总每个投标人的得分。

货物项目的价格分值占总分值的比重不得低于30%;服务项目的价格分值占总分值的比重不得低于10%。执行国家统一定价标准和采用固定价格采购的项目,其价格不列为评审因素。

价格分应当采用低价优先法计算,即满足招标文件要求且投标价格最低的投标报价为评标基准价,其价格分为满分。其他投标人的价格分统一按照下列公式计算:

投标报价得分 = (评标基准价/投标报价) × 100

评标总得分 = $F1 \times A1 + F2 \times A2 + \cdots\cdots + Fn \times An$

F1、F2……Fn 分别为各项评审因素的得分;

A1、A2、……An 分别为各项评审因素所占的权重(A1 + A2 + …… + An = 1)。

评标过程中,不得去掉报价中的最高报价和最低报价。

因落实政府采购政策进行价格调整的,以调整后的价格计算评标基准价和投标报价。

第五十六条 采用最低评标价法的,评标结果按投标报价由低到高顺序排列。投标报价相同的并列。投标文件满足招标文件全部实质性要求且投标报价最低的投标人为排名第一的中标候选人。

第五十七条 采用综合评分法的,评标结果按评审后得分由高到低顺序排列。得分相同的,按投标报价由低到高顺序排列。得分且投标报价相同的并列。投标文件满足招标文件全部实质性要求,且按照评审因素的量化指标评审得分最高的投标人为排名第一的中标候选人。

第五十八条 评标委员会根据全体评标成员签字的原始评标记录和评标结果编写评标报告。评标报告应当包括以下内容:

(一)招标公告刊登的媒体名称、开标日期和地点;

(二)投标人名单和评标委员会成员名单;

(三)评标方法和标准;

(四)开标记录和评标情况及说明,包括无效投标人名单及原因;

(五)评标结果,确定的中标候选人名单或者经采购人委托直接确定的中标人;

(六)其他需要说明的情况,包括评标过程中投标人根据评标委员会要求进行的澄清、说明或者补正,评标委员会成员的更换等。

第五十九条 投标文件报价出现前后不一致的,除招标文件另有规定外,按照下列规定修正:

(一)投标文件中开标一览表(报价表)内容与投标文件中相应内容不一致的,以开标一览表(报价表)为准;

(二)大写金额和小写金额不一致的,以大写金额为准;

(三)单价金额小数点或者百分比有明显错位的,以开标一览表的总价为准,并修改单价;

(四)总价金额与按单价汇总金额不一致的,以单价金额计算结果为准。

同时出现两种以上不一致的,按照前款规定的顺序修正。修正后的报价按照本办法第五十一条第二款的规定经投标人确认后产生约束力,投标人不确认的,其投标无效。

第六十条 评标委员会认为投标人的报价明显低于其他通过符合性审查投标人的报价,有可能影响产品质量或者不能诚信履约的,应当要求其在评标现场合理的时间内提供书面说明,必要时提交相关证明材料;投标人不能证明其报价合理性的,评标委员会应当将其作为无效投标处理。

第六十一条 评标委员会成员对需要共同认定的事项存在争议的,应当按照少数服从多数的原则作出结论。持不同意见的评标委员会成员应当在评标报告上签署不同意见及理由,否则视为同意评标报告。

第六十二条 评标委员会及其成员不得有下列行为:

(一)确定参与评标至评标结束前私自接触投标人;

(二)接受投标人提出的与投标文件不一致的澄清或者说明,本办法第五十一条规定的情形除外;

(三)违反评标纪律发表倾向性意见或者征询采购人的倾向性意见;

(四)对需要专业判断的主观评审因素协商评分;

(五)在评标过程中擅离职守,影响评标程序正常进行的;

(六)记录、复制或者带走任何评标资料;

(七)其他不遵守评标纪律的行为。

评标委员会成员有前款第一至五项行为之一的,其评审意见无效,并不得获取评审劳务报酬和报销异地评审差旅费。

第六十三条 投标人存在下列情况之一的,投标无效:

(一)未按照招标文件的规定提交投标保证金的;

(二)投标文件未按招标文件要求签署、盖章的;

(三)不具备招标文件中规定的资格要求的;

(四)报价超过招标文件中规定的预算金额或者最高限价的;

(五)投标文件含有采购人不能接受的附加条件的;

(六)法律、法规和招标文件规定的其他无效情形。

第六十四条 评标结果汇总完成后,除下列情形外,任何人不得修改评标结果:

(一)分值汇总计算错误的;

(二)分项评分超出评分标准范围的;

(三)评标委员会成员对客观评审因素评分不一致的;

(四)经评标委员会认定评分畸高、畸低的。

评标报告签署前,经复核发现存在以上情形之一的,评标委员会应当当场修改评标结果,并在评标报告中记载;评标报告签署后,采购人或者采购代理机构发现存在以上情形之一的,应当组织原评标委员会进行重新评审,重新评审改变评标结果的,书面报告本级财政部门。

投标人对本条第一款情形提出质疑的,采购人或者采购代理机构可以组织原评标委员会进行重新评审,重新评审改变评标结果的,应当书面报告本级财政部门。

第六十五条 评标委员会发现招标文件存在歧义、重大缺陷导致评标工作无法进行,或者招标文件内容违反国家有关强制性规定的,应当停止评标工作,与采购人或者采购代理机构沟通并作书面记录。采购人或者采购代理机构确认后,应当修改招标文件,重新组织采购活动。

第六十六条 采购人、采购代理机构应当采取必要措施,保证评标在严格保密的情况下进行。除采购人代表、评标现场组织人员外,采购人的其他工作人员以及与评标工作无关的人员不得进入评标现场。

有关人员对评标情况以及在评标过程中获悉的国家秘密、商业秘密负有保密责任。

第六十七条 评标委员会或者其成员存在下列情形导致评标结果无效的,采购人、采购代理机构可以重新组建评标委员会进行评标,并书面报告本级财政部门,但采购合同已经履行的除外:

(一)评标委员会组成不符合本办法规定的;

(二)有本办法第六十二条第一至五项情形的;

(三)评标委员会及其成员独立评标受到非法干预的;

(四)有政府采购法实施条例第七十五条规定的违法行为的。

有违法违规行为的原评标委员会成员不得参加重新组建的评标委员会。

第五章 中标和合同

第六十八条 采购代理机构应当在评标结束后 2 个工作日内将评标报告送采购人。

采购人应当自收到评标报告之日起 5 个工作日内,在评标报告确定的中标候选人名单中按顺序确定中标人。中标候选人并列的,由采购人或者采购人委托评标委员会按照招标文件规定的方式确定中标人;招标文件未规定的,采取随机抽取的方式确定。

采购人自行组织招标的,应当在评标结束后 5 个工作日内确定中标人。

采购人在收到评标报告5个工作日内未按评标报告推荐的中标候选人顺序确定中标人，又不能说明合法理由的，视同按评标报告推荐的顺序确定排名第一的中标候选人为中标人。

第六十九条 采购人或者采购代理机构应当自中标人确定之日起2个工作日内，在省级以上财政部门指定的媒体上公告中标结果，招标文件应当随中标结果同时公告。

中标结果公告内容应当包括采购人及其委托的采购代理机构的名称、地址、联系方式，项目名称和项目编号，中标人名称、地址和中标金额，主要中标标的的名称、规格型号、数量、单价、服务要求，中标公告期限以及评审专家名单。

中标公告期限为1个工作日。

邀请招标采购人采用书面推荐方式产生符合资格条件的潜在投标人的，还应当将所有被推荐供应商名单和推荐理由随中标结果同时公告。

在公告中标结果的同时，采购人或者采购代理机构应当向中标人发出中标通知书；对未通过资格审查的投标人，应当告知其未通过的原因；采用综合评分法评审的，还应当告知未中标人本人的评审得分与排序。

第七十条 中标通知书发出后，采购人不得违法改变中标结果，中标人无正当理由不得放弃中标。

第七十一条 采购人应当自中标通知书发出之日起30日内，按照招标文件和中标人投标文件的规定，与中标人签订书面合同。所签订的合同不得对招标文件确定的事项和中标人投标文件作实质性修改。

采购人不得向中标人提出任何不合理的要求作为签订合同的条件。

第七十二条 政府采购合同应当包括采购人与中标人的名称和住所、标的、数量、质量、价款或者报酬、履行期限及地点和方式、验收要求、违约责任、解决争议的方法等内容。

第七十三条 采购人与中标人应当根据合同的约定依法履行合同义务。

政府采购合同的履行、违约责任和解决争议的方法等适用《中华人民共和国合同法》。

第七十四条 采购人应当及时对采购项目进行验收。采购人可以邀请参加本项目的其他投标人或者第三方机构参与验收。参与验收的投标人或者第三方机构的意见作为验收书的参考资料一并存档。

第七十五条 采购人应当加强对中标人的履约管理，并按照采购合同约定,及时向中标人支付采购资金。对于中标人违反采购合同约定的行为,采购人应当及时处理,依法追究其违约责任。

第七十六条 采购人、采购代理机构应当建立真实完整的招标采购档案,妥善保存每项采购活动的采购文件。

第六章 法 律 责 任

第七十七条 采购人有下列情形之一的,由财政部门责令限期改正;情节严重的,给予警告,对直接负责的主管人员和其他直接责任人员由其行政主管部门或者有关机关依法给予处分,并予以通报;涉嫌犯罪的,移送司法机关处理:

(一)未按照本办法的规定编制采购需求的;

(二)违反本办法第六条第二款规定的;

(三)未在规定时间内确定中标人的;

(四)向中标人提出不合理要求作为签订合同条件的。

第七十八条 采购人、采购代理机构有下列情形之一的,由财政部门责令限期改正,情节严重的,给予警告,对直接负责的主管人员和其他直接责任人员,由其行政主管部门或者有关机关给予处分,并予通报;采购代理机构有违法所得的,没收违法所得,并可以处以不超过违法所得3倍、最高不超过3万元的罚款,没有违法所得的,可以处以1万元以下的罚款:

(一)违反本办法第八条第二款规定的;

(二)设定最低限价的;

(三)未按照规定进行资格预审或者资格审查的;

(四)违反本办法规定确定招标文件售价的;

(五)未按规定对开标、评标活动进行全程录音录像的;

(六)擅自终止招标活动的;

(七)未按照规定进行开标和组织评标的;

(八)未按照规定退还投标保证金的;

(九)违反本办法规定进行重新评审或者重新组建评标委员会进行评标的;

(十)开标前泄露已获取招标文件的潜在投标人的名称、数量或者其他可能影响公平竞争的有关招标投标情况的;

(十一)未妥善保存采购文件的;

（十二）其他违反本办法规定的情形。

第七十九条 有本办法第七十七条、第七十八条规定的违法行为之一，经改正后仍然影响或者可能影响中标结果的，依照政府采购法实施条例第七十一条规定处理。

第八十条 政府采购当事人违反本办法规定，给他人造成损失的，依法承担民事责任。

第八十一条 评标委员会成员有本办法第六十二条所列行为之一的，由财政部门责令限期改正；情节严重的，给予警告，并对其不良行为予以记录。

第八十二条 财政部门应当依法履行政府采购监督管理职责。财政部门及其工作人员在履行监督管理职责中存在懒政怠政、滥用职权、玩忽职守、徇私舞弊等违法违纪行为的，依照政府采购法、《中华人民共和国公务员法》、《中华人民共和国行政监察法》、政府采购法实施条例等国家有关规定追究相应责任；涉嫌犯罪的，移送司法机关处理。

第七章 附　则

第八十三条 政府采购货物服务电子招标投标、政府采购货物中的进口机电产品招标投标有关特殊事宜，由财政部另行规定。

第八十四条 本办法所称主管预算单位是指负有编制部门预算职责，向本级财政部门申报预算的国家机关、事业单位和团体组织。

第八十五条 本办法规定按日计算期间的，开始当天不计入，从次日开始计算。期限的最后一日是国家法定节假日的，顺延到节假日后的次日为期限的最后一日。

第八十六条 本办法所称的"以上"、"以下"、"内"、"以内"，包括本数；所称的"不足"，不包括本数。

第八十七条 各省、自治区、直辖市财政部门可以根据本办法制定具体实施办法。

第八十八条 本办法自2017年10月1日起施行。财政部2004年8月11日发布的《政府采购货物和服务招标投标管理办法》（财政部令第18号）同时废止。

政府购买服务管理办法

(2019年11月19日第一次部务会议审议通过)

第一章 总 则

第一条 为规范政府购买服务行为,促进转变政府职能,改善公共服务供给,根据《中华人民共和国预算法》、《中华人民共和国政府采购法》、《中华人民共和国合同法》等法律、行政法规的规定,制定本办法。

第二条 本办法所称政府购买服务,是指各级国家机关将属于自身职责范围且适合通过市场化方式提供的服务事项,按照政府采购方式和程序,交由符合条件的服务供应商承担,并根据服务数量和质量等因素向其支付费用的行为。

第三条 政府购买服务应当遵循预算约束、以事定费、公开择优、诚实信用、讲求绩效原则。

第四条 财政部负责制定全国性政府购买服务制度,指导和监督各地区、各部门政府购买服务工作。

县级以上地方人民政府财政部门负责本行政区域政府购买服务管理。

第二章 购买主体和承接主体

第五条 各级国家机关是政府购买服务的购买主体。

第六条 依法成立的企业、社会组织(不含由财政拨款保障的群团组织),公益二类和从事生产经营活动的事业单位,农村集体经济组织,基层群众性自治组织,以及具备条件的个人可以作为政府购买服务的承接主体。

第七条 政府购买服务的承接主体应当符合政府采购法律、行政法规规定的条件。

购买主体可以结合购买服务项目的特点规定承接主体的具体条件,但不得违反政府采购法律、行政法规,以不合理的条件对承接主体实行差别待遇或者歧视待遇。

第八条 公益一类事业单位、使用事业编制且由财政拨款保障的群团组织,不作为政府购买服务的购买主体和承接主体。

第三章 购买内容和目录

第九条 政府购买服务的内容包括政府向社会公众提供的公共服务,以及政府履职所需辅助性服务。

第十条 以下各项不得纳入政府购买服务范围:
(一)不属于政府职责范围的服务事项;
(二)应当由政府直接履职的事项;
(三)政府采购法律、行政法规规定的货物和工程,以及将工程和服务打包的项目;
(四)融资行为;
(五)购买主体的人员招、聘用,以劳务派遣方式用工,以及设置公益性岗位等事项;
(六)法律、行政法规以及国务院规定的其他不得作为政府购买服务内容的事项。

第十一条 政府购买服务的具体范围和内容实行指导性目录管理,指导性目录依法予以公开。

第十二条 政府购买服务指导性目录在中央和省两级实行分级管理,财政部和省级财政部门分别制定本级政府购买服务指导性目录,各部门在本级指导性目录范围内编制本部门政府购买服务指导性目录。

省级财政部门根据本地区情况确定省以下政府购买服务指导性目录的编制方式和程序。

第十三条 有关部门应当根据经济社会发展实际、政府职能转变和基本公共服务均等化、标准化的要求,编制、调整指导性目录。

编制、调整指导性目录应当充分征求相关部门意见,根据实际需要进行专家论证。

第十四条 纳入政府购买服务指导性目录的服务事项,已安排预算的,可以实施政府购买服务。

第四章 购买活动的实施

第十五条 政府购买服务应当突出公共性和公益性,重点考虑、优先安排与改善民生密切相关,有利于转变政府职能、提高财政资金绩效的项目。

政府购买的基本公共服务项目的服务内容、水平、流程等标准要素,应当符合国家基本公共服务标准相关要求。

第十六条 政府购买服务项目所需资金应当在相关部门预算中统筹安排,并与中期财政规划相衔接,未列入预算的项目不得实施。

购买主体在编报年度部门预算时,应当反映政府购买服务支出情况。政府购买服务支出应当符合预算管理有关规定。

第十七条 购买主体应当根据购买内容及市场状况、相关供应商服务能力和信用状况等因素,通过公平竞争择优确定承接主体。

第十八条 购买主体向个人购买服务,应当限于确实适宜实施政府购买服务并且由个人承接的情形,不得以政府购买服务名义变相用工。

第十九条 政府购买服务项目采购环节的执行和监督管理,包括集中采购目录及标准、采购政策、采购方式和程序、信息公开、质疑投诉、失信惩戒等,按照政府采购法律、行政法规和相关制度执行。

第二十条 购买主体实施政府购买服务项目绩效管理,应当开展事前绩效评估,定期对所购服务实施情况开展绩效评价,具备条件的项目可以运用第三方评价评估。

财政部门可以根据需要,对部门政府购买服务整体工作开展绩效评价,或者对部门实施的资金金额和社会影响大的政府购买服务项目开展重点绩效评价。

第二十一条 购买主体及财政部门应当将绩效评价结果作为承接主体选择、预算安排和政策调整的重要依据。

第五章 合同及履行

第二十二条 政府购买服务合同的签订、履行、变更,应当遵循《中华人民共和国合同法》的相关规定。

第二十三条 购买主体应当与确定的承接主体签订书面合同,合同约定的服务内容应当符合本办法第九条、第十条的规定。

政府购买服务合同应当明确服务的内容、期限、数量、质量、价格、资金结算方式,各方权利义务事项和违约责任等内容。

政府购买服务合同应当依法予以公告。

第二十四条 政府购买服务合同履行期限一般不超过1年；在预算保障的前提下，对于购买内容相对固定、连续性强、经费来源稳定、价格变化幅度小的政府购买服务项目，可以签订履行期限不超过3年的政府购买服务合同。

第二十五条 购买主体应当加强政府购买服务项目履约管理，开展绩效执行监控，及时掌握项目实施进度和绩效目标实现情况，督促承接主体严格履行合同，按照合同约定向承接主体支付款项。

第二十六条 承接主体应当按照合同约定提供服务，不得将服务项目转包给其他主体。

第二十七条 承接主体应当建立政府购买服务项目台账，依照有关规定或合同约定记录保存并向购买主体提供项目实施相关重要资料信息。

第二十八条 承接主体应当严格遵守相关财务规定规范管理和使用政府购买服务项目资金。

承接主体应当配合相关部门对资金使用情况进行监督检查与绩效评价。

第二十九条 承接主体可以依法依规使用政府购买服务合同向金融机构融资。

购买主体不得以任何形式为承接主体的融资行为提供担保。

第六章 监督管理和法律责任

第三十条 有关部门应当建立健全政府购买服务监督管理机制。购买主体和承接主体应当自觉接受财政监督、审计监督、社会监督以及服务对象的监督。

第三十一条 购买主体、承接主体及其他政府购买服务参与方在政府购买服务活动中，存在违反政府采购法律法规行为的，依照政府采购法律法规予以处理处罚；存在截留、挪用和滞留资金等财政违法行为的，依照《中华人民共和国预算法》《财政违法行为处罚处分条例》等法律法规追究法律责任；涉嫌犯罪的，移送司法机关处理。

第三十二条 财政部门、购买主体及其工作人员，存在违反本办法规定的行为，以及滥用职权、玩忽职守、徇私舞弊等违法违纪行为的，按照《中华人民共和国预算法》《中华人民共和国公务员法》《中华人民共和国监察法》《财政违法行为处罚处分条例》等国家有关规定追究相应责任；涉嫌犯罪的，移送司法机关处理。

第七章 附 则

第三十三条 党的机关、政协机关、民主党派机关、承担行政职能的事业单位和使用行政编制的群团组织机关使用财政性资金购买服务的,参照本办法执行。

第三十四条 涉密政府购买服务项目的实施,按照国家有关规定执行。

第三十五条 本办法自2020年3月1日起施行。财政部、民政部、工商总局2014年12月15日颁布的《政府购买服务管理办法(暂行)》(财综〔2014〕96号)同时废止。

财政部关于印发《政府采购需求管理办法》的通知

(财库〔2021〕22号)

各中央预算单位,各省、自治区、直辖市、计划单列市财政厅(局),新疆生产建设兵团财政局:

为落实《深化政府采购制度改革方案》加强政府采购需求管理的有关要求,财政部制定了《政府采购需求管理办法》,现印发给你们,请遵照执行。

附件:政府采购需求管理办法

财政部

2021年4月30日

附件

政府采购需求管理办法

第一章 总 则

第一条 为加强政府采购需求管理,实现政府采购项目绩效目标,根据《中华人民共和国政府采购法》和《中华人民共和国政府采购法实施条例》等有关法律法规，制定本办法。

第二条 政府采购货物、工程和服务项目的需求管理适用本办法。

第三条 本办法所称政府采购需求管理，是指采购人组织确定采购需求和编制采购实施计划，并实施相关风险控制管理的活动。

第四条 采购需求管理应当遵循科学合理、厉行节约、规范高效、权责清晰的原则。

第五条 采购人对采购需求管理负有主体责任，按照本办法的规定开展采购需求管理各项工作，对采购需求和采购实施计划的合法性、合规性、合理性负责。主管预算单位负责指导本部门采购需求管理工作。

第二章 采 购 需 求

第六条 本办法所称采购需求，是指采购人为实现项目目标，拟采购的标的及其需要满足的技术、商务要求。

技术要求是指对采购标的的功能和质量要求，包括性能、材料、结构、外观、安全，或者服务内容和标准等。

商务要求是指取得采购标的的时间、地点、财务和服务要求，包括交付（实施）的时间（期限）和地点（范围），付款条件（进度和方式），包装和运输，售后服务，保险等。

第七条 采购需求应当符合法律法规、政府采购政策和国家有关规定，符合国家强制性标准，遵循预算、资产和财务等相关管理制度规定，符合采购项目特点和实际需要。

采购需求应当依据部门预算（工程项目概预算）确定。

第八条 确定采购需求应当明确实现项目目标的所有技术、商务要求，功能和质量指标的设置要充分考虑可能影响供应商报价和项目实施风险的因素。

第九条 采购需求应当清楚明了、表述规范、含义准确。

技术要求和商务要求应当客观，量化指标应当明确相应等次，有连续区间的按照区间划分等次。需由供应商提供设计方案、解决方案或者组织方案的采购项目，应当说明采购标的的功能、应用场景、目标等基本要求，并尽可能明确其中的客观、量化指标。

采购需求可以直接引用相关国家标准、行业标准、地方标准等标准、规范，也可以根据项目目标提出更高的技术要求。

第十条 采购人可以在确定采购需求前,通过咨询、论证、问卷调查等方式开展需求调查,了解相关产业发展、市场供给、同类采购项目历史成交信息,可能涉及的运行维护、升级更新、备品备件、耗材等后续采购,以及其他相关情况。

面向市场主体开展需求调查时,选择的调查对象一般不少于3个,并应当具有代表性。

第十一条 对于下列采购项目,应当开展需求调查:

(一)1000万元以上的货物、服务采购项目,3000万元以上的工程采购项目;

(二)涉及公共利益、社会关注度较高的采购项目,包括政府向社会公众提供的公共服务项目等;

(三)技术复杂、专业性较强的项目,包括需定制开发的信息化建设项目、采购进口产品的项目等;

(四)主管预算单位或者采购人认为需要开展需求调查的其他采购项目。

编制采购需求前一年内,采购人已就相关采购标的开展过需求调查的可以不再重复开展。

按照法律法规的规定,对采购项目开展可行性研究等前期工作,已包含本办法规定的需求调查内容的,可以不再重复调查;对在可行性研究等前期工作中未涉及的部分,应当按照本办法的规定开展需求调查。

第三章 采购实施计划

第十二条 本办法所称采购实施计划,是指采购人围绕实现采购需求,对合同的订立和管理所做的安排。

采购实施计划根据法律法规、政府采购政策和国家有关规定,结合采购需求的特点确定。

第十三条 采购实施计划主要包括以下内容:

(一)合同订立安排,包括采购项目预(概)算、最高限价,开展采购活动的时间安排,采购组织形式和委托代理安排,采购包划分与合同分包,供应商资格条件,采购方式、竞争范围和评审规则等。

(二)合同管理安排,包括合同类型、定价方式、合同文本的主要条款、履约验收方案、风险管控措施等。

第十四条 采购人应当通过确定供应商资格条件、设定评审规则等措施，落实支持创新、绿色发展、中小企业发展等政府采购政策功能。

第十五条 采购人要根据采购项目实施的要求，充分考虑采购活动所需时间和可能影响采购活动进行的因素，合理安排采购活动实施时间。

第十六条 采购人采购纳入政府集中采购目录的项目，必须委托集中采购机构采购。政府集中采购目录以外的项目可以自行采购，也可以自主选择委托集中采购机构，或者集中采购机构以外的采购代理机构采购。

第十七条 采购人要按照有利于采购项目实施的原则，明确采购包或者合同分包要求。

采购项目划分采购包的，要分别确定每个采购包的采购方式、竞争范围、评审规则和合同类型、合同文本、定价方式等相关合同订立、管理安排。

第十八条 根据采购需求特点提出的供应商资格条件，要与采购标的的功能、质量和供应商履约能力直接相关，且属于履行合同必需的条件，包括特定的专业资格或者技术资格、设备设施、业绩情况、专业人才及其管理能力等。

业绩情况作为资格条件时，要求供应商提供的同类业务合同一般不超过2个，并明确同类业务的具体范围。涉及政府采购政策支持的创新产品采购的，不得提出同类业务合同、生产台数、使用时长等业绩要求。

第十九条 采购方式、评审方法和定价方式的选择应当符合法定适用情形和采购需求特点，其中，达到公开招标数额标准，因特殊情况需要采用公开招标以外的采购方式的，应当依法获得批准。

采购需求客观、明确且规格、标准统一的采购项目，如通用设备、物业管理等，一般采用招标或者询价方式采购，以价格作为授予合同的主要考虑因素，采用固定总价或者固定单价的定价方式。

采购需求客观、明确，且技术较复杂或者专业性较强的采购项目，如大型装备、咨询服务等，一般采用招标、谈判（磋商）方式采购，通过综合性评审选择性价比最优的产品，采用固定总价或者固定单价的定价方式。

不能完全确定客观指标，需由供应商提供设计方案、解决方案或者组织方案的采购项目，如首购订购、设计服务、政府和社会资本合作等，一般采用谈判（磋商）方式采购，综合考虑以单方案报价、多方案报价以及性价比要求等因素选择评审方法，并根据实现项目目标的要求，采取固定总价或者固定单价、成本补偿、绩效激励等单一或者组合定价方式。

第二十条 除法律法规规定可以在有限范围内竞争或者只能从唯一供应商处采购的情形外,一般采用公开方式邀请供应商参与政府采购活动。

第二十一条 采用综合性评审方法的,评审因素应当按照采购需求和与实现项目目标相关的其他因素确定。

采购需求客观、明确的采购项目,采购需求中客观但不可量化的指标应当作为实质性要求,不得作为评分项;参与评分的指标应当是采购需求中的量化指标,评分项应当按照量化指标的等次,设置对应的不同分值。不能完全确定客观指标,需由供应商提供设计方案、解决方案或者组织方案的采购项目,可以结合需求调查的情况,尽可能明确不同技术路线、组织形式及相关指标的重要性和优先级,设定客观、量化的评审因素、分值和权重。价格因素应当按照相关规定确定分值和权重。

采购项目涉及后续采购的,如大型装备等,要考虑兼容性要求。可以要求供应商报出后续供应的价格,以及后续采购的可替代性、相关产品和估价,作为评审时考虑的因素。

需由供应商提供设计方案、解决方案或者组织方案,且供应商经验和能力对履约有直接影响的,如订购、设计等采购项目,可以在评审因素中适当考虑供应商的履约能力要求,并合理设置分值和权重。需由供应商提供设计方案、解决方案或者组织方案,采购人认为有必要考虑全生命周期成本的,可以明确使用年限,要求供应商报出安装调试费用、使用期间能源管理、废弃处置等全生命周期成本,作为评审时考虑的因素。

第二十二条 合同类型按照民法典规定的典型合同类别,结合采购标的的实际情况确定。

第二十三条 合同文本应当包含法定必备条款和采购需求的所有内容,包括但不限于标的名称,采购标的质量、数量(规模)、履行时间(期限)、地点和方式,包装方式,价款或者报酬、付款进度安排、资金支付方式,验收、交付标准和方法,质量保修范围和保修期,违约责任与解决争议的方法等。

采购项目涉及采购标的的知识产权归属、处理的,如订购、设计、定制开发的信息化建设项目等,应当约定知识产权的归属和处理方式。采购人可以根据项目特点划分合同履行阶段,明确分期考核要求和对应的付款进度安排。对于长期运行的项目,要充分考虑成本、收益以及可能出现的重大市场风险,在合同中约定成本补偿、风险分担等事项。

合同权利义务要围绕采购需求和合同履行设置。国务院有关部门依法制定了政府采购合同标准文本的,应当使用标准文本。属于本办法第十一条规定范围的采购项目,合同文本应当经过采购人聘请的法律顾问审定。

第二十四条 履约验收方案要明确履约验收的主体、时间、方式、程序、内容和验收标准等事项。采购人、采购代理机构可以邀请参加本项目的其他供应商或者第三方专业机构及专家参与验收,相关验收意见作为验收的参考资料。政府向社会公众提供的公共服务项目,验收时应当邀请服务对象参与并出具意见,验收结果应当向社会公告。

验收内容要包括每一项技术和商务要求的履约情况,验收标准要包括所有客观、量化指标。不能明确客观标准、涉及主观判断的,可以通过在采购人、使用人中开展问卷调查等方式,转化为客观、量化的验收标准。

分期实施的采购项目,应当结合分期考核的情况,明确分期验收要求。货物类项目可以根据需要设置出厂检验、到货检验、安装调试检验、配套服务检验等多重验收环节。工程类项目的验收方案应当符合行业管理部门规定的标准、方法和内容。

履约验收方案应当在合同中约定。

第二十五条 对于本办法第十一条规定的采购项目,要研究采购过程和合同履行过程中的风险,判断风险发生的环节、可能性、影响程度和管控责任,提出有针对性的处置措施和替代方案。

采购过程和合同履行过程中的风险包括国家政策变化、实施环境变化、重大技术变化、预算项目调整、因质疑投诉影响采购进度、采购失败、不按规定签订或者履行合同、出现损害国家利益和社会公共利益情形等。

第二十六条 各级财政部门应当按照简便、必要的原则,明确报财政部门备案的采购实施计划具体内容,包括采购项目的类别、名称、采购标的、采购预算、采购数量(规模)、组织形式、采购方式、落实政府采购政策有关内容等。

第四章 风 险 控 制

第二十七条 采购人应当将采购需求管理作为政府采购内控管理的重要内容,建立健全采购需求管理制度,加强对采购需求的形成和实现过程的内部控制和风险管理。

第二十八条 采购人可以自行组织确定采购需求和编制采购实施计划,也可以委托采购代理机构或者其他第三方机构开展。

第二十九条 采购人应当建立审查工作机制,在采购活动开始前,针对采购需求管理中的重点风险事项,对采购需求和采购实施计划进行审查,审查分为一般性审查和重点审查。

对于审查不通过的,应当修改采购需求和采购实施计划的内容并重新进行审查。

第三十条 一般性审查主要审查是否按照本办法规定的程序和内容确定采购需求、编制采购实施计划。审查内容包括,采购需求是否符合预算、资产、财务等管理制度规定;对采购方式、评审规则、合同类型、定价方式的选择是否说明适用理由;属于按规定需要报相关监管部门批准、核准的事项,是否作出相关安排;采购实施计划是否完整。

第三十一条 重点审查是在一般性审查的基础上,进行以下审查:

(一)非歧视性审查。主要审查是否指向特定供应商或者特定产品,包括资格条件设置是否合理,要求供应商提供超过2个同类业务合同的,是否具有合理性;技术要求是否指向特定的专利、商标、品牌、技术路线等;评审因素设置是否具有倾向性,将有关履约能力作为评审因素是否适当。

(二)竞争性审查。主要审查是否确保充分竞争,包括应当以公开方式邀请供应商的,是否依法采用公开竞争方式;采用单一来源采购方式的,是否符合法定情形;采购需求的内容是否完整、明确,是否考虑后续采购竞争性;评审方法、评审因素、价格权重等评审规则是否适当。

(三)采购政策审查。主要审查进口产品的采购是否必要,是否落实支持创新、绿色发展、中小企业发展等政府采购政策要求。

(四)履约风险审查。主要审查合同文本是否按规定由法律顾问审定,合同文本运用是否适当,是否围绕采购需求和合同履行设置权利义务,是否明确知识产权等方面的要求,履约验收方案是否完整、标准是否明确,风险处置措施和替代方案是否可行。

(五)采购人或者主管预算单位认为应当审查的其他内容。

第三十二条 审查工作机制成员应当包括本部门、本单位的采购、财务、业务、监督等内部机构。采购人可以根据本单位实际情况,建立相关专家和第三方机构参与审查的工作机制。

参与确定采购需求和编制采购实施计划的专家和第三方机构不得参与

审查。

第三十三条 一般性审查和重点审查的具体采购项目范围,由采购人根据实际情况确定。主管预算单位可以根据本部门实际情况,确定由主管预算单位统一组织重点审查的项目类别或者金额范围。

属于本办法第十一条规定范围的采购项目,应当开展重点审查。

第三十四条 采购需求和采购实施计划的调查、确定、编制、审查等工作应当形成书面记录并存档。

采购文件应当按照审核通过的采购需求和采购实施计划编制。

第五章 监督检查与法律责任

第三十五条 财政部门应当依法加强对政府采购需求管理的监督检查,将采购人需求管理作为政府采购活动监督检查的重要内容,不定期开展监督检查工作,采购人应当如实反映情况,提供有关材料。

第三十六条 在政府采购项目投诉、举报处理和监督检查过程中,发现采购人未按本办法规定建立采购需求管理内控制度、开展采购需求调查和审查工作的,由财政部门采取约谈、书面关注等方式责令采购人整改,并告知其主管预算单位。对情节严重或者拒不改正的,将有关线索移交纪检监察、审计部门处理。

第三十七条 在政府采购项目投诉、举报处理和监督检查过程中,发现采购方式、评审规则、供应商资格条件等存在歧视性、限制性、不符合政府采购政策等问题的,依照《中华人民共和国政府采购法》等国家有关规定处理。

第三十八条 在政府采购项目投诉、举报处理和监督检查过程中,发现采购人存在无预算或者超预算采购、超标准采购、铺张浪费、未按规定编制政府采购实施计划等问题的,依照《中华人民共和国政府采购法》、《中华人民共和国预算法》、《财政违法行为处罚处分条例》、《党政机关厉行节约反对浪费条例》等国家有关规定处理。

第六章 附　　则

第三十九条 采购项目涉及国家秘密的,按照涉密政府采购有关规定执行。

第四十条 因采购人不可预见的紧急情况实施采购的,可以适当简化相关管理要求。

第四十一条 由集中采购机构组织的批量集中采购和框架协议采购的需求管理,按照有关制度规定执行。

第四十二条 各省、自治区、直辖市财政部门可以根据本办法制定具体实施办法。

第四十三条 本办法所称主管预算单位是指负有编制部门预算职责,向本级财政部门申报预算的国家机关、事业单位和团体组织。

第四十四条 本办法自2021年7月1日起施行。

国务院办公厅关于进一步加强政府采购管理工作的意见

(国办发〔2009〕35号)

各省、自治区、直辖市人民政府,国务院各部委、各直属机构:

近年来,各地区、各部门认真贯彻落实《中华人民共和国政府采购法》(以下简称《政府采购法》),不断加强制度建设、规范采购行为,政府采购在提高资金使用效益,维护国家和社会公益,以及防范腐败、支持节能环保和促进自主创新等方面取得了显著成效。但是,个别单位规避政府采购,操作执行环节不规范,运行机制不完善,监督处罚不到位,部分政府采购效率低价格高等问题仍然比较突出,一些违反法纪、贪污腐败的现象时有发生,造成财政资金损失浪费。为切实解决这些问题,全面深化政府采购制度改革,经国务院同意,现就进一步加强政府采购管理工作提出以下意见:

一、坚持应采尽采,进一步强化和实现依法采购

财政部门要依据政府采购需要和集中采购机构能力,研究完善政府集中采购目录和产品分类。各地区、各部门要加大推进政府采购工作的力度,扩大政府采购管理实施范围,对列入政府采购的项目应全部依法实施政府采购。尤其是要加强对部门和单位使用纳入财政管理的其他资金或使用以财政性资金作为还款来源的借(贷)款进行采购的管理;要加强工程项目的政府采购管理,政府采购工程项目除招标投标外均按《政府采购法》规定执行。

各部门、各单位要认真执行政府采购法律制度规定的工作程序和操作标准,合理确定采购需求,及时签订合同、履约验收和支付资金,不得以任何方式干预和影响采购活动。属政府集中采购目录项目要委托集中采购机构实施;达到公开招标限额标准的采购项目,未经财政部门批准不得采取其他采购方式,并严格按规定向社会公开发布采购信息,实现采购活动的公开透明。

二、坚持管采分离,进一步完善监管和运行机制

加强政府采购监督管理与操作执行相分离的体制建设,进一步完善财政部门监督管理和集中采购机构独立操作运行的机制。

财政部门要严格采购文件编制、信息公告、采购评审、采购合同格式和产品验收等环节的具体标准和程序要求;要建立统一的专家库、供应商产品信息库,逐步实现动态管理和加强违规行为的处罚;要会同国家保密部门制定保密项目采购的具体标准、范围和工作要求,防止借采购项目保密而逃避或简化政府采购的行为。

集中采购机构要严格按照《政府采购法》规定组织采购活动,规范集中采购操作行为,增强集中采购目录执行的严肃性、科学性和有效性。在组织实施中不得违反国家规定收取采购代理费用和其他费用,也不得将采购单位委托的集中采购项目再委托给社会代理机构组织实施采购。要建立健全内部监督管理制度,实现采购活动不同环节之间权责明确、岗位分离。要重视和加强专业化建设,优化集中采购实施方式和内部操作程序,实现采购价格低于市场平均价格、采购效率更高、采购质量优良和服务良好。

在集中采购业务代理活动中要适当引入竞争机制,打破现有集中采购机构完全按行政隶属关系接受委托业务的格局,允许采购单位在所在区域内择优选择集中采购机构,实现集中采购活动的良性竞争。

三、坚持预算约束,进一步提高政府采购效率和质量

各部门、各单位要按照《政府采购法》的规定和财政部门预算管理的要求,将政府采购项目全部编入部门预算,做好政府采购预算和采购计划编报的相互衔接工作,确保采购计划严格按政府采购预算的项目和数额执行。

要采取有效措施,加强监管部门、采购单位和采购代理机构间的相互衔接,通过改进管理水平和操作执行质量,不断提高采购效率。财政部门要改进管理方式,提高审批效率,整合优化采购环节,制定标准化工作程序,建立各种采购方式下的政府采购价格监测机制和采购结果社会公开披露制度,实现对采购活动及采购结果的有效监控。集中采购机构要提高业务技能和专业化操作水平,通过优化采购组织形式,科学制定价格参数和评价标准,完善评审程序,缩短采购操作时间,建立政府采购价格与市场价格的联动机制,实现采购价格和采购质量最优。

四、坚持政策功能,进一步服务好经济和社会发展大局

政府采购应当有助于实现国家的经济和社会发展政策目标。强化政府采购的政策功能作用,是建立科学政府采购制度的客观要求。各地区、各部门要从政府采购政策功能上支持国家宏观调控,贯彻好扩大内需、调整结构等经济政策,认真落实节能环保、自主创新、进口产品审核等政府采购政策;进一步扩大政府采购政策功能范围,积极研究支持促进中小企业发展等政府采购政策。加大强制采购节能产品和优先购买环保产品的力度,凡采购产品涉及节能环保和自主创新产品的,必须执行财政部会同有关部门发布的节能环保和自主创新产品政府采购清单(目录)。要严格审核进口产品的采购,凡国内产品能够满足需求的都要采购国内产品。财政部门要加强政策实施的监督,跟踪政策实施情况,建立采购效果评价体系,保证政策规定落到实处。

五、坚持依法处罚,进一步严肃法律制度约束

各级财政、监察、审计、预防腐败部门要加强对政府采购的监督管理,严格执法检查,对违法违规行为要依法追究责任并以适当方式向社会公布,对情节严重的要依法予以处罚。

要通过动态监控体系及时发现、纠正和处理采购单位逃避政府采购和其他违反政府采购制度规定的行为,追究相关单位及人员的责任。要完善评审专家责任处罚办法,对评审专家违反政府采购制度规定、评审程序和评审标准,以及在评审工作中敷衍塞责或故意影响评标结果等行为,要严肃处理。要加快供应商诚信体系建设,对供应商围标、串标和欺诈等行为依法予以处罚并向社会公布。要加快建立对采购单位、评审专家、供应商、集中采购机构和社会代理机构的考核评价制度和不良行为公告制度,引入公开评议和社会监督机制。严格对集中采购机构的考核,考核结果要向同级人民政府报告。加强对集中采购机构整改情况的跟踪监管,对集中采购机构的违法违规行为,要严格按照法律规定予以处理。

六、坚持体系建设,进一步推进电子化政府采购

加强政府采购信息化建设,是深化政府采购制度改革的重要内容,也是实现政府采购科学化、精细化管理的手段。各地区要积极推进政府采购信息化建设,利用现代电子信息技术,实现政府采购管理和操作执行各个环节的协调联动。财政部门要切实加强对政府采购信息化建设工作的统一领导和组织,科学制订电子化政府采购体系发展建设规划,以管理功能完善、交易公开透明、操作规范统一、网络安全可靠为目标,建设全国统一的电子化政府采购管理交易平台,逐步实现政府采购业务交易信息共享和全流程电子化操作。要抓好信息系统推广运行的组织工作,制定由点到面、协调推进的实施计划。

七、坚持考核培训,进一步加强政府采购队伍建设

各地区、各部门要继续加强政府采购从业人员的职业教育、法制教育和技能培训,增强政府采购从业人员依法行政和依法采购的观念,建立系统的教育培训制度。财政部要会同有关部门研究建立政府采购从业人员执业资格制度,对采购单位、集中采购机构、社会代理机构和评审专家等从业人员实行持证上岗和执业考核,推动政府采购从业人员职业化的进程。集中采购机构要建立内部岗位标准和考核办法,形成优胜劣汰的良性机制,不断提高集中采购机构专业化操作水平。

各地区、各部门要全面把握新时期、新形势下完善政府采购制度的新要求,进一步提高对深化政府采购制度改革重要性的认识,切实加大推进政府采购管理工作的力度,加强对政府采购工作的组织领导,着力协调和解决政府采购管理中存在的突出问题,推进政府采购工作健康发展。

国务院办公厅
二〇〇九年四月十日

住房和城乡建设部关于进一步加强房屋建筑和市政工程项目招标投标监督管理工作的指导意见

(建市〔2012〕61号)

各省、自治区住房和城乡建设厅,直辖市建委(建设交通委),新疆生产建设兵团建设局：

为全面贯彻《招标投标法实施条例》，深入落实工程建设领域突出问题专项治理有关要求，进一步规范房屋建筑和市政工程项目(以下简称房屋市政工程项目)招标投标活动，严厉打击招标投标过程中存在的规避招标、串通投标、以他人名义投标、弄虚作假等违法违规行为，维护建筑市场秩序，保障工程质量和安全，现就加强房屋市政工程项目招标投标监管有关重点工作提出如下意见。

一、依法履行招标投标监管职责，做好招标投标监管工作

招标投标活动是房屋市政工程项目建设的重要环节，加强招标投标监管是住房城乡建设主管部门履行建筑市场监管职责，规范建筑市场秩序，确保工程质量安全的重要手段。各地住房城乡建设主管部门要认真贯彻落实《招标投标法实施条例》，在全面清理现有规定的同时，抓紧完善配套法规和相关制度。按照法律法规等规定，依法履行房屋市政工程项目招标投标监管职责，合理配置监管资源，重点加强政府和国有投资房屋市政工程项目招标投标监管，探索优化非国有投资房屋市政工程项目的监管方式。加强招标投标过程监督和标后监管，形成"两场联动"监管机制，依法查处违法违规行为。加强有形市场(招标投标交易场所)建设，推进招标投标监管工作的规范化、标准化和信息化。加强与纪检监察部门的联动，加强管理、完善制度、堵塞漏洞。探索引入社会监督机制，建立招标投标特邀监督员、社会公众旁听等制度，提高招标投标工作的透明度。

二、加快推行电子招标投标，提高监管效率

电子招标投标是一种新型工程交易方式，有利于降低招标投标成本，方便各方当事人，提高评标效率，减少人为因素干扰，遏制弄虚作假行为，增加招标投标活动透明度，保证招标投标活动的公开、公平和公正，预防和减少腐败现象的发生。各省级住房城乡建设主管部门要充分认识推行电子招标投标的重要意义，统一规划，稳步推进，避免重复建设。可依托有形市场，按照科学、安全、高效、透明的原则，健全完善房屋市政工程项目电子招标投标系统。通过推行电子招标投标，实现招标投标交易、服务、监管和监察的全过程电子化。电子招标投标应当包括招标投标活动各类文件无纸化、工作流程网络化、计算机辅助评标、异地远程评标、招标投标档案电子化管理、电子监察等。各地住房城乡建设主管部门在积极探索完善电子招标投标系统的同时，应当逐步实现与行业注册人员、企业和房屋市政工程项目等数据库对接，不断提高监管效率。

各地住房城乡建设主管部门应当在电子招标投标系统功能建设、维护等方面给予政策、资金、人员和设施等支持,确保电子招标投标系统建设稳步推进。

三、建立完善综合评标专家库,探索开展标后评估制度

住房城乡建设部在 2012 年底前建立全国房屋市政工程项目综合评标专家库,研究制定评标专家特别是资深和稀缺专业评标专家标准及管理使用办法。各省级住房城乡建设主管部门应当按照我部的统一部署和要求,在 2013 年 6 月底前将本地区的房屋市政工程项目评标专家库与全国房屋市政工程项目综合评标专家库对接,逐步实现评标专家资源共享和评标专家异地远程评标,为招标人跨地区乃至在全国范围内选择评标专家提供服务。

各地住房城乡建设主管部门要研究出台评标专家管理和使用办法,健全完善对评标专家的入库审查、考核培训、动态监管和抽取监督等管理制度,加强对评标专家的管理,严格履行对评标专家的监管职责。研究建立住房城乡建设系统标后评估制度,推选一批"品德正、业务精、经验足、信誉好"的资深评标专家,对评标委员会评审情况和评标报告进行抽查和后评估,查找分析专家评标过程中存在的突出问题,提出评价建议,不断提高评标质量。对于不能胜任评标工作或者有不良行为记录的评标专家,应当暂停或者取消其评标专家资格;对于有违法违规行为、不能公正履行职责的评标专家,应当依法从严查处、清出。

四、利用好现有资源,充分发挥有形市场作用

招标投标监管是建筑市场监管的源头,有形市场作为房屋市政工程项目交易服务平台,对于加强建筑市场交易活动管理和施工现场质量安全行为管理,促进"两场联动"具有重要意义。各地住房城乡建设主管部门要从实际出发,充分利用有形市场现有场地、人员、设备、信息及专业管理经验等资源,进一步完善有形市场服务功能,加强有形市场设施建设,为房屋市政工程项目招标投标活动和建筑市场监管、工程项目建设实施和质量安全监督、诚信体系建设等提供数据信息支持,为建设工程招标投标活动提供优良服务。各地住房城乡建设主管部门要按照《关于开展工程建设领域突出问题专项治理工作的意见》(中办发[2009]27 号)提出的"统一进场、集中交易、行业监管、行政监察"要求,加强对有形市场的管理,创新考核机制,强化对有形市场建设的监督、指导,严格规范有形市场的收费,坚决取消不合理的收费项目,及时研究、解决实际工作中遇到的困难和问题,继续做好与纪检监察及其他有关部门的协调配合工作。

五、加强工程建设项目招标代理机构资格管理，规范招标投标市场秩序

依据《招标投标法》及相关规定，从事工程建设项目招标代理业务的机构，应当依法取得国务院住房城乡建设主管部门或者省级人民政府住房城乡建设主管部门认定的工程建设项目招标代理机构资格，并在其资格许可的范围内从事相应的工程建设项目招标代理业务。各地住房城乡建设主管部门要依法严格执行工程建设项目招标代理机构资格市场准入和清出制度，加强对工程建设项目招标代理机构及其从业人员的动态监管，严肃查处工程建设项目招标代理机构挂靠出让资格、泄密、弄虚作假、串通投标等违法行为。对于有违法违规行为的工程建设项目招标代理机构和从业人员，要按照《关于印发〈建筑市场诚信行为信息管理办法〉的通知》（建市［2007］9号）和《关于印发〈全国建筑市场注册执业人员不良行为记录认定标准〉（试行）的通知》（建办市［2011］38号）要求，及时记入全国建筑市场主体不良行为记录，通过全国建筑市场诚信信息平台向全社会公布，营造"诚信激励、失信惩戒"的市场氛围。

各地住房城乡建设主管部门要加强工程建设项目招标代理合同管理。工程建设项目招标代理机构与招标人签订的书面委托代理合同应当明确招标代理项目负责人，项目负责人应当是具有工程建设类注册执业资格的本单位在职人员。工程建设项目招标代理机构从业人员应当具备相应能力，办理工程建设项目招标代理业务应当实行实名制，并对所代理业务承担相应责任。工程建设项目招标代理合同应当报当地住房城乡建设主管部门备案。

六、加强招标公告管理，加大招标投标过程公开公示力度

公开透明是从源头预防和遏制腐败的治本之策，是实现招标投标"公开、公平、公正"的重要途径。各地住房城乡建设主管部门应当加强招标公告管理，房屋市政工程项目招标人应当通过有形市场发布资格预审公告或者招标公告。有形市场应当建立与法定招标公告发布媒介的有效链接。资格预审公告或招标公告内容应当真实合法，不得设定与招标项目的具体特点和实际需要不相适应的不合理条件限制和排斥潜在投标人。

各地住房城乡建设主管部门要进一步健全中标候选人公示制度，依法必须进行招标的项目，招标人应当在有形市场公示中标候选人。公示应当包括以下内容：评标委员会推荐的中标候选人名单及其排序；采用资格预审方式的，资格预审的结果；唱标记录；投标文件被判定为废标的投标人名称、废标原因及其依据；评标委员会对投标报价给予修正的原因、依据和修正结果；评标委员会成员对各投标人投标文件的评分;中标价和中标价中包括的暂估价、暂列金额等。

各地住房城乡建设主管部门要认真执行《招标投标法》、《招标投标法实施条例》等法律法规和本指导意见,不断总结完善招标投标监管成熟经验做法,狠抓制度配套落实,切实履行好房屋市政工程招标投标监管职责,不断规范招标投标行为,促进建筑市场健康发展。

中华人民共和国住房和城乡建设部
二〇一二年四月十八日

7. 建 设 工 程

建设工程勘察设计管理条例

(2000年9月25日中华人民共和国国务院令第293号公布　根据2015年6月12日《国务院关于修改〈建设工程勘察设计管理条例〉的决定》第一次修订　根据2017年10月7日《国务院关于修改部分行政法规的决定》第二次修订)

第一章　总　　则

第一条　为了加强对建设工程勘察、设计活动的管理,保证建设工程勘察、设计质量,保护人民生命和财产安全,制定本条例。

第二条　从事建设工程勘察、设计活动,必须遵守本条例。

本条例所称建设工程勘察,是指根据建设工程的要求,查明、分析、评价建设场地的地质地理环境特征和岩土工程条件,编制建设工程勘察文件的活动。

本条例所称建设工程设计,是指根据建设工程的要求,对建设工程所需的技术、经济、资源、环境等条件进行综合分析、论证,编制建设工程设计文件的活动。

第三条　建设工程勘察、设计应当与社会、经济发展水平相适应,做到经济效益、社会效益和环境效益相统一。

第四条　从事建设工程勘察、设计活动,应当坚持先勘察、后设计、再施工的原则。

第五条 县级以上人民政府建设行政主管部门和交通、水利等有关部门应当依照本条例的规定,加强对建设工程勘察、设计活动的监督管理。

建设工程勘察、设计单位必须依法进行建设工程勘察、设计,严格执行工程建设强制性标准,并对建设工程勘察、设计的质量负责。

第六条 国家鼓励在建设工程勘察、设计活动中采用先进技术、先进工艺、先进设备、新型材料和现代管理方法。

第二章 资质资格管理

第七条 国家对从事建设工程勘察、设计活动的单位,实行资质管理制度。具体办法由国务院建设行政主管部门商国务院有关部门制定。

第八条 建设工程勘察、设计单位应当在其资质等级许可的范围内承揽建设工程勘察、设计业务。

禁止建设工程勘察、设计单位超越其资质等级许可的范围或者以其他建设工程勘察、设计单位的名义承揽建设工程勘察、设计业务。禁止建设工程勘察、设计单位允许其他单位或者个人以本单位的名义承揽建设工程勘察、设计业务。

第九条 国家对从事建设工程勘察、设计活动的专业技术人员,实行执业资格注册管理制度。

未经注册的建设工程勘察、设计人员,不得以注册执业人员的名义从事建设工程勘察、设计活动。

第十条 建设工程勘察、设计注册执业人员和其他专业技术人员只能受聘于一个建设工程勘察、设计单位;未受聘于建设工程勘察、设计单位的,不得从事建设工程的勘察、设计活动。

第十一条 建设工程勘察、设计单位资质证书和执业人员注册证书,由国务院建设行政主管部门统一制作。

第三章 建设工程勘察设计发包与承包

第十二条 建设工程勘察、设计发包依法实行招标发包或者直接发包。

第十三条 建设工程勘察、设计应当依照《中华人民共和国招标投标法》的规定,实行招标发包。

第十四条 建设工程勘察、设计方案评标,应当以投标人的业绩、信誉和勘察、设计人员的能力以及勘察、设计方案的优劣为依据,进行综合评定。

第十五条 建设工程勘察、设计的招标人应当在评标委员会推荐的候选方案中确定中标方案。但是,建设工程勘察、设计的招标人认为评标委员会推荐的候选方案不能最大限度满足招标文件规定的要求的,应当依法重新招标。

第十六条 下列建设工程的勘察、设计,经有关主管部门批准,可以直接发包:

(一)采用特定的专利或者专有技术的;

(二)建筑艺术造型有特殊要求的;

(三)国务院规定的其他建设工程的勘察、设计。

第十七条 发包方不得将建设工程勘察、设计业务发包给不具有相应勘察、设计资质等级的建设工程勘察、设计单位。

第十八条 发包方可以将整个建设工程的勘察、设计发包给一个勘察、设计单位;也可以将建设工程的勘察、设计分别发包给几个勘察、设计单位。

第十九条 除建设工程主体部分的勘察、设计外,经发包方书面同意,承包方可以将建设工程其他部分的勘察、设计再分包给其他具有相应资质等级的建设工程勘察、设计单位。

第二十条 建设工程勘察、设计单位不得将所承揽的建设工程勘察、设计转包。

第二十一条 承包方必须在建设工程勘察、设计资质证书规定的资质等级和业务范围内承揽建设工程的勘察、设计业务。

第二十二条 建设工程勘察、设计的发包方与承包方,应当执行国家规定的建设工程勘察、设计程序。

第二十三条 建设工程勘察、设计的发包方与承包方应当签订建设工程勘察、设计合同。

第二十四条 建设工程勘察、设计发包方与承包方应当执行国家有关建设工程勘察费、设计费的管理规定。

第四章 建设工程勘察设计文件的编制与实施

第二十五条 编制建设工程勘察、设计文件,应当以下列规定为依据:

(一)项目批准文件;

(二)城乡规划；

(三)工程建设强制性标准；

(四)国家规定的建设工程勘察、设计深度要求。

铁路、交通、水利等专业建设工程,还应当以专业规划的要求为依据。

第二十六条 编制建设工程勘察文件,应当真实、准确,满足建设工程规划、选址、设计、岩土治理和施工的需要。

编制方案设计文件,应当满足编制初步设计文件和控制概算的需要。

编制初步设计文件,应当满足编制施工招标文件、主要设备材料订货和编制施工图设计文件的需要。

编制施工图设计文件,应当满足设备材料采购、非标准设备制作和施工的需要,并注明建设工程合理使用年限。

第二十七条 设计文件中选用的材料、构配件、设备,应当注明其规格、型号、性能等技术指标,其质量要求必须符合国家规定的标准。

除有特殊要求的建筑材料、专用设备和工艺生产线等外,设计单位不得指定生产厂、供应商。

第二十八条 建设单位、施工单位、监理单位不得修改建设工程勘察、设计文件;确需修改建设工程勘察、设计文件的,应当由原建设工程勘察、设计单位修改。经原建设工程勘察、设计单位书面同意,建设单位也可以委托其他具有相应资质的建设工程勘察、设计单位修改。修改单位对修改的勘察、设计文件承担相应责任。

施工单位、监理单位发现建设工程勘察、设计文件不符合工程建设强制性标准、合同约定的质量要求的,应当报告建设单位,建设单位有权要求建设工程勘察、设计单位对建设工程勘察、设计文件进行补充、修改。

建设工程勘察、设计文件内容需要作重大修改的,建设单位应当报经原审批机关批准后,方可修改。

第二十九条 建设工程勘察、设计文件中规定采用的新技术、新材料,可能影响建设工程质量和安全,又没有国家技术标准的,应当由国家认可的检测机构进行试验、论证,出具检测报告,并经国务院有关部门或者省、自治区、直辖市人民政府有关部门组织的建设工程技术专家委员会审定后,方可使用。

第三十条 建设工程勘察、设计单位应当在建设工程施工前,向施工单位和监理单位说明建设工程勘察、设计意图,解释建设工程勘察、设计文件。

建设工程勘察、设计单位应当及时解决施工中出现的勘察、设计问题。

第五章　监　督　管　理

第三十一条　国务院建设行政主管部门对全国的建设工程勘察、设计活动实施统一监督管理。国务院铁路、交通、水利等有关部门按照国务院规定的职责分工,负责对全国的有关专业建设工程勘察、设计活动的监督管理。

县级以上地方人民政府建设行政主管部门对本行政区域内的建设工程勘察、设计活动实施监督管理。县级以上地方人民政府交通、水利等有关部门在各自的职责范围内,负责对本行政区域内的有关专业建设工程勘察、设计活动的监督管理。

第三十二条　建设工程勘察、设计单位在建设工程勘察、设计资质证书规定的业务范围内跨部门、跨地区承揽勘察、设计业务的,有关地方人民政府及其所属部门不得设置障碍,不得违反国家规定收取任何费用。

第三十三条　施工图设计文件审查机构应当对房屋建筑工程、市政基础设施工程施工图设计文件中涉及公共利益、公众安全、工程建设强制性标准的内容进行审查。县级以上人民政府交通运输等有关部门应当按照职责对施工图设计文件中涉及公共利益、公众安全、工程建设强制性标准的内容进行审查。

施工图设计文件未经审查批准的,不得使用。

第三十四条　任何单位和个人对建设工程勘察、设计活动中的违法行为都有权检举、控告、投诉。

第六章　罚　　则

第三十五条　违反本条例第八条规定的,责令停止违法行为,处合同约定的勘察费、设计费1倍以上2倍以下的罚款,有违法所得的,予以没收;可以责令停业整顿,降低资质等级;情节严重的,吊销资质证书。

未取得资质证书承揽工程的,予以取缔,依照前款规定处以罚款;有违法所得的,予以没收。

以欺骗手段取得资质证书承揽工程的,吊销资质证书,依照本条第一款规定处以罚款;有违法所得的,予以没收。

第三十六条　违反本条例规定,未经注册,擅自以注册建设工程勘察、设计人员的名义从事建设工程勘察、设计活动的,责令停止违法行为,没收违法所得,处违法所得2倍以上5倍以下罚款;给他人造成损失的,依法承担赔偿责任。

第三十七条 违反本条例规定,建设工程勘察、设计注册执业人员和其他专业技术人员未受聘于一个建设工程勘察、设计单位或者同时受聘于两个以上建设工程勘察、设计单位,从事建设工程勘察、设计活动的,责令停止违法行为,没收违法所得,处违法所得2倍以上5倍以下的罚款;情节严重的,可以责令停止执行业务或者吊销资格证书;给他人造成损失的,依法承担赔偿责任。

第三十八条 违反本条例规定,发包方将建设工程勘察、设计业务发包给不具有相应资质等级的建设工程勘察、设计单位的,责令改正,处50万元以上100万元以下的罚款。

第三十九条 违反本条例规定,建设工程勘察、设计单位将所承揽的建设工程勘察、设计转包的,责令改正,没收违法所得,处合同约定的勘察费、设计费25%以上50%以下的罚款,可以责令停业整顿,降低资质等级;情节严重的,吊销资质证书。

第四十条 违反本条例规定,勘察、设计单位未依据项目批准文件,城乡规划及专业规划,国家规定的建设工程勘察、设计深度要求编制建设工程勘察、设计文件的,责令限期改正;逾期不改正的,处10万元以上30万元以下的罚款;造成工程质量事故或者环境污染和生态破坏的,责令停业整顿,降低资质等级;情节严重的,吊销资质证书;造成损失的,依法承担赔偿责任。

第四十一条 违反本条例规定,有下列行为之一的,依照《建设工程质量管理条例》第六十三条的规定给予处罚:

(一)勘察单位未按照工程建设强制性标准进行勘察的;

(二)设计单位未根据勘察成果文件进行工程设计的;

(三)设计单位指定建筑材料、建筑构配件的生产厂、供应商的;

(四)设计单位未按照工程建设强制性标准进行设计的。

第四十二条 本条例规定的责令停业整顿、降低资质等级和吊销资质证书、资格证书的行政处罚,由颁发资质证书、资格证书的机关决定;其他行政处罚,由建设行政主管部门或者其他有关部门依据法定职权范围决定。

依照本条例规定被吊销资质证书的,由工商行政管理部门吊销其营业执照。

第四十三条 国家机关工作人员在建设工程勘察、设计活动的监督管理工作中玩忽职守、滥用职权、徇私舞弊,构成犯罪的,依法追究刑事责任;尚不构成犯罪的,依法给予行政处分。

第七章 附 则

第四十四条 抢险救灾及其他临时性建筑和农民自建两层以下住宅的勘察、设计活动,不适用本条例。

第四十五条 军事建设工程勘察、设计的管理,按照中央军事委员会的有关规定执行。

第四十六条 本条例自公布之日起施行。

建设工程质量管理条例

(2000年1月30日中华人民共和国国务院令第279号发布 根据2017年10月7日《国务院关于修改部分行政法规的决定》第一次修订 根据2019年4月23日《国务院关于修改部分行政法规的决定》第二次修订)

第一章 总 则

第一条 为了加强对建设工程质量的管理,保证建设工程质量,保护人民生命和财产安全,根据《中华人民共和国建筑法》,制定本条例。

第二条 凡在中华人民共和国境内从事建设工程的新建、扩建、改建等有关活动及实施对建设工程质量监督管理的,必须遵守本条例。

本条例所称建设工程,是指土木工程、建筑工程、线路管道和设备安装工程及装修工程。

第三条 建设单位、勘察单位、设计单位、施工单位、工程监理单位依法对建设工程质量负责。

第四条 县级以上人民政府建设行政主管部门和其他有关部门应当加强对建设工程质量的监督管理。

第五条 从事建设工程活动,必须严格执行基本建设程序,坚持先勘察、后设计、再施工的原则。

县级以上人民政府及其有关部门不得超越权限审批建设项目或者擅自简化基本建设程序。

第六条 国家鼓励采用先进的科学技术和管理方法,提高建设工程质量。

第二章　建设单位的质量责任和义务

第七条 建设单位应当将工程发包给具有相应资质等级的单位。

建设单位不得将建设工程肢解发包。

第八条 建设单位应当依法对工程建设项目的勘察、设计、施工、监理以及与工程建设有关的重要设备、材料等的采购进行招标。

第九条 建设单位必须向有关的勘察、设计、施工、工程监理等单位提供与建设工程有关的原始资料。

原始资料必须真实、准确、齐全。

第十条 建设工程发包单位不得迫使承包方以低于成本的价格竞标,不得任意压缩合理工期。

建设单位不得明示或者暗示设计单位或者施工单位违反工程建设强制性标准,降低建设工程质量。

第十一条 施工图设计文件审查的具体办法,由国务院建设行政主管部门、国务院其他有关部门制定。

施工图设计文件未经审查批准的,不得使用。

第十二条 实行监理的建设工程,建设单位应当委托具有相应资质等级的工程监理单位进行监理,也可以委托具有工程监理相应资质等级并与被监理工程的施工承包单位没有隶属关系或者其他利害关系的该工程的设计单位进行监理。

下列建设工程必须实行监理:

(一)国家重点建设工程;

(二)大中型公用事业工程;

(三)成片开发建设的住宅小区工程;

(四)利用外国政府或者国际组织贷款、援助资金的工程;

(五)国家规定必须实行监理的其他工程。

第十三条 建设单位在开工前,应当按照国家有关规定办理工程质量监督手续,工程质量监督手续可以与施工许可证或者开工报告合并办理。

第十四条 按照合同约定,由建设单位采购建筑材料、建筑构配件和设备的,建设单位应当保证建筑材料、建筑构配件和设备符合设计文件和合同要求。

建设单位不得明示或者暗示施工单位使用不合格的建筑材料、建筑构配件和设备。

第十五条 涉及建筑主体和承重结构变动的装修工程,建设单位应当在施工前委托原设计单位或者具有相应资质等级的设计单位提出设计方案;没有设计方案的,不得施工。

房屋建筑使用者在装修过程中,不得擅自变动房屋建筑主体和承重结构。

第十六条 建设单位收到建设工程竣工报告后,应当组织设计、施工、工程监理等有关单位进行竣工验收。

建设工程竣工验收应当具备下列条件:

(一)完成建设工程设计和合同约定的各项内容;

(二)有完整的技术档案和施工管理资料;

(三)有工程使用的主要建筑材料、建筑构配件和设备的进场试验报告;

(四)有勘察、设计、施工、工程监理等单位分别签署的质量合格文件;

(五)有施工单位签署的工程保修书。

建设工程经验收合格的,方可交付使用。

第十七条 建设单位应当严格按照国家有关档案管理的规定,及时收集、整理建设项目各环节的文件资料,建立、健全建设项目档案,并在建设工程竣工验收后,及时向建设行政主管部门或者其他有关部门移交建设项目档案。

第三章　勘察、设计单位的质量责任和义务

第十八条 从事建设工程勘察、设计的单位应当依法取得相应等级的资质证书,并在其资质等级许可的范围内承揽工程。

禁止勘察、设计单位超越其资质等级许可的范围或者以其他勘察、设计单位的名义承揽工程。禁止勘察、设计单位允许其他单位或者个人以本单位的名义承揽工程。

勘察、设计单位不得转包或者违法分包所承揽的工程。

第十九条 勘察、设计单位必须按照工程建设强制性标准进行勘察、设计,

并对其勘察、设计的质量负责。

注册建筑师、注册结构工程师等注册执业人员应当在设计文件上签字,对设计文件负责。

第二十条 勘察单位提供的地质、测量、水文等勘察成果必须真实、准确。

第二十一条 设计单位应当根据勘察成果文件进行建设工程设计。

设计文件应当符合国家规定的设计深度要求,注明工程合理使用年限。

第二十二条 设计单位在设计文件中选用的建筑材料、建筑构配件和设备,应当注明规格、型号、性能等技术指标,其质量要求必须符合国家规定的标准。

除有特殊要求的建筑材料、专用设备、工艺生产线等外,设计单位不得指定生产厂、供应商。

第二十三条 设计单位应当就审查合格的施工图设计文件向施工单位作出详细说明。

第二十四条 设计单位应当参与建设工程质量事故分析,并对因设计造成的质量事故,提出相应的技术处理方案。

第四章 施工单位的质量责任和义务

第二十五条 施工单位应当依法取得相应等级的资质证书,并在其资质等级许可的范围内承揽工程。

禁止施工单位超越本单位资质等级许可的业务范围或者以其他施工单位的名义承揽工程。禁止施工单位允许其他单位或者个人以本单位的名义承揽工程。

施工单位不得转包或者违法分包工程。

第二十六条 施工单位对建设工程的施工质量负责。

施工单位应当建立质量责任制,确定工程项目的项目经理、技术负责人和施工管理负责人。

建设工程实行总承包的,总承包单位应当对全部建设工程质量负责;建设工程勘察、设计、施工、设备采购的一项或者多项实行总承包的,总承包单位应当对其承包的建设工程或者采购的设备的质量负责。

第二十七条 总承包单位依法将建设工程分包给其他单位的,分包单位应当按照分包合同的约定对其分包工程的质量向总承包单位负责,总承包单位与分包单位对分包工程的质量承担连带责任。

第二十八条 施工单位必须按照工程设计图纸和施工技术标准施工，不得擅自修改工程设计，不得偷工减料。

施工单位在施工过程中发现设计文件和图纸有差错的，应当及时提出意见和建议。

第二十九条 施工单位必须按照工程设计要求、施工技术标准和合同约定，对建筑材料、建筑构配件、设备和商品混凝土进行检验，检验应当有书面记录和专人签字；未经检验或者检验不合格的，不得使用。

第三十条 施工单位必须建立、健全施工质量的检验制度，严格工序管理，作好隐蔽工程的质量检查和记录。隐蔽工程在隐蔽前，施工单位应当通知建设单位和建设工程质量监督机构。

第三十一条 施工人员对涉及结构安全的试块、试件以及有关材料，应当在建设单位或者工程监理单位监督下现场取样，并送具有相应资质等级的质量检测单位进行检测。

第三十二条 施工单位对施工中出现质量问题的建设工程或者竣工验收不合格的建设工程，应当负责返修。

第三十三条 施工单位应当建立、健全教育培训制度，加强对职工的教育培训；未经教育培训或者考核不合格的人员，不得上岗作业。

第五章　工程监理单位的质量责任和义务

第三十四条 工程监理单位应当依法取得相应等级的资质证书，并在其资质等级许可的范围内承担工程监理业务。

禁止工程监理单位超越本单位资质等级许可的范围或者以其他工程监理单位的名义承担工程监理业务。禁止工程监理单位允许其他单位或者个人以本单位的名义承担工程监理业务。

工程监理单位不得转让工程监理业务。

第三十五条 工程监理单位与被监理工程的施工承包单位以及建筑材料、建筑构配件和设备供应单位有隶属关系或者其他利害关系的，不得承担该项建设工程的监理业务。

第三十六条 工程监理单位应当依照法律、法规以及有关技术标准、设计文件和建设工程承包合同，代表建设单位对施工质量实施监理，并对施工质量承担监理责任。

第三十七条 工程监理单位应当选派具备相应资格的总监理工程师和监理工程师进驻施工现场。

未经监理工程师签字,建筑材料、建筑构配件和设备不得在工程上使用或者安装,施工单位不得进行下一道工序的施工。未经总监理工程师签字,建设单位不拨付工程款,不进行竣工验收。

第三十八条 监理工程师应当按照工程监理规范的要求,采取旁站、巡视和平行检验等形式,对建设工程实施监理。

第六章 建设工程质量保修

第三十九条 建设工程实行质量保修制度。

建设工程承包单位在向建设单位提交工程竣工验收报告时,应当向建设单位出具质量保修书。质量保修书中应当明确建设工程的保修范围、保修期限和保修责任等。

第四十条 在正常使用条件下,建设工程的最低保修期限为:

(一)基础设施工程、房屋建筑的地基基础工程和主体结构工程,为设计文件规定的该工程的合理使用年限;

(二)屋面防水工程、有防水要求的卫生间、房间和外墙面的防渗漏,为5年;

(三)供热与供冷系统,为2个采暖期、供冷期;

(四)电气管线、给排水管道、设备安装和装修工程,为2年。

其他项目的保修期限由发包方与承包方约定。

建设工程的保修期,自竣工验收合格之日起计算。

第四十一条 建设工程在保修范围和保修期限内发生质量问题的,施工单位应当履行保修义务,并对造成的损失承担赔偿责任。

第四十二条 建设工程在超过合理使用年限后需要继续使用的,产权所有人应当委托具有相应资质等级的勘察、设计单位鉴定,并根据鉴定结果采取加固、维修等措施,重新界定使用期。

第七章 监督管理

第四十三条 国家实行建设工程质量监督管理制度。

国务院建设行政主管部门对全国的建设工程质量实施统一监督管理。国务院铁路、交通、水利等有关部门按照国务院规定的职责分工,负责对全国的有关专业建设工程质量的监督管理。

县级以上地方人民政府建设行政主管部门对本行政区域内的建设工程质量实施监督管理。县级以上地方人民政府交通、水利等有关部门在各自的职责范围内,负责对本行政区域内的专业建设工程质量的监督管理。

第四十四条 国务院建设行政主管部门和国务院铁路、交通、水利等有关部门应当加强对有关建设工程质量的法律、法规和强制性标准执行情况的监督检查。

第四十五条 国务院发展计划部门按照国务院规定的职责,组织稽察特派员,对国家出资的重大建设项目实施监督检查。

国务院经济贸易主管部门按照国务院规定的职责,对国家重大技术改造项目实施监督检查。

第四十六条 建设工程质量监督管理,可以由建设行政主管部门或者其他有关部门委托的建设工程质量监督机构具体实施。

从事房屋建筑工程和市政基础设施工程质量监督的机构,必须按照国家有关规定经国务院建设行政主管部门或者省、自治区、直辖市人民政府建设行政主管部门考核;从事专业建设工程质量监督的机构,必须按照国家有关规定经国务院有关部门或者省、自治区、直辖市人民政府有关部门考核。经考核合格后,方可实施质量监督。

第四十七条 县级以上地方人民政府建设行政主管部门和其他有关部门应当加强对有关建设工程质量的法律、法规和强制性标准执行情况的监督检查。

第四十八条 县级以上人民政府建设行政主管部门和其他有关部门履行监督检查职责时,有权采取下列措施:

(一)要求被检查的单位提供有关工程质量的文件和资料;

(二)进入被检查单位的施工现场进行检查;

(三)发现有影响工程质量的问题时,责令改正。

第四十九条 建设单位应当自建设工程竣工验收合格之日起15日内,将建设工程竣工验收报告和规划、公安消防、环保等部门出具的认可文件或者准许使用文件报建设行政主管部门或者其他有关部门备案。

建设行政主管部门或者其他有关部门发现建设单位在竣工验收过程中有违反国家有关建设工程质量管理规定行为的,责令停止使用,重新组织竣工验收。

第五十条 有关单位和个人对县级以上人民政府建设行政主管部门和其他有关部门进行的监督检查应当支持与配合,不得拒绝或者阻碍建设工程质量监督检查人员依法执行职务。

第五十一条 供水、供电、供气、公安消防等部门或者单位不得明示或者暗示建设单位、施工单位购买其指定的生产供应单位的建筑材料、建筑构配件和设备。

第五十二条 建设工程发生质量事故,有关单位应当在24小时内向当地建设行政主管部门和其他有关部门报告。对重大质量事故,事故发生地的建设行政主管部门和其他有关部门应当按照事故类别和等级向当地人民政府和上级建设行政主管部门和其他有关部门报告。

特别重大质量事故的调查程序按照国务院有关规定办理。

第五十三条 任何单位和个人对建设工程的质量事故、质量缺陷都有权检举、控告、投诉。

第八章 罚 则

第五十四条 违反本条例规定,建设单位将建设工程发包给不具有相应资质等级的勘察、设计、施工单位或者委托给不具有相应资质等级的工程监理单位的,责令改正,处50万元以上100万元以下的罚款

第五十五条 违反本条例规定,建设单位将建设工程肢解发包的,责令改正,处工程合同价款0.5%以上1%以下的罚款;对全部或者部分使用国有资金的项目,并可以暂停项目执行或者暂停资金拨付。

第五十六条 违反本条例规定,建设单位有下列行为之一的,责令改正,处20万元以上50万元以下的罚款:

(一)迫使承包方以低于成本的价格竞标的;

(二)任意压缩合理工期的;

(三)明示或者暗示设计单位或者施工单位违反工程建设强制性标准,降低工程质量的;

(四)施工图设计文件未经审查或者审查不合格,擅自施工的;

（五）建设项目必须实行工程监理而未实行工程监理的；

（六）未按照国家规定办理工程质量监督手续的；

（七）明示或者暗示施工单位使用不合格的建筑材料、建筑构配件和设备的；

（八）未按照国家规定将竣工验收报告、有关认可文件或者准许使用文件报送备案的。

第五十七条　违反本条例规定，建设单位未取得施工许可证或者开工报告未经批准，擅自施工的，责令停止施工，限期改正，处工程合同价款1%以上2%以下的罚款。

第五十八条　违反本条例规定，建设单位有下列行为之一的，责令改正，处工程合同价款2%以上4%以下的罚款；造成损失的，依法承担赔偿责任：

（一）未组织竣工验收，擅自交付使用的；

（二）验收不合格，擅自交付使用的；

（三）对不合格的建设工程按照合格工程验收的。

第五十九条　违反本条例规定，建设工程竣工验收后，建设单位未向建设行政主管部门或者其他有关部门移交建设项目档案的，责令改正，处1万元以上10万元以下的罚款。

第六十条　违反本条例规定，勘察、设计、施工、工程监理单位超越本单位资质等级承揽工程的，责令停止违法行为，对勘察、设计单位或者工程监理单位处合同约定的勘察费、设计费或者监理酬金1倍以上2倍以下的罚款；对施工单位处工程合同价款2%以上4%以下的罚款，可以责令停业整顿，降低资质等级；情节严重的，吊销资质证书；有违法所得的，予以没收。

未取得资质证书承揽工程的，予以取缔，依照前款规定处以罚款；有违法所得的，予以没收。

以欺骗手段取得资质证书承揽工程的，吊销资质证书，依照本条第一款规定处以罚款；有违法所得的，予以没收。

第六十一条　违反本条例规定，勘察、设计、施工、工程监理单位允许其他单位或者个人以本单位名义承揽工程的，责令改正，没收违法所得，对勘察、设计单位和工程监理单位处合同约定的勘察费、设计费和监理酬金1倍以上2倍以下的罚款；对施工单位处工程合同价款2%以上4%以下的罚款；可以责令停业整顿，降低资质等级；情节严重的，吊销资质证书。

第六十二条 违反本条例规定,承包单位将承包的工程转包或者违法分包的,责令改正,没收违法所得,对勘察、设计单位处合同约定的勘察费、设计费25%以上50%以下的罚款;对施工单位处工程合同价款0.5%以上1%以下的罚款;可以责令停业整顿,降低资质等级;情节严重的,吊销资质证书。

工程监理单位转让工程监理业务的,责令改正,没收违法所得,处合同约定的监理酬金25%以上50%以下的罚款;可以责令停业整顿,降低资质等级;情节严重的,吊销资质证书。

第六十三条 违反本条例规定,有下列行为之一的,责令改正,处10万元以上30万元以下的罚款:

（一）勘察单位未按照工程建设强制性标准进行勘察的;

（二）设计单位未根据勘察成果文件进行工程设计的;

（三）设计单位指定建筑材料、建筑构配件的生产厂、供应商的;

（四）设计单位未按照工程建设强制性标准进行设计的。

有前款所列行为,造成工程质量事故的,责令停业整顿,降低资质等级;情节严重的,吊销资质证书;造成损失的,依法承担赔偿责任。

第六十四条 违反本条例规定,施工单位在施工中偷工减料的,使用不合格的建筑材料、建筑构配件和设备的,或者有不按照工程设计图纸或者施工技术标准施工的其他行为的,责令改正,处工程合同价款2%以上4%以下的罚款;造成建设工程质量不符合规定的质量标准的,负责返工、修理,并赔偿因此造成的损失;情节严重的,责令停业整顿,降低资质等级或者吊销资质证书。

第六十五条 违反本条例规定,施工单位未对建筑材料、建筑构配件、设备和商品混凝土进行检验,或者未对涉及结构安全的试块、试件以及有关材料取样检测的,责令改正,处10万元以上20万元以下的罚款;情节严重的,责令停业整顿,降低资质等级或者吊销资质证书;造成损失的,依法承担赔偿责任。

第六十六条 违反本条例规定,施工单位不履行保修义务或者拖延履行保修义务的,责令改正,处10万元以上20万元以下的罚款,并对在保修期内因质量缺陷造成的损失承担赔偿责任。

第六十七条 工程监理单位有下列行为之一的,责令改正,处50万元以上100万元以下的罚款,降低资质等级或者吊销资质证书;有违法所得的,予以没收;造成损失的,承担连带赔偿责任:

（一）与建设单位或者施工单位串通,弄虚作假、降低工程质量的;

（二）将不合格的建设工程、建筑材料、建筑构配件和设备按照合格签字的。

第六十八条 违反本条例规定,工程监理单位与被监理工程的施工承包单位以及建筑材料、建筑构配件和设备供应单位有隶属关系或者其他利害关系承担该项建设工程的监理业务的,责令改正,处5万元以上10万元以下的罚款,降低资质等级或者吊销资质证书;有违法所得的,予以没收。

第六十九条 违反本条例规定,涉及建筑主体或者承重结构变动的装修工程,没有设计方案擅自施工的,责令改正,处50万元以上100万元以下的罚款;房屋建筑使用者在装修过程中擅自变动房屋建筑主体和承重结构的,责令改正,处5万元以上10万元以下的罚款。

有前款所列行为,造成损失的,依法承担赔偿责任。

第七十条 发生重大工程质量事故隐瞒不报、谎报或者拖延报告期限的,对直接负责的主管人员和其他责任人员依法给予行政处分。

第七十一条 违反本条例规定,供水、供电、供气、公安消防等部门或者单位明示或者暗示建设单位或者施工单位购买其指定的生产供应单位的建筑材料、建筑构配件和设备的,责令改正。

第七十二条 违反本条例规定,注册建筑师、注册结构工程师、监理工程师等注册执业人员因过错造成质量事故的,责令停止执业1年;造成重大质量事故的,吊销执业资格证书,5年以内不予注册;情节特别恶劣的,终身不予注册。

第七十三条 依照本条例规定,给予单位罚款处罚的,对单位直接负责的主管人员和其他直接责任人员处单位罚款数额5%以上10%以下的罚款。

第七十四条 建设单位、设计单位、施工单位、工程监理单位违反国家规定,降低工程质量标准,造成重大安全事故,构成犯罪的,对直接责任人员依法追究刑事责任。

第七十五条 本条例规定的责令停业整顿,降低资质等级和吊销资质证书的行政处罚,由颁发资质证书的机关决定;其他行政处罚,由建设行政主管部门或者其他有关部门依照法定职权决定。

依照本条例规定被吊销资质证书的,由工商行政管理部门吊销其营业执照。

第七十六条 国家机关工作人员在建设工程质量监督管理工作中玩忽职守、滥用职权、徇私舞弊,构成犯罪的,依法追究刑事责任;尚不构成犯罪的,依法给予行政处分。

第七十七条 建设、勘察、设计、施工、工程监理单位的工作人员因调动工作、退休等原因离开该单位后,被发现在该单位工作期间违反国家有关建设工程质量管理规定,造成重大工程质量事故的,仍应当依法追究法律责任。

第九章 附　　则

第七十八条 本条例所称肢解发包,是指建设单位将应当由一个承包单位完成的建设工程分解成若干部分发包给不同的承包单位的行为。

本条例所称违法分包,是指下列行为:

(一)总承包单位将建设工程分包给不具备相应资质条件的单位的;

(二)建设工程总承包合同中未有约定,又未经建设单位认可,承包单位将其承包的部分建设工程交由其他单位完成的;

(三)施工总承包单位将建设工程主体结构的施工分包给其他单位的;

(四)分包单位将其承包的建设工程再分包的。

本条例所称转包,是指承包单位承包建设工程后,不履行合同约定的责任和义务,将其承包的全部建设工程转给他人或者将其承包的全部建设工程肢解以后以分包的名义分别转给其他单位承包的行为。

第七十九条 本条例规定的罚款和没收的违法所得,必须全部上缴国库。

第八十条 抢险救灾及其他临时性房屋建筑和农民自建低层住宅的建设活动,不适用本条例。

第八十一条 军事建设工程的管理,按照中央军事委员会的有关规定执行。

第八十二条 本条例自发布之日起施行。

(二)地方性规定(以浙江省及金华市为例)

1. 综合规定

浙江省村经济合作社组织条例

(1992年7月25日浙江省第七届人民代表大会常务委员会第二十九次会议通过 2007年9月28日浙江省第十届人民代表大会常务委员会第三十四次会议修订 根据2020年7月31日浙江省第十三届人民代表大会常务委员会第二十二次会议《关于修改〈浙江省村民委员会选举办法〉〈浙江省实施〈中华人民共和国村民委员会组织法〉办法〉〈浙江省村经济合作社组织条例〉的决定》修正)

第一章 总 则

第一条 为了稳定和完善以家庭承包经营为基础、统分结合的双层经营体制,维护村经济合作社及其社员的合法权益,促进农村集体经济发展,推进社会主义新农村建设,根据宪法和有关法律的规定,结合本省实际,制定本条例。

第二条 本条例所称的村经济合作社,是指在农村双层经营体制下,集体所有、合作经营、民主管理、服务社员的社区性农村集体经济组织。

第三条 本省行政区域内村经济合作社设立、分立、合并、运行、终止活动,适用本条例。

第四条 村经济合作社依法代表全体社员行使集体财产所有权,享有独立进行经济活动的自主权。尚未设立村经济合作社的,村集体财产所有权由村民委员会行使。

村集体所有的财产受法律保护,禁止任何单位和个人侵占、哄抢、私分、破坏村集体所有财产。

第五条 村经济合作社应当遵守宪法、法律、法规、规章和章程,尊重和维护社员、村内其他集体经济组织的合法权益。

第六条 村经济合作社应当接受乡镇人民政府(包括辖有村的街道办事

处,下同)的监督,协助和配合村民委员会工作,为村级组织履职提供必要的经费,合理安排村公共事务和公益事业所需的资金。

村民委员会应当尊重和支持村经济合作社依法独立进行经济活动的自主权,保障村经济合作社及其社员的合法权益。

第七条 村经济合作社承担资源开发与利用、资产经营与管理、生产发展与服务、财务管理与分配的职能。

村经济合作社依法履行下列具体职责:

(一)保护管理村集体所有或者使用的土地和森林、山岭、荒地、滩涂等资源;

(二)经营管理村集体所有的资源性资产、经营性资产和公益性资产,组织各业集体资产的发包、租赁,拓展物业经营;

(三)提供社员生产经营和生活所需的服务;

(四)建立健全村集体资产经营管理、财务会计、民主理财、收益分配和产权制度。

第八条 各级人民政府应当鼓励和支持村经济合作社发展,在资金、用地、交通、供水、供电等方面制定具体措施予以扶持,并为其提供必要的公共服务。

各级人民政府应当按照依法、自愿、民主、公正的原则,鼓励和支持有条件的村经济合作社进行股份制改革。

第九条 省、市、县(区)人民政府农业农村主管部门负责本行政区域内村经济合作社的业务指导、服务和监督工作。

乡镇人民政府应当负责做好村经济合作社设立、选举、运行、终止的具体指导和服务工作。

财政、金融、市场监督管理、自然资源、水利、交通运输、林业、科技、电力、供水等部门和单位应当按照各自的职责做好相关扶持和服务工作。

第二章 设立和终止

第十条 村经济合作社应当具备下列条件:

(一)有符合本条例规定的社员;

(二)有符合本条例规定的章程;

(三)有符合本条例规定的组织机构;

(四)有符合法律、法规规定的名称和章程确定的住所;

(五)有集体资产。

第十一条 设立村经济合作社应当召开设立大会。设立大会应当有十八周岁以上具有选举权的社员过半数参加或者有三分之二以上户代表参加。所作决定须经应到社员或者户代表的过半数通过。

设立大会通过本社章程,选举产生村经济合作社管理委员会(以下简称社管会)成员、村经济合作社监督委员会(以下简称社监会)成员,审议其他重大事项。

第十二条 村经济合作社章程应当符合法律、法规、规章的规定。章程应当载明下列事项:

(一)名称和住所;

(二)职责范围;

(三)社员资格取得、保留及丧失条件;

(四)社员的权利和义务;

(五)组织机构及其选举和罢免、辞职的办法、职权、任期、议事规则;

(六)财务管理、资产和收益分配;

(七)章程修改程序;

(八)公告事项及发布方式;

(九)需要规定的其他事项。

第十三条 县级人民政府应当免费向村经济合作社颁发浙江省村经济合作社证明书。证明书颁发、审验、变更管理的具体工作,由县级人民政府农业农村主管部门负责。

证明书主要记载村经济合作社名称、住所、社长、集体资产、组织机构、社员等基本情况。

村经济合作社凭证明书办理组织机构代码证,按照有关规定刻制印章、开立账户、领购票据等。

浙江省村经济合作社证明书管理办法,由省人民政府农业农村主管部门制定,报省人民政府批准。

第十四条 村经济合作社以其资产为限,对合作社债务承担责任。法律、法规另有规定的,从其规定。

第十五条 村经济合作社可以向市场监督管理部门申请登记注册,取得法人营业执照。具体登记注册办法,由省人民政府市场监督管理部门商同省人民政府农业农村主管部门参照农民专业合作社登记办法制定。

第十六条 村经济合作社合并、分立、终止的,应当经社员大会应到社员三分之二以上表决通过,报乡镇人民政府核准,并报县级人民政府农业农村主管部门备案。

村经济合作社合并、分立或者终止时,应当依法清理债权债务,并办理相关的变更、注销手续。

第三章 社　　员

第十七条 户籍在本村,符合下列条件之一,且遵守村经济合作社章程的农村居民,为本村经济合作社社员:

（一）开始实行农村双层经营体制时原生产大队成员；

（二）父母双方或者一方为本村经济合作社社员的；

（三）与本社社员有合法婚姻关系落户的；

（四）因社员依法收养落户的；

（五）政策性移民落户的；

（六）符合法律、法规、规章、章程和国家、省有关规定的其他人员。

第十八条 因下列原因之一户籍关系迁出本村或者被注销的,应当保留社员资格:

（一）解放军、武警部队的现役义务兵和符合国家有关规定的初级士官；

（二）全日制大、中专学校的在校学生；

（三）被判处徒刑的服刑人员；

（四）符合法律、法规、规章、章程和国家、省有关规定的其他人员。

第十九条 除本条例第十七条、第十八条规定以外的人员,履行村经济合作社章程规定义务,经本社社员（代表）大会表决通过的,可以成为本社社员或者保留本社社员资格。

社管会可以根据社员与本社集体财产关系提出收益分配的具体方案,经本社社员（代表）大会表决通过并报县级人民政府农业农村主管部门和乡镇人民政府备案后实施。

第二十条 村经济合作社应当编制社员名册,经公示无异议或者异议不成立的,报乡镇人民政府和县级人民政府农业农村主管部门备案。

第二十一条 社员依法享有下列权利:

（一）十八周岁以上未被剥夺政治权利的社员享有选举权、被选举权和表决权；

（二）享有对本社集体资产承包经营的权利；

（三）享有本社章程和社员（代表）大会决定的生产生活服务、收益分配、土地征收补偿费分配、宅基地使用和各项福利的权利；

（四）享有民主监督管理的权利；

（五）法律、法规、规章和章程规定的其他权利。

第二十二条 社员应当承担下列义务：

（一）遵守本社章程；

（二）执行本社各项决议；

（三）维护本社的合法权益；

（四）法律、法规、规章和章程规定的其他义务。

第四章 组织机构

第二十三条 社员大会是村经济合作社的权力机构，由本社十八周岁以上的社员组成，依照本条例和章程行使职权。

社管会是社员大会的执行机构，对社员大会负责。社管会成员由社员大会选举产生，社长可以由社管会在其成员中选举产生。社长或者其他代表合作社行使职权的负责人为法定代表人。

社监会是社员大会的监督机构，对社员大会负责。社监会成员由社员大会选举产生，社监会主任可以由社监会在其成员中选举产生。

第二十四条 村经济合作社可以设社员代表大会。社员代表大会经社员大会授权行使职权。

社员代表由社员大会在十八周岁以上有选举权的社员中选举产生，任期五年，可以连选连任。

社员代表可以与村民代表交叉任职。

第二十五条 社管会成员、社监会成员每届任期五年，可以连选连任。

社管会成员可以与其他村级组织领导成员交叉任职，但不得与社监会成员交叉任职。

第二十六条 社员（代表）大会每年至少召开一次。有十分之一以上有选举权的社员提议或者社管会、社监会提议，应当召开临时社员（代表）大会。

第二十七条 社员大会行使下列职权：

（一）通过、修改章程；

（二）讨论决定章程未明确的社员资格条件及保留、丧失社员资格的有关事项；

（三）选举、罢免社管会成员和社监会成员；

（四）听取、审查社管会和社监会工作报告；

（五）讨论决定经济发展规划、生产经营计划、基本建设投资计划、年度财务预决算和各业承包方案；

（六）讨论决定集体资产处置方案；

（七）监督财务管理工作；

（八）讨论审议本社的分立、合并、终止事项；

（九）讨论决定其他有关事项。

第二十八条 社管会行使下列职权：

（一）召集、主持社员（代表）大会；

（二）拟订本社经济发展规划、生产经营计划和集体资产经营管理方案；

（三）组织重大投资项目可行性论证并提出投资决策方案；

（四）拟订本社财务管理制度、财务预决算方案、收益分配方案和资产经营责任考核方案；

（五）执行社员（代表）大会通过的决议；

（六）负责日常社务管理工作。

第二十九条 社监会行使下列职权：

（一）监督本社章程的执行；

（二）监督社员（代表）大会决议的执行；

（三）监督社管会的职责履行及日常工作；

（四）审查本社财务并向社员公布审查情况。

社监会主任或者社监会成员代表有权列席社管会会议。

第三十条 社员大会选举、罢免社管会、社监会成员和对重大事项作出决定时，应当采用无记名投票。所作决定，须经应到社员过半数通过。

社员代表大会讨论决定社员大会授权的事项，须有三分之二以上社员代表参加会议方为有效。所作决定，须经应到会社员代表过半数通过。

社员（代表）大会表决本条例第十九条规定的事项，须经应到社员（代表）三分之二以上通过。

第三十一条　以威胁、贿赂、伪造选票等不正当手段，妨害社员行使选举权、被选举权，破坏村经济合作社选举的，社员有权向各级人民政府及其有关主管部门举报，有关机关应当负责调查并依法处理。

以威胁、贿赂、伪造选票等不正当手段当选的，其当选无效。

第三十二条　本社五分之一以上有选举权的社员联名，可以要求罢免社管会、社监会成员。

罢免社管会成员由社监会负责召集并主持社员大会投票表决，罢免社监会成员由社管会负责召集并主持社员大会投票表决。

罢免要求应当书面向社管会、社监会提出，写明罢免理由。被提出罢免的成员有权提出申辩意见。

社管会、社监会应当在接到罢免要求之日起三十日内召集并主持社员（代表）大会投票表决，社管会、社监会不召集的，由乡镇人民政府帮助组织召集。

第三十三条　社员大会有权撤销或者改变社员代表大会和社管会作出的不适当决定。社员代表大会有权撤销或者改变社管会作出的不适当决定。

第三十四条　社员（代表）大会决定的事项，不得与宪法、法律、法规、规章和国家政策相抵触，不得侵犯社员人身权利、民主权利和合法的财产权利。

社员（代表）大会决定的事项应当及时向社员公布，任何组织和个人不得擅自改变。

第五章　财务管理

第三十五条　村经济合作社应当执行农村集体经济组织财务、会计制度，并遵守有关财经法律、法规、规章。

第三十六条　村经济合作社推行会计委托代理制度。村经济合作社可以委托乡镇（街道）会计代理机构代理会计业务，但不得改变其资产所有权、使用权、审批权和监督权。

村内其他集体经济组织财务应当纳入村经济合作社管理，但不得改变其资产所有权、使用权、审批权、监督权。

第三十七条　村经济合作社应当实行财务公开和民主理财，按章程规定定期向社员公布财务状况。

第三十八条　县级以上人民政府农业农村主管部门和乡镇人民政府依法

对村经济合作社财务进行审计监督。

第六章 法 律 责 任

第三十九条　村经济合作社社员合法权益受到侵害的,各级人民政府应当依法处理;当事人也可以申请人民调解组织调解。

村经济合作社社员认为村经济合作社或者其负责人作出的决定侵害其合法权益的,可以依法向人民法院起诉,人民法院应当依法受理。

第四十条　单位和个人违反规定向村经济合作社收费、集资、罚款或者摊派的,由县级以上农民负担监督管理部门依法查处。

第四十一条　村经济合作社管理人员及会计委托代理人员滥用职权、玩忽职守、徇私舞弊,损害村经济合作社及其成员合法权益的,由县级以上人民政府农业农村主管部门、乡镇人民政府会同财政等有关部门依法处理。

第四十二条　任何单位和个人侵占、哄抢、私分、破坏村经济合作社财产的,依法查处;构成犯罪的,依法追究刑事责任。

第七章 附 则

第四十三条　村经济合作社示范章程,由省人民政府农业农村主管部门商同省人民政府市场监督管理部门制定。

第四十四条　其他社区性集体经济组织,包括乡镇集体经济组织和村内集体经济组织参照本条例执行。

第四十五条　本条例自 2008 年 1 月 1 日起施行。

浙江省行政程序办法

(2016 年 10 月 1 日浙江省人民政府第 67 次常务会议审议通过)

第一章 总 则

第一条　为了规范、保障和监督行政机关行使行政职权,保护公民、法人和其他组织的合法权益,提高行政效率,推进依法行政,建设法治政府,根据有关法律、法规,结合本省实际,制定本办法。

第二条 本省行政机关实施行政行为,适用本办法。

法律、法规对行政机关实施行政行为的程序有规定的,从其规定。

省人民政府其他规章、设区的市人民政府规章对行政机关依法实施行政行为的程序规定严于本办法的,从其规定。

第三条 行政机关应当遵守法定程序,不得在程序上减损公民、法人和其他组织的权利或者增加其义务。

第四条 行政机关应当公正实施行政行为,公平对待公民、法人和其他组织。

行政机关实施行政行为所采取的方式应当必要、适当,并与行政管理目的相适应。

第五条 行政机关应当依法公开实施行政行为的依据、程序和结果。

行政机关实施行政执法行为可能对公民、法人和其他组织权益产生不利影响的,应当事先告知并听取其陈述和申辩。

第六条 行政机关应当依法保障公民、法人和其他组织的知情权、参与权、表达权和监督权,为其提供必要的条件,并采纳其提出的合理意见和建议。

第七条 行政机关应当提高行政效能,为公民、法人和其他组织提供方便、快捷、优质的公共服务。

第八条 行政机关应当诚实守信;非因法定事由并经法定程序,不得擅自撤销、撤回、变更已经生效的行政行为。

行政机关撤销、撤回、变更已经生效的行政行为,造成公民、法人和其他组织合法权益损失或者损害的,应当依法予以补偿或者赔偿。

第二章 行政机关、当事人和其他参加人

第一节 行 政 机 关

第九条 行政机关的职权依照法律、法规、规章以及县级以上人民政府依法制定的行政规范性文件确定。

县级以上人民政府应当根据法律、法规和规章的规定合理界定和划分所属工作部门的职权,并以权力清单、责任清单等形式予以公布。

省人民政府依照法律、法规和规章以及本办法第十条的规定,按照有利于提高行政效能、财权与事权相统一、执法重心适当下移等原则,合理划分上下级行政机关之间的职权。

第十条 省级行政机关管辖下列行政管理事项:

(一)法律、法规、规章以及国务院和省人民政府行政规范性文件规定专门由省级行政机关管辖的;

(二)在本省行政区域内有重大影响的;

(三)涉及两个以上设区的市,确有必要由省级行政机关管辖的。

与公民、法人和其他组织生产、生活直接相关的行政管理事项,一般由设区的市、县(市、区)具有相应行政职权的行政机关或者乡镇人民政府、街道办事处管辖。

第十一条 两个以上行政机关对同一行政管理事项发生职权争议的,应当主动协商解决;协商不成的,报请本级人民政府决定;不属于本级人民政府决定权限的,报请共同的上级行政机关决定。法律、法规和规章对行政机关职权争议处理另有规定的,从其规定。

第十二条 行政机关应当按照国家、省规定的条件和程序设置内设机构、派出机构和直属机构,机构名称、人员配置等应当与其所承担的职权相适应。

行政机关的内设机构、派出机构以行政机关的名义实施行政行为,由行政机关承担相应的法律责任;行政机关的直属机构以自己的名义实施行政行为,承担相应的法律责任。但是,法律、法规和规章另有规定的除外。

第十三条 行政机关可以依照法律、法规和规章的规定,在其法定权限内委托有关组织实施行政行为。行政许可、行政处罚、行政强制等法律对行政机关委托实施行政行为有明确规定的,从其规定。

受委托的组织应当具备履行相应行政职权的条件。行政机关不得委托个人或者不具备履行相应行政职权条件的组织实施行政行为。

受委托的组织在委托权限范围内,以委托行政机关的名义实施行政行为,由委托行政机关承担相应的法律责任。受委托的组织不得将受委托的行政职权再委托给其他组织和个人。

第十四条 行政机关之间可以通过建立联席会议制度、成立专项工作小组、建设信息共享平台、签订区域或者部门合作协议等机制和方式,开展行政协作。

部门之间建立工作协调机制的,应当明确牵头部门、参加部门、工作职责、工作规则等事项。部门联席会议协商不成的事项,由牵头部门将有关部门的意见、理由和依据列明并提出意见,报本级人民政府决定。

县级以上人民政府应当加强对所属行政机关之间行政协作的组织、协调。

第二节 当事人和其他参加人

第十五条 当事人、利害关系人可以自己参加行政程序,也可以依法委托1至2人作为代理人参加行政程序。但是,法律、法规和规章规定当事人应当亲自参加行政程序的,当事人应当亲自参加。

当事人、利害关系人委托他人参加行政程序的,应当向行政机关提交由委托人签名或者盖章的授权委托书,以及委托人和被委托人的身份证明。授权委托书应当载明委托事项、权限和期限。

第十六条 同一个行政行为涉及多名当事人且有共同请求的,当事人可以推选1至5名代表人参加行政程序;推选不出代表人的,行政机关可以与当事人协商、确定代表人。

代表人参加行政程序的行为对所代表的当事人发生效力,但当事人事先明示不能代表的事项除外。

第十七条 公民死亡、宣告死亡,或者法人、其他组织合并、分立、终止后,其参加的行政程序需要继续进行的,承受其权利和义务的公民、法人和其他组织可以继续参加行政程序。

依照前款规定继续参加行政程序的,应当认可已进行的行政程序的效力。

第十八条 当事人和其他参加人应当遵守法定程序,配合行政机关依法履行职责。对阻碍行政机关依法履行调查、检查、行政强制等职责,构成违反治安管理行为的,由公安机关依法予以处理;构成犯罪的,依法追究刑事责任。

第三章 政府规章、行政规范性文件制定和重大行政决策程序

第一节 政府规章

第十九条 省人民政府和设区的市人民政府依照法定权限制定规章。

第二十条 省人民政府和设区的市人民政府每年应当组织制定立法计划。立法计划的具体编制工作由省、设区的市人民政府法制机构承担。

有关部门和单位申报立法计划一类项目的,应当按照规定开展立法前评估,并提交立法前评估报告。

评估报告应当对立法所要规范的行政管理事项基本情况进行介绍、说明;对立法必要性、可行性及拟采取措施的合法性、合理性进行论证,并附录立法依据和参考资料。

第二十一条 规章草案由政府有关部门或者政府法制机构具体负责起草,重要的规章草案可以由政府法制机构组织起草。

专业性较强的规章草案,可以吸收相关领域的专家参与起草工作,或者委托有关专家、教学科研单位、社会组织等起草。

省、设区的市人民政府法制机构应当加强对规章起草工作的组织协调和督促指导。

第二十二条 起草、审查规章草案,应当广泛听取有关机关、组织、人民代表大会代表和社会公众的意见和建议。听取意见可以采取座谈会、论证会、听证会等多种形式。

规章草案应当向社会公布和征求意见,但依法不予公布的除外。

第二十三条 规章应当经本级人民政府常务会议或者全体会议决定。

规章签署公布后,应当及时在本级人民政府公报和政府门户网站、浙江政务服务网,以及在本行政区域范围内发行的报纸上刊载。

第二节 行政规范性文件

第二十四条 下列行政机关可以在职权范围内制定行政规范性文件:
(一)各级人民政府;
(二)县级以上人民政府所属工作部门、省以下实行垂直管理的部门;
(三)县级以上人民政府依法设立的派出机关。

法律、法规和规章授权的具有管理公共事务职能的组织在法定授权范围内可以制定行政规范性文件。

不具有行政管理职能的机构不得制定行政规范性文件。

第二十五条 县级以上人民政府对本级人民政府及其部门制定的行政规范性文件实行统一登记、统一编号、统一发布。

省级有关部门提请以省人民政府或者省人民政府办公厅名义发布的行政规范性文件,应当按照规定向省人民政府办公厅申报立项。

第二十六条 起草单位应当对制定行政规范性文件的必要性、可行性、合法性等内容进行充分调研论证;除依法应当保密或者为了保障公共安全、社会稳定以及执行上级机关的紧急命令需要立即作出决定的情形外,在起草过程中应当按照规定公开征求意见。

第二十七条 行政规范性文件草案应当由制定机关的法制机构进行合法性审查,未经合法性审查的,不得提请审议。

第二十八条 行政规范性文件的集体讨论决定以及签署公布,按照国家和省有关规定执行。

行政规范性文件解释权属于行政规范性文件制定机关。

第三节 重大行政决策

第二十九条 行政机关作出重大行政决策应当遵循依法决策、科学决策、民主决策的原则,执行法定程序,提高决策质量和效率。

第三十条 除依法应当保密或者为了保障公共安全、社会稳定以及执行上级机关的紧急命令需要立即作出决定的情形外,行政机关作出重大行政决策应当按照省规定要求,针对决策事项的有关问题,根据具体情况组织开展公众参与、专家论证或者风险评估;决策方案应当经行政机关的法制机构合法性审查,并经行政机关负责人集体讨论决定。

第三十一条 行政机关作出重大行政决策后,应当按照规定制发公文;属于最终决定的,除依法不公开的外,应当公布。

第四章 一般行政执法程序

第一节 一般规定

第三十二条 行政机关应当积极履行法定职责,提高行政执法效率,及时查处违法行为,确保行政执法权威性和公信力。

县级以上人民政府应当加强行政执法管理,建立健全重大行政执法组织协调机制,强化事中事后监管。

第三十三条 县级以上人民政府应当按照行政执法责任制的规定,依法确认本行政区域内行政机关的行政执法主体资格,并向社会公告。

第三十四条 省人民政府可以根据行政处罚、行政许可等法律以及国务院的授权或者批准,决定一个行政机关行使有关行政机关的行政处罚、行政许可等行政职权。

设区的市、县(市、区)人民政府应当加强行政执法体制改革,推进综合执法。

第三十五条 在开展综合治水、违法建筑处置等综合性行政执法活动,以及其他事关经济社会发展大局、涉及面广的重大行政执法活动时,县级以上人民政府或者其他有关行政机关可以组织联合执法。

组织联合执法,应当明确参与各方的职责和工作要求。参与联合执法的行政机关应当积极协作配合,加强信息共享,依法高效履职。

第三十六条 联合执法中的行政执法决定按照下列规定作出:

(一)不同行政执法系统之间的联合执法,由参加联合执法的行政机关在各自的职权范围内依法分别作出;

(二)同一行政执法系统内的联合执法,可以以上级行政机关的名义依法作出,也可以在各自的职权范围内依法分别作出。

第三十七条 行政执法事项需要两个以上政府工作部门共同办理的,县级以上人民政府可以确定一个部门统一受理申请,组织实施联合办理或者同步办理。

与公民、法人和其他组织生产、生活直接相关的行政许可、公共服务等事项,适合集中办理的,县级以上人民政府可以组织实施集中办理。

第三十八条 行政机关应当加强电子政务的建设和应用,推进行政执法事项在线运行,优化办理流程,方便公民、法人和其他组织通过浙江政务服务网(电子政务平台)办理行政许可、公共服务等事项。

行政机关应当充分利用浙江政务服务网(电子政务平台),促进行政执法信息共享和协作配合,提高行政执法监管水平。

第三十九条 行政机关独自行使职权难以达到行政执法目的,或者行政执法所必需的文书、资料和信息等难以自行收集的,或者需要有关行政机关出具认定意见和提供咨询的,可以请求有关行政机关给予协助。对属于本行政机关职权范围的协助事项,有关行政机关应当依法、及时提供协助,不得拒绝、推诿。

因行政协助发生争议的,由请求机关与协助机关的本级人民政府决定;不属于本级人民政府决定权限的,由共同的上级行政机关决定。

第四十条 行政执法人员应当按照有关规定,经行政执法资格考试合格,取得行政执法证件。

行政执法辅助人员在行政机关及行政执法人员的指挥和监督下,可以配合从事宣传教育、信息采集、接收或者受理申请、参与调查、劝阻违法行为、送达文书、后勤保障等工作。行政机关应当组织开展对行政执法辅助人员的岗位培训,使其具备必要的法律知识、专业知识和依法行政能力,并加强日常管理和工作考核。

第四十一条 当事人认为行政执法人员与其所实施的行政执法行为有利害关系或者有其他关系可能影响公正行使行政职权的,有权申请行政执法人员回避。

行政执法人员与所实施的行政执法行为有利害关系或者其他关系的,应当主动提出回避;未提出回避的,行政机关应当责令其回避。

第四十二条 当事人应当在调查取证前口头或者书面提出回避申请。行政机关应当在收到回避申请之日起3日内作出是否回避的决定,并告知当事人;决定不予回避的,应当说明理由。

行政执法人员的回避,由行政机关负责人决定;行政机关负责人的回避由该行政机关负责人集体讨论决定或者由上一级行政机关决定。

对行政执法人员的回避作出决定前,行政执法人员应当继续履行职务。被决定回避的行政执法人员在回避决定作出前所进行的执法活动是否有效,由作出回避决定的行政机关根据实际情况决定。

第四十三条 行政机关应当建立健全行政执法裁量基准制度,细化、量化裁量范围、种类和幅度。行政执法裁量基准应当向社会公布。

行政机关实施行政执法行为应当遵循行政执法裁量基准,但适用裁量基准将导致某一行政执法行为明显不当的,行政机关可以在不与法律、法规和规章相抵触的情况下,变通适用裁量基准,但必须经行政机关负责人集体讨论决定,并充分说明理由。

第四十四条 行政机关应当建立行政执法内部管理制度,明确行政执法事项的办理、审核、批准等职责和具体操作流程。

行政机关作出重大行政执法决定前,应当经法制审核。

第四十五条 行政机关应当依法通过行政执法文书、拍照、录像、录音、监控等形式,对行政执法的启动、调查、审查、决定、送达、执行等进行全过程记录,并对有关记录进行立卷、归档和妥善管理。

第二节 程序的启动

第四十六条 行政执法程序由行政机关依职权启动或者由公民、法人和其他组织向行政机关申请启动。

第四十七条 公民、法人和其他组织依法向行政机关提出行政许可、行政确认、行政给付、行政裁决等申请的,应当采用书面形式(含信函、电子数据交换形式);书面申请确有困难的,可以采用口头形式,由行政机关当场记入笔录,交申请人核对或者向申请人宣读,并由申请人确认。公民、法人和其他组织对其所提交的申请材料的真实性负责。

行政机关应当依法将与申请有关的事项、依据、条件、数量、程序、期限,以及需要提交的全部材料的目录和申请书样式等在办公场所、本机关或者本级人民政府门户网站上公示。

第四十八条 行政机关收到公民、法人和其他组织的申请,应当予以登记,并当场或者在3日内根据不同情形作出以下处理,法律、法规和规章另有规定的除外:

(一)申请事项不属于本行政机关职权范围的,应当不予受理并书面说明理由。

(二)申请材料不全或者不符合法定形式的,应当一次性书面告知申请人在合理期限内需要补正或者更正的内容。公民、法人和其他组织按照要求补正或者更正的,应当予以受理;无正当理由不补正或者更正的,以及逾期不补正或者更正的,视为撤回申请;补正或者更正仍不符合要求的,不予受理并书面说明理由。

(三)申请事项属于本行政机关职权范围,申请材料齐全,且符合法定形式的,应当予以受理。

行政机关决定受理或者不予受理的,应当出具加盖本行政机关印章的书面凭证,但申请事项即时办结的除外。

第三节 调查和证据

第四十九条 行政机关依法需要核查公民、法人和其他组织的申请的,或者对公民、法人和其他组织实施行政处罚、行政强制等行政执法行为依法需要查明事实的,应当合法、全面、客观、及时开展调查。

第五十条　行政机关依法开展调查,可以根据需要采取下列措施:

（一）口头或者书面通知有关公民、法人和其他组织对调查事项作出解释和说明;

（二）要求公民、法人和其他组织提供与调查事项有关的文件、资料,并进行复制;

（三）对有关公民、法人和其他组织的工作场所、经营场所等进行现场检查、勘验;

（四）自行或者委托法定鉴定、检验机构对有关事实进行鉴定、检验;

（五）法律、法规和规章规定的其他措施。

行政机关依法开展调查的,公民、法人和其他组织应当予以配合、协助。

第五十一条　行政机关开展调查时,应当指派2名以上工作人员进行,且其中至少1人是行政执法人员。行政处罚、行政强制等法律、法规明确规定必须是2名以上行政执法人员的,从其规定。

调查人员应当向被调查人出示行政执法证件或者工作证件;不出示行政执法证件或者工作证件的,被调查人有权拒绝调查。

行政机关应当制作调查的书面记录,经被调查人核实后由调查人员和被调查人签名。被调查人拒绝签名的,调查人员应当在书面记录上注明情况并签字。

第五十二条　行政机关作出对当事人不利的行政执法决定前,应当书面告知当事人拟作出行政执法决定的事实、理由、依据和决定内容,以及其享有的陈述权、申辩权。

当事人应当自收到告知书之日起3日内提出陈述、申辩,法律、法规对提出期限另有规定的,从其规定。行政机关应当对当事人在期限届满前有无提出陈述、申辩进行核实。

行政机关应当充分听取当事人的陈述和申辩,对其提出的事实、理由和证据予以记录、复核并归入案卷。当事人提出的事实、理由或者证据成立的,行政机关应当采纳。但是,当事人书面表示放弃陈述、申辩的或者逾期提出的除外。

行政许可等法律、法规明确规定作出行政执法决定前应当告知利害关系人并听取其意见的,从其规定。

第五十三条　行政机关作出行政执法决定前,法律、法规和规章规定应当主动组织听证的,应当组织听证;未规定应当主动组织听证,但行政机关认为有必要组织听证的,可以组织听证。

法律、法规和规章规定当事人、利害关系人享有听证权利的,行政机关应当依法告知其听证权利;当事人、利害关系人在规定期限内提出听证申请的,行政机关应当组织听证。

第五十四条　行政机关作出行政执法决定所依据的证据类型包括:当事人陈述、书证、物证、视听资料、电子数据、证人证言、鉴定意见、勘验笔录、现场笔录以及法律、法规规定的其他证据。

第五十五条　行政机关应当采取合法手段,依照法定程序全面收集证据。证据应当查证属实,才能作为认定事实的根据。

行政机关在行政执法过程中收集的物证、书证、视听资料、电子数据以及难以重新取得的调查笔录等证据材料,其他行政机关经合法性审查,可以将其作为作出行政执法决定所依据的证据使用。

第五十六条　下列证据材料不得作为行政执法决定的依据:
（一）违反法定程序收集,可能严重影响执法公正的;
（二）相关人员不予认可且没有其他证据印证的证据的复制件或者复制品;
（三）无法辨认真伪的;
（四）不能正确表达意思的证人提供的证言;
（五）在中华人民共和国领域以外形成的未办理法定证明手续的;
（六）不具备合法性、真实性和关联性的其他证据材料。

第四节　决定和执行

第五十七条　行政机关应当以书面形式作出行政执法决定,但法律、法规和规章另有规定的除外。

行政执法决定一般载明下列事项:
（一）当事人的基本情况;
（二）作出决定的事实、依据、理由和履行程序的情况;
（三）决定内容;
（四）履行方式和期限;
（五）救济途径和期限;
（六）行政机关名称、印章与决定日期;

(七)应当载明的其他事项。

第五十八条 以书面形式作出的行政执法决定,自送达当事人之日起生效;依法以口头或者其他形式作出的行政执法决定,自当事人应当知道之时起生效。

行政执法决定附条件或者附期限的,应当载明生效的条件或者期限。

第五十九条 对事实清楚、当场可以查实、有法定依据且对当事人权益影响较小的事项,行政机关可以适用简易程序,由1名行政执法人员当场作出行政执法决定。法律、法规和规章对简易程序的适用范围和条件另有规定的,从其规定。

第六十条 适用简易程序当场作出行政执法决定的,可以口头告知当事人行政执法决定的事实、理由和依据,当场听取当事人的陈述与申辩,对其合理的意见予以采纳,对不予采纳的意见说明理由。

适用简易程序当场作出行政执法决定的,行政执法人员应当在3日内报所在行政机关备案。法律、法规和规章对报备日期另有规定的,从其规定。

适用简易程序的行政执法决定可以以格式化文书的方式作出。

第六十一条 行政机关依法作出行政决定后,当事人应当在行政机关决定的期限内履行义务;当事人不履行义务的,由行政机关根据其法定权限并按照法定程序,实施强制执行或者申请人民法院强制执行。

第六十二条 行政机关依法作出要求当事人履行排除妨碍、恢复原状等义务的行政决定,当事人逾期不履行,经催告仍不履行,其后果已经或者将危害交通安全、造成环境污染或者破坏自然资源的,行政机关可以代履行,或者委托没有利害关系的第三人代履行。

需要立即清除道路、河道、航道或者公共场所的污染物、遗洒物或者障碍物,当事人不能清除的,行政机关可以依法决定立即实施代履行。

第六十三条 对违法的建筑物、构筑物、设施等,行政机关应当根据情形依法作出责令停止建设、限期改正、限期拆除、罚款、没收等决定;对限期拆除违法建筑的,行政机关可以根据当事人申请直接组织拆除;需要强制拆除的,行政机关应当依法组织强制拆除。

违法的建筑物、构筑物处置完毕前,单位或者个人以违法的建筑物、构筑物作为生产、经营场所申请办理相关证照、登记或者备案手续的,有关行政机关依法不得办理;就违法的建筑物、构筑物申请办理供电、供水、供气等手续的,有关单位依法不得办理。

第五节　期限和送达

第六十四条　法律、法规和规章对行政执法事项有明确期限规定的,行政机关必须在法定期限内办结。

行政机关对行政执法事项的办理期限作出明确承诺的,应当在承诺期限内办结。行政机关的承诺期限应当合理,不得妨碍行政目的的实现。

行政机关作出行政执法决定,依法需要检验、检疫、检测、公告、听证、招标、拍卖、专家评审,或者委托有关行政机关调查取证的,所需时间不计算在前两款规定的期限内。

第六十五条　期限以时、日、月、年计算的,期限开始时、日不计算在期间内;期限届满的最后一日是节假日的,以节假日后的第一日为期限届满日期,法律、法规另有规定的除外。

公民、法人和其他组织因不可抗力耽误期限的,被耽误的时间不计算在期限内;因其他特殊情况耽误期限的,在障碍消除后的10日内,可以申请顺延期限,是否准许由行政机关决定。

第六十六条　行政机关可以根据具体情况选择直接送达、留置送达、邮寄送达、委托送达、电子送达等方式送达行政执法文书;受送达人下落不明或者采用上述方式无法送达的,可以采用公告送达的方式。行政处罚、行政强制等法律对行政机关送达行政处罚决定书、催告书、行政强制执行决定书等有明确规定的,从其规定。

第六十七条　行政机关直接送达行政执法文书的,可以通知受送达人到行政机关所在地领取,或者到受送达人住所地、其他约定地点直接送交受送达人。当事人在送达回证上的签收日期为送达日期。

受送达人拒绝签收行政执法文书,行政机关采取下列措施之一,并把行政执法文书留在受送达人的住所的,视为送达:

(一)采用拍照、录像、录音等方式记录送达过程;

(二)邀请有关基层组织或者所在单位的代表到场,说明情况,在送达回证上记明拒收事由和日期,由送达人、见证人签名或者盖章;

(三)邀请公证机构见证送达过程。

行政机关工作人员应当在送达回证上注明送达情况并签名。

第六十八条　行政机关通过邮政企业邮寄送达行政执法文书,邮寄地址为受送达人与行政机关确认的地址的,送达日期为受送达人收到邮件的日期。因受送达人自己提供的地址不准确、地址变更未及时告知行政机关、受送达人本人或者其指定的代收人拒绝签收以及逾期未签收,导致行政执法文书被邮政企业退回的,行政执法文书退回之日视为送达日期。

第六十九条　行政机关可以委托有关机关、单位转交行政执法文书。代为转交的机关、单位收到行政执法文书后,应当立即交受送达人签收,送达回证上的签收日期为送达日期。

第七十条　除行政执法决定文书外,行政机关经受送达人同意,可以通过传真、电子邮件等方式送达行政执法文书。

向受送达人确认的电子邮箱送达行政执法文书的,自电子邮件进入受送达人特定系统的日期为送达日期。

第七十一条　行政机关公告送达行政执法文书的,应当通过浙江政务服务网(电子政务平台)、本机关或者本级人民政府门户网站公告。

行政机关可以根据需要在当地主要新闻媒体公告或者在受送达人住所地、经营场所或者所在的村(居)民委员会公告栏公告。

公告期限为10日,因情况紧急或者保障公共安全、社会稳定需要的,可以适当缩短公告期限,但不得少于3日。公告期限届满视为送达。法律、法规对公告期限另有规定的,从其规定。

第六节　效　　力

第七十二条　有下列情形之一的,行政执法决定无效:
(一)实施主体不具有行政执法主体资格的;
(二)没有法定依据的;
(三)其他重大且明显违法的情形。

行政执法决定被依法确认无效的,自始无效。行政执法决定中部分被确认无效且其可以从中分离的,其他部分仍然有效。

第七十三条　有下列情形之一的,行政执法决定应当撤销或者变更:
(一)主要证据不足的;
(二)违反法定程序的;
(三)适用依据错误的;

（四）超越职权的；

（五）滥用职权的；

（六）明显不当的；

（七）依法应当予以撤销或者变更的其他情形。

行政执法决定中部分违法被撤销且其可以从中分离的，其他部分仍然有效。行政机关应当就有效部分作出确认决定。

行政执法决定被撤销后，其撤销效力溯及至行政执法决定作出之日，但法律、法规另有规定的除外。

第七十四条 有下列情形之一的，行政执法决定确认违法，但不撤销：

（一）行政执法决定应当依法撤销，但撤销会给国家利益、公共利益造成重大损害的；

（二）行政执法决定存在程序轻微违法，对当事人权利不产生实际影响的。

行政执法决定有下列情形之一的，不需要撤销或者责令履行的，确认违法：

（一）行政执法决定违法，但不具有可撤销内容的；

（二）行政机关改变原违法行政执法决定，但当事人仍要求确认原行政执法决定违法的；

（三）行政机关不履行或者拖延履行法定职责，责令履行没有意义的。

第七十五条 行政执法决定存在未载明决定作出日期等遗漏，对公民、法人和其他组织的合法权益没有实际影响等情形的，应当予以补正。

行政执法决定存在文字表述错误或者计算错误等情形，应当予以更正。

行政机关作出补正或者更正的，可以附记在行政执法决定文书内；不能附记的，应当制作补正或者更正决定书。

第五章 特别行政执法程序

第七十六条 行政机关应当依照法定职权，对公民、法人和其他组织遵守法律、法规和规章情况实施行政检查。对投诉举报较多、列入经营异常名录或者有严重违法记录等情况的，可以视情增加行政检查次数。

第七十七条 行政机关应当制定和公布年度行政检查工作计划，合理确定行政检查的事项、方式、对象、时间等。

行政机关根据行政检查工作计划实施随机抽查的，应当制定和公布随机抽查事项清单，采取随机抽取检查对象、随机选派行政执法人员的工作机制。

第七十八条　行政机关根据投诉举报实施行政检查的,应当经本行政机关负责人批准。情况紧急,需要立即进行检查的,行政执法人员应当在检查后的2日内向本行政机关负责人报告并补办手续。

第七十九条　行政检查可以采取的措施和要求,依照本办法第五十条、第五十一条规定执行。

行政检查结束时,行政执法人员应当将行政检查的结果当场告知被检查人;需要等待检验、检测、检疫结果的,应当在收到检验、检测、检疫结果之日起3日内告知被检查人。被检查人对行政检查结果有异议的,可以依法向行政机关申请复核。但是,法律、法规和规章另有规定的除外。

直接关系人身健康、生命财产安全以及直接涉及公共安全、生态环境保护、有限自然资源开发利用等领域的行政检查结果,依法向社会公告。

第八十条　行政机关为实现公共利益或者行政管理目的,可以在法定职责范围内,与公民、法人或者其他组织协商订立行政协议。

行政协议应当以书面形式签订;依法应当经其他行政机关批准或者会同签订的,应当经批准或者会同签订。行政协议经双方签字后生效或者依约定生效。法律、法规和规章对行政协议的订立形式和程序另有规定的,从其规定。

第八十一条　行政机关有权对行政协议的履行进行指导和监督,但不得妨碍对方当事人履行协议。

行政协议在履行过程中,当事人、行政机关可以依法协商变更或者解除协议,但不得损害行政管理目的的实现。

有下列情形之一的,行政机关有权变更或者解除行政协议:

(一)法律、法规或者规章规定变更或者解除的;

(二)行政协议约定变更或者解除的条件成就的;

(三)当事人在履行协议过程中,严重损害国家利益、公共利益的;

(四)因国家利益、公共利益需要变更或者解除的其他情形。

行政机关根据本条第三款第一项、第四项规定变更或者解除行政协议,给当事人造成损失的,依法予以补偿。

第八十二条　行政机关可以依法通过行政调解的方式协调、协商处理与行政职权密切相关的行政争议和民事纠纷。

行政机关与公民、法人和其他组织之间产生的涉及行政赔偿、补偿等方面的行政争议,可以先行自行协商,协商不成或者当事人不愿意自行协商的,可以由上一级行政机关负责调解。

公民、法人和其他组织之间产生的与行政管理相关的有关交通事故损害赔偿、消费者权益保护、土地(林地、海域)权属争议、环境污染损害赔偿等民事纠纷,由主管该事项的行政机关负责调解。

第八十三条 行政机关收到调解申请后,应当予以登记。对属于行政调解范围且另一方当事人同意调解的,行政机关应当及时组织调解,并自收到调解申请之日起30日内办结,但双方当事人同意延期的或者法律、法规另有规定的除外。对不属于行政调解范围或者另一方当事人不同意调解的,行政机关不予调解,并通知当事人。

行政调解达成协议的,行政机关应当制作行政调解书,由当事人、调解主持人签名并加盖行政机关印章,自当事人签收之日起生效。

对事实清楚,双方当事人争议不大或者所涉赔偿、补偿数额在1万元以下的争议纠纷,行政机关可以简化调解程序。

第八十四条 行政机关为实现行政管理目的,可以主动或者依据申请采取下列方式,对公民、法人和其他组织实施行政指导:

(一)提供指导和帮助;

(二)发布信息;

(三)示范、引导、提醒;

(四)建议、劝告、说服;

(五)其他指导方式。

行政指导坚持依法、公正、合理的原则。公民、法人和其他组织可以自主决定是否接受、听从、配合行政指导;行政机关不得强制或者变相强制公民、法人和其他组织接受行政指导。

第八十五条 具有行政裁决权的行政机关,应当根据法律、法规的规定,依据申请对公民、法人或者其他组织之间发生的与其行政职权密切相关的民事纠纷作出行政裁决。

第六章 监督和责任追究

第八十六条 各级人民政府应当自觉接受本级人民代表大会及其常委会的监督,接受人民政协的民主监督。

行政机关应当依照有关法律的规定接受司法机关的监督,接受新闻舆论和人民群众的监督。

第八十七条　县级以上人民政府依法对所设工作部门、派出机关、派出机构和下级人民政府的行政行为实施层级监督。县级以上人民政府法制机构和其他有关部门依照职责分工，根据本级人民政府的授权负责层级监督具体工作。

县级以上人民政府工作部门依法对本系统内行政机关的行政行为实施层级监督。

第八十八条　县级以上人民政府监察、审计部门依照行政监察、审计等法律、法规和规章对行政机关的行政行为实施专门监督。

第八十九条　省人民政府规章报国务院和省人民代表大会常务委员会备案。设区的市人民政府规章报国务院、省人民代表大会常务委员会和省人民政府备案。

省、设区的市人民政府应当每隔5年组织1次对规章进行全面清理，并向社会公布清理结果。

第九十条　行政规范性文件应当依照省有关规定报送备案。

制定机关应当每隔2年组织1次对行政规范性文件进行全面清理，并向社会公布清理结果。

第九十一条　行政执法监督的主要方式包括：

（一）组织对法律、法规、规章实施情况开展监督检查；

（二）组织对重点行政执法领域（事项）开展监督检查；

（三）组织开展行政执法案卷评查工作；

（四）对公民、法人或者其他组织依法提出的行政执法投诉举报进行处理；

（五）法律、法规、规章规定的其他方式。

第九十二条　有层级监督权的行政机关发现有关行政机关有违法或者不当的行政行为的，可以作出督促整改、责令改正、通报批评的决定。有关行政机关应当在收到决定之日起30日内将处理结果向有监督权的行政机关报告。

有层级监督权的行政机关依照《中华人民共和国地方各级人民代表大会和地方各级人民政府组织法》《浙江省县级以上人民政府行政执法监督条例》等有关法律、法规和规章，撤销、变更违法或者不当的行政行为的，依照其规定权限和程序执行。

第九十三条　公民、法人和其他组织向行政机关申请行政复议的，行政机关应当依照行政复议有关法律、法规办理。

第九十四条 行政机关发现本机关已生效的行政执法决定有本办法第七十三条规定情形的,可以依职权撤销或者变更。

第九十五条 行政机关及其工作人员不履行法定职责或者不正确履行法定职责,造成危害后果或者不良影响的,依照《中华人民共和国行政监察法》《中华人民共和国公务员法》《行政机关公务员处分条例》《浙江省行政执法人员过错责任追究办法》等法律、法规和规章处理。

第七章 附 则

第九十六条 法律、法规和规章授权的具有管理公共事务职能的组织在法定授权范围内,以自己的名义实施行政行为,适用本办法有关行政机关的规定。

第九十七条 本办法所称行政执法,是指行政机关实施法律、法规和规章,针对特定公民、法人和其他组织作出的影响其权益的行政行为,包括行政许可、行政处罚、行政强制、行政确认、行政给付、行政裁决、行政征收、行政检查等行政行为。

第九十八条 本办法中 10 日以内期限的规定是指工作日,不含法定节假日。

第九十九条 本办法自 2017 年 1 月 1 日起施行。

2. 政府信息公开

浙江省高级人民法院行政审判第一庭关于印发《关于审理政府信息公开行政案件若干具体问题的解答》的通知

(浙高法行一〔2014〕4 号)

本省各级人民法院行政审判庭:

现将《关于审理政府信息公开行政案件若干具体问题的解答》印发给你们。

在参考适用中如有问题,请及时报告我庭。

浙江省高级人民法院行政审判第一庭
2014 年 10 月 14 日

为统一政府信息公开行政案件的审查裁判尺度,兼顾保障公民、法人和其他组织知情权与监督支持行政机关依法公开政府信息,省高院行政审判第一庭征集、汇总了近年来全省法院审理政府信息公开案件的相关问题,根据有关法律、法规、司法解释规定,结合全省行政审判工作实际,经研究作了解答,同时一并修改补充了原省高院行政审判庭《关于审理政府信息公开行政案件几个具体问题的解答》(2009 年 9 月 27 日)。各地在参考适用中遇有新情况,请及时联系我庭以便进一步修改、补充与完善。

问题 1. 如何确定政府信息公开行政案件的案由

答:应区分情况、分别确定:(1)行政机关对政府信息公开申请在法定期限内未作出任何答复的,按照不作为类案件确定案由为"诉××(行政主体)不履行××(管理范围)政府信息公开法定职责",如"诉××县人民政府不履行土地政府信息公开法定职责";(2)行政机关对政府信息公开申请已经作出答复或公开政府信息的,按照作为类案件确定案由,即以政府信息所涉的行政管理范围作为案由中的"管理范围",以"政府信息公开"为"行为种类"确定案由,如"诉××(行政主体)土地政府信息公开";(3)对行政复议机关作出的政府信息公开行政复议决定提起行政诉讼的,确定为"诉××(复议机关)××(管理范围)政府信息公开行政复议",如"土地政府信息公开行政复议";(4)对行政复议机关在法定期限内未作出涉政府信息公开行政复议决定起诉,确定为"诉××(复议机关)不履行××(管理范围)政府信息公开行政复议法定职责"。依上述意见仍无法明确的,按照最高人民法院关于确定行政诉讼案件案由的有关规定处理。

问题 2. 如何准确把握政府信息公开行政案件的审理思路

答:政府信息公开行政案件与其他类型行政诉讼案件有共性亦有特性,针对不同的被诉行政行为类型确定审理思路是共性之一,政府信息公开案件的特性则主要体现在原告主体资格相对宽松、而被告法定职责相对严格、被诉答复内容多变复杂等。审理时总体上既要把握住其与一般案件的共性,更要区分其不同于一般案件的特性,在准确确定案由的基础上,根据《政府信息公开条例》(以下简称《条例》)、《最高人民法院关于审理政府信息公开行政案件若干问题的规定》(以下简称《规定》)、《最高人民法院关于执行若干问题的解释》(以下简称《若干解释》），并参照规章以及合法有效、合理适当的相关规范性文件，区分不同类型政府信息公开被诉行政行为，明确审理思路。按照不同案由，可主要区分为四种不同类型案件的审理思路，而当前实践中，较为常见的是上述前二种类型案件。

问题 3. 如何审查不履行政府信息公开法定职责类的案件

答：不履行政府信息公开法定职责案件主要审查：（1）原告有无向被告提出过政府信息公开申请，即使是被告依法应主动公开的政府信息在其起诉前也应先提出申请。原告迳直起诉经法院释明后仍坚持起诉的，不予受理；（2）被告是否已经收到原告提出的该政府信息公开申请。原告能举证证明，其政府信息公开申请邮寄给被告法定代表人、内设机构或其负责人的，视为其已向被告提出了政府信息公开申请。通过网络提交政府信息公开申请的，该申请文本已发送至被告公开的网络申请接收平台；（3）被告收到申请后在《条例》第二十四条规定的法定期限内是否已向原告作出答复。被告在法定期限内以邮寄方式寄送答复但到达原告时超过上述期限，且能够给予合理说明的，人民法院不宜仅以被告超期限答复为由，判决确认违法；（4）原告提出政府信息公开申请后被拒绝或被告已经公开后，又基于同一事实与理由再行申请政府信息公开，被告未予重复答复，原告对此不服起诉的，不予受理。

问题 4. 起诉不履行政府信息公开法定职责案件立案受理后，被告作出政府信息公开相关答复的，如何处理

答：被告在不履行政府信息公开法定职责案件的一审期间作出相关政府信息公开答复的，应按照《若干解释》第五十条的规定处理。开庭审理后发现被告在本案立案前已对原告申请作出答复，原告又对该答复起诉的，本案中原则上不予准许，可向原告释明另行起诉。

问题 5. 对以未予答复为由起诉不履行政府信息公开法定职责的，如何裁判

答：对于仅起诉被告未答复（逾期答复）的案件，一般只应审查判断被告是否在法定期限内作出了答复；至于是否需要公开相关政府信息，仍应由被告依法审查决定，人民法院不宜直接审查判断。原告诉请确认被告未答复（逾期答复）违法的同时，又请求判令被告履行政府信息公开法定职责的，一种意见认为后一项诉请已吸收前一项诉请，人民法院只需审查后一项诉请是否成立并裁判；另一种意见认为，应同时审查两项诉请否成立，并分别作出裁判。我们倾向于同意第二种意见。

问题 6. 被告作出的涉及政府信息公开的行为,是否均属于可诉范围

答:按照《规定》及《若干解释》的规定,被告作出的答复一般属于可诉范围,但《规定》第二条所列的四种情形,以及不影响原告权利义务的重复答复除外。

问题 7. 如何理解《规定》第二条第(一)项的规定

答:行政机关以申请内容不明确为由,仅要求申请人更改、补充申请内容的告知行为,未对申请人的申请事项作出结论意见,属于阶段性行为,尚未对申请人权利义务产生实际影响,申请人直接对其提起诉讼的,人民法院原则上不予受理。实践中存在以下几种情形:(1)被告作出补正告知,原告补正后又对该告知行为起诉;(2)被告作出补正告知,原告明确拒绝补正或者逾期未补正后,被告针对原申请内容另行作出答复,原告又对补正告知行为起诉;(3)被告作出补正告知,原告在补正期限尚未届满前明确拒绝补正,并对告知行为起诉;(4)被告作出补正告知后原告未补正,被告对该申请不再答复,原告对补正告知行为起诉。前三类情形下的补正告知行为,均不具有可诉性。对第四项情形,一种意见认为,该告知对当事人权利义务已产生影响,应属可诉;另一种意见认为,此种情形下的补正告知行为亦不可诉,人民法院可向原告释明直接起诉被告不履行政府信息公开答复法定职责;在原告按法院释明起诉的案件中,人民法院应审查被告提出的"已经作出补正告知故不存在违法不履责"抗辩理由是否成立,理由依法成立的,可以判决驳回原告诉讼请求。我们倾向于同意第二种意见。

问题 8. 如何理解《规定》第二条第(四)项的规定

答:行政程序中的当事人、利害关系人以政府信息公开名义申请查阅某一行政决定作出前的案卷材料,行政机关告知其应当按照相关法律、法规的规定办理,申请人不服起诉该告知行为的,依据《规定》第二条第(四)项的规定,不予受理。实践中属于"行政程序中的当事人、利害关系人以政府信息公开名义申请查阅案卷材料"的情形有:(1)行政执法程序的当事人、利害关系人申请公开行政机关作出的行政处罚、行政许可等行政行为的证据材料;(2)行政复议程序的复议申请人、第三人,申请行政机关公开行政复议决定中载明的相关证据材料;(3)行政诉讼程序的原告、第三人向行政机关申请公开行政裁判文书中记载的、由被告提交的证据材料;(4)非诉行政案件审查执行程序的被申请(执行)人,向行政机关申请公开行政裁定书中记载的、由申请人提交的证据材料。值得注意的是,如果政府信息公开的申请人不是行政决定、行政复议决定、行政裁判等文书中记载的当事人或利害关系人的,由于其不能在前期相关程序中或通过后期查档程序获取有关证据材料,不属于上述"当事人、利害关系人"或"第三人"。

问题 9. 被告以哪些理由作出的答复,可认定属于拒绝公开政府信息的答复

答:司法实践中,常见的被诉拒绝政府信息公开的答复,一般会出现"不属政府信息、没有政府信息、不属可公开的政府信息、申请人不符合条件、被申请机关非公开义务主体"等表述,具体包括:(1)申请公开的信息不属于政府信息;(2)申请公开的信息是尚未形成的政府信息;(3)申请公开的政府信息不存在;(4)公开政府信息危及"三安全一稳定";(5)申请公开的政府信息涉及国家秘密;(6)申请公开的政府信息涉及商业秘密、个人隐私且第三人不同意公开;(7)原告与申请公开的政府信息之间不存在生产、生活、科研等特殊需要(以下简称"三需要");(8)原告申请公开《条例》第二十五条规定的政府信息,但未出示有效证件;(9)被告非原告申请公开的政府信息公开义务主体;(10)申请公开的政府信息已移交档案部门。

问题 10. 被告在法定期限内已作出拒绝公开的书面答复,原告仅诉请要求判令其在法定期限内履行政府信息公开答复法定职责的,如何处理

答:此种情形下的原告起诉属于《若干解释》第四十四条第一款第(十一)项规定的"起诉不具备其他法定要件",人民法院应当按照该条第二款规定,责令原告在指定期间内变更诉讼请求为撤销被告已作出的拒绝公开行为并判令重作;原告在指定期间内更正的,人民法院应当依法受理。

问题 11. 对被告拒绝公开的答复,如何审查裁判

答:根据《规定》第五条,被告应当对其拒绝公开的根据、履行法定告知和说明理由义务的情况举证,人民法院结合被告履行举证责任的情况,综合审查判断被诉拒绝公开行为的合法性。被告在诉讼中对拒绝公开的理由作出补充或重新说明的,应区分情况处理:(1)行政机关在答复中未说理或说理不全,在诉讼中补充说明或实质改变原答复理由的,可以判决撤销并责令重作;(2)行政机关在答复中说明理由不全,在诉讼中对该理由作了补充但其补充理由经审查不能成立的,可以判决撤销并责令重作;(3)行政机关在答复中说明理由不全,在诉讼中对该理由作了适当补充且其补充理由经审查能够依法成立的,可以判决驳回原告诉讼请求。

问题 12. 对被告以"不属于政府信息"为由拒绝公开的,如何审查

答:司法实践中,被告以申请公开的政府信息存在下列"不属于政府信息"情形为由拒绝公开的,人民法院可予支持:(1)申请人以政府信息公开名义进行政策咨询、信访投诉,对行政行为提出合法性质疑或法律状态确认等要求的;(2)申请公开的政府信息系行政机关日常工作中制作或获取的,对外部不具有约束力且对当事人权利义务不产生实际影响的内部管理信息、决策过程信息的;(3)申请公开的"政府信息"是以党组织文号印发,或虽没有文号但制定主体是党委部门的党务信息的;(4)申请公开的政府信息系已对外公开发布的法律、地方性法规等的。

问题 13. 对被告以"政府信息不存在"为由拒绝公开的,如何审查

答:被告主张政府信息不存在的,应当说明理由。(1)被告能够说明其不可能制作或获取该信息的,无需进一步提供证据(如申请公开的信息不属于被告的职权范围,被告无合理理由和机会制作或获取);(2)被告属于政府信息公开义务主体,但能提供已经尽合理搜索义务却仍不能收集到该政府信息的证据。对于"合理搜索"的判断应当综合考虑以下因素:用以检索的数据库包含的信息资料是否全面(数据库收纳的数据越丰富,其检索结果越具有合理性),检索方法是否妥当(被告选取的检索方法更有利于找寻到相关政府信息的,其检索结果更具有可靠性),检索人员的工作流程是否完备(检索工作流程越是完备,检索结果更具有可信性);(3)对原告已提供政府信息线索的,被告提供已按原告提供的信息文号、标题、制作时间等线索,进行了检索、查询的证据,或者提供相关信息公开指南、年度报告、归档目录等关联性证据;(4)原告提供相关线索,并要求法院调取相关卷宗材料、文件等,人民法院可以调查,必要时也可以主动调查;(5)申请公开的政府信息可以认定客观已形成(依法应形成)或获取后,由于行政机关自身在制作、保管、移交等方面出现的疏漏导致丢失或灭失的,人民法院可判决确认未公开行为违法;确因客观原因丢失或灭失的,可判决驳回原告诉讼请求。

问题 14. 被告以危及"三安全一稳定"为由拒绝公开的,如何审查

答:被告应对公开政府信息危及"三安全一稳定"的具体情形承担说理举证义务,并提供已报请有关部门审核的证据材料。经审查,认为行政机关未能充分举证和说明理由的,不予支持。其中,被告以危及"社会稳定"为由不予公开的,应当依照《浙江省县级重大事项社会稳定风险评估办法(试行)》等规定提交《社会风险评估报告》等证据,法律、法规未规定的,应当合理说明理由并提交相关证据。

问题 15. 被告以涉及"国家秘密"为由拒绝公开的,如何审查

答:被告以申请公开的信息涉及国家秘密为由不予公开,告知申请人并说明理由,且能够证明相关政府信息已经依照法定程序确定为国家秘密的,应予支持。被告在政府信息公开告知书中未明示其不予公开的理由为相关信息涉及国家秘密,诉讼过程中又以涉及国家秘密为由答辩的,应当认定其违反法定说明理由义务,不予支持。对于国家秘密的司法审查属于程序审、形式审,即仅审查定密的职权、标识、程序和保密期限,定密实体内容的正确与否不属于审查范围。实践中,有的行政机关在申请人提出政府信息公开申请后,才启动定密程序,虽有违《保守国家秘密法实施办法》第八条的期限规定,但并不影响定密的效力。对于已经提交的涉及国家秘密的政府信息,在庭审质证时,仅就保密标识、定密目录、定密决定等相关内容的真实性进行质证,应避免对涉密政府信息的实体内容组织质证,以防止泄密。

问题16. 被告以政府信息涉及"第三方商业秘密"、"个人隐私"为由拒绝公开的,如何审查

答:对行政机关以政府信息涉及第三方商业秘密或个人隐私,且第三方不同意公开为由不予公开的,从以下几方面审查:(1)被告判断政府信息涉及第三方商业秘密或个人隐私是否准确;(2)对能否公开被告是否书面征询了第三方意见;(3)第三方不同意公开时,被告是否审查不予公开存在可能对公共利益造成重大影响;(4)是否存在可以区分处理的情形。能够区分处理的,被告是否向申请人提供了可以公开部分的信息内容。审查中,对于是否属于商业秘密的判断,可以适用《反不正当竞争法》及《关于禁止侵犯商业秘密行为的若干规定》等法律规范;对于个人隐私的范围相关法律规范没有明确规定,一般认为个人的生理、身体、健康、财产、家庭、个人经历等属于个人隐私。

问题17. 被告以不具备"三需要"为由拒绝公开的,如何审查

答:一般可从以下几方面审查:(1)原告合理说明其与申请公开的政府信息之间存在"三需要",应是原告自身而非他人的、客观存在而非主观臆测的、一般民众理解认可而非原告独自坚持的;(2)"三需要"系《条例》第十三条规定的依申请公开政府信息时的要求,被告对依法应主动公开的政府信息以不具备"三需要"为由拒绝公开的,人民法院一般予以支持;(3)判断是否属于依法应主动公开的事项,应根据《条例》并可参照有关规章等规范性文件;(4)适用相关规定尚难以认定申请公开的政府信息属于"依法应主动公开的政府信息",且被告能够合理说明不归入主动公开政府信息原因的,人民法院可以尊重该判断。

问题 18. 被告以其并非政府信息公开义务主体拒绝公开的,如何审查

答:应根据《条例》第十七条的规定,确定政府信息公开义务主体。(1)行政机关"制作"的信息,即行政机关履行职责过程中自身"产生"的信息,对需经上级部门或其他部门批准、确定、确认且已以本单位名义对外公布的,亦属于该行政机关"制作"的信息,由制作行政机关负责公开;(2)行政机关"获取"的信息,即行政机关履行职责过程中从公民、法人或者其他组织获取的信息,一般不包括通过交换、上报、下发、转发、抄送等公文流转途径从其他行政机关获取的政府信息,由保存行政机关负责公开;(3)被告虽然可能知悉某一政府信息但非因履行职责获取,告知申请人向制作、获取机关申请公开的,人民法院可予支持;(4)原告主张依据法规、规章或其他规范性文件,保存政府信息的行政机关也负有公开义务的,人民法院可以支持。

问题 19. 村民委员会对政府信息公开申请拒不答复或以其并非政府信息公开义务主体为由拒绝公开,申请人不服起诉的,如何处理

答:(1)依据《村民委员会组织法》的规定,村民委员会是"村民自我管理、自我教育、自我服务的基层群众性自治组织"。按照相关法律、法规规定,一般而言,村民委员会"协助"乡镇政府或有关政府职能部门从事公共事务管理工作,并非直接被授权管理公共事务,因此其并非适格的政府信息公开义务主体。原告直接以村民委员会为被告提起政府信息公开行政诉讼案件的,人民法院一般不予受理。但并非没有例外,如法律法规直接明确授权村民委员会承担行政管理职责,申请人要求其公开履行行政管理职责过程中形成的政府信息的,人民法院应予受理;(2)实践中,一些行政机关将法定管理职责以政策性文件等方式交由村民委员会行使,村民委员会协助或代行管理职责中形成的有关信息虽属政府信息,但仍应由负有法定管理职责的行政机关作为公开义务主体。该行政机关以相关政府信息属于村务公开信息为由拒绝公开的,应举证证明该信息仅属于"村务信息";(3)根据《村民委员会组织法》第三十一条的规定,虽不属于《条例》调整但属于村务公开的事项,村民委员会不及时公布或者公布不真实的,村民有权向乡(民族乡、镇)人民政府或者县级人民政府及其有关主管部门反映,有关人民政府或者主管部门负有"调查核实,责令依法公布"的法定职责。有法律上利害关系的村民起诉相关行政机关不履行该法定职责的,人民法院应予受理。

问题20. 公共企业事业单位拒不答复或以其并非政府信息公开义务主体为由拒绝公开,申请人不服起诉的,如何处理

答:根据《条例》第三十七条的规定,在国务院有关主管部门或者机构制定具体办法之前,对公共企业事业单位在提供社会服务过程中制作、获取的信息的公开工作,一律适用《条例》并通过行政诉讼监督的时机尚不成熟。但原告申请公共企业事业单位公开相关信息前,该单位的上级主管部门已制定涉相关政府信息公开规范性文件的,人民法院应予受理并依法审查裁判。目前,住房和城乡建设部《供水、供气、供热等公用事业单位信息公开实施办法》、国家铁路局《政府信息公开实施办法》、教育部《高等学校信息公开办法》、卫生部《医疗卫生服务单位信息公开管理办法》、交通运输部《交通运输公共企事业单位信息公开指导意见》等规范性文件已相继制定发布,人民法院在受理审查相关政府信息公开行政案件中可参照适用。

问题21. 被告以政府信息已移交档案管理机构为由拒绝公开的,如何审查

答:根据《规定》第七条第二款,政府信息已经移交各级国家档案馆的,依照有关档案管理的法律、行政法规和国家有关规定执行。实践中应注意两种情形:(1)被告将相关政府信息已移交本单位档案管理机构的,不属于已移交国家档案馆的情形,被告以属于《档案法》调整为由不予公开,或告知申请人向本单位档案管理机构查询的,人民法院不予支持;(2)行政机关在收到政府信息公开申请后,仍将相关政府信息移交国家档案馆的,其信息公开义务应以收到申请人申请的时间为准,而不以作出答复时的实际状态确定。行政机关在收到政府信息公开申请后,将相关政府信息移交国家档案馆,并以此为由不予公开的,人民法院不予支持。

问题22. 对于被告拒绝公开理由不成立的,能否直接裁判被告公开相关政府信息

答:被告拒绝公开的理由经审查不成立的,原则上应先行判决撤销被诉答复并责令重新作出答复。人民法院经审理认为被告拒绝公开理由不成立,且同时满足以下条件的,应当在判决撤销被诉答复的同时责令被告在一定期限内公开相关政府信息:(1)属于政府信息;(2)申请公开的政府信息中,原告已合理说明其与申请公开的政府信息之间存在"生产、生活、科研"等特殊需要;(4)无需经过有权机关确认或批准或已经过确认、批准程序;(5)公开不会危及"三安全一稳定";(6)不涉及国家秘密、商业秘密与个人隐私;(7)被告具有公开该政府

信息的法定职责。(原文就没有"(3)"——编者注)

问题23. 判决责令答复(重新答复)或责令公开政府信息的案件中,如何确定履行期限

答:(1)对于判决责令被告答复(重新答复)的,原则上按照《条例》第二十四条的规定确定期限;(2)对于责令公开的期限,经审查可即时公开的,可以责令被告在15个工作日内公开政府信息;对尚需按照《条例》第七条规定履行批准程序的,原则上应作出概括判决,不直接指定具体期限。

问题24. 行政机关作出答复,告知申请人其申请公开的政府信息已经主动公开,申请人对该答复不服起诉的,如何处理

答:此类告知行为应属可诉范围。人民法院从以下几方面审查:(1)被告已经主动公开相关政府信息的主张能否成立;(2)原告申请获取的政府信息与被告主张已经主动公开的内容是否系同一个信息;(3)被告在答复中告知的查询方式是否正确。

问题25. 行政机关作出答复,告知申请人向某一行政机关提出政府信息公开申请并告知申请人联系方式,申请人不服起诉的,如何处理

答:(1)该答复属于被告依据《条例》第二十一条第(三)项规定作出的答复,依法属于可诉行政行为;(2)该答复含有两项内容:一是被告并非该政府信息的公开义务主体,二是明确了原告申请公开政府信息的公开义务主体。人民法院应审查认定被告对上述两项内容的举证与说明是否充分;(3)被告能够举证证明,原告在起诉前已按被告答复向其指明的政府信息公开义务主体提出申请并获取了该政府信息的,可以判决驳回原告诉讼请求;(4)原告在起诉前虽按被告答复向其指明的政府信息公开义务主体提出申请但被该主体以其非政府信息公开义务主体为由拒绝的,人民法院不能当然推定被告的此项告知内容错误,仍应根据被告提供的证据和法律依据综合认定;(5)被诉答复告知的"联系方式"经审查确有错误,但被告能够说明其已尽合理查询渠道获知的,可以指正但不宜仅据此确认被告答复违法。

问题26. 被诉答复对原告提出的数项政府信息公开申请仅作部分答复的,如何处理

答:先向原告释明,告知其可对已答复部分及未答复部分一并提起诉讼,并以原告此后提出的诉请事项分别确定审查对象。(1)原告对已答复的信息无异议,仅起诉要求对未予答复的部分履行法定职责的,人民法院针对该部分请求依法审查裁判;(2)原告仅对已答复的部分不服起诉的,只对该部分请求依法审查裁判;(3)原告起诉中含有上述两项内容的,人民法院应以一个作为类案件立案受理确定案由,同时审查未予答复部分是否合法及被告已答复部分是否成立,并在判决主文中分别作出裁判。

问题27. 被诉答复并非针对原告申请公开的内容(答非所请),被告在诉讼中辩称原告申请公开的内容不明确的,如何处理

答:经审查发现被诉答复内容并未针对原告申请公开内容的,不能仅根据该答复即认定被告已依法履行答复职责,人民法院可判决被告在法定期限内对原告的申请重新作出答复。被告在诉讼中辩称原告提出的申请不明确需要补正且经审查理由成立的,属于针对原告申请重新作出的口头答复,原告不撤诉的,人民法院可判决确认被告未在法定期限内对原告申请作出答复违法。在此类案件中,对原告同时提出的要求被告公开其申请的政府信息的诉讼请求,因尚待被告调查裁量决定是否公开,人民法院不宜直接判决被告在一定期限内公开。

问题28. 原告在行政诉讼中诉请公开的部分信息并不在其向被告提出的申请内容中,但被诉答复确有错误的,如何处理

答:因原告提出的该部分政府信息公开申请在起诉前未向被告先行提出,故该部分诉请不符合起诉的法定程序条件,人民法院可向其释明,建议其放弃该部分诉讼请求;原告拒绝放弃的,人民法院对该部分诉讼请求不予审查裁判,但在对被诉答复依法审查作出的裁判中可就此说明理由。

问题29. 两个以上申请人就相互独立的事项分别向同一行政机关提出政府信息公开申请,行政机关仅在一份文书中答复,其中一名申请人要求撤销该答复的,如何处理

答:此种答复属于内容可分的行政行为。当事人仅就答复中与其相关的内容起诉的,被诉行为与其他申请人没有法律上的利害关系,无需通知未起诉的申请人参加诉讼。同时,人民法院应针对答复中与原告相关的内容,进行合法性审查并作出裁判。

金华市人民政府关于印发金华市政府信息公开涉密管理暂行办法的通知(部分修订)

(金政发〔2008〕37号)

各县(市、区)人民政府,市政府各部门:

现将《金华市政府信息公开涉密管理暂行办法》印发给你们,请按照执行。

二〇〇八年四月三十日

金华市政府信息公开涉密管理暂行办法

第一条 为加强对我市行政机关政府信息公开的涉密管理,保障国家安全、公共安全、经济安全和社会稳定,维护公民、法人和其他组织的合法权益,根据《中华人民共和国政府信息公开条例》和《中华人民共和国保守国家秘密法》有关规定,制定本暂行办法。

第二条 行政机关公开政府信息,不得危及国家安全、公共安全、经济安全和社会稳定。

第三条 行政机关不得公开涉及国家秘密、商业秘密、个人隐私的政府信息。但经权利人同意或者行政机关认为不公开可能对公共利益造成重大影响的涉及商业秘密、个人隐私的政府信息,可以予以公开。

第四条 行政机关认为申请公开的政府信息涉及商业秘密、个人隐私,公开后可能损害第三方合法权益的,应当书面征求第三方的意见,第三方不同意公开的,不得公开,但行政机关认为不公开可能对公共利益造成重大影响的,应当予以公开,并将决定公开的政府信息内容和理由书面通知第三方。

第五条 行政机关应当建立健全政府信息发布保密审查制度,明确审查的程序和责任。在公开政府信息前,应当按照规定对拟公开的政府信息进行审查。

第六条 按照"谁主管,谁负责"的原则,由公开信息的行政机关负责对拟公开的政府信息予以涉密审查、管理。具体先由产生信息的本行政机关业务处

（室）负责审查，经本行政机关政府信息公开工作机构和保密机构审定后，由本行政机关负责人确定。

第七条 行政机关对政府信息不能确定是否可以公开时，应当报政府信息公开工作主管部门或同级保密工作部门确定。

第八条 公民、法人或者其他组织对行政机关确定不予公开的涉密信息有不同意见的，可向监察机关、保密工作部门、政府信息公开工作主管部门、上级行政机关举报。举报受理的机关应当予以调查，举报属实确应公开的，应责令改正。

第九条 行政机关公布的本单位政府信息公开工作年度报告，应当说明不予公开政府信息的情况。

第十条 行政机关违反规定，未建立健全政府信息发布保密审查制度的，由监察机关、上一级行政机关责令改正；情节严重的，对行政机关主要负责人依法给予处分。

第十一条 行政机关违反规定，公开不应当公开的涉密信息，由监察机关、上一级行政机关责令改正。造成国家秘密泄露的，对行政机关负责人和其他直接责任人员依法给予处分；构成犯罪的，依法追究刑事责任。

第十二条 行政机关工作人员不得利用聊天室、电子公告系统、网络新闻和其他渠道发布、谈论、传播国家秘密信息。使用电子函件进行网上信息交流，应当遵守国家保密规定，不得利用电子函件传递、转发或抄送国家秘密信息。

第十三条 行政机关发现国家秘密泄露或可能泄露时，应当在24小时内将有关情况向公安部门、保密工作部门报告。

第十四条 行政机关应当接受并配合保密等工作部门实施保密监督检查，协助保密等工作部门查处泄露国家秘密的违法行为，并根据保密等工作部门的要求，删除涉及国家秘密的信息。

第十五条 行政机关、法律法规授权的具有管理公共事务职能的组织公开政府信息的活动，适用本暂行办法。教育、医疗卫生、计划生育、供水、供电、供气、供热、环保、公共交通等与人民群众密切相关的公共企事业单位在提供社会公共服务过程中制作、获取的信息公开，参照本暂行办法管理。

第十六条 本办法自发布之日起施行。

金华市人民政府关于印发金华市政府信息发布协调暂行办法的通知(部分修订)

(金政发〔2010〕35号)

各县(市、区)人民政府,市政府各部门:

现将《金华市政府信息发布协调暂行办法》印发给你们,请按照执行。

金华市人民政府
二○一○年四月三十日

金华市政府信息发布协调暂行办法

第一条 为建立健全政府信息发布协调机制,形成高效的信息发布沟通渠道,保证本市各级人民政府及市和县(市、区)人民政府所属部门(以下简称行政机关)发布的政府信息及时、准确、一致,依据《中华人民共和国政府信息公开条例》,结合我市实际,制定本暂行办法。

第二条 本制度所称政府信息,是指行政机关在履行职责过程中制作或者获取的,以一定形式记录、保存的信息。

第三条 行政机关应当严格按照《中华人民共和国政府信息公开条例》、《中华人民共和国保守国家秘密法》等法律法规的相关规定,及时、准确、一致地公开本单位职责范围内的政府信息。

第四条 行政机关发布主动公开的政府信息,应当遵循"谁制作、谁公开,谁保存、谁公开"的原则。行政机关制作的政府信息,由制作该政府信息的行政机关负责公开;各行政机关依据职权,从公民、法人或者其他组织获取的政府信息,由保存该政府信息的行政机关负责公开。法律、法规对政府信息公开权限另有规定的,从其规定。

第五条 两个以上行政机关联合共同起草生成的需对外公布的政府信息,各联合共同起草行政机关均负有公开该政府信息的义务。

第六条 行政机关拟发布的政府信息涉及其他行政机关工作内容，或发布后可能对涉及的其他行政机关工作产生影响的，要及时与有关行政机关沟通协调，书面征求意见，被征求意见行政机关应当在3个工作日内予以书面回复。拟发布的信息必须经对方确认可发布后，方可发布；沟通协调不能达成一致意见的，由拟发布该政府信息的行政机关报请本级政府信息公开工作主管部门协调解决。

第七条 行政机关发布农产品质量安全状况、传染病疫情、重大动物疫情、对外贸易公共信息、重要地理信息数据、统计信息等法律、法规和国家有关规定明确需审批的政府信息，应当及时报请相关业务主管部门审批，未经审批的，不得发布。

第八条 负有政府信息公开义务的行政机关被撤销或发生变更的，由承受其职责的行政机关负责政府信息公开。被撤销、变更行政机关的职责不再由其他行政机关承受的，由决定撤销、变更的行政机关负责其政府信息公开。

第九条 对于两个以上行政机关联合共同起草生成的政府信息，公民、法人或者其他组织可以向其中任何一个行政机关申请获取该政府信息。

第十条 违反法律、法规、规章规定，未经批准擅自发布政府信息的，或按照本规定应当进行发布协调而未经协调直接发布的，经发布协调达成一致后仍不按照协调意见发布信息的，发布信息的行政机关承担相关责任，并应当及时采取补救措施。造成严重后果和不良社会影响的，由上一级行政机关、同级监察机关按照有关规定予以处理。

第十一条 法律、法规授权的具有管理公共事务职能的组织的信息发布协调工作，适用本暂行办法。

第十二条 教育、医疗卫生、计划生育、供水、供电、供气、供热、环保、公共交通、通信、邮政等与人民群众利益密切相关的公共企事业单位的信息发布协调工作，参照本暂行办法执行。

第十三条 本暂行办法自发布之日起施行。

3. 行政复议

浙江省行政复议听证规则(试行)

(浙府法发〔2015〕1号)

第一条 为进一步规范行政复议听证行为,发挥行政复议听证的功能作用,提升行政复议公信力,维护公民、法人和其他组织的合法权益,根据《中华人民共和国行政复议法》《中华人民共和国行政复议法实施条例》等法律、法规的规定,结合本省行政复议工作实际,制定本规则。

第二条 本规则所称行政复议听证,是指行政复议机关及其行政复议机构在行政复议程序中,召集案件当事人,围绕被复议行为是否合法、正当,当场听取当事人陈述、相互质证、进行辩论,并按照自愿、合法原则进行调解的活动。

第三条 行政复议听证遵循公开、公正、便民的原则。

涉及国家秘密、商业秘密或者个人隐私以及其他依法不宜公开听证的,不予公开。

第四条 行政复议机关或其行政复议机构可以根据案件审理需要,邀请人大代表、政协委员、专家学者以及行政争议发生地群众代表参加听证。

第五条 审理有下列情形之一的案件,原则上组织听证:

(一)社会影响较大的;

(二)对本区域行政执法活动可能产生重大影响的;

(三)案件情况复杂的;

(四)案件主要事实存在重大争议的;

(五)案件适用依据存在重大争议的;

(六)听证审理有利于和解、调解的;

(七)适宜采取听证方式审理的其他案件。

有前款第(三)、(四)、(五)项情形之一的案件,申请人要求听证的,应当组织听证。

第六条 申请人可以亲自参加听证,也可以委托1至2名代理人参加听证。

同一行政复议案件申请人超过5人的,推选1至5名代表参加听证。申请人代表可以集体委托1至2名代理人参加听证。

第七条 申请人以外的公民、法人或者其他组织认为与被复议的行为有利害关系的,可以向行政复议机构申请作为第三人参加听证。

行政复议决定直接影响第三人重大利益的,行政复议机关或者其行政复议机构应当通知第三人参加听证。

第八条 行政复议机关或者其行政复议机构应当通知被申请人,要求其负责人参加听证。被申请人的负责人不能参加听证的,应当书面说明理由,经同意后,可以委托本机关相关工作人员参加听证。

被申请人为县级以上人民政府的,原承办涉案事项的行政机关负责人及其工作人员应当参加听证。

被申请人为委托机关的,受委托行政机关或者事业组织的有关负责人及其工作人员应当参加听证。

第九条 当事人要求证人、鉴定人、勘验人参加听证的,经行政复议机关或者其行政复议机构同意,可以参加听证。

第十条 行政复议机关或者其行政复议机构应当在组织听证的7日前书面通知申请人、被申请人和第三人举行听证的时间、地点。

经通知,申请人无正当理由不参加听证的,视为放弃听证权利;第三人不参加听证的,不影响组织听证。

第十一条 行政复议听证由案件承办人或行政复议机关、行政复议机构相关负责人主持。当事人认为主持人与本案有直接利害关系申请回避的,由行政复议机关或者其行政复议机构负责人决定是否回避。

第十二条 听证主持人应当平等对待申请人、被申请人和第三人,充分听取各方意见,在查清事实、辨明是非的基础上进行调解。调解不成的,应当在听证后及时提出案件审理意见。

第十三条 听证应当制作笔录;笔录应当交听证参加人员审核无误后签字或盖章,归入案卷保存。

第十四条 县级以上人民政府行政复议机构应当加强对下级行政复议机构组织听证工作的指导监督,定期通报本地区组织听证工作情况,并按有关要求开展考核评价工作。

第十五条 本规则自2015年3月1日起施行。

浙江省人民政府行政复议办公室关于行政复议和解调解的指导意见

根据《中华人民共和国行政复议法实施条例》第四十条和第五十条的规定,结合我省行政复议工作实际,提出以下指导意见:

一、创新方式方法。行政复议和解调解是化解行政争议的有效手段,各级行政复议机关应当建立健全和解调解工作机制,创新方式方法,把和解调解工作贯穿于行政复议全过程,努力实现定纷止争、案结事了。

二、优先选择和解调解处理方式。各级行政复议机关受理行政复议申请后,根据法律、法规规定和行政争议实际,应当优先选择和解调解的处理方式。积极推行在立案审查阶段进行和解调解。

三、遵循合法、自愿、平等的原则。和解调解不得违反法律的禁止性规定,不得损害国家利益、社会公共利益和他人合法权益。行政复议机关应当尊重当事人意愿,不得强迫当事人接受和解调解的方式和结果。在和解调解过程中,申请人与被申请人法律地位平等。

四、在法定期限内进行和解调解。和解调解应当在法定期限内进行,达成和解调解协议的,应当制作笔录或调解书。对于不能通过和解调解处理的行政复议事项,行政复议机关应当及时作出行政复议决定。

五、各级行政复议机关应当将行政复议和解调解工作纳入依法行政考核范围。

二〇〇八年十二月三十一日

4. 行政诉讼

浙江省高级人民法院行政审判第一庭关于印发《关于审理国有土地上房屋征收与补偿行政案件具体问题的解答》的通知

（浙高法行一〔2014〕3号）

本省各级人民法院行政审判庭：

现将《关于审理国有土地上房屋征收与补偿行政案件具体问题的解答》印发给你们。在参考适用中如有问题，请及时报告我庭。

浙江省高级人民法院行政审判第一庭
2014年10月13日

国务院《国有土地上房屋征收与补偿条例》（以下简称《征补条例》）施行以来，部分法院在理解适用该条例、审理相关案件时遇到了一些疑难问题提出请示，我庭选择部分问题作了研究。现将这部分问题与答复作梳理汇总，以供各地在处理类似问题时参考适用。各地在适用《浙江省国有土地上房屋征收与补偿条例》中引起的有关争议与问题，请及时向我庭报告，以便进一步研究后另行解答。

问题1. 征收决定作出后，被征收人对其与房屋征收部门签订的补偿协议不服，提起行政诉讼的，如何处理

答：按照《征补条例》规定，征收决定作出后房屋征收部门与被征收人之间签订补偿协议，被征收人事后不服提起行政诉讼的，属于行政诉讼受案范围。经依法审理后，可以根据《中华人民共和国行政诉讼法》（以下简称《行政诉讼法》）、《最高人民法院关于执行若干问题的解释》（以下简称《若干解释》）等有关规定，结合案情作出相应裁判。

问题2. 征收决定作出后，被征收人要求房屋征收部门按照双方此后签订的补偿协议履行义务，提起行政诉讼的，如何处理

答：房屋征收部门履行合法有效的补偿协议约定，系其依法应履行的行政合同义务。被征收人以其不履行行政合同义务为由提起行政诉讼的,人民法院应作为不履行法定职责类案件依法受理。经依法审理后,可以根据《行政诉讼法》、《若干解释》等有关规定,结合案情作出裁判。

问题 3. 适用"裁执分离"经人民法院裁定准予强制执行补偿决定后,市、县级人民政府组织实施的强制搬迁行为,是否可诉

答:市、县级人民政府组织的对补偿决定的强制执行行为,当事人以组织实施行为超出法院裁定确定的范围或组织实施手段违法等为由提起行政诉讼、行政赔偿诉讼,属于行政诉讼受案范围;当事人仅以行政机关无权组织实施为由提起的行政诉讼,不属行政诉讼受案范围。

问题 4. 补偿协议签订后,房屋征收部门等以房屋所有权人未履行协议约定的搬迁义务为由,自行或委托其他单位组织实施强制搬迁,当事人不服向人民法院提起行政诉讼的,如何处理

答:根据《行政强制法》、《民事诉讼法》的有关规定,此种情形下政府部门组织实施的搬迁行为,不属于民事主体的自力救济行为,应属行政行为。当事人对此不服提起行政诉讼的,属于人民法院行政诉讼受案范围。

问题 5. 被征收人对有关政府部门出具建设活动符合国民经济和社会发展规划、土地利用总体规划、城乡规划和专项规划证明文件的行为不服,提起行政诉讼的,能否受理

答:建设活动符合上述规划要求是人民法院审查判断被诉征收决定合法性的内容之一,被征收人认为有关部门出具的证明不符合有关规划要求的,可在起诉征收决定中作为理由一并提出;单独对此起诉的,依法不属于行政诉讼受案范围。一审法院在审查被诉征收决定合法性时,应结合被告提交的证明文件及相关规划文本,综合审查判断被诉征收决定是否符合法定规划要求。

问题 6. 被征收人单独就征收补偿方案提起行政诉讼的,能否受理

答:根据《征补条例》的规定,市、县级人民政府作出的房屋征收决定中应当载明征收补偿方案,当事人在起诉征收决定中可一并对征收补偿方案的内容及其程序提出异议。当事人单独就征收补偿方案内容,以及对征收补偿方案的前期公布及征求意见的行为不服起诉的,不属于行政诉讼受案范围。

问题 7. 征收决定公告后,被征收人有的提起行政复议,有的提起行政诉讼的,如何处理

答:根据《若干解释》的有关规定,同一被征收人的行政复议申请被受理后又提起行政诉讼的,人民法院应不予受理,并告知其可在复议程序终结后,依法提起行政诉讼。部分被征收人先申请行政复议已被受理,其他被征收人此后另行提起行政诉讼的,人民法院可告知起诉人在复议程序结束后提起行政诉讼。

问题8. 被征收房屋的抵押权人,就征收决定、补偿决定提起行政诉讼的,如何处理

答:根据《征补条例》的有关规定,征收决定是确定征收人与被征收人之间权利义务的行政行为,被征收房屋的抵押权人与征收决定不具有法律上的利害关系,故不具备原告主体资格。对市、县级人民政府作出的补偿决定,一般也只有被征收人系适格原告;但抵押权人能够证明其与被诉补偿决定中确定的补偿方案有法律上利害关系,且被征收人明确拒绝起诉的,抵押权人可以自己名义提起行政诉讼。

问题9. 对房屋征收实施单位实施的房屋征收补偿行为不服,提起行政诉讼的,如何确定被告

答:根据《征补条例》的有关规定,房屋征收实施单位接受房屋征收部门委托,承担房屋征收与补偿的具体工作。当事人对房屋征收补偿单位实施的委托范围内的行政行为不服提起行政诉讼的,应以房屋征收部门为适格被告。

问题10. 征收决定确定的征收范围内的被征收人,已经签订补偿协议的,能否对征收决定起诉

答:已经签订补偿协议且协议已履行或者经起诉该协议的合法有效性已被确认,被征收人又对征收决定起诉的,可视其与被诉征收决定已无法律上的利害关系,不具有原告主体资格。

问题11. 被诉征收决定以公告送达的,如何计算起诉期限的起算日

答:市、县级人民政府作出的房屋征收决定经依法公告的,自公告确定的期限届满之日作为计算起诉期限的起算日;未确定期限届满之日的,可以公告张贴之日起满10个工作日作为起算日。

问题12. 同一当事人对征收决定与补偿决定同时提起行政诉讼的,如何处理

答:同一当事人对征收决定和补偿决定同时提起行政诉讼的,应分别立案,但可合并审理。

问题13. 不同被征收人起诉同一征收决定的,如何处理

答:分别不同情况处理:(1)两个以上被征收人分别同时起诉同一个房屋征

收决定的,作为一个案件依法受理,并将起诉人列为共同原告;(2)已经依法受理被征收人起诉房屋征收决定的案件,一审庭审前其他被征收人起诉该征收决定的,人民法院可征求其意见,同意参加到已受理的案件的列为共同原告;不同意的另行立案受理并中止审理,待先行受理案件作出实体判决后,恢复审理并裁定驳回起诉;(3)已经依法受理被征收人起诉房屋征收决定的案件,一审庭审后尚未作出裁判前,其他被征收人起诉该征收决定的,依法立案受理后中止审理;(4)一审判决已对征收决定是否合法作出认定,其他被征收人再对该征收决定起诉的,不予受理。

问题 14. 如何确定国有土地上房屋征收补偿案件的管辖法院

答:按照《行政诉讼法》及有关司法解释的规定,结合我省行政审判实际,对不同被诉机关及行政行为,按以下办法确定管辖法院:(1)当事人对县级人民政府作出的房屋征收决定、房屋补偿决定不服,或者以其未依法履行作出征收决定、补偿决定的法定职责为由提起行政诉讼的,由被告所在地的中级人民法院作为管辖法院;(2)当事人对设区市人民政府作出的房屋征收决定、房屋补偿决定不服,或者以其未依法履行作出征收决定、补偿决定的法定职责为由提起行政诉讼的,被告所在地的中级人民法院应依法报请省高级人民法院确定管辖法院;(3)当事人对涉国有土地上房屋征收补偿其他行政行为不服提起行政诉讼的,按照《行政诉讼法》及相关司法解释确定管辖法院。

问题 15. 如何审查被诉征收决定的合法性

答:除《行政诉讼法》及《若干解释》规定的审查内容外,根据《征补条例》第八条、第九等规定,一般还应从建设活动是否符合"公共利益"、是否"确需征收"、是否符合有关规划与计划的要求、是否符合法定程序以及补偿方案是否依法作出等五个方面,审查判断被诉征收决定的合法性。

问题 16. 如何理解把握被诉征收决定"确需"将被征收人房屋纳入征收范围

答:被告应当对"确需征收"被诉征收决定中载明的征收范围内的房屋承担举证责任。被告提供确认征收范围的有效规划文件等证据材料并能就此合理说明的,人民法院可予支持。

问题 17. 如何理解把握被诉征收决定是否符合相关规划与计划的要求

答:根据《征收条例》有关规定,征收决定所涉建设项目一般应符合国民经济和社会发展规划、土地利用总体规划、城乡规划和专项规划等规划要求。保障性安居工程建设、旧城区改建建设项目,还应纳入市、县级国民经济和社会发展年度计划。被告除应提交相关部门出具的符合上述规划的证明文件外,还应提交相关规划文本以印证该证明文件的真实性。对被告提交的国民经济和社会发展规划较为原则的,人民法院可要求其另行提交国民经济和社会发展年度计划,以印证建设活动是否符合该规划的要求。

问题 18. 如何理解把握被诉征收决定的法定程序要求

答:被诉征收决定的程序合法性审查,应主要围绕以下几方面:(1)市、县级人民政府已经按照有关规定进行社会稳定风险评估;(2)被征收人"数量较多"的,已经由政府常务会议讨论决定;(3)因旧城区改建需要征收房屋的,市、县级人民政府需要召开听证会,但被告能够举证证明不符合召开听证会法定条件的除外;(4)征收补偿费用足额到位、专户存储、专款专用。

问题 19. 在起诉征收决定的案件中,如何审查所附的征收补偿方案

答:主要围绕以下几个方面:(1)房屋征收决定公告应同时载明征收补偿方案;(2)按《征补条例》第十条的规定,拟定的征收补偿方案已经过论证并征求公众意见,且征求意见期限不少于30日;(3)按《征补条例》第十一条的规定,已经召开征收补偿方案听证会并根据听证会情况修改;(4)征收补偿方案已经囊括《征补条例》规定的必要内容。

问题 20. 被诉征收决定经审查不符合有关法定要求的,如何选择裁判方式

答:被诉征收决定具有下列情形之一的,人民法院原则上应予判决撤销:(1)不符合"公共利益"的;(2)不属"确需征收"范围的;(3)明显违反相关规划、计划要求的。征收决定符合公共利益但违反规划或有关法定程序可以补正的,人民法院可在判决确认违法的同时,责令被告采取补救措施。

问题 21. 在起诉补偿决定的案件中,如何审查判断被告提供的房地产价格评估机构出具的评估报告的证明力

答:被告提交的房地产价格评估机构出具的被征收房屋价值评估报告,属于认定补偿决定中确认被征收房屋价值的证据。人民法院应从证据的关联性、合法性、真实性等三个方面审查其是否可以采信。评估报告具有下列情形之一的,人民法院一般不予采信:(1)房地产价格评估机构未按照《征补条例》第二十条规定依法确定的;(2)未向被征收人送达评估报告的;(3)房地产价格评估机构未依法取得相应资质的;(4)负责评估项目的房地产估价师未经注册的;(5)未对被征收房屋进行实地查勘即作出评估报告的;(6)未将房屋征收决定公告之日作为被征收房屋价值评估时点,或者用于产权调换房屋价值评估时点与被征收房屋价值评估时点不一致的;(7)评估报告未经负责房屋征收评估项目的两名以上房地产估价师签字,或未加盖房地产价格评估机构公章的;(8)其他严重违反法定要求不具有可采性的情形。

问题22. 原告提供被征收房屋价值的反驳证据的,如何处理

答:被告对被诉补偿决定中认定被征收房屋价值的事实负有举证责任,原告有权提供证据反驳。被告能够证明在补偿决定作出前,已经按照《征补条例》第十五条要求被征收人履行相应的配合义务但被征收人拒不配合的,人民法院不宜以原告在行政诉讼中提供的反驳证据作为认定被诉补偿决定"事实不清"的依据,但因房屋征收部门违法行为致使房屋灭失后,被征收人提供的有关反驳证据除外。

问题23. 在审理补偿决定案件中,对补偿决定中确定的补偿事项的合法性应如何理解把握

答:主要围绕以下几个方面:(1)补偿决定中是否包括了《征补条例》第二十五条第一款规定的补偿事项;(2)是否已经依据公布的补偿方案确定了具体的补偿内容;(3)涉及的房屋区位、用途、建筑结构、新旧程度、建筑面积以及占地面积、土地使用权等事实,是否有证据支持;(4)被征收房屋的室内装饰装修价值,是否已经按照评估确定(已协商确定或被征收人拒绝配合入户调查的除外);(5)搬迁费、奖励费,是否已经依照补偿方案确定;(6)涉及停产停业损失的,是否已依照补偿方案确定;(7)因旧城区改建征收个人住宅,被征收人选择在改建地段进行房屋产权调换的,补偿决定中给予被征收人产权调换的房屋是否位于改建地段或就近地段。

问题24. 对有关政府部门出台的确定补偿标准的规范性文件,如何适用

答:在审理房屋补偿决定案件中,对有利于保护被征收人权益的涉及搬迁费、停产停业损失、奖励补偿等补偿标准的规范性文件,可予参照适用。

问题25. 在审理补偿决定案件中,如何理解《征补条例》规定的"公平补偿"

答:按照《征补条例》第二十六条第二款的规定,补偿决定应当公平。一般而言,经审理查明补偿决定是按照公告的补偿方案确定的,可认定补偿决定满足公平性要求,具备合法性要件之一。原告主张被诉补偿决定"同等情况不同等对待"致其合法利益受损,或其涉案房屋具有"独特实际使用利用价值"而补偿决定未能体现,且能够证明其应获得的补偿利益有事实根据与法律依据的,人民法院可予支持。

问题 26. 对被诉补偿决定违法的,如何处理

答:人民法院经审理认为被诉补偿决定违法的,可以建议被告自行纠正或采取相应补救措施;被告在指定期限内拒不纠正、补救的,人民法院应依法判决撤销被诉补偿决定并责令其重作;条件具备的,可同时明确重新作出的补偿决定中的相应内容。

问题 27. 被征收人不服被告已作出的对未经登记建筑认定处理结论,或起诉要求被告履行对未经登记建筑认定处理法定职责的,已经受理的征收决定案件是否需要中止审理

答:根据《征补条例》的有关规定,对未经登记建筑的认定处理,主要涉及被征收人的补偿利益,对已经受理的征收决定案件可以不中止审理。

问题 28. 被诉补偿决定对未经登记建筑不予补偿的,如何处理

答:被征收人仅以其未经登记建筑应按合法建筑给予同等补偿为由起诉的案件中,被告能够举证证明该未经登记建筑已经有关部门依法认定为违法建筑或超过批准期限的临时建筑的,对原告的该项请求不予支持;被告未能提供相应证据的,应认定被诉补偿决定违法,在判决撤销的同时责令被告重新作出补偿决定。

问题 29. 如何处理涉未经登记建筑处理结论与补偿决定案件的诉讼衔接关系

答:被征收人不服有关部门作出的对未经登记建筑处理结论,起诉并经人民法院依法受理后,又对市、县级人民政府作出的补偿决定提起行政诉讼的,人民法院依法受理后应中止对补偿决定案件的审理。

问题 30. 在行政诉讼中被告申请先予执行被诉补偿决定(协议)的,如何处理

答:被诉补偿决定(补偿协议)尚在审理期间,被告申请人民法院先予执行的,原则上不予准许。经审查,被告提出的申请同时满足下列条件的,可以依据《若干解释》第九十四条的规定裁定先予执行:(1)涉及重大公共利益且时间紧迫,不先予执行可能给公共利益造成不可弥补损失的;(2)所涉征收决定的合法性已经得到确认的;(3)补偿决定(协议)认定的基本事实清楚、主要程序合法、补偿决定(协议)确定的补偿事项未明显侵害被征收人的权益;(4)补偿事项已经全部落实。货币安置方式中的补偿金额已经公证提存;用于产权调换的安置房源已确定且符合入住条件(不符合入住条件的,应已提供安置过渡用房);(5)被告按要求提供了相应的执行保证金;(6)提供了社会稳定风险评估报告、强制执行预案、突发事件处置应急预案以及信访维稳承诺书。

人民法院审查先予执行申请,应先由审理补偿决定案件的合议庭提出审查处理意见;拟同意的,经本院审判委员会讨论决定后报经上级法院审查同意。中级人民法院审查同意基层法院准予先予执行的,应报省高级人民法院备案。

问题 31. 原房屋拆迁许可证到期或失效后,市、县级人民政府按照《征补条例》实施房屋征收与补偿的,如何处理

答:《征补条例》施行后,房屋拆迁许可证规定的拆迁期限已经届满或失效后,市、县级人民政府及有关部门按照《征补条例》依法启动征收补偿程序作出征收决定的,人民法院应予支持。已经取得房屋拆迁许可证但尚未完成的建设项目,有关部门按照《征补条例》第三十五条规定办理的,人民法院在相关行政诉讼案件中,可予支持。

问题 32.《征补条例》施行前已经办理有关手续、文件但尚未领取房屋拆迁许可证,此后依据《征补条例》作出征收决定被诉的,在行政案件中如何认定处理

答:《征补条例》施行后,有关政府部门已发放的建设项目批准文件、建设用地规划许可证、国有土地使用权批准文件,能够证明相关建设活动符合国民经济和社会发展规划、年度计划,以及符合城乡规划、土地利用总体规划的,人民法院可予采信。但被诉房屋征收决定载明的征收补偿方案,直接引用原建设单位制定的拆迁方案而未按照《征补条例》规定的有关程序征求公众意见的,可认定被诉征收决定违反法定程序。

5. 违法建筑处置

浙江省违法建筑处置规定

(2013 年 7 月 26 日浙江省第十二届人民代表大会常务委员会第四次会议通过 根据 2020 年 9 月 24 日浙江省第十三届人民代表大会常务委员会第二十四次会议《关于修改〈浙江省房屋使用安全管理条例〉等七件地方性法规的决定》修正)

第一条 为了推进、规范违法建筑的防控和治理工作,保障城乡规划有效

实施,提高城乡人居环境质量,促进经济社会健康和可持续发展,根据《中华人民共和国城乡规划法》《中华人民共和国行政强制法》等有关法律、行政法规,结合本省实际,制定本规定。

第二条 本省行政区域内处置违反国土空间规划法律、法规的违法建筑,适用本规定。

违反水利、交通运输、土地管理等法律、法规的建筑物和构筑物,由有关部门依照水利、交通运输、土地管理等法律、法规的规定处置。

第三条 本规定所称违法建筑,是指未依法取得规划许可或者未按照规划许可内容建设的建筑物和构筑物,以及超过规划许可期限未拆除的临时建筑物和构筑物,包括城镇开发边界内的违法建筑(以下简称城镇违法建筑)和城镇开发边界外的违法建筑(以下简称乡村违法建筑)。

设区的市人民政府或者县(市)人民政府可以根据国土空间规划法律、法规,结合本行政区域国土空间规划的实施情况,制定违法建筑的具体认定标准;具体认定标准,应当向社会公布,并报上一级人民政府备案。

第四条 违法建筑处置工作,应当坚持统一领导、统筹兼顾、依法处置、属地为主、综合整治的原则。

第五条 县级以上人民政府领导本行政区域内违法建筑处置工作,建立健全违法建筑防控和治理工作责任制、行政问责制,并将违法建筑处置工作所需经费纳入本级财政预算。

第六条 省自然资源主管部门负责指导、监督全省违法建筑处置工作;设区的市、县(市)自然资源主管部门具体负责本行政区域内城镇违法建筑处置工作,并负责指导、监督本行政区域内乡村违法建筑处置工作;乡镇人民政府具体负责本行政区域内乡村违法建筑处置工作。

县级以上人民政府有关部门按照法定职责承担违法建筑处置相关工作。

各级人民政府及其有关部门、新闻媒体应当开展对国土空间规划实施和违法建筑处置工作的宣传,提高公众遵守国土空间规划等法律、法规的意识。

第七条 自然资源主管部门应当依法对规划许可的实施情况履行监督检查职责,落实建设工程验线、施工现场跟踪检查、竣工规划核实等管理措施,防止违法建设行为的发生。

自然资源主管部门和乡镇人民政府、街道办事处应当建立对违法建筑和违法建设行为的日常巡查制度,落实巡查责任。

第八条 任何单位、个人有权举报违法建筑和违法建设行为。

居民委员会、村民委员会、物业服务企业发现本区域内违法建设行为的,应当及时予以劝阻,并及时向自然资源主管部门或者乡镇人民政府、街道办事处报告。

自然资源主管部门和乡镇人民政府、街道办事处应当向社会公布举报电话、电子邮箱等举报方式,及时受理和处理对违法建筑和违法建设行为的举报。

第九条 自然资源主管部门发现城镇违法建筑正在建设中的,应当责令当事人停止建设;当事人拒不停止建设的,设区的市、县(市、区)人民政府应当责成有关部门采取拆除继续建设部分的措施。

对于依法应当由其他部门处置的违法建筑物和构筑物,自然资源主管部门应当立即将案件移送相关部门处理。

第十条 城镇违法建筑依照国土空间规划法律、法规的规定,属于尚可采取改正措施消除对规划实施的影响的,由自然资源主管部门责令限期改正,并依法处以罚款。

第十一条 城镇违法建筑有下列情形之一的,应当认定为国土空间规划法律、法规规定的无法采取改正措施消除影响,由自然资源主管部门责令限期拆除(含局部拆除,下同),依法处以罚款:

(一)未依法取得建设工程规划许可,且不符合城镇详细规划的强制性内容或者超过规划条件确定的容积率、建筑密度、建筑高度的;

(二)超过建设工程规划许可确定的建筑面积(计算容积率部分)或者建筑高度,且超出《浙江省城乡规划条例》规定的合理误差范围的;

(三)在已竣工验收的建设工程用地范围内擅自新建、搭建,或者利用建设工程擅自新建、搭建的;

(四)存在建筑安全隐患、影响相邻建筑安全,或者导致相邻建筑的通风、采光、日照无法满足国家和省有关强制性标准的;

(五)侵占城镇道路、消防通道、广场、公共绿地等公共设施、公共场所用地的;

(六)其他应当认定为无法采取改正措施消除影响的情形。

第十二条 拆除本规定第十一条第一项至第四项和第六项所列违法建筑,可能对无过错利害关系人利益、公共利益造成重大损失,或者可能严重影响相邻建筑安全而不能实施拆除的,由自然资源主管部门没收违法建筑或者违法收入,依法处以罚款。

自然资源主管部门应当将违法建筑不能实施拆除的认定向社会公示,并报本级人民政府决定。

本条第一款所称可能严重影响相邻建筑安全而不能实施拆除的情形,由自然资源主管部门根据其委托的具有相应建设工程设计或者建设工程质量检测资质的单位的鉴定结论作出认定。

设区的市、县(市)人民政府应当制定具体办法,对实施没收处罚违法建筑的规划、用地、建筑安全、消防安全、环境保护等相关手续办理的具体条件、程序,及其使用、管理等内容作出规定。

第十三条 乡村违法建筑应当改正、拆除的情形,由设区的市或者县(市)人民政府根据国土空间规划法律、法规和国家有关规定作出具体规定,并向社会公布。

第十四条 自然资源主管部门和乡镇人民政府作出违法建筑处置决定前,应当充分听取当事人的意见,对当事人提出的事实、理由和证据,应当进行记录、复核。当事人提出的事实、理由或者证据成立的,应当予以采纳;不成立而不予采纳的,应当说明理由。

违法建筑处置决定应当载明相关的事实、理由、依据以及不服决定的救济途径和期限等,并依法送达当事人。

第十五条 违法建筑当事人收到限期拆除违法建筑决定后,应当在决定载明的期限内自行拆除违法建筑;自行拆除确有困难的,可以在决定载明的期限内申请自然资源主管部门或者乡镇人民政府组织拆除(以下简称申请拆除)。

第十六条 城镇违法建筑当事人在法定期限内不申请行政复议或者提起行政诉讼,又不自行拆除或者申请拆除违法建筑的,设区的市、县(市、区)人民政府应当责成有关部门强制拆除。

乡村违法建筑当事人在法定期限内不申请行政复议或者提起行政诉讼,又不自行拆除或者申请拆除违法建筑的,由乡镇人民政府组织强制拆除。

当事人不自行拆除或者申请拆除违法建筑的行为符合《中华人民共和国行政强制法》规定的代履行条件的,自然资源主管部门或者乡镇人民政府可以依法实施代履行。

第十七条 违法建筑依法应当予以强制拆除的,自然资源主管部门或者乡镇人民政府应当发布载明强制拆除实施时间、相关依据、违法建筑内财物搬离期限等内容的强制拆除公告。强制拆除公告可以在违法建筑及其周围张贴,也可以通过新闻媒体发布。

第十八条 违法建筑当事人未在强制拆除公告载明的期限内搬离违法建筑内财物的,自然资源主管部门或者乡镇人民政府应当在公证机构公证或者无利害关系的第三方见证下,将财物登记造册,并运送他处存放,通知当事人领取。

第十九条 自然资源主管部门或者乡镇人民政府对违法建筑实施强制拆除的,应当书面告知当事人到场;当事人不到场的,应当在公证机构公证或者无利害关系的第三方见证下,实施强制拆除。

强制拆除违法建筑,应当制作笔录,并拍照和录音、录像。

第二十条 具有城镇廉租住房、经济适用住房申请资格的违法建筑当事人,其违法建筑拆除后无房居住或者住房面积低于本地住房困难标准的,应当将其纳入城镇廉租住房、经济适用住房、公共租赁住房等保障范围予以保障;在未获保障或者未落实过渡措施前,对其违法建筑暂缓拆除。

乡村违法建筑可以暂缓拆除的情形,由设区的市或者县(市)人民政府作出具体规定。

第二十一条 各级人民政府及其有关部门应当结合城乡环境整治、土地功能更新、景观提升等要求,根据国土空间规划,做好违法建筑拆除后土地的综合利用和城乡环境美化工作。

第二十二条 有关部门和单位应当建立健全违法建筑处置工作信息共享平台和沟通机制。

自然资源主管部门和乡镇人民政府应当及时将违法建筑处置决定及其执行情况,书面告知市场监督管理、税务、文化旅游、应急管理、公安等部门和供电、供水、供气等单位。

第二十三条 单位或者个人以违法建筑作为生产、经营场所申请办理相关证照、登记或者备案手续的,违法建筑处置决定执行完毕前,市场监督管理、税务、文化旅游、应急管理、公安等部门不得办理。

单位或者个人就违法建筑申请办理供电、供水、供气等手续的,违法建筑处置决定执行完毕前,供电、供水、供气等单位不得办理。

建设工程设计、施工单位不得承揽明知是违法建筑的项目设计或者施工作业。

第二十四条 自然资源主管部门、其他有关部门、乡镇人民政府的工作人员在违法建筑处置工作中,应当依法、规范、公正、文明行使职权,维护当事人合法权益;对当事人合法权益造成损害的,应当依法予以赔偿。

第二十五条 县级以上人民政府及其自然资源主管部门、其他有关部门以及乡镇人民政府、街道办事处有下列情形之一的,由有权机关对直接负责的主管人员和其他直接责任人员依法给予处分:

(一)未依照法律、法规和本规定履行监督检查职责或者发现违法建筑未依法处置,造成严重后果的;

(二)违反本规定第二十三条第一款规定,为单位或者个人以违法建筑作为生产、经营场所办理相关证照、登记或者备案手续,造成严重后果的;

(三)有其他玩忽职守、滥用职权、徇私舞弊行为的。

第二十六条 国家机关、人民团体、事业单位、国有企业在限期拆除违法建筑决定载明的期限内未自行拆除或者申请拆除违法建筑,以及阻碍拆除违法建筑的,自然资源主管部门或者乡镇人民政府除依法强制拆除违法建筑外,应当提请有权机关对直接负责的主管人员和其他直接责任人员依法给予处分。

违法建筑当事人为国家工作人员并具有前款规定情形的,自然资源主管部门或者乡镇人民政府除依法强制拆除违法建筑外,应当提请有权机关依法给予处分。

第二十七条 供电、供水、供气等单位违反本规定第二十三条第二款规定,为单位或者个人就违法建筑办理供电、供水、供气等手续的,由自然资源主管部门没收违法所得,可以并处一万元以上五万元以下罚款。

第二十八条 建设工程设计、施工单位违反本规定第二十三条第三款规定,承揽明知是违法建筑的项目设计或者施工作业的,由自然资源主管部门没收违法所得,可以并处一万元以上五万元以下罚款。

建设工程设计单位为违法建筑提供的设计文件违反规划条件、规划要求的,依照其他法律、法规的规定处罚。

第二十九条 阻碍自然资源主管部门、其他有关部门、乡镇人民政府的工作人员依法执行职务的,由公安机关依照《中华人民共和国治安管理处罚法》的规定予以处罚。

第三十条 设区的市、县(市、区)综合行政执法部门经法定程序被赋予城镇规划管理相关行政处罚职责的,由其具体负责城镇违法建筑处置工作。

第三十一条 本规定自2013年10月1日起施行。

浙江省人民政府办公厅关于印发浙江省"三改一拆"行动违法建筑处理实施意见的通知

(浙政办发〔2013〕69号)

［2013年5月28日浙江省人民政府办公厅发布 根据《浙江省人民政府办公厅关于继续暂时保留和决定修改部分省政府及省政府办公厅行政规范性文件的通知》(浙政办发〔2020〕86号)修改］

各市、县(市、区)人民政府,省政府直属各单位:

《浙江省"三改一拆"行动违法建筑处理实施意见》已经省政府同意,现印发给你们,请结合实际认真贯彻执行。

浙江省人民政府办公厅
2013年5月28日

浙江省"三改一拆"行动违法建筑处理实施意见

为保障全省"三改一拆"行动深入推进,规范违法建筑处理,根据《中华人民共和国土地管理法》、《中华人民共和国城乡规划法》、《中华人民共和国行政处罚法》、《中华人民共和国行政强制法》、《浙江省城乡规划条例》和其他有关法律、法规、规章的规定,结合本省实际,制定本实施意见。

一、违法建筑的范围

"三改一拆"行动处理的违法建筑,主要为下列建筑物、构筑物(以下简称建筑):

(一)非法占用土地建设的建筑。

(二)未取得相关规划许可证或者未按照相关规划许可证的规定建设的建筑。

(三)违反公路、河道等有关法律、法规建设的建筑。

二、违法建筑的调查认定

市、县政府应当组织自然资源、建设、农业农村、综合行政执法、交通、水利等有关部门和乡镇政府、街道办事处、开发区(园区)管委会对本行政区域内的建筑进行调查。具有下列情形之一的,认定为违法建筑:

(一)未经依法批准非法占用土地建设的建筑。

(二)城市、镇规划区内未依法取得建设工程规划许可证、临时建设工程规划许可证(或者2010年10月1日《浙江省城乡规划条例》施行后核发的临时建设用地规划许可证,下同)中的任一许可证或者未按照许可证建设的建筑,乡、村庄规划区内未依法取得建设许可证、村镇建设规划许可证、乡村建设规划许可证中的任一许可证或者未按照许可证建设的建筑。

(三)超过批准期限的临时用地上的建筑或者超过临时建设工程规划许可证批准期限的建筑。

(四)河道、湖泊、水库管理范围内与河道、湖泊、水库保护和水工程运行管理无关的建筑。

(五)公路建筑控制区内除公路防护、养护需要以外的建筑。

(六)其他违反法律、法规建设的建筑。

认定违法建筑的起算时间和具体标准,由市、县政府依据有关法律、法规和本地实际情况确定并向社会公布。

三、违法建筑的分类处理

非法占用土地建设的违法建筑,由自然资源、农业农村部门依据《中华人民共和国土地管理法》规定的职责分工进行处理。

违反公路、河道等有关法律、法规建设的违法建筑,由交通、水利等部门责令当事人限期拆除。

其他未取得相关规划许可证或者未按照相关规划许可证的规定建设的违法建筑由综合行政执法部门或者乡镇政府按照下列原则处理:

(一)城市、镇规划区内的违法建筑具有下列情形之一的,予以拆除:

1. 未取得建设工程规划许可证且不符合城镇控制性详细规划的强制性内容或者超过规划条件确定的容积率、建筑密度、建筑高度的。

2. 超过建设工程规划许可证确定的建筑面积(计算容积率部分)或者建筑高度且超出合理误差范围的。

3. 侵占道路、消防通道、广场、公共绿地等公共设施、公共场所用地的。

4. 在主要街道、重点区域临街两侧或者建筑物共有部分擅自新建、搭建建筑物的。

5.妨碍相邻合法建筑物的安全或者导致相邻合法建筑物的通风、采光和日照无法满足国家和省有关强制性标准的。

6.临时建筑未取得临时建设工程规划许可证、不按照许可内容建设或者超过批准期限不拆除的。

7.法律、法规规定应当拆除的其他情形。

未取得相关规划许可证进行建设的,拆除全部建筑;未按照相关规划许可证的规定进行建设的,拆除存在未按照规定建设情形的单体建筑物;未按照规定建设部分与单体建筑物其他部分能够明确区分,且拆除该部分不会严重影响单体建筑物建筑结构安全的,也可以只拆除未按照规定建设部分。

拆除违法建筑可能严重影响相邻合法建筑的建筑结构安全、损害无过错利害关系人合法权益或者对公共利益造成重大损害的,可以视作不能拆除,没收违法收入或者没收实物;拆除违法建筑可能严重影响相邻合法建筑的建筑结构安全的,应当委托具有相应建设工程设计或者建设工程质量检测资质的单位进行鉴定。没收实物的,交由市、县政府确定的部门管理。

上述规定以外的违法建筑,可以按照法律、法规、规章和有关规定补办、变更相关规划许可证,或者采取改建、回填等措施达到与许可内容一致或者恢复到违法建设前状态。

(二)乡、村庄规划区内的违法建筑,由乡镇政府责令限期改正,逾期不改正的予以拆除。

对正在建设的违法建筑,自然资源、建设、交通运输、水利、农业农村、综合行政执法部门或者乡镇政府等(以下统称违法建筑执法机关)应当责令当事人立即停止建设,进行调查处理。当事人不停止建设的,依法查封施工现场。当事人破坏查封现场的,由公安机关按照《中华人民共和国治安管理处罚法》第五十条的规定给予处罚;构成犯罪的,移送司法机关依法处理。今后法律、法规、规章对正在建设的违法建筑的处理有新规定的,按照新规定执行。

"三改一拆"行动期间,当事人在违法建筑执法机关决定的期限内按照要求改正或者拆除的,可以依法从轻、减轻或者不予罚款;不按照要求改正或者拆除的,除拆除、没收违法收入或者没收实物外,依法从重处以罚款。

四、违法建筑的拆除

违法建筑的拆除,原则上不得给予任何形式的补偿,一切经济损失以及与违法建筑相关的民事责任由当事人自行承担。

违法建筑的拆除方式主要包括：

（一）督促自行拆除。

违法建筑执法机关作出责令限期拆除决定的，应当督促当事人在决定的期限内自行拆除。乡镇政府、街道办事处对本行政区域内的违法建筑，应当督促当事人自行拆除。当事人为行政机关、事业单位、国有企业的，上级机关、主管部门以及纪检（监察）部门应当督促其自行拆除；当事人为企业的，相关行业主管部门应当督促其自行拆除；当事人为社会团体的，主管部门以及民政部门应当督促其自行拆除；当事人为宗教团体的，宗教事务部门应当督促其自行拆除。当事人为行政机关、事业单位、国有企业工作人员或者党员干部、党代表、人大代表、政协委员的，所在单位以及纪检（监察）部门应当督促其自行拆除；当事人为城镇居民或者农村村民的，所在居（村）民委员会应当督促其自行拆除。

（二）代为拆除。

1. 代履行：对已经或者将危害交通安全、造成环境污染或者破坏自然资源的违法建筑，违法建筑执法机关可以依法代为拆除。

2. 立即代履行：对侵占道路、河道、航道或者公共场所的违法建筑，违法建筑执法机关可以依法立即代为拆除。

3. 委托拆除：当事人自愿拆除违法建筑但是不具备实施拆除能力的，可以委托市、县政府确定的乡镇政府、街道办事处或者违法建筑执法机关等单位代为拆除。

（三）强制拆除。

当事人在违法建筑执法机关决定的期限内不自行拆除，也不委托违法建筑拆除单位代为拆除违法建筑的，依法实施强制拆除。

有关单位组织实施强制拆除违法建筑，应当严格依照法定程序进行，并按规定予以公告。需要公安机关、医疗卫生机构、居（村）民委员会和供电、供水、供气、通信、物业服务企业等单位配合的，有关单位应当予以配合。

阻碍有关单位依法实施强制拆除的，由公安机关按照《中华人民共和国治安管理处罚法》第五十条的规定给予处罚；构成犯罪的，移送司法机关依法处理。

五、其他规定

（一）不得参与违法建设或者对违法建设知情不报。建设工程设计、施工、监理等单位和物业服务企业参与违法建设或者违法提供服务的，依法予以行政处罚后,纳入公共信用信息目录。

（二）不得为违法建筑办理房屋、土地登记。对未提交建设工程符合规划的证明的,房屋登记机构不予办理房屋所有权初始登记;对未提交合法、有效的土地权属来源证明的,土地登记机构不予办理建设用地使用权初始登记;对依附已登记房屋、土地进行违法建设的,违法建筑执法机关应当及时将处理决定及执行情况告知房屋、土地登记机构,处理决定执行完毕前房屋、土地登记机构暂停办理房屋所有权、建设用地使用权转移登记。

（三）不得以违法建筑作为企业注册地或者生产、经营场所。对单位或者个人以违法建筑作为企业注册地或者生产、经营场所的,违法建筑执法机关应当及时将处理决定及执行情况告知有关部门,处理决定执行完毕前工商行政管理部门不得核发营业执照,税务机关不得办理税务登记,文化、公安、卫生、安全生产监管等部门不得核发相关许可证或者办理相关备案。

（四）不得以违法建筑作为抵押物获取贷款。以房屋、土地或者在建工程作为抵押物申请贷款的,金融机构应当向违法建筑执法机关查询是否存在违法建筑,经违法建筑执法机关确认存在违法建筑的,不予发放抵押贷款;违法建筑执法机关应当及时将违法建筑处理决定及执行情况告知房屋、土地登记机构,处理决定执行完毕前房屋、土地登记机构暂停办理抵押权登记。

（五）不得为违法建筑提供供电、供水、供气、通信等服务。对不能提供房屋所有权证或者相关规划许可证的建筑,供电、供水、供气、通信等单位不得提供相关服务。

（六）将违法建设行为作为不良信用信息予以征集发布。违法建筑执法机关应当将企业从事违法建设行为的信息及时报送省级部门汇总后提供给省企业信用信息发布查询机构,由省企业信用信息发布查询机构记入提示信息并予发布。

行政机关未按照本实施意见处理或者配合处理违法建筑的,由相关主管部门或者监察机关追究行政责任。

市、县政府可以根据法律、法规和本实施意见的规定,制定"三改一拆"行动违法建筑处理实施细则。

今后法律、法规、规章对违法建筑的处理有新规定的,按照新规定执行。

金华市人民政府办公室关于印发《金华市违法建筑处置暂行规定》的通知(部分修订)

(金政办发〔2014〕47号)

各县(市、区)人民政府,市政府有关部门:

《金华市违法建筑处置暂行规定》已经市政府同意,现印发给你们,请认真贯彻执行。

金华市人民政府办公室

2014年6月12日

金华市违法建筑处置暂行规定

第一章 总 则

第一条 为推进和规范违法建筑的防控、治理工作,保障城乡规划有效实施,根据《中华人民共和国城乡规划法》、《中华人民共和国行政强制法》、《浙江省城乡规划条例》、《浙江省违法建筑处置规定》等有关法律法规规定和《浙江省"三改一拆"行动违法建筑处理实施意见》、《浙江省人民政府关于开展"无违建"县(市、区)创建活动的实施意见》精神,结合我市实际,制定本规定。

第二条 本规定所指违法建筑,主要为下列建筑物、构筑物(以下简称建筑):

(一)非法占用土地建设的建筑;

(二)未依法取得规划许可或者未按照相关规划许可内容建设的建筑;

(三)违反公路、河道等有关法律法规建设的建筑。

认定违法建筑的起算时间和细化标准,由各县(市、区)人民政府依据有关法律法规和本规定并结合本地实际确定。

第三条 各县(市、区)政府、金华开发区管委会应当组织行政执法、规划、国土资源、交通运输、水利等有关部门和各乡镇政府(街道办事处)对本辖区内的建筑进行调查。具有下列情形之一的,认定为违法建筑:

（一）未经依法批准非法占用土地或超过土地使用许可面积或擅自改变土地许可用途建设的建筑；

（二）农业设施用地未按照土地、规划许可内容建设的或超过许可期限未拆除的建筑；

（三）城市、镇规划区内未依法取得建设工程规划许可证或者未按照建设工程规划许可证建设的建筑，乡、村庄规划区内未依法取得建设工程规划许可证、村镇建设规划许可证、乡村建设规划许可证中的任一许可证或者未按照上述任一许可证建设的建筑；

（四）未取得临时建设工程规划许可证（或者 2010 年 10 月 1 日《浙江省城乡规划条例》施行以后核发的临时建设用地规划许可证，下同）、临时用地超过批准期限或者超过临时建设工程规划许可证载明期限未拆除的建筑；

（五）河道、湖泊、水库管理范围内与河道、湖泊、水库保护和水利工程运行管理无关的建筑；

（六）公路控制区内除公路防护、养护需要以外的建筑；

（七）在林地上建设的与林业生产无关的建筑；

（八）其他违反法律法规建设的建筑。

第二章　职　责　分　工

第四条　各县（市、区）政府、金华开发区管委会为违法建筑处置的责任主体，负责本辖区违法建筑分类处置工作。

第五条　非法占用土地建设且不符合土地利用总体规划的违法建筑，由国土资源部门责令当事人限期拆除、恢复土地原状；对非法占用土地建设但符合土地利用总体规划的违法建筑，由国土资源部门予以没收，交市政府、各县（市、区）政府、金华开发区管委会指定的部门管理。

第六条　违反公路、河道等有关法律法规建设的违法建筑，由交通运输、水利等部门责令当事人限期拆除。

第七条　其他未取得相关规划许可证或者未按照相关规划许可证规定建设的违法建筑由城市管理行政执法部门（未成立行政执法部门的交由城乡规划部门，下同）或者乡镇政府按本规定第三、四、五章的要求进行处置。

第三章 分类处置

第八条 城市、镇规划区内的违法建筑具有下列情形之一的,予以拆除:

(一)未依法取得建设工程规划许可证且不符合城镇控制性详细规划的强制性内容或者超过规划条件确定的容积率、建筑密度、建筑高度的;

(二)超过建设工程规划许可证确定的建筑面积(计算容积率部分)或者建筑高度超出合理误差范围的。建筑面积和建筑高度的误差计算标准按《浙江省城镇建设工程竣工规划核实管理办法》的相关规定执行(下同);

(三)建设工程项目竣工验收后,在项目用地范围内或者利用建设工程擅自新建、搭建的;

(四)侵占道路、消防通道、广场、公共绿地等公共设施、公共场所用地的;

(五)在主要街道、重点区域临街两侧或者建筑物共有部分擅自新建、搭建的;

(六)妨碍相邻合法建筑物的安全或者导致相邻合法建筑物的通风、采光和日照无法满足国家和省有关强制性标准的;

(七)临时建筑未取得临时建设工程规划许可证、不按照许可内容建设或者超过批准期限未拆除的;

(八)法律法规规定应当拆除的其他情形。

未取得相关规划许可证进行建设的,拆除全部建筑。未按照相关规划许可证规定进行建设的,拆除存在未按照规定建设情形的单体建筑物。未按照规定建设部分与单体建筑物其他部分能够明确区分且拆除该部分不会严重影响单体建筑物建筑结构安全的,也可以只拆除未按照规定建设部分。

第九条 乡、村庄规划区内的违法建筑具有下列情形之一的,予以拆除:

(一)未依法取得建设工程规划许可证、村镇规划建设许可证、乡村建设工程规划许可证且不符合建设行为实施时乡、村规划的强制性内容的;

(二)未按照乡村建设工程规划许可证确定的建筑面积或者建筑高度的;

(三)侵占道路、消防通道、公共绿地等乡村公共设施用地、公益事业用地的;

(四)在集体土地上违反"一户一宅"政策规定建造的;

(五)法律法规规定应当拆除的其他情形。

乡、村庄规划区内的违法建筑,由乡镇政府责令限期改正,逾期不改正的予以拆除。

第十条 违法建筑符合下列情形之一的,予以暂缓拆除：

（一）现实际居住家庭具备城镇廉租住房、经济适用房申请资格,因未得到住房保障,一旦拆除该家庭无房居住的；

（二）现为城镇居民居住用房（含违法建筑部分）,房屋人均面积低于20平方米或总面积低于60平方米,在未获得住房保障或者未落实住房过渡措施之前的；

（三）现为村民居住用房,面积未达到村民建房标准或者符合建房条件但未获得审批,房屋总面积（含违法建筑部分）不超过村民建房标准的；

（四）现为村民生产用房,拆除后影响村民正常生产活动的；

（五）因原有危房拆除后在原址新建或异地重建,再予以拆除无房生产居住的；

（六）因自然灾害灭失现房屋为原址新建或异地重建,拆除后无房生产居住的；

（七）公共卫生、自然灾害、事故灾难、社会安全等公共突发事件所需建设的；

（八）学校、幼儿园、托儿所、未成年人救助机构、儿童福利机构、养老机构等按主管部门要求进行建设的；

（九）因规划控制多年未审批宅基地,且符合宅基地申请条件至今未落实宅基地,属过渡性质的；

（十）经各县（市、区）政府批准暂缓拆除的其他情形。

上述拟暂缓拆除情形,须经村民代表大会三分之二以上同意并报县（市、区）人民政府批准,明确暂缓期限并加强监管。

第十一条 在本规定出台前,符合土地利用总体规划、城乡规划,且不违反"一户一宅"政策和建房标准的农户建房,由当事人提出申请,相关行政主管部门按相关法律法规补办手续。

对不符合用地、建设规划,无法补办审批手续的,经各县（市、区）政府、金华开发区管委会统一协调,分期分批迁往规划安置点后,拆除违法建筑。

第十二条 在城市规划控制区内因城市建设需要拆迁的,且符合农民建房条件,不违反"一户一宅"政策的农民违法建房,可由拆迁安置实施主体进行相应处置后予以拆除。

第十三条 在本规定出台前,已经所在地人民政府或相关行政主管部门处罚,符合用地、建设规划和国家产业政策要求,经所在地县(市、区)政府、金华开发区管委会同意的,可以补办审批手续。

第十四条　未依法取得建设工程规划许可证或者未按照建设工程规划许可证的规定建设,符合下列之一的,属尚可采取改正措施消除对规划实施影响的情形,限期改正并依法处以罚款,可责令补办相关手续:

(一)未按照相关规划许可规定进行建设,但是可以通过整改等措施达到与许可内容一致或者恢复到违法建设前状态的;

(二)已进入规划审批程序,符合审批条件,并取得前期审核同意的规划审批文件,但尚未取得工程规划许可的;

(三)房屋因灾灭失,未经批准而按原高度、原面积建设的;

(四)未经批准危房改建或房屋维修实施整体拆建,但未改变原高度、原基础、原面积的;

(五)属因公共利益需要整体拆迁安置但尚未完成规划审批手续的。

第四章　处置流程

第十五条　对在建违法建筑按以下流程予以处置:

(一)城市管理行政执法部门或乡镇政府在责令当事人立即停止建设的同时,依法出具《对在建违法建筑停止办理手续和提供服务通知书》,抄送供电、供水、供气等相关公共服务部门执行;

(二)对正在建设的违法建筑,城市管理行政执法部门或乡镇政府应当责令当事人立即停止建设。当事人不停止建设的,可以采取没收施工器具、查封施工现场等措施,并依法拆除继续建设部分;

(三)承揽明知是违法建筑的施工单位,由城市管理行政执法部门没收违法所得,可以并处一万元以上五万元以下罚款;

(四)对承建违法建筑施工中存在安全隐患的施工单位,建设部门应责令改正,可以处以罚款;情节严重的,依法责令停业整顿、降低资质等级或者吊销资质证书。

第十六条　对已建违法建筑按以下流程予以处置:

(一)城市管理行政执法部门或乡镇政府应责令限期整改或拆除,逾期不整改、不拆除的,依法出具《对已建违法建筑停止办理手续和提供服务通知书》,抄送供电、供水、供气等相关公共服务部门执行;

（二）住房和城乡建设（房产交易）部门在接到《对已建违法建筑停止办理手续和提供服务通知书》后，停止受理违法建设单位和个人的房产登记、变更、转让、抵押评估等事项；已受理或办理的，依法予以退件或停止办理；

（三）各金融机构在接到《对已建违法建筑停止办理手续和提供服务通知书》后，对存在违法建筑的建设项目，停止或不予办理贷款等金融信贷服务；如已办理的，到期后停止续贷；

（四）市场监管、文化、卫生、环境保护等部门在接到《对已建违法建筑停止办理手续和提供服务通知书》后，对以违法建筑作为生产经营场所的单位和个人，停止办理或不予行政许可；已办理许可手续的，责令限期改正，暂缓相关许可证件的审验或年检。对拒不改正的依法予以处罚；

（五）公安、安监、税务、市场监管、消防等部门在接到《对已建违法建筑停止办理手续和提供服务通知书》后，停止对违法建设的单位或个人提供相关服务，已经核发营业执照、相关许可证或者办理税务登记、备案的，依法作出撤销、变更等处理；

（六）供电、供水、供气、电信、有线电视等公共服务单位在接到《对已建违法建筑停止办理手续和提供服务通知书》后，停止对违法建设的单位或个人办理服务；应当在服务合同中约定对依法认定为违法建筑的单位或个人有权单方面终止提供服务。

第十七条 相关部门应及时将停止办理手续和提供服务的信息反馈给违法建筑处置责任主体。

第十八条 违法建筑依法拆除或整改后，相关部门及公共服务单位凭违法建筑处置责任主体出具的《违法建筑处置情况通知书》，予以恢复办理相关手续和提供服务。

第五章 拆除方式

第十九条 违法建筑在乡镇政府（街道办事处）管辖范围内的，违法建筑由所在地乡镇政府（街道办事处）告知并督促当事人自行拆除。

第二十条 违法建设行为人为下列情形之一的，相关部门按以下方式督促自行拆除：

（一）当事人为国家机关、事业单位、国有企业的，由其上级机关、主管部门以及纪检机关（监察部门）督促其自行拆除；

（二）当事人为非国有企业的，由相关行业主管部门督促其自行拆除；

（三）当事人为社会团体的，由其主管部门以及民政部门督促其自行拆除；

（四）当事人为宗教团体的，由宗教事务部门督促其自行拆除；

（五）当事人为国家机关、事业单位、国有企业工作人员或者党员干部、党代表、人大代表、政协委员的，由其所在单位、党代表、人大代表、政协委员管理机构以及纪检机关（监察部门）督促其自行拆除；

（六）当事人为城镇居民或者农村村民的，由其所在居（村）民委员会督促其自行拆除。

第二十一条　对已经或者将危害交通安全、造成环境污染或者破坏自然资源的违法建筑，可以依法代为拆除。

第二十二条　对侵占道路、河道、航道或者公共场所的违法建筑，可以依法立即代为拆除。

第二十三条　当事人自愿拆除违法建筑但不具备实施拆除能力的，可以委托代为拆除。

第二十四条　当事人在规定的期限内不自行拆除，也不申请代为拆除的，按法定程序依法强制拆除，强制拆除具体组织实施由违法建筑所在地的乡镇政府（街道办事处）牵头负责。

第二十五条　乡镇政府（街道办事处）组织实施强制拆除违法建筑，对可能产生重大社会影响的，应当事先进行社会稳定风险评估。公安、卫生、供电、供水、供气、通信、物业服务等部门、单位，应当提供充分的人力、物力、技术等保障予以协助配合。

第二十六条　阻碍依法实施强制拆除的，由公安机关依照《中华人民共和国治安管理处罚法》的规定予以处罚；构成犯罪的，移送司法机关依法处理。

第六章　附　　则

第二十七条　各县（市、区）政府、金华开发区管委会应当根据相关规定，建立职责明确、分工合作的违法建设查处联动机制，保障违法建筑及时有效处置。

第二十八条　各县（市、区）政府、金华开发区管委会可以根据法律、法规和本规定，制定违法建筑处置实施意见。各区政府、金华开发区管委会的违法建筑处置实施意见上报金华市人民政府同意后实施。

第二十九条　本规定自印发之日起施行。

6. 征　　收

（1）一　般　规　定

浙江省土地管理条例

（2021年9月29日经浙江省第十三届人民代表大会常务委员会第三十一次会议通过）

第一章　总　　则

第一条　为了加强土地管理，促进经济社会可持续发展，根据《中华人民共和国土地管理法》《中华人民共和国土地管理法实施条例》和其他有关法律、行政法规，结合本省实际，制定本条例。

第二条　本省行政区域内土地的保护、开发、利用及相关监督管理活动，适用本条例。涉及土壤污染防治、林业管理等活动的，依照有关法律、法规的规定执行。

第三条　各级人民政府应当加强对土地管理工作的领导，严格按照十分珍惜、合理利用土地和切实保护耕地的基本国策，科学规划，严格管理，坚持绿色发展理念，加强生态保护和修复，推动节约集约用地，制止非法占用土地和破坏土地资源的行为。

第四条　县级以上人民政府自然资源主管部门负责本行政区域内土地的管理和监督工作。

县级以上人民政府农业农村主管部门负责本行政区域内农村宅基地的管理和监督相关工作，依照有关法律、法规规定的职责做好耕地质量管理相关工作。

县级以上人民政府发展改革、经济和信息化、财政、水利、生态环境、住房城乡建设、统计、林业等有关部门按照各自职责，做好土地管理相关工作。

乡镇人民政府、街道办事处按照有关法律、法规和上级人民政府的规定，做好辖区内土地管理相关工作。

第五条 县级以上人民政府自然资源主管部门应当加强土地管理数字化建设,建立统一的国土空间基础信息平台,整合自然资源、生态环境、经济社会发展等相关空间数据,实现土地管理全流程数字化管理和国土空间整体智治。

县级以上人民政府自然资源、发展改革、生态环境、住房城乡建设、农业农村等部门应当建立土地管理信息共享机制,实现数据共享和业务协同。

第六条 县级以上人民政府及其有关部门应当加强对土地管理有关法律、法规的宣传教育,通过广播、电视、报刊、互联网等媒体开展土地管理方面的公益宣传,提升全社会珍惜土地、节约用地、保护耕地的意识。

第二章 土地所有权和使用权登记

第七条 土地所有权和使用权依法实行不动产统一登记。

填海形成的土地属于国家所有,相关权利依法纳入不动产统一登记。

第八条 建设用地使用权可以在土地的地表、地上或者地下分别设立、分别登记。

结合主体工程建设的地下工程的建设用地使用权随地表建设用地使用权一并取得,其四至范围不得超出地表建设用地使用权的四至范围。法律、法规对人防工程的建设用地使用权另有规定的,从其规定。

经依法批准的单独建设的地下工程可以单独取得地下建设用地使用权,其四至范围和用途不受地表土地的四至范围和用途限制。

第三章 国土空间规划

第九条 国土空间规划是对一定区域国土空间开发保护在空间和时间上作出的安排,是实施用途管制、用地审批、规划许可以及进行各类开发、保护、建设活动的基本依据。

国土空间规划应当细化落实国家和省国民经济和社会发展规划提出的国土空间开发保护要求,统筹布局农业、生态、城镇等功能空间,划定落实永久基本农田、生态保护红线和城镇开发边界。

国土空间规划包括总体规划、详细规划和相关专项规划。下级国土空间总体规划应当符合上级国土空间总体规划。详细规划、相关专项规划应当符合国土空间总体规划。国土空间规划体系之外不得另设其他空间规划。

国土空间规划批准实施前,经依法批准的主体功能区规划、土地利用总体规划和城乡规划继续执行。

第十条 省、设区的市、县(市)、乡镇制定国土空间总体规划。

省国土空间总体规划由省人民政府组织编制,经省人民代表大会常务委员会审议后,报国务院批准。

设区的市、县(市)国土空间总体规划由设区的市、县(市)人民政府组织编制,经本级人民代表大会常务委员会审议后,逐级报省人民政府批准。省人民政府所在地的城市、计划单列市以及国务院指定的城市的国土空间总体规划,经本级人民代表大会常务委员会审议和省人民政府审核同意后,报国务院批准。

乡镇国土空间总体规划由乡镇人民政府组织编制。省人民政府指定的乡镇的国土空间总体规划,经乡镇人民代表大会或者乡镇人民代表大会主席团审议后,逐级报省人民政府批准;其他乡镇国土空间总体规划经乡镇人民代表大会或者乡镇人民代表大会主席团审议后,逐级报省人民政府授权的设区的市人民政府批准。

乡镇国土空间总体规划也可以以多个乡镇为单元,由县(市、区)人民政府组织编制,经本级人民代表大会常务委员会审议后,报省人民政府授权的设区的市人民政府批准;其中,涉及省人民政府指定的乡镇的,逐级报省人民政府批准。

第十一条 国土空间总体规划应当包括下列内容:

(一)规划目标、期限和范围;

(二)国土空间格局、规划用地布局;

(三)国土空间分区和用途管制;

(四)规划实施措施;

(五)其他需要载明的事项。

设区的市、县(市)人民政府应当根据国土空间总体规划制定近期规划、年度实施计划;近期规划、年度实施计划已包含在国土空间总体规划内的,可以不再单独制定。

第十二条 国土空间详细规划是对具体地块用途、开发建设强度和管控要求等作出的实施性安排,是依法核发建设项目规划许可、进行各项建设等活动的依据。

城镇开发边界内的详细规划,由设区的市、县(市)自然资源主管部门组织编制,报本级人民政府批准。城镇开发边界外的村庄规划作为详细规划,由乡镇人民政府组织编制,报设区的市、县(市)人民政府批准;其他类型的详细规划,由设区的市、县(市)自然资源主管部门单独或者会同有关乡镇人民政府、开发区(园区)管理委员会组织编制,报本级人民政府批准。

第十三条 国土空间相关专项规划是在特定区域(流域)或者领域,为体现特定功能对空间开发保护作出的专门安排。

国土空间相关专项规划由自然资源主管部门或者行业主管部门按照国家和省规定的职责组织编制。由自然资源主管部门组织编制的相关专项规划,报本级人民政府批准;由行业主管部门组织编制的相关专项规划,经同级自然资源主管部门审查后,报本级人民政府批准。

第十四条 经依法批准的国土空间规划,任何组织或者个人不得擅自修改。规划编制机关应当及时公布经依法批准的国土空间规划,法律、行政法规规定不得公开的内容除外。

国土空间规划确需修改的,由原规划编制机关组织修改,报原批准机关批准。其中,国土空间总体规划确需修改的,应当符合下列情形之一:

(一)国家战略、重大政策调整;

(二)行政区划调整;

(三)国家和省重大能源、交通、水利等基础设施以及其他重大工程建设项目需要;

(四)不可预见的重大国防、军事、抢险救灾、疫情防控等建设项目需要;

(五)法律、法规规定或者省人民政府认定的其他情形。

国土空间详细规划、相关专项规划修改的具体条件,按照国家和省有关规定执行。

第十五条 法律、行政法规、省的地方性法规和国家有关规定对国土空间总体规划、详细规划和相关专项规划的编制、批准和修改等另有规定的,从其规定。

第十六条 县级以上人民政府应当加强对土地利用年度计划实施的管理,实行建设用地总量控制,统筹安排建设项目用地。

土地利用年度计划优先保障国家和省重大能源、交通、水利等基础设施项目和重大产业项目用地,并按照国家和省有关规定对集体经营性建设用地和农村宅基地作出合理安排。设区的市、县(市)人民政府应当在当年新增建设用地指标中安排不少于国家和省规定的比例用于乡村产业发展,支持乡镇村公共设施、公益事业等建设,促进农村集体经济发展。

第十七条　县级以上人民政府自然资源主管部门会同同级有关部门,依法在本行政区域内开展土地调查并向社会公布土地调查成果。

县级以上人民政府有关部门、乡镇人民政府、街道办事处、村(居)民委员会、农村集体经济组织以及相关组织或者个人应当配合土地调查工作,如实提供相关资料。

土地调查成果应当作为编制国民经济和社会发展规划、国土空间规划以及实施自然资源管理的重要依据。

第四章　耕　地　保　护

第十八条　各级人民政府主要负责人是本行政区域耕地保护第一责任人。

上级人民政府应当每年对下级人民政府耕地保护责任目标落实情况进行考核。

第十九条　设区的市、县(市)人民政府应当严格执行国土空间规划和土地利用年度计划,采取措施,确保本行政区域内耕地总量不减少、质量不降低。耕地总量减少的,上一级人民政府应当责令在规定期限内组织开垦与所减少耕地的数量与质量相当的耕地;耕地质量降低的,上一级人民政府应当责令在规定期限内组织耕地整治。

少数土地后备资源匮乏的设区的市、县(市),不能按照前款规定开垦耕地的,应当按照国家和省有关规定组织易地开垦与所减少耕地的数量和质量相当的耕地。

对新开垦和整治耕地的验收、抽查、复核,依照《浙江省土地整治条例》的规定执行。

第二十条　经依法批准非农业建设占用耕地的,由占用耕地的组织或者个人负责开垦与所占用耕地的数量和质量相当的耕地;没有条件开垦或者开垦的耕地不符合要求的,应当委托县(市、区)人民政府补充耕地。

开垦耕地或者委托补充耕地产生的相关费用作为建设成本,列入建设项目总投资或者生产成本。

设区的市、县(市)人民政府应当制定本行政区域开垦或者补充耕地计划,监督占用耕地的组织或者个人按照计划开垦耕地,或者按照计划组织补充耕地,并向社会公开开垦或者补充耕地相关信息。

第二十一条 设区的市、县(市)永久基本农田占本行政区域内耕地的比例和具体数量,由省人民政府根据国家有关规定和各地耕地实际情况确定;经依法批准占用永久基本农田的,应当按照永久基本农田数量不减少、质量不降低的要求进行补充划定。粮食生产功能区应当划入永久基本农田。

设区的市、县(市)人民政府应当按照国家和省有关要求,将永久基本农田相对集中的一定区域划为永久基本农田保护区,开展永久基本农田集中连片整治,将整治增加的优质耕地和未划为永久基本农田的优质耕地,划为永久基本农田储备区,作为补充划定永久基本农田的后备资源。

第二十二条 经依法批准建设占用永久基本农田的,占用的组织或者个人应当按照国家有关技术规范对所占用永久基本农田进行耕作层剥离,并按照自然资源主管部门的要求将被剥离的耕作层土壤用于新开垦耕地、劣质地或者其他耕地的土壤改良。

占用永久基本农田的组织或者个人未按照前款规定进行耕作层剥离的,由乡镇人民政府、街道办事处责令限期改正;逾期未改正的,由乡镇人民政府、街道办事处代为剥离,所需费用由占用的组织或者个人承担。

县级以上人民政府自然资源主管部门应当加强对耕地耕作层剥离工作的管理和指导,建立耕作层管理信息库,为开展耕地耕作层土壤剥离、储存和利用提供信息服务。

第二十三条 禁止占用永久基本农田发展林果业和挖塘养鱼。耕地应当优先用于粮食和棉、油、糖、蔬菜等农产品生产,严格控制耕地转为林地、草地、园地等其他农用地。

禁止违反规定占用耕地开展绿化造林、超标准建设绿色通道、挖田造湖造景等活动,禁止占用永久基本农田扩大自然保护地。具体办法由省自然资源主管部门根据国家有关规定制定,并报省人民政府批准。

第二十四条 禁止任何组织和个人闲置、荒芜耕地。

县级以上人民政府农业农村主管部门应当采取措施引导农村集体经济组织及其成员,通过全程托管、联耕联种、代耕代种等模式,恢复闲置、荒芜耕地耕种。

土地经营权人闲置、荒芜耕地的处理,依照有关法律、法规的规定执行。

第二十五条 乡镇人民政府、街道办事处可以根据耕地性质、现状等情况与土地经营权人签订农业标准地投资建设协议,对亩均投入产出、机械化种植面积比例、农业投入品使用、农产品安全和环境保护等控制性指标以及相应奖励、违约责任作出约定。具体办法由设区的市、县(市、区)人民政府制定。

第二十六条 县级以上人民政府自然资源主管部门应当会同农业农村主管部门按照国家和省有关规定,支持设施农业发展,加强设施农业用地管理。

设施农业用地应当不占或者少占耕地,严格控制占用永久基本农田。确需占用耕地的,应当采取措施加强对耕作层的保护;不再使用的,应当及时恢复种植条件。

第二十七条 县级以上人民政府应当按照山水林田湖草沙生命共同体的理念,对重点生态功能区实施整体保护、系统修复和综合治理。

县级以上人民政府自然资源主管部门应当按照国土空间规划组织实施土地整治和生态修复,优化城乡生产、生活、生态空间,保护和改善生态环境。

因自然灾害造成耕地损毁的,县(市、区)人民政府应当及时组织耕地复垦或者修复。

第二十八条 县级以上人民政府应当建立耕地保护补偿制度,对承担耕地保护责任的农村集体经济组织根据其耕地保护实际成效给予补偿激励。耕地保护补偿资金的分配应当向种植粮食的耕地倾斜。耕地保护补偿标准由设区的市、县(市、区)人民政府根据当地经济发展状况及耕地面积、质量、利用状况制定,并适时调整。

县级以上人民政府应当将耕地保护补偿资金列入本级财政预算。耕地保护补偿资金以设区的市、县(市、区)财政保障为主,省财政给予补助。

农村集体经济组织应当将其取得的耕地保护补偿资金用于农田基础设施管护与修缮、地力培育、耕地保护管理等。农村集体经济组织完成耕地保护任务的,耕地保护补偿资金可以用于乡镇村公共设施、公益事业等建设。

对承担耕地地力保护责任主体的奖励,按照国家和省有关规定执行。

第二十九条 县级以上人民政府应当建立耕地质量调查监测评价制度,动态更新耕地质量监测成果。

耕地因人为因素遭到破坏,需要对破坏程度进行鉴定的,由县级以上人民政府自然资源、农业农村和生态环境主管部门按照规定的职责和程序组织鉴定。

第三十条 县级以上人民政府应当合理安排资金,用于土地整治、高标准农田建设、地力培育、生态修复和耕地质量调查监测评价等耕地保护措施。

第五章 建设用地

第一节 一般规定

第三十一条 建设占用土地,涉及农用地转为建设用地的,应当符合下列条件,编制农用地转用方案,并依法办理农用地转用审批手续:

(一)符合国土空间规划和用途管制要求;

(二)符合土地利用年度计划;

(三)占用耕地的,已落实补充耕地措施;

(四)符合法律、法规规定的其他条件。

设区的市、县(市)人民政府应当对建设项目是否符合前款规定条件的情况进行审查;涉及占用永久基本农田的,应当对占用永久基本农田的必要性、合理性和补充划定方案可行性进行审查。申请农用地转用的人民政府对相关材料的合法性、真实性、准确性负责,不符合前款规定条件的,不得提出农用地转用申请。

未利用地转为建设用地的,应当纳入土地利用年度计划,并按照农用地转为建设用地的审批权限、程序等规定办理。

第三十二条 在已批准的农用地转用范围内和原有建设用地范围内,具体建设项目用地由设区的市、县(市)人民政府依法批准。法律、行政法规另有规定的除外。

第三十三条 以出让等有偿方式取得国有建设用地使用权的组织或者个人,应当按照国家和省有关规定缴纳土地使用权出让金等土地有偿使用费和其他费用。

新增建设用地有偿使用费地方人民政府留成部分在省、设区的市、县(市、区)三级的分配比例,由省财政部门会同有关部门制定,并报省人民政府批准。

第三十四条 县级以上人民政府应当采取措施,统筹推进集体经营性建设用地以出让、出租等方式交由组织或者个人有偿使用,具体条件、程序等依照有关法律、行政法规的规定执行。

省人民政府应当制定配套措施,统筹利用集体经营性建设用地,按照公开透明、合理平衡利益的原则建立土地增值收益分配机制,促进乡村振兴。

第三十五条 以标准地方式出让建设用地使用权的,县级以上人民政府应当建立相应管理机制。

以标准地方式出让建设用地使用权的,应当签订建设用地使用权出让合同和投资建设合同;建设用地使用权转让、出租的,投资建设合同权利义务一并转移。转让方、出租方存在违约情形的,应当按照投资建设合同承担违约责任。

第三十六条 省自然资源主管部门应当建立全省统一的建设用地使用权交易管理平台,实现国有和集体建设用地使用权交易信息发布、数据汇集、统计分析、信用管理等功能,加强建设用地使用权交易、税费缴纳、登记等业务协同,为交易各方提供便捷服务。

第三十七条 县级以上人民政府应当统筹新增和存量建设用地使用,保障小微企业园用地,优先支持通过工业用地整治改造、城乡低效用地再开发等方式建设小微企业园,促进小微企业集聚发展和转型提升。

第三十八条 建设项目施工、地质勘查需要临时使用土地的,由设区的市、县(市、区)自然资源主管部门批准。

申请临时使用农民集体所有土地的,应当在申请批准前与农村集体经济组织签订临时使用土地合同,并按照合同的约定支付临时使用土地补偿费。

申请临时使用农用地的,应当先行编制土地复垦方案。土地使用者应当自临时用地期满一年内按照土地复垦方案的要求恢复土地原用途,占用耕地的应当恢复种植条件。

临时使用农民集体所有土地合同、临时使用农民集体所有土地补偿费支付凭证、土地复垦方案,应当与其他临时用地申请材料一并报设区的市、县(市、区)自然资源主管部门。

临时使用土地的期限按照国家有关规定执行。

第三十九条 设区的市、县(市、区)人民政府应当加大旧住宅区、旧厂区、旧村庄改造力度,建立低效用地综合整治、重新开发利用的激励机制,对布局不合理、利用效率低的土地进行再开发,对因采矿损毁、交通改线、居民点搬迁、产业结构调整等形成的土地进行再利用。

已建的建筑物(构筑物),需要重建、改建、扩建的,应当符合国土空间规划的要求,并依法重新办理用地、规划审批手续;不改变土地用途并在原有的占地面积范围内重建的,设区的市、县(市)人民政府应当简化手续,及时审批。

第四十条 县级以上人民政府应当根据国土空间规划以及国民经济和社会发展需要，合理确定未来一定时间内土地储备规模，统筹安排土地资源的收储，优先储备空闲、低效的存量建设用地。

第二节 土地征收

第四十一条 为了公共利益的需要，确需征收农民集体所有土地的，由设区的市、县(市、区)人民政府依法发布征收土地预公告，并开展土地现状调查和社会稳定风险评估。

征收土地预公告发布后，任何组织或者个人不得在拟征收范围内抢栽抢种抢建；违反规定抢栽抢种抢建的，对抢栽抢种抢建部分不予补偿。

社会稳定风险评估的具体程序和要求按照国家和省有关规定执行。

第四十二条 设区的市、县(市、区)人民政府应当依法拟定征地补偿安置方案并发布征地补偿安置公告。

农村集体经济组织及其成员或者其他与土地征收有利害关系的组织或者个人对征地补偿安置方案有意见、建议的，可以向设区的市、县(市、区)人民政府提出。设区的市、县(市、区)人民政府根据意见、建议情况，认为确有必要的，可以组织听证。

过半数被征地的农村集体经济组织成员认为征地补偿安置方案不符合法律、法规规定的，设区的市、县(市、区)人民政府应当组织听证。

设区的市、县(市、区)人民政府应当根据法律、法规规定和征求意见、听证会情况修改征地补偿安置方案并公布。

第四十三条 拟被征收土地的所有权人、使用权人应当在征地补偿安置公告载明的期限内，持不动产权属证明材料向设区的市、县(市、区)人民政府指定的部门、机构或者乡镇人民政府、街道办事处办理补偿登记。

办理补偿登记的机构应当为拟被征收土地的所有权人、使用权人办理补偿登记提供便利。

拟被征收土地的所有权人、使用权人在规定期限内未办理补偿登记的，相关信息按照土地现状调查公示结果确定。办理补偿登记的机构可以委托公证机构对登记情况进行现场公证。

第四十四条 设区的市、县(市、区)人民政府指定的部门或者乡镇人民政府应当依法与拟被征收土地的所有权人、使用权人签订征地补偿安置协议。征地补偿安置协议示范文本由省人民政府制定。

对个别未达成征地补偿安置协议的,设区的市、县(市、区)人民政府应当在申请征收土地时如实说明。个别的具体标准由省人民政府规定。

第四十五条 本条例规定的征收土地预公告、土地现状调查和社会稳定风险评估、征地补偿安置公告、征地补偿登记和征地补偿安置协议签订等前期工作完成后,设区的市、县(市、区)人民政府方可提出土地征收申请,报有批准权的人民政府批准。

征收土地申请经依法批准后,设区的市、县(市、区)人民政府应当依法发布征收土地公告,公告时间不得少于十个工作日。对个别未达成征地补偿安置协议的,设区的市、县(市、区)人民政府应当作出征地补偿安置决定。

征收土地预公告、征地补偿安置公告的时限和内容以及征收土地公告的内容等,依照法律、行政法规的规定执行。

第四十六条 设区的市、县(市、区)人民政府应当自征收土地公告之日起六十日内足额支付土地补偿费、安置补助费以及农村村民住宅、其他地上附着物和青苗等的补偿费用(以下统称征收土地补偿费用),并安排被征地农民的社会保障费用。对个别未达成征地补偿安置协议的,支付征收土地补偿费用的期限自征地补偿安置决定作出之日起计算。

农村集体经济组织应当依法确定参加社会保障对象的名单,报乡镇人民政府、街道办事处。乡镇人民政府、街道办事处对名单进行审查、公示、确认后,报县(市、区)人力资源社会保障、自然资源主管部门。人力资源社会保障主管部门应当按照规定及时办理社会保障手续。

第四十七条 已签订征地补偿安置协议的被征收土地所有权人、使用权人未按照协议约定履行腾退土地和房屋的义务,经催告后仍不履行的,签订协议的行政机关或者设区的市、县(市、区)人民政府可以作出要求履行协议的书面决定。土地所有权人、使用权人在该书面决定规定的期限内不腾退土地和房屋,也不在法定期限内申请行政复议或者提起行政诉讼的,由作出要求履行协议书面决定的行政机关依法申请人民法院强制执行。

个别未达成征地补偿安置协议的被征收土地所有权人、使用权人在征地补偿安置决定规定的期限内不腾退土地和房屋,也不在法定期限内申请行政复议或者提起行政诉讼的,由设区的市、县(市、区)人民政府依法申请人民法院强制执行。

征地补偿安置协议约定的腾退期限和征地补偿安置决定规定的腾退期限,不得早于设区的市、县(市、区)人民政府足额支付征收土地补偿费用的时间。

第四十八条 征收农民集体所有的农用地和其他土地的征地补偿费、安置补助费标准按照区片综合地价确定。

省人民政府负责制定全省区片综合地价最低标准。设区的市、县(市、区)人民政府综合考虑土地原用途、土地资源条件、产值、区位、供求关系、人口以及当地经济社会发展水平等因素,制定本行政区域区片综合地价,并报省人民政府备案。设区的市、县(市、区)的区片综合地价不得低于省人民政府规定的最低标准。

区片综合地价应当至少每三年进行调整或者重新公布一次。

第四十九条 征收土地涉及农村村民住宅的,设区的市、县(市、区)人民政府应当在尊重农村村民意愿的前提下,按照先补偿后搬迁、居住条件有改善的原则,采取重新安排宅基地建房、提供安置房或者货币补偿等方式给予公平合理的补偿,并对因征收造成的搬迁、临时安置等费用予以补偿。

采用重新安排宅基地建房或者提供安置房方式补偿的,重新安排的宅基地面积或者提供的安置房面积不得少于设区的市、县(市、区)人民政府规定的最低标准。采用货币方式补偿的,应当评估宅基地和住宅的价值,一并作出补偿。

第五十条 省人民政府分类制定地上附着物和青苗等的最低补偿标准。设区的市、县(市、区)人民政府根据实际制定本行政区域地上附着物和青苗等的具体补偿标准,但不得低于省人民政府规定的最低补偿标准。

第五十一条 设区的市、县(市、区)人民政府应当按照国家和省有关规定,将被征地农民纳入基本养老保险等社会保障体系,足额落实社会保障资金,逐步提高保障标准。

被征地农民的社会保障费用实行专户管理,主要用于符合条件的被征地农民的养老保险等社会保险缴费补贴,任何组织或者个人不得侵占、挪用或者转借。

第五十二条 政府组织实施的能源、交通、水利等基础设施建设需要征收国土空间规划确定的城市和村庄、集镇建设用地范围外的农民集体所有土地的,建设单位应当将基础设施建设涉及的征收土地补偿费用及被征地农民社会保障费用等列入工程概算,并缴入当地人民政府财政专户。

第五十三条 设区的市、县(市、区)人民政府组织实施的成片开发建设需要征收农民集体所有土地的,应当按照国家和省有关规定编制土地征收成片开发方案。成片开发方案经依法批准后,方可依照法律、行政法规和本条例规定实施土地征收。

第三节 宅基地管理

第五十四条 农村村民建造住宅应当符合国土空间规划和用途管制要求,尽量使用原有的宅基地和村内空闲地。

县(市、区)人民政府在尊重农村村民意愿的前提下,可以通过统建、联建和建造公寓式住宅等方式保障农村村民居住需求。

第五十五条 农村村民一户只能拥有一处宅基地,宅基地的面积标准(包括附属用房、庭院用地),使用耕地的,最高不得超过一百二十五平方米;使用其他土地的,最高不得超过一百四十平方米;山区有条件利用荒地、荒坡的,最高不得超过一百六十平方米。

农村村民宅基地和公寓式住宅的具体标准与管理办法,由设区的市、县(市、区)人民政府按照国家和省有关规定结合当地实际制定。

第五十六条 县级以上人民政府应当依法实施农村宅基地所有权、资格权、使用权分置改革,开展宅基地资格权人认定和登记工作,保障农村集体经济组织成员家庭作为宅基地资格权人依法享有的权益。

乡镇人民政府应当建立宅基地审批管理台账。县级以上人民政府应当组织农业农村、自然资源、住房城乡建设等部门和乡镇人民政府建立统一的宅基地管理数据库,归集国土空间规划、宅基地和住宅确权登记、危险住宅、宅基地审批等相关数据。

第五十七条 有下列情形之一的,农村村民的宅基地申请不予批准:

(一)除实施国土空间规划进行村庄、集镇改造外,宅基地面积已达到规定标准,再申请新宅基地的;

(二)出租、出卖、赠与住宅后,再申请宅基地的;

(三)以所有家庭成员作为一户申请批准宅基地后,不具备分户条件而以分户为由申请宅基地的;

(四)法律、法规规定的不符合申请宅基地条件的其他情形。

认定户的具体标准和分户具体条件,由设区的市、县(市、区)人民政府制定。

第五十八条 农村村民因地质灾害避让搬迁、水库移民搬迁、土地整治、危房改造等确需使用本村以外的农民集体所有土地建造住宅的,经安置所在地的农村集体经济组织有表决权的全体成员或者全体成员代表三分之二以上同意,可以依法申请使用安置所在地村宅基地。

第五十九条 农村村民经批准易地建造住宅的,原宅基地应当交还农村集体经济组织;属于建新拆旧的,原地上建筑物应当自行拆除,不自行拆除的,由乡镇人民政府、街道办事处责令限期拆除,逾期未拆除的,依法申请人民法院强制执行。

第六十条 县级以上人民政府自然资源、农业农村主管部门应当按照国家和省有关规定,通过合理确定宅基地规模和规划布局、用地指标专项管理、简化用地审批程序等方式加强农村村民建房保障。

第六十一条 鼓励进城落户的农村村民,依法自愿有偿退出宅基地。退出的宅基地在符合国土空间规划的前提下,优先用于保障本集体经济组织成员的居住需求。

农村闲置的宅基地在符合国土空间规划、用途管制和尊重农村村民意愿的前提下,经依法办理相关手续后,可以用于发展休闲农业、乡村旅游、电子商务等新产业、新业态。

第六章 监 督 管 理

第六十二条 县级以上人民政府应当定期向本级人民代表大会或者其常务委员会报告下列事项:

(一)国土空间规划和土地利用年度计划执行情况;

(二)永久基本农田和其他耕地保护情况;

(三)耕地开垦情况;

(四)土地使用权出让金等土地有偿使用费的收缴和使用情况;

(五)本级人民代表大会或者其常务委员会要求报告的土地管理方面的其他事项。

第六十三条 省人民政府授权的机构,依照有关法律、法规和本条例的规定,对设区的市、县(市、区)人民政府下列土地利用和土地管理情况进行督察:

(一)耕地保护情况;

(二)土地开发利用和节约集约利用情况;

(三)国土空间规划编制和实施情况；

(四)土地征收情况；

(五)土地管理有关法律、法规和重大政策执行落实情况；

(六)其他土地利用和管理情况。

第六十四条 被督察的设区的市、县(市、区)人民政府违反土地管理法律、法规，或者落实国家和省有关土地管理重大决策不力的，省人民政府授权的机构可以向被督察的人民政府下达督察意见书，被督察的人民政府应当组织整改，并及时报告整改情况。省人民政府授权的机构可以约谈被督察的人民政府有关负责人，对发现的违法问题依法移交有关机关处理。

第六十五条 县级以上人民政府自然资源主管部门应当依托国土空间基础信息平台，对本行政区域内土地利用状况进行动态监测。

县(市、区)自然资源、农业农村主管部门应当按照各自职责，建立土地巡查制度，并运用卫星遥感、无人机航摄等技术或者手段加强土地违法行为的监测；乡镇人民政府、街道办事处应当建立土地日常巡查制度，及时发现和制止土地违法行为。

县(市、区)自然资源、农业农村主管部门和乡镇人民政府、街道办事处对土地违法行为的投诉和举报，应当依法及时受理和处理。

县级以上人民政府自然资源主管部门应当会同有关部门建立土地管理信用制度，依法将信用信息纳入公共信用信息服务平台。

第六十六条 设区的市、县(市、区)人民政府应当自行或者指定有关部门依法管理和处置没收的违法建筑物(构筑物)，具体处置规定由设区的市、县(市、区)人民政府依照有关法律、法规规定制定。

第七章 法 律 责 任

第六十七条 违反本条例规定的行为，法律、行政法规已有法律责任规定的，从其规定。

第六十八条 违反土地管理法律、法规规定，自然资源主管部门依法以土地复垦费为基数处以罚款的，土地复垦费的数额应当综合考虑损毁前的土地类型、实际损毁面积、损毁程度、复垦标准、复垦用途和完成复垦任务所需的工程量等因素确定。

第六十九条 违反本条例规定，未经批准或者采取欺骗手段骗取批准，将未利用地改为建设用地的,依照土地管理法律、法规关于未经批准或者采取欺骗手段骗取批准,将农用地改为建设用地的规定处罚。

第七十条 县级以上人民政府及自然资源、农业农村等有关部门和乡镇人民政府、街道办事处及其工作人员有下列行为之一的,由有权机关对直接负责的主管人员和其他直接责任人员依法给予处分:

(一)违反法定权限、程序,擅自批准或者修改国土空间规划的;

(二)违反法定权限、程序或者不按照国土空间规划确定的土地用途批准土地使用的;

(三)违反规定占用耕地开展绿化造林、超标准建设绿色通道、挖田造湖造景等活动,或者占用永久基本农田扩大自然保护地的;

(四)违反法定权限和程序进行土地征收的;

(五)违法减免土地有偿使用费等土地费用的;

(六)其他玩忽职守、滥用职权、徇私舞弊的行为。

第八章 附 则

第七十一条 本条例自2021年11月1日起施行。《浙江省实施〈中华人民共和国土地管理法〉办法》同时废止。

(2)土地权属

浙江省土地权属争议行政处理程序规定

(2007年8月20日浙江省人民政府第98次常务会议审议通过)

第一章 总 则

第一条 为了及时、公正处理土地权属争议,保护土地所有者和使用者的合法权益,根据《中华人民共和国物权法》、《中华人民共和国土地管理法》等法律、法规,结合本省实际,制定本规定。

第二条 本省行政区域内发生的土地所有权、使用权归属争议的行政处理,适用本规定。

已依法登记发证的土地权属争议处理,不适用本规定。

第三条 土地权属争议的处理,应当遵照尊重历史,兼顾现实,公平、公正、公开,维护权益和促进和谐的原则。

第四条 各级人民政府负责土地权属争议的处理。

县级以上人民政府国土资源行政主管部门(以下简称土地管理部门)承担土地权属争议案件的受理、调查等具体工作。

农业、林业、海洋与渔业、水利等部门根据各自职责做好土地权属争议处理的相关工作。

第五条 在土地权属争议解决前,任何一方都不得改变土地利用现状;对擅自在有争议的土地上兴建建筑物和其他附着物的,土地管理部门应当责令其停止施工。

第六条 土地权属的确认依照《中华人民共和国土地管理法》、《中华人民共和国土地管理法实施条例》等法律、法规以及国家和省人民政府的有关规定执行。

第二章 申请与受理

第七条 土地权属争议,由当事人协商解决;协商不成的,由土地所在地人民政府处理。

第八条 县(市、区)人民政府负责处理下列土地权属争议:

(一)单位与单位之间的;

(二)本县范围内跨乡(镇)行政区域的;

(三)上级人民政府交办的。

个人之间、个人与单位之间发生的土地权属争议,由乡(镇)人民政府负责处理,当事人也可以向县(市、区)人民政府提出申请,由受理申请的县(市、区)人民政府负责处理。

第九条 设区的市人民政府负责处理下列土地权属争议:

(一)本市范围内跨县(市、区)行政区域的;

(二)在本市范围内有重大影响的;

(三)上级人民政府交办的。

第十条 省人民政府负责处理下列土地权属争议:

(一)跨设区的市行政区域的;

（二）在本省范围内有重大影响的。

第十一条 土地权属争议处理申请由直接利害关系人提出。由乡（镇）人民政府负责处理的，向乡（镇）人民政府提出申请；由县级以上人民政府负责处理的，向负责处理的人民政府土地管理部门提出申请。

个人之间的土地权属争议，当事人向乡（镇）人民政府申请处理的，可以口头方式提出；以口头方式提出申请的，接受申请的工作人员应当当场记录本规定第十二条规定的申请内容，并由申请人确认后签字（盖章）。

第十二条 争议处理申请应当包括下列内容：

（一）申请人和被申请人的基本情况；

（二）请求事项、事实和理由，包括最初发生争议的时间、起因、争议的焦点、主要分歧、四至范围及面积。

第十三条 当事人一方超过10人的，应当推选出2至5个代表人参加案件的处理。代表人在争议处理过程中的行为对其所代表的当事人发生效力，但代表人变更、放弃争议处理请求或者承认对方当事人争议处理请求同意调解的，必须经所代表的当事人同意。

当事人可以委托代理人参加土地权属争议的处理。

第十四条 申请人向乡（镇）人民政府提出争议处理申请的，乡（镇）人民政府应当自收到申请之日起7日内决定是否受理，并在决定之日起5日内向申请人书面告知受理或者不予受理决定；受理申请的，应当将申请书副本同时送达被申请人。

第十五条 下列情形不属于土地权属争议申请受理范围：

（一）属行政区域边界争议的；

（二）属农村土地承包经营权争议的；

（三）因房产买卖、赠与、分家析产等引起的房产争议；

（四）法律、法规规定不属于土地权属争议的。

第十六条 申请人向土地管理部门提出争议处理申请的，土地管理部门应当按照下列规定处理：

（一）符合规定要求应当受理的，应当自收到申请之日起7日内作出受理决定，并在受理之日起5日内将申请书副本送达被申请人；

（二）认为不符合受理要求不予受理的，应当提出不予受理意见，报本级人民政府决定；不予受理决定应当自收到申请之日起10日内作出，并在作出之日起5日内送达申请人。

本级以及上级人民政府交办或者有关部门转办的土地权属争议案件,按照前款规定办理。

第十七条 申请处理的土地权属争议有下列情形之一的,接受申请的乡(镇)人民政府或者土地管理部门应当按照下列规定处理:

(一)争议应当由其他机关处理的,建议向有权处理机关提出申请;

(二)争议属于土地违法案件的,接受申请的土地管理部门应当立案查处;由乡(镇)人民政府接受申请的,应当将案件移送县(市、区)土地管理部门。

第三章 调解与裁决

第十八条 乡(镇)人民政府或者土地管理部门受理申请后,应当指定承办人员。县(市、区)土地管理部门设立的派出机构应当协助乡(镇)人民政府处理土地权属争议。

第十九条 承办人员有下列情形之一的,应当回避,当事人也有权提出回避申请:

(一)是本案的当事人或者当事人、代理人的近亲属;

(二)与本案有利害关系;

(三)与本案有其他关系,可能影响公正处理的。

当事人提出回避申请,应当说明理由。承办人员是否回避,由承办人员所在的乡(镇)人民政府或者土地管理部门负责人决定。

第二十条 被申请人应当在收到土地权属争议处理申请书副本之日起15日内提交答辩书;逾期不提交答辩书的,不影响案件的审理。

第二十一条 土地权属争议当事人应当在规定的期间内对本人提出的主张提供有关证据。

第二十二条 当事人提交的证据材料包括:

(一)土地权属证明,建筑物产权证明材料;

(二)征收、征用、划拨土地文件、附图和有关的补偿协议书、补偿清单,土地使用权出让合同书和交付出让金凭证;

(三)农民建房用地批准文件;

(四)调解书、处理决定和人民法院判决书、裁定书,仲裁裁决书以及有关土地权属协议书;

（五）其他与权属有关的文件、资料、证明材料等。

第二十三条 对当事人提供的证据材料，乡（镇）人民政府或者土地管理部门应当进行调查核实，并收集相应的证据。被调查单位和个人应当如实提供证明或者材料。

乡（镇）人民政府或者土地管理部门对土地权属争议进行调查核实时，应当有两人以上参加，并向被调查人出示有关证件。调查笔录经被调查人确认后，由被调查人、调查人签名或者盖章。

经调查核实的材料才能作为事实认定的依据。

第二十四条 对争议土地需要进行测绘的，土地测绘机构应当进行测绘，并对测绘结果的准确性负责。

承担土地测绘职责的机构应当具备相应的资质。

第二十五条 土地权属争议的处理，应当在查明事实、分清权属的基础上先行调解。

调解由受理申请的土地管理部门或者乡（镇）人民政府主持，双方当事人、证人参加，可以邀请有关单位和个人协助。被邀请的单位和个人，应当协助调解主持单位进行调解。

调解尽可能就地进行。

第二十六条 调解达成协议的，应当制作调解书。调解书应当载明下列内容：

（一）当事人的基本情况；

（二）调解主持单位；

（三）争议的主要事实；

（四）协议内容及其他有关事项。

第二十七条 调解书及所附界线图经当事人签字（盖章），承办人、调解主持人署名并加盖主持调解的行政机关印章，双方当事人签收后生效。

生效的调解书可以作为土地登记的依据。

第二十八条 调解协议的内容不得违反法律规定。经调解达不成协议或者调解书送达前一方反悔的，负责土地权属争议处理的人民政府应当及时作出处理决定。

第二十九条 土地权属争议处理决定书应当载明下列事项：

（一）当事人的基本情况；

（二）争议的事实、理由和请求；

（三）认定的事实和适用的依据；

（四）处理结果；

（五）其他需要载明的事项。

第三十条 土地权属争议应当自受理申请之日起6个月内办结；因案情复杂确实无法按时办结的，经乡（镇）人民政府或者土地管理部门的主要负责人批准，可以延长1个月。

第三十一条 乡（镇）人民政府或者土地管理部门应当在作出调解书或者处理决定之日起15日内，将调解书或者处理决定书送达当事人。

第三十二条 当事人对争议处理申请不予受理决定、争议处理决定不服的，可以依法申请行政复议、提起诉讼。

第四章 法 律 责 任

第三十三条 违反本规定第五条规定，破坏土地利用现状的，由土地管理部门责令其恢复原状；一方当事人给另一方造成经济损失的，应承担民事赔偿责任。

第三十四条 土地权属争议当事人以及其他人员有下列行为之一的，由负责土地权属争议处理的土地管理部门或者乡（镇）人民政府予以警告，或者处500元以上1万元以下的罚款；违反治安管理规定的，由公安机关依法予以处理：

（一）伪造、毁灭证据的；

（二）指使、贿买、胁迫他人作伪证或者威胁、阻止证人作证的。

第三十五条 各级人民政府、土地管理部门及其工作人员有下列情形之一的，由有权机关按照管理权限给予行政或者纪律处分；情节严重，构成犯罪的，依法追究刑事责任：

（一）争议处理申请应当受理而没有受理的；

（二）承办人员应当回避而没有回避的；

（三）争议处理过程中收取费用的；

（四）违反规定的程序、期限办理土地权属争议处理案件的；

（五）其他玩忽职守、滥用职权、徇私舞弊的行为。

第五章 附 则

第三十六条 省土地管理部门可以根据国家有关规定和本省实际情况,制定土地权属确认适用规则,报省人民政府批准后施行。

第三十七条 本规定自 2007 年 10 月 1 日起施行。

(3) 国有土地上房屋征收

浙江省国有土地上房屋征收与补偿条例

(2014 年 5 月 28 日浙江省第十二届人民代表大会常务委员会第十次会议通过 根据 2020 年 9 月 24 日浙江省第十三届人民代表大会常务委员会第二十四次会议《关于修改〈浙江省房屋使用安全管理条例〉等七件地方性法规的决定》修正)

第一条 为了规范国有土地上房屋征收与补偿活动,维护公共利益,保障被征收房屋所有权人(以下简称被征收人)的合法权益,根据国务院《国有土地上房屋征收与补偿条例》(以下简称国务院房屋征收补偿条例),结合本省实际,制定本条例。

第二条 在本省行政区域内国有土地上,因公共利益需要实施房屋征收与补偿,适用本条例。

第三条 房屋征收与补偿应当遵循决策民主、程序正当、补偿公平、结果公开的原则。

第四条 设区的市、县(市、区)人民政府负责本行政区域的房屋征收与补偿工作。设区的市与市辖区人民政府的房屋征收与补偿工作职责分工,由设区的市人民政府确定。

设区的市、县(市、区)人民政府确定的房屋征收部门,组织实施本行政区域的房屋征收与补偿工作。

设区的市、县(市、区)人民政府有关部门应当依照本条例的规定和本级人民政府规定的职责分工,互相配合,保障房屋征收与补偿工作的顺利进行。

第五条 房屋征收部门可以委托房屋征收实施单位承担房屋征收与补偿的具体工作。

房屋征收实施单位不得以营利为目的,其实施房屋征收与补偿工作所需经费由财政予以保障。

房屋征收部门对房屋征收实施单位在委托范围内实施的房屋征收与补偿行为负责监督,并对其行为后果承担法律责任。

第六条 上级人民政府应当加强对下级人民政府房屋征收与补偿工作的监督。

省住房城乡建设主管部门应当会同省财政、自然资源、发展改革等有关部门,加强对房屋征收与补偿实施工作的指导。

设区的市房屋征收部门及其所属的房屋征收补偿管理机构,应当加强对县(市、区)房屋征收补偿标准的制定与执行、征收补偿信息公开等房屋征收与补偿实施工作的指导。

监察机关应当加强对参与房屋征收与补偿工作的政府、有关部门或者单位及其工作人员的监察。审计机关应当及时对征收补偿费用管理和使用情况予以审计,并公布审计结果。

第七条 符合国务院房屋征收补偿条例规定的公共利益情形、确需征收房屋的,由建设活动组织实施单位向房屋征收部门提出拟征收房屋范围,说明符合公共利益的具体情形。

发展改革、自然资源主管部门应当向房屋征收部门提供建设活动符合国民经济和社会发展规划、国土空间规划的证明文件。因保障性安居工程建设、旧城区改建需要征收房屋的,发展改革主管部门还应当提供建设活动符合国民经济和社会发展年度计划的证明文件。

房屋征收部门经审查认为房屋征收符合法律、法规规定的,报设区的市、县(市、区)人民政府。设区的市、县(市、区)人民政府认为符合公共利益、确需征收房屋的,应当根据规划用地范围和房屋实际状况确定房屋征收范围,并予以公布。

第八条 因旧城区改建需要征收房屋的,房屋征收范围确定后,房屋征收部门应当组织征询被征收人的改建意愿;百分之九十以上被征收人同意改建的,方可进行旧城区改建。

第九条 房屋征收部门应当对房屋征收范围内房屋的权属、区位、用途、建筑面积等情况组织调查登记,被征收人应当予以配合;对未经产权登记和所有权人不明确的房屋,应当提请设区的市、县(市、区)人民政府组织有关部门依法进行调查、认定和处理。调查、认定结果应当在房屋征收范围内向被征收人公布。对认定为违法建筑的,不予补偿。

房屋征收范围内有公房管理部门直管住宅公房或者单位自管住宅公房的,设区的市、县(市、区)人民政府应当组织公房管理部门和单位自管住宅公房的所有权人对承租人是否符合房改政策予以调查、认定。

公房承租人符合房改政策的,享有按照房改政策购买被征收房屋的权利。承租人按照房改政策购房后,设区的市、县(市、区)人民政府应当对其按照被征收人予以补偿。

第十条 房屋征收部门拟定征收补偿方案,报设区的市、县(市、区)人民政府。

征收补偿方案应当包括下列内容:

(一)房屋征收事由和目的;

(二)房屋征收范围和被征收房屋情况;

(三)被征收房屋价值(含房屋装饰装修价值)补偿标准;

(四)用于产权调换房屋、周转用房的基本情况和交付时间;

(五)搬迁费和临时安置费标准;

(六)停产停业损失补偿标准;

(七)补助和奖励标准;

(八)签约期限;

(九)其他事项。

前款规定的用于产权调换房屋,有条件的设区的市、县(市、区)人民政府应当安排为现房。

第十一条 设区的市、县(市、区)人民政府应当组织有关部门对征收补偿方案进行论证并予以公布,征求公众意见。征求意见期限不少于三十日。

因旧城区改建需要征收房屋,半数以上被征收人提出征收补偿方案不符合国务院房屋征收补偿条例和本条例规定的,设区的市、县(市、区)人民政府应当组织由被征收人代表和公众代表参加的听证会。听证工作由设区的市、县(市、区)人民政府确定的部门或者机构具体负责。

报名参加听证会的被征收人为十人以上的,被征收人代表由报名参加听证会的被征收人通过推举或者抽签等方式确定,确定的被征收人代表不少于十人;报名参加听证会的被征收人不足十人的,均作为被征收人代表。公众代表由人大代表、政协委员、专家以及其他公民担任。

设区的市、县(市、区)人民政府确定的部门或者机构应当提前七日将听证会的时间、地点通知被征收人代表和公众代表,必要时予以公告。听证会应当公开举行。

设区的市、县(市、区)人民政府应当将征求意见情况、听证情况和根据公众、被征收人意见修改的情况及时公布。

第十二条 设区的市、县(市、区)人民政府作出房屋征收决定前,应当按照重大决策社会稳定风险评估的有关规定,就房屋征收的合法性、合理性、可行性以及可能出现的风险进行社会稳定风险评估,并根据评估结论制定相应的风险化解措施和应急处置预案。

社会稳定风险评估结论应当作为是否作出房屋征收决定的重要依据。

第十三条 房屋征收涉及一百个以上被征收人或者符合设区的市、县(市、区)人民政府规定的其他情形的,房屋征收决定应当经政府常务会议讨论决定。

第十四条 设区的市、县(市、区)人民政府作出房屋征收决定后,应当在七日内予以公告。公告应当载明房屋征收范围、征收补偿方案和行政复议、行政诉讼权利等事项。

第十五条 对被征收房屋价值的补偿,不得低于房屋征收决定公告之日被征收房屋类似房地产的市场价格。

被征收房屋的类似房地产,是指与被征收房屋的区位、用途、权利性质、品质、新旧程度、规模、建筑结构等相同或者相似的房地产。

第十六条 被征收人可以选择货币补偿,也可以选择房屋产权调换。

被征收人选择房屋产权调换的,设区的市、县(市、区)人民政府应当提供符合建筑工程质量安全标准的房屋,并与被征收人计算、结清被征收房屋价值与用于产权调换房屋价值的差价。

第十七条 被征收房屋的价值,由具有相应资质的房地产价格评估机构评估确定。

被征收人选择房屋产权调换的,被征收房屋价值和用于产权调换房屋的价值,由同一家房地产价格评估机构以房屋征收决定公告之日为评估时点,采用相同的方法、标准评估确定。

第十八条 房地产价格评估机构由被征收人协商选定；房屋征收决定公告后十日内仍不能协商选定的，由房屋征收部门组织被征收人按照少数服从多数的原则投票确定，或者采取摇号、抽签等方式随机确定。

参加投票确定或者随机确定的候选房地产价格评估机构不得少于三家。投票确定房地产价格评估机构的，应当有过半数的被征收人参加，投票确定的房地产价格评估机构应当获得参加投票的被征收人的过半数选票。

投票确定或者随机确定房地产价格评估机构应当由公证机构现场公证。公证费用列入房屋征收成本。

房地产价格评估机构被选定或者确定后，由房屋征收部门作为委托人与其签订房屋征收评估委托合同。

第十九条 被征收人或者房屋征收部门对估价结果有异议的，应当自收到评估报告之日起十日内，向出具评估报告的房地产价格评估机构书面申请复核评估。复核评估不收取费用。

被征收人或者房屋征收部门对房地产价格评估机构的复核结果有异议的，应当自收到复核结果之日起十日内，向房地产价格评估专家委员会申请鉴定。

设区的市房地产管理部门应当组织成立评估专家委员会。评估专家委员会由房地产估价师以及价格、房产、土地、国土空间规划、法律、会计等方面的专家组成。

第二十条 房屋征收评估费用由委托人承担。房屋征收鉴定费用由申请人承担；鉴定撤销原估价结果的，鉴定费用由原房地产价格评估机构承担。

房屋征收评估、鉴定费用标准按照省价格主管部门的规定执行。

第二十一条 征收个人住宅，被征收人选择房屋产权调换的，设区的市、县（市、区）人民政府提供的用于产权调换房屋的建筑面积应当不小于被征收房屋的建筑面积，但被征收人要求小于被征收房屋建筑面积的除外。

用于产权调换房屋的建筑面积，不考虑被征收房屋的共有人数量、登记户口等因素。

第二十二条 征收个人住宅，被征收房屋建筑面积小于最低补偿建筑面积，且被征收人属于低收入住房困难家庭的，设区的市、县（市、区）人民政府应当依照下列规定优先给予住房保障：

（一）被征收人选择货币补偿的，按照最低补偿建筑面积予以补偿；

（二）被征收人选择房屋产权调换的，用于产权调换房屋的建筑面积不小于最低补偿建筑面积;被征收人对最低补偿建筑面积以内或者被征收房屋价值以内部分不支付房款,对超过最低补偿建筑面积且超过被征收房屋价值的部分按照设区的市、县(市、区)人民政府的规定支付差价。

依照前款规定对被征收人给予货币补偿的,最低补偿建筑面积计入被征收人再次申请住房保障时家庭住房建筑面积的核定范围;予以房屋产权调换的,用于产权调换房屋的建筑面积计入被征收人再次申请住房保障时家庭住房建筑面积的核定范围。

最低补偿建筑面积和低收入住房困难家庭的具体标准由设区的市、县(市、区)人民政府规定;其中,最低补偿建筑面积不小于四十五平方米。

第二十三条 被征收人选择房屋产权调换的,过渡期限为自被征收人搬迁之月起二十四个月;用于产权调换房屋为房屋征收范围内新建高层建筑的,过渡期限为自被征收人搬迁之月起三十六个月。过渡期限届满前,房屋征收部门应当交付用于产权调换房屋。过渡期限内的周转用房,被征收人可以选择自行解决,也可以选择由房屋征收部门提供。

前款规定的高层建筑,是指总层数十层以上的住宅建筑或者建筑高度超过二十四米的非住宅建筑。

第二十四条 征收住宅,被征收人自行解决周转用房的,房屋征收部门应当支付其自搬迁之月起至用于产权调换房屋交付后六个月内的临时安置费。

临时安置费按照租赁与被征收房屋面积、地段相当的住宅所需费用的平均价格确定,且不低于保障被征收人基本居住条件所需费用。具体标准由设区的市、县(市)人民政府根据当地物价水平规定,每两年公布一次。

房屋征收部门超过过渡期限未交付用于产权调换房屋的,应当自逾期之月起按照设区的市、县(市)人民政府公布的最新标准的二倍支付临时安置费。

第二十五条 房屋征收部门提供周转用房的,不支付临时安置费;但是,超过过渡期限未交付用于产权调换房屋的,除继续提供周转用房外,还应当自逾期之月起按照设区的市、县(市)人民政府公布的最新标准支付临时安置费。

房屋征收部门交付用于产权调换房屋的,被征收人应当自交付后六个月内腾退周转用房。

第二十六条 房屋征收部门超过过渡期限未交付用于产权调换房屋的,被征收人有权另行选择货币补偿方式。过渡期限届满后超过二十四个月仍未交付用于产权调换房屋的,被征收人有权要求提供其他用于产权调换房屋。

被征收人要求提供其他用于产权调换房屋的,房屋征收部门应当在六个月内交付与原用于产权调换房屋面积、地段相当的现房,并依照本条例第十六条、第十七条的规定计算、结清差价。

第二十七条 征收住宅的,房屋征收部门应当支付搬迁费,用于补偿被征收人因搬家和固定电话、网络、有线电视、空调、管道煤气等迁移造成的损失。被征收人选择房屋产权调换的,从周转用房迁往用于产权调换房屋时,房屋征收部门应当另行支付搬迁费。

搬迁费的具体标准由设区的市、县(市)人民政府根据当地物价水平规定,每两年公布一次。

第二十八条 征收非住宅房屋的,房屋征收部门应当一次性支付搬迁费、临时安置费。其中,搬迁费包括机器设备的拆卸费、搬运费、安装费、调试费和搬迁后无法恢复使用的生产设备重置费等费用。

搬迁费、临时安置费的具体标准由设区的市、县(市)人民政府规定。

第二十九条 征收非住宅房屋造成停产停业损失的,应当根据房屋被征收前的效益、停产停业期限等因素给予补偿。补偿的标准不低于被征收房屋价值的百分之五,具体标准由设区的市、县(市)人民政府规定。

生产经营者认为其停产停业损失超过依照前款规定计算的补偿费的,应当向房屋征收部门提供房屋被征收前三年的效益、纳税凭证、停产停业期限等相关证明材料。房屋征收部门应当与生产经营者共同委托依法设立的评估机构对停产停业损失进行评估,并按照评估结果支付补偿费。

生产经营者或者房屋征收部门对评估结果有异议的,应当自收到评估结果之日起十日内,向房地产价格评估专家委员会申请鉴定。鉴定费用由申请人承担;鉴定撤销原评估结果的,鉴定费用由原评估机构承担。

第三十条 被征收房屋用途按照房屋登记记载的用途确定;房屋登记未记载用途或者经自然资源主管部门依法批准改变用途但未作房屋用途变更登记的,按照自然资源主管部门批准的用途确定。

1990年4月1日《中华人民共和国城市规划法》施行前已改变房屋用途并以改变后的用途延续使用的,按照改变后的用途确定。

2010年10月1日《浙江省城乡规划条例》施行后依法临时改变用途的房屋在批准期限内被征收的,按照原用途确定,剩余期限的土地收益金予以退还。

按照改变后的用途补偿被征收人的,对被征收人给予的补偿中应当扣除被征收人依法应当补交的土地收益金。

第三十一条 房屋征收部门与被征收人依照国务院房屋征收补偿条例和本条例的规定，就补偿方式、补偿金额和支付期限、用于产权调换房屋的地点和面积、搬迁费、临时安置费或者周转用房、过渡期限、停产停业损失、搬迁期限等事项，签订补偿协议。

因旧城区改建需要征收房屋的，房屋征收部门应当与被征收人签订附生效条件的补偿协议。在征收补偿方案确定的签约期限内达到规定签约比例的，补偿协议生效；未达到规定签约比例的，补偿协议不生效，房屋征收决定效力终止。房屋征收决定效力终止的，设区的市、县（市、区）人民政府应当予以公告，并书面告知被征收人。

前款规定的签约比例由设区的市、县（市、区）人民政府规定，但不低于百分之八十。

第三十二条 除依照本条例第三十一条规定房屋征收决定效力终止以外，房屋征收部门与被征收人在征收补偿方案确定的签约期限内达不成补偿协议，或者被征收房屋所有权人不明确的，由房屋征收部门向设区的市、县（市、区）人民政府提出补偿决定方案。补偿决定方案应当包括货币补偿和房屋产权调换两种补偿方式及相应的补偿标准。

设区的市、县（市、区）人民政府应当对补偿决定方案进行审查，将补偿决定方案送达被征收人。被征收人应当自补偿决定方案送达之日起十五日内，提出意见并选择补偿方式。设区的市、县（市、区）人民政府送达补偿决定方案时应当书面告知被征收人，其逾期不选择补偿方式的，补偿方式由补偿决定确定。

第三十三条 设区的市、县（市、区）人民政府作出的补偿决定应当包括本条例第三十一条规定的补偿协议的内容。

被征收人在本条例第三十二条第二款规定的期限内未选择补偿方式的，补偿决定应当确定补偿方式。因旧城区改建征收个人住宅，补偿方式确定为房屋产权调换的，用于产权调换房屋应当为改建地段或者就近地段的房屋。

因被征收人原因无法调查、评估被征收房屋装饰装修价值的，补偿决定不包括对被征收房屋装饰装修价值的补偿。依法实施强制执行时，房屋征收部门应当对被征收房屋装饰装修情况作出勘察记录，并向公证机构办理证据保全，由房地产价格评估机构另行评估确定被征收房屋的装饰装修价值。设区的市、县（市、区）人民政府应当按照评估确定的装饰装修价值另行给予补偿。

补偿决定由设区的市、县(市、区)人民政府予以公告。

第三十四条 实施房屋征收应当依照国务院房屋征收补偿条例的规定先补偿、后搬迁。

被征收人搬迁后,房屋征收部门应当将房屋征收决定、补偿协议或者补偿决定以及被征收房屋清单提供给不动产登记机构,并告知被征收人申请被征收房屋所有权、土地使用权注销登记。被征收人未申请注销登记的,不动产登记机构应当依据房屋征收决定、补偿协议或者补偿决定办理房屋所有权、土地使用权注销登记,原权属证书收回或者公告作废。

第三十五条 单位自管住宅公房的承租人未按房改政策购房,也未与被征收人达成解除租赁关系协议的,设区的市、县(市、区)人民政府应当对被征收人实行房屋产权调换的补偿方式,用于产权调换房屋由原房屋承租人承租。

公房管理部门直管住宅公房的承租人未按房改政策购房,也未与公房管理部门达成解除租赁关系协议的,由设区的市、县(市、区)人民政府向原房屋承租人另行提供承租房屋。

设区的市、县(市、区)人民政府依照前两款规定对承租人提供承租房屋的,承租人应当腾退原承租房屋;拒不腾退的,设区的市、县(市、区)人民政府可以作出腾退决定,责令承租人限期腾退。

第三十六条 被征收人、公房承租人在法定期限内不申请行政复议或者不提起行政诉讼,在补偿决定、腾退决定规定的期限内又不搬迁、腾退的,由设区的市、县(市、区)人民政府依法申请人民法院强制执行。

第三十七条 设区的市、县(市、区)人民政府及房屋征收部门有下列情形之一的,由上级人民政府或者本级人民政府责令改正,通报批评;造成损失的,依法承担赔偿责任;对直接负责的主管人员和其他直接责任人员,依法给予处分:

(一)不符合公共利益情形或者违反本条例规定的程序作出房屋征收决定的;

(二)违反本条例规定确定房地产价格评估机构的;

(三)违反本条例规定签订补偿协议的;

(四)违反本条例规定作出补偿决定的;

(五)未按照补偿协议或者补偿决定给予补偿的;

(六)违反本条例第二十六条规定不给予货币补偿或者逾期不提供现房的。

第三十八条 本条例规定的被征收人数量和签约比例按户计算。被征收人以合法有效的房屋产权证或者经调查、认定出具的产权认定书计户。

本条例第十四条、第三十一条和第三十三条规定的公告应当在房屋征收范围内的住宅小区主要出入口、公告栏等醒目位置张贴,通过政府门户网站、报纸等媒体发布。

第三十九条 本条例自 2014 年 10 月 1 日起施行。《浙江省城市房屋拆迁管理条例》同时废止。

金华市市区国有土地上房屋征收与补偿办法

(2021 年 12 月 6 日金华市人民政府令第 62 号公布)

第一章 总 则

第一条 为了规范市区行政区域内国有土地上房屋征收与补偿活动,维护公共利益,保障被征收房屋所有权人(以下简称被征收人)的合法权益,根据国务院《国有土地上房屋征收与补偿条例》《浙江省国有土地上房屋征收与补偿条例》以及有关法律、法规的规定,结合市区实际,制定本办法。

第二条 在金华市婺城区、金东区行政区域内国有土地上,因公共利益需要实施房屋征收与补偿,适用本办法。

第三条 房屋征收与补偿应当遵循决策民主、程序正当、补偿公平、结果公开的原则。

第四条 婺城区、金东区人民政府负责本行政区域内的国有土地上房屋征收与补偿工作。

重大或者跨区域的建设活动涉及的国有土地上房屋征收与补偿工作,由市人民政府负责或者由市人民政府指定建设活动涉及的区人民政府负责。

金华经济技术开发区管理委员会受市人民政府或者婺城区人民政府委托,负责组织实施本辖区内的国有土地上房屋征收与补偿工作。

第五条 住房城乡建设主管部门是本行政区域内国有土地上房屋征收与

补偿工作的主管部门,负责对本行政区域内国有土地上房屋征收与补偿工作进行业务指导和实施监督管理。

市、区人民政府确定的房屋征收部门(以下称房屋征收部门)具体负责组织实施本行政区域内国有土地上房屋征收与补偿工作。

发展改革、经济和信息化、教育、公安、民政、财政、自然资源和规划、审计、市场监督管理、综合行政执法、税务等部门,应当按照各自职责做好国有土地上房屋征收与补偿的相关工作。

第六条 房屋征收部门可以委托房屋征收实施单位承担下列房屋征收与补偿的具体工作:

(一)对征收范围内的房屋及其附属设施进行登记;

(二)与被征收人就房屋征收补偿进行协商;

(三)组织被征收人选取房地产价格评估机构;

(四)依法组织拆除被征收的房屋及其附属设施;

(五)房屋征收部门委托的其他房屋征收补偿工作。

房屋征收实施单位不得以营利为目的,其在受委托范围内实施房屋征收与补偿工作所需经费由财政予以保障。

房屋征收部门对房屋征收实施单位在委托范围内实施的房屋征收与补偿行为负责监督,并对其行为后果承担法律责任。

第二章 征 收 决 定

第七条 为了保障国家安全、促进国民经济和社会发展等公共利益的需要,有下列情形之一,确需征收房屋的,由市、区人民政府作出房屋征收决定:

(一)国防和外交的需要;

(二)由政府组织实施的能源、交通、水利等基础设施建设的需要;

(三)由政府组织实施的科技、教育、文化、卫生、体育、环境和资源保护、防灾减灾、文物保护、社会福利、市政公用等公共事业的需要;

(四)由政府组织实施的保障性安居工程建设的需要;

(五)由政府依照城乡规划法有关规定组织实施的对危房集中、基础设施落后等地段进行旧城区改建的需要;

(六)法律、行政法规规定的其他公共利益的需要。

非因前款所列情形,不得对国有土地上房屋进行征收。

第八条 符合本办法第七条规定的公共利益情形,确需征收房屋的,由建设活动组织实施单位向所在地房屋征收部门提出申请,并提交下列材料:

(一)拟征收房屋范围;

(二)符合公共利益具体情形的说明;

(三)征收补偿资金和产权调换情况的说明。

第九条 房屋征收部门收到房屋征收申请后,应当书面征求发展改革、自然资源和规划等有关部门的意见。

建设活动符合国民经济和社会发展规划、国土空间规划的,有关部门应当按照下列规定向房屋征收部门提供证明文件;不符合的,应当书面说明理由:

(一)发展改革主管部门提供建设活动符合国民经济和社会发展规划的证明文件;因保障性安居工程建设、旧城区改建需要征收房屋的,还应当提供建设活动符合国民经济和社会发展年度计划的证明文件;

(二)自然资源和规划主管部门提供建设活动符合国土空间规划的证明文件。

第十条 房屋征收部门经审查,认为房屋征收符合法律、法规和本办法规定的,应当根据规划用地范围和房屋实际状况拟定房屋征收范围,报本级人民政府。

市、区人民政府认为符合公共利益、确需征收房屋的,应当确定房屋征收范围,并在房屋征收范围内和《金华日报》或者政府网站发布房屋征收预公告。房屋征收预公告有效期一年。

第十一条 房屋征收范围确定后,不得在房屋征收范围内实施新建、扩建、改建房屋和改变房屋用途等不当增加补偿费用的行为;违反规定实施的,不予补偿。

房屋征收部门应当在房屋征收预公告发布当日,书面通知发展改革、民政、自然资源和规划、住房城乡建设、市场监督管理、税务等部门,依法暂停办理房屋征收范围内下列手续:

(一)新建、扩建、改建房屋及其附属物;

(二)改变房屋和土地用途;

(三)房屋权属分割、过户或者抵押;

(四)房屋装饰装修;

(五)新增市场主体设立登记或者其他社会组织登记;

（六）其他可能导致不当增加补偿费用的行为。

暂停办理相关手续的书面通知应当载明暂停期限。暂停期限自房屋征收预公告发布之日起不得超过一年。

第十二条 因旧城区改建需要征收房屋的，房屋征收范围确定后，房屋征收部门应当组织征询被征收人的改建意愿；百分之九十以上被征收人同意改建的，方可进行旧城区改建。

同意改建的被征收人未达到百分之九十的，发布房屋征收预公告的人民政府应当在房屋征收范围内和政府网站发布房屋征收预公告失效公告，并在发布公告当日书面通知有关部门恢复办理相关手续。

第十三条 房屋征收部门应当对房屋征收范围内的房屋、被征收人情况组织调查登记，确定相关文书的送达地址、受送达人及联系方式等，被征收人、房屋承租人应当予以配合。调查登记内容包括：

（一）被征收人基本情况；

（二）房屋的地址、权属、用途、结构、建筑面积等情况；

（三）房屋所占土地的权属、用途、面积等情况；

（四）房屋装饰装修、附属设施、附属物情况；

（五）未经登记建筑和临时建筑等情况；

（六）房屋出租、抵押、查封情况；

（七）被征收人拟选择的补偿方式；

（八）征收范围内及就近地段房屋交易价格情况；

（九）因房屋征收造成停产停业损失等情况；

（十）被征收人是否符合住房保障条件的情况；

（十一）其他需要调查登记的情况。

公安、自然资源和规划、市场监督管理、综合行政执法、税务等部门以及不动产登记、档案管理等机构，应当按照各自职责向房屋征收部门提供被征收人或者房屋承租人户籍、市场主体设立登记、纳税、不动产登记、历史资料等信息。

第十四条 未经产权登记的房屋，房屋征收部门应当提请本级人民政府组织自然资源和规划、住房城乡建设、综合行政执法等部门依法进行调查、认定和处理。对未经产权登记房屋的调查、认定和处理的具体办法由市人民政府另行制定。

第十五条 被征收房屋的用途和建筑面积，以不动产权属证书和不动产登记簿的记载为准。不动产权属证书与不动产登记簿记载不一致的,除有充分证据证明不动产登记簿确有错误外,以不动产登记簿为准。

房屋登记未记载用途的,按照自然资源和规划主管部门批准的用途确定。

第十六条 经依法批准改变用途但未作房屋用途变更登记的,按照自然资源和规划主管部门批准的用途确定。

1990年4月1日《中华人民共和国城市规划法》施行前已改变房屋用途并以改变后的用途延续使用的,按照改变后的用途确定。

1990年4月1日《中华人民共和国城市规划法》施行后未经依法批准擅自改变房屋用途的,按原房屋用途认定。

2010年10月1日《浙江省城乡规划条例》施行后依法临时改变用途的房屋被征收的,按照原房屋用途确定,剩余期限的土地收益金予以退还。

按照改变后的用途补偿被征收人的,对给予被征收人的补偿中应当扣除被征收人依法应当补交的土地收益金。

第十七条 被征收人不配合调查登记的,房屋征收部门依法进行证据保全后,可以通过查阅不动产权属登记档案、现场勘测等方式进行调查登记。

第十八条 房屋征收部门应当将房屋调查、认定结果在房屋征收范围内向被征收人公布,公布时间不少于五日。

被征收人对房屋调查、认定结果有异议的,作出房屋征收预公告的人民政府应当组织有关部门及时复核、处理。

第十九条 房屋征收范围内房屋权属、用途、面积等调查结束后,房屋征收部门应当编制房屋征收项目费用预算,对房屋征收费用进行测算。

第二十条 房屋征收部门应当根据被征收房屋调查登记结果和房屋征收项目费用预算拟定房屋征收补偿方案,报本级人民政府。

房屋征收补偿方案应当包括下列内容:

(一)房屋征收事由和目的;

(二)房屋征收范围和被征收房屋情况;

(三)补偿方式;

(四)被征收房屋价值(含房屋装饰装修价值)补偿及其标准;

(五)搬迁费和临时安置费补偿及其标准;

(六)停产停业损失补偿及其标准;

(七)补助和奖励标准;

（八）用于产权调换房屋、周转用房的基本情况和交付时间；

（九）临时安置的过渡方式、过渡期限；

（十）签约期限、搬迁期限、奖励期限；

（十一）达不成补偿协议的解决方式；

（十二）其他需要明确的事项。

旧城区改建房屋征收补偿方案还应当包括房屋征收补偿协议生效的签约比例。

本条第一款规定的签约期限、搬迁期限、奖励期限应当按照被征收人的户数合理确定。

第二十一条 发布房屋征收预公告的人民政府应当组织发展改革、财政、自然资源和规划、住房城乡建设等部门对房屋征收补偿方案进行论证，并形成书面论证结论。

发布房屋征收预公告的人民政府应当在房屋征收范围内和政府网站将房屋征收补偿方案予以公示，并征求公众意见。征求意见期限不少于三十日。

对征收补偿方案有异议的被征收人，应当在公示期内持本单位组织证明或者本人身份证明和不动产权属证明向房屋征收部门提出意见。

发布房屋征收预公告的人民政府应当在公示期届满后的二十日内，将征求意见情况和根据被征收人、公众意见对房屋征收补偿方案进行修改的情况，在房屋征收范围内和政府网站予以公布。

第二十二条 因旧城区改建征收房屋的，半数以上被征收人提出征收补偿方案不符合国务院《国有土地上房屋征收与补偿条例》《浙江省国有土地上房屋征收与补偿条例》和本办法规定的，发布房屋征收预公告的人民政府应当公开举行由被征收人代表和公众代表参加的听证会。听证会按照《浙江省国有土地上房屋征收与补偿条例》第十一条第二款至第四款的规定组织实施。

发布房屋征收预公告的人民政府应当在举行听证后的二十日内将征求意见情况、听证情况和根据被征收人、公众意见对房屋征收补偿方案进行修改的情况在房屋征收范围内和政府网站予以公布。

第二十三条 发布房屋征收预公告的人民政府作出房屋征收决定前，应当组织房屋征收部门和有关部门，按照重大决策事项社会稳定风险评估的有关规定，对房屋征收的合法性、合理性、可行性以及可能出现的风险及其可控程度进行社会稳定风险评估，并根据评估结论制定相应的风险化解措施和应急处置预案。

社会稳定风险评估结论应当作为是否作出房屋征收决定的重要依据。对存在重大社会稳定风险的，在未有效化解或者未落实可行的化解措施前，不得作出房屋征收决定。

第二十四条 发布房屋征收预公告的人民政府作出房屋征收决定前，房屋征收补偿资金应当足额到位、专款专用。产权调换房屋（含期房）可以折价计入。

房屋征收补偿资金应当专户存储，按项目管理、核算，并直接支付给被征收人、承租人。

财政、审计部门应当依法对房屋征收补偿资金使用情况进行监督和审计。

第二十五条 市、区人民政府作出房屋征收决定前，应当对征收补偿方案、公开征求意见情况、听证情况、社会稳定风险评估结论、征收补偿资金到位情况、产权调换房源落实情况等进行审查，认为征收程序合法、征收补偿方案合理、社会稳定风险可控的，方可作出房屋征收决定。

房屋征收涉及一百个以上被征收人的，房屋征收决定应当经政府常务会议讨论决定。

第二十六条 市、区人民政府作出房屋征收决定后，应当自作出决定之日起七日内，将房屋征收决定在房屋征收范围内和《金华日报》或者政府网站予以公告。公告应当载明房屋征收范围、征收补偿方案和行政复议、行政诉讼权利等事项。

房屋征收部门应当在房屋征收决定公告当日将房屋征收决定抄送发展改革、公安、自然资源和规划、住房城乡建设、市场监督管理、税务等相关部门。

第三章 征 收 评 估

第二十七条 本章所称的房屋征收评估，包括被征收房屋（含国有土地使用权）、构筑物、附属物和室内装饰装修价值、机器设备物资搬迁费用、停产停业损失以及房屋产权调换安置房价值等评估事项。

第二十八条 被征收房屋（含国有土地使用权）、构筑物、附属物、室内装饰装修和产权调换安置房屋的价值，应当由经依法备案的具有相应资质的房地产价格评估机构评估确定。

被征收人选择房屋产权调换的，被征收房屋价值和用于产权调换房屋的价值,应当由同一家房地产价格评估机构以房屋征收决定公告之日为评估时点,采用相同的方法、标准评估确定。

第二十九条　房屋征收部门应当在发布房屋征收决定公告的当日,将房地产价格评估机构的选定方式等相关事项在房屋征收范围内予以公布,并告知被征收人有协商选定房地产价格评估机构的权利和协商选定房地产价格评估机构的期限。

被征收人协商选定房地产价格评估机构的期限为十日,自房屋征收决定公告发布的次日开始计算。经协商,产生有四分之三以上的被征收人共同签字认可的房地产价格评估机构的,视为共同协商选定。

被征收房屋所在地的居民委员会可以组织被征收人协商选择房地产价格评估机构。

第三十条　被征收人在协商期限内自行协商不成的,房屋征收部门应当组织被征收人按照少数服从多数的原则投票确定,或者采取摇号、抽签等随机方式选定房地产价格评估机构。

采取投票确定或者摇号、抽签等随机方式选定房地产价格评估机构的,候选的房地产价格评估机构不得少于三家,并通过公开报名的方式确定。房屋征收部门应当提前三日在房屋征收范围内公告公开选定的时间、地点和候选房地产价格评估机构名单。

投票确定房地产价格评估机构的,应当有过半数的被征收人参加,投票确定的房地产价格评估机构应当获得参加投票的被征收人的过半数选票。

投票确定或者采取摇号、抽签等随机方式选定房地产价格评估机构,应当由公证机构对选定过程和结果进行现场公证。公证费用列入房屋征收成本。

第三十一条　房屋征收部门应当自房地产价格评估机构确定或者选定之日起二个工作日内,将确定或者选定的房地产价格评估机构名单予以公告,并作为委托人,与房地产价格评估机构签订房屋征收评估委托合同,承担房屋征收评估费用。

房屋征收评估前,房屋征收部门应当全面、客观地向受委托的房地产价格评估机构提供征收范围内房屋情况,包括已经登记的房屋情况和未经登记建筑的认定、处理结果情况,不得遗漏、虚构。

第三十二条　房地产价格评估机构应当按照房屋征收评估委托合同的约定向房屋征收部门提供分户初步评估结果。分户初步评估结果应当包括评估对象的构成及其基本情况和评估价值。

房屋征收部门应当将分户初步评估结果在征收范围内向被征收人公示。公示期限不得少于十日。

公示期间,房地产价格评估机构应当安排注册房地产估价师对分户初步评估结果进行现场说明解释。存在错误的,房地产价格评估机构应当修正。

第三十三条 分户初步评估结果公示期满后,房地产价格评估机构应当向房屋征收部门提供委托评估范围内被征收房屋的整体评估报告和分户评估报告。

房屋征收部门应当将分户评估报告转交被征收人,由被征收人签收;被征收人拒不签收的,按照《中华人民共和国民事诉讼法》关于送达的规定执行。

第三十四条 被征收人或者房屋征收部门对估价结果有异议的,应当自收到评估报告之日起十日内,向出具评估报告的房地产价格评估机构书面申请复核评估。复核评估不收取费用。

原房地产价格评估机构应当自收到书面复核评估申请之日起十日内对评估结果进行复核。复核后,改变原评估结果的,应当重新出具评估报告;评估结果没有改变的,应当书面告知复核评估申请人。

第三十五条 被征收人或者房屋征收部门对房地产价格评估机构的复核结果有异议的,应当自收到复核结果之日起十日内,向房地产价格评估专家委员会申请鉴定。

房地产价格评估专家委员会应当自收到鉴定申请之日起十日内对评估报告进行审查,出具鉴定结论。鉴定结论撤销原评估结果的,原房地产价格评估机构应当重新出具评估报告。

鉴定费用由鉴定申请人承担;鉴定撤销原评估结果的,鉴定费用由原房地产价格评估机构承担。

市住房城乡建设主管部门应当成立由注册房地产估价师以及价格、房地产、土地、国土空间规划、法律、会计等方面的专家组成的房地产价格评估专家委员会。

第四章 征收补偿

第三十六条 作出房屋征收决定的人民政府应当对被征收人给予补偿,补偿内容应当包括:

（一）被征收房屋价值补偿；

（二）因征收房屋造成的搬迁补偿；

（三）因征收房屋造成的临时安置补偿；

（四）因征收房屋造成的停产停业损失补偿。

被征收房屋价值中包括房屋装饰装修价值以及附属于该房屋的国有土地使用权的价值。

被征收人在签约期限内签定房屋征收补偿协议，在搬迁期限内搬迁腾空房屋的，作出房屋征收决定的人民政府应当给予被征收人补助奖励。补助和奖励办法由市人民政府另行制定。

第三十七条 对被征收房屋价值的补偿，不得低于房屋征收决定公告之日被征收房屋类似房地产的市场价格。

前款所称的被征收房屋的类似房地产，是指与被征收房屋的区位、用途、权利性质、品质、新旧程度、规模、建筑结构等相同或者相似的房地产。

第三十八条 被征收人可以选择货币补偿，也可以选择房屋产权调换；对不具备产权调换条件的非住宅房屋应当实行货币补偿。但是，本办法第五十条规定的情形除外。

被征收人选择房屋产权调换的，作出房屋征收决定的人民政府应当提供符合建筑工程质量安全标准的房屋，并与被征收人计算、结清被征收房屋价值与用于产权调换房屋价值的差价。

第三十九条 征收个人住宅，被征收房屋建筑面积小于最低补偿建筑面积，且被征收人属于低收入住房困难家庭的，作出房屋征收决定的人民政府应当依照下列规定优先给予住房保障：

（一）被征收人选择货币补偿的，按照最低补偿建筑面积予以补偿；

（二）被征收人选择房屋产权调换的，用于产权调换房屋的建筑面积不小于最低补偿建筑面积；被征收人对最低补偿建筑面积以内或者被征收房屋价值以内部分不支付房款，对超过最低补偿建筑面积且超过被征收房屋价值的部分按照市场评估价的一定比例支付房款。

依照前款规定给予补偿的，货币补偿或者房屋产权调换的建筑面积，计入被征收人再次申请住房保障时家庭住房建筑面积的核定范围。房屋征收部门应当将相关情况抄送市住房保障部门。

金华市区最低补偿建筑面积不小于四十五平方米。市人民政府可以根据本行政区域内居民生活水平和居住条件的变化情况，适时予以调整，向社会公布执行。

低收入住房困难家庭的具体标准按照市、区低收入住房困难家庭认定的有关规定执行。

第四十条 被征收人选择房屋产权调换的，过渡期限为自被征收人搬迁之月起二十四个月；用于产权调换房屋为房屋征收范围内新建高层建筑的，过渡期限为自被征收人搬迁之月起三十六个月。被征收房屋为公共租赁住房、出租的公房管理部门直管公房或者单位自管公房的，过渡期限自承租人搬迁之月起计算。过渡期限届满前，房屋征收部门应当交付用于产权调换房屋。

前款规定的高层建筑，是指总层数十层以上的住宅建筑或者建筑高度超过二十四米的非住宅建筑。

过渡期限内的周转用房，被征收人可以选择自行解决，也可以选择由房屋征收部门提供。

第四十一条 征收住宅，被征收人选择房屋产权调换的，房屋征收部门应当依照下列规定向被征收人支付临时安置费：

（一）被征收人自行解决周转用房的，房屋征收部门应当支付其自搬迁之月起至用于产权调换房屋交付后六个月内的临时安置费；房屋征收部门超过过渡期限未交付用于产权调换房屋的，应当自逾期之月起按照市人民政府公布的最新标准的两倍支付临时安置费；

（二）房屋征收部门提供周转用房的，不支付临时安置费；但是，超过过渡期限未交付用于产权调换房屋的，除继续提供周转用房外，还应当自逾期之月起按照市人民政府公布的最新标准支付临时安置费。

房屋征收部门交付用于产权调换房屋的，被征收人应当自交付后六个月内腾退周转用房。

临时安置费的具体标准由市人民政府根据物价水平规定，每两年公布一次。

第四十二条 房屋征收部门超过过渡期限未交付用于产权调换房屋的，被征收人有权另行选择货币补偿方式。过渡期限届满超过二十四个月仍未交付用于产权调换房屋的，被征收人有权要求提供其他用于产权调换房屋。

被征收人选择货币补偿的，房屋征收部门应当与被征收人另行签订货币补偿协议，货币补偿金额应当以征收决定公告之日被征收房屋的市场评估价为准。

被征收人要求提供其他用于产权调换房屋的,房屋征收部门应当在六个月内交付与原用于产权调换房屋面积、地段相当的现房,并参照原产权调换房屋评估比准价格和本办法的有关规定结算差价。

第四十三条 征收住宅房屋的,房屋征收部门应当支付搬迁费,用于补偿被征收人因搬家和固定电话、网络、有线电视、空调等迁移造成的损失。被征收人选择房屋产权调换的,房屋征收部门应当向被征收人支付两次搬迁费。

搬迁费的具体标准由市人民政府根据物价水平规定,每两年公布一次。

第四十四条 征收非住宅房屋的,房屋征收部门应当一次性支付搬迁费、临时安置费。其中,搬迁费包括机器设备的拆卸费、搬运费、安装费、调试费和搬迁后无法恢复使用的生产设备重置费等费用。

搬迁费、临时安置费的具体标准由市人民政府规定。

第四十五条 征收非住宅房屋造成停产停业损失的,按照被征收房屋价值的百分之五给予补偿。

生产经营者认为停产停业损失超过前款规定的补偿费,应当向房屋征收部门提供房屋被征收前三年的效益、纳税凭证、停产停业期限等相关证明材料。房屋征收部门应当与生产经营者共同委托依法设立的评估机构对停产停业损失进行评估,并按照评估结果支付补偿费。

生产经营者或者房屋征收部门对评估结果有异议的,应当自收到评估结果之日起十日内,向房地产价格评估专家委员会申请鉴定。鉴定费用由申请人承担;鉴定撤销原评估结果的,鉴定费用由原评估机构承担。

第四十六条 房屋征收部门与被征收人应当依照国家和省以及本办法的有关规定,就补偿方式、补偿金额和支付期限、用于产权调换房屋的地点和面积、搬迁费、临时安置费或者周转用房、过渡期限、停产停业损失、搬迁期限等事项,签订补偿协议。

补偿协议签订后,一方当事人不履行补偿协议约定的义务的,另一方当事人可以依法提起诉讼。

房屋征收部门应当将补偿协议在房屋征收范围内向被征收人公开,并报市住房城乡建设主管部门备案。补偿协议的签订、公开、备案实行信息化管理,补偿协议格式文本由市住房城乡建设主管部门统一监制。

第四十七条 因旧城区改建需要征收房屋的,房屋征收部门应当与被征收人签订附生效条件的补偿协议。在征收补偿方案确定的签约期限内达到百分之八十以上的签约比例的,补偿协议生效;未达到百分之八十的签约比例的,补偿协议不生效,房屋征收决定效力终止。

按照前款规定房屋征收决定效力终止的,作出房屋征收决定的人民政府应当在房屋征收范围内和政府网站予以公告,并书面告知被征收人。

房屋征收部门应当及时将房屋征收决定效力终止公告内容书面告知有关部门。

第四十八条 除依照本办法第四十七条规定房屋征收决定效力终止以外,房屋征收部门与被征收人在征收补偿方案确定的签约期限内达不成补偿协议,或者被征收房屋所有权人不明确的,由房屋征收部门向本级人民政府提出补偿决定方案。补偿决定方案应当包括货币补偿和房屋产权调换两种补偿方式及相应的补偿标准。

前款所称的被征收房屋所有权人不明确包括以下情形:

(一)无合法证明材料确认房屋产权合法所有人的;

(二)产权人下落不明的;

(三)产权人死亡,无继承人继承或者继承人不明确的;

(四)因权属纠纷正在诉讼、仲裁且尚未经合法生效裁判文书确认的;

(五)其他无法确定房屋所有权人的情形。

作出房屋征收决定的人民政府应当对补偿决定方案进行审查,将补偿决定方案送达被征收人。被征收人应当自补偿决定方案送达之日起十五日内,提出意见并选择补偿方式。作出房屋征收决定的人民政府送达补偿决定方案时应当书面告知被征收人,其逾期不选择补偿方式的,补偿方式由补偿决定确定。

第四十九条 市或者区人民政府作出的补偿决定应当包括本办法第四十六条规定的补偿协议的内容。

被征收人在本办法第四十八条第三款规定的期限内未选择补偿方式的,补偿决定应当确定补偿方式。因旧城区改建征收个人住宅,补偿方式确定为房屋产权调换的,用于产权调换房屋应当为改建地段或者就近地段的房屋。

因被征收人原因无法调查、评估被征收房屋装饰装修价值的,补偿决定不包括对被征收房屋装饰装修价值的补偿。依法实施强制执行时,房屋征收部门应当对被征收房屋装饰装修情况作出勘察记录,并向公证机构办理证据保全,由房地产价格评估机构另行评估确定被征收房屋装饰装修价值,并按照评估确定的装饰装修价值另行给予补偿。

市或者区人民政府作出补偿决定后,应当及时在房屋征收范围内和政府网站予以公告,并将补偿决定送达被征收人。被征收人对补偿决定不服的,可以依法申请行政复议,也可以依法提起行政诉讼。

第五十条 被征收房屋属于单位自管住宅公房的,在租赁关系存续期间,被征收人未与承租人达成解除租赁协议的,作出房屋征收决定的人民政府应当对被征收人实行房屋产权调换的补偿方式。用于产权调换的房屋由原房屋承租人承租。

被征收房屋属于公共租赁住房、公房管理部门直管住宅公房的,在租赁关系存续期间,被征收人未与承租人达成解除租赁协议但符合房屋承租规定的,由作出房屋征收决定的人民政府另行提供承租房。

作出房屋征收决定的人民政府依照前两款规定对承租人提供承租房屋的,承租人应当腾退原承租房屋;拒不腾退的,作出房屋征收决定的人民政府可以作出腾退决定,责令承租人限期腾退。

第五十一条 实施房屋征收应当先补偿、后搬迁。

作出房屋征收决定的人民政府对被征收人给予补偿后,被征收人应当在补偿协议约定或者补偿决定确定的搬迁期限内完成搬迁。

任何单位和个人不得采取暴力、威胁或者违反规定中断供水、供热、供气、供电和道路通行等非法方式迫使被征收人搬迁。禁止建设活动组织实施单位参与搬迁活动。

第五十二条 被征收人搬迁后,房屋征收部门应当将房屋征收决定、补偿协议或者补偿决定以及被征收房屋清单提供给不动产登记机构,并告知被征收人申请被征收房屋所有权、土地使用权注销登记。

被征收人可以自行申请被征收房屋所有权、土地使用权注销登记,也可以与房屋征收部门在补偿协议中约定,由房屋征收部门代为申请被征收房屋所有权、土地使用权注销登记。被征收人既未自行申请注销登记,也未约定由房屋征收部门代为申请注销登记的,不动产登记机构应当依据房屋征收决定、补偿协议或者补偿决定办理房屋所有权、土地使用权注销登记,原权属证书收回或者公告作废。

第五十三条 被征收人、公房承租人在法定期限内不申请行政复议或者不提起行政诉讼,在补偿决定、腾退决定规定的期限内又不搬迁、腾退的,作出房屋征收决定的人民政府应当在法定起诉期限届满后催告被征收人、公房承租人履行搬迁、腾退义务。催告书送达十日后,被征收人、公房承租人仍未履行搬迁、腾退义务的,应当自被征收人、公房承租人的法定起诉期限届满之日起三个月内依法申请人民法院强制执行。

第五章 附 则

第五十四条 违反本办法规定的行为,依照国务院《国有土地上房屋征收与补偿条例》《浙江省国有土地上房屋征收与补偿条例》的有关规定追究法律责任。

第五十五条 本办法规定的被征收人数量和签约比例按户计算。被征收人以合法有效的房屋产权证或者经调查、认定出具的产权认定书计户。

第五十六条 本办法自2022年2月1日起施行。2014年9月12日金华市人民政府发布的《金华市区国有土地上房屋征收与补偿实施意见(试行)》同时废止。本办法施行前,已依法作出房屋征收决定的,按照原规定执行。

金华市住房和城乡建设局关于贯彻实施《金华市市区国有土地上房屋征收与补偿办法》的若干意见

(金市建〔2022〕111号)

婺城区、金东区政府、金华开发区管委会、市级相关部门:

为进一步规范市区国有土地上房屋征收补偿相关工作,维护群众合法权益,依据国家、省、市国有土地上房屋征收与补偿相关规定,经市政府批准,现就市区国有土地上房屋征收与补偿工作中有关事项通知如下:

一、非住宅搬迁费和临时安置费

非住宅搬迁费、临时安置费的具体标准参照同级人民政府每两年公布的住宅搬迁费、临时安置费标准执行。搬迁过程中涉及机器设备的拆卸费、搬运费、安装费、调试费和搬迁后无法恢复使用的生产设备重置费等费用由依法选定的评估机构进行评估，并按照评估结果支付补偿费用。

二、房屋征收补助奖励

市、区房屋征收部门制定的项目征收补助奖励办法经市住房和城乡建设部门审核同意后，在项目征收补偿方案中明确。

三、标准容积率

标准容积率指房屋建设时城乡规划主管部门批准的规定容积率。未规定容积率的按照以下容积率确定，办公、商业用房1.5，住宅用房1.3，工业用房0.5，其它用房1.5。

四、土地类型差价

（一）土地类型差价收取范围。

房屋征收范围内，被征收人使用的土地有以下情形之一的，对被征收人补偿时，应扣除被征收人依法应当补交的土地类型差价：

1. 使用国有行政划拨土地的；

2. 对以特殊政策取得国有出让土地的；

3. 被征收人使用行政划拨或出让土地并认定改变原用途，按认定用途确定补偿标准的。

（二）土地类型差价收取标准。

1. 使用国有行政划拨土地并按批准用途使用的，按出让评估的市场价与划拨权益价的差价收取土地出让金。

2. 对以特殊政策取得国有出让土地的，按土地管理部门相关规定执行。

3. 经认定改变批准用途使用行政划拨土地的，按认定用途的出让市场价与原用途划拨权益价的差价收取土地收益金。

4. 经认定改变批准用途使用出让土地的，按认定用途与原批准用途的出让市场价差额收取土地收益金。

5. 征收国有行政划拨土地上房改房、集资房，参照市区现行房改房、集资房补办出让手续时出让住宅用地价格评估标准收取土地出让金。

6. 征收1988年12月29日前取得国有行政划拨土地使用权的城镇个人住宅，参照房改房补交政策收取土地出让金。

五、契税优惠

土地、房屋被征收，重新承受土地、房屋权属，选择货币补偿的，对成交价格不超出货币补偿部分免征契税，对超出部分减半征收契税；选择房屋产权调换、土地使用权置换且不支付差价的，免征契税，支付差价的，对差价部分减半征收契税。

六、子女入学

因房屋征收，被征收人凭房屋征收补偿协议和征收部门审核证明，在5年内可在原学区办理子女入学手续。

本意见有效期五年，自2022年6月20日施行。

金华市住房和城乡建设局
2022 年 5 月 19 日

金华市住房和城乡建设局关于印发《金华市市区国有土地上房屋征收调查认定办法》的通知

（金市建〔2022〕112 号）

婺城区、金东区政府、金华开发区管委会、市级相关部门：

为进一步做好市区国有土地上房屋征收调查认定工作，经市政府同意，现将《金华市市区国有土地上房屋征收调查认定办法》印发给你们，请认真贯彻执行。

金华市住房和城乡建设局
2022 年 5 月 19 日

金华市市区国有土地上房屋征收调查认定办法

为规范市区国有土地上房屋征收范围内未经登记房屋、未明确用途房屋土地和未经批准改变登记用途房屋的调查认定工作，维护公共利益，保障被征收人合法权益，根据《中华人民共和国城乡规划法》《国有土地上房屋征收与补偿条例》《浙江省国有土地上房屋征收与补偿条例》和《金华市市区国有土地上房屋征收与补偿办法》等相关法律法规规章的规定，结合市区实际，制定本办法。

一、调查认定主体

对未经登记房屋、未明确用途房屋土地和未经批准改变用途房屋的调查、认定工作，由公布房屋征收预公告的人民政府组织自然资源和规划、住房和城乡建设、综合行政执法、市场监督管理、税务等部门以及属地乡镇（街道）成立征收认定工作组，依法进行认定。

房屋征收部门负责前期调查取证工作。

二、工作原则

市区国有土地上房屋征收范围内调查、认定工作，应当遵循"尊重历史、实事求是、程序合法、结果公开"的原则。

三、未经登记房屋调查认定标准

（一）未经登记房屋符合下列情形之一的，可认定为合法房屋。

1. 1984 年 1 月 5 日国务院《城市规划条例》施行前已经建造的房屋。

2. 1984 年 1 月 5 日国务院《城市规划条例》施行后至 1990 年 4 月 1 日《中华人民共和国城市规划法》施行前建造的房屋，当事人能够提供下列证明材料之一的：

（1）土地权属证明或建设用地批准文件；

（2）建设许可证，并按许可范围建造的；

（3）乡（镇）人民政府、街道办事处建房批准文件或者其他有关部门的建房批准文件。

3. 1990 年 4 月 1 日《中华人民共和国城市规划法》施行后已领取建设工程规划许可证并按许可范围建造的房屋。

4. 经所在地县级以上人民政府批准的其它需要认定房屋。

（二）认定结果应当包括房屋所有权人、建筑面积、规划用途、房屋结构、土地性质及用途。

（三）按照认定结果补偿被征收人的，对有《房屋所有权证》或《国有土地使用权证》之一的，按征收评估价值95%予以补偿；无《房屋所有权证》和《国有土地使用权证》的，按征收评估价值的82%予以补偿。

四、未明确用途房屋土地的认定

（一）房屋、土地登记未记载用途或者经城乡规划、土地管理部门依法批准永久改变用途但未作变更登记的,按照城乡规划、土地管理等部门批准的用途认定。

(二)房屋、土地登记用途为综合用途的,按照城乡规划、土地管理等部门批准用途认定。

五、未经批准改变房屋用途认定

按照《金华市市区国有土地上房屋征收与补偿办法》规定执行。车库、架空层、阁楼、储藏室等附属用房不作改变用途认定。

六、认定程序

(一)被征收人应当向房屋征收部门提出书面申请,并提交相关的证据资料。

(二)房屋征收部门调查、收集、整理相关认定资料,包括历史档案资料、测绘资料以及被征收人提供的证据资料。

1. 未经登记房屋建筑面积由房屋征收部门委托有相应资质的测绘单位测量建筑面积。

2. 改变为商业零售用房的面积,是指实际用于营业的使用面积,不包括墙体、楼梯、过道、仓储、办公间、起居间、卫生间等非用于经营性活动所占用的面积和公摊面积。实际营业面积由房屋征收部门实地测量。

(三)征收认定工作组根据房屋征收部门整理的认定材料依法进行认定,形成认定结果。认定结果应当在征收范围内公布。

七、实施时间

本办法有效期五年,自 2022 年 6 月 20 日施行。

关于公布《金华市区 2024 年国有土地上住宅房屋征收临时安置费和搬迁费补偿标准》的通知

(金市建〔2024〕40 号)

婺城区政府、金义新区(金东区)管委会(政府)、金华开发区管委会,市直有关单位：

根据《国有土地上房屋征收与补偿条例》《浙江省国有土地上房屋征收与补偿条例》规定，结合金华市区实际，经市政府同意，现将《金华市区2024年国有土地上住宅房屋征收临时安置费和搬迁费补偿标准》予以公布。

金华市住房和城乡建设局
2024年4月3日

金华市区2024年国有土地上住宅房屋征收临时安置费和搬迁费补偿标准

一、临时安置费补偿标准

（一）二环以内每平方米每月18元；

（二）二环以外每平方米每月16元。

被征收人住宅房屋征收临时安置费每户每月少于1200元的，按1200元计算。

二、搬迁费补偿标准

（一）搬家费

房屋建筑面积100平方米（含）以下的，搬家费按每户2000元补偿；超出100平方米部分，按每平方米8元增加搬家费。

（二）固定设施补偿费

1. 被征收房屋系房屋交付使用后加装水电"一户一表"、管道煤气初装费按如下标准补偿：

（1）自来水"一户一表"：每户补偿700元。

（2）电"一户一表"：每户补偿700元；2018年1月1日后安装的，不予补偿。

（3）管道煤气：每户补偿2500元；2020年1月1日后安装的，每户补偿1500元。

2. 电话、宽带、有线数字电视移机费：每路补偿108元。

3. 空调移机费：柜机每台补偿550元，挂机每台补偿350元。

4. 热水器拆装费：太阳能热水器每台补偿1000元，空气能热水器每台补偿900元，燃气、电热水器每台补偿210元。

5. 其他固定设施补偿由评估确定。

三、附则

该通知自2024年4月10日起施行,2022年3月9日金华市住房和城乡建设局公布的《金华市区2022年国有土地上住宅房屋征收搬迁费和临时安置费补偿标准》同时废止。

(4)集体土地及集体土地上房屋征收

浙江省自然资源厅关于印发《浙江省土地征收程序规定》的通知

(浙自然资规〔2022〕4号)

各市、县(市、区)人民政府:

《浙江省土地征收程序规定》已经省政府同意,现印发给你们,请认真遵照执行,依法依规实施土地征收,切实维护被征地农村集体经济组织和农民的合法权益。

浙江省自然资源厅
2022年5月27日

浙江省土地征收程序规定

为加强土地征收管理,规范土地征收行为,切实维护被征地农村集体经济组织和被征地农民的合法权益,保障经济社会发展合理用地,根据《中华人民共和国土地管理法》《中华人民共和国土地管理法实施条例》《浙江省土地管理条例》等法律法规规定,经省政府同意,结合我省实际,制定本规定。

一、发布征收土地预公告。设区的市、县(市、区)人民政府确需征收土地,符合《中华人民共和国土地管理法》第四十五条规定第一款第(一)项至第(四)项情形的项目在批准、核准或备案后,符合第(五)项情形的在成片开发方案批准后,在拟征收土地的乡镇(街道)和村、村民小组(若有)范围内张贴征收土地预公告,公告时间不少于十个工作日。征收土地预公告应当包括征收范围、征收目的、开展土地现状调查安排等内容。

二、开展土地现状调查。设区的市、县(市、区)人民政府应当组织开展拟征收土地的现状调查工作。土地现状调查应当查明土地的位置、权属、地类、面积,以及农村村民住宅、其他地上附着物和青苗等的权属、种类、数量等情况。土地现状调查应充分应用已有的不动产登记成果。

三、开展社会稳定风险评估。设区的市、县(市、区)人民政府应当组织有被征地的农村集体经济组织及其成员、村民委员会和其他利害关系人参加的社会稳定风险评估,确定风险点、提出风险防范措施和处置预案。具体程序和要求按照国家和省有关规定执行。

四、拟定征地补偿安置方案。设区的市、县(市、区)人民政府应当依据社会稳定风险评估结果,结合土地现状调查情况,组织自然资源、财政、农业农村、人力资源和社会保障等有关部门,拟定征地补偿安置方案。征地补偿安置方案应当包括征收范围、土地现状、征收目的、补偿方式和标准、安置对象、安置方式、社会保障等内容。

五、发布征地补偿安置公告。征收土地预公告期满后,设区的市、县(市、区)人民政府将拟定的征地补偿安置方案,在拟征收土地的乡镇(街道)和村、村民小组(若有)范围内予以公告,听取被征地农村集体经济组织及其成员、村民委员会和其他利害关系人的意见,公告时间不少于三十日。土地现状调查结果应与征地补偿安置方案一并公告。

征地补偿安置公告应包括以下内容:

1. 土地、房屋、青苗及其他地上附着物现状调查成果(附拟征收土地范围图);
2. 征地补偿安置方案;
3. 告知听证权利;
4. 补偿登记方式和期限;
5. 异议反馈渠道;
6. 法律法规规定的其他事项。

公告期满后,应取得农村集体经济组织回执函,回执函中应包括征求意见情况。

六、办理补偿登记。拟被征收土地的所有权人和使用权人在征地补偿安置公告规定的期限内,持相关不动产权属证书等材料,到公告指定的单位、地点办理补偿登记。

拟被征收土地的所有权人和使用权人在规定期限内未办理补偿登记的,相关信息按照土地现状调查公示结果确定。

七、组织听证。农村集体经济组织及其成员或者其他与土地征收有利害关系的组织或者个人对征地补偿安置方案有意见、建议的,可以向设区的市、县(市、区)人民政府提出。设区的市、县(市、区)人民政府根据意见、建议情况,认为确有必要的,可以组织听证。

过半数被征地的农村集体经济组织成员(按人计算)认为征地补偿安置方案不符合法律、法规规定的,设区的市、县(市、区)人民政府应当组织听证。

八、公布征地补偿安置方案。征地补偿安置公告期满后,设区的市、县(市、区)人民政府根据法律、法规规定和征求意见、听证会等情况,确定征地补偿安置方案,并在拟征收土地的乡镇(街道)和村、村民小组(若有)范围内予以公布。公布的内容应包括意见建议采纳情况、征地补偿安置方案等。

九、签订征地补偿安置协议。设区的市、县(市、区)人民政府指定的部门或者乡镇人民政府应当依法与拟被征收土地的所有权人、使用权人签订征地补偿安置协议。

与被征收土地的所有权人签订征地补偿安置协议比例为100%;与被征收土地的使用权人签订协议的比例不得低于应当签订协议数90%。个别确实难以达成协议的,设区的市、县(市、区)人民政府应当在申请征收土地时,如实说明未签订征地补偿安置协议的具体情况及保障其合法权益的措施。

十、落实有关费用。设区的市、县(市、区)人民政府应当组织有关部门对拟征收土地的土地补偿费和安置补助费、农村村民住宅、其他地上附着物和青苗等补偿费用以及社会保障费用进行测算,及时落实有关费用,保证足额到位。

十一、申请征地报批。征地前期工作完成后,设区的市、县(市、区)人民政府应当及时提出土地征收申请,报有批准权的人民政府批准。申报材料按国家和省有关规定执行。

十二、发布征收土地公告。设区的市、县(市、区)人民政府应当自收到批准文件之日起十五个工作日内将批准征地机关、批准日期、批准文号、征收土地用途、范围、面积以及救济途径等内容在拟征收土地的乡镇(街道)和村、村民小组(若有)范围内予以公告。公告时间不少于十个工作日。

十三、实施土地征收。设区的市、县(市、区)人民政府应当自征收土地公告之日起六十日内足额支付土地补偿费、安置补助费以及农村村民住宅、其他地上附着物和青苗等的补偿费用,并安排被征地农民的社会保障费用。

个别未签订征地补偿安置协议的,设区的市、县(市、区)人民政府应当在土地征收公告之日起六十日内作出征地补偿安置决定。支付征收土地补偿费用的期限自征地补偿安置决定作出之日起计算,并在六十日内足额支付。

十四、交付土地。被征收土地所有权人、使用权人应当按征地补偿安置协议或征地补偿安置决定规定交付土地。已签订征地补偿安置协议的被征收土地所有权人、使用权人未按照协议约定履行腾退土地和房屋的义务,经催告后仍不履行的,签订协议的行政机关或设区的市、县(市、区)人民政府可以作出要求履行协议的书面决定。土地所有权人、使用权人在该书面决定规定的期限内不腾退土地和房屋,也不在法定期限内申请行政复议或提起行政诉讼的,由作出要求履行协议书面决定的行政机关依法申请人民法院强制执行。

被征收土地所有权人、使用权人在征地补偿安置决定规定的期限内不腾退土地和房屋,也不在法定期限内申请行政复议或提起行政诉讼的,由设区的市、县(市、区)人民政府依法申请人民法院强制执行。

十五、办理不动产注销或变更登记。土地征收批准后,不动产登记机构根据人民政府的要求或权利人(被征收人)的申请,依法办理不动产登记;对全部征收的办理注销登记,对部分征收的办理变更登记。

十六、附则。设区的市、县(市、区)要充分利用数字化手段,不断提升土地征收工作的规范化水平,增强工作透明度,切实保障被征地农村集体经济组织、被征地农民等组织和群众的合法权益。

本办法有关期间的计算,依照民事诉讼法关于期间的规定执行。期限开始日不在计算期间内。

本规定自2022年8月1日起施行,《浙江省土地征收程序规定(试行)》(浙自然资规〔2020〕8号)同时废止。本规定施行前,已组织开展的土地征收工作按浙自然资规〔2020〕8号文规定执行,法律法规另有规定的除外。

本规定有效期5年。

浙江省人力资源和社会保障厅、浙江省财政厅、浙江省自然资源厅、国家税务总局浙江省税务局关于进一步做好被征地农民参加基本养老保险有关工作的通知

（浙人社发〔2020〕61号）

各市、县（市、区）人民政府，省政府直属各单位：

根据中央改革和完善基本养老保险制度的有关要求，按照《中华人民共和国社会保险法》《中华人民共和国土地管理法》《浙江省职工基本养老保险条例》及有关法律法规规定，结合我省实际，经省政府同意，现就进一步做好被征地农民参加基本养老保险有关工作通知如下：

一、实施范围和对象

持有被征收的耕地及其他农用地合法权源资料、在征地公告发布时家庭中年满16周岁以上、且在办理征地手续时仍为该村集体经济组织成员的被征地农民。

二、参保办法

（一）2020年1月1日后产生的被征地农民，区分不同情况分别按规定参加企业职工基本养老保险（以下简称职工养老保险）或城乡居民基本养老保险（以下简称城乡居保）。

1. 未达到法定退休年龄的被征地农民，可以按规定参加职工养老保险。各地不得违反国家规定将达到法定退休年龄的被征地农民纳入职工养老保险参保范围，不得以事后追补缴费的方式增加被征地农民的缴费年限。

2. 达到法定退休年龄或不选择参加职工养老保险的被征地农民，可以按规定参加城乡居保。

（1）为被征地农民参加城乡居保设立专项筹资，在参保时实行一次性筹集（以下简称一次性筹资）。一次性筹资由两部分组成：一是征地时的缴费补贴；二是由各地确定的个人和村集体经济组织出资额。一次性筹资用于衔接被征地农民基本生活保障待遇，并按规定划入个人账户。

(2)增设一档高缴费档次(以下简称增设档次)供被征地农民选择,标准由各地参照个体劳动者参加职工养老保险最低年缴费水平自行确定。缴费不足15年的,补缴满15年后按规定领取待遇。

3.各市、县(市、区)人民政府在征地时要足额筹集社会保险缴费补贴资金,用于补贴被征地农民参加基本养老保险缴费(缴费补贴基准的计算公式为:上上年度当地城乡居民月人均可支配收入×18%×139),从征地成本中列支。

被征地农民参加职工养老保险的,上述资金可以用于缴费补助,具体金额和补助方式由各地自行确定;被征地农民参加城乡居保的,上述资金用于一次性筹资中的缴费补贴。

享受基本养老保险缴费补贴人员的名单,由被征地的农村集体经济组织根据自然资源部门确定的指标数确定,并经乡(镇)人民政府、街道办事处审查、公示、确认后,按规定程序报批。

(二)2019年12月31日前产生的被征地农民,根据其年龄及征地时基本养老保险参保情况,按以下办法分别参加职工养老保险或城乡居保:

1.未达到法定退休年龄的被征地农民,可以按规定参加职工养老保险。达到法定退休年龄时,按时足额缴费满15年的,按月领取待遇。累计缴费年限不足15年的,可以延长缴费至满15年,或转入城乡居保。

根据国家有关规定,参保人员不得以事后追补缴费的方式增加缴费年限。为做好衔接,对选择延长缴费的人员,允许其在达到法定退休年龄时一次性缴纳延长缴费期间所需费用至当地政府指定账户(以下简称指定账户),由各地负责为其按月缴纳延长期间的缴费。对选择延长期一次性缴费的人员,从达到法定退休年龄次月起,由当地按月发放被征地农民过渡期专项补助(以下简称过渡期专项补助),过渡期专项补助发放至其符合按月领取职工养老保险待遇条件时为止。

根据国家规定,已发生一次性补缴行为的必须进行规范。对达到法定退休年龄时,除去补缴年限后,缴费年限不足15年的被征地农民,由各地发放过渡期专项补助,过渡期专项补助发放期限为参保人员补缴年限。

过渡期专项补助标准按当地当年同类人员标准确定,所需资金由各地政府承担。过渡期专项补助发放结束后,其养老金由职工养老保险基金发放。

2.达到法定退休年龄的被征地农民,不得参加职工养老保险,可以按规定参加城乡居保;未达到法定退休年龄且不选择参加职工养老保险的,也可以按规定参加城乡居保。参加城乡居保办法按本《通知》第二条第(一)款执行。

3. 选择增设档次缴费的被征地农民,已参加城乡居保的,其城乡居保个人账户余额可以用于抵扣应当缴纳的费用;已参加被征地农民基本生活保障的,其被征地农民基本生活保障个人及统筹账户余额可以用于抵扣一次性筹资的相应费用,转入城乡居保个人账户。

4. 选择增设档次参保的被征地农民,其与参加职工养老保险同类人员的各类待遇差,由各市、县(市、区)人民政府采取发放被征地农民生活补贴(以下简称生活补贴)的方式予以补足。

5. 已参加被征地农民基本生活保障且不愿意选择增设档次缴费的被征地农民,可以继续按规定领取被征地农民基本生活保障待遇。

6. 参保人员年龄的计算时点为 2019 年 12 月 31 日。

7. 各地对上述名单必须严格按"人地对应"原则核定,参加基本养老保险的被征地农民名单报省自然资源厅、省人力社保厅备案。

三、有关人员业务处理

(一)各地在 2020 年 1 月 1 日后办理的参保缴费、待遇领取等业务与本《通知》规定不一致的,要按本《通知》规定作相应调整。对于不符合本《通知》规定已发放的职工养老保险待遇,不再向个人追回,由各地全额筹资后补入职工养老保险基金专户。

(二)2020 年 1 月 1 日至本《通知》下发前已产生的被征地农民,参加基本养老保险办法,参照本《通知》第二条第(二)款执行。

四、资金管理

被征地农民养老保障资金实行社保财政专户管理,专款专用,任何单位和个人均不得截留、挤占和挪用。各地要对被征地农民养老保障资金单独建账、单独核算,要确保被征地农民养老保障资金安全完整。

(一)资金归集

1. 社会保险缴费补贴资金由实施征地的部门或单位按征地当年的筹资标准缴入指定账户,资金不落实的不得批准征地。

2. 选择延长期一次性缴费的参保人员,在其达到法定退休年龄当月将所需资金足额缴入指定账户,由各地负责为其按月延长缴费。因缴费基数和缴费比例调整产生的不足部分由各地政府承担。

3. 过渡期专项补助、生活补贴和延长缴费所需资金不足部分,由各地政府统筹安排将所需资金按时足额划入指定账户。

(二)资金拨付

各地有关部门要按月制定用款计划,按时足额拨付各类资金。

五、经办管理

(一)被征地农民补偿安置方案批准后,自然资源部门应当及时将纳入安置的被征地农民基本信息交换至同级社会保险经办机构。社会保险经办机构根据基本信息,办理被征地农民参保事宜。

(二)社会保险经办机构及有关部门应当通过业务信息系统管理被征地农民参加基本养老保险信息,办理各类待遇领取资格认证等业务。过渡期专项补助、生活补贴的暂停、终止或不予支付,参照职工养老保险的有关规定执行。

(三)社会保险经办机构应当在领取过渡期专项补助的被征地农民满足领取职工养老保险待遇条件时,及时主动为其办理职工养老保险待遇领取手续,在基金中发放职工养老保险待遇,同时终止发放过渡期专项补助,避免出现重复领取职工养老保险待遇和过渡期专项补助的情况。

(四)省级社会保险经办机构及有关部门应当按"最多跑一次"改革要求,制定全省统一的被征地农民参加基本养老保险经办流程,加强数据共享,简化经办程序,实现"一网通办",为被征地农民提供更加便捷的服务。

六、工作要求

做好被征地农民参加基本养老保险工作时间紧、任务重、政策性强、涉及面广。各市、县(市、区)人民政府和有关部门要高度重视、加强领导、明确分工、落实责任、精心组织、密切配合,认真抓好各项政策措施的落实。各地要严格按国家和省有关规定加强被征地农民参保指标管理,确定被征地农民参加基本养老保险人员名单;要做好被征地农民参加城乡居保和被征地农民基本生活保障的衔接;要合理确定生活补贴标准,采取措施确保过渡期专项补助和生活补贴按时足额发放,切实维护社会稳定。

我省已有规定与本《通知》不一致的按本《通知》执行。今后国家有统一规定的从其规定。

浙江省人力资源和社会保障厅

浙江省财政厅

浙江省自然资源厅

国家税务总局浙江省税务局

2020 年 12 月 15 日

浙江省财政厅、浙江省人力资源和社会保障厅、浙江省自然资源厅关于印发浙江省被征地农民养老保障资金管理办法的通知

(浙财社〔2020〕138号)

各市、县(市、区)财政局、人力社保局、自然资源主管部门：

为维护被征地农民的合法权益，加强被征地农民养老保障资金的筹集、使用和管理工作，健全被征地农民养老保障资金监督机制，提高资金使用绩效，根据《浙江省人力资源和社会保障厅 浙江省财政厅 浙江省自然资源厅 国家税务总局浙江省税务局关于进一步做好被征地农民参加基本养老保险有关工作的通知》(浙人社发〔2020〕61号)等有关规定，我们研究制定了《浙江省被征地农民养老保障资金管理办法》，现予印发，请遵照执行。

浙江省财政厅
浙江省人力资源和社会保障厅
浙江省自然资源厅
2020年12月25日

浙江省被征地农民养老保障资金管理办法

第一章 总 则

第一条 为加强被征地农民养老保障资金的筹集、使用和管理工作，维护被征地农民的合法权益，根据《中华人民共和国土地管理法》《浙江省人力资源和社会保障厅 浙江省财政厅 浙江省自然资源厅 国家税务总局浙江省税务局关于进一步做好被征地农民参加基本养老保险有关工作的通知》(浙人社发〔2020〕61号，以下简称《通知》)及相关财务制度的规定，制定本办法。

第二条 本办法所称被征地农民养老保障资金(以下简称资金)，是指为了保障被征地农民基本养老待遇，按照《通知》规定，由政府、村集体经济组织(以下简称集体)、个人分别出资以及通过其他合法方式筹集的专项资金。

第三条 资金纳入社保财政专户(以下简称财政专户),在按规定批准的社保财政专户下设子账户进行管理,单独建账,独立核算。

第四条 资金实行设区市、县(市)级统筹。设区市所属区统筹问题由设区市自定。各级社保经办机构负责资金核算、待遇支付等工作。各级财政部门负责财政专户核算管理工作。

第二章 资金筹集

第五条 资金收入主要包括:

(一)从征地成本中列支的社会保险缴费补贴。

(二)个人按规定缴纳的延长期一次性缴费。

(三)个人和集体出资额。

(四)政府资金安排转入。

(五)其它来源。

第六条 资金来源的划拨。

(一)政府资金安排的,在批准后及时划入财政专户。

(二)用地单位按规定缴纳的,在征地报批前缴入财政专户。

(三)个人按规定缴纳的延长期一次性缴费,一次性筹资中的个人和集体出资额,通过浙江政务服务网统一公共支付平台等渠道收取,其中通过浙江政务服务网统一公共支付平台收取的由社会保险经办机构定期按旬申请划入财政专户。

第三章 资金使用

第七条 资金实行专款专用,任何部门、单位和个人不得挤占、挪用,也不得用于平衡财政预算。

第八条 资金使用主要包括:

(一)发放过渡期专项补助。指《通知》下发前被征地农民参加职工基本养老保险在基金中后延领待遇或延长缴费等期间,各地按规定发放的过渡期专项补助。

(二)发放生活补贴。指《通知》下发前被征地农民选择"增设档次"参加城乡居民基本养老保险后,各地按规定发放的生活补贴。

（三）缴费补助。指《通知》下发后被征地农民参加职工基本养老保险，各地按规定给予的缴费补助或缴费补贴。

（四）缴费补贴。指被征地农民按《通知》规定参加城乡居民基本养老保险划入个人账户的缴费补贴。

（五）个人和集体出资额。指被征地农民按《通知》规定参加城乡居民基本养老保险划入个人账户的个人和集体出资额。

（六）代缴职工养老保险延缴费用。

第九条 各级社会保险经办机构在现有支出户下增设被征地农民养老保障资金子账户（以下简称支出户），用于代缴养老保险费、发放待遇等。

第十条 各级社会保险经办机构按月按规定向财政部门提出用款申请，财政部门审核后及时拨付至支出户。

第四章 资金管理

第十一条 根据资金来源渠道不同设置收入核算科目，具体分为"财政补贴收入"（下设"政府性资金安排转入"）、"保险费收入"（下设"个人延长期一次性缴费""个人和集体出资""社会保险缴费补贴"）、"利息收入""其他收入"等核算科目。

第十二条 根据支出项目不同设置支出核算科目，具体为"待遇支出"下设"过渡期专项补助""生活补贴""缴费补助""缴费补贴""个人和集体出资支出""代缴职工养老保险费"等核算科目。

第十三条 资金收支相抵后的期末余额，结转下年使用。

第十四条 资金结余除预留须动用的支出外，应在保证安全的前提下，按照规定开展保值增值。

第十五条 各级财政、人力社保、自然资源等部门要密切配合，相互协作，建立信息共享和定期对账机制，并做好资金绩效管理。

各级财政部门按月及时将财政专户原始凭证等会计核算资料提供给各级经办机构记账。

第十六条 资金使用管理接受审计、纪检监察、财政等部门的监督监察，一旦发现截留、挤占、挪用或骗取等违法违纪行为，依照有关法律法规的规定追究相应责任。

第十七条 财政部门和有关单位及其工作人员在资金管理工作中，存在违反规定筹集、使用和管理资金的,以及其他滥用职权、玩忽职守、徇私舞弊等违法违纪行为的,按照《中华人民共和国预算法》《中华人民共和国公务员法》《中华人民共和国监察法》《财政违法行为处罚处分条例》等有关规定追究相应责任;涉嫌犯罪的,依法移送司法机关处理。

第五章 附 则

第十八条 本办法自2020年12月25日实施。

金华市人民政府办公室关于印发金华市区征收集体所有土地上房屋补偿实施意见的通知

(金政办发〔2022〕25号)

各县(市、区)人民政府,市直属有关单位:

《金华市区征收集体所有土地上房屋补偿实施意见》已经市政府第3次常务会议审议通过,现印发给你们,请认真组织实施。

金华市人民政府办公室
2022年5月18日

金华市区征收集体所有土地上房屋补偿实施意见

为规范金华市区(婺城区、金东区行政区域范围)征收集体所有土地过程中对地上房屋的补偿行为,维护公共利益,保障征收范围内房屋所有权人的合法权益,根据《中华人民共和国土地管理法》《中华人民共和国城乡规划法》《中华人民共和国土地管理法实施条例》《浙江省土地管理条例》等规定,结合市区实际,制定本实施意见。

一、总则

(一)征收集体所有土地过程中对地上房屋补偿(以下简称"土地征收房屋

补偿")是征收集体所有土地补偿安置的组成部分。征收集体所有土地补偿安置程序按照国家和省有关规定执行。

（二）土地征收房屋补偿应当遵循"程序合法、补偿公平、结果公开"的原则，保障被征收人的居住条件，维护被征收人的合法权益。

（三）婺城区人民政府、金东区人民政府负责本辖区土地征收房屋补偿工作（以下简称"征收主体"）。

重大或跨区域的土地征收房屋补偿工作，由市人民政府负责或由市人民政府指定建设活动涉及的区人民政府负责。

市自然资源和规划管理部门主管土地征收房屋补偿监督和管理工作；发展和改革、公安、民政、财政、住房城乡建设、农业农村、审计、综合行政执法等部门根据职责分工，互相配合，确保土地征收房屋补偿工作顺利进行。

（四）被征收范围内所在乡镇（街道）政府（办事处）负责本行政区域内的土地征收房屋补偿的具体工作（以下简称"工作主体"）。

（五）征收主体应当依据本实施意见的规定，按"先补偿、后搬迁"原则进行补偿。被征收范围内的房屋所有权人（以下简称"被征收人"）应当服从国家发展和建设的需要，在期限内完成搬迁。

二、征收程序

（六）征收主体应依据国民经济和社会发展规划、国土空间规划和专项规划等，紧密结合城镇建设发展需要制定本辖区范围内土地征收工作计划。

（七）依据土地征收工作计划或确定的项目建设征收土地范围，征收主体发布征收土地预公告。

自预公告发布之日起，任何组织和个人不得在拟征收范围内实施新建、扩建、改建房屋和装修等抢建行为。违反规定抢建的，对抢建部分不予补偿。为避免不正当增加补偿费用行为的发生，相关部门依法暂停办理征收范围内下列事项：

1. 新批宅基地和其他建设用地；

2. 审批扩建、改建房屋及其附属设施；

3. 审批改变房屋、土地用途；

4. 除夫妻投靠、未成年子女投靠父母、大中专院校毕业生回原籍落户、归正人员回原籍落户、退伍复转军人回原籍落户以外的户口迁入登记；

5. 新增市场主体设立登记或其他社会组织登记；

6.转移房屋所有权或宅基地使用权；

7.按规定应当暂停办理的其他不正当增加补偿费用事项。

征收主体应当将上述所列事项书面通知有关部门,暂停办理相关手续。暂停期限不超过12个月。确因需要,可再延期暂停办理12个月。

(八)征收土地预公告发布后,征收主体应当组织相关部门、乡镇(街道)政府(办事处)、村(居)民委员会对征收范围内房屋开展现状调查,查明其位置、权属、面积、用途等情况。同时工作主体应当组织开展社会稳定风险评估,提出风险防范措施和处置预案。社会稳定风险评估可结合项目立项审批、规划选址、环境影响评价等前期工作一并进行。

(九)征收主体应当根据社会风险评估和现状调查结果依法拟定征地补偿安置方案。征地补偿安置方案应当包括征收范围、土地与房屋现状、征收目的、补偿方式和标准、安置对象、安置方式和社会保障等。并在拟征收土地房屋的乡镇(街道)和村、村民小组所在地予以公告,听取被征地农村集体经济组织及其成员、村(居)民委员会和其他利害关系人的意见,公告时间不少于30日。

土地与房屋现状调查结果应与征地补偿安置方案一并公告,公告应当同时载明办理土地与房屋补偿登记的方式和期限、异议反馈渠道等内容。

(十)被征收人或农村集体经济组织、其他与房屋征收有利害关系的组织或个人对征地补偿安置方案有意见、建议的,可以向征收主体提出。征收主体根据意见、建议情况,认为确有必要的,可以组织听证。

过半数被征收人认为征地补偿安置方案不符合法律、法规规定的,征收主体应当组织听证。组织听证的,应结合听证结果决定是否修改补偿安置方案。

(十一)被征收人在征地补偿安置公告规定的期限内,持相关不动产权属证书等材料,到公告指定的单位、地点办理土地征收房屋补偿登记。

被征地人在规定期限内未办理补偿登记的,相关信息按照土地与房屋现状调查公示结果确定。

(十二)征地补偿安置公告期限届满后,征收主体根据法律、法规规定和征求意见、听证会等情况,修改确定征地补偿安置方案,并予以公布。

征地补偿安置方案公布后,被征收的房屋由具备相应资质的房地产价格评估机构进行评估。评估机构的选择由征收主体依公开、公平、公正的原则,以政府采购服务方式确定。

(十三)征收主体指定的部门或乡镇(街道)政府(办事处)与被征收人应当

根据征地补偿安置方案和本实施意见有关规定签订土地征收房屋补偿协议。土地征收房屋补偿协议应当包括以下内容：

1. 征收房屋坐落地址、建筑占地面积、建筑面积等基本情况；
2. 补偿方式；
3. 搬迁费、临时安置费；
4. 搬迁期限、过渡方式；
5. 违约责任；
6. 争议处理方式；
7. 其他事项。

实行宅基地安置的，应明确宅基地安置的位置、土地性质、面积、时间、相关手续等；实行公寓式安置的，应明确安置房屋的地点、土地性质、建筑面积、交付时间、安置房屋的价款及结算方式等；实行货币安置的，应明确补偿金额、支付方式和时间等。

（十四）土地征收经依法批准后，征收主体应在拟征收土地房屋的乡镇（街道）和村（居）、村民小组所在地发布征收土地公告，公告时间不少于10个工作日。征收土地公告的内容应包括批准征地机关、批准时间、批准文号、征收土地用途、范围、面积以及救济途径等。

对个别未签订房屋补偿协议的，征收主体应当在征收土地公告期限届满之日起10个工作日内依据征地补偿安置方案、补偿登记结果、认定结论作出征地补偿安置决定。征地补偿安置决定作出前，应书面告知被征收人选择安置方式和补偿金额。

（十五）被征收人应按土地征收房屋补偿协议约定的时间交付土地房屋。

已签订协议但未按协议履行腾退土地和房屋义务，经催告后仍不履行的，征收主体或签订协议的行政机关可以作出要求履行协议的书面决定。被征收人在该书面决定规定的期限内不腾退土地和房屋，也不在法定期限内申请行政复议或提起行政诉讼的，由作出要求履行协议书面决定的行政机关依法申请人民法院强制执行。

对个别未签订房屋补偿协议，且未在征地补偿安置决定规定的期限内腾退土地和房屋，也不在法定期限内申请行政复议或提起行政诉讼的，由征收主体依法申请人民法院强制执行。

（十六）征收工作主体应当依法建立土地房屋征收补偿安置档案。档案应当包括:征收土地预公告、社会稳定风险评估结果、土地房屋现状调查结果、听证情况、征地补偿安置方案及公告、评估报告、土地征收房屋补偿协议、征地批文、土地征收公告及其结算资料、公告张贴视频和照片等。同时应在"浙里房屋征迁监管在线应用系统"中录入相应档案资料。

三、房屋补偿

(十七)被征收范围内的以下建筑物及其附属物和构筑物,予以补偿:

1. 权属合法的集体所有土地上房屋及其附属物和构筑物;

2. 未计入权属资料的地下室、技术层、屋顶楼梯间、坡屋顶、室外楼梯等。

违法建筑不予补偿。

(十八)被征收人房屋的可补偿面积,按以下原则确定:

1. 被征收房屋所有权证、集体土地使用证或不动产权证已载明合法建筑面积的,以该有效权属资料载明的合法建筑面积确定;

2. 被征收房屋所有权证、集体土地使用证或不动产权证未载明合法建筑面积,但载明合法建筑占地面积和建筑层次的,按合法建筑占地面积和建筑层次计算建筑面积;

3. 被征收房屋无所有权证、集体土地使用证或不动产权证的,以有效建房审批资料批准的建筑占地面积结合批准的建筑层次计算建筑面积;

4. 对未经产权登记和所有权人不明确的房屋,由征收主体组织自然资源和规划、住房城乡建设、农业农村、综合行政执法等部门依法进行调查、认定和处理。

(十九)被征收房屋补偿金额由具备评估资质的评估机构按照建造房屋重置价结合成新评估确定,评估时点为征收土地预公告发布之日。

评估结果应予以公示。被征收人对评估结果有异议的,应当自公示之日起10日内,向出具评估报告的评估机构书面申请复核评估。

(二十)征收集体所有土地上房屋,应向被征收人支付搬迁费和临时安置费等。

搬迁费参照最新的金华市区国有土地上住宅房屋征收搬迁费标准执行,临时安置费参照最新的金华市区国有土地上住宅房屋征收临时安置费补偿标准减半执行。选择宅基地安置的,临时安置费期限计算至取得安置宅基地后十个月止。

四、安置方式和标准

(二十一)安置采取宅基地安置、公寓式安置和货币安置三种方式:

1. 宅基地安置是指由被征收人按农村村民住宅建设规定办理相关审批手续后,按规划要求建设住宅房屋;

2. 公寓式安置是指统一建造或购买住宅用房用于安置被征收人;

3. 货币安置是指向被征收人提供一次性货币补偿,被征收人自行解决安置用房。

(二十二)安置方式按以下原则确定:

1. 列入城中村改造范围内的,应当采取公寓式安置结合货币安置;

2. 未列入城中村改造范围内的,可以选择货币安置、公寓式安置或宅基地安置。具有集中建设安置住房条件的,应当统一建造公寓式安置房。

在征收范围内,已经享受公寓式安置或货币安置的,不得再申请新的宅基地。

(二十三)安置以户为单位,安置户应当符合宅基地建房审批条件。

宅基地安置的,按"一户一宅,不超标准"原则确定。

公寓式安置的,应安置面积按该户安置人口数和每人25平方米限额占地面积确定。

被征收人有多处合法集体土地上房屋的,应当合并计算其宅基地面积,房屋征收后,该户仍超出标准的,超出部分不予安置。

(二十四)安置人口按以下原则确定:

1. 实际在册并享受村民待遇且符合宅基地建房审批条件的村集体经济组织成员;

2. 属就地农转非且符合宅基地建房审批条件的村集体经济组织成员;

3. 服兵役前属本村集体经济组织成员的现役义务兵、初级军士;

4. 入学前属本村集体经济组织成员的全日制大中专院校在校学生;

5. 属本村集体经济组织成员的监狱服刑人员。

(二十五)特殊情况安置人口按以下原则确定:

1. 已婚未育家庭可增加1个安置人口;未分家立户的独生子女家庭可增加1个安置人口;

2. 已达到法定婚龄且未满六十周岁未婚未育,符合分家立户条件的,按规定单独立户后可按3个安置人口计算;

3. 未享受国家房改政策或保障性住房政策的原蓝印户口人员,可计入安置人口,但不得单独立户;

4. 原农婚嫁非人员或原非(就地农转非)婚嫁农人员,因政策原因户口在村无法迁出的,若配偶方未享受国家房改政策或保障性住房政策、或未曾以本人为户主审批过建房或安置的,按1个安置人口计算,不得单独立户。以上人员户口迁出后迁回的,不计入安置人口;

5. 离婚家庭,双方均未再婚的,按原家庭人口状况计算;原本村集体经济组织成员再婚的,户口在本村的前配偶与现配偶按1个安置人口计算,随迁子女不计入安置人口;因婚嫁户口迁入本村人员再婚的,再婚配偶及子女不计入安置人口;

6. 户口在本村的公务员、正式编制事业单位人员及其离退休人员和国有企业中正式编制工作人员及其离退休人员,不计入安置人口;

7. 已享受公寓式安置、宅基地安置或货币安置的,不得再次计入安置人口。

(二十六)被征收人选择宅基地安置的,按照以下规定办理:

根据村庄和集镇规划以及市、区宅基地管理办法的规定,宅基地安置应遵循"统一政策、统一规划、统一安置、统一联建"的原则实行联立式安置。

由征收主体负责安置地块的落实和"三通一平"等工作。

(二十七)被征收人选择公寓式安置,列入城中村改造的,按照以下规定办理:

1. 安置房实行统一规划,由征收主体统一建设或购买,安置房项目用地列入市区经营性用地年度出让计划,允许带方案出让。

2. 安置房建筑面积以人均住宅建筑占地面积25平方米为基准,最高不超过1:4.3;

3. 安置房的房款结算如下:

安置房建筑面积在安置标准面积范围内,房款按最新公布的建安工程价收取,每三年调整公布。因户型关系超出安置标准面积,超出部分在8平方米(含)以内的,房款按市场价的80%收取;超出部分在8平方米以外的,房款按市场价收取。因户型关系不足安置标准面积,不足部分按安置房回购单价给予回购。

车位(库)、附房、阁楼等不计入高层公寓式安置面积,按市场价购买。每户可按市场价的50%购买一个标准车位。

4. 采取安置房回购的,回购单价由评估机构按市场价评估,并扣减安置房建安工程价和其它相关费用后确定。

未列入城中村改造的，由各区自行规定。

（二十八）被征收人选择货币安置，列入城中村改造的，货币安置按现有合法建筑重置价1∶3的标准给予补偿；未列入城中村改造的，按现有合法宅基地使用权及房屋的评估价给予补偿。

五、其他补偿

（二十九）非本村集体经济组织成员本人名下拥有合法房屋的宅基地，且其配偶及子女均为非安置人员的，不选择货币安置的，实行奖补退出。奖补方式：有集中统建安置房的，允许综合价购买，购买面积按合法占地面积的4.3倍，最高不超过合法占地75平方米的4.3倍；无集中统建安置房的，退出宅基地使用权根据评估价确定。

安置户原有合法房屋的宅基地面积扣除该户应安置人口的人均占地25平方米后，剩余部分的宅基地，若该户直系亲属中有非安置人员且未享受过宅基地审批或安置的，允许综合价购买公寓式安置房，每人建筑面积不超过25平方米的4.3倍，每户最高不超过3人。若该户直系亲属中无非安置人员的，按第二十八条执行。

以农民个人建房审批方式取得的集体土地上房屋，土地未经征收审批但登记为国有的，在城中村改造时按集体土地上房屋征收处置和补偿。

村集体经济组织所有的合法用房一律采用货币安置，按第二十八条执行。已撤村建居，村民委员会或村集体经济组织均已不存在的，在土地成片开发、集体土地征收和城中村改造时，社区居委会可代表原村民委员会或村集体经济组织行使权利义务。该居委会行使权利义务时，须以原村集体全体成员或户的代表三分之二以上意见为准。

六、监督管理

（三十）任何组织和个人对违反本实施意见规定的行为，都有权向有关部门举报。接到举报的单位应当及时予以核实、处理。

审计部门应当加强对土地征收房屋补偿工作的审计监督。

（三十一）有关部门及工作人员在征收实施过程中存在玩忽职守、滥用职权、索贿受贿的，依法追究行政责任；构成犯罪的，依法追究刑事责任。

被征收人弄虚作假、伪造、涂改被征收房屋的有效权属文件或户籍资料等行为，构成违反治安管理处罚行为的，由公安机关依法处罚；构成犯罪的，依法追究刑事责任。

七、附则

（三十二）本实施意见自2022年6月18日起施行。2014年9月12日金华市人民政府发布的《金华市区集体所有土地上房屋征收与补偿实施意见（试行）》同时废止。本实施意见施行前，征收土地预公告已发布的项目，按照原规定执行。

因全域土地综合整治、垦造耕地等由政府主导实施的迁建项目可参照本实施意见实施。

各区人民政府可依据本实施意见制定操作办法。

金华市人民政府办公室关于印发金华市区城中村改造实施办法的通知

（金政办发〔2021〕13号）

各县（市、区）人民政府，市直属有关单位：

《金华市区城中村改造实施办法》已经市政府第73次常务会议审议通过。现印发给你们，请认真组织实施。

金华市人民政府办公室
2021年2月19日

金华市区城中村改造实施办法

为进一步规范市区城中村改造的规划、建设和管理，改善居住环境，提升城市品质，根据有关法律法规和《中共金华市委金华市人民政府关于加快推进金华市区城中村改造工作的意见》（市委〔2013〕43号），结合市区实际，制定本实施办法。

一、总则

（一）本办法所称城中村，是指市区二环路以内，村集体农用地全部或基本被征收(人均耕地低于0.2亩),但土地权属、房屋建设、村(居)民安置仍保持农村集体模式的村(社区)。对于二环路以外需整村搬迁(改造)并且村集体土地全部被征收的村(社区),经市政府同意也可列入城中村改造范围。

本办法所称城中村改造,是指根据同期国民经济和社会发展规划、国土空间规划和土地征收成片开发方案,按照节约集约用地的原则,以高层公寓式安置和货币安置相结合的方式进行改造。

(二)市区城中村改造工作领导小组负责统筹市区城中村改造工作,组织研究制定市区城中村改造的指导性政策工作,协调解决市区城中村改造的重大问题。领导小组下设办公室(设在市建设局)负责市区城中村改造的综合协调、监督检查,组织相关部门建立完善政策体系等工作。

市发改委、市公安局、市民政局、市财政局、市人力社保局、市农业农村局、市资规局、市生态环境局、市行政执法局、市应急管理局(人防办)等部门按照各自职责,做好城中村改造相关工作。

(三)金华市人民政府依法委托各区人民政府代为行使土地征收职责,各区人民政府是本辖区城中村改造的责任主体,应当建立健全组织领导机构,全力推进本辖区城中村改造工作。

各区人民政府设立的农转居多层公寓建设管理中心、金华开发区管委会设立的城市更新局是本辖区城中村改造工作的实施主体,负责城中村改造项目立项、安置房项目建设管理等工作,业务上接受金华市城市有机更新和房屋征收指导中心的指导。

各乡镇(街道)是本辖区城中村改造的工作主体,负责城中村改造房屋征收、安置房分配、社会稳定等工作。

(四)城中村改造应当遵循"政府主导、市区联动、统一政策、协调推进、规划引导、阳光改造"的基本原则,充分调动各方面的积极性,依法保护村(社区)集体经济组织成员的合法权益,做好社会稳定风险评估工作。

城中村改造工作与"撤村建居"改制工作同步进行,有效推动农村向社区转变,农民向市民转变。

二、规划与建设

(五)各区人民政府须编制城中村改造三年实施计划,制定房屋征收年度计划,并按下列次序确定优先改造的村(社区):

1. 重点工程或公共基础设施建设项目涉及需搬迁的村(社区);

2. 城市建设规划即将开发建设的村(社区);

3. 其他列入城中村改造规划范围的村(社区)。

各区城中村改造三年实施计划和城中村改造房屋征收年度计划经各区人民政府审议通过后,于每年10月前报市建设局审核。

市建设局统一编制市区城中村改造房屋征收年度计划,报市人民政府批准后实施。未列入年度计划的项目不得启动征收工作。安置房项目供地手续未完成的,不得启动征收工作。安置房项目选址在原村庄范围的,应完成规划选址、规划设计方案后方可启动征收工作。年度计划确需调整的,须按原程序报批。

(六)自然资源部门依据已经批准的城市控制性详细规划等相关规划,核定规划条件。对安置房项目的老年活动中心、幼儿园、社区卫生中心、文化设施、垃圾分类点及中转站等配套服务设施予以优先考虑。

安置房项目建设用地的规划条件应严格控制,一般用于建设高层公寓,容积率原则上控制在2.0—2.8。

(七)城中村改造规划要做好遗存保护,允许符合要求的建筑物保留或迁入安置房项目,以传承乡村历史文化。

(八)各区人民政府必须加快城中村改造安置房项目建设,逐步建成一批规模适度、配套齐全的安置房,尽量做到"以房等人"。

各部门按照职能分工,对城中村改造安置房项目建设应当重点服务、优先安排,实行绿色通道。

(九)涉及市本级行政事业性收费,可按照权限和程序报经相应机关批准后减收、免收、缓收。

三、改造安置政策

(十)安置对象。

城中村改造以村集体经济组织为单位,安置对象包括:

1. 村集体经济组织实有登记在册成员;

2. 服兵役前属本村集体经济组织成员的义务兵、初级士官;

3. 入学前属本村集体经济组织成员的全日制大中专院校在校学生;

4. 服刑前属本村集体经济组织成员的正在改造人员。

安置对象以城中村改造启动公告之日实有登记在册的户籍人口为依据,经公示后由各区人民政府组织核实确认。

（十一）安置方式与标准。

城中村改造安置分为高层公寓式安置（土地性质为国有出让，下同）、货币安置两种方式，由安置对象自愿选择。

1. 高层公寓式安置标准：以人均住宅建筑占地面积 25 平方米为基准，最高不超过 14.3（每户限额占地面积与高层公寓式安置房建筑面积之比）确定高层公寓式安置房建筑面积；

2. 货币安置标准：按现有合法建筑重置价格 1∶3 的标准给予补偿。

村集体经济组织合法的所有用房一律采用货币安置，按现有合法建筑重置价格 1∶3 的标准给予补偿。

（十二）安置房项目用地以招拍挂方式出让。安置房项目用地列入市区经营性用地年度出让计划，允许带方案出让，但不列入出让金收入任务统计考核。安置房项目用地的土地出让金扣除中央、省、市计提规费后全额返还给各区人民政府。

在出让公告中应明确安置房政府购买价格、面积等事项。安置房政府购买价格原则上由综合成本和项目楼面价（起始价）组成。安置房实行毛坯交付，不实行全装修。

（十三）产业发展用地。

村集体经济组织以城中村改造启动公告之日实有登记在册的户籍人口为依据，按人均不超过 20 平方米安排产业发展用地，用途按商业服务业用地确定，规划容积率不超过 1.7，土地性质为国有出让。

产业发展用地采用货币安置方式。评估机构以城中村改造启动公告发布为时间节点，分别对安置房地块和原村庄地块进行评估，取两个地块评估结果的平均数，扣除相关规费、成本等费用后确定产业发展用地货币安置补偿金额，支付给实施城中村改造的村集体经济组织。

货币安置资金不得用于发放干部报酬、支付招待费等非生产性开支；不得出借，不得为任何单位提供经济担保。

已享受过"留地"政策的村集体经济组织原则上不再享受产业发展用地政策。

（十四）房屋征收补偿。

对已办理权证登记的合法建筑按照房屋重置价结合成新评估给予征收补偿。未经登记的建筑由建设、农业农村、自然资源、行政执法等有关部门依法认定和处理,认定结果应及时公示。对违法建筑、超过批准期限的临时建筑和暂保使用的房屋不给予征收补偿,不作为安置依据。

(十五)安置房房款结算。

安置房建筑面积在安置标准面积范围内,房款按最新公布的建安工程价收取,每三年调整公布。因户型关系超出安置标准面积,超出8平方米(含)以内的,房款按市场价的80%收取;超出8平方米以外的,房款按市场价收取。因户型关系不足安置标准面积,不足部分按安置房回购单价给予回购。

车位(库)、附房、阁楼等不计入高层公寓式安置面积,按市场价购买。每户可按市场价的50%购买一个标准车位。

(十六)各区人民政府应当鼓励开展安置房货币化回购安置工作。安置房回购单价由评估机构按市场价评估确定后扣减安置房建安工程价和15%的土地出让金。

(十七)安置房的不动产权证办理、交易等具体规定由市资规局、市建设局另行制定并公布实施。

四、实施程序

(十八)城中村改造按下列程序实施:

1. 前期工作。各区人民政府须征得村民(社员)会议或村民(社员)代表会议三分之二以上同意,经申请同意后发布改造启动公告,公告期限不少于10个工作日。各区人民政府组织开展拟征收的城中村土地(房屋)现状调查、社会稳定风险评估等工作。改造启动公告发布之日起,有关部门暂停办理户口迁入、分户、房屋交易、翻(扩)建、装潢、核发营业执照、权属变更登记等不正当增加补偿费用的行为。

2. 方案公告。各区人民政府编制城中村改造补偿安置方案并公告,公告期限不少于30日。

3. 签订协议。各区人民政府或者指定的乡镇政府(街道办事处)根据批准的城中村改造补偿安置方案,与村集体经济组织、村民(社员)签订补偿安置协议。未签订补偿安置协议的比例不得超过应当签订协议总数的8%。

4. 征地报批。征地前期工作完成后,各区人民政府应当及时向有批准权的人民政府逐级提出土地征收申请,申报材料按国家和省有关规定执行。

5. 征收公告。征收土地方案经依法批准后,各区人民政府应当及时将批准征地机关、批准文号、征收土地用途、范围、面积以及救济途径等内容在门户网站发布,同时在拟征收土地的乡镇(街道)、村(社区)、村民小组所在地予以公告,公告时间不少于10个工作日。对个别未签订征地补偿安置协议的,各区人民政府应当依据征地补偿安置方案和补偿登记结果作出征地补偿安置决定。

6. 实施征收。宅基地和其他村庄建设用地、农用地等村集体土地依法征收为国有土地。

7. 土地交付。补偿到位后,被征地的村集体经济组织应当及时交付被征土地,由城中村改造工作主体实施房屋拆除工作。

8. 各区人民政府结合各自实际,按照公开、公平、公正的原则,制定安置房的选房办法。

9. 后续工作。进行资产清算和档案资料的移交。

(十九)农业农村、自然资源、建设、公证机构等单位和部门,按照各自职责依法对市区二环路以内村(社区)暂停宅基地审批等相关手续办理。

五、监督管理

(二十)各区人民政府在实施城中村改造过程中应当严格审核确认安置对象、户数以及土地、规划等相关材料。对于存在弄虚作假、瞒报、漏报行为的,依法追究相应的法律责任。

城中村改造管理工作人员应当认真履行职责。存在滥用职权、玩忽职守、徇私舞弊的,由其所在单位或上级主管部门给予行政处分;构成犯罪的,由司法机关依法追究刑事责任。

(二十一)城中村改造工作纳入政府年度目标考核管理。具体考核办法由市建设局另行制定。

六、附则

(二十二)各区人民政府根据本办法制定实施细则。市民政局、市财政局、市农业农村局、市资规局等部门应根据相关法律、法规、规章以及本办法的规定,加快制定、完善"撤村建居"改制工作、村集体经济股份合作制改革等相关配套政策。

(二十三)二环内重点工程或公共基础设施建设项目涉及零星房屋征收的,可参照本办法执行。

(二十四)本办法自公布之日起30日后施行。本办法实施前的城中村改造相关规定与本办法不一致的,以本办法为准。

金华市人民政府办公室关于重新公布
金华市区征地区片综合地价的通知

(金政办发〔2023〕60号)

婺城区政府、金义新区(金东区)管委会(政府)，市直属有关单位：

为切实加强土地征收管理，完善被征地农民保障机制，依法保护被征地农民和农村集体经济组织的合法权益，根据《浙江省自然资源厅关于重新公布全省征地区片综合地价最低保护标准的通知》(浙自然资规〔2023〕12号)精神，经市政府同意，对金华市区征地区片综合地价进行重新公布，现将有关事项通知如下。

一、适用范围

本通知所称金华市区范围，是指婺城区、金义新区(金东区)行政区域范围。

二、征地区片划分

金华市区征地区片划分为3个区片，具体划分示意图见附件。

一级：环城北路—环城东路—宾虹东路—武义江—金华江—环城西路—环城北路以内区域。

二级：杭金衢高速公路—二环东路—金含公路延伸段—金温铁路—环城南路延伸线—武义江—宾虹东路—环城东路—环城北路—环城西路—金华江—二环西路—乾西乡行政区划线—浙赣铁路—城北街道行政区划线—新狮街道行政区划线—杭金衢高速公路以内区域；江南街道、西关街道、三江街道。

三级：市区除以上区域以外的用地范围。

三、征地区片综合地价补偿标准

征地区片综合地价由土地补偿费和安置补助费两部分组成，土地补偿费和安置补助费分别占征地区片综合地价的40%和60%。征收农民集体所有土地区片综合地价标准为：一级区片8.3万元/亩、二级区片6.5万元/亩、三级区片5.7万元/亩。

征收农民集体所有林地和未利用地，对相同区片内被征土地按征地区片综合地价标准执行。

四、完善被征地农民养老保险政策

切实做好被征地安置人员社会保障工作,符合条件的被征地人员应纳入相应的社会养老保障体系,按规定领取养老金。

五、加强征地补偿安置政策调整的指导和落实

各区要制订征地补偿费分配、使用和管理的指导原则和政策,加强征地补偿费分配和管理,专款专用,加强资金监管。

市资规局、市财政局、市人力社保局、市农业农村局要按照各自职责,做好征地补偿安置政策的相关工作。

六、明确执行时限标准

各区要严格执行政策标准,切实做好新老征地补偿安置政策的衔接工作,妥善处理历史遗留问题。文件发布之日前已发布征收土地公告(以征收土地公告期满之日计算)的,按原政策标准执行;未发布征收土地公告的,或已发布征收土地公告未期满的,按本文件标准执行。

附件:金华市区征地区片综合地价分布图(略——编者注)

金华市人民政府办公室
2023 年 12 月 20 日

金华市人民政府办公室关于印发市区征收集体土地地上附着物和青苗补偿标准(试行)的通知

(金政办发〔2021〕24 号)

婺城区政府、金义新区(金东区)管委会(政府),市直属有关单位:

《市区征收集体土地地上附着物和青苗补偿标准(试行)》已经市政府第 65 次常务会议审议通过,并报经省政府同意,现印发给你们,请严格按标准组织实施。

金华市人民政府办公室
2021 年 3 月 16 日

市区征收集体土地地上附着物和青苗补偿标准(试行)

为进一步加强土地征收管理,规范金华市区地上附着物和青苗补偿工作,根据《中华人民共和国土地管理法》有关规定和《浙江省人民政府关于调整全省征地区片综合地价最低保护标准的通知》(浙政发〔2020〕8号)、《浙江省自然资源厅关于加快制定完善地上附着物和青苗补偿标准的通知》(浙自然资厅函〔2020〕265号)等文件精神,结合市区土地征收实际,制定本补偿标准。

一、适用范围。金华市区范围(婺城区、金义新区<金东区>行政区域范围)内征收集体土地补偿适用本补偿标准。

二、补偿费用。地上附着物和青苗等补偿费用包括青苗补偿费、集体土地上房屋补偿费和其他地上附着物补偿费。

三、补偿原则。地上附着物和青苗可按参考标准确定或委托评估确定后按实补偿,补偿款由被征地行政村集体经济组织分配。在征收公告告知后,对抢栽抢种抢建的地上附着物和青苗一律不予补偿。

四、青苗补偿标准。青苗补偿是指一般青苗补偿和种植的林果、花卉、绿化用苗木等特殊青苗补偿,补偿款归青苗所有者所有。

被征收土地(建设用地除外)上的一般青苗按5000元/亩补偿。

种植的林果、花卉、绿化用苗木等特殊青苗,补偿金额按正常种植密度结合市场价经评估确定。超过浙江省地方标准《林业育苗技术规程》(DB33-T179-2016)标准种植密度的部分,不予补偿。特殊青苗搬移费原则上每亩不得超过35000元,部分特殊青苗搬移费参考标准见附件1。

特殊青苗种植面积超过征地面积50%或特殊青苗搬移费超过35000元/亩(种植面积)的,由被征地行政村(社区)提出申请,经乡镇(街道)政府(办事处)初核,区政府同意后予以补偿,并报市自然资源征收中心备案。已补偿特殊青苗搬移费的,一般青苗补偿不得重计。

特殊青苗评估机构由市自然资源征收中心牵头组织开展招投标工作。评估规范由市自然资源征收中心与评估机构依法确定。

五、集体土地上房屋补偿标准。征收集体土地所涉及的农村村民住宅,其补偿标准按金华市区现行征收集体所有土地上房屋补偿政策执行。

1. 房屋征收重置价补偿标准以市区最新公布的房屋重置价文件为依据;

2. 房屋装修补偿标准由评估机构以市场评估价值为依据;

3. 房屋固定设施补偿标准参照市区国有土地上房屋补偿标准。

六、其他地上附着物补偿标准。其他地上附着物补偿参考标准见附件2。

七、监督管理。各区是辖区内地上附着物和青苗补偿工作的责任主体,依法落实相关管理措施。

市公安局、市资规局、市农业农村局、市行政执法局等有关部门要严格执法,对抢栽抢种抢建等违法行为依法查处。

市级有关部门要各司其职,加大对市区地上附着物和青苗补偿的监管力度。

八、实施时间。本标准自下发之日起执行,由市资规局牵头组织实施。2020年1月1日前批准征收土地方案的项目,地上附着物和青苗尚未处置的,各地根据实际情况做好政策衔接工作。

附件:
1. 部分特殊青苗搬移费参考标准
2. 其他地上附着物补偿参考标准

附件1

部分特殊青苗搬移费参考标准

作物类别		品种规格说明	单位	补偿标准(元)	备注
果木类	桔子	地径8cm–15cm	株	80–150	
	枇杷	地径8cm–15cm	株	100–170	
	桃	地径8cm–15cm	株	80–150	
	梨	地径8cm–15cm	株	80–150	
	无花果	地径3cm–10cm	株	7–60	
	桑树	地径3cm–10cm	株	7–50	
	葡萄	种3年以上	亩	15000	
树木类	樟树	地径15cm以下	株	≤144	实生苗
		地径15cm–30cm	株	180–864	
		地径20cm–35cm	株	504–1580	骨架移栽

续表

作物类别	品种规格说明	单位	补偿标准(元)	备注
桂花	地径 5cm – 15cm	株	18 – 300	视冠形调整
罗汉松	地径 5cm – 15cm	株	19 – 345	正常自然冠形
粗造型罗汉松	地径 6cm – 15cm	株	72 – 738	造型 2 – 3 年,形状叶片正常。成形另考虑
压枝罗汉松	地径 6cm – 15cm	株	50 – 510	枝条基本定型
红豆杉	地径 8cm – 15cm	株	88 – 656	
银杏	地径 12cm – 30cm	株	144 – 1904	
红叶石楠	地径 5cm – 15cm	株	8 – 70	
广玉兰	地径 10cm – 30cm	株	72 – 2100	

附件 2

其他地上附着物补偿参考标准

地上附着物类别	规格型号	重置单价	备注
水泥地	厚 10cm	60 元/m²	
水泥地	厚 15cm	90 元/m²	
水泥地	厚 20cm	120 元/m²	
水泥地	厚 25cm	150 元/m²	
混凝土空心砖围墙	1 砖,双面粉刷	110 元/m²	
混凝土实心砖围墙	1 砖,双面粉刷	140 元/m²	
烧结实心砖围墙	1 砖,双面粉刷	150 元/m²	
深井		3000 元/口	补偿价
插管井		500 元/口	补偿价
浆砌石坎		428 元/m³	
干砌石砍		240 元/m³	

续表

地上附着物类别	规格型号	重置单价	备注
砂石路		30 元/m²	
水泥侧石		30 元/m	
单体大棚	跨度6-8米	12-15 元/m²	
连体大棚	高度4-5米	45-50 元/m²	
连栋大棚	高度4-5米	80-120 元/m²	
围网		1.5 元/m	搬迁费
高速护栏		3 元/m	搬迁费
高速护栏（带水泥柱）		5 元/m	搬迁费
黑色遮阴网		1.5 元/m²	搬迁费
水泥涵管	DN300	104 元/m	
水泥涵管	DN400	130 元/m	
单穴坟墓		2500 元/穴	搬迁费
双穴坟墓		3500 元/穴	搬迁费

金华市住房和城乡建设局关于印发《金华市区房屋重置价格》的通知

（金市建〔2021〕210号）

婺城区、金东区政府、金华开发区管委会，市级相关部门、各房地产价格评估机构：

为进一步做好房地产价格评估工作，根据《中华人民共和国城市房地产管理法》规定，经市政府同意，特制定《金华市区房屋重置价格》，现印发给你们，请参照执行。

本文件自2021年11月1日起执行，有效期为3年。本文件实施前的房屋重置价格按《金华市住房和城乡建设局关于印发 2013 年金华市区房屋重置价格的通知》(金市建房〔2014〕33 号)执行。

附件:金华市区房屋重置价格

金华市住房和城乡建设局
2021 年 9 月 26 日

附件:

金华市区房屋重置价格

本次房屋重置价格测算为本区域上一年度新建房屋社会平均生产价格,主要内容包括:前期工程费、建筑安装工程费、小区内配套设施费。

本次房屋重置价格适用于婺城区、金东区行政辖区范围内国有土地上,需要应用房屋重置价格标准评估的房屋。

现将测算的金华市区房屋重置价格公布如下。

一、前期工程费

单位:元/m²

结构类型 建筑类型	砖混、砖木、其它	钢筋混凝土剪力墙结构三等及以下、框架结构、钢结构	钢筋混凝土剪力墙结构一等、二等
民用建筑	93	115	180
工业建筑	40	65	/

前期工程费用包含招标代理服务费、工程造价咨询服务费、必须发生的各项检测费、前期测绘费等建设管理其他费,工程监理费,勘察设计费、环境影响评价费、节能评估费、场地准备及临时设施费、高可靠性供电费等。

二、建筑安装工程费

详见附件:

附件 1.房屋(民用建筑)分类划等及各类房屋建安工程费;

附件 2.房屋(工业建筑)分类划等及各类房屋建筑安装工程费;

附件 3.单项指标。

附件1：

房屋（民用建筑）分类划等及各类房屋建筑安装工程费

结构类型	房屋等级	房屋状况	结构及装饰特征							安装设备特征				每平米造价（元/m²）
^	^	^	基础	承重构件	隔墙	屋面	楼地面	外墙面	内墙面	顶棚	门窗	水电	消防	通风	弱电智能化	^
钢筋混凝土剪力墙结构	一等	17层以上钢筋混凝土剪力墙结构高层房屋，标准层层高2.9m，首层架空或商铺，有地下至，20%≤预制率<30%	筏板基础、桩基础、锚杆桩基础	剪力墙、框架柱、框架梁、现浇板、预制叠合板	加气混凝土砌块、多孔砖、实心砖	屋面：卷材防水、涂料防水、保温层、刚性屋面层；楼地面：细石砼楼地面、水泥砂浆楼地面或保温砂浆楼地面、公共区域楼地面	外墙面高级喷涂料外墙、部分干挂石材外墙；外墙内侧保温、公共区域块料或干挂面层	内墙抹灰、墙砖；户内腻子天棚、公共区域吊顶天棚	断桥隔热铝合金门窗，入户防火防盗门	水、电、消防、智能化、电梯齐全				2660

续表

结构类型	房屋等级	房屋状况	结构及装饰特征							安装设备特征				每平米造价(元/m²)
^	^	^	基础	承重构件	隔墙	屋面	楼地面	外墙面	内墙面	顶棚	门窗	水电	消防	通风	弱电智能化	^
	二等	10～16层钢筋混凝土剪力墙结构房屋,高层层层高,标准层层高2.9m,首层架空或商铺,有地下室,20%≤预制率<30%	筏板基础、桩基础、锚杆桩基础	剪力墙、框架柱、框架梁、现浇板、预制叠合板	加气混凝土砌块、多孔砖、实心砖	屋面:卷材防水、涂料防水,刚性保温层;屋面面层	细石砼楼地面、水泥砂浆楼地面或保温砂浆楼地面,公共区域块料楼地面	外墙面高级喷涂、外墙、部分干挂石材	外墙内侧抹灰;内墙抹灰、外墙内侧保温,墙块料或水泥砂浆墙面;户内腻子墙面层,公共区域块料墙面	公共区域吊顶天棚、户内刮子天棚	断桥隔热铝合金门窗,入户防火防盗门	水、电、消防、通风、智能化、电梯齐全				2580
	三等	钢筋混凝土剪力墙结构房屋,标准层层高2.9m,有地下室,非装配式建筑,无保温,公共部位普通装饰	钢筋砼满堂基础或桩基础	剪力墙、框架柱、框架梁、现浇板	加气混凝土砌块、多孔砖、实心砖	屋面:卷材防水、涂料防水;刚性屋面;屋面面层	细石砼楼地面、水泥砂浆楼地面	外墙面高级喷涂、内隔墙抹灰;公共区域墙面及天棚涂料饰面			双层中空玻璃铝合金或塑钢窗,胶合板门	水、电、卫、消防、电梯齐全				2160

续表

结构类型	房屋等级	房屋状况	结构及装饰特征							安装设备特征				每平方米造价（元/m²）
^	^	^	基础	承重构件	隔墙	屋面	楼地面	外墙面/内墙面/顶棚	^	门窗	水电	消防	通风	弱电智能化	^
钢筋混凝土框架结构	一等	7层以上，钢筋混凝土框架结构房屋，标准层层高2.9m，首层架空或商铺，有地下室	筏板基础、桩基础、锚杆桩基础	框架柱、框架梁、现浇板	加气混凝土砌块、多孔砖、实心砖	屋面卷材防水、涂料防水、刚性保温层	楼面、楼地面细石砼楼地面或保温楼地面，公共区域块料楼地面	外墙面高级喷涂外墙，部分干挂石材外墙；内墙抹灰、外墙保温；公共区域块料或干挂面层，户内腻子天棚，公共区域吊顶天棚		断桥隔热铝合金门窗，户内户门防火防盗门	水、电、消防、通风、智能化、电梯齐全				2260
^	二等	7层以上，钢筋混凝土框架结构房屋，标准层层高2.9m，首层架空或商铺	独立基础、桩基础	框架柱、框架梁、现浇板	加气混凝土砌块、多孔砖、实心砖	屋面卷材防水、涂料防水、刚性保温层	楼面、楼地面细石砼楼地面，公共区域水泥砂浆楼地面	外墙面涂料或面砖；内墙抹灰、公共区域块料面层；户内腻子天棚，公共区域吊顶天棚		双层中空玻璃铝合金门窗，户内户门防火防盗门	水、电、消防、通风、智能化、电梯齐全				1950

续表

结构类型	房屋等级	房屋状况	结构及装饰特征							安装设备特征				每平米造价（元/m²）
^	^	^	基础	承重构件	隔墙	屋面	楼地面	外墙面	内墙面	顶棚	门窗	水电	消防	通风	弱电智能化	^
	三等	7层及以下，钢筋混凝土框架结构房屋，标准层层高2.9m，设架空层	独立基础、桩基础	框架柱、框架梁、现浇板	加气混凝土砌块、多孔砖、实心砖	屋面：卷材防水、涂料防水、保温层、刚性屋面；楼面：细石砼楼地面，水泥砂浆楼地面	外墙面高级涂料或面砖；公共区域抹灰、外墙保温、户内墙面漆，户内腻子天棚	断桥隔热铝合金门窗，人户防火防盗门	水、电、消防齐全	1640
	四等	7层及以下，钢筋混凝土框架结构房屋，标准层层高2.9m	独立基础、桩基础	框架柱、框架梁、现浇板	加气混凝土砌块、多孔砖、实心砖	屋面：卷材防水、涂料防水、刚性屋面；楼面：细石砼楼地面，水泥砂浆楼地面	外墙面普通涂料或面砖；公共区域抹灰、内墙涂料，户内腻子天棚	单层玻璃普通铝合金门窗，胶合板门	水、电、消防齐全	1460

续表

结构类型	房屋等级	房屋状况	结构及装饰特征							安装设备特征				每平米造价(元/m²)
^	^	^	基础	承重构件	隔墙	屋面	楼地面	外墙面	内墙面	顶棚	门窗	水电	消防	通风	弱电	智能化	^
砖混结构	一等	4—6层,砖混结构房屋,标准层层高2.9m,设架空层或车库	桩基础、钢筋混凝土条形基础、独立基础	构造柱、圈梁、现浇板	多孔砖、实心砖	屋面:卷材防水、涂料防水,刚性屋面;楼地面:细石砼楼地面或水泥砂浆楼地面、楼梯间块料地面	外墙面高级喷涂外墙抹灰;公共区域乳胶漆面层;楼梯天棚	内墙抹灰、户内腻子	双层中空玻璃铝合金门窗或塑钢窗,普通防盗门	水、电、消防齐全					1450
^	二等	4—6层,砖混结构房屋,标准层层高2.9m,无架空层及车库	桩基础、钢筋混凝土条形基础、独立基础	构造柱、圈梁、多孔板、少量现浇板	多孔砖、实心砖	屋面:卷材防水、涂料防水,刚性屋面;楼地面:细石砼楼地面或水泥砂浆楼地面	外墙面普通涂料;共区域内墙涂料面层;楼梯天棚	内墙抹灰、户内腻子	双层中空玻璃铝合金门窗或塑钢窗,普通防盗门	水、电、消防齐全					1380

续表

结构类型	房屋等级	房屋状况	结构及装饰特征							安装设备特征				每平米造价（元/m²）
||| 基础	承重构件	隔墙	屋面	楼地面	外墙面	内墙面	顶棚	门窗	水电	消防	通风	弱电智能化	
	三等	1-3层，砖混结构房屋，标准层层高2.9m，（较好外墙饰面及进户防盗门）	钢筋混凝土条形基础	构造柱、圈梁多、孔板少量现浇板	多孔砖、实心砖	屋面：卷材防水、涂料刚性屋面；楼地面：细石砼楼地面或水泥砂浆楼地面	外墙面高级喷涂外墙；内墙抹灰；公共区域块料面层；户内腻子天棚	双层中空玻璃铝合金门窗或塑钢窗，普通防盗门	水、电、消防齐全					1310
	四等	1-3层，砖混结构房屋，标准层层高2.9m，（普通外墙饰面及进户木门）	砖石条形基础	构造柱、圈梁多、孔板少量现浇板	多孔砖、实心砖	屋面：瓦屋面或卷材防水、涂料防水刚性屋面；楼地面：细石砼楼地面或水泥砂浆楼地面	外墙面普通喷涂；内墙抹灰；内腻子天棚	木质门、钢窗或木窗	水、电、消防齐全					1200

续表

结构类型	房屋等级	房屋状况	结构及装饰特征							安装设备特征					每平米造价(元/m²)
			基础	承重构件	隔墙	屋面	楼地面	外墙面	内墙面	顶棚	门窗	水电	消防	通风	弱电智能化	
	五等	简易砖混结构房屋	砖石条形基础	砖墙承重、多孔板、少量现浇板	多孔砖、实心砖	屋面:刚性平屋面或多孔板为主屋面;楼地面:水泥地面		外墙、内墙普通抹灰;户内腻子天棚		木质门、普通木窗	简易照明				700
砖木结构	一等	2-3层坡屋面房屋,底层层高3.2米以上,上层层高2.0米以上,楼梯内上	砖石条形基础	砖墙承重、柱承重、松木及杉木屋架、梁、柱及檩条(大梁直径20cm以上),木楼梯	砖砌体或木板隔墙	屋面:机制小青瓦屋面;楼地面:水泥地面,楼地面为松木或杉木地板		内、外墙为一般抹灰;屋面板吊板条天棚		木质门、普通木窗	水电齐全				1310

续表

结构类型	房屋等级	房屋状况	结构及装饰特征							安装设备特征				每平米造价（元/m²）
^	^	^	基础	承重构件	隔墙	屋面	楼地面	外墙面	内墙面	顶棚	门窗	水电	消防	通风	弱电智能化	^
	二等	1-2层坡屋面房屋，底层层高3.2米以上	砖石条形基础	砖墙或木柱承重，松木及杉木屋架、梁、柱及檩条，(大梁直径20cm以上)	砖砌体或木板条隔墙	屋面：机制瓦或小青瓦屋面；楼地面：水泥地面，	内、外墙为一般抹灰；屋面板吊板条天棚	木质门，普通木窗	明配线，普通灯具，拉线开关				1090
	三等	单层简易砖木结构房屋	砖石条形基础	砖墙承重，松木及杂木屋架、梁、柱及檩条（大梁直径20cm以上）	砖砌体或木板条隔墙	屋面：机制瓦或小青瓦屋面；楼地面：水泥地面	内、外墙为一般抹灰；屋面板吊板条天棚	木质门，普通木窗	明配线，普通灯具，拉线开关				750

续表

结构类型	房屋等级	房屋状况	结构及装饰特征							安装设备特征					每平米造价（元/m²）
^	^	^	基础	承重构件	隔墙	屋面	楼地面	外墙面	内墙面	顶棚	门窗	水电	消防	通风	弱电智能化	^
其他结构	一等	一般土木结构房屋	条形基础	泥墙、松木梁柱、木屋架	砖或木板条	屋面：机制瓦或小青瓦屋面；楼地面：水泥地面		外墙为抹灰泥	内墙面抹灰泥刷白；屋面板或吊板条天棚		木质门，普通木窗	明配线，普通灯具，拉线开关				610
其他结构	二等	简易土木结构房屋	条形基础	泥墙、松木及杂木梁柱、木屋架	无隔墙	屋面：机制瓦或石棉瓦屋面；楼地面：灰土或三合土地面		外墙为抹灰泥	内墙面抹灰泥刷白；无天棚		木质门，普通木窗	明配线，普通灯具，拉线开关				480

备注：1.本表中的商铺、架空层等房屋层高综合考虑3.5m内。2.层高每增减10cm，每平米造价按增减0.8%进行调整。

附件2：

房屋(工业建筑)分类划等及各类房屋建筑安装工程费

结构类型	房屋等级	房屋状况	结构及装饰特征								安装设备特征			每平米造价(元/m²)
^	^	^	基础	承重构件	隔墙	屋面	楼地面	外墙面	内墙面	顶棚	门窗	水电消防	通风	弱电智能化	^
框架结构	一等	多层厂房，层高4~6米，混凝土现浇板屋面、金刚砂耐磨地面为主	混凝土桩基础、独立基础	钢筋混凝土梁柱、现浇板	加气混凝土砌块、多孔砖、实心砖	屋面：混凝土现浇板屋面结构，屋面卷材防水、刚性防水；楼地面：金刚砂耐磨楼地面、卫生间地砖、楼梯块料铺贴		外墙面：外墙面抹灰及外墙涂料(真石漆)；内墙面抹灰及批腻子(公共部位乳胶漆)；卫生间墙砖；天棚批腻子			钢大门(卷帘门)、木质防火门、普通铝合金窗	水、电、消防、通风齐全、配货梯			1253
^	二等	多层厂房，层高4~6米，夹芯彩钢板屋面、细石混凝土楼地面为主	混凝土桩基础、独立基础	钢筋混凝土梁柱、现浇板	加气混凝土砌块、多孔砖、实心砖	屋面：夹芯彩钢板屋面；楼地面：细石混凝土楼地面、水泥砂浆楼地面、卫生间地砖		外墙面：外墙面抹灰及外墙涂料(真石漆)；内墙面抹灰及批腻子(公共部位乳胶漆)；卫生间墙砖；天棚批腻子			钢大门(卷帘门)、木质防火门、普通铝合金窗	水、电、消防、通风齐全、配货梯			1154

续表

结构类型	房屋等级	房屋状况	基础	承重构件	隔墙	屋面	楼地面	外墙面	内墙面	顶棚	门窗	水电	消防	通风	弱电智能化	每平米造价（元/m²）
	三等	单层厂房，跨度12米以内，层高8~10m，局部夹层，金刚砂耐磨地面为主	混凝土桩基础、独立基础	钢筋混凝土梁柱	加气混凝土砌块、多孔砖、实心砖	屋面：夹芯彩钢板屋面；地面：金刚砂耐磨地面、水泥砂浆地面	墙面：外墙面抹灰及外墙涂料；内墙面抹灰及内墙涂料		天棚批腻子	钢大门（卷帘门）、木质防火门、普通铝合金窗	水、电、消防齐全				1110
	四等	单层厂房，跨度12米以上，层高8~10m，细石混凝土地面为主	混凝土桩基础、独立基础	钢筋混凝土梁柱	加气混凝土砌块、多孔砖、实心砖	屋面：夹芯彩钢板屋面；地面：细石混凝土地面、水泥砂浆楼地面	墙面：外墙面抹灰及外墙涂料；内墙面抹灰及内墙涂料			钢大门（卷帘门）、木质防火门、普通铝合金窗	水、电、消防齐全				1046

续表

结构类型	房屋等级	房屋状况	基础	承重构件	隔墙	屋面	楼地面	外墙面	内墙面	顶棚	门窗	水电	消防	通风	弱电智能化	每平米造价(元/m²)
钢结构	一等	单层厂房(局部)二层,有吊车梁,夹芯彩钢板屋面,金刚砂耐磨地面为主	混凝土独立基础	钢柱梁	墙体:1.2米以下砖砌体,1.2米以上压型钢板	屋面:夹芯彩钢板屋面;地面:金刚砂耐磨地面	楼地面:水泥砂浆地面	墙面:内墙面抹灰及内墙抹灰及外墙抹灰及涂料(或贴砖)	墙面:内墙面抹灰及内墙面涂料		钢大门(卷帘门)、普通铝合金窗	水、电、消防齐全				984
	二等	单层厂房、单层彩钢板屋面、细石混凝土地面为主	混凝土独立基础	钢柱梁	墙体:1.2米以下砖砌体,1.2米以上压型钢板	屋面:单层彩钢板屋面;地面:细石混凝土地面	楼地面:水泥砂浆地面	墙面:内墙面抹灰及内墙抹灰及外墙抹灰及涂料(或贴砖)	墙面:内墙面抹灰及内墙面涂料		钢大门(卷帘门)、普通铝合金窗	水、电、消防齐全				769
	三等	单层简易厂房	混凝土独立基础、毛石混凝土基础	简易钢柱梁	墙体:1.2米以下砖砌体,1.2米以上压型钢板	屋面:单层彩钢板屋面;地面:水泥砂浆地面		墙面:内墙面抹灰、外墙面抹灰	墙面:内墙面抹灰		钢大门(卷帘门)、普通铝合金窗	水、电、消防齐全				510

续表

结构类型	房屋等级	房屋状况	结构及装饰特征							安装设备特征				每平米造价(元/m²)
^	^	^	基础	承重构件	隔墙	屋面	楼地面	外墙面	内墙面	顶棚	门窗	水电	消防	通风	弱电智能化	^
混合结构	一等	厂房	混凝土独立基础、浆砌块毛石基础或混凝土条形基础	标准砖墙砌筑或部分钢筋混凝土柱;钢筋混凝土圈梁、预制或现浇混凝土楼板	加气混凝土砌块、多孔砖、实心砖	屋面:刚性屋面或现浇斜屋面加盖瓦屋面	楼地面:细石混凝土地面、水泥砂浆地面	墙面:内墙抹灰,外墙抹灰			钢大门(卷帘门)、普通铝合金窗	水、电、消防齐全				868
^	二等	厂房	浆砌块石基础或混凝土条形基础	标准砖墙,钢筋混凝土构造柱、钢筋混凝土圈梁、预制或现浇混凝土楼板	加气混凝土砌块、多孔砖、实心砖	屋面:平瓦屋面	楼地面:细石混凝土地面、水泥砂浆地面	墙面:内外墙水砖墙灰或清水砖墙			钢大门(卷帘门)、钢窗	水、电、消防齐全				765

备注:框架结构厂房层高每增减10cm,每平米造价按增减0.7%进行调整。

附件3：

单项指标

类别	名称	单价（元/m²）
外墙	普通抹灰	45
	30厚保温抹灰加抗裂砂浆	90
	块料外墙面	93
	弹性涂料	62
	真石漆	65
内墙	普通抹灰	35
	20厚保温抹灰加抗裂砂浆	66
天棚	顶棚抹灰	28
	20厚保温抹灰加抗裂砂浆	74
楼面	水泥砂浆楼地面	23
	30厚细石砼楼地面	31
	30厚保温砂浆楼面	42
屋面	刚性屋面	39
	瓦屋面	57

备注：以上单价按单项施工面积计算。

三、小区配套费

单位：元/m²

等级	单价	基准条件
规模小区	319	9万（含）平方米以上小区
非规模小区	207	9万平方米以下小区

小区配套费包含：道路、景观绿化、室外给排水、电力、燃气、路灯照明、消防、有线电视、弱电、智能安保、交通设施、标识标牌、垃圾中转及公厕等。配套不齐全的房屋及厂房的配套费按实际发生情况计算。

四、房屋重置价格

房屋重置价格＝前期工程费＋建筑安装工程费＋小区配套费,由各专业评估机构根据房屋的前期工程费用发生情况,房屋建筑结构类型、等级情况和所在小区配套设施情况评估计价。

金华市自然资源和规划局、金华市人力资源和社会保障局、金华市财政局、金华市农业农村局关于被征地农民参加基本生活保障实行"人地对应"的通知

（金自然资规〔2019〕183号）

婺城区、金东区人民政府,市政府有关部门：

为进一步做好市区被征地农民基本生活保障工作,完善被征地农民社会保障政策,切实保障被征地农民的合法权益,维护社会和谐稳定,根据《浙江省征地补偿和被征地农民基本生活保障办法》(省政府令第264号)、《浙江省国土资源厅 浙江省人力资源和社会保障厅 浙江省财政厅 浙江省农业厅关于被征地农民参加社会保障实行"人地对应"的指导意见》(浙土资规〔2018〕5号)等文件精神,经市人民政府同意,就进一步做好金华市区被征地农民参加基本生活保障实行"人地对应"工作,通知如下：

一、被征地农民参加保障的范围和对象

1. 保障范围：第二轮土地承包以来,经省级以上人民政府批准征收集体所有耕地和其他农用地的,列入被征地农民保障范围。

2. 保障对象：在征收土地公告发布时家庭中年满16周岁以上、持有被征收的耕地及其他农用地合法权源资料,且在办理征地手续时仍为该村集体经济组织成员的被征地农民。

二、被征地农民参加保障人数的计算

以省级以上人民政府批准征收耕地及其他农用地的数量为基数,合理确定参保人员数量。以行政村或自然村上年度末土地变更调查耕地及其他农用地

数量和公安部门按传统口径确认的农业人口或农经年报中集体经济组织成员数比,作为核定参保指标的基本参数,合理确定参保人员数量。

三、被征地农民参保人员名单的确定及管理

1. 被征地行政村在确定参加基本生活保障人员名单时,应按照"即征即保、人地对应、征收谁安置谁"的原则,将被征收耕地及其他农用地的农户家庭中符合条件的成员作为参加基本生活保障对象。

2. 被征地行政村确定参保指标、参保名单、调剂名单要公开、公平、公正,必须履行"五议两公开"程序,即党员群众建议、村党组织提议、村务联席会议商议、党员大会审议、成员(代表)会议决议、表决结果公开、实施情况公开,表决结果、参保名单由村集体经济组织负责人、村监委主任签字确认,并在村务公开栏公示七天,接受村集体成员监督,公示无异议的,上报上级审核办理。

3. 参保指标要求在规定期限内办理参保手续。参保指标有效期为1年。参保指标不得以任何形式转让、买卖。

4. 对在规定期限内放弃参保和节余的指标,优先调剂用于解决本村集体组织内已征地但尚未参保的成员。被征地农户家庭承包地被征收后,经被征地农民确认,变更土地承包合同。村集体经济组织从土地整治新增耕地或者预留地中调剂安排质量和数量相当的土地给被征地农民承包经营的,参保指标可调剂用于解决本村集体组织内已征地但尚未参保的成员。

5. 无人调剂或调剂后仍有节余的指标,由乡镇政府(街道)及时报自然资源和规划部门和人力社保部门核销。

四、积极稳步推进被征地农民基本生活保障"人地对应"工作

1. 加强组织领导。为进一步做好市区被征地农民基本生活保障"人地对应"工作,各区人民政府(管委会)应成立由自然资源和规划、人力社保、财政、农业农村等有关部门参加的被征地农民社会保障联合审核机构,负责审核乡镇(街道)上报的参保指标数量、参保人员名单。市级相关部门要根据本部门工作职责,加强对市区被征地农民基本生活保障工作的管理和组织领导。

2. 形成工作合力。各有关部门要加强业务工作沟通协调,各司其职,相互配合,形成工作合力。

人力社保部门:负责被征地农民社会保障工作的指导、监督、管理,做好纳入社会保障后的人员台账管理。

自然资源和规划部门:负责审核确定被征地农民参保指标名额,配合做好相关台账管理。

财政部门：负责被征地农民基本生活保障的政府补贴资金的到位及财政专户的管理。

农业农村部门：负责农村土地承包经营权确权登记的政策指导。

公安局、审计局、统计局等部门按照各自职责，共同做好相关工作。

各乡镇（街道）：负责组织实施本辖区内被征地农民社会保障工作；负责被征地村开展被征地农户基本生活保障政策宣传解读；负责对参保方案形成、"五议两公开"法定程序进行指导监督，对决议的合法性进行审查；负责参保方案、拟参保人员名单初审，初审结果由具体经办人和负责人签名，并加盖单位公章；做好信访投诉及违规参保人员调查处理；做好相关台账资料和档案的整理归档。

3. 强化监督检查。加强监督检查，及时处理群众信访问题，认真查处纠正被征地农民参加社会保障工作存在的问题。对严重违反有关政策规定，弄虚作假、买卖指标的，对参保人员坚决予以清退。对涉及违反违纪的，依法依规作出处理。

五、本通知自 2020 年 2 月 1 日起执行。以往规定与本通知不一致的，按本通知规定执行。

金华市自然资源和规划局　金华市人力资源和社会保障局

金华市财政局　金华市农业农村局

2019 年 12 月 31 日

金华市人民政府关于印发《金华市区农村村民住宅建设管理试行办法》的通知

（金政发〔2005〕147 号）

婺城、金东区人民政府，市政府各部门：

现将《金华市区农村村民住宅建设管理试行办法》印发给你们，请按照执行。

金华市人民政府办公室
2005 年 12 月 13 日

金华市区农村村民住宅建设管理试行办法

第一章 总 则

第一条 为进一步加强市区农村村民住宅建设管理,规范村民住宅建设行为,根据《中华人民共和国土地管理法》、《中华人民共和国城市规划法》、《村庄和集镇规划建设管理条例》、《浙江省村镇规划建设管理条例》等有关法律、法规,结合市区实际,制定本办法。

第二条 市区范围内村民住宅建设适用本办法。

第三条 村庄建设规划必须符合土地利用总体规划和城市总体规划、村庄布局规划以及村镇总体规划,并与相关专业规划相协调。

已编制的村庄建设规划与土地利用总体规划不一致、不衔接的,在不突破村庄建设用地规模的前提下,按法定程序对建设规划进行调整,或在土地利用总体规划编制时与建设规划衔接。

村庄布局规划不合理的,应当适当调整。

第四条 村民住宅建设必须符合村庄建设规划,坚持适用、经济、安全、美观的原则,因地制宜,分类指导,尊重群众意愿,充分发挥村民自治作用。

第五条 各区人民政府(市经济技术开发区管委会)负责管理和监督本区域内村民住宅建设,市国土资源、规划、建设等行政主管部门指导做好村民住宅建设管理工作。

第二章 村庄建设规划制定

第六条 村庄建设规划要着眼长远,适度超前,同时合理控制建筑密度、容积率、绿地率等各项经济技术指标,综合考虑道路、给排水、环境卫生、消防等基础设施配套和公共服务设施的建设,立足现状改造和整治,注重保护生态环境和地方乡土文化特色。

第七条 村庄建设规划年限一般为五年。建设用地规模严格控制在人均

90平方米以内。

村庄的规划建设用地规模和范围,由市规划行政主管部门会同市国土资源行政主管部门确定,并出具红线图及规划设计条件。

第八条 村庄建设规划由乡(镇)人民政府依法组织编制,必须委托具有相应资质的规划设计单位进行编制。

村庄建设规划应进行科学论证和公示,经村民会议或村民代表会议讨论通过后,由乡(镇)人民政府上报区人民政府(市经济技术开发区管委会)或其授权的区规划行政主管部门审批。批准后,由乡(镇)人民政府公布,并组织实施。

村庄建设规划编制经费由乡(镇)人民政府在本级财政列支。对经费确有困难的乡镇,各区人民政府(市经济技术开发区管委会)应当给予补助。

第九条 经批准的村庄建设规划,任何单位和个人不得擅自变更。确需调整或修编的,按法定程序进行。

第三章 村民住宅建设用地

第十条 村民新建、改建、扩建住宅应当充分利用村内空闲地、原有宅基地以及荒坡地、废弃地,严格控制占用耕地,严禁占用基本农田。

第十一条 村民住宅建设用地主要包括:

1. 土地利用总体规划村庄新增的建设用地;

2. 通过改造"空心村"和清理闲置宅基地、空置住宅、"一户多宅"等存量建设用地;

3. 易地建设住宅、村民交还的原宅基地。

第十二条 村民住宅建设使用农用地的,应当依法先办理农用地转用审批手续。

第十三条 城镇居民继承的集体土地上的房屋,因村庄改造需拆除的,应给予适当的货币补偿,有条件的可安置一套公寓式住房。

第十四条 城镇规划建设用地范围内统一实施公寓式住宅建设的村,在不超过核定的用地规模情况下,其节余的建设用地可征为国有,由国土资源行政主管部门依法出让,土地净收益可部分或全部返还村集体用于公共设施建设及被征地农民的基本生活保障。

第四章　村民住宅建设标准

第十五条　村民一户只能拥有一处宅基地,面积不得超过限额标准:

1. 农业人口每人不超过 30 平方米。

2. 子女分家立户后,其父母的宅基地面积限额不得超过 60 平方米。

3. 非农业人口每人不超过 8 平方米;属就地农转非的,可参照农业人口的限额标准。

4. 5 人以上的户,每户最高限额为 140 平方米,使用耕地的,最高限额为 125 平方米。

5. 对非农业人口拥有《集体土地使用证》的,其住宅因实施规划需要拆迁的,可按其《集体土地使用证》记载的面积内核定安置用地,安置面积最高为 90 平方米。

申请宅基地人口计算口径:(1)以居民户口簿登记的家庭人口为依据。属同一家庭的成员,但户口性质不同而未登记在同一本户口簿上的,凭当地公安派出所书面证明,可以计为申请宅基地的人口。但不能单独立户申请宅基地。(2)已满法定婚龄并单独立户的待婚男子,可按 3 人计算。(3)现役军人(不含军官)、在校学生在迁出户口前属本村集体经济组织成员的,可计为申请宅基地的人口。(4)已领取独生子女证的,可增加 1 人计算;违反计划生育政策超生的,经依法处理后,可计为申请宅基地的人口。

已享受过房改房、廉租房、经济适用住房和货币分房待遇的,不得计入申请宅基地的人口。

第十六条　市区农村村民住宅建设规划标准:

1. 村民住宅建筑层次,一般不高于 3 层,建筑总高度不得超过 10 米。上人屋面的上人楼梯间面积不得超过 20 平方米,高度不得超过 2.2 米;坡屋顶的应从檐口起坡,坡顶不超过 2.5 米;半地下室、架空层的层高超过 2.2 米(含)的按一层计算。

村民住宅居住部分建筑间距一般为:(1)南北朝向时,新区不小于1:1.1;老区不小于1:1。(2)东西朝向时,不小于1:0.8。

2. 市区二环线内符合规划的,村民新建住宅建筑层次,允许批准 4 层,建筑总高度不得超过 13 米。村民申请建设 4 层以上住宅的,在符合村庄建设规划要求,并扣除申请人相应宅基地面积的前提下,允许批准 5 层或 6 层,批准 5 层的按限额标准的80%、6层的按70%核定宅基地面积；建筑总高度5层的不超过15米,6层的不超过18米。

3. 村民住宅建设原则上实行联立式,提倡公寓式。严格控制建设独立式住宅。城镇主、次干道两侧和市区二环线内拆迁安置及"城中村"整体改造,原则上建设公寓式住宅。

第五章　村民住宅建设和管理

第十七条　村民建设住宅审批,一般以村为单位分批次上报,乡镇政府(街道办事处)统一受理,全程代理服务,审批过程相关行政主管部门实行并联审批。

1. 申请和上报。村民向村民委员会提出书面建房申请,经村民委员会集体讨论同意,公示无异议后,将所需材料上报乡镇政府(街道办事处)。

2. 规划选址和用地审批。乡镇政府(街道办事处)及相关职能部门对规划、用地进行实地踏勘,经审核符合条件的,报区规划行政主管部门核发《建设项目选址意见书》和《建设用地规划许可证》。

乡镇政府(街道办事处)将用地申请材料和规划批件,报区国土资源行政主管部门,经审核同意后,上报区人民政府批准。

3. 规划审批。持用地、规划批件和施工图纸,报规划行政主管部门核发《建设工程规划许可证》或《村镇规划建设许可证》。

4. 施工许可。市区二环线内申请建设住宅的村民,须持《建设工程规划许可证》、施工图、施工承建合同等资料,向建设行政主管部门申请办理施工许可手续。

第十八条　村庄建设规划未编制和已到期而未续编的,不得审批该村的建设项目。

农村村民有下列情形之一的,不得再申请宅基地:(1)已拥有一处宅基地的;(2)出卖、出租、赠予他人或者以其它形式转让宅基地上建筑物的;(3)以所有家庭人员作为一户申请并被批准后,不具备分户条件而以分户为由的;(4)其他不符合申请建房条件的。

严禁城镇居民在农村购置宅基地,严禁为城镇居民在农村购买和违法建设的住宅发放土地使用证。

第十九条　村民建设住宅应当严格按照批准的建设位置、面积、层次、标高、立面等用地、规划要求进行施工，不得擅自变更。

第二十条 村民住宅建设提倡统一规划、统一设计、统一建设、统一施工、统一管理。村民建设二层以上住宅的施工图，必须由有相应资质的建筑设计单位进行设计，或采用规定的通用设计和标准设计。

第二十一条 村民住宅建设开工前，应由具有测绘资质的单位或规划行政主管部门认可的专业人员定位放线；开工后，由乡镇政府（街道办事处）派员查验基槽。

市区二环线内和集中新建、连片改造的村民住宅建设，必须由有相应资质的建筑施工企业或村镇建筑工匠承担。

工程完工并经验收合格的，报建设、规划行政主管部门备案。

建设行政主管部门应对村民住宅建设的施工质量和安全管理工作进行监督指导。

第二十二条 各区人民政府负责村民住宅用地和房产的登记，核发《集体土地使用证》和《房屋所有权证》。日常工作由国土资源、房产行政主管部门承办。

第二十三条 村民住宅规划建设管理工作实行条块结合、重心下移，由乡镇政府（街道办事处）负责村民住宅建设管理工作。

第二十四条 建立市、区（管委会）、乡镇（街道）村民住宅建设管理的监察网络和举报奖励制度，实行相关行政执法部门与乡镇政府（街道办事处）联动执法。强化日常监管，落实动态巡查监察责任，实行全程跟踪管理，及时发现、制止和查处违法建设行为。

第二十五条 市区二环线外乡镇辖区内村民住宅违反规划的违法建设行为，由乡（镇）人民政府组织查处。

村民在集体土地上的非法占地建设住宅行为，由国土资源行政主管部门查处。

第二十六条 村民住宅建设管理纳入年度工作目标责任制考核内容，并与区政府（管委会）、乡镇政府（街道办事处）和部门的年终考核挂钩。

第六章　违法违规行为的处理

第二十七条 村民未办理规划审批手续或违反规划审批要求建设住宅的，由相关行政执法部门或乡（镇）人民政府责令其停止建设，对严重影响规划的，限期拆除或没收其违法建设的建筑物、构筑物及其他设施；影响规划，但可采取改正措施的，责令其限期改正，并可按有关规定予以罚款。

第二十八条　超过批准面积多占土地建设住宅的，应当责令其停止建设；对拒不停止继续施工的，由国土资源行政主管部门依法查封、暂扣用于施工的工具、设备、建筑材料等。未经批准占用基本农田建设住宅的，一律拆除退耕，并对相关责任人按违法占用基本农田论处。

第二十九条　村民未经批准或采取欺骗手段骗取批准，非法占用土地建设住宅的，由国土资源行政主管部门责令退还非法占用的土地，限期拆除在非法占用土地上建设的房屋，三年内不得再次申请。

本办法实施前建新拆旧的，地上建筑物应自行拆除，拒不拆除的，由国土资源行政主管部门责令限期拆除。

第三十条　村民接到责令停止建设通知后，应当立即停止建设；继续进行违法建设的，由作出责令停止建设的机关直接拆除其继续违法建设部分。

第三十一条　未经批准建设的村民住宅，国土资源行政主管部门不得发放土地使用证，房产行政主管部门不得发放房屋所有权证，工商、公安、卫生、文化等行政主管部门不予核发相关证照。

第三十二条　村民住宅建设管理人员玩忽职守、滥用职权、徇私舞弊的，由所在单位或其上级主管部门给予行政处分；构成犯罪的，依法追究刑事责任。

第七章　附　　则

第三十三条　婺城区、金东区人民政府和市经济技术开发区管委会应根据本办法，结合各自实际制定实施细则，报市人民政府批准后执行。

第三十四条　本办法自颁布之日起实施。

7. 其 他

浙江省建设工程质量管理条例

浙江省人民代表大会常务委员会公告第73号

（1995年8月19日浙江省第八届人民代表大会常务委员会第二十一次会议通过　根据2001年12月28日浙江省第九届人民代表大会常务委员会第三十次会议《关于修改〈浙江省建设工程质量管理条例〉的决定》第一次修正　根据2009年11月27日浙江省第十一届人民代表大会常务委员会第十四次会议《关于修改〈浙江省建设工程质量管理条例〉的决定》第二次修正　根据2017年11月30日浙江省第十二届人民代表大会常务委员会第四十五次会议《关于修改〈浙江省水资源管理条例〉等十九件地方性法规的决定》第三次修正）

第一章　总　　则

第一条　为加强建设工程质量管理，明确建设工程质量责任，保护从事建设工程活动各方及使用者合法权益，根据国家有关法律、法规，结合本省实际，制定本条例。

第二条　本省行政区域内从事建设工程（包括土木工程、线路管道、设备安装工程、建筑装饰工程）活动的单位和个人，必须遵守本条例。

第三条　本条例所称建设工程质量，是指建设工程符合国家、省有关工程质量的法律、法规和技术标准、规范、规程以及设计文件和合同规定的对工程安全、耐久、适用、经济、美观的综合要求。

第四条　县级以上各级人民政府建设行政主管部门（或建筑业行政主管部门，下同）是本行政区域建设工程质量监督管理的主管部门。

交通、水利、电力等部门按国家规定和本条例负责本专业建设工程的质量监督管理工作。

省发展和改革行政主管部门对国家和省重点建设工程质量实施监督检查，并可会同有关部门处理质量问题。

第五条 建设工程勘察设计、施工承包商及建设监理机构应建立有效的企业质量保证体系，落实质量责任制，保证建设工程质量。

第二章 建设工程质量责任

第一节 业主的质量责任

第六条 业主应按有关规定将建设工程发包给资质符合工程要求的勘察设计、施工承包商。

业主应对单位工程实行总包，不得肢解发包。

第七条 按规定应委托监理或业主自愿委托监理的建设工程，业主应委托与工程要求相适应的建设监理机构进行监理。

按规定不实行监理的工程，业主应配备工程质量管理人员，其工程质量管理人员人数和资格应与工程质量管理要求相适应。

第八条 业主应在施工前按规定向工程所在地的建设工程质量监督机构办理工程质量监督手续。

第九条 业主一般不提供建筑材料、设备、构配件，确需由业主提供的，应与施工承包商在合同中事先约定。

业主提供建筑材料、设备、构配件，必须符合设计文件和合同约定的种类、规格、数量、质量等要求并有产品合格证明，不符合要求的，承包商有权拒绝接受。

业主不得强行为施工承包商提供建筑材料、设备、构配件或要求施工承包商向其指定的建筑材料、设备、构配件供应单位采购建筑材料、设备、构配件。

第十条 业主应按规定参加初步设计文件的会审，并及时组织勘察设计承包商与施工承包商进行施工图纸设计交底。

第十一条 竣工的建设工程，业主应当组织勘察、设计、施工、监理等单位按照国家和省规定的工程竣工验收条件进行竣工验收。

未经竣工验收或验收不合格的工程，不得擅自使用。

业主应当在工程竣工验收合格之日起十五日内将工程竣工验收报告报建设行政主管部门或其他有关部门备案。工程竣工验收备案文件作为房屋产权登记或工程移交的依据之一。

第十二条 推行建筑工程竣工综合测绘。

鼓励业主委托具有相应资质的测绘机构按照国家和省的有关标准对竣工的建筑工程进行综合测绘,并分专业出具竣工综合测绘报告。

业主向规划、国土资源、消防等部门提供前款规定的竣工综合测绘报告的,相关部门可以予以认可。

省测绘与地理信息管理部门应当加强对测绘机构的监督管理。

第十三条 业主应按国家和省的有关规定及勘察设计承包商和施工承包商的技术能力,合理确定勘察设计周期和施工工期;合同签订后,确需缩短建设工期的,应征得承包商同意,并不得影响建设工程质量。

第十四条 业主应按国家和省有关工程价格管理的规定与承包商在合同中合理确定建设工程价格。

业主应鼓励和支持施工承包商建造优良工程,对质量达到优良等级的工程给予奖励。

第二节 勘察设计承包商的质量责任

第十五条 勘察设计承包商应按合同确定的勘察设计周期进行勘察设计,不得擅自推迟提交勘察设计文件。

第十六条 勘察设计应积极采用国家推广的新技术、新材料、新结构、新工艺。勘察设计文件必须符合下列基本要求:

(一)符合有关法律、法规和技术标准、规范、规程以及合同规定;

(二)勘察文件内容应准确、可靠、合理;

(三)设计文件必须以勘察文件为依据,满足相应设计阶段的技术要求,施工图纸完整配套,标注清楚,说明完整;

(四)设计文件选用的建筑材料、设备、构配件应注明其规格、型号、性能、色彩等技术指标和质量要求,除有特殊要求的建筑材料、专用设备、工艺生产线等外,不得指定供应单位。

第十七条 勘察设计承包商应负责向业主和施工承包商进行施工图纸技术交底,按规定做好现场服务,及时处理施工中出现的有关问题,并参加有关阶段的质量验收。

采用新技术、新材料、新结构、新工艺的建设工程,设计承包商应向施工现场派驻设计代表。

第三节 施工承包商的质量责任

第十八条 施工承包商应在施工前编制施工组织设计,明确保证质量的具体措施,施工组织设计应符合设计文件的要求。

施工组织设计应抄送业主。业主对施工组织设计提出的合理意见,施工承包商应予采纳。

第十九条 施工承包商应在施工前确定符合工程要求的项目负责人和主要专业技术人员,并通知业主。

项目负责人应具备国家规定的条件和资格。

特殊工种作业人员应持证上岗。

第二十条 施工承包商采购的建筑材料、设备、构配件,必须符合设计文件要求和产品质量标准。

施工承包商应对其使用的建筑材料、设备、构配件进行检验,未经检验或检验不合格的产品,不得使用。

监理人员对施工承包商的检验结果有异议的,有权提出复试、检测要求,施工承包商应提供相应的资料、场地和其他协助。

第二十一条 施工承包商应严格按设计文件和有关技术标准、规范、规程的要求进行施工。施工中确需修改设计文件的,应由业主签署意见,经设计承包商同意并修改。

实行监理的建设工程,施工承包商应服从监理人员依其职权作出的指令。

第二十二条 施工过程中发生质量事故的,施工承包商应按规定向业主、当地工程质量监督机构和有关部门报告,接受调查处理,并采取措施防止事故扩大。

第二十三条 建设工程在施工中出现质量问题或经竣工验收不合格的,施工承包商应予以返修。

无法返修或经返修不能保证安全使用的建设工程,应予以拆除或重建。

第二十四条 施工承包商应建立工程技术档案,及时、准确、完整地记录施工过程中的质量、技术控制情况。

建设工程竣工时,施工承包商应向业主提交完整的工程技术档案,作为工程竣工验收的依据之一。

第二十五条 工程建设推行总包负责制。需要分包的工程,总包商应按规定将建设工程分包给资质符合工程要求的单位；但是，除总承包合同中约定的分包外，必须经业主认可。

总包商应向业主全面负责该工程的质量，分包商向总包商负责其分包工程的质量。总包商和分包商就分包工程的质量对业主承担连带责任。

总包商将建设工程分包给其他单位后，应对分包的工程进行全面有效的质量管理。

第四节 建设监理机构的质量责任

第二十六条 建设监理机构应按核定的资质等级承担监理业务，建立监理质量责任制，接受建设工程质量监督机构的监督。

第二十七条 建设监理机构应就工程质量控制程序及其方法、验收办法等编制具体的监理计划，在监理前提交业主并通知承包商。

第二十八条 建设监理机构应根据所承担的监理业务，设立工程项目总监理工程师，全面负责监理工作，并委派符合工程要求的监理人员驻工地进行监理。

监理人员依据有关法律、法规和技术标准、规范、规程以及设计文件的规定，对工程质量进行监理，及时整理监理资料，分阶段提出监理结论。

重要的工程部位和隐蔽工程应实行旁站监理。

第三章 工程保修和质量投诉

第二十九条 建设工程实行保修制度。

建设工程交付使用前，施工承包商应按规定与业主签订保修合同或签署保修证书。

第三十条 建设工程的保修期限自竣工验收合格之日起计算，具体保修期限按国家和省的有关规定办理；国家和省没有规定的，由业主和施工承包商在保修合同或保修证书中约定。

第三十一条 通过竣工验收的建设工程，在保修期内发生质量问题，由施工承包商负责维修。因勘察设计、施工、监理、建筑材料、设备、构配件的原因造成工程质量问题，所需费用由责任方按有关规定承担。

因不可抗力和业主、使用者使用不当造成的建设工程质量问题，不属保修范围。

第三十二条 建设工程在保修期内发生质量问题,由业主书面通知施工承包商,施工承包商应自接到通知之日起十五日内到达现场,情况紧急的,施工承包商应立即到达现场,与业主确定维修内容。施工承包商无故拖延的,业主有权自行维修,所需费用由该施工承包商承担,该施工承包商偿付费用后,对不属施工承包商责任的,可向责任方追偿。

第三十三条 建设工程的业主和使用者,有权就建设工程质量缺陷向工程质量监督管理部门或有关社会监督机构投诉,接到投诉的单位应及时调查处理。

第四章 质量监督管理

第三十四条 各级建设行政主管部门应加强建设工程质量的监督管理,督促业主和勘察设计、施工承包商及建设监理机构建立质量责任制,及时查处有关建设工程质量问题。

各级建设行政主管部门应加强对建筑材料、设备、构配件提供情况的监督。禁止任何机关、公用企业或其他依法具有独占地位的单位限定他人购买其指定的经营者的建筑材料、设备、构配件。

第三十五条 各级建设行政主管部门和其他有关部门应加强对工程建设强制性标准执行情况的监督检查。

第三十六条 建设工程质量监督的具体工作可由建设行政主管部门委托的建设工程质量监督机构负责。

交通、水利、电力等专业工程的质量监督可由省交通、水利、电力等部门的建设工程质量监督机构负责。

各级建设行政主管部门和省交通、水利、电力等部门对建设工程质量监督机构的工作实行监督、指导、管理。

第三十七条 建设工程质量监督机构应建立健全质量监督检查机制,按照法律、法规和工程技术标准,采取定点抽查、随机巡查等方式,对建筑物及其构配件、商品混凝土的质量实施监督检查。

建设工程质量监督机构依法对勘察、设计、施工、监理、检测等工程建设行为的质量和企业质量保证体系进行监督检查。

第五章　法　律　责　任

第三十八条　违反本条例规定的行为,《中华人民共和国建筑法》等法律、行政法规有处罚规定的,按照《中华人民共和国建筑法》等法律、行政法规的规定处罚。

第三十九条　业主、承包商、建设监理机构的工作人员以及建设工程质量监督管理人员,在工程建设活动中玩忽职守、徇私舞弊、滥用职权、行贿受贿,构成犯罪的,依法追究刑事责任;不构成犯罪的,由其所在单位或上级主管部门给予行政处分。

第四十条　机关、公用企业或其他依法具有独占地位的单位,限定他人购买其指定的经营者的建筑材料、设备、构配件的,按《反不正当竞争法》的有关规定处罚。

第四十一条　建设工程发生质量事故,按国家和省的有关规定程序处理,对有关责任人员按管理权限给予行政处分;构成犯罪的,依法追究刑事责任。

第四十二条　因业主或勘察、设计、施工、监理的原因以及因建筑材料、设备、构配件不合格的原因产生建设工程质量问题,造成他人人身、财产损害的,应按合同约定及国家和省的有关规定承担相应赔偿责任。

第六章　附　　则

第四十三条　本条例自公布之日起施行。

金华市人民政府关于印发金华市人民政府重大行政决策听证办法的通知

(金政发〔2006〕233号)

各县(市、区)人民政府,市政府各部门:

《金华市人民政府重大行政决策听证办法》已经市政府第39次常务会议讨

论通过,现印发给你们,请遵照执行。

二〇〇六年十二月二十六日

金华市人民政府重大行政决策听证办法

第一条 为进一步规范重大行政决策行为,增强行政决策的科学性、民主性,保护公民、法人和其他组织的合法权益,根据国务院《全面推进依法行政实施纲要》的有关规定,结合本市实际,制定本办法。

第二条 市人民政府组织重大行政决策事项听证,适用本办法。法律、法规、规章另有规定的,依照其规定。

第三条 重大行政决策听证应当遵循公开、公平、公正、及时、便民的原则。除涉及国家秘密以及法律法规规定不宜公开的事项之外,听证会一律公开举行。

第四条 行政决策涉及下列重大事项的,应当组织听证:

(一)制定对公众切身利益或社会公共利益有重大影响的规范性文件;

(二)编制或调整城市总体规划、城市分区规划;

(三)由政府投资的重要社会公益事业设施、公众活动场所的选址或可能对生态环境及城市功能造成重大影响的投资项目的立项审批;

(四)拟定或修改城市房屋拆迁基准价;

(五)制定或调整重要公用或公益事业的价格;

(六)其他法律、法规、规章等规定应当举行听证以及市政府认为确需举行听证的事项。

第五条 需要政府作出决定事项的听证,由政府直接组织或授权有关部门组织。成立听证事务领导小组,由拟作出行政决策的机关、政府法制机构及其他相关机关的人员组成。具体负责确定听证时间和地点、参加听证的报名条件、听证代表产生办法及数量等听证事务。

第六条 听证组织机关应当在听证会召开30天前拟定听证方案并发布听证会公告。听证会公告应当包括听证事项、时间、地点、报名条件及听证代表产生办法等相关内容。

第七条 符合听证机关规定条件的公民、法人、其他组织或其推选的代表均可报名参加听证。

第八条 听证机关应当按照公布的听证代表产生办法确定参加听证会代

表。听证会代表人数一般不得少于10人,其中,行政机关的代表不得超过听证代表总数的五分之一。公开举行的听证会允许旁听。旁听人员的人数由听证机关根据拟听证事项的内容和听证场地等具体情况确定。

第九条 听证会设一名听证主持人,并可根据实际确定若干名听证员。听证主持人由听证机关或听证事务领导小组的有关负责人担任。主持人应当指定记录员,具体承担听证准备和听证记录工作。

第十条 听证机关应当在听证会举行7天前确定听证员、记录员和听证会代表,对外公布其姓名、性别、年龄、文化程度和代表行业等。同时,将举行听证会的时间、地点通知听证会代表,并附上听证有关材料。

第十一条 听证代表认为听证员、记录员与拟听证事项有利害关系可能影响公正的,应当在听证会召开前提出回避申请,并说明理由。无特殊情况,开会时不再受理回避申请。听证主持人的回避由听证机关或听证事务领导小组决定。听证员、记录员的回避,由听证主持人决定。

第十二条 听证按下列程序进行:

(一)在听证开始前,记录员应当查明并记录听证参加人的身份和到场情况;

(二)听证主持人宣布听证开始,宣布听证事项,介绍听证会代表,告知听证参加人的权利和义务,宣布听证纪律和听证会场有关注意事项;

(三)拟作出行政决策或提出行政决策建议的行政机关说明决策方案、依据和理由,出示有关的材料,提出倾向性意见;

(四)听证会代表对决策方案发表支持、反对或者修改的意见、理由;

(五)拟作出行政决策或提出行政决策建议的行政机关对听证会代表提出的建议和意见作适当说明和解释;

(六)听证会代表与拟作出行政决策的行政机关进行辩论;

(七)听证会代表陈述;

(八)听证主持人宣布听证结束。

第十三条 听证笔录应当载明下列事项:

(一)听证事项名称;

(二)听证主持人、听证员和记录员的姓名、职务;

(三)听证参加人的基本情况;

(四)听证的时间、地点;

（五）听证事项的理由、依据和有关材料；

（六）听证参加人的观点、理由和依据；

（七）听证主持人对听证活动中有关事项的处理情况；

（八）需载明的其他事项；

必要时，听证事项要有声像记录。

第十四条 听证员、记录员以及在听证会上发言的代表对听证笔录经核对无误后签名或盖章；拒绝签名、盖章或声明保留意见的，听证机关应当记明情况作为听证笔录的附件。

第十五条 听证结束后，主持人和听证员应当进行听证评议。对听证事项持反对或不同意见的，可以声明保留，并记录在评议笔录中。

第十六条 听证机关应当根据听证笔录和评议制作包括下列内容的听证纪要：

（一）听证的事项；

（二）听证会的基本情况；

（三）对听证事项赞同的情况；

（四）对听证事项的意见分歧；

（五）对听证意见的处理建议。

第十七条 决策机关应当将听证纪要和听证笔录作为行政决策的重要依据。

第十八条 听证过程中，如遇有影响听证正常进行的特殊情况，听证机关可以视情决定听证会延期、中止或终止。

第十九条 组织听证的费用由拟作出行政决策或提出行政决策建议的行政机关承担，不得向当事人收取或者变相收取任何费用。

第二十条 听证机关和听证员违反本办法程序，有玩忽职守、滥用职权、徇私舞弊的，法律法规和本办法规定应当组织听证而有关单位不组织听证的，由行政监察部门对直接负责的主管人员和责任人员依法追究责任。

第二十一条 本办法自印发之日起施行。

关于印发金华市建设工程项目招投标"评定分离"改革实施办法(试行)的通知

(金资交办〔2021〕3号)

市直各有关单位,各县(市、区)公共资源交易管理委员会办公室(公共资源交易中心)、住房和城乡建设局:

现将《金华市建设工程项目招投标"评定分离"改革实施办法(试行)》印发给你们,请遵照执行。

金华市公共资源交易管理委员会办公室
金华市住房和城乡建设局
2021年12月10日

金华市建设工程项目招投标"评定分离"改革实施办法(试行)

为进一步深化建设工程招投标机制改革,规范招投标活动,创新招投标监督和管理模式,强化招标人主体责任,根据相关法律法规制度规定,结合本市实际,特制订本办法。

一、定义

"评定分离":是指按照"公平公正、职责明晰、权责对等、廉洁高效"的要求,招标人在评标委员会评审和推荐的基础上,根据招标文件规定的程序和方法进行定标,将招投标活动中的"评标委员会评标"与"招标人定标"作为相对独立的两个环节进行分离。

二、适用范围

根据《浙江省人民政府关于进一步加强工程建设项目招标投标领域依法治理的意见》(浙政发〔2021〕5号)规定,金华市行政区域内建设工程项目招投标的"评定分离"适用本办法。具体包含以下类别:

(一)建设工程有关的勘察、设计、全过程工程咨询等服务类项目;

(二)施工、工程总承包等建设工程项目;

(三)可以适用的其它建设工程类项目。

招标人可以根据项目实际情况向当地公共资源交易综合管理部门、行政监督部门报备后选择采用"评定分离"方式招标。采用"评定分离"方式招标的项目,应在招标文件中予以明确。

试行期间鼓励招标人选择政府投资类建设工程项目开展"评定分离"招标。交通类、水利类工程建设项目可以参照本办法试行。

三、评标

(一)中标候选人的确定

评标委员会按照招标文件规定的方法,向招标人择优推荐规定数量中标候选人。

中标候选人一般为 3—5 家(排名不分先后),具体数量应在招标文件中明确。

(二)评标报告

评标完成后,评标委员会应当向招标人提交书面评标报告和中标候选人名单,评标报告应包括各中标候选人的商务、技术、资信等得分明细的汇总。

四、公示考察

(一)评标结果公示

招标人应当自收到评标报告之日起 3 日内,对评标结果(中标候选人)进行公示,公示期不得少于 3 日。公示截止时间如遇国家法定休假日的,应顺延至法定休假日后第 1 个工作日。公示内容按《浙江省招标公告和公示信息发布管理办法实施细则》执行。投标人对评标结果有异议的应当在公示期内提出。

(二)考察、质询

采用"评定分离"定标的项目,招标人原则上应对中标候选人进行考察、质询。招标人应提出参与考察(质询)备选人员名单,备选人员的确定需经招标人"三重一大"审议通过。考察(质询)前由招标人按不少于 2:1 的比例通过随机方式抽取考察(质询)组成员。招标人组织考察(质询)的可邀请公共资源交易综合管理部门、纪检监察机关等人员参与监督。考察(质询)专家组对投标人及拟派项目负责人进行考察(质询),了解中标候选人企业实力、企业信誉、履约能力、拟派团队管理能力与水平等内容,形成考察(质询)报告。报告中不得有明示或者暗示中标单位的内容。考察(质询)时,招标人应对所有中标候选人进行考察(质询)。

考察(质询)组备选人员由下列人员组成：

1. 招标人(可包括母公司或下属子公司、分公司,不含代理机构)、项目业主或者使用单位的领导班子成员、中层管理人员、工程技术(经济)人员；

2. 各级政府因建设管理需要,成立的长期承担地方国有资金投资工程建设项目的建设单位或管理机构的领导班子成员、中层管理人员、工程技术(经济)人员；

3. 设计类可邀请县级以上人民政府规划、建设等职能部门人员组成；

4. 招标人可以根据项目特点、专业等要求,特聘资深专家,资深专家为本专业或本地区范围内有知名度、权威性专业技术人员。

五、定标

(一)定标时间

招标人原则上在评标结果(中标候选人)公示结束后3个工作日内在公共资源交易中心组织定标。不能按时完成定标的,最长不得超过7个工作日。

(二)定标委员会的组建

1. 定标委员会由招标人负责组建,定标专家库由市公共资源交易管理委员会办公室(以下简称市公管办)会同行政监督部门负责组建,定标专家库管理办法由市公共资源交易管理委员会办公室另行牵头制定。

2. 定标委员会成员数量为5人及以上单数,最多不超过11人。定标委员会组长由招标人确定。组员分别由考察(质询)专家组成员(随机抽取,一般为1—4名)和定标专家库成员(随机抽取经济、技术类专家)组成。定标专家库成员由当地公管办、行政监督部门、招标人代表在定标当天在公共资源交易中心随机抽取确定。随机抽取的定标专家库成员不得少于定标委员会成员总数的50%。

3. 定标委员会成员与中标候选人有利害关系的,应当回避。

(三)定标要素

招标人可以根据项目概况和自身实际需要,选择企业实力、企业信誉、拟派团队履约能力与履约水平、价格因素、投标方案优劣等作为定标要素。定标要素及要求投标人提供的材料应当在招标文件中明确,包括但不限于以下定标要素：

1. 拟派团队履约能力与履约水平。包括团队(项目负责人)类似代表业绩、履约情况(质量情况)、后期维护保障等因素。

2. 企业信誉。包括获得各种荣誉、建设单位履约评价等,同时应重点关注近几年的不良信息,包括各级行政机关部门作出的各种处罚和不良行为记录、建设单位对其的不良行为记录、履约评价不合格记录以及其他失信记录等。

3. 企业实力。包括企业规模、行业排名(如有)、资质等级、专业技术人员规模,近几年的财务状况、过往业绩(含业绩影响力、难易程度)等方面。

4. 价格因素。包括商务报价高低,主要材料报价的合理性,不平衡报价等情况。

5. 投标方案优劣。包括技术标情况,工程建设时重难点问题的解决方案,主要材料品牌等。

6. 考察(质询)报告。

7. 评标委员会评标报告。

8. 招标人认为需考量的其他要素。

(四)定标方法及中标人的确定

由定标委员会从评标委员会推荐的中标候选人中通过招标文件明确的定标方法对中标候选人进行排名,并确定中标人。定标委员会成员投票时,应按照招标文件规定的投票规则独立行使投票权,不得弃权或产生废票;投票采用记名方式并需注明投票理由。

定标委员会应采取以下方式之一确定中标人:票决定标法、票决抽签定标法、票决集体定标法。

1. 票决定标法。定标委员会以直接票决或者逐轮票决等方式确定1名中标人。

(1)直接票决法:通过投票,取票数最多的为中标人。若中标候选人票数均未超过半数的,取票数前2名再次票决确定中标人。因并列无法确定前2名时,由定标委员会抽签确定出前两名。

(2)逐轮票决法:每轮淘汰一名票数最少的中标候选人,最终确定中标人。票数最少中标候选人出现并列时,抽签确定淘汰者。

该定标办法适用于所有项目。

2. 票决抽签定标法。由定标委员会从进入票决程序的中标候选人中,以投票表决方式确定2—3名中标候选人(具体数量在招标文件中明确,但数量应当少于推荐的中标候选人数量),再以随机抽签方式确定1名中标人。因并列无法确定前2—3名时,由定标委员会抽签确定。

该定标办法适用于技术难度一般,施工方法成熟的项目。

3.票决集体定标法。由定标委员会从进入票决程序的中标候选人中,以投票表决方式确定2—3名中标候选人(具体数量招标文件中明确),再以集体商议方式确定中标人。票数并列时,并列者均列入集体商议。

该定标办法适用于技术特别复杂,或具有特殊专业技术要求项目或设计等服务类项目。

中标候选人出现投标报价明显高于其余中标候选人等情况时,定标时应慎重选择。

定标委员会成员自接到招标主体通知后应在规定的时间到达指定地点参加定标,途中应当保守秘密,不得与任何中标候选人或者与招标结果有利害关系的人进行私下接触或电话联系。定标委员会成员不得收受中标候选人、其他利害关系人的财物或者其他好处,不得向其他成员征询其确定中标人的意向。定标委员会成员应当客观、公正地履行职责,遵守职业道德,应当为所提出的定标意见承担个人责任。

招标人或考察(质询)组成员在定标会上应当向定标委员会介绍项目情况、招标情况、投标人、项目负责人情况及考察(质询)情况;定标委员会成员有疑问的,可以向招标人代表进行提问。招标人代表向定标委员会答复时不得有明示或暗示意向中标单位的内容。所有提问和答复均在定标现场进行,由招标代理机构做好书面记录,双方在书面记录上签字。提问和答复不得改变招标文件、投标文件和评标的实质性内容。

招标人邀请的监督小组一般由派驻纪检组、机关纪委、内设纪委等2名及以上人员组成,对现场定标全程监督。

(五)定标结果公示

定标结束后,招标人应及时(不超过3日)将定标结果进行网上公示,公示期不少于3日。公示内容包括:中标人名称、定标时间、定标方法等内容。

中标人公示期间,因异议或投诉导致中标人不符合招标文件要求的,招标人可以按照定标排名重新确定中标人或重新组织招标、定标,具体细则应在招标文件中明确。

(六)发布中标通知书

中标人确定后,招标人应当向中标人发出中标通知书,并同时将中标结果通知所有未中标的投标人。

自发出中标通知书之日起15日内,招标人应当向招投标行政监督部门提交招标投标情况(包括定标情况)书面报告。

六、监督与管理

(一)标前环节。招投标行政监督部门要根据本办法制订具体实施的工作指南,要加强招投标各阶段的监督指导,规范招标行为,严格招标文件备案管理,规范招标文件编制。招标人会同发改部门在项目储备库报送阶段明确招标主体(责任单位)。招标人要强化责任意识、法治意识,对招标和定标过程负责,并建立完善的定标机制和内部管控制度。招标人应将评定分离纳入单位"三重一大"讨论,其中候选人数量、定标委员会组建、定标要素、定标办法应当经过讨论决定。

(二)标中环节。评标委员会和定标委员会要认真履行评标定标职责,严格按照招标文件规定的评标、定标办法和程序评标、定标,并对评标、定标结果负责,招标人不得明示或暗示评标、定标委员会成员指定中标人。公共资源交易中心全程记录评标与定标的语音视频内容,做好资料归档、备查、保密工作。同时,构建"市县乡一体"公共资源交易平台,积极探索"互联网+"的全流程电子化交易监督方式。招标人邀请的监督小组对评标、考察、定标全过程进行监督。

(三)标后环节。各行政监督部门及业主单位制订相关制度,开展标后履约监管和检查,并将监督检查评价结果作为其它项目定标的重要参考因素。公共资源交易综合管理部门会同各行政监督部门开展"双随机、一公开"监督检查,受理、查处违法违规行为。

七、实施时间

本办法自2022年2月1日起实施,《关于印发金华市建设工程项目评定分离定标操作导则(试行)的通知》(金市建建〔2020〕9号)同时废止。

本办法由金华市公共资源交易管理委员会办公室会同金华市建设局负责解释。

附:1. 评定分离报备表

2. 施工项目定标要素及内容(示例)

3. 定标委员会成员情况登记表(示例)

4. 定标会议主要议程(示例)

5. 定标会场纪律(示例)

6. 定标专家廉洁自律承诺书(示例)

7. 定标委员会成员定标投票表(示例)

8. 定标委员会成员定标投票统计表(示例)

9. 定标报告(示例)

附1

评定分离报备表

工程名称					
工程概况					
采用评定分离的主要原因					
拟选用的定标方式					
招标人	报告时间： 年 月 日 （盖章）	招标代理机构	报告时间： 年 月 日 （盖章）
	经办人			经办人	
	联系方式			联系方式	

备注：1. 此表后应附具体的定标规则及评价标准。

2. 此表一式二份，须在招标文件预公示前分别报送当地行政监督部门(或其委托的招投标监管机构)、公共资源交易管理委员会办公室各一份。

附2

施工项目定标要素及内容(示例)

招标人根据项目实际确定定标要素及其内容，并在招标文件中明确。定标要素可参考以下要素：

1. 拟派团队履约能力与履约水平。包括团队(项目负责人)类似代表业绩、履约情况(质量情况)、后期维护保障等因素。

2. 企业信誉。包括获得各种荣誉、建设单位履约评价等，同时应重点关注近几年的不良信息，包括各级行政机关部门作出的各种处罚和不良行为记录、建设单位对其的不良行为记录、履约评价不合格记录以及其他失信记录等。

3. 企业实力。包括企业规模、行业排名(如有)、资质等级、专业技术人员规模、近几年的财务状况、过往业绩(含业绩影响力、难易程度)等方面。

4. 价格因素。包括商务报价高低，主要材料报价的合理性，不平衡报价等情况。

5. 投标方案优劣。包括技术标情况，工程建设时重难点问题的解决方案，主要材料品牌等。

6. 考察(质询)报告。

7. 评标委员会评标报告。

8. 招标人认为需考量的其他要素。

附3

定标委员会成员情况登记表(示例)

招标人	
招标代理机构	
招标项目名称	
定标时间	
招标文件要求	
其他要求	

定标成员情况					
序号	姓名	工作单位及职务	联系电话	出场情况	备注(抽取、组长)
1					
2					
3					

续表

序号	姓名	工作单位及职务	联系电话	出场情况	备注（抽取、组长）
4					
5					
6					
7					
8					
9					
招标代理机构（签字/时间）：					

抽取人（签字/时间）：　　　　　　监督人员（签字/时间）：

附4

定标会议主要议程（示例）

1. 招标人代表宣读定标委员会组建情况及组长、成员名单、宣读定标纪律、签订廉政责任书。

2. 招标人代表向定标委员会介绍项目情况、招标情况、评标情况。介绍考察（质询）情况。同时提供相关资料（包括：招标文件、开标记录、评标报告、定标要素的基本情况表、涉及定标的其它资料）。

3. 定标委员会成员向招标人代表提问，招标人代表作出答复。提问与答复应做好书面记录，并由提问和答复双方在书面记录上签字。提问和答复不得改变招标文件、投标文件和评标的实质性内容。

4. 投票。按照招标文件规定的投票规则进行投票。

5. 唱票。唱出定标委员会成员投票结果及投票理由。

6. 定标。根据定标结果形成书面定标报告。

附5

定标会场纪律（示例）

1. 以科学、公正的态度参加定标工作，在定标过程中不受任何干扰，客观、公正地履行职责，独立、负责地为本项目提供真实、可靠合理的定标意见，并对自己的定标意见承担责任。

2. 定标委员会成员与各中标候选人存在利益关系、可能影响定标客观公正时，应在定标主动申请回避。

3. 按时参加定标工作，无特殊原因，在定标期间不得中途退出。

4. 严格遵守定标工作纪律，不得向外泄露定标情况及涉及中标候选人商业秘密的信息。

5. 发现中标候选人在投标活动中有不正当竞争或弄虚作假等违规行为，应及时向定标工作的组织者及监督部门报告并加以制止。

6. 解答有关方面对定标工作中有关问题的咨询或质疑。

7. 在定标活动中自觉接受监督部门的监督和管理。

以上《评标会场纪律》我已看过，本人承诺严格遵守该纪律，否则愿意承担相应处罚。

承诺人：

年 月 日

附6

定标专家廉洁自律承诺书（示例）

我自愿担任本项目的定标专家。为进一步提高廉洁自律意识，客观公正地履行职责，我以定标专家的身份郑重承诺：

1. 严格遵守《中华人民共和国招标投标法》《中华人民共和国保守国家秘密法》等相关法律及有关部门关于招投标的法规、规章，维护国家利益、公共利益和他人利益。

2. 客观公正地履行职责，遵守职业道德，严格按照招标文件规定的方法和标准进行评审，并对评审意见承担个人责任。

3. 履行相关保密义务，遵守评标纪律，不私下接触潜在投标人，不收受他人的财物或者其他好处,不泄露定标会议的任何情况。

4.严格遵守定标专家回避制度,当发现自己与投标人有隶属关系、合作经营关系以及其他利益关系时,绝不隐瞒,主动回避。

5.自觉抵制招投标违法违规行为,积极配合有关部门的调查取证工作。

6.自觉服从监督部门的监督和管理。

以上承诺如有违反,本人完全愿意接受监督部门依法做出的任何处罚和处分,直至取消本人评标专家资格;本人愿意接受监督部门在网上公布本人不良行为记录所造成的一切后果;触犯法律的,本人愿意承担相应的法律责任。

承诺人:
承诺人手机号码:
承诺日期:

附7

定标委员会成员定标投票表(示例)

项目名称	
定标办法	
中标候选人	定标要素
	1.拟派团队履约能力与履约水平; 2.企业信誉; 3.企业实力; 4.价格因素; 5.投标方案优劣; 6.质询或考察报告; 7.评标委员会评标报告; 8.招标人认为需考量的其他要素。
推荐中标人及理由	

定标成员签字: 日期:

附 8

定标委员会成员定标投票统计表（示例）

项目名称：

中标候选人定标人				备注
得票数	票	票	票	
确定中标人				
定标委员会（签名）				

统计人（签字）：　　　　　监督人员（签字）：

附 9

定标报告（示例）

招标编号：

招标人：_____（盖章）

定标委员会组长：_____（签名）

日期：____年____月____日

定标报告

_____年___月___日

目录	内容			
定标概况	工程名称		评标办法	
	推荐中标候选人数量	____名	□考察 □质询	
定委名单	附：定委抽选结果、定标委员会全体成员名单			
评标报告	附：评标报告、开标记录			
定标提问记录	若定委向招标项目负责人提问的，附提问与答复书面记录并签字。			
定标要素	1. 拟派团队履约能力与履约水平； 2. 企业信誉； 3. 企业实力； 4. 价格因素； 5. 投标方案优劣； 6. 质询或考察报告； 7. 评标委员会评标报告； 8. 招标人认为需考量的其他要素。			
定标办式	（请按招标文件要求选择） 票决定标法 票决抽签定标法 票决集体定标法			
拒绝中标人情形	（按招标文件填写）			
中标候选人名单				
中标人名单				
定标办法操作概况	（根据定标办法简易描述产生中标人及各候选人的票数。）			
其它需说明的事宜				

续表

	姓 名	备 注
定委签字		

注：1.定委投票时，应按文件规定的投票规则独立行使投票权，不得弃权或产生废票；投票采用记名方式并需注明投票理由。

2.定标报告及相关附件作为《招投标情况书面报告》的内容，在规定时间内报送监管部门。

金华市住房和城乡建设局 金华市公共资源交易管理委员会办公室关于印发金华市国有投资建设工程项目招标评标办法(2023版)的通知

(金市建〔2023〕89号)

各县(市、区)建设局、公共资源交易管理委员会办公室(行政服务中心)，金华开发区、金华双龙风景旅游区建设局，各有关单位：

为规范全市建设工程项目招标评标活动，强化招投标市场与建筑业市场两场联动，进一步规范建筑市场，现将《金华市国有投资建设工程项目招标评标办法(2023版)》印发给你们,请遵照执行。

附件:金华市国有投资建设工程项目招标评标办法(2023版)

金华市住房和城乡建设局

金华市公共资源交易管理委员会办公室

2023年4月28日

金华市国有投资建设工程项目招标评标办法(2023版)

为规范建设工程项目招标评标活动,维护国家利益、社会公共利益和招标投标人的合法权益,根据《中华人民共和国招标投标法》《中华人民共和国招标投标法实施条例》《必须招标的工程项目规定》《浙江省招标投标条例》《浙江省人民政府关于进一步加强工程建设项目招标投标领域依法治理的意见》《浙江省房屋建筑和市政基础设施施工招标文件示范文本》等法律、法规及其他规定,结合金华市实际,制定本办法。

一、总则

(一)本办法适用于金华市行政区域范围内依法必须招标的"全部或者部分使用国有资金投资或者国家融资"的建设工程项目招标评标。其他建设工程项目的招标评标活动可以参照本办法执行。

(二)本评标办法包含施工、服务(勘察、设计、监理)和货物三种类型。

(三)招标投标活动应当遵循公开、公平、公正和诚实信用的原则。

二、一般规定

(一)技术特别复杂或具有特殊专业技术要求的项目施工总承包可以实行招标资格预审,其他的应实行招标资格后审。技术特别复杂或有特殊技术要求的项目类别详见附件11。

(二)严禁支解发包,招标人不得将应当由一个总承包单位完成的建设工程分解成若干部分进行招标。但允许电梯、空调、医用设备、工业设备、大型配电设备等进行单独货物招标。

门、窗、卫生洁具、太阳能、热水器等其他货物应编入总承包工程量清单一起招标。

(三)依法必须公开招标的建设工程,原则上不应设立暂估价项目。招标人确需设立暂估价项目的,暂估价和暂列金额总额不得超过合同估算价的10%。

总承包范围内暂估价项目达到法定必须招标规模标准的,应当依法进行招标。

(四)建设项目设计招标可以根据项目特点和实际需要,采用设计方案招标或者设计团队招标。

(五)投标人资质等级、项目负责人资格等级按照相应国家规定的最低要求设置;施工总承包招标项目不得设置专业承包资质要求。设有专业承包资质的专业工程单独发包时,应由取得相应专业承包资质的企业承担。招标项目原则上应按主要工程内容设置一项资质要求,当其他专业内容的造价超过总价的20%且大于200万元时,方可增设相应资质,但招标人不得排斥联合体投标人。

国家对投标人资质无要求且依法必须公开招标的施工项目,招标人可在投标人资格条件中设置企业类似业绩,但资格条件中设置的业绩规模不得超过招标项目同类指标的80%。

注册建造师不得同时担任两个及以上建设工程施工项目负责人,同一工程相邻分段发包或者分期施工的除外。

(六)评标时,投标人信用等级、类别和项目负责人(或项目总监)的信用等级以投标截止时间前在金华市住房和城乡建设局官方网站(http://jsj.jinhua.gov.cn/)公布的最新信用评价结果为准。

(七)招标人不得故意通过漏项、缺项等方式压低招标控制价。招标控制价的计价范围与招标范围应当一致,招标范围涉及包干内容的,相应费用应当计入招标控制价中。招标人应当在招标文件中公布最高投标限价。招标控制价的设定应当遵循下列原则:

1. 施工类项目招标控制价根据国家、省、市行业建设主管部门颁发的计价依据和文件规定,按照设计施工图编制,原则上不得上调或下浮。市级及以上行业主管部门有新政策或有改革试点要求的,按相关规定编制招标控制价。

2. 建筑艺术造型特殊或有其他特殊要求的危大工程,招标人在施工招标前宜先委托有资质的单位对相应施工方案进行初步设计,并经专家评审论证。招标人应当按专家认证结果合理确定招标控制价中的施工技术措施费。

3. 服务类项目最高投标限价应当根据项目概算、项目具体情况并参考行业自律规定进行编制。

4. 货物类项目设置最高投标限价的,应当根据项目概算并结合货物市场价等具体情况进行编制。

（八）招标人不得在招标文件中对地方性材料（砂、石、砖、水泥、混凝土及其制品等）推荐品牌、产地。招标人可对市场上价格差异大的主要材料、设备划分档次，但招标文件中列举的同档次品牌原则上不得少于五个。

投标人可以直接在投标文件中确定材料、设备的具体品牌；也可以在投标文件中承诺中标后按招标人列举品牌范围购买材料、设备，在施工期间再向招标人报备具体品牌。

三、评标委员会和评标细则

（一）评标委员会由招标人依法组建，一般应从浙江省综合评标专家库中随机抽取产生，评标委员会由招标人的代表和有关技术、经济等方面的专家组成，成员人数为五人及以上单数，其中技术、经济等方面的专家不得少于成员总数的三分之二。

有下列情形之一的，不得担任评标委员会成员：

1. 系投标人的主要负责人或者近亲属的；
2. 系项目审批部门或者有关行政监督部门的工作人员的；
3. 与投标人有经济或者其他利害关系，可能影响公正评审的；
4. 法律、法规、规章规定应当回避的其他情形。

评标委员会成员有前款规定情形之一的，应当主动提出回避。未提出回避的，招标人或行政监督部门发现后应当立即终止其参与评标活动。

（二）依法组建的评标委员会设负责人的，评标委员会负责人由评标委员会成员推举产生或者由招标人确定，招标人代表不得担任评标委员会负责人。负责人应做好下列工作：

1. 按招标文件规定对评标委员会成员进行分工；
2. 主持对投标人的询问、表决；
3. 提请评委成员对评审结果进行复核；
4. 起草评标报告等。

（三）评标委员会成员应认真研究招标文件，并至少应了解和熟悉以下内容：

1. 招标的目标；
2. 招标项目的范围和性质；
3. 招标文件中规定的主要技术要求、标准和商务条款；
4. 招标文件规定的评标标准、评标方法和在评标过程中考虑的相关因素；

5. 否决投标人的情形。

（四）评标委员会应当根据招标文件规定的评标标准和方法，对投标文件进行系统的评审和比较。招标文件中没有规定的标准和方法不得作为评标的依据。

（五）评标委员会推荐中标候选人。不采用评定分离招标的，评标委员会推荐1名中标候选人；采用评定分离方式招标的，中标候选人数量按《金华市建设工程项目招投标"评定分离"改革实施办法（试行）》（金资交办〔2021〕3号）相关规定执行（如相关规定有更新则按新规定执行，下同）。有出现特殊情况的，按以下原则处理：

1. 投标截止时间届满时，投标人少于3家的，招标人应当依法重新招标。

2. 有效投标人为1家时，评标委员会应否决所有投标人。

3. 有效投标人为2家时，若不采用评定分离方式招标的，评标委员会应判定投标是否明显缺乏竞争，根据判定结果，推荐1名中标候选人或否决所有投标人；若采用评定分离方式招标的，评标委员会应否决所有投标人。

4. 有效投标人为3家时，采用评定分离方式招标的，评标委员会推荐2名中标候选人；定标委员会采取票决定标法，淘汰一名票数最少的中标候选人，最终确定中标人。票数最少中标候选人出现并列时，抽签确定淘汰者。

5. 有效投标人为4至5家时，采用评定分离方式招标的，评标委员会推荐3名中标候选人。

（六）评标委员会应当在对投标文件进行评审和比较后出具评标书面报告。评标报告应当由评标委员会全体成员签字，如有保留意见，可在评标报告中阐明。评标委员会成员拒绝在评标报告上签字且不陈述理由的，视为同意评标结论。对于评审过程中出现无法达成一致的争议问题，按少数服从多数的原则确定，评标委员会应对此作出书面说明并做好记录，列入档案保存。

四、其他规定

（一）招标人可以直接确定唯一的中标候选人为中标人，也可以采用评定分离的方式在数名中标候选人中确定中标人。

招标项目采用评定分离方式的，须符合以下规定：

1. 招标人应根据项目实际情况向当地公共资源交易综合管理部门、行政监督部门报备后选择采用"评定分离"方式招标。

2. 招标文件中规定的评定分离程序、定标具体规则等应符合《金华市建设工程项目招投标"评定分离"改革实施办法（试行）》（金资交办〔2021〕3号）的规定。

3.定标委员会从评标委员会推荐的中标候选人中通过招标文件明确的定标方法对中标候选人进行排名。招标人应采取以下方式之一确定中标人：

（1）票决定标法。定标委员会以直接票决或者逐轮票决等方式确定1名中标人。

①直接票决法：通过投票，取票数最多的为中标人。若中标候选人票数均未超过半数的，取票数前2名再次票决确定中标人。因并列无法确定前2名时，由定标委员会抽签确定出前2名。

②逐轮票决法：每轮淘汰1名票数最少的中标候选人，最终确定中标人。票数最少中标候选人出现并列时，抽签确定淘汰者。

该定标办法适用于所有项目。

（2）票决抽签定标法。由定标委员会从进入票决程序的中标候选人中，以投票表决方式确定2~3名中标候选人（具体数量在招标文件中明确，但数量应当少于推荐的中标候选人数量），再以随机抽签方式确定1名中标人。因并列无法确定前2~3名时，由定标委员会抽签确定。

该定标办法适用于技术难度一般，施工方法成熟的项目。

（3）票决集体定标法。由定标委员会从进入票决程序的中标候选人中，以投票表决方式确定2~3名中标候选人（具体数量招标文件中明确），再以集体商议方式确定中标人。票数并列时，并列者均列入集体商议。

该定标办法适用于技术特别复杂，或具有特殊专业技术要求项目或设计等服务类项目。

（二）中标人出现下列情形之一，导致其已不符合中标条件的，招标人重新招标：

1.放弃中标的；

2.因不可抗力无法履行合同的；

3.不按照招标文件要求提交履约保证金的；

4.被查实存在影响中标结果的违法行为的；

5.其他导致中标人不符合中标条件的情形。

（三）评标结果将在公共资源交易网站公示3日（公示截止日必须为工作日），无质疑或投诉的则发出中标通知书。公示中包括以下评标结果内容：

1. 评标委员会成员(采用编号表示)对各中标候选人投标文件的评分以及相关的荣誉(或业绩)等;

2. 被否决投标文件的投标人名称、否决原因及其依据;

3. 采用评定分离方式的,应按《金华市建设工程项目招投标"评定分离"改革实施办法(试行)》(金资交办〔2021〕3号)的规定进行评标结果公示及定标结果公示。

(四)中标人无正当理由不与招标人订立合同或者不按照招标文件要求提交履约保证金的,取消其中标资格,投标保证金不予退还。对依法必须进行招标的项目的中标人,由有关行政监督部门责令改正,可以处中标项目金额10‰以下的罚款。

(五)招标人不履行与中标人订立的合同的,应当返还中标人的履约保证金,并承担相应的赔偿责任;没有提交履约保证金的,应当对中标人的损失承担赔偿责任。

因不可抗力不能履行合同的,不适用前款规定。

(六)招标人应严格执行本办法。本办法及附件规定了相关选择范围的,招标人不得进行超范围调整,不得擅自对规定的评审内容、权重、评分范围、评分分值、评标基准价确定方式等内容进行修改。本办法附件中划横线区域为招标人自设条款,招标人可以自行根据招标项目特点,设置合法合规的评审内容及标准。

(七)本办法由金华市住房和城乡建设局负责解释。

(八)本办法自2023年8月1日起开始实施,《关于印发金华市国有投资建设工程项目招标评标办法(2022版)的通知》(金市建〔2022〕38号)同时废止。

附件:1.金华市建设工程施工类评标办法 综合评估法(一)

2.金华市建设工程施工类评标办法 综合评估法(二)

3.金华市建设工程施工类评标办法 综合评估法(三)

4.金华市建设工程施工类评标办法 综合评估法(四)

5.金华市建设工程施工类评标办法 综合评估法(五)

6.金华市建设工程服务类评标办法 综合评估法(六)

7.金华市建设工程服务类评标办法 综合评估法(七)

8.金华市建设工程服务类评标办法 综合评估法(八)

9.金华市建设工程服务类评标办法 综合评估法(九)

10. 金华市建设工程货物类评标办法 综合评估法(十)
11. 技术特别复杂或具有特殊专业技术要求的项目类别
12. 金华市适用技术标打分制项目规模表
13. 答辩基本程序(以上附件均省略——编者注)